2015

中国教育经费统计年鉴

China Educational Finance Statistical Yearbook

教　育　部　财　务　司
国家统计局社会科技和文化产业统计司　编

图书在版编目（CIP）数据

中国教育经费统计年鉴. 2015 / 教育部财务司，国家统计局社会科技和文化产业统计司编. -- 北京 : 中国统计出版社, 2016.5

ISBN 978-7-5037-7789-9

Ⅰ.①中… Ⅱ. ①教… ②国… Ⅲ. ①教育经费－统计资料－中国－2015－年鉴 Ⅳ. ①G526.72-66

中国版本图书馆 CIP 数据核字(2016)第 106291 号

中国教育经费统计年鉴—2015

作　　者/教育部财务司　国家统计局社会科技和文化产业统计司
责任编辑/尹　伊
封面设计/李雪燕
出版发行/中国统计出版社
通信地址/北京市丰台区西三环南路甲 6 号　邮政编码/100073
电　　话/邮购（010）63376909　书店（010）68783171
网　　址/ http://www.zgtjcbs.com
印　　刷/河北天普润印刷厂
经　　销/新华书店
开　　本/787×1092mm　1/16
字　　数/1020 千字
印　　张/42.5　彩插 0.25
版　　别/2016 年 6 月第 1 版
版　　次/2016 年 6 月第 1 次印刷
定　　价/220.00 元

中国统计版图书，如有印装错误，本社发行部负责调换。

《中国教育经费统计年鉴—2015》
编辑委员会

前　言

《中国教育经费统计年鉴—2015》比较全面、系统地反映了 2014 年全国教育经费来源和使用的情况，为国家和地方编制教育发展规划、制定教育财政政策提供了重要的参考依据。它对于研究教育经费结构和使用效益有一定价值；对于各地之间的情况交流，提高教育财务管理水平，也将会起到促进作用。

近年来财税体制改革不断深化，由公共财政预算、政府性基金预算、国有资本经营预算和社会保险基金预算组成的政府预算体系框架已基本形成；同时，随着《事业单位财务规则》、《事业单位会计准则》和《事业单位会计制度》的修订、实施，高校和中小学财务、会计制度也相应进行了修订并分别于 2013 年 1 月 1 日起和 2014 年 1 月 1 日起正式施行。为了与这些改革相适应，并结合教育事业改革和发展的需要，特对全国教育经费统计部分指标作了相应的调整。

全国教育经费统计资料的各项数据是从最基层单位开始填报，经过乡（镇）、县（市、区）、地（市）、省（自治区、直辖市）等教育主管部门层层汇总的。各级教育和统计部门对教育经费统计工作十分重视，从人员、时间、设备等方面给予了保证，并认真组织，按照准确、及时、完整的要求编制报表，保证了全国教育经费统计资料汇总工作的顺利完成。

教育部财务司组织了全国教育经费统计资料的审核、整理工作，以及全国教育经费统计分析的计算机程序编制工作。国家统计局社会科技和文化产业统计司对全国教育经费统计工作给予了很大的支持，并与教育部财务司联衔编印出版此年鉴。参加这项工作的除教育部财务司的同志外，还有上海智力开发研究所以及陈永年、周亚君、宋吉国、张利生、苗笑明等地方教育部门的同志。

目前，中国教育经费统计工作还处于充实、完善阶段，加之全国性教育经费统计涉及范围广，工作量大，因此在资料的收集、编排、整理等环节上难免有不足之处，诚望同志们提出批评和建议，以便今后加以改进，把教育经费统计工作做得更好。

编　者

2016 年 1 月

目 录

第一部分 全国教育经费收支

第二部分　各地区按来源分类教育经费收入

第三部分 各地区各级各类教育机构教育经费收入

第四部分　各地区各级各类教育机构教育经费支出明细

第五部分　各地区各级各类教育机构财政补助支出明细

第六部分 各地区各级各类教育机构公共财政预算教育事业费支出明细

第七部分 各地区教育和其他部门各级各类学校生均教育经费支出

2014 年教育经费简况

2010-2014 年全国教育经费总投入及增长情况

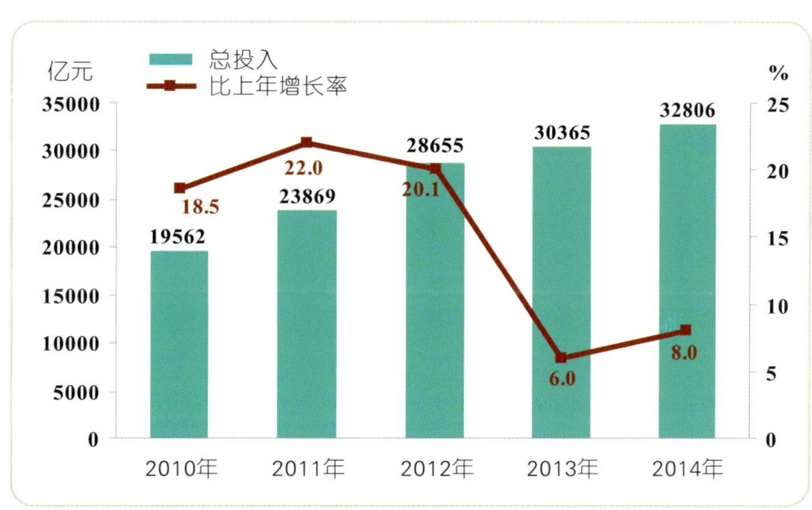

2010-2014 年国家财政性教育经费及占 GDP 比例情况

2014 年全国及分省公共财政教育支出占公共财政支出比例比上年增减百分点

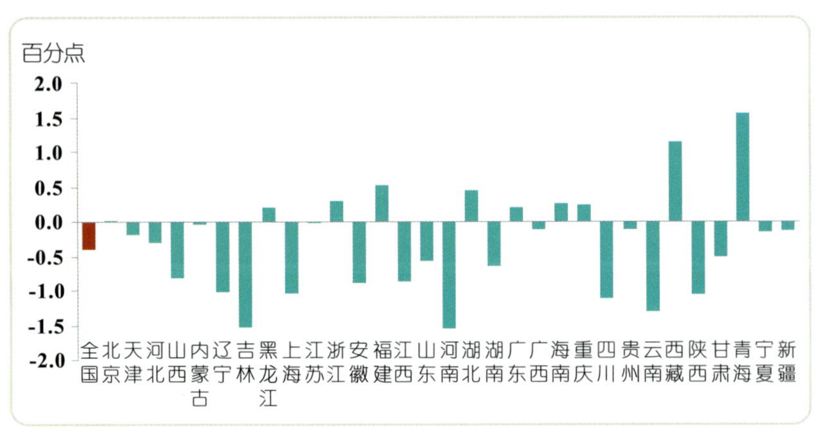

2014 年分省公共财政教育支出增长与财政经常性收入增长比较

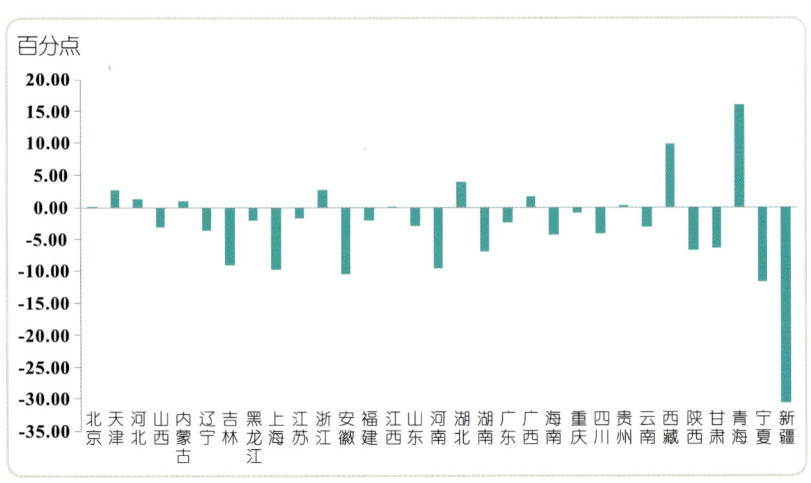

2014年全国各级各类学校生均公共财政预算教育事业费支出及增长情况

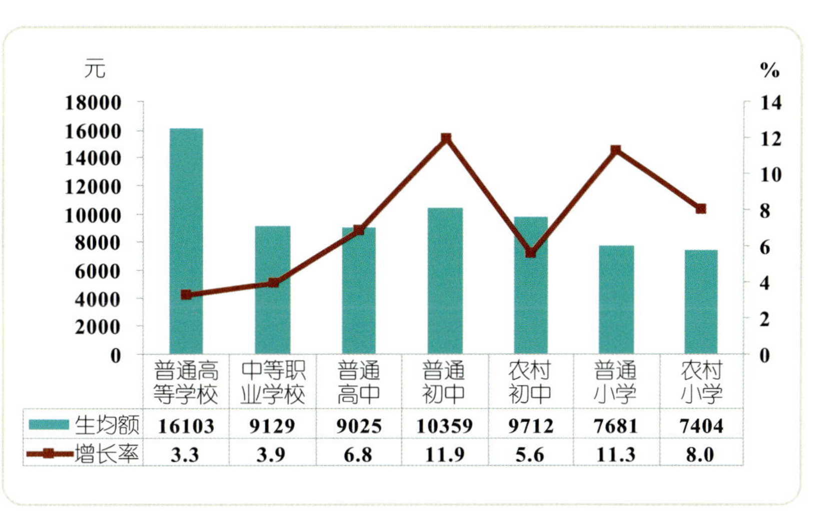

	普通高等学校	中等职业学校	普通高中	普通初中	农村初中	普通小学	农村小学
生均额	16103	9129	9025	10359	9712	7681	7404
增长率	3.3	3.9	6.8	11.9	5.6	11.3	8.0

2014年全国各级各类学校生均公共财政预算公用经费支出及增长情况

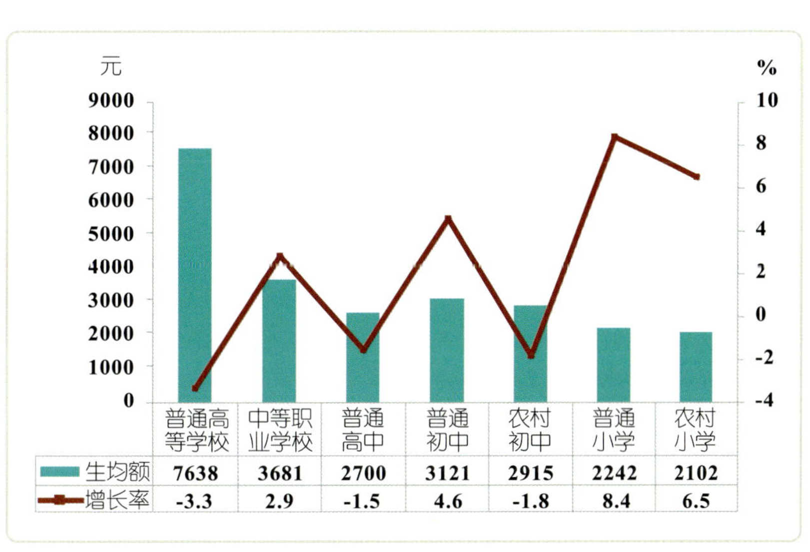

	普通高等学校	中等职业学校	普通高中	普通初中	农村初中	普通小学	农村小学
生均额	7638	3681	2700	3121	2915	2242	2102
增长率	-3.3	2.9	-1.5	4.6	-1.8	8.4	6.5

第一部分

全国教育经费收支

1-1　全国教育

年份	合　计 (千元)	国家财政性 教育经费	#公共财政 教育经费	民办学校中 举办者投入	捐赠收入	事业收入	#学费	其　　他 教育经费
1991	73150282	61782860	48217992		6282097		3234756	1850569
1992	86704905	72875058	56493638		6962852		4393193	2473802
1993	105993744	86776183	67661503	333227	7018561		8714769	3151004
1994	148878126	117473956	93112851	1077952	9744871		14692281	5889066
1995	187795011	141152333	109294729	2036715	16284140		20124225	8197598
1996	226233935	167170455	128808414	2619989	18841895		26103612	11497984
1997	253173257	186254163	144126882	3017464	17065876		32607920	14227834
1998	294905918	203245257	165401831	4803140	14185373	60915149	36974735	11756999
1999	334904164	228717561	191136888	6289571	12586942	74971737	46361079	12338353
2000	384908058	256260557	219176521	8585372	11395569	93827167	59483043	14839393
2001	463766262	305700995	270565484	12808952	11288518	115751371	74560135	18216426
2002	548002776	349140475	325494252	17255487	12727910	146091688	92277917	22787216
2003	620826530	385062366	361909774	25901478	10459269	172183991	112149847	27219426
2004	724259892	446585748	424442091	34785288	9342038	201142680	134655173	32404138
2005	841883905	516107593	494603791	45221850	9316129	233999909	155305446	37238424
2006	981530865	634836475	613534811	54905830	8990776	240730422	155233010	42067362
2007	1214806630	828021421	809433686	8093374	9305839	317723573	213090822	51662423
2008	1450073742	1044962956	1021296753	6984793	10266633	336707107	234929828	51152253
2009	1650270650	1223109354	1197497528	7498291	12549905	352759391	251559826	54353709
2010	1956184707	1467006696	1416390290	10542536	10788394	410606635	301555934	57240446
2011	2386929356	1858670092	1782173800	11193198	11186751	442469266	331697419	63410049
2012	2865530519	2314756979	2031416851	12817531	9569193	461984036	350483008	66402780
2013	3036471815	2448821774	2140567150	14740887	8554445	492620868	373768686	71733841
2014	3280646093	2642058205	2257600985	13134764	7967003	542715808	405303926	74770313

注：1.“其他教育经费”数据1991—1997年包含扣除“学费”后的事业收入；“民办学校中举办者投入”数据1993—2006年为社会团体和公民个人办学总经费；“公共财政教育经费”数据1991—2011年包括教育事业费、基本建设经费、教育费附加、科研经费和其他经费，2012年起包括教育事业费、基本建设经费和教育费附加。

2.表中“#”表示其中的主要项，以下同；表中“空格”表示无该项数据，以下同。

经费总收入

构　成 (%)	国家财政性 教育经费	#公共财政 教育经费	民办学校中 举办者投入	捐赠收入	事业收入	#学费	其　　他 教育经费
100.00	84.46	65.92		8.59		4.42	2.53
100.00	84.05	65.16		8.03		5.07	2.85
100.00	81.87	63.84	0.31	6.62		8.22	2.97
100.00	78.91	62.54	0.72	6.55		9.87	3.96
100.00	75.16	58.20	1.08	8.67		10.72	4.37
100.00	73.89	56.94	1.16	8.33		11.54	5.08
100.00	73.57	56.93	1.19	6.74		12.88	5.62
100.00	68.92	56.09	1.63	4.81	20.66	12.54	3.99
100.00	68.29	57.07	1.88	3.76	22.39	13.84	3.68
100.00	66.58	56.94	2.23	2.96	24.38	15.45	3.86
100.00	65.92	58.34	2.76	2.43	24.96	16.08	3.93
100.00	63.71	59.40	3.15	2.32	26.66	16.84	4.16
100.00	62.02	58.29	4.17	1.68	27.73	18.06	4.38
100.00	61.66	58.60	4.80	1.29	27.77	18.59	4.47
100.00	61.30	58.75	5.37	1.11	27.79	18.45	4.42
100.00	64.68	62.51	5.59	0.92	24.53	15.82	4.29
100.00	68.16	66.63	0.67	0.77	26.15	17.54	4.25
100.00	72.06	70.43	0.48	0.71	23.22	16.20	3.53
100.00	74.12	72.56	0.45	0.76	21.38	15.24	3.29
100.00	74.99	72.41	0.54	0.55	20.99	15.42	2.93
100.00	77.87	74.66	0.47	0.47	18.54	13.90	2.66
100.00	80.78	70.89	0.45	0.33	16.12	12.23	2.32
100.00	80.65	70.50	0.49	0.28	16.22	12.31	2.36
100.00	80.53	68.82	0.40	0.24	16.54	12.35	2.28

1-1 续

指　　标	总　　计		
	合　计	中　央	地　方
总　　计	**3280646093**	**321117655**	**2959528438**
一、国家财政性教育经费	2642058205	223626352	2418431853
1.公共财政预算安排的教育经费	2482028455	191331699	2290696756
(1)公共财政教育经费	2257600985	123420648	2134180337
①教育事业费	2065072286	118169968	1946902318
②基本建设经费	54137544	5250680	48886864
③教育费附加	138391156		138391156
(2)其他公共财政预算安排的教育经费	224427469	67911050	156516419
①科研经费	13045079	8021573	5023506
②其他	211382391	59889477	151492914
2.政府性基金预算安排的教育经费	117847245	921545	116925700
(1)地方教育附加	75855131		75855131
(2)其他政府性基金预算安排的教育经费	41992113	921545	41070568
#从土地出让收益中计提的教育资金	27683316		27683316
3.企业办学中的企业拨款	3758596	1994370	1764226
4.校办产业和社会服务收入用于教育的经费	2683439	1515840	1167599
5.其他属于国家财政性教育经费	35740470	27862898	7877572
二、民办学校中举办者投入	13134764		13134764
三、捐赠收入	7967003	2452996	5514007
#港澳台及海外捐赠	873591	171487	702104
四、事业收入	542715808	74942064	467773744
#学费	405303926	29193943	376109983
五、其他教育经费	74770313	20096243	54674070

单位：千元

教育部门和其他部门			企业办学			民办学校
合　计	中　央	地　方	合　计	中　央	地　方	地　方
2986497157	**310986510**	**2675510648**	**22371224**	**10131145**	**12240079**	**271777711**
2593282882	215199235	2378083647	16667779	8427117	8240662	32107543
2443865756	185045541	2258820215	8591164	6286157	2305006	29571535
2220837976	117626776	2103211201	7936982	5793873	2143109	28826027
2031883766	112815236	1919068530	7430311	5354733	2075578	25758209
53269104	4811540	48457564	450140	439140	11000	418300
135685107		135685107	56531		56531	2649518
223027780	67418766	155609014	654182	492284	161898	745507
12962433	7986212	4976222	40601	35361	5240	42044
210065346	59432554	150632793	613581	456923	156658	703463
111347685	907146	110440539	4011117	14399	3996718	2488442
69904724		69904724	3942235		3942235	2008172
41442961	907146	40535815	68882	14399	54483	480270
27507955		27507955	865		865	174496
			3758596	1994370	1764226	
2405344	1400306	1005038	278095	115535	162561	
35664097	27846242	7817855	28807	16656	12151	47566
						13134764
6842349	2427029	4415320	29428	25967	3461	1095226
844319	171487	672832				29272
319290011	73559595	245730416	4943276	1382469	3560807	218482521
203702001	28307371	175394630	3540715	886572	2654143	198061210
67081915	19800651	47281264	730741	295591	435149	6957657

1-2 各级各类教育机构

学校类别	总计	国家财政性教育经费	公共财政预算安排的教育经费	公共财政教育经费	教育事业费	基本建设经费	教育费附加	科研经费	其他
总计	**3280646093**	**2642058205**	**2482028455**	**2257600985**	**2065072286**	**54137544**	**138391156**	**13045079**	**211382391**
一、高等学校	869365509	526320801	475215231	433754645	412329393	15896294	5528958	12693303	28767283
1.普通高等学校	850985515	514487636	467705001	427015924	406132082	15683010	5200832	12687826	28001252
高等本科学校	699208811	423529768	381944434	348465428	333131295	13577308	1756825	12508908	20970097
高职高专学校	151776704	90957868	85760568	78550496	73000787	2105702	3444007	178918	7031155
2.成人高等学校	18379994	11833165	7510229	6738721	6197311	213284	328126	5477	766031
二、中等职业学校	190651999	164733251	154070730	143928899	119768092	3571344	20589463		10141831
1.中等专业学校	87994846	75158433	70021375	65188898	55151340	1883755	8153803		4832478
2.职业高中	70933138	64413158	60574129	57258422	44830921	1453854	10973647		3315707
#农村	32192782	29491969	27893861	26751958	22249869	970664	3531425		1141903
3.技工学校	22887984	17870855	16600483	15361846	14026440	202188	1133219		1238637
4.成人中专学校	8836032	7290806	6874743	6119733	5759391	31547	328796		755010
三、中　学	882555206	776084655	734524184	689408389	623514377	16589573	49304440		45115795
1.普通中学	881913004	775571915	734023018	688953108	623179678	16589573	49183858		45069910
普通高中	335853749	261919171	243995330	229209998	202643408	6186516	20380074		14785332
#农村	142711116	112579608	106402499	101309715	92884413	3283371	5141932		5092783
普通初中	546059255	513652744	490027688	459743110	420536270	10403056	28803784		30284578
#农村	330373639	318791568	307108995	289385301	271708334	6640125	11036842		17723694
2.成人中学	642202	512740	501166	455281	334699		120582		45885
四、小　学	868232079	831565370	798676505	739598247	686599798	11013599	41984850		59078258
1.普通小学	868063629	831446920	798558055	739561050	686576908	11001461	41982681		58997005
#农村	564263903	551407916	533919000	493474872	468515272	7521845	17437754		40444128
2.成人小学	168450	118450	118450	37197	22891	12138	2169		81253
五、特殊教育	10186542	9890611	9176371	8585428	7683574	253595	648259		590943
1.特殊教育学校	9593730	9320911	8648457	8122381	7264595	250872	606915		526076
2.工读学校	592811	569699	527914	463047	418979	2723	41345		64867
六、幼儿园	204875714	93405194	85268543	81390588	72270983	2187236	6932369		3877955
#农村	90297905	46136715	43336700	41813685	38040567	1718560	2054557		1523015
七、教育行政单位	41894888	39440058	37417911	33878928	29255504	1260084	3363340		3538983
八、教育事业单位	80127863	70585405	65189011	57778216	50089074	1646083	6043059		7410795
九、其　他	132756294	130032859	122489969	69277645	63561491	1719736	3996418	351776	52860549

教育经费收入情况(全国)

单位：千元

政府性基金预算安排的教育经费	#地方教育附加	#从土地出让收益中计提的教育资金	企业办学中的企业拨款	校办产业和社会服务收入用于教育的经费	其他属于国家财政性教育经费	民办学校中举办者投入	捐赠收入	事业收入	#学费	其他教育经费
117847245	**75855131**	**27683316**	**3758596**	**2683439**	**35740470**	**13134764**	**7967003**	**542715808**	**405303926**	**74770313**
14762964	10183302		1274121	2006110	33062376	1915420	4040722	294574195	202644951	42514372
10510741	6102620		1239396	1970432	33062066	1915420	4039359	288617046	198087097	41926054
6752915	4352811		157515	1699327	32975577	1031356	3852601	233650394	152688574	37144692
3757826	1749810		1081881	271105	86489	884064	186757	54966652	45398523	4781362
4252222	4080682		34725	35678	311		1363	5957149	4557854	588318
10102467	6470539	2243997	323444	236610		542443	207246	19293930	12368344	5875129
4873249	2886296	1021059	145456	118352		220649	104378	9192585	6053208	3318801
3802153	2518922	1016071	33551	3326		264522	62708	4853117	3247659	1339633
1570000	1000776	451941	25589	2519		107265	21279	2130197	1317141	442072
1085062	852344	157338	109012	76298		32471	13254	3984836	2459380	986567
342003	212977	49529	35426	38634		24801	26905	1263392	608097	230128
40951870	25148486	12949239	548654	59947		3634422	1932557	90174759	70061929	10728813
40940296	25139968	12946494	548654	59947		3634422	1932435	90086750	70035886	10687482
17656405	9992134	6397871	217323	50113		1486984	1087897	66201379	50939213	5158318
6119553	2883756	2728782	54152	3404		645324	422452	27788397	20663730	1275334
23283891	15147833	6548623	331331	9834		2147439	844538	23885371	19096673	5529164
11462878	7222035	3371849	216722	2973		1274890	359482	8019960	6087067	1927739
11573	8519	2745					122	88009	26042	41331
32471166	21913757	8502859	416166	1533		2886545	1072718	25660772	21650910	7046673
32471166	21913757	8502859	416166	1533		2886545	1022718	25660772	21650910	7046673
17217332	11024672	4833677	270777	807		1479084	570464	8226498	6488399	2579942
							50000			
714062	391795	198031		178		3385	38828	69331	31198	184386
672395	355962	193232		60		3385	38815	67797	31198	162822
41667	35833	4799		118			13	1535		21564
6951528	4656165	2037684	1171308	13815		4152548	237494	103766607	98208554	3313872
2561658	1512978	956612	236885	1473		1586614	98600	41389558	39506099	1086418
2018265	1370083	255121	3882				74814	587239		1792776
5073042	2396986	781266	4399	318953			346550	6566550		2629358
4801881	3324018	715118	16623	46293	2678094		16075	2022426	338040	684934

1-3 各级各类教育机构

学校类别	总计	国家财政性教育经费	公共财政预算安排的教育经费	公共财政教育经费	教育事业费	基本建设经费	教育费附加	科研经费	其他
总计	**328366025**	**230874723**	**200133901**	**129561360**	**124304602**	**5250680**	**6078**	**9200210**	**61372331**
一、高等学校	256135196	163979125	136400302	118956826	114027696	4923840	5290	9047210	8396266
1.普通高等学校	255258872	163836383	136259266	118835926	113906796	4923840	5290	9047210	8376130
高等本科学校	253319211	162690650	135716640	118390820	113461690	4923840	5290	9046760	8279060
高职高专学校	1939661	1145733	542626	445106	445106			450	97070
2.成人高等学校	876324	142743	141036	120900	120900				20136
二、中等职业学校	993632	594363	481400	456007	445259	10000	748		25393
1.中等专业学校	664898	436655	383261	361720	351720	10000			21541
2.职业高中	83871	18364	13055	13055	12307		748		
#农村	11886	11646	6337	6337	5589		748		
3.技工学校	192823	90390	62014	58728	58728				3285
4.成人中专学校	52041	48954	23070	22503	22503				567
三、中学	4139368	3347910	2954093	2810867	2702099	108767			143226
1.普通中学	4139368	3347910	2954093	2810867	2702099	108767			143226
普通高中	1943786	1370274	1240115	1213086	1190446	22640			27029
#农村	428250	351627	301299	279623	271560	8064			21676
普通初中	2195582	1977637	1713979	1597781	1511654	86127			116198
#农村	1367080	1331271	1132528	1028961	946471	82490			103567
2.成人中学									
四、小学	2974555	2748623	2452328	2270884	2139521	131323	40		181444
1.普通小学	2974555	2748623	2452328	2270884	2139521	131323	40		181444
#农村	2087395	2003907	1773971	1614831	1484644	130186			159140
2.成人小学									
五、特殊教育									
1.特殊教育学校									
2.工读学校									
六、幼儿园	2272899	891470	306066	267533	239683	27850			38533
#农村	461662	329281	195381	185898	158048	27850			9483
七、教育行政单位	3596494	3399193	3395311	2856011	2856011				539300
八、教育事业单位	6511195	4839342	3929873	964355	964355				2965517
九、其他	51742686	51074697	50214529	978878	929978	48900		153000	49082651

教育经费收入情况(中央)

单位：千元

政府性基金预算安排的教育经费	#地方教育附加	#从土地出让收益中计提的教育资金	企业办学中的企业拨款	校办产业和社会服务收入用于教育的经费	其他属于国家财政性教育经费	民办学校中举办者投入	捐赠收入	事业收入	#学费	其他教育经费
951263	**12640**	**400**	**1994370**	**1515840**	**26279348**		**2452996**	**74942064**	**29193943**	**20096243**
127500	12210		637830	1368146	25445348		2106414	71547862	27862999	18501795
127500	12210		636347	1367921	25445348		2106414	70905366	27283821	18410710
111560	12210		141793	1275565	25445091		2105604	70238972	26807458	18283985
15940			494554	92356	257		810	666393	476362	126725
			1482	225				642496	579179	91085
60			81900	31003			1216	236599	111705	161455
60			49191	4142			1006	149359	64835	77879
			5309					1344	1294	64162
			5309					239	239	
			19342	9034			210	84503	44256	17721
			8057	17827				1393	1321	1693
12091			379211	2515			18799	354003	204561	418656
12091			379211	2515			18799	354003	204561	418656
3290			124354	2515			8977	284379	203560	280156
471			49856					61291	47941	15332
8801			254857				9822	69624	1001	138499
2710			196033				2257	24631	1001	8921
5506		400	290790				21037	85764	1734	119130
5506		400	290790				21037	85764	1734	119130
4464		400	225472				3417	71108	1734	8962
3406	430		579736	2262			22978	1113056	966535	245394
10			133890				187	106302	86678	25893
			3882					11351		185950
802700			4399	102370			271955	1098520		301378
			16623	9544	834000		10597	494908	46408	162484

1-4　各级各类教育机构

学校类别	总　计	国家财政性教育经费	公共财政预算安排的教育经费	公共财政教育经费	教育事业费	基本建设经费	教育费附加	科研经费	其他
总　计	**2952280067**	**2411183482**	**2281894554**	**2128039625**	**1940767684**	**48886864**	**138385078**	**3844869**	**150010060**
一、高等学校	613230313	362341676	338814929	314797819	298301697	10972454	5523668	3646093	20371017
1.普通高等学校	595726643	350651254	331445735	308179998	292225286	10759170	5195542	3640616	19625122
高等本科学校	445889600	260839119	246227794	230074608	219669605	8653468	1751535	3462149	12691037
高职高专学校	149837042	89812135	85217942	78105390	72555681	2105702	3444007	178468	6934084
2.成人高等学校	17503670	11690422	7369193	6617821	6076411	213284	328126	5477	745895
二、中等职业学校	189658367	164138889	153589330	143472892	119322833	3561344	20588715		10116438
1.中等专业学校	87329948	74721778	69638114	64827178	54799620	1873755	8153803		4810936
2.职业高中	70849267	64394794	60561073	57245367	44818614	1453854	10972899		3315707
#农村	32180896	29480322	27887523	26745621	22244280	970664	3530677		1141903
3.技工学校	22695161	17780465	16538469	15303118	13967711	202188	1133219		1235351
4.成人中专学校	8783991	7241851	6851673	6097230	5736888	31547	328796		754443
三、中　学	878415838	772736745	731570091	686597523	620812278	16480805	49304440		44972568
1.普通中学	877773636	772224005	731068925	686142241	620477578	16480805	49183858		44926683
普通高中	333909963	260548898	242755215	227996912	201452962	6163876	20380074		14758303
#农村	142282866	112227982	106101200	101030092	92612853	3275308	5141932		5071108
普通初中	543863674	511675107	488313709	458145329	419024616	10316929	28803784		30168380
#农村	329006559	317460297	305976467	288356340	270761864	6557635	11036842		17620127
2.成人中学	642202	512740	501166	455281	334699		120582		45885
四、小　学	865257524	828816747	796224177	737327363	684460277	10882277	41984810		58896814
1.普通小学	865089074	828698297	796105727	737290166	684437386	10870139	41982641		58815561
#农村	562176508	549404008	532145029	491860041	467030628	7391659	17437754		40284988
2.成人小学	168450	118450	118450	37197	22891	12138	2169		81253
五、特殊教育	10186542	9890611	9176371	8585428	7683574	253595	648259		590943
1.特殊教育学校	9593730	9320911	8648457	8122381	7264595	250872	606915		526076
2.工读学校	592811	569699	527914	463047	418979	2723	41345		64867
六、幼儿园	202602815	92513724	84962477	81123055	72031300	2159386	6932369		3839422
#农村	89836243	45807434	43141319	41627786	37882519	1690710	2054557		1513533
七、教育行政单位	38298393	36040865	34022601	31022918	26399494	1260084	3363340		2999683
八、教育事业单位	73616668	65746063	61259138	56813860	49124719	1646083	6043059		4445278
九、其　他	81013608	78958163	72275440	68298767	62631513	1670836	3996418	198776	3777897

教育经费收入情况(地方)

单位：千元

政府性基金预算安排的教育经费	#地方教育附加	#从土地出让收益中计提的教育资金	企业办学中的企业拨款	校办产业和社会服务收入用于教育的经费	其他属于国家财政性教育经费	民办学校中举办者投入	捐赠收入	事业收入	#学费	其他教育经费
116895981	**75842491**	**27682916**	**1764226**	**1167599**	**9461122**	**13134764**	**5514007**	**467773744**	**376109983**	**54674070**
14635464	10171092		636291	637964	7617028	1915420	1934308	223026333	174781952	24012577
10383241	6090410		603048	602511	7616718	1915420	1932945	217711680	170803276	23515344
6641355	4340601		15722	423762	7530486	1031356	1746998	163411421	125881116	18860707
3741886	1749810		587327	178749	86232	884064	185947	54300258	44922160	4654637
4252222	4080682		33243	35453	311		1363	5314653	3978676	497233
10102407	6470539	2243997	241544	205607		542443	206030	19057331	12256639	5713674
4873189	2886296	1021059	96265	114210		220649	103372	9043226	5988373	3240922
3802153	2518922	1016071	28241	3326		264522	62708	4851772	3246365	1275471
1570000	1000776	451941	20280	2519		107265	21279	2129958	1316902	442072
1085062	852344	157338	89669	67264		32471	13044	3900334	2415125	968846
342003	212977	49529	27369	20807		24801	26905	1261999	606776	228434
40939778	25148486	12949239	169443	57433		3634422	1913758	89820756	69857368	10310157
40928205	25139968	12946494	169443	57433		3634422	1913636	89732747	69831325	10268826
17653115	9992134	6397871	92969	47598		1486984	1078920	65917000	50735653	4878162
6119082	2883756	2728782	4296	3404		645324	422452	27727106	20615789	1260003
23275090	15147833	6548623	76474	9834		2147439	834717	23815747	19095673	5390664
11460168	7222035	3371849	20689	2973		1274890	357225	7995329	6086067	1918818
11573	8519	2745					122	88009	26042	41331
32465660	21913757	8502459	125376	1533		2886545	1051681	25575008	21649176	6927542
32465660	21913757	8502459	125376	1533		2886545	1001681	25575008	21649176	6927542
17212868	11024672	4833277	45304	807		1479084	567047	8155390	6486665	2570979
							50000			
714062	391795	198031		178		3385	38828	69331	31198	184386
672395	355962	193232		60		3385	38815	67797	31198	162822
41667	35833	4799		118			13	1535		21564
6948122	4655735	2037684	591572	11552		4152548	214515	102653550	97242018	3068477
2561648	1512978	956612	102995	1473		1586614	98413	41283256	39419421	1060525
2018265	1370083	255121					74814	575888		1606826
4270342	2396986	781266		216583			74596	5468030		2327980
4801881	3324018	715118		36748	1844094		5478	1527518	291632	522450

1-5 各级各类教育机构教育经费

学校类别	总 计	国家财政性教育经费	公共财政预算安排的教育经费	公共财政教育经费	教育事业费	基本建设经费	教育费附加	科研经费	其他
总 计	**2985802393**	**2592588117**	**2443177580**	**2220226478**	**2031298979**	**53269104**	**135658396**	**12959423**	**209991679**
一、高等学校	775393937	510173183	465019233	423890324	403127023	15357994	5405307	12607647	28521263
1.普通高等学校	761237639	502351066	457549274	417188204	396966313	15144710	5077181	12602170	27758900
高等本科学校	630333962	415774962	374773492	341502204	326799313	13039008	1663883	12432725	20838563
高职高专学校	130903677	86576103	82775782	75685999	70166999	2105702	3413298	169445	6920338
2.成人高等学校	14156298	7822117	7469959	6702120	6160710	213284	328126	5477	762362
二、中等职业学校	178598740	159429957	149348933	139353073	115463742	3550344	20338987		9995860
1.中等专业学校	83355876	72825920	67971675	63223968	53311719	1867755	8044494		4747707
2.职业高中	66774073	62774114	58995088	55706781	43385477	1453854	10867450		3288307
#农村	30458488	28819534	27264559	26129157	21667595	970664	3490897		1135402
3.技工学校	20236757	16745294	15635725	14421001	13125137	197188	1098675		1214724
4.成人中专学校	8232035	7084628	6746445	6001323	5641408	31547	328368		745122
三、中 学	819278395	765176594	724556123	679950165	614818583	16488305	48643277		44605957
1.普通中学	818636193	764663855	724054956	679494884	614483884	16488305	48522695		44560072
普通高中	305620392	258432358	240905831	226260221	199961872	6168453	20129896		14645610
#农村	132964718	111062869	104955076	99926486	91530945	3275308	5120234		5028589
普通初中	513015802	506231496	483149126	453234663	414522012	10319852	28392799		29914462
#农村	316975961	314387467	302950039	285424857	267909234	6557635	10957988		17525182
2.成人中学	642202	512740	501166	455281	334699		120582		45885
四、小 学	830416808	822670228	790652351	731902512	679946334	10882277	41073901		58749839
1.普通小学	830248358	822551778	790533901	731865315	679923443	10870139	41071733		58668586
#农村	549607009	546475508	529311203	489094118	464366811	7391659	17335648		40217084
2.成人小学	168450	118450	118450	37197	22891	12138	2169		81253
五、特殊教育	10111123	9861850	9148163	8557324	7655989	253595	647740		590839
1.特殊教育学校	9518311	9292150	8620249	8094277	7237009	250872	606396		525973
2.工读学校	592811	569699	527914	463047	418979	2723	41345		64867
六、幼儿园	117588325	85537556	79642738	75890351	67584399	2159586	6146366		3752387
#农村	58794163	42926812	40447528	38968669	35382973	1690910	1894786		1478859
七、教育行政单位	41800119	39370143	37351879	33839571	29216147	1260084	3363340		3512308
八、教育事业单位	80088388	70546297	65157001	57746837	50057696	1646083	6043059		7410164
九、其 他	132526558	129822310	122301158	69096321	63429067	1670836	3996418	351776	52853061

收入情况(全国教育和其他部门)

单位：千元

政府性基金预算安排的教育经费	#地方教育附加	#从土地出让收益中计提的教育资金	企业办学中的企业拨款	校办产业和社会服务收入用于教育的经费	其他属于国家财政性教育经费	民办学校中举办者投入	捐赠收入	事业收入	#学费	其他教育经费
111341097	**69904204**	**27507555**		**2405344**	**35664097**		**6842349**	**319290011**	**203702001**	**67081915**
10325740	5952537			1842206	32986003		3857751	221269682	136120669	40093322
10003518	5801855			1812581	32985693		3856388	215494869	131703836	39535317
6397782	4151176			1699027	32904661		3712004	175380128	99225120	35466868
3605736	1650680			113554	81032		144384	40114741	32478716	4068449
322222	150682			29625	311		1363	5774813	4416833	558005
9949059	6407909	2229512		131965			162599	13818744	8130795	5187440
4774491	2861772	1019858		79754			90890	7344764	4567965	3094302
3775732	2501940	1008659		3294			53175	2833476	1668705	1113307
1552457	991028	445034		2519			19128	1272274	678057	347552
1064750	833622	156947		44819			11908	2698205	1545723	781350
334085	210575	44048		4098			6627	942299	348402	198481
40560524	24889950	12893212		59947			1299975	43829762	30410175	8972064
40548951	24881431	12890467		59947			1299853	43741752	30384132	8930733
17476415	9918223	6357376		50113			793817	41862013	30384132	4532203
6104389	2875092	2724908		3404			381976	20395647	14783947	1124226
23072536	14963207	6533091		9834			506036	1879739		4398530
11434456	7205231	3363829		2973			272830	683321		1632343
11573	8519	2745					122	88009	26042	41331
32016782	21511399	8463302		1094			863698	1236163		5646720
32016782	21511399	8463302		1094			813698	1236163		5646720
17163937	11000877	4809515		368			519711	565593		2046197
							50000			
713509	391777	198031		178			35978	33766	77	179528
671842	355944	193232		60			35965	32232	77	157964
41667	35833	4799		118			13	1535		21564
5884995	3659544	1971993		9823			185068	29940141	28709751	1925559
2477811	1460523	927585		1473			76576	15147950	14686822	642825
2018265	1370083	255121					74814	587239		1767922
5070342	2396986	781266		318953			346550	6566313		2629228
4801881	3324018	715118		41177	2678094		15915	2008201	330535	680132

1-6 各级各类教育机构教育经费

学校类别	总计	国家财政性教育经费	公共财政预算安排的教育经费	公共财政教育经费	教育事业费	基本建设经费	教育费附加	科研经费	其他
总计	**318124857**	**222337582**	**193753285**	**123680698**	**118863828**	**4811540**	**5330**	**9164849**	**60907738**
一、高等学校	252913938	161767591	134942818	117615327	112806197	4803840	5290	9011849	8315642
1.普通高等学校	252107398	161657828	134833055	117523441	112714311	4803840	5290	9011849	8297765
高等本科学校	251443021	161313760	134507910	117242470	112433340	4803840	5290	9011849	8253591
高职高专学校	664377	344068	325145	280971	280971				44174
2.成人高等学校	806540	109763	109763	91886	91886				17877
二、中等职业学校	278740	134629	124077	114796	114796				9281
1.中等专业学校	194805	121501	117359	108078	108078				9281
2.职业高中	71985	6718	6718	6718	6718				
#农村									
3.技工学校	10584	6410							
4.成人中专学校	1366								
三、中学	1540529	935700	933185	927479	919979	7500			5706
1.普通中学	1540529	935700	933185	927479	919979	7500			5706
普通高中	1004797	583316	580801	577458	572882	4576			3343
#农村	6738	3499	3499	2986	2986				513
普通初中	535732	352384	352384	350021	347097	2924			2364
#农村	17872	4052	4052	3564	3564				487
2.成人中学									
四、小学	627529	436298	436298	431626	431586		40		4672
1.普通小学	627529	436298	436298	431626	431586		40		4672
#农村	78152	10450	10450	10435	10435				15
2.成人小学									
五、特殊教育									
1.特殊教育学校									
2.工读学校									
六、幼儿园	1277725	69706	64048	44286	44086	200			19762
#农村	73763	6817	6817	6817	6617	200			
七、教育行政单位	3501725	3329278	3329278	2816653	2816653				512624
八、教育事业单位	6471720	4800233	3897863	932977	932977				2964886
九、其他	51512950	50864147	50025718	797554	797554			153000	49075164

收入情况(中央教育和其他部门)

单位：千元

政府性基金预算安排的教育经费	#地方教育附加	#从土地出让收益中计提的教育资金	企业办学中的企业拨款	校办产业和社会服务收入用于教育的经费	其他属于国家财政性教育经费	民办学校中举办者投入	捐赠收入	事业收入	#学费	其他教育经费
930846	**12640**			**1400306**	**26253145**		**2427029**	**73559595**	**28307371**	**19800651**
127450	12210			1278178	25419145		2105850	70654683	27321826	18385815
127450	12210			1278178	25419145		2105850	70048860	26779321	18294859
111510	12210			1275265	25419075		2105140	69764502	26556689	18259619
15940				2912	70		710	284358	222632	35241
								605822	542505	90955
				10552				72279	24852	71832
				4142				67190	19813	6114
								1105	1055	64162
				6410				3984	3984	190
										1366
				2515			10059	219532	111199	375237
				2515			10059	219532	111199	375237
				2515			8852	165574	111199	247055
								1600	643	1639
							1208	53958		128182
								12514		1306
							6253	75057		109921
							6253	75057		109921
								63894		3808
3396	430			2262			22475	947725	810592	237819
							40	41787	29038	25119
								11351		161096
800000				102370			271955	1098284		301248
				4429	834000		10437	480683	38903	157682

1-7 各级各类教育机构教育经费

学校类别	总计	国家财政性教育经费	公共财政预算安排的教育经费	公共财政教育经费	教育事业费	基本建设经费	教育费附加	科研经费	其他
总　计	**2667677536**	**2370250536**	**2249424295**	**2096545780**	**1912435151**	**48457564**	**135653066**	**3794574**	**149083941**
一、高等学校	522479999	348405592	330076415	306274996	290320825	10554154	5400017	3595798	20205621
1.普通高等学校	509130241	340693238	322716219	299664762	284252001	10340870	5071891	3590321	19461135
高等本科学校	378890941	254461202	240265582	224259734	214365973	8235168	1658593	3420876	12584972
高职高专学校	130239301	86232036	82450637	75405028	69886028	2105702	3413298	169445	6876164
2.成人高等学校	13349758	7712354	7360197	6610234	6068824	213284	328126	5477	744486
二、中等职业学校	178320000	159295328	149224856	139238277	115348946	3550344	20338987		9986579
1.中等专业学校	83161071	72704419	67854316	63115890	53203641	1867755	8044494		4738426
2.职业高中	66702088	62767396	58988370	55700063	43378759	1453854	10867450		3288307
#农村	30458488	28819534	27264559	26129157	21667595	970664	3490897		1135402
3.技工学校	20226173	16738884	15635725	14421001	13125137	197188	1098675		1214724
4.成人中专学校	8230669	7084628	6746445	6001323	5641408	31547	328368		745122
三、中　学	817737866	764240894	723622938	679022686	613898604	16480805	48643277		44600251
1.普通中学	817095665	763728155	723121771	678567405	613563905	16480805	48522695		44554366
普通高中	304615595	257849043	240325030	225682762	199388990	6163876	20129896		14642268
#农村	132957980	111059370	104951576	99923500	91527958	3275308	5120234		5028077
普通初中	512480070	505879112	482796741	452884643	414174915	10316929	28392799		29912099
#农村	316958090	314383416	302945987	285421292	267905670	6557635	10957988		17524695
2.成人中学	642202	512740	501166	455281	334699		120582		45885
四、小　学	829789279	822233930	790216053	731470886	679514748	10882277	41073861		58745167
1.普通小学	829620829	822115480	790097603	731433689	679491857	10870139	41071693		58663915
#农村	549528857	546465058	529300753	489083684	464356377	7391659	17335648		40217069
2.成人小学	168450	118450	118450	37197	22891	12138	2169		81253
五、特殊教育	10111123	9861850	9148163	8557324	7655989	253595	647740		590839
1.特殊教育学校	9518311	9292150	8620249	8094277	7237009	250872	606396		525973
2.工读学校	592811	569699	527914	463047	418979	2723	41345		64867
六、幼儿园	116310600	85467850	79578690	75846066	67540313	2159386	6146366		3732625
#农村	58720400	42919994	40440711	38961852	35376356	1690710	1894786		1478859
七、教育行政单位	38298393	36040865	34022601	31022918	26399494	1260084	3363340		2999683
八、教育事业单位	73616668	65746063	61259138	56813860	49124719	1646083	6043059		4445278
九、其　他	81013608	78958163	72275440	68298767	62631513	1670836	3996418	198776	3777897

收入情况(地方教育和其他部门)

单位：千元

政府性基金预算安排的教育经费	#地方教育附加	#从土地出让收益中计提的教育资金	企业办学中的企业拨款	校办产业和社会服务收入用于教育的经费	其他属于国家财政性教育经费	民办学校中举办者投入	捐赠收入	事业收入	#学费	其他教育经费
110410251	**69891564**	**27507555**		**1005038**	**9410952**		**4415320**	**245730416**	**175394630**	**47281264**
10198290	5940327			564028	7566858		1751901	150614999	108798843	21707507
9876068	5789645			534404	7566548		1750538	145446008	104924516	21240457
6286272	4138966			423762	7485586		1606864	105615626	72668431	17207249
3589796	1650680			110642	80962		143674	39830382	32256085	4033209
322222	150682			29625	311		1363	5168991	3874328	467050
9949059	6407909	2229512		121413			162599	13746465	8105943	5115608
4774491	2861772	1019858		75612			90890	7277574	4548152	3088188
3775732	2501940	1008659		3294			53175	2832371	1667650	1049146
1552457	991028	445034		2519			19128	1272274	678057	347552
1064750	833622	156947		38409			11908	2694221	1541739	781160
334085	210575	44048		4098			6627	942299	348402	197115
40560524	24889950	12893212		57433			1289916	43610229	30298975	8596827
40548951	24881431	12890467		57433			1289794	43522220	30272933	8555496
17476415	9918223	6357376		47598			784966	41696439	30272933	4285147
6104389	2875092	2724908		3404			381976	20394047	14783303	1122587
23072536	14963207	6533091		9834			504828	1825781		4270348
11434456	7205231	3363829		2973			272830	670807		1631037
11573	8519	2745					122	88009	26042	41331
32016782	21511399	8463302		1094			857445	1161106		5536798
32016782	21511399	8463302		1094			807445	1161106		5536798
17163937	11000877	4809515		368			519711	501699		2042389
							50000			
713509	391777	198031		178			35978	33766	77	179528
671842	355944	193232		60			35965	32232	77	157964
41667	35833	4799		118			13	1535		21564
5881599	3659114	1971993		7561			162594	28992416	27899159	1687740
2477811	1460523	927585		1473			76536	15106163	14657784	617706
2018265	1370083	255121					74814	575888		1606826
4270342	2396986	781266	216583				74596	5468030		2327980
4801881	3324018	715118		36748	1844094		5478	1527518	291632	522450

1-8 各级各类教育机构

学校类别	总计	国家财政性教育经费	公共财政预算安排的教育经费	公共财政教育经费	教育事业费	基本建设经费	教育费附加	科研经费	其他
总计	**22537720**	**16834275**	**8751408**	**8083470**	**7576052**	**450140**	**57279**	**40601**	**627337**
一、高等学校	11054363	8132649	2677785	2528900	2400260	120000	8640	40601	108284
1.普通高等学校	6830667	4121601	2637515	2492300	2363660	120000	8640	40601	104615
高等本科学校	1924788	1392611	1208730	1148350	1028350	120000		34911	25469
高职高专学校	4905879	2728990	1428785	1343950	1335310		8640	5690	79146
2.成人高等学校	4223696	4011048	40270	36601	36601				3669
二、中等职业学校	2643068	1586601	1155086	1096791	1071382	21000	4409		58295
1.中等专业学校	1166045	858281	674136	636911	620811	16000	100		37225
2.职业高中	157877	94307	60665	60655	59887		768		10
#农村	65032	36845	11256	11256	10508		748		
3.技工学校	1180633	517664	374397	362250	353709	5000	3541		12147
4.成人中专学校	138514	116349	45887	36974	36974				8913
三、中学	3003776	2759340	2198263	1973033	1844984	101267	26782		225230
1.普通中学	3003776	2759340	2198263	1973033	1844984	101267	26782		225230
普通高中	1154389	969791	749155	671627	633437	18064	20127		77528
#农村	442511	357401	302754	281591	273496	8064	32		21163
普通初中	1849387	1789549	1449108	1301406	1211547	83204	6655		147702
#农村	1423025	1390770	1171029	1064081	981084	82490	507		106948
2.成人中学									
四、小学	2586312	2512274	2089767	1908821	1769275	131323	8223		180946
1.普通小学	2586312	2512274	2089767	1908821	1769275	131323	8223		180946
#农村	2119099	2093716	1817639	1654536	1523413	130186	936		163104
2.成人小学									
五、特殊教育									
1.特殊教育学校									
2.工读学校									
六、幼儿园	2886220	1523838	343654	323866	286991	27650	9225		19788
#农村	629255	444411	207004	197296	169530	27650	116		9708
七、教育行政单位	94769	69915	66033	39357	39357				26676
八、教育事业单位	39474	39108	32009	31379	31379				631
九、其他	229736	210549	188811	181324	132424	48900			7487

教育经费收入情况(企业办)

单位：千元

政府性基金预算安排的教育经费	#地方教育附加	#从土地出让收益中计提的教育资金	企业办学中的企业拨款	校办产业和社会服务收入用于教育的经费	其他属于国家财政性教育经费	民办学校中举办者投入	捐赠收入	事业收入	#学费	其他教育经费
4017369	**3942468**	**1265**	**3758596**	**278095**	**28807**		**29428**	**4943276**	**3540715**	**730741**
3988033	3935600		1274121	163904	28807		778	2588941	1755430	331996
58033	5600		1239396	157851	28807		778	2406605	1614408	301683
50			157515	300	26016		464	506659	274990	25054
57983	5600		1081881	157551	2791		314	1899946	1339418	276628
3930000	3930000		34725	6053				182336	141022	30313
3426	1745	391	323444	104645			2132	800919	409798	253416
90			145456	38598			1411	209460	130284	96894
60	60		33551	32				60749	22569	2821
			25589					28186	574	
2776	1185	391	109012	31479			721	509691	248535	152556
500	500		35426	34536				21019	8410	1146
12423	332		548654				8739	191996	130960	43700
12423	332		548654				8739	191996	130960	43700
3313	23		217323				126	151303	113884	33169
494	23		54152					71384	53863	13726
9110	309		331331				8614	40693	17076	10531
3019	309		216722				2257	22221	6124	7777
5903	397	400	416166	439			16059	47442	32578	10537
5903	397	400	416166	439			16059	47442	32578	10537
4861	397	400	270777	439			3551	16040	6683	5792
4884	4394	475	1171308	3992			1560	1299517	1204443	61305
522	512		236885				361	174207	159616	10277
			3882							24854
2700			4399					236		130
			16623	5115			160	14225	7505	4802

1-9 各级各类教育机构

学校类别	总计	国家财政性教育经费	公共财政预算安排的教育经费	公共财政教育经费	教育事业费	基本建设经费	教育费附加	科研经费	其他
总计	**10241169**	**8537141**	**6380616**	**5880662**	**5440774**	**439140**	**748**	**35361**	**464593**
一、高等学校	3221258	2211535	1457484	1341499	1221499	120000		35361	80624
1.普通高等学校	3151474	2178555	1426211	1312485	1192485	120000		35361	78365
高等本科学校	1876190	1376889	1208730	1148350	1028350	120000		34911	25469
高职高专学校	1275285	801665	217481	164135	164135			450	52896
2.成人高等学校	69784	32980	31273	29014	29014				2259
二、中等职业学校	714892	459734	357323	341211	330463	10000	748		16112
1.中等专业学校	470093	315154	265902	253642	243642	10000			12260
2.职业高中	11886	11646	6337	6337	5589		748		
#农村	11886	11646	6337	6337	5589		748		
3.技工学校	182239	83980	62014	58728	58728				3285
4.成人中专学校	50675	48954	23070	22503	22503				567
三、中学	2598839	2412210	2020908	1883388	1782120	101267			137520
1.普通中学	2598839	2412210	2020908	1883388	1782120	101267			137520
普通高中	938989	786958	659314	635628	617564	18064			23686
#农村	421512	348128	297800	276637	268574	8064			21163
普通初中	1659850	1625253	1361594	1247760	1164557	83204			113834
#农村	1349208	1327220	1128477	1025396	942906	82490			103080
2.成人中学									
四、小学	2347026	2312326	2016030	1839258	1707935	131323			176772
1.普通小学	2347026	2312326	2016030	1839258	1707935	131323			176772
#农村	2009243	1993458	1763521	1604396	1474210	130186			159125
2.成人小学									
五、特殊教育									
1.特殊教育学校									
2.工读学校									
六、幼儿园	995174	821764	242018	223247	195597	27650			18771
#农村	387899	322464	188564	179081	151431	27650			9483
七、教育行政单位	94769	69915	66033	39357	39357				26676
八、教育事业单位	39474	39108	32009	31379	31379				631
九、其他	229736	210549	188811	181324	132424	48900			7487

教育经费收入情况(中央企业办)

单位：千元

政府性基金预算安排的教育经费	#地方教育附加	#从土地出让收益中计提的教育资金	企业办学中的企业拨款	校办产业和社会服务收入用于教育的经费	其他属于国家财政性教育经费	民办学校中举办者投入	捐赠收入	事业收入	#学费	其他教育经费
20417		**400**	**1994370**	**115535**	**26203**		**25967**	**1382469**	**886572**	**295591**
50			637830	89968	26203		564	893180	541174	115980
50			636347	89743	26203		564	856506	504500	115851
50			141793	300	26016		464	474471	250769	24366
			494554	89443	187		100	382035	253731	91484
			1482	225				36674	36674	130
60			81900	20451			1216	164319	86854	89622
60			49191				1006	82168	45022	71765
			5309					239	239	
			5309					239	239	
			19342	2624			210	80519	40272	17531
			8057	17827				1393	1321	327
12091			379211				8739	134471	93362	43418
12091			379211				8739	134471	93362	43418
3290			124354				126	118805	92361	33101
471			49856					59691	47298	13693
8801			254857				8614	15666	1001	10317
2710			196033				2257	12117	1001	7615
5506		400	290790				14785	10706	1734	9209
5506		400	290790				14785	10706	1734	9209
4464		400	225472				3417	7214	1734	5154
10			579736				504	165331	155943	7575
10			133890				147	64515	57640	774
			3882							24854
2700			4399					236		130
			16623	5115			160	14225	7505	4802

1-10　各级各类教育机构教育

学校类别	总　计	国　家 财政性 教育经费							
			公共财政 预算安排 的教育经费						
				公共财政 教育经费				科研经费	其他
					教　育 事业费	基本建设 经　　费	教育费 附　加		
总　　计	**12296551**	**8297134**	**2370792**	**2202808**	**2135278**	**11000**	**56531**	**5240**	**162744**
一、高等学校	7833105	5921114	1220301	1187402	1178762		8640	5240	27660
1.普通高等学校	3679193	1943047	1211305	1179815	1171175		8640	5240	26250
高等本科学校	48598	15722							
高职高专学校	3630595	1927325	1211305	1179815	1171175		8640	5240	26250
2.成人高等学校	4153913	3978068	8997	7587	7587				1410
二、中等职业学校	1928176	1126867	797763	755580	740919	11000	3661		42183
1.中等专业学校	695952	543127	408234	383269	377169	6000	100		24966
2.职业高中	145991	82661	54328	54318	54298		20		10
#农村	53146	25199	4919	4919	4919				
3.技工学校	998393	433684	312383	303522	294981	5000	3541		8862
4.成人中专学校	87839	67395	22817	14471	14471				8346
三、中　学	404937	347130	177355	89645	62863		26782		87710
1.普通中学	404937	347130	177355	89645	62863		26782		87710
普通高中	215400	182833	89841	35999	15873		20127		53842
#农村	21000	9273	4954	4954	4923		32		
普通初中	189537	164296	87513	53646	46991		6655		33868
#农村	73817	63551	42553	38685	38178		507		3868
2.成人中学									
四、小　学	239286	199949	73737	69563	61340		8223		4174
1.普通小学	239286	199949	73737	69563	61340		8223		4174
#农村	109856	100258	54118	50140	49203		936		3978
2.成人小学									
五、特殊教育									
1.特殊教育学校									
2.工读学校									
六、幼儿园	1891046	702075	101636	100619	91394		9225		1017
#农村	241356	121947	18440	18215	18098		116		225
七、教育行政单位									
八、教育事业单位									
九、其　他									

经费收入情况(地方企业办)

单位：千元

政府性基金预算安排的教育经费	#地方教育附加	#从土地出让收益中计提的教育资金	企业办学中的企业拨款	校办产业和社会服务收入用于教育的经费	其他属于国家财政性教育经费	民办学校中举办者投入	捐赠收入	事业收入	#学费	其他教育经费
3996952	**3942468**	**865**	**1764226**	**162561**	**2604**		**3461**	**3560807**	**2654143**	**435149**
3987983	3935600		636291	73936	2604		214	1695761	1214257	216015
57983	5600		603048	68107	2604		214	1550099	1109909	185832
			15722					32188	24221	688
57983	5600		587327	68107	2604		214	1517911	1085688	185144
3930000	3930000		33243	5828				145662	104348	30183
3366	1745	391	241544	84194			916	636599	322944	163794
30			96265	38598			405	127291	85262	25129
60	60		28241	32				60510	22329	2821
			20280					27947	335	
2776	1185	391	89669	28856			511	429172	208263	135025
500	500		27369	16709				19626	7090	819
332	332		169443					57525	37598	282
332	332		169443					57525	37598	282
23	23		92969					32498	21523	68
23	23		4296					11693	6566	33
309	309		76474					25027	16075	214
309	309		20689					10105	5123	161
397	397		125376	439			1274	36735	30844	1328
397	397		125376	439			1274	36735	30844	1328
397	397		45304	439			135	8825	4949	638
4874	4394	475	591572	3992			1056	1134186	1048500	53730
512	512		102995				215	109692	101976	9503

1-11　各级各类教育机构

学校类别	总　计	国家财政性教育经费	公共财政预算安排的教育经费	公共财政教育经费	教育事业费	基本建设经费	教育费附加	科研经费	其他
总　计	**272305980**	**32635812**	**30099467**	**29291036**	**26197255**	**418300**	**2675481**	**45055**	**763375**
一、高等学校	82917209	8014969	7518212	7335421	6802110	418300	115011	45055	137736
1.普通高等学校	82917209	8014969	7518212	7335421	6802110	418300	115011	45055	137736
高等本科学校	66950062	6362195	5962212	5814874	5303632	418300	92942	41272	106066
高职高专学校	15967147	1652775	1556000	1520547	1498478		22069	3783	31671
2.成人高等学校									
二、中等职业学校	9410191	3716694	3566711	3479035	3232968		246067		87675
1.中等专业学校	3472925	1474232	1375564	1328019	1218810		109209		47545
2.职业高中	4001188	1544736	1518376	1490986	1385557		105429		27390
#农村	1669262	635589	618046	611545	571766		39780		6501
3.技工学校	1470594	607897	590361	578595	547593		31002		11766
4.成人中专学校	465483	89828	82410	81435	81008		427		975
三、中　学	60273035	8148721	7769799	7485191	6850810		634381		284607
1.普通中学	60273035	8148721	7769799	7485191	6850810		634381		284607
普通高中	29078968	2517022	2340344	2278150	2048099		230051		62194
#农村	9303887	1159339	1144669	1101638	1079972		21666		43031
普通初中	31194067	5631699	5429454	5207041	4802711		404330		222414
#农村	11974653	3013330	2987927	2896363	2818016		78347		91565
2.成人中学									
四、小　学	35228958	6382868	5934387	5786914	4884189		902725		147473
1.普通小学	35228958	6382868	5934387	5786914	4884189		902725		147473
#农村	12537795	2838692	2790158	2726218	2625048		101170		63940
2.成人小学									
五、特殊教育	75419	28761	28208	28104	27585		519		103
1.特殊教育学校	75419	28761	28208	28104	27585		519		103
2.工读学校									
六、幼儿园	84401169	6343799	5282151	5176371	4399593		776778		105780
#农村	30874487	2765493	2682168	2647719	2488065		159655		34449
七、教育行政单位									
八、教育事业单位									
九、其　他									

教育经费收入情况(民办)

单位：千元

政府性基金预算安排的教育经费	#地方教育附加	#从土地出让收益中计提的教育资金	企业办学中的企业拨款	校办产业和社会服务收入用于教育的经费	其他属于国家财政性教育经费	民办学校中举办者投入	捐赠收入	事业收入	#学费	其他教育经费
2488779	**2008459**	**174496**			**47566**	**13134764**	**1095226**	**218482521**	**198061210**	**6957657**
449191	295165				47566	1915420	182193	70715572	64768852	2089055
449191	295165				47566	1915420	182193	70715572	64768852	2089055
355084	201635				44899	1031356	140134	57763607	53188464	1652770
94107	93530				2667	884064	42059	12951965	11580388	436285
149983	60884	14094				542443	42514	4674267	3827751	434272
98668	24524	1201				220649	12078	1638361	1354959	127605
26360	16922	7412				264522	9534	1958892	1556385	223505
17543	9748	6907				107265	2150	829737	638510	94520
17536	17536					32471	625	776940	665123	52661
7418	1903	5482				24801	20278	300074	251284	30501
378922	258205	56027				3634422	623842	46153001	39520794	1713048
378922	258205	56027				3634422	623842	46153001	39520794	1713048
176677	73888	40494				1486984	293954	24188063	20441197	592946
14670	8641	3874				645324	40476	7321366	5825920	137382
202245	184317	15532				2147439	329888	21964938	19079598	1120102
25403	16495	8020				1274890	84395	7314418	6080943	287619
448481	401961	39158				2886545	192961	24377167	21618332	1389416
448481	401961	39158				2886545	192961	24377167	21618332	1389416
48534	23398	23762				1479084	47201	7644865	6481716	527953
553	18					3385	2850	35565	31120	4858
553	18					3385	2850	35565	31120	4858
1061649	992226	65217				4152548	50865	72526949	68294359	1327007
83325	51943	29027				1586614	21662	26067401	24659661	433316

1-12 各级各类教育机构

学校类别	合 计				
		个人部分	工资福利支出	对个人和家庭的补助支出	#助学金
总 计	**3101784193**	**1706841755**	**1148785950**	**558055806**	**137539515**
一、高等学校	802657872	358859772	221253757	137606015	57084988
1.普通高等学校	785421854	352362721	216816844	135545877	56835600
高等本科学校	642387580	286061905	173144991	112916915	47498391
高职高专学校	143034273	66300815	43671853	22628962	9337209
2.成人高等学校	17236018	6497051	4436913	2060138	249388
二、中等职业学校	186267755	91101667	60540323	30561343	9131550
1.中等专业学校	86236202	41506989	26950631	14556358	4636509
2.职业高中	68770100	33116715	22421128	10695587	3280728
#农村	31359425	14808303	10474293	4334010	1662217
3.技工学校	22508052	10909633	7472561	3437072	1040784
4.成人中专学校	8753402	5568330	3696003	1872327	173529
三、中 学	859198630	520668883	369313678	151355205	33194708
1.普通中学	858563627	520381406	369102698	151278707	33194309
普通高中	317091773	180409750	132362356	48047395	9111434
#农村	136818471	78527826	59007377	19520449	5389251
普通初中	541471854	339971655	236740343	103231313	24082875
#农村	327407017	211940188	146448812	65491376	19980483
2.成人中学	635002	287477	210980	76498	399
四、小 学	860004355	562994298	361963156	201031142	35039138
1.普通小学	859835905	562981971	361951581	201030390	35039133
#农村	562658608	382803159	241109336	141693823	30491701
2.成人小学	168450	12327	11576	752	5
五、特殊教育	9960264	5658492	3973259	1685232	211256
1.特殊教育学校	9345540	5316003	3748933	1567070	206281
2.工读学校	614724	342489	224326	118163	4975
六、幼儿园	200759041	112631257	99320536	13310721	2498924
#农村	88934923	47891046	42186935	5704111	1784584
七、教育行政单位	37877005	15268932	8687129	6581802	
八、教育事业单位	74948020	27037409	16409606	10627803	309722
九、其 他	70111251	12621047	7324505	5296542	69229

教育经费支出明细(全国)

单位：千元

公用部分	商品和服务支出	其他资本性支出	专项公用支出	专项项目支出	基本建设支出
1342741063	**642698354**	**700042709**	**213313935**	**486728774**	**52201374**
428072717	240720952	187351765	81375259	105976506	15725383
417534602	232360587	185174014	80633624	104540390	15524531
343066612	197915613	145150999	64919806	80231194	13259062
74467989	34444975	40023015	15713819	24309196	2265469
10538115	8360365	2177750	741635	1436116	200852
91412235	38591681	52820554	18192986	34627568	3753854
42761689	17839430	24922259	7916248	17006011	1967523
34188068	12715969	21472099	7287068	14185031	1465317
15590821	5671286	9919536	2426151	7493385	960300
11311475	5955696	5355779	2665846	2689934	286943
3151002	2080585	1070417	323824	746592	34070
322690232	132719741	189970491	42485705	147484787	15839514
322342707	132558122	189784585	42452537	147332048	15839514
130700687	55008676	75692011	17066285	58625727	5981336
55246990	23240044	32006946	6592153	25414794	3043655
191642021	77549447	114092574	25386252	88706321	9858178
109335534	43474733	65860802	12869238	52991564	6131295
347525	161619	185906	33168	152739	
286437914	122304025	164133889	38464478	125669410	10572143
286293929	122264880	164029049	38456395	125572654	10560005
172602010	72910439	99691571	20515768	79175804	7253440
143985	39145	104840	8084	96756	12138
4133630	1751371	2382259	739998	1642262	168142
3861396	1620057	2241338	712181	1529157	168142
272235	131314	140921	27816	113105	
86049772	48083275	37966497	10385103	27581394	2078012
39378642	20116573	19262069	4231583	15030486	1665235
21552772	13906962	7645810	2977468	4668343	1055301
46668329	25280019	21388310	6530396	14857914	1242282
55723462	19340329	36383134	12162543	24220590	1766742

1-13　各级各类教育机构

学校类别	合　计	个人部分	工资福利支出	对个人和家庭的补助支出	#助学金
总　　计	**252747733**	**108443711**	**61812592**	**46631118**	**19845999**
一、高等学校	228718306	99989484	55749619	44239865	19579934
1.普通高等学校	228138163	99769679	55601195	44168484	19579426
高等本科学校	226174442	98734467	54805641	43928826	19510814
高职高专学校	1963721	1035212	795554	239658	68612
2.成人高等学校	580143	219805	148424	71381	508
二、中等职业学校	985205	529525	376981	152544	49471
1.中等专业学校	679744	311512	200996	110516	35216
2.职业高中	80237	53173	44511	8662	1346
#农村	11404	8001	6834	1167	106
3.技工学校	173445	123510	97359	26151	12809
4.成人中专学校	51779	41330	34115	7215	100
三、中　学	4125009	2818104	1912381	905723	95594
1.普通中学	4125009	2818104	1912381	905723	95594
普通高中	1866331	1230380	857264	373116	42865
#农村	424025	320212	201767	118445	19198
普通初中	2258678	1587724	1055117	532607	52729
#农村	1389714	984114	615045	369068	47197
2.成人中学					
四、小　学	2931216	2072970	1411128	661842	85305
1.普通小学	2931216	2072970	1411128	661842	85305
#农村	2091936	1473748	972836	500912	80817
2.成人小学					
五、特殊教育					
1.特殊教育学校					
2.工读学校					
六、幼儿园	2485154	1699762	1508336	191426	16663
#农村	478900	288943	241619	47324	13763
七、教育行政单位	3484465	255812	138337	117475	
八、教育事业单位	5897198	580923	448706	132217	
九、其　他	4121180	497130	267104	230026	19032

教育经费支出明细(中央)

单位：千元

公用部分	商品和服务支出	其他资本性支出			基本建设支出
			专项公用支出	专项项目支出	
138755995	**97988953**	**40767041**	**20636969**	**20130072**	**5548028**
123546407	84412440	39133967	19999399	19134569	5182414
123186069	84111903	39074167	19953263	19120904	5182414
122257561	83472173	38785387	19823812	18961575	5182414
928509	639730	288779	129451	159328	
360338	300537	59801	46136	13665	
441041	282807	158234	57004	101230	14639
353593	210730	142863	42879	99984	14639
27064	25720	1344	844	500	
3403	2629	774	274	500	
49935	37388	12547	11853	694	
10450	8970	1480	1428	52	
1201619	694935	506685	178545	328139	105286
1201619	694935	506685	178545	328139	105286
617091	353853	263239	105537	157701	18860
95749	46539	49210	10205	39005	8064
584528	341082	243446	73008	170438	86426
320322	146394	173928	39332	134596	85278
724480	411331	313148	99842	213307	133766
724480	411331	313148	99842	213307	133766
485890	246840	239050	61788	177262	132298
749881	474974	274908	82366	192542	35510
154446	69415	85031	14056	70976	35510
3228653	3209879	18774	18774		
5314394	5193065	121330	113723	7607	1880
3549519	3309523	239996	87317	152679	74531

1-14 各级各类教育机构

学校类别	合 计	个人部分	工资福利支 出	对个人和家庭的补助支出	#助学金
总　计	**2849036460**	**1598398045**	**1086973358**	**511424687**	**117693515**
一、高等学校	573939566	258870288	165504138	93366150	37505054
1.普通高等学校	557283690	252593041	161215648	91377393	37256174
高等本科学校	416213138	187327438	118339349	68988089	27987578
高职高专学校	141070552	65265603	42876299	22389304	9268596
2.成人高等学校	16655876	6277246	4288490	1988757	248880
二、中等职业学校	185282550	90572142	60163343	30408800	9082078
1.中等专业学校	85556458	41195477	26749635	14445842	4601293
2.职业高中	68689863	33063541	22376617	10686924	3279382
#农村	31348021	14800302	10467459	4332843	1662111
3.技工学校	22334607	10786123	7375202	3410921	1027975
4.成人中专学校	8701622	5527000	3661888	1865112	173429
三、中　学	855073621	517850779	367401297	150449482	33099114
1.普通中学	854438618	517563302	367190317	150372985	33098714
普通高中	315225442	179179370	131505092	47674279	9068569
#农村	136394446	78207614	58805610	19402004	5370053
普通初中	539213176	338383931	235685226	102698706	24030146
#农村	326017303	210956075	145833767	65122308	19933285
2.成人中学	635002	287477	210980	76498	399
四、小　学	857073139	560921328	360552028	200369300	34953833
1.普通小学	856904689	560909001	360540453	200368548	34953828
#农村	560566672	381329411	240136500	141192911	30410884
2.成人小学	168450	12327	11576	752	5
五、特殊教育	9960264	5658492	3973259	1685232	211256
1.特殊教育学校	9345540	5316003	3748933	1567070	206281
2.工读学校	614724	342489	224326	118163	4975
六、幼儿园	198273888	110931495	97812200	13119295	2482261
#农村	88456023	47602103	41945316	5656787	1770821
七、教育行政单位	34392540	15013119	8548792	6464327	
八、教育事业单位	69050822	26456486	15960900	10495585	309722
九、其　他	65990071	12123917	7057401	5066516	50197

教育经费支出明细(地方)

单位：千元

公用部分	商品和服务支　出	其他资本性支　出			基本建设支　出
			专项公用支　出	专项项目支　出	
1203985068	**544709401**	**659275668**	**192676966**	**466598701**	**46653347**
304526309	156308512	148217797	61375860	86841937	10542969
294348532	148248685	146099848	60680361	85419486	10342117
220809052	114443440	106365612	45095994	61269618	8076648
73539480	33805245	39734235	15584367	24149868	2265469
10177777	8059827	2117950	695499	1422451	200852
90971194	38308874	52662320	18135982	34526338	3739214
42408097	17628701	24779396	7873369	16906027	1952884
34161005	12690249	21470755	7286224	14184531	1465317
15587418	5668656	9918762	2425877	7492885	960300
11261540	5918308	5343232	2653992	2689240	286943
3140552	2071615	1068937	322396	746541	34070
321488613	132024806	189463807	42307159	147156648	15734228
321141088	131863188	189277900	42273992	147003909	15734228
130083596	54654823	75428773	16960747	58468026	5962476
55151241	23193504	31957736	6581948	25375788	3035591
191057492	77208365	113849128	25313244	88535883	9771753
109015212	43328338	65686873	12829905	52856968	6046017
347525	161619	185906	33168	152739	
285713434	121892694	163820740	38364637	125456104	10438377
285569449	121853549	163715900	38356553	125359347	10426239
172116120	72663599	99452521	20453979	78998542	7121141
143985	39145	104840	8084	96756	12138
4133630	1751371	2382259	739998	1642262	168142
3861396	1620057	2241338	712181	1529157	168142
272235	131314	140921	27816	113105	
85299891	47608301	37691590	10302738	27388852	2042502
39224196	20047158	19177038	4217528	14959510	1629725
18324119	10697083	7627037	2958694	4668343	1055301
41353934	20086954	21266980	6416673	14850307	1240402
52173943	16030806	36143137	12075226	24067911	1692210

1-15 各级各类教育机构教育经费

学校类别	合 计	个人部分	工资福利支出	对个人和家庭的补助支出	#助学金
总 计	**2821476010**	**1561424921**	**1020880891**	**540544030**	**126912400**
一、高等学校	717336451	328285180	197478097	130807082	51984251
1.普通高等学校	704344617	322014247	193228529	128785718	51736561
高等本科学校	582280920	264091365	156261462	107829903	43533416
高职高专学校	122063697	57922882	36967067	20955815	8203145
2.成人高等学校	12991834	6270932	4249568	2021364	247690
二、中等职业学校	174521713	84781835	55908928	28872907	7872007
1.中等专业学校	81681757	39251320	25365738	13885582	4120844
2.职业高中	64715361	30884943	20794375	10090568	2767314
#农村	29638564	13860584	9768294	4092290	1453564
3.技工学校	19968557	9453533	6336507	3117027	881467
4.成人中专学校	8156038	5192039	3412308	1779731	102383
三、中 学	800491187	487400331	340062819	147337512	31204143
1.普通中学	799856185	487112854	339851839	147261015	31203743
普通高中	295494662	168205419	121520410	46685009	8434391
#农村	128995542	73884625	54966374	18918251	5035136
普通初中	504361523	318907435	218331429	100576006	22769352
#农村	313134285	203714154	139563212	64150942	19244210
2.成人中学	635002	287477	210980	76498	399
四、小 学	821248288	540846273	342685574	198160699	33585260
1.普通小学	821079838	540833946	342673999	198159947	33585255
#农村	547918480	374361459	234062263	140299196	29691697
2.成人小学	168450	12327	11576	752	5
五、特殊教育	9886666	5613842	3931808	1682034	209032
1.特殊教育学校	9271943	5271353	3707482	1563872	204057
2.工读学校	614724	342489	224326	118163	4975
六、幼儿园	115395092	59742838	48474137	11268700	1678757
#农村	57959250	28580807	23678532	4902275	1260654
七、教育行政单位	37806130	15233344	8672063	6561281	
八、教育事业单位	74908382	27009483	16392029	10617454	309722
九、其 他	69882101	12511795	7275436	5236360	69229

支出明细(全国教育和其他部门)

单位：千元

公用部分	商品和服务支出	其他资本性支出	专项公用支出	专项项目支出	基本建设支出
1208976493	**563201019**	**645775474**	**194811485**	**450963989**	**51074596**
374028971	213179694	160849277	72817669	88031608	15022300
367508472	208828938	158679534	72082997	86596536	14821898
305563340	179905751	125657589	58644125	67013465	12626215
61945131	28923187	33021944	13438873	19583072	2195683
6520500	4350756	2169743	734672	1435071	200402
86005908	35237670	50768238	17482734	33285505	3733970
40477666	16630036	23847630	7613967	16233663	1952771
32365101	11535802	20829299	7070889	13758410	1465317
14817680	5185333	9632347	2333302	7299046	960300
10233212	5159727	5073485	2510750	2562735	281812
2929929	1912104	1017825	287128	730697	34070
297381702	118260596	179121106	39529019	139592087	15709155
297034177	118098977	178935200	39495851	139439349	15709155
121337327	49586816	71750511	16023030	55727481	5951916
52075325	21591243	30484082	6189614	24294468	3035591
175696850	68512162	107184689	23472822	83711867	9757238
103376433	40543086	62833348	12155861	50677487	6043698
347525	161619	185906	33168	152739	
269987412	111790323	158197089	36324929	121872161	10414603
269843427	111751178	158092249	36316845	121775404	10402465
166438835	69547628	96891207	19771426	77119781	7118186
143985	39145	104840	8084	96756	12138
4104682	1730285	2374397	736173	1638224	168142
3832447	1598971	2233476	708357	1525119	168142
272235	131314	140921	27816	113105	
53615622	24553712	29061910	6256200	22805709	2036632
27750052	12171241	15578811	2712398	12866413	1628391
21517485	13872189	7645296	2976953	4668343	1055301
46656616	25272975	21383641	6527476	14856164	1242282
55678096	19303575	36374521	12160332	24214189	1692210

1-16　各级各类教育机构教育经费

学校类别	合　计	个人部分	工资福利支　出	对个人和家庭的补助支出	#助学金
总　　计	**242917214**	**102205224**	**57584683**	**44620541**	**19458637**
一、高等学校	225874721	98467129	54663959	43803171	19424831
1.普通高等学校	225374137	98297718	54547879	43749839	19424831
高等本科学校	224596323	97941801	54298755	43643046	19403091
高职高专学校	777815	355917	249124	106793	21740
2.成人高等学校	500583	169411	116080	53331	
二、中等职业学校	285680	154520	123694	30826	5918
1.中等专业学校	204908	99552	76631	22921	4678
2.职业高中	68833	45172	37677	7495	1240
#农村					
3.技工学校	10574	8429	8019	410	
4.成人中专学校	1366	1366	1366		
三、中　学	1534734	991714	764257	227457	5402
1.普通中学	1534734	991714	764257	227457	5402
普通高中	954042	602588	460103	142485	4246
#农村	10378	8686	5615	3071	77
普通初中	580692	389126	304154	84972	1156
#农村	18283	12779	10208	2571	78
2.成人中学					
四、小　学	580857	402863	327557	75306	985
1.普通小学	580857	402863	327557	75306	985
#农村	76822	52315	43202	9114	665
2.成人小学					
五、特殊教育					
1.特殊教育学校					
2.工读学校					
六、幼儿园	1478042	1027897	932783	95115	2470
#农村	78230	52007	46401	5607	9
七、教育行政单位	3413590	220224	123271	96954	
八、教育事业单位	5857560	552998	431129	121869	
九、其　他	3892031	387878	218035	169843	19032

支出明细(中央教育和其他部门)

单位：千元

公用部分	商品和服务支出	其他资本性支出	专项公用支出	专项项目支出	基本建设支出
135673243	**96104879**	**39568364**	**20229741**	**19338623**	**5038747**
122370725	83540847	38829877	19830026	18999852	5036867
122039552	83265267	38774286	19787055	18987231	5036867
121617655	83030686	38586969	19700372	18886597	5036867
421897	234581	187316	86683	100633	
331172	275580	55592	42971	12621	
131160	115380	15780	7306	8474	
105355	90145	15210	6737	8474	
23660	23091	570	570		
2145	2145				
543020	403016	140004	81401	58603	
543020	403016	140004	81401	58603	
351454	248111	103343	58766	44578	
1692	877	815	574	241	
191566	154905	36661	22636	14025	
5503	3475	2029	598	1431	
177994	131619	46374	30229	16145	
177994	131619	46374	30229	16145	
24506	16220	8286	1758	6528	
450145	280120	170025	66609	103415	
26222	18099	8124	5669	2455	
3193365	3175106	18259	18259		
5302682	5186021	116660	110803	5857	1880
3504152	3272769	231384	85106	146277	

1-17 各级各类教育机构教育经费

学校类别	合 计	个人部分	工资福利支 出	对个人和家庭的补助支出	#助学金
总 计	**2578558796**	**1459219697**	**963296208**	**495923489**	**107453763**
一、高等学校	491461730	229818050	142814138	87003912	32559421
1.普通高等学校	478970480	223716529	138680650	85035879	32311730
高等本科学校	357684598	166149564	101962707	64186857	24130325
高职高专学校	121285882	57566965	36717943	20849022	8181405
2.成人高等学校	12491251	6101521	4133488	1968033	247690
二、中等职业学校	174236033	84627315	55785234	28842081	7866089
1.中等专业学校	81476849	39151767	25289107	13862660	4116166
2.职业高中	64646528	30839770	20756697	10083073	2766074
#农村	29638564	13860584	9768294	4092290	1453564
3.技工学校	19957983	9445104	6328487	3116617	881467
4.成人中专学校	8154672	5190673	3410942	1779731	102383
三、中 学	798956454	486408617	339298562	147110055	31198741
1.普通中学	798321451	486121140	339087582	147033557	31198342
普通高中	294540621	167602831	121060307	46542524	8430145
#农村	128985163	73875939	54960759	18915180	5035059
普通初中	503780831	318518308	218027275	100491034	22768197
#农村	313116003	203701375	139553004	64148371	19244132
2.成人中学	635002	287477	210980	76498	399
四、小 学	820667431	540443410	342358017	198085393	33584275
1.普通小学	820498981	540431083	342346442	198084641	33584270
#农村	547841658	374309143	234019061	140290082	29691033
2.成人小学	168450	12327	11576	752	5
五、特殊教育	9886666	5613842	3931808	1682034	209032
1.特殊教育学校	9271943	5271353	3707482	1563872	204057
2.工读学校	614724	342489	224326	118163	4975
六、幼儿园	113917050	58714940	47541355	11173585	1676287
#农村	57881021	28528800	23632131	4896669	1260645
七、教育行政单位	34392540	15013119	8548792	6464327	
八、教育事业单位	69050822	26456486	15960900	10495585	309722
九、其 他	65990071	12123917	7057401	5066516	50197

支出明细(地方教育和其他部门)

单位：千元

公用部分	商品和服务支出	其他资本性支出			基本建设支出
			专项公用支出	专项项目支出	
1073303251	**467096140**	**606207110**	**174581745**	**431625366**	**46035849**
251658247	129638847	122019399	52987643	69031756	9985434
245468919	125563671	119905248	52295942	67609306	9785031
183945685	96875065	87070620	38943753	48126868	7589348
61523234	28688606	32834628	13352190	19482438	2195683
6189327	4075176	2114151	691701	1422451	200402
85874748	35122289	50752458	17475427	33277031	3733970
40372310	16539891	23832420	7607230	16225189	1952771
32341441	11512712	20828729	7070319	13758410	1465317
14817680	5185333	9632347	2333302	7299046	960300
10231068	5157583	5073485	2510750	2562735	281812
2929929	1912104	1017825	287128	730697	34070
296838682	117857580	178981102	39447617	139533485	15709155
296491157	117695962	178795196	39414450	139380746	15709155
120985873	49338705	71647168	15964264	55682904	5951916
52073633	21590365	30483268	6189040	24294227	3035591
175505284	68357256	107148028	23450186	83697843	9757238
103370930	40539611	62831319	12155263	50676056	6043698
347525	161619	185906	33168	152739	
269809418	111658703	158150715	36294700	121856015	10414603
269665433	111619558	158045875	36286616	121759259	10402465
166414329	69531408	96882921	19769668	77113253	7118186
143985	39145	104840	8084	96756	12138
4104682	1730285	2374397	736173	1638224	168142
3832447	1598971	2233476	708357	1525119	168142
272235	131314	140921	27816	113105	
53165477	24273592	28891885	6189591	22702294	2036632
27723829	12153142	15570687	2706729	12863959	1628391
18324119	10697083	7627037	2958694	4668343	1055301
41353934	20086954	21266980	6416673	14850307	1240402
52173943	16030806	36143137	12075226	24067911	1692210

1-18 各级各类教育机构

学校类别	合　计	个人部分	工资福利支　出	对个人和家庭的补助支出	#助学金
总　计	**22561608**	**11262708**	**8517196**	**2745513**	**621110**
一、高等学校	11068875	3610372	2809113	801259	293892
1.普通高等学校	6824691	3384253	2621768	762485	292194
高等本科学校	1626717	830796	539611	291185	110845
高职高专学校	5197974	2553457	2082157	471300	181350
2.成人高等学校	4244184	226119	187345	38773	1698
二、中等职业学校	2602036	1452166	1104050	348116	115695
1.中等专业学校	1159823	584114	405730	178384	55567
2.职业高中	161196	77346	63134	14212	6379
#农村	61346	28148	24940	3208	200
3.技工学校	1149298	695272	554773	140498	53302
4.成人中专学校	131719	95435	80413	15022	447
三、中　学	3002803	2034894	1324557	710337	94767
1.普通中学	3002803	2034894	1324557	710337	94767
普通高中	1121524	709136	465205	243931	40815
#农村	434516	326591	208280	118311	20438
普通初中	1881278	1325759	859353	466406	53952
#农村	1452601	1029668	651810	377858	48969
2.成人中学					
四、小　学	2601016	1859462	1247753	611709	89244
1.普通小学	2601016	1859462	1247753	611709	89244
#农村	2136378	1513362	1005740	507621	83360
2.成人小学					
五、特殊教育					
1.特殊教育学校					
2.工读学校					
六、幼儿园	2947214	2133049	1950009	183040	27513
#农村	645982	436079	381777	54302	17267
七、教育行政单位	70875	35588	15067	20521	
八、教育事业单位	39638	27925	17577	10348	
九、其　他	229150	109252	49069	60183	

教育经费支出明细(企业办)

单位：千元

公用部分	商品和服务支出	其他资本性支出			基本建设支出
			专项公用支出	专项项目支出	
10772764	**7791758**	**2981006**	**1387492**	**1593514**	**526136**
7301213	5728121	1573092	930297	642795	157290
3283598	1718513	1565085	923334	641750	156840
650374	451403	198971	123993	74978	145548
2633224	1267110	1366114	799342	566772	11293
4017616	4009608	8007	6963	1045	450
1130118	709662	420456	205478	214978	19752
560957	332683	228274	115150	113124	14752
83850	53404	30446	14386	16060	
33198	25355	7844	7344	500	
449027	291772	157254	71512	85742	5000
36284	31803	4482	4430	52	
862623	405792	456831	104741	352090	105286
862623	405792	456831	104741	352090	105286
393529	164001	229527	49392	180135	18860
99862	50706	49156	10392	38764	8064
469094	241790	227304	55349	171955	86426
337655	153709	183946	42800	141146	85278
607788	313564	294224	73917	220307	133766
607788	313564	294224	73917	220307	133766
490718	245797	244921	62351	182570	132298
778656	556049	222607	67413	155193	35510
174393	89932	84461	13294	71167	35510
35287	34773	514	514		
11713	7043	4669	2919	1750	
45367	36754	8613	2211	6401	74531

1-19 各级各类教育机构

学校类别	合 计	个人部分	工资福利支 出	对个人和家庭的补助支出	#助学金
总 计	**9830519**	**6238486**	**4227909**	**2010578**	**387362**
一、高等学校	2843585	1522355	1085660	436694	155104
1.普通高等学校	2764026	1471961	1053317	418645	154595
高等本科学校	1578119	792666	506887	285780	107723
高职高专学校	1185906	679295	546430	132865	46872
2.成人高等学校	79559	50394	32344	18050	508
二、中等职业学校	699525	375005	253287	121718	43553
1.中等专业学校	474836	211960	124365	87595	30538
2.职业高中	11404	8001	6834	1167	106
#农村	11404	8001	6834	1167	106
3.技工学校	162871	115081	89340	25741	12809
4.成人中专学校	50413	39964	32749	7215	100
三、中 学	2590275	1826390	1148124	678266	90193
1.普通中学	2590275	1826390	1148124	678266	90193
普通高中	912289	627792	397161	230631	38619
#农村	413647	311526	196152	115374	19121
普通初中	1677986	1198598	750963	447635	51573
#农村	1371431	971334	604837	366497	47119
2.成人中学					
四、小 学	2350359	1670107	1083571	586536	84320
1.普通小学	2350359	1670107	1083571	586536	84320
#农村	2015114	1421432	929634	491798	80152
2.成人小学					
五、特殊教育					
1.特殊教育学校					
2.工读学校					
六、幼儿园	1007111	671865	575553	96312	14193
#农村	400670	236936	195218	41718	13755
七、教育行政单位	70875	35588	15067	20521	
八、教育事业单位	39638	27925	17577	10348	
九、其 他	229150	109252	49069	60183	

教育经费支出明细(中央企业办)

单位：千元

公用部分	商品和服务支出	其他资本性支出			基本建设支出
			专项公用支出	专项项目支出	
3082752	**1884075**	**1198678**	**407228**	**791449**	**509281**
1175683	871593	304090	169373	134717	145548
1146517	846636	299881	166208	133673	145548
639906	441488	198418	123440	74978	145548
506611	405148	101463	42768	58695	
29166	24957	4209	3164	1045	
309881	167427	142454	49698	92756	14639
248237	120585	127653	36143	91510	14639
3403	2629	774	274	500	
3403	2629	774	274	500	
47790	35243	12547	11853	694	
10450	8970	1480	1428	52	
658600	291919	366681	97144	269537	105286
658600	291919	366681	97144	269537	105286
265637	105742	159895	46772	113123	18860
94057	45662	48396	9631	38764	8064
392962	186177	206786	50372	156414	86426
314819	142920	171899	38735	133165	85278
546486	279712	266774	69613	197161	133766
546486	279712	266774	69613	197161	133766
461384	230620	230764	60030	170734	132298
299736	194853	104883	15756	89127	35510
128224	51317	76907	8387	68521	35510
35287	34773	514	514		
11713	7043	4669	2919	1750	
45367	36754	8613	2211	6401	74531

1-20 各级各类教育机构

学校类别	合　计	个人部分	工资福利支　出	对个人和家庭的补助支出	#助学金
总　计	**12731089**	**5024222**	**4289287**	**734935**	**233748**
一、高等学校	8225290	2088017	1723453	364564	138789
1.普通高等学校	4060665	1912292	1568451	343841	137599
高等本科学校	48598	38130	32724	5405	3122
高职高专学校	4012067	1874162	1535727	338435	134477
2.成人高等学校	4164625	175725	155002	20724	1190
二、中等职业学校	1902511	1077162	850763	226398	72141
1.中等专业学校	684987	372155	281365	90789	25029
2.职业高中	149792	69345	56300	13045	6272
#农村	49942	20147	18106	2040	94
3.技工学校	986427	580191	465433	114758	40493
4.成人中专学校	81306	55471	47665	7807	347
三、中　学	412527	208504	176433	32071	4574
1.普通中学	412527	208504	176433	32071	4574
普通高中	209235	81344	68043	13300	2195
#农村	20870	15066	12128	2938	1317
普通初中	203292	127161	108390	18771	2379
#农村	81170	58334	46973	11361	1850
2.成人中学					
四、小　学	250657	189355	164182	25173	4924
1.普通小学	250657	189355	164182	25173	4924
#农村	121264	91929	76106	15823	3208
2.成人小学					
五、特殊教育					
1.特殊教育学校					
2.工读学校					
六、幼儿园	1940103	1461184	1374456	86728	13320
#农村	245312	199143	186559	12585	3512
七、教育行政单位					
八、教育事业单位					
九、其　他					

教育经费支出明细(地方企业办)

单位：千元

公用部分	商品和服务支出	其他资本性支出			基本建设支出
			专项公用支出	专项项目支出	
7690012	**5907684**	**1782328**	**980263**	**802065**	**16855**
6125530	4856528	1269002	760925	508078	11743
2137081	871877	1265204	757126	508078	11293
10468	9915	553	553		
2126613	861962	1264651	756574	508078	11293
3988450	3984651	3798	3798		450
820237	542235	278002	155780	122222	5113
312719	212099	100621	79007	21614	113
80447	50775	29672	14112	15560	
29795	22725	7070	7070		
401236	256529	144707	59659	85048	5000
25834	22833	3002	3002		
204023	113873	90150	7597	82553	
204023	113873	90150	7597	82553	
127891	58259	69632	2620	67012	
5804	5044	760	760		
76132	55614	20518	4977	15541	
22836	10790	12046	4065	7981	
61302	33852	27450	4305	23146	
61302	33852	27450	4305	23146	
29334	15178	14157	2321	11836	
478919	361195	117724	51657	66067	
46169	38615	7554	4908	2646	

1-21 各级各类教育机构

学校类别	合 计	个人部分	工资福利支 出	对个人和家庭的补助支出	#助学金
总 计	**257746574**	**134154126**	**119387863**	**14766263**	**10006004**
一、高等学校	74252545	26964220	20966547	5997674	4806845
1.普通高等学校	74252545	26964220	20966547	5997674	4806845
高等本科学校	58479943	21139744	16343917	4795827	3854131
高职高专学校	15772603	5824476	4622629	1201847	952714
2.成人高等学校					
二、中等职业学校	9144006	4867666	3527345	1340320	1143848
1.中等专业学校	3394622	1671555	1179163	492392	460098
2.职业高中	3893543	2154426	1563620	590807	507036
#农村	1659515	919572	681059	238513	208453
3.技工学校	1390196	760829	581282	179547	106015
4.成人中专学校	465644	280855	203281	77574	70699
三、中 学	55704639	31233658	27926302	3307356	1895799
1.普通中学	55704639	31233658	27926302	3307356	1895799
普通高中	20475586	11495196	10376741	1118455	636228
#农村	7388413	4316609	3832723	483886	333677
普通初中	35229053	19738462	17549561	2188901	1259570
#农村	12820131	7196366	6233790	962576	687303
2.成人中学					
四、小 学	36155051	20288563	18029829	2258734	1364635
1.普通小学	36155051	20288563	18029829	2258734	1364635
#农村	12603751	6928339	6041332	887006	716643
2.成人小学					
五、特殊教育	73598	44649	41451	3198	2224
1.特殊教育学校	73598	44649	41451	3198	2224
2.工读学校					
六、幼儿园	82416735	50755371	48896390	1858981	792654
#农村	30329690	18874159	18126626	747533	506663
七、教育行政单位					
八、教育事业单位					
九、其 他					

教育经费支出明细(民办)

单位：千元

公用部分	商品和服务支出	其他资本性支出			基本建设支出
			专项公用支出	专项项目支出	
122991805	**71705577**	**51286229**	**17114958**	**34171270**	**600643**
46742532	21813136	24929396	7627293	17302103	545793
46742532	21813136	24929396	7627293	17302103	545793
36852899	17558459	19294439	6151688	13142751	487300
9889634	4254677	5634956	1475604	4159352	58493
4276209	2644349	1631860	504775	1127085	131
1723067	876712	846355	187131	659224	
1739117	1126763	612354	201793	410561	
739943	460599	279344	85505	193839	
629236	504196	125040	83583	41456	131
184789	136678	48111	32267	15844	
24445908	14053353	10392554	2851944	7540610	25074
24445908	14053353	10392554	2851944	7540610	25074
8969831	5257858	3711973	993863	2718110	10559
3071803	1598095	1473708	392147	1081561	
15476076	8795495	6680581	1858082	4822500	14514
5621446	2777938	2843508	670577	2172931	2319
15842714	10200139	5642575	2065632	3576943	23774
15842714	10200139	5642575	2065632	3576943	23774
5672457	3117013	2555443	681991	1873453	2955
28948	21086	7862	3825	4038	
28948	21086	7862	3825	4038	
31655494	22973513	8681981	4061489	4620492	5870
11454197	7855400	3598797	1505891	2092905	1334

1-22 各级各类教育机构

学校类别	合计	个人部分			
			工资福利支出	对个人和家庭的补助支出	
					#助学金
总计	**2467605319**	**1429141961**	**925232044**	**503909917**	**118509803**
一、高等学校	475679148	234526019	130195474	104330545	45512589
1.普通高等学校	464161026	230131068	127445811	102685257	45304564
高等本科学校	378515363	186780124	101614438	85165686	37491791
高职高专学校	85645663	43350944	25831372	17519572	7812773
2.成人高等学校	11518122	4394952	2749664	1645288	208025
二、中等职业学校	159297881	80270019	51906455	28363564	8463503
1.中等专业学校	73120463	36318004	23012446	13305558	4200702
2.职业高中	61930783	30586824	20280611	10306213	3156365
#农村	28551125	13795767	9591315	4204452	1618334
3.技工学校	17173993	8499991	5492515	3007476	968163
4.成人中专学校	7072642	4865200	3120882	1744317	138274
三、中学	755622760	474099891	329884687	144215203	31702854
1.普通中学	755111594	473839502	329697336	144142166	31702454
普通高中	255323833	155220020	111358794	43861226	8210014
#农村	109951043	68781202	50932688	17848515	4941730
普通初中	499787761	318619482	218338541	100280941	23492440
#农村	312603192	204493388	140075936	64417453	19712959
2.成人中学	511166	260389	187352	73037	399
四、小学	812057641	536237148	343437974	192799174	30056702
1.普通小学	811939198	536224829	343426401	192798427	30056697
#农村	541609387	370059142	234622828	135436313	25719491
2.成人小学	118442	12319	11572	747	5
五、特殊教育	9601044	5555373	3906553	1648820	201881
1.特殊教育学校	9012334	5215427	3683681	1531746	197415
2.工读学校	588710	339946	222872	117074	4466
六、幼儿园	90032130	46304011	35098016	11205995	2307883
#农村	45480797	23186381	18045603	5140779	1671902
七、教育行政单位	35268785	14818665	8513634	6305031	
八、教育事业单位	65558813	25335021	15294482	10040540	200894
九、其他	64487117	11995814	6994769	5001045	63498

财政补助支出明细(全国)

单位：千元

公用部分	商品和服务支出	其他资本性支出			基本建设支出
			专项公用支出	专项项目支出	
986261984	**420847030**	**565414954**	**166258623**	**399156331**	**52201374**
225427746	121732864	103694882	53867465	49827416	15725383
218505428	116144220	102361207	53422446	48938761	15524531
178476177	99232068	79244109	43226317	36017792	13259062
40029251	16912153	23117098	10196129	12920969	2265469
6922318	5588644	1333674	445019	888656	200852
75274009	29100663	46173346	15584389	30588956	3753854
34834935	13438230	21396705	6752852	14643853	1967523
29878642	10116699	19761942	6574845	13187097	1465317
13795057	4584972	9210085	2168334	7041751	960300
8387059	4261034	4126025	2030832	2095193	286943
2173372	1284699	888673	225860	662813	34070
265683355	97120336	168563019	35206433	133356586	15839514
265432578	97033536	168399042	35188510	133210532	15839514
94122477	30339671	63782806	12522575	51260231	5981336
38126185	11731503	26394682	4523973	21870709	3043655
171310100	66693865	104616236	22665935	81950301	9858178
101978509	39931355	62047154	11814847	50232307	6131295
250777	86800	163977	17923	146054	
265248350	110455723	154792627	35334634	119457993	10572143
265154365	110416578	154737787	35326550	119411237	10560005
164296806	69035714	95261092	19351360	75909732	7253440
93985	39145	54840	8084	46756	12138
3877529	1623134	2254395	686095	1568300	168142
3628765	1506010	2122755	660021	1462734	168142
248764	117124	131639	26074	105566	
41650106	14308453	27341653	5164239	22177414	2078012
20629180	5882955	14746225	2176030	12570195	1665235
19394819	12535253	6859565	2730988	4128577	1055301
38981510	18871402	20110108	5774745	14335363	1242282
50724562	15099202	35625360	11909635	23715725	1766742

1-23 各级各类教育机构

学校类别	合　计	个人部分	工资福利支　出	对个人和家庭的补助支出	#助学金
总　计	**149487505**	**74500108**	**38434891**	**36065218**	**15869401**
一、高等学校	132695446	69513892	35067199	34446693	15637373
1.普通高等学校	132525612	69419744	35020884	34398860	15636926
高等本科学校	131888604	69090529	34822397	34268132	15582745
高职高专学校	637008	329215	198487	130727	54181
2.成人高等学校	169834	94148	46315	47834	446
二、中等职业学校	479169	268910	164471	104439	37277
1.中等专业学校	384352	197179	115150	82028	28224
2.职业高中	11925	7389	5914	1475	1346
#农村	6337	2934	2699	235	106
3.技工学校	58401	44095	27857	16238	7607
4.成人中专学校	24492	20248	15550	4698	100
三、中　学	2986723	2028466	1412686	615780	84594
1.普通中学	2986723	2028466	1412686	615780	84594
普通高中	1261452	827494	574095	253399	34409
#农村	297585	245116	168729	76387	17058
普通初中	1725271	1200972	838591	362381	50185
#农村	1137205	799768	565097	234671	45973
2.成人中学					
四、小　学	2397131	1709781	1220149	489631	83187
1.普通小学	2397131	1709781	1220149	489631	83187
#农村	1743795	1234082	873153	360929	79147
2.成人小学					
五、特殊教育					
1.特殊教育学校					
2.工读学校					
六、幼儿园	334424	197338	150810	46528	13275
#农村	208242	100859	76039	24820	11859
七、教育行政单位	3389434	212390	124089	88301	
八、教育事业单位	4536152	216454	130892	85561	
九、其　他	2669025	352878	164594	188284	13696

财政补助支出明细(中央)

单位：千元

公用部分	商品和服务支出	其他资本性支出			基本建设支出
			专项公用支出	专项项目支出	
69439369	**49531925**	**19907444**	**14543911**	**5363533**	**5548028**
57999139	39051758	18947381	14185111	4762270	5182414
57923454	38997237	18926217	14173844	4752373	5182414
57615660	38876204	18739457	14090717	4648740	5182414
307794	121033	186760	83127	103633	
75685	54521	21164	11267	9897	
195619	134057	61562	25262	36300	14639
172533	115585	56949	21539	35410	14639
4536	3752	784	284	500	
3403	2629	774	274	500	
14306	10648	3658	3268	391	
4244	4073	171	171		
852971	521350	331621	113402	218219	105286
852971	521350	331621	113402	218219	105286
415098	253474	161625	64053	97571	18860
44405	22605	21800	3492	18307	8064
437873	267877	169996	49348	120648	86426
252159	122635	129524	25868	103655	85278
553584	332649	220935	73436	147499	133766
553584	332649	220935	73436	147499	133766
377414	203393	174022	41910	132111	132298
101576	39446	62131	7655	54476	35510
71873	21165	50708	2840	47868	35510
3177044	3158859	18186	18186		
4317818	4229162	88657	82818	5839	1880
2241616	2064644	176972	38042	138930	74531

1-24 各级各类教育机构

学校类别	合 计	个人部分	工资福利支出	对个人和家庭的补助支出	#助学金
总 计	**2318117815**	**1354641853**	**886797153**	**467844700**	**102640402**
一、高等学校	342983703	165012127	95128276	69883851	29875216
1.普通高等学校	331635414	160711324	92424927	68286397	29667638
高等本科学校	246626759	117689595	66792041	50897553	21909046
高职高专学校	85008655	43021729	25632885	17388844	7758591
2.成人高等学校	11348288	4300803	2703349	1597454	207578
二、中等职业学校	158818712	80001108	51741983	28259125	8426226
1.中等专业学校	72736111	36120825	22897296	13223530	4172478
2.职业高中	61918858	30579435	20274697	10304738	3155019
#农村	28544788	13792833	9588616	4204217	1618227
3.技工学校	17115592	8455896	5464658	2991238	960556
4.成人中专学校	7048150	4844952	3105333	1739619	138174
三、中 学	752636037	472071425	328472001	143599424	31618260
1.普通中学	752124871	471811036	328284649	143526386	31617861
普通高中	254062381	154392526	110784699	43607827	8175606
#农村	109653458	68536086	50763959	17772128	4924671
普通初中	498062490	317418510	217499950	99918559	23442255
#农村	311465987	203693621	139510839	64182782	19666985
2.成人中学	511166	260389	187352	73037	399
四、小 学	809660510	534527367	342217824	192309543	29973515
1.普通小学	809542068	534515048	342206252	192308796	29973510
#农村	539865593	368825060	233749676	135075384	25640344
2.成人小学	118442	12319	11572	747	5
五、特殊教育	9601044	5555373	3906553	1648820	201881
1.特殊教育学校	9012334	5215427	3683681	1531746	197415
2.工读学校	588710	339946	222872	117074	4466
六、幼儿园	89697706	46106673	34947206	11159467	2294608
#农村	45272555	23085523	17969564	5115959	1660043
七、教育行政单位	31879350	14606275	8389544	6216731	
八、教育事业单位	61022661	25118568	15163590	9954978	200894
九、其 他	61818092	11642936	6830175	4812761	49802

财政补助支出明细(地方)

单位：千元

公用部分	商品和服务支出	其他资本性支出			基本建设支出
			专项公用支出	专项项目支出	
916822615	**371315105**	**545507510**	**151714712**	**393792798**	**46653347**
167428606	82681106	84747500	39682354	45065146	10542969
160581974	77146983	83434990	39248603	44186388	10342117
120860517	60355864	60504653	29135601	31369052	8076648
39721457	16791119	22930337	10113002	12817335	2265469
6846633	5534122	1312510	433752	878759	200852
75078389	28966605	46111784	15559128	30552656	3739214
34662402	13322645	21339757	6731314	14608443	1952884
29874106	10112947	19761159	6574561	13186597	1465317
13791654	4582343	9209311	2168060	7041251	960300
8372753	4250386	4122367	2027564	2094803	286943
2169128	1280627	888501	225688	662813	34070
264830384	96598986	168231398	35093031	133138367	15734228
264579607	96512186	168067421	35075108	132992313	15734228
93707379	30086198	63621181	12458522	51162660	5962476
38081780	11708898	26372882	4520481	21852401	3035591
170872228	66425988	104446239	22616587	81829653	9771753
101726350	39808720	61917630	11788978	50128652	6046017
250777	86800	163977	17923	146054	
264694765	110123073	154571692	35261198	119310495	10438377
264600780	110083928	154516852	35253114	119263738	10426239
163919392	68832321	95087071	19309449	75777621	7121141
93985	39145	54840	8084	46756	12138
3877529	1623134	2254395	686095	1568300	168142
3628765	1506010	2122755	660021	1462734	168142
248764	117124	131639	26074	105566	
41548530	14269008	27279522	5156584	22122938	2042502
20557307	5861791	14695517	2173189	12522328	1629725
16217774	9376395	6841379	2712803	4128577	1055301
34663691	14642240	20021452	5691927	14329524	1240402
48482946	13034558	35448388	11871593	23576796	1692210

1-25 各级各类教育机构财政

学校类别	合 计	个人部分	工资福利支 出	对个人和家庭的补助支出	#助学金
总 计	**2421701211**	**1408446815**	**915384041**	**493062774**	**110394097**
一、高等学校	460323296	229059461	128860920	100198541	41748999
1.普通高等学校	452790890	224709634	126145535	98564099	41541646
高等本科学校	370683245	182882254	100790592	82091661	34650833
高职高专学校	82107645	41827380	25354943	16472438	6890813
2.成人高等学校	7532406	4349827	2715385	1634442	207353
二、中等职业学校	154541074	77835645	50868450	26967195	7366849
1.中等专业学校	70978472	35338987	22587680	12751307	3753414
2.职业高中	60387426	29760688	19976850	9783837	2692805
#农村	27909535	13442463	9441471	4000991	1432502
3.技工学校	16236780	7954525	5205899	2748625	831298
4.成人中专学校	6938395	4781446	3098020	1683426	89333
三、中 学	745192399	468539488	326448002	142091486	30349968
1.普通中学	744681233	468279099	326260650	142018449	30349568
普通高中	252093363	153413222	110182285	43230937	7806183
#农村	108516061	67795536	50295906	17499630	4699574
普通初中	492587869	314865877	216078365	98787511	22543385
#农村	308411606	202281759	138763431	63518329	19103757
2.成人中学	511166	260389	187352	73037	399
四、小 学	803441314	531663618	340851459	190812159	28854289
1.普通小学	803322872	531651298	340839887	190811412	28854284
#农村	536977108	367627792	233273013	134354779	24998308
2.成人小学	118442	12319	11572	747	5
五、特殊教育	9570398	5541119	3895096	1646023	199798
1.特殊教育学校	8981688	5201173	3672224	1528949	195332
2.工读学校	588710	339946	222872	117074	4466
六、幼儿园	83586651	43799686	33731703	10067982	1609803
#农村	42443489	21904444	17349099	4555345	1213028
七、教育行政单位	35228352	14799250	8500744	6298506	
八、教育事业单位	65524248	25308798	15277434	10031364	200894
九、其 他	64293480	11899751	6950233	4949518	63498

补助支出明细(全国教育和其他部门)

单位：千元

公用部分	商品和服务支出	其他资本性支出			基本建设支出
			专项公用支出	专项项目支出	
962179801	**407375348**	**554804452**	**162641733**	**392162719**	**51074596**
216241535	116362075	99879459	52322932	47556527	15022300
213259358	114713549	98545809	51877938	46667871	14821898
175174776	98196485	76978291	42566508	34411783	12626215
38084582	16517064	21567518	9311430	12256088	2195683
2982177	1648526	1333650	444995	888656	200402
72971459	27886304	45085155	15265946	29819209	3733970
33686714	12957270	20729444	6597518	14131926	1952771
29161421	9718076	19443345	6479385	12963960	1465317
13506772	4421336	9085436	2125848	6959588	960300
8000444	3957842	4042602	1976640	2065962	281812
2122880	1253116	869764	212403	657361	34070
260943756	94729546	166214210	34737436	131476774	15709155
260692980	94642746	166050233	34719514	131330720	15709155
92728225	29811292	62916932	12421429	50495503	5951916
37684934	11532981	26151953	4489909	21662044	3035591
167964755	64831454	103133301	22298084	80835217	9757238
100086149	39012116	61074033	11678537	49395496	6043698
250777	86800	163977	17923	146054	
261363094	107944838	153418256	34832595	118585661	10414603
261269109	107905693	153363416	34824511	118538904	10402465
162231130	67842915	94388215	19151753	75236461	7118186
93985	39145	54840	8084	46756	12138
3861137	1612480	2248658	683997	1564661	168142
3612373	1495355	2117018	657923	1459095	168142
248764	117124	131639	26074	105566	
37750333	12379178	25371155	4388294	20982861	2036632
18910654	5124134	13786520	1814396	11972125	1628391
19373801	12514707	6859093	2730516	4128577	1055301
38973168	18865979	20107189	5771826	14335363	1242282
50701518	15080241	35621277	11908191	23713087	1692210

1-26 各级各类教育机构财政

学校类别	合计	个人部分	工资福利支出	对个人和家庭的补助支出	#助学金
总计	**143438628**	**70349646**	**35661953**	**34687693**	**15539740**
一、高等学校	131525624	68740440	34597301	34143139	15516298
1.普通高等学校	131390502	68675530	34572143	34103387	15516298
高等本科学校	130961443	68494329	34456139	34038190	15506800
高职高专学校	429060	181201	116004	65197	9498
2.成人高等学校	135121	64910	25158	39752	
二、中等职业学校	116808	62196	43659	18537	4821
1.中等专业学校	111220	57741	40444	17297	3581
2.职业高中	5587	4455	3215	1240	1240
#农村					
3.技工学校					
4.成人中专学校					
三、中学	980171	573286	405624	167663	2587
1.普通中学	980171	573286	405624	167663	2587
普通高中	616752	351931	248541	103389	1880
#农村	2824	1782	1728	54	41
普通初中	363419	221355	157082	64273	707
#农村	3293	2243	2160	83	59
2.成人中学					
四、小学	420242	284673	226221	58452	938
1.普通小学	420242	284673	226221	58452	938
#农村	9014	6353	5632	721	624
2.成人小学					
五、特殊教育					
1.特殊教育学校					
2.工读学校					
六、幼儿园	69806	49031	44047	4984	1401
#农村	6493	6138	6107	31	9
七、教育行政单位	3349002	192975	111199	81776	
八、教育事业单位	4501587	190231	113845	76386	
九、其他	2475388	256815	120058	136757	13696

补助支出明细(中央教育和其他部门)

单位：千元

公用部分	商品和服务支出	其他资本性支出	专项公用支出	专项项目支出	基本建设支出
68050235	**48813816**	**19236419**	**14307071**	**4929348**	**5038747**
57748317	38927193	18821124	14094048	4727076	5036867
57678106	38878122	18799984	14082805	4717179	5036867
57430247	38798044	18632203	14015658	4616545	5036867
247859	80078	167781	67147	100633	
70211	49071	21140	11243	9897	
54612	42566	12047	3670	8377	
53480	41443	12037	3660	8377	
1132	1123	10	10		
406885	318069	88815	46065	42750	
406885	318069	88815	46065	42750	
264821	199144	65677	32493	33184	
1042	657	385	144	241	
142064	118926	23138	13572	9566	
1049	629	420	176	244	
135570	104077	31493	25253	6240	
135570	104077	31493	25253	6240	
2661	2056	606	329	277	
20775	14176	6599	3824	2775	
356	220	135	69	66	
3156026	3138312	17714	17714		
4309477	4223739	85737	79899	5839	1880
2218573	2045683	172889	36598	136291	

1-27 各级各类教育机构财政

学校类别	合　计	个人部分	工资福利支　出	对个人和家庭的补助支出	#助学金
总　　计	**2278262583**	**1338097169**	**879722088**	**458375081**	**94854357**
一、高等学校	328797672	160319020	94263619	66055402	26232701
1.普通高等学校	321400388	156034104	91573392	64460712	26025348
高等本科学校	239721802	114387924	66334453	48053471	19144033
高职高专学校	81678586	41646180	25238939	16407241	6881315
2.成人高等学校	7397284	4284916	2690227	1594690	207353
二、中等职业学校	154424266	77773449	50824791	26948658	7362028
1.中等专业学校	70867252	35281246	22547236	12734010	3749833
2.职业高中	60381839	29756233	19973635	9782598	2691565
#农村	27909535	13442463	9441471	4000991	1432502
3.技工学校	16236780	7954525	5205899	2748625	831298
4.成人中专学校	6938395	4781446	3098020	1683426	89333
三、中　学	744212228	467966202	326042378	141923824	30347381
1.普通中学	743701062	467705812	325855026	141850786	30346981
普通高中	251476612	153061291	109933743	43127548	7804303
#农村	108513237	67793754	50294178	17499576	4699533
普通初中	492224450	314644521	215921283	98723238	22542678
#农村	308408314	202279516	138761271	63518245	19103698
2.成人中学	511166	260389	187352	73037	399
四、小　学	803021072	531378945	340625238	190753707	28853352
1.普通小学	802902629	531366626	340613666	190752960	28853347
#农村	536968094	367621439	233267381	134354058	24997684
2.成人小学	118442	12319	11572	747	5
五、特殊教育	9570398	5541119	3895096	1646023	199798
1.特殊教育学校	8981688	5201173	3672224	1528949	195332
2.工读学校	588710	339946	222872	117074	4466
六、幼儿园	83516845	43750655	33687657	10062998	1608402
#农村	42436996	21898306	17342992	4555314	1213020
七、教育行政单位	31879350	14606275	8389544	6216731	
八、教育事业单位	61022661	25118568	15163590	9954978	200894
九、其　他	61818092	11642936	6830175	4812761	49802

补助支出明细(地方教育和其他部门)

单位：千元

公用部分					基本建设支出
	商品和服务支出	其他资本性支出			
			专项公用支出	专项项目支出	
894129566	**358561532**	**535568033**	**148334662**	**387233371**	**46035849**
158493218	77434882	81058335	38228884	42829451	9985434
155581252	75835427	79745825	37795133	41950693	9785031
117744529	59398441	58346088	28550850	29795238	7589348
37836723	16436986	21399737	9244283	12155455	2195683
2911965	1599455	1312510	433752	878759	200402
72916847	27843739	45073108	15262275	29810832	3733970
33633235	12915828	20717407	6593857	14123549	1952771
29160289	9716954	19443335	6479376	12963960	1465317
13506772	4421336	9085436	2125848	6959588	960300
8000444	3957842	4042602	1976640	2065962	281812
2122880	1253116	869764	212403	657361	34070
260536872	94411476	166125395	34691371	131434024	15709155
260286095	94324677	165961418	34673448	131287970	15709155
92463404	29612149	62851255	12388936	50462319	5951916
37683892	11532324	26151568	4489765	21661803	3035591
167822691	64712528	103110163	22284512	80825650	9757238
100085100	39011487	61073613	11678361	49395252	6043698
250777	86800	163977	17923	146054	
261227524	107840761	153386762	34807342	118579421	10414603
261133539	107801616	153331922	34799258	118532664	10402465
162228469	67840860	94387609	19151424	75236185	7118186
93985	39145	54840	8084	46756	12138
3861137	1612480	2248658	683997	1564661	168142
3612373	1495355	2117018	657923	1459095	168142
248764	117124	131639	26074	105566	
37729557	12365002	25364556	4384471	20980085	2036632
18910299	5123913	13786385	1814326	11972059	1628391
16217774	9376395	6841379	2712803	4128577	1055301
34663691	14642240	20021452	5691927	14329524	1240402
48482946	13034558	35448388	11871593	23576796	1692210

1-28 各级各类教育机构

学校类别	合　计				
		个人部分			
			工资福利支出	对个人和家庭的补助支出	
					#助学金
总　计	**12419386**	**5141676**	**3371560**	**1770116**	**515768**
一、高等学校	6384572	1213644	729506	484137	227558
1.普通高等学校	2398856	1168519	695228	473291	226887
高等本科学校	927161	596200	366258	229942	75945
高职高专学校	1471695	572319	328970	243349	150942
2.成人高等学校	3985716	45125	34279	10846	672
二、中等职业学校	1160060	607502	352481	255021	90859
1.中等专业学校	684446	332873	190999	141874	47190
2.职业高中	56974	17081	8636	8446	5805
#农村	10305	3189	2860	329	200
3.技工学校	374847	228340	133591	94750	37480
4.成人中专学校	43793	29207	19256	9952	384
三、中　学	2184181	1509240	1048634	460606	86502
1.普通中学	2184181	1509240	1048634	460606	86502
普通高中	739216	492214	338891	153323	34698
#农村	299738	247182	168798	78385	18334
普通初中	1444965	1017026	709743	307283	51804
#农村	1176900	826284	583685	242599	47744
2.成人中学					
四、小　学	2051173	1475574	1032309	443265	86851
1.普通小学	2051173	1475574	1032309	443265	86851
#农村	1789327	1267788	897750	370037	81495
2.成人小学					
五、特殊教育					
1.特殊教育学校					
2.工读学校					
六、幼儿园	370765	194016	134156	59860	23998
#农村	220258	106194	76654	29540	15083
七、教育行政单位	40433	19415	12890	6525	
八、教育事业单位	34565	26223	17047	9176	
九、其　他	193637	96063	44536	51527	

财政补助支出明细(企业办)

单位：千元

公用部分	商品和服务支出	其他资本性支出	专项公用支出	专项项目支出	基本建设支出
6751574	**5158126**	**1593448**	**991725**	**601723**	**526136**
5013638	4212174	801465	722803	78661	157290
1073497	272056	801440	722779	78661	156840
185413	78160	107254	75059	32195	145548
888084	193897	694187	647720	46467	11293
3940141	3940117	24	24		450
532805	334578	198228	126316	71912	19752
336820	209753	127067	86229	40838	14752
39893	18287	21605	8382	13224	
7116	4686	2431	1931	500	
141507	94176	47330	29480	17851	5000
14586	12361	2225	2225		
569655	270383	299272	72002	227271	105286
569655	270383	299272	72002	227271	105286
228142	91434	136708	32320	104387	18860
44492	22317	22176	4109	18066	8064
341513	178949	162564	39681	122883	86426
265338	126939	138399	29371	109028	85278
441833	238994	202838	50384	152454	133766
441833	238994	202838	50384	152454	133766
389241	210422	178819	42978	135841	132298
141239	57068	84171	15386	68785	35510
78554	25392	53163	4913	48250	35510
21018	20546	472	472		
8342	5422	2919	2919		
23043	18960	4083	1444	2639	74531

1-29 各级各类教育机构财政

学校类别	合 计	个人部分	工资福利支出	对个人和家庭的补助支出	#助学金
总　计	**6048877**	**4150462**	**2772937**	**1377525**	**329660**
一、高等学校	1169822	773452	469897	303555	121075
1.普通高等学校	1135110	744214	448741	295473	120628
高等本科学校	927161	596200	366258	229942	75945
高职高专学校	207949	148014	82484	65530	44683
2.成人高等学校	34712	29238	21156	8082	446
二、中等职业学校	362361	206715	120812	85903	32456
1.中等专业学校	273131	139438	74707	64732	24642
2.职业高中	6337	2934	2699	235	106
#农村	6337	2934	2699	235	106
3.技工学校	58401	44095	27857	16238	7607
4.成人中专学校	24492	20248	15550	4698	100
三、中　学	2006552	1455180	1007063	448117	82007
1.普通中学	2006552	1455180	1007063	448117	82007
普通高中	644701	475563	325554	150009	32529
#农村	294761	243334	167001	76333	17017
普通初中	1361851	979617	681509	298108	49478
#农村	1133912	797524	562937	234587	45914
2.成人中学					
四、小　学	1976888	1425108	993929	431180	82249
1.普通小学	1976888	1425108	993929	431180	82249
#农村	1734781	1227729	867521	360209	78523
2.成人小学					
五、特殊教育					
1.特殊教育学校					
2.工读学校					
六、幼儿园	264618	148307	106763	41544	11874
#农村	201748	94721	69932	24789	11850
七、教育行政单位	40433	19415	12890	6525	
八、教育事业单位	34565	26223	17047	9176	
九、其　他	193637	96063	44536	51527	

补助支出明细(中央企业办)

单位: 千元

公用部分	商品和服务支出	其他资本性支出	专项公用支出	专项项目支出	基本建设支出
1389134	**718109**	**671025**	**236840**	**434185**	**509281**
250822	124565	126257	91063	35195	145548
245348	119115	126233	91039	35195	145548
185413	78160	107254	75059	32195	145548
59935	40955	18980	15980	3000	
5474	5450	24	24		
141007	91492	49515	21592	27924	14639
119053	74142	44912	17878	27033	14639
3403	2629	774	274	500	
3403	2629	774	274	500	
14306	10648	3658	3268	391	
4244	4073	171	171		
446086	203281	242805	67336	175469	105286
446086	203281	242805	67336	175469	105286
150277	54330	95947	31560	64387	18860
43364	21949	21415	3349	18066	8064
295809	148951	146858	35776	111081	86426
251110	122006	129104	25692	103412	85278
418014	228573	189442	48183	141258	133766
418014	228573	189442	48183	141258	133766
374753	201337	173416	41582	131835	132298
80801	25269	55532	3831	51701	35510
71517	20945	50573	2771	47802	35510
21018	20546	472	472		
8342	5422	2919	2919		
23043	18960	4083	1444	2639	74531

1-30　各级各类教育机构财政

学校类别	合　计	个人部分	工资福利支　出	对个人和家庭的补助支出	#助学金
总　计	**6370509**	**991214**	**598623**	**392591**	**186108**
一、高等学校	5214750	440192	259609	180583	106483
1.普通高等学校	1263746	424305	246486	177819	106258
高等本科学校					
高职高专学校	1263746	424305	246486	177819	106258
2.成人高等学校	3951004	15887	13123	2764	225
二、中等职业学校	797698	400788	231669	169119	58403
1.中等专业学校	411315	193435	116293	77143	22548
2.职业高中	50637	14147	5937	8211	5698
#农村	3968	255	161	94	94
3.技工学校	316446	184246	105734	78512	29873
4.成人中专学校	19301	8959	3706	5253	285
三、中　学	177629	54060	41571	12489	4495
1.普通中学	177629	54060	41571	12489	4495
普通高中	94516	16651	13337	3313	2169
#农村	4977	3849	1797	2052	1317
普通初中	83114	37409	28234	9175	2326
#农村	42988	28760	20748	8012	1830
2.成人中学					
四、小　学	74284	50466	38381	12085	4601
1.普通小学	74284	50466	38381	12085	4601
#农村	54546	40058	30229	9829	2973
2.成人小学					
五、特殊教育					
1.特殊教育学校					
2.工读学校					
六、幼儿园	106147	45709	27393	18316	12124
#农村	18510	11473	6722	4751	3233
七、教育行政单位					
八、教育事业单位					
九、其　他					

补助支出明细(地方企业办)

单位：千元

公用部分	商品和服务支出	其他资本性支出			基本建设支出
			专项公用支出	专项项目支出	
5362440	**4440017**	**922423**	**754885**	**167538**	**16855**
4762816	4087609	675207	631740	43467	11743
828149	152941	675207	631740	43467	11293
828149	152941	675207	631740	43467	11293
3934667	3934667				450
391798	243086	148712	104724	43988	5113
217767	135612	82155	68351	13805	113
36489	15658	20831	8107	12724	
3713	2056	1657	1657		
127200	83528	43672	26212	17460	5000
10342	8288	2054	2054		
123569	67102	56467	4665	51802	
123569	67102	56467	4665	51802	
77865	37105	40760	760	40000	
1129	368	760	760		
45704	29998	15707	3905	11802	
14228	4933	9295	3678	5617	
23819	10422	13397	2201	11196	
23819	10422	13397	2201	11196	
14488	9085	5403	1396	4006	
60438	31799	28639	11555	17084	
7037	4447	2590	2142	448	

1-31 各级各类教育机构

学校类别	合 计	个人部分	工资福利支 出	对个人和家庭的补助支出	#助学金
总 计	**33484722**	**15553470**	**6476442**	**9077028**	**7599938**
一、高等学校	8971281	4252915	605048	3647867	3536032
1.普通高等学校	8971281	4252915	605048	3647867	3536032
高等本科学校	6904958	3301670	457588	2844082	2765013
高职高专学校	2066323	951245	147460	803785	771018
2.成人高等学校					
二、中等职业学校	3596747	1826872	685523	1141348	1005795
1.中等专业学校	1457544	646144	233767	412377	400097
2.职业高中	1486383	809055	295125	513930	457756
#农村	631285	350116	146984	203132	185632
3.技工学校	562366	317126	153025	164101	99385
4.成人中专学校	90454	54547	3607	50940	48557
三、中 学	8246180	4051163	2388052	1663111	1266384
1.普通中学	8246180	4051163	2388052	1663111	1266384
普通高中	2491254	1314584	837618	476965	369134
#农村	1135243	738484	467984	270500	223821
普通初中	5754926	2736579	1550433	1186146	897250
#农村	3014685	1385345	728820	656525	561457
2.成人中学					
四、小 学	6565154	3097956	1554205	1543751	1115562
1.普通小学	6565154	3097956	1554205	1543751	1115562
#农村	2842952	1163562	452065	711497	639688
2.成人小学					
五、特殊教育	30646	14254	11457	2797	2083
1.特殊教育学校	30646	14254	11457	2797	2083
2.工读学校					
六、幼儿园	6074714	2310310	1232157	1078153	674082
#农村	2817049	1175743	619849	555894	443791
七、教育行政单位					
八、教育事业单位					
九、其 他					

财政补助支出明细(民办)

单位：千元

公用部分	商品和服务支出	其他资本性支出	专项公用支出	专项项目支出	基本建设支出
17330609	**8313555**	**9017054**	**2625165**	**6391889**	**600643**
4172573	1158615	3013958	821730	2192228	545793
4172573	1158615	3013958	821730	2192228	545793
3115988	957423	2158565	584750	1573814	487300
1056585	201192	855393	236979	618414	58493
1769744	879781	889963	192128	697835	131
811400	271206	540194	69105	471089	
677328	380335	296992	87078	209914	
281169	158951	122218	40556	81662	
245109	209016	36093	24713	11381	131
35907	19223	16684	11232	5452	
4169943	2120407	2049536	396995	1652541	25074
4169943	2120407	2049536	396995	1652541	25074
1166110	436945	729166	68825	660341	10559
396759	176206	220554	29955	190598	
3003833	1683462	1320370	328170	992201	14514
1627022	792300	834721	106939	727783	2319
3443423	2271890	1171533	451655	719878	23774
3443423	2271890	1171533	451655	719878	23774
1676435	982377	694059	156629	537430	2955
16392	10655	5737	2098	3639	
16392	10655	5737	2098	3639	
3758534	1872207	1886327	760559	1125768	5870
1639972	733430	906542	356721	549821	1334

1-32 各级各类教育机构公共财政预算

学校类别	合 计	个人部分	工资福利支出	对个人和家庭的补助支出	#助学金
总 计	**2016813234**	**1278954221**	**895813461**	**383140760**	**113552218**
一、高等学校	402572734	212259006	125376662	86882345	44310928
1.普通高等学校	396593851	208613941	122894847	85719094	44106036
高等本科学校	326715565	170005512	98622773	71382739	36462864
高职高专学校	69878285	38608429	24272074	14336355	7643173
2.成人高等学校	5978884	3645066	2481815	1163251	204891
二、中等职业学校	117999074	70186305	49104277	21082028	7531636
1.中等专业学校	54441231	31681773	21570612	10111161	3778876
2.职业高中	44303081	26974665	19513697	7460968	2750013
#农村	21898697	12593690	9282881	3310809	1538899
3.技工学校	13561176	7340759	5028299	2312460	868420
4.成人中专学校	5693586	4189107	2991668	1197439	134328
三、中 学	614137413	428387781	320162270	108225510	30297853
1.普通中学	613804878	428144901	319979783	108165118	30297454
普通高中	200113896	140042503	107734033	32308470	7750468
#农村	91232598	63568285	49621079	13947206	4712003
普通初中	413690982	288102398	212245750	75856648	22546986
#农村	268267208	187129695	136827680	50302016	19113815
2.成人中学	332535	242880	182487	60393	399
四、小 学	675271638	477027550	334209433	142818117	28773639
1.普通小学	675248753	477015381	334197914	142817467	28773634
#农村	462731859	330607659	229339860	101267799	24895286
2.成人小学	22885	12169	11519	651	5
五、特殊教育	7595005	4956244	3765104	1191139	178814
1.特殊教育学校	7167451	4675496	3550936	1124559	174444
2.工读学校	427554	280748	214168	66580	4370
六、幼儿园	71127479	41969890	33533724	8436166	2201432
#农村	37805689	21655505	17499940	4155564	1601153
七、教育行政单位	27784854	12242164	8193749	4048415	
八、教育事业单位	48219751	21746307	14771017	6975290	200473
九、其 他	52105286	10178974	6697225	3481749	57443

教育事业费支出明细(全国)

单位：千元

公用部分	商品和服务支出	其他资本性支出	专项公用支出	专项项目支出
737859013	**353234725**	**384624288**	**123480330**	**261143958**
190313728	102910202	87403526	47952967	39450559
187979910	101533859	86446051	47660701	38785350
156710053	87327031	69383022	39205204	30177818
31269856	14206828	17063029	8455497	8607532
2333818	1376343	957475	292266	665209
47812769	23368338	24444431	8808990	15635441
22759457	10634376	12125082	4421650	7703432
17328416	8082636	9245780	2852140	6393639
9305007	3860837	5444170	1411258	4032911
6220417	3612579	2607838	1383020	1224818
1504479	1038747	465732	152180	313551
185749632	82791977	102957656	22162052	80795604
185659977	82722675	102937302	22149281	80788021
60071393	24421705	35649688	7258614	28391075
27664312	9964260	17700052	3107191	14592861
125588584	58300970	67287614	14890667	52396947
81137513	36435875	44701638	8942616	35759021
89655	69302	20353	12771	7582
198244088	97156307	101087781	24129171	76958610
198233372	97153675	101079697	24121087	76958610
132124200	63372583	68751617	14712163	54039454
10716	2633	8084	8084	
2638761	1345220	1293541	389982	903560
2491955	1248058	1243897	373198	870699
146806	97161	49645	16784	32861
29157589	11117057	18040532	3436127	14604405
16150184	5090935	11059249	1702083	9357165
15542690	10717896	4824794	2052391	2772403
26473444	12284395	14189050	4059081	10129969
41926311	11543334	30382977	10489570	19893407

1-33 各级各类教育机构公共财政预算

学校类别	合 计	个人部分	工资福利支出	对个人和家庭的补助支出	#助学金
总 计	**121279870**	**67245894**	**37075937**	**30169957**	**15388602**
一、高等学校	111079334	62838947	33896012	28942935	15161468
1.普通高等学校	110966666	62768143	33860002	28908140	15161021
高等本科学校	110561976	62500151	33669064	28831087	15106845
高职高专学校	404691	267991	190938	77054	54176
2.成人高等学校	112667	70805	36010	34795	446
二、中等职业学校	411716	247531	155851	91679	36223
1.中等专业学校	322501	177549	107831	69719	27277
2.职业高中	10907	7363	5914	1448	1320
#农村	5320	2908	2699	209	80
3.技工学校	55116	43671	27857	15814	7526
4.成人中专学校	23192	18948	14249	4698	100
三、中 学	2707932	1906003	1386133	519869	81988
1.普通中学	2707932	1906003	1386133	519869	81988
普通高中	1189825	801961	570209	231752	32629
#农村	273160	231559	168729	62830	16234
普通初中	1518108	1104041	815924	288117	49358
#农村	952296	715200	542671	172529	45377
2.成人中学					
四、小 学	2100393	1575235	1191469	383766	81953
1.普通小学	2100393	1575235	1191469	383766	81953
#农村	1474768	1118663	845713	272950	77913
2.成人小学					
五、特殊教育					
1.特殊教育学校					
2.工读学校					
六、幼儿园	256088	167360	130409	36951	13275
#农村	163874	95107	74417	20690	11859
七、教育行政单位	3115418	82643	75212	7431	
八、教育事业单位	727609	123755	84146	39609	
九、其 他	881380	304421	156703	147717	13696

教育事业费支出明细(中央)

单位：千元

公用部分	商品和服务支出	其他资本性支出	专项公用支出	专项项目支出
54033975	**37849953**	**16184022**	**12077247**	**4106774**
48240386	32870268	15370118	11796955	3573163
48198524	32831398	15367125	11794629	3572497
48061825	32743176	15318648	11750364	3568284
136699	88222	48477	44265	4213
41862	38870	2993	2326	667
164185	105284	58900	23100	35800
144952	88871	56080	20670	35410
3545	3509	36	36	
2412	2386	26	26	
11445	8831	2613	2223	391
4244	4073	171	171	
801929	507737	294193	107579	186614
801929	507737	294193	107579	186614
387863	244169	143694	63354	80341
41601	21606	19995	2943	17052
414066	263568	150498	44226	106273
237096	120582	116514	24702	91812
525158	328700	196458	70566	125893
525158	328700	196458	70566	125893
356105	201166	154939	40319	114620
88729	35236	53492	6977	46515
68766	21138	47628	2723	44905
3032775	3030696	2079	2079	
603853	560171	43682	42423	1260
576959	411861	165098	27568	137530

1-34 各级各类教育机构公共财政预算

学校类别	合　计	个人部分	工资福利支　出	对个人和家庭的补助支出	#助学金
总　计	**1895533364**	**1211708326**	**858737524**	**352970802**	**98163616**
一、高等学校	291493400	149420059	91480650	57939409	29149460
1.普通高等学校	285627184	145845798	89034845	56810953	28945015
高等本科学校	216153590	107505361	64953709	42551652	21356019
高职高专学校	69473595	38340438	24081136	14259301	7588996
2.成人高等学校	5866216	3574261	2445805	1128456	204445
二、中等职业学校	117587358	69938774	48948426	20990349	7495413
1.中等专业学校	54118730	31504224	21462781	10041443	3751598
2.职业高中	44292174	26967303	19507783	7459520	2748693
#农村	21893377	12590782	9280182	3310600	1538819
3.技工学校	13506060	7297088	5000442	2296646	860894
4.成人中专学校	5670394	4170159	2977419	1192741	134228
三、中　学	611429481	426481778	318776137	107705641	30215865
1.普通中学	611096946	426238898	318593650	107645249	30215466
普通高中	198924071	139240542	107163824	32076718	7717838
#农村	90959437	63336726	49452350	13884376	4695769
普通初中	412172875	286998357	211429826	75568531	22497628
#农村	267314912	186414496	136285008	50129487	19068438
2.成人中学	332535	242880	182487	60393	399
四、小　学	673171245	475452315	333017963	142434352	28691686
1.普通小学	673148359	475440146	333006445	142433701	28691681
#农村	461257091	329488996	228494148	100994849	24817372
2.成人小学	22885	12169	11519	651	5
五、特殊教育	7595005	4956244	3765104	1191139	178814
1.特殊教育学校	7167451	4675496	3550936	1124559	174444
2.工读学校	427554	280748	214168	66580	4370
六、幼儿园	70871391	41802530	33403315	8399215	2188158
#农村	37641815	21560397	17425523	4134874	1589295
七、教育行政单位	24669436	12159521	8118537	4040984	
八、教育事业单位	47492143	21622552	14686871	6935681	200473
九、其　他	51223906	9874554	6540522	3334032	43747

教育事业费支出明细(地方)

单位: 千元

公用部分	商品和服务支出	其他资本性支出		
			专项公用支出	专项项目支出
683825038	**315384772**	**368440266**	**111403083**	**257037183**
142073341	70039934	72033407	36156011	35877396
139781386	68702460	71078926	35866072	35212853
108648229	54583855	54064374	27454840	26609534
31133157	14118606	17014551	8411232	8603319
2291956	1337474	954482	289939	664543
47648584	23263053	24385531	8785890	15599641
22614506	10545504	12069002	4400979	7668022
17324871	8079127	9245744	2852104	6393639
9302594	3858451	5444144	1411232	4032911
6208972	3603747	2605225	1380798	1224428
1500235	1034675	465560	152009	313551
184947703	82284240	102663463	22054473	80608990
184858048	82214938	102643109	22041702	80601408
59683530	24177536	35505994	7195260	28310734
27622711	9942655	17680057	3104248	14575809
125174518	58037402	67137115	14846442	52290674
80900417	36315293	44585124	8917914	35667210
89655	69302	20353	12771	7582
197718930	96827607	100891322	24058605	76832717
197708213	96824975	100883239	24050522	76832717
131768095	63171416	68596678	14671844	53924834
10716	2633	8084	8084	
2638761	1345220	1293541	389982	903560
2491955	1248058	1243897	373198	870699
146806	97161	49645	16784	32861
29068860	11081821	17987040	3429149	14557890
16081418	5069797	11011620	1699360	9312260
12509915	7687200	4822715	2050311	2772403
25869591	11724224	14145367	4016658	10128709
41349352	11131473	30217879	10462003	19755877

1-35 各级各类教育机构公共财政预算

学校类别	合 计	个人部分	工资福利支出	对个人和家庭的补助支出	#助学金
总 计	**1982804692**	**1261006608**	**887218859**	**373787750**	**105921729**
一、高等学校	393001533	207079837	124131466	82948371	40692279
1.普通高等学校	387069402	203471490	121682782	81788708	40488059
高等本科学校	320330469	166293945	97850510	68443435	33752783
高职高专学校	66738932	37177545	23832272	13345273	6735276
2.成人高等学校	5932131	3608347	2448685	1159662	204220
二、中等职业学校	113828626	67931797	48160618	19771179	6465116
1.中等专业学校	52630456	30776259	21173597	9602662	3346603
2.职业高中	42901657	26202705	19234814	6967891	2299597
#农村	21318245	12267597	9150247	3117350	1357833
3.技工学校	12720747	6842500	4780351	2062150	733132
4.成人中专学校	5575766	4110334	2971857	1138477	85783
三、中 学	605487232	423511896	317051277	106460619	29042843
1.普通中学	605154697	423269016	316868790	106400226	29042444
普通高中	197464268	138397786	106647317	31750469	7368498
#农村	89898915	62627048	48999690	13627358	4473927
普通初中	407690430	284871230	210221473	74649757	21673946
#农村	264461262	185074749	135563691	49511058	18515731
2.成人中学	332535	242880	182487	60393	399
四、小 学	668597835	473453115	332077664	141375451	27752994
1.普通小学	668574950	473440946	332066145	141374800	27752989
#农村	458598638	328395169	228080909	100314259	24194758
2.成人小学	22885	12169	11519	651	5
五、特殊教育	7568210	4942388	3753924	1188464	176750
1.特殊教育学校	7140656	4661640	3539756	1121884	172380
2.工读学校	427554	280748	214168	66580	4370
六、幼儿园	66394857	40054161	32456197	7597964	1533831
#农村	35120907	20497908	16894882	3603026	1159209
七、教育行政单位	27745769	12224078	8180859	4043220	
八、教育事业单位	48188141	21720280	14753970	6966310	200473
九、其 他	51992489	10089057	6652884	3436173	57443

教育事业费支出明细(全国教育和其他部门)

单位：千元

公用部分	商品和服务支出	其他资本性支出		
			专项公用支出	专项项目支出
721798084	**345431635**	**376366449**	**120554054**	**255812395**
185921696	101671417	84250278	46557413	37692865
183597912	100305084	83292828	46265172	37027656
154036525	86440162	67596362	38617984	28978379
29561387	13864922	15696466	7647188	8049277
2323784	1366333	957451	292241	665209
45896828	22308997	23587831	8534174	15053657
21854198	10238756	11615441	4280070	7335371
16698952	7710757	8988195	2781214	6206981
9050649	3707905	5342744	1384208	3958536
5878246	3346979	2531267	1333513	1197754
1465432	1012504	452928	139377	313551
181975336	80749118	101226218	21827242	79398976
181885681	80679817	101205865	21814471	79391394
59066482	24030546	35035935	7176372	27859563
27271867	9786606	17485260	3076701	14408559
122819200	56649270	66169929	14638098	51531831
79386512	35563335	43823177	8816507	35006670
89655	69302	20353	12771	7582
195144721	95074024	100070697	23791916	76278781
195134004	95071391	100062613	23783832	76278781
130203470	62229052	67974417	14527511	53446906
10716	2633	8084	8084	
2625823	1335974	1289849	388686	901162
2479017	1238813	1240204	371902	868301
146806	97161	49645	16784	32861
26340697	9791232	16549465	2855652	13693812
14622999	4414280	10208719	1375601	8833118
15521690	10697363	4824327	2051924	2772403
26467861	12278972	14188889	4058920	10129969
41903432	11524538	30378894	10488126	19890768

1-36 各级各类教育机构公共财政预算

学校类别	合计	个人部分	工资福利支出	对个人和家庭的补助支出	#助学金
总计	**116200708**	**63407099**	**34375907**	**29031193**	**15062765**
一、高等学校	110139169	62098767	33433664	28665103	15040398
1.普通高等学校	110054110	62050124	33418811	28631313	15040398
高等本科学校	109813354	61905609	33302807	28602803	15030900
高职高专学校	240756	144514	116004	28511	9498
2.成人高等学校	85059	48643	14854	33790	
二、中等职业学校	114116	59504	43659	15845	4821
1.中等专业学校	108529	55049	40444	14605	3581
2.职业高中	5587	4455	3215	1240	1240
#农村					
3.技工学校					
4.成人中专学校					
三、中学	947344	561740	402152	159588	1849
1.普通中学	947344	561740	402152	159588	1849
普通高中	585738	341966	245311	96655	1162
#农村	2785	1780	1728	51	38
普通初中	361606	219774	156841	62933	687
#农村	3235	2219	2160	59	47
2.成人中学					
四、小学	411940	277602	224981	52621	600
1.普通小学	411940	277602	224981	52621	600
#农村	8582	6003	5632	371	287
2.成人小学					
五、特殊教育					
1.特殊教育学校					
2.工读学校					
六、幼儿园	47225	32697	29667	3030	1401
#农村	6454	6124	6107	17	9
七、教育行政单位	3076333	64557	62322	2236	
八、教育事业单位	695998	97728	67099	30629	
九、其他	768583	214503	112362	102141	13696

教育事业费支出明细(中央教育和其他部门)

单位：千元

公用部分	商品和服务支出	其他资本性支出	专项公用支出	专项项目支出
52793608	**37208978**	**15584631**	**11863186**	**3721445**
48040401	32784816	15255585	11715444	3540142
48003986	32751369	15252617	11713141	3539475
47907745	32684626	15223119	11684856	3538263
96241	66744	29498	28285	1213
36415	33447	2969	2302	667
54612	42566	12047	3670	8377
53480	41443	12037	3660	8377
1132	1123	10	10	
385605	310159	75445	46045	29400
385605	310159	75445	46045	29400
243772	191431	52341	32483	19858
1006	657	349	133	215
141833	118728	23104	13562	9542
1015	629	386	166	220
134338	103388	30950	24740	6210
134338	103388	30950	24740	6210
2579	2004	576	329	247
14528	10074	4453	3288	1165
330	205	125	59	66
3011775	3010162	1613	1613	
598270	554748	43522	42262	1260
554080	393065	161015	26124	134891

1-37 各级各类教育机构公共财政预算

学校类别	合 计	个人部分	工资福利支出	对个人和家庭的补助支出	#助学金
总 计	**1866603984**	**1197599509**	**852842952**	**344756557**	**90858963**
一、高等学校	282862364	144981070	90697802	54283268	25651881
1.普通高等学校	277015292	141421366	88263971	53157395	25447661
高等本科学校	210517115	104388336	64547703	39840633	18721883
高职高专学校	66498176	37033030	23716268	13316762	6725778
2.成人高等学校	5847072	3559704	2433831	1125873	204220
二、中等职业学校	113714510	67872293	48116959	19755334	6460294
1.中等专业学校	52521927	30721210	21133153	9588057	3343022
2.职业高中	42896069	26198250	19231599	6966651	2298357
#农村	21318245	12267597	9150247	3117350	1357833
3.技工学校	12720747	6842500	4780351	2062150	733132
4.成人中专学校	5575766	4110334	2971857	1138477	85783
三、中 学	604539888	422950156	316649125	106301031	29040994
1.普通中学	604207353	422707276	316466638	106240639	29040595
普通高中	196878530	138055820	106402006	31653814	7367336
#农村	89896129	62625268	48997962	13627307	4473889
普通初中	407328823	284651456	210064632	74586825	21673259
#农村	264458027	185072530	135561531	49510999	18515684
2.成人中学	332535	242880	182487	60393	399
四、小 学	668185895	473175513	331852683	141322830	27752394
1.普通小学	668163010	473163344	331841165	141322179	27752389
#农村	458590056	328389166	228075277	100313888	24194471
2.成人小学	22885	12169	11519	651	5
五、特殊教育	7568210	4942388	3753924	1188464	176750
1.特殊教育学校	7140656	4661640	3539756	1121884	172380
2.工读学校	427554	280748	214168	66580	4370
六、幼儿园	66347632	40021463	32426530	7594933	1532430
#农村	35114454	20491784	16888775	3603009	1159201
七、教育行政单位	24669436	12159521	8118537	4040984	
八、教育事业单位	47492143	21622552	14686871	6935681	200473
九、其 他	51223906	9874554	6540522	3334032	43747

教育事业费支出明细(地方教育和其他部门)

单位：千元

公用部分	商品和服务支出	其他资本性支出		
			专项公用支出	专项项目支出
669004475	**308222657**	**360781818**	**108690868**	**252090950**
137881294	68886601	68994693	34841970	34152723
135593926	67553715	68040211	34552030	33488181
106128780	53755537	52373243	26933127	25440116
29465146	13798178	15666968	7618903	8048065
2287368	1332887	954482	289939	664543
45842216	22266431	23575785	8530504	15045281
21800718	10197314	11603404	4276410	7326994
16697820	7709634	8988185	2781204	6206981
9050649	3707905	5342744	1384208	3958536
5878246	3346979	2531267	1333513	1197754
1465432	1012504	452928	139377	313551
181589732	80438959	101150773	21781196	79369576
181500077	80369658	101130419	21768425	79361994
58822710	23839116	34983594	7143889	27839705
27270861	9785949	17484912	3076568	14408344
122677367	56530542	66146825	14624536	51522289
79385497	35562705	43822791	8816341	35006450
89655	69302	20353	12771	7582
195010383	94970636	100039746	23767176	76272571
194999666	94968003	100031663	23759092	76272571
130200891	62227049	67973842	14527182	53446659
10716	2633	8084	8084	
2625823	1335974	1289849	388686	901162
2479017	1238813	1240204	371902	868301
146806	97161	49645	16784	32861
26326169	9781158	16545011	2852364	13692647
14622669	4414075	10208594	1375542	8833052
12509915	7687200	4822715	2050311	2772403
25869591	11724224	14145367	4016658	10128709
41349352	11131473	30217879	10462003	19755877

1-38 各级各类教育机构公共财政预算

学校类别	合 计	个人部分	工资福利支 出	对个人和家庭的补助支出	#助学金
总 计	**7204876**	**4731409**	**3254261**	**1477148**	**505577**
一、高等学校	2118516	1142163	705520	436643	222782
1.普通高等学校	2071763	1105445	672390	433055	222111
高等本科学校	748621	594542	366258	228284	75945
高职高专学校	1323141	510903	306132	204771	146166
2.成人高等学校	46753	36718	33130	3588	672
二、中等职业学校	1029405	550192	328258	221934	89660
1.中等专业学校	600751	291513	179970	111543	46244
2.职业高中	55167	17045	8636	8409	5778
#农村	9288	3162	2860	302	174
3.技工学校	337366	216829	123344	93485	37254
4.成人中专学校	36121	24805	16308	8497	384
三、中 学	1823285	1387191	1018727	368464	84525
1.普通中学	1823285	1387191	1018727	368464	84525
普通高中	619820	473357	335298	138059	33619
#农村	275297	233597	168798	64800	17512
普通初中	1203465	913834	683429	230405	50906
#农村	987290	737493	560546	176947	47160
2.成人中学					
四、小 学	1750110	1343525	1003952	339573	85576
1.普通小学	1750110	1343525	1003952	339573	85576
#农村	1515505	1148522	869393	279129	80599
2.成人小学					
五、特殊教育					
1.特殊教育学校					
2.工读学校					
六、幼儿园	300068	174308	123525	50783	23033
#农村	175055	100079	74757	25322	14980
七、教育行政单位	39085	18085	12890	5195	
八、教育事业单位	31611	26027	17047	8980	
九、其 他	112797	89917	44341	45576	

教育事业费支出明细(企业办)

单位：千元

公用部分	商品和服务支出	其他资本性支出		
			专项公用支出	专项项目支出
2473467	**1063922**	**1409544**	**917486**	**492058**
976352	239155	737197	663809	73388
966318	229145	737173	663785	73388
154080	58551	95529	65508	30021
812238	170594	641644	598277	43367
10034	10010	24	24	
479213	286650	192563	123271	69292
309239	183040	126199	85361	40838
38122	17964	20157	7434	12724
6125	4443	1683	1683	
120537	76502	44036	28305	15731
11315	9144	2171	2171	
436093	207262	228831	66167	162664
436093	207262	228831	66167	162664
146462	54349	92114	31631	60483
41700	21293	20407	3571	16836
289631	152914	136717	34536	102182
249797	124757	125040	28182	96858
406585	235269	171316	47875	123441
406585	235269	171316	47875	123441
366982	207807	159175	41235	117940
125760	50833	74927	14294	60634
74976	25046	49930	4802	45127
21000	20533	467	467	
5583	5422	161	161	
22879	18797	4083	1444	2639

1-39 各级各类教育机构公共财政预算

学校类别	合 计	个人部分	工资福利支出	对个人和家庭的补助支出	#助学金
总 计	**5079162**	**3838795**	**2700030**	**1138765**	**325837**
一、高等学校	940165	740180	462348	277832	121070
1.普通高等学校	912556	718019	441192	276827	120623
高等本科学校	748621	594542	366258	228284	75945
高职高专学校	163935	123477	74934	48543	44678
2.成人高等学校	27608	22161	21156	1005	446
二、中等职业学校	297600	188027	112193	75834	31402
1.中等专业学校	213972	122500	67387	55113	23696
2.职业高中	5320	2908	2699	209	80
#农村	5320	2908	2699	209	80
3.技工学校	55116	43671	27857	15814	7526
4.成人中专学校	23192	18948	14249	4698	100
三、中 学	1760588	1344263	983981	360282	80139
1.普通中学	1760588	1344263	983981	360282	80139
普通高中	604087	459996	324898	135097	31467
#农村	270375	229779	167001	62778	16196
普通初中	1156501	884267	659083	225185	48671
#农村	949061	712980	540511	172469	45330
2.成人中学					
四、小 学	1688454	1297633	966489	331145	81353
1.普通小学	1688454	1297633	966489	331145	81353
#农村	1466186	1112660	840081	272579	77626
2.成人小学					
五、特殊教育					
1.特殊教育学校					
2.工读学校					
六、幼儿园	208863	134662	100742	33921	11874
#农村	157420	88984	68310	20673	11850
七、教育行政单位	39085	18085	12890	5195	
八、教育事业单位	31611	26027	17047	8980	
九、其 他	112797	89917	44341	45576	

教育事业费支出明细(中央企业办)

单位：千元

公用部分	商品和服务支出	其他资本性支出		
			专项公用支出	专项项目支出
1240367	**640976**	**599391**	**214062**	**385329**
199985	85452	114533	81512	33021
194538	80029	114509	81488	33021
154080	58551	95529	65508	30021
40458	21478	18980	15980	3000
5447	5423	24	24	
109573	62719	46854	19430	27424
91472	47429	44043	17010	27033
2412	2386	26	26	
2412	2386	26	26	
11445	8831	2613	2223	391
4244	4073	171	171	
416325	197577	218747	61534	157214
416325	197577	218747	61534	157214
144091	52738	91353	30871	60483
40595	20949	19647	2810	16836
272234	144839	127394	30663	96731
236081	119952	116128	24536	91592
390821	225313	165508	45825	119683
390821	225313	165508	45825	119683
353526	199163	154363	39990	114373
74201	25162	49039	3689	45350
68436	20933	47503	2664	44840
21000	20533	467	467	
5583	5422	161	161	
22879	18797	4083	1444	2639

1-40 各级各类教育机构公共财政预算

学校类别	合计	个人部分	工资福利支出	对个人和家庭的补助支出	#助学金
总计	**2125714**	**892614**	**554230**	**338383**	**179740**
一、高等学校	1178351	401983	243172	158811	101713
1.普通高等学校	1159206	387426	231198	156228	101487
高等本科学校					
高职高专学校	1159206	387426	231198	156228	101487
2.成人高等学校	19144	14557	11974	2583	225
二、中等职业学校	731806	362165	216065	146100	58259
1.中等专业学校	386779	169012	112583	56429	22548
2.职业高中	49847	14137	5937	8201	5698
#农村	3968	255	161	94	94
3.技工学校	282251	173158	95487	77671	29728
4.成人中专学校	12929	5857	2059	3799	285
三、中学	62697	42928	34746	8183	4387
1.普通中学	62697	42928	34746	8183	4387
普通高中	15733	13362	10400	2962	2152
#农村	4923	3818	1797	2021	1317
普通初中	46964	29566	24346	5221	2235
#农村	38229	24512	20035	4478	1830
2.成人中学					
四、小学	61656	45892	37464	8428	4223
1.普通小学	61656	45892	37464	8428	4223
#农村	49319	35863	29313	6550	2973
2.成人小学					
五、特殊教育					
1.特殊教育学校					
2.工读学校					
六、幼儿园	91204	39645	22783	16862	11160
#农村	17635	11095	6447	4648	3130
七、教育行政单位					
八、教育事业单位					
九、其他					

教育事业费支出明细(地方企业办)

单位：千元

公用部分	商品和服务支出	其他资本性支出	专项公用支出	专项项目支出
1233100	**422947**	**810153**	**703424**	**106729**
776367	153703	622664	582297	40367
771780	149116	622664	582297	40367
771780	149116	622664	582297	40367
4587	4587			
369641	223931	145709	103841	41868
217767	135612	82155	68351	13805
35710	15578	20131	7408	12724
3713	2056	1657	1657	
109093	67670	41422	26082	15340
7071	5071	2000	2000	
19768	9685	10084	4633	5451
19768	9685	10084	4633	5451
2371	1611	760	760	
1104	344	760	760	
17397	8074	9323	3872	5451
13716	4805	8912	3646	5266
15765	9957	5808	2049	3759
15765	9957	5808	2049	3759
13456	8644	4812	1245	3567
51559	25671	25889	10605	15284
6539	4113	2427	2139	288

1-41 各级各类教育机构公共财政预算

学校类别	合 计	个人部分	工资福利支出	对个人和家庭的补助支出	#助学金
总 计	**26803667**	**13216204**	**5340342**	**7875862**	**7124912**
一、高等学校	7452686	4037006	539675	3497331	3395866
1.普通高等学校	7452686	4037006	539675	3497331	3395866
高等本科学校	5636474	3117025	406006	2711019	2634136
高职高专学校	1816212	919981	133670	786311	761731
2.成人高等学校					
二、中等职业学校	3141043	1704316	615401	1088915	976860
1.中等专业学校	1210023	614002	217045	396957	386029
2.职业高中	1346258	754916	270248	484668	444637
#农村	571164	322931	129774	193157	180892
3.技工学校	503063	281430	124605	156825	98034
4.成人中专学校	81700	53968	3503	50465	48160
三、中 学	6826896	3488694	2092266	1396427	1170484
1.普通中学	6826896	3488694	2092266	1396427	1170484
普通高中	2029809	1171360	751418	419942	348351
#农村	1058386	707640	452592	255048	220563
普通初中	4797087	2317334	1340848	976486	822134
#农村	2818657	1317453	703443	614010	550924
2.成人中学					
四、小 学	4923693	2230910	1127816	1103094	935069
1.普通小学	4923693	2230910	1127816	1103094	935069
#农村	2617716	1063968	389558	674410	619929
2.成人小学					
五、特殊教育	26794	13856	11181	2676	2064
1.特殊教育学校	26794	13856	11181	2676	2064
2.工读学校					
六、幼儿园	4432554	1741422	954002	787420	644568
#农村	2509727	1057518	530301	527217	426964
七、教育行政单位					
八、教育事业单位					
九、其 他					

教育事业费支出明细(民办)

单位：千元

公用部分	商品和服务支出	其他资本性支出		
			专项公用支出	专项项目支出
13587463	**6739168**	**6848295**	**2008790**	**4839505**
3415680	999630	2416050	731745	1684306
3415680	999630	2416050	731745	1684306
2519449	828318	1691131	521713	1169418
896231	171312	724919	210032	514887
1436727	772690	664037	151546	512491
596021	212579	383442	56219	327223
591342	353915	237427	63493	173934
248232	148489	99743	25368	74376
221633	189097	32536	21202	11334
27731	17099	10632	10632	
3338202	1835596	1502606	268644	1233963
3338202	1835596	1502606	268644	1233963
858449	336810	521639	50610	471029
350746	156361	194385	26919	167465
2479753	1498786	980967	218033	762934
1501204	747783	753420	97927	655493
2692783	1847014	845768	289381	556387
2692783	1847014	845768	289381	556387
1553748	935723	618025	143417	474607
12938	9245	3693	1295	2398
12938	9245	3693	1295	2398
2691132	1274992	1416140	566181	849959
1452209	651610	800599	321680	478920

1-42 各级各类学校生均教育经费支出（全国教育和其他部门）

单位：元

学校类别	教育经费支出	个人和公用部分支出			基本建设支出
			个人部分	公用部分	
总　计	**13696.84**	**13448.90**	**7579.93**	**5868.97**	**247.94**
一、高等学校	26230.01	25680.70	12004.02	13676.68	549.30
1.普通高等学校	26790.62	26226.85	12248.21	13978.64	563.77
高等本科学校	30161.89	29507.85	13679.81	15828.04	654.03
高职高专学校	17473.80	17159.49	8291.84	8867.64	314.32
2.成人高等学校	12288.70	12099.14	5931.54	6167.60	189.56
二、中等职业学校	13996.29	13696.84	6799.33	6897.50	299.46
1.中等专业学校	14038.98	13703.35	6746.29	6957.07	335.63
2.职业高中	14095.80	13776.63	6727.12	7049.51	319.16
#农村	11260.04	10895.21	5265.80	5629.41	364.83
3.技工学校	11917.49	11749.30	5641.99	6107.31	168.19
4.成人中专学校	21225.86	21137.20	13512.14	7625.06	88.67
三、中　学	13059.64	12803.35	7951.71	4851.64	256.29
1.普通中学	13062.14	12805.60	7954.85	4850.75	256.54
普通高中	13505.37	13233.34	7687.71	5545.63	272.03
#农村	10907.36	10650.68	6247.40	4403.29	256.68
普通初中	12815.72	12567.79	8103.37	4464.42	247.93
#农村	11499.24	11277.30	7481.00	3796.30	221.94
2.成人中学	10525.31	10525.31	4765.00	5760.31	
四、小　学	9434.91	9315.26	6213.51	3101.75	119.65
1.普通小学	9433.10	9313.58	6213.45	3100.14	119.51
#农村	8845.95	8731.03	6043.93	2687.10	114.92
2.成人小学	152030.78	141075.90	11125.52	129950.38	10954.87
五、特殊教育	51777.83	50897.25	29400.46	21496.78	880.58
1.特殊教育学校	51015.66	50090.51	29003.80	21086.72	925.14
2.工读学校	66839.57	66839.57	37239.19	29600.38	
六、幼儿园	6601.46	6484.95	3417.74	3067.22	116.51
#农村	4503.88	4377.34	2220.95	2156.39	126.54

1-43 各级各类学校生均公共财政预算教育经费支出（全国教育和其他部门）

单位：元

学校类别	公共财政预算教育经费支出	事业费支出			基本建设支出
			个人部分	公用部分	
总　计	**10022.21**	**9770.53**	**6213.78**	**3556.76**	**251.68**
一、高等学校	16797.66	16179.22	8525.13	7654.09	618.44
1.普通高等学校	16719.34	16102.72	8464.75	7637.97	616.62
高等本科学校	19308.19	18575.99	9643.40	8932.59	732.20
高职高专学校	10147.61	9824.39	5472.77	4351.62	323.22
2.成人高等学校	24238.78	23446.69	14261.96	9184.73	792.09
二、中等职业学校	9428.29	9128.83	5447.99	3680.83	299.46
1.中等专业学校	9381.45	9045.82	5289.64	3756.17	335.63
2.职业高中	9663.67	9344.50	5707.27	3637.24	319.16
#农村	8463.89	8099.06	4660.61	3438.45	364.83
3.技工学校	7760.09	7591.91	4083.69	3508.21	168.19
4.成人中专学校	14599.44	14510.78	10697.03	3813.75	88.67
三、中　学	10134.53	9878.24	6909.40	2968.84	256.29
1.普通中学	10139.09	9882.55	6912.24	2970.30	256.54
普通高中	9296.99	9024.96	6325.37	2699.59	272.03
#农村	7858.18	7601.50	5295.50	2306.00	256.68
普通初中	10607.26	10359.33	7238.52	3120.81	247.93
#农村	9933.77	9711.82	6796.51	2915.31	221.94
2.成人中学	5511.84	5511.84	4025.79	1486.05	
四、小　学	7800.83	7681.19	5439.27	2241.92	119.65
1.普通小学	7800.53	7681.02	5439.20	2241.83	119.51
#农村	7518.83	7403.91	5301.82	2102.09	114.92
2.成人小学	31609.61	20654.74	10982.95	9671.80	10954.87
五、特殊教育	40516.34	39635.76	25883.96	13751.80	880.58
1.特殊教育学校	40214.13	39288.99	25649.06	13639.93	925.14
2.工读学校	46488.42	46488.42	30526.05	15962.38	
六、幼儿园	3914.79	3798.28	2291.40	1506.89	116.51
#农村	2855.71	2729.17	1592.85	1136.32	126.54

1-44 各级各类学校生均教育经费支出（中央教育和其他部门）

单位：元

学校类别	教育经费支出	个人和公用部分支出			基本建设支出
			个人部分	公用部分	
总　计	**47086.34**	**46109.65**	**19811.15**	**26298.49**	**976.70**
一、高等学校	46001.22	44975.42	20053.63	24921.79	1025.80
1.普通高等学校	45926.54	44900.14	20031.02	24869.11	1026.41
高等本科学校	46040.72	45008.19	20077.40	24930.79	1032.52
高职高专学校	26763.05	26763.05	12246.40	14516.65	
2.成人高等学校	-	-	-	-	-
二、中等职业学校	33068.67	33068.67	17886.32	15182.35	
1.中等专业学校	32182.75	32182.75	15635.65	16547.10	
2.职业高中	58431.95	58431.95	38346.73	20085.22	
#农村					
3.技工学校	9665.26	9665.26	7704.95	1960.32	
4.成人中专学校					
三、中　学	25445.73	25445.73	16442.52	9003.21	
1.普通中学	25445.73	25445.73	16442.52	9003.21	
普通高中	29777.51	29777.51	18807.95	10969.57	
#农村	14638.16	14638.16	12251.57	2386.59	
普通初中	20537.29	20537.29	13762.20	6775.09	
#农村	16397.21	16397.21	11461.39	4935.82	
2.成人中学					
四、小　学	12039.98	12039.98	8350.54	3689.45	
1.普通小学	12039.98	12039.98	8350.54	3689.45	
#农村	16570.72	16570.72	11284.61	5286.11	
2.成人小学					
五、特殊教育					
1.特殊教育学校					
2.工读学校					
六、幼儿园	11512.67	11512.67	8006.43	3506.24	
#农村	10517.55	10517.55	6992.07	3525.48	

1-45 各级各类学校生均公共财政预算教育经费支出（中央教育和其他部门）

单位：元

学校类别	公共财政预算教育经费支出	事业费支出	个人部分	公用部分	基本建设支出
总　计	**26479.27**	**25378.79**	**13848.41**	**11530.38**	**1100.49**
一、高等学校	26600.34	25437.06	14341.95	11095.11	1163.28
1.普通高等学校	26585.24	25421.76	14333.16	11088.60	1163.48
高等本科学校	26708.93	25537.59	14396.43	11141.16	1171.35
高职高专学校	8283.93	8283.93	4972.45	3311.47	
2.成人高等学校	-	-	-	-	-
二、中等职业学校	13209.44	13209.44	6887.84	6321.59	
1.中等专业学校	17045.53	17045.53	8645.99	8399.54	
2.职业高中	4743.14	4743.14	3781.86	961.28	
#农村					
3.技工学校					
4.成人中专学校					
三、中　学	15706.87	15706.87	9313.59	6393.28	
1.普通中学	15706.87	15706.87	9313.59	6393.28	
普通高中	18282.03	18282.03	10673.42	7608.60	
#农村	3928.54	3928.54	2510.18	1418.36	
普通初中	12788.91	12788.91	7772.73	5016.18	
#农村	2901.01	2901.01	1990.47	910.54	
2.成人中学					
四、小　学	8538.68	8538.68	5754.12	2784.55	
1.普通小学	8538.68	8538.68	5754.12	2784.55	
#农村	1851.23	1851.23	1294.88	556.34	
2.成人小学					
五、特殊教育					
1.特殊教育学校					
2.工读学校					
六、幼儿园	367.84	367.84	254.68	113.16	
#农村	867.65	867.65	823.31	44.35	

1-46 各级各类学校生均教育经费支出（地方教育和其他部门）

单位：元

学校类别	教育经费支出	个人和公用部分支出	个人部分	公用部分	基本建设支出
总　计	**12839.15**	**12609.93**	**7265.74**	**5344.19**	**229.22**
一、高等学校	21903.35	21458.32	10242.48	11215.85	445.03
1.普通高等学校	22399.13	21941.53	10462.14	11479.39	457.60
高等本科学校	24792.76	24266.71	11516.59	12750.12	526.05
高职高专学校	17435.00	17119.36	8275.32	8844.04	315.63
2.成人高等学校	11847.89	11657.81	5787.26	5870.54	190.08
二、中等职业学校	13983.07	13683.41	6791.65	6891.76	299.66
1.中等专业学校	14019.11	13683.11	6736.55	6946.56	336.00
2.职业高中	14084.42	13765.17	6719.00	7046.17	319.25
#农村	11260.04	10895.21	5265.80	5629.41	364.83
3.技工学校	11918.96	11750.67	5640.64	6110.02	168.30
4.成人中专学校	21222.31	21133.64	13508.58	7625.06	88.67
三、中　学	13047.44	12790.90	7943.35	4847.56	256.54
1.普通中学	13049.93	12793.14	7946.48	4846.66	256.79
普通高中	13481.50	13209.08	7671.40	5537.68	272.43
#农村	10907.14	10650.44	6247.04	4403.41	256.69
普通初中	12810.17	12562.06	8099.30	4462.76	248.11
#农村	11499.04	11277.09	7480.84	3796.25	221.95
2.成人中学	10525.31	10525.31	4765.00	5760.31	
四、小　学	9433.47	9313.75	6212.33	3101.42	119.71
1.普通小学	9431.65	9312.07	6212.26	3099.81	119.58
#农村	8845.37	8730.44	6043.54	2686.90	114.93
2.成人小学	152030.78	141075.90	11125.52	129950.38	10954.87
五、特殊教育	51777.83	50897.25	29400.46	21496.78	880.58
1.特殊教育学校	51015.66	50090.51	29003.80	21086.72	925.14
2.工读学校	66839.57	66839.57	37239.19	29600.38	
六、幼儿园	6565.13	6447.75	3383.79	3063.97	117.37
#农村	4500.41	4373.79	2218.19	2155.60	126.61

1-47 各级各类学校生均公共财政预算教育经费支出（地方教育和其他部门）

单位：元

学校类别	公共财政预算教育经费支出	事业费支出			基本建设支出
			个人部分	公用部分	
总　计	**9642.34**	**9410.25**	**6037.55**	**3372.70**	**232.08**
一、高等学校	14671.26	14171.00	7263.34	6907.66	500.26
1.普通高等学校	14552.20	14055.71	7175.70	6880.01	496.49
高等本科学校	16849.67	16263.36	8064.45	8198.91	586.31
高职高专学校	10155.61	9831.01	5474.92	4356.09	324.61
2.成人高等学校	23972.71	23178.29	14110.97	9067.32	794.41
二、中等职业学校	9425.66	9126.00	5447.00	3679.00	299.66
1.中等专业学校	9373.05	9037.05	5285.97	3751.09	336.00
2.职业高中	9664.93	9345.69	5707.76	3637.92	319.25
#农村	8463.89	8099.06	4660.61	3438.45	364.83
3.技工学校	7765.16	7596.87	4086.36	3510.51	168.30
4.成人中专学校	14599.44	14510.78	10697.03	3813.75	88.67
三、中　学	10129.04	9872.50	6907.03	2965.47	256.54
1.普通中学	10133.60	9876.80	6909.87	2966.93	256.79
普通高中	9283.81	9011.38	6318.99	2692.39	272.43
#农村	7858.41	7601.72	5295.67	2306.06	256.69
普通初中	10605.69	10357.58	7238.13	3119.45	248.11
#农村	9934.05	9712.10	6796.70	2915.40	221.95
2.成人中学	5511.84	5511.84	4025.79	1486.05	
四、小　学	7800.42	7680.71	5439.09	2241.62	119.71
1.普通小学	7800.12	7680.54	5439.02	2241.52	119.58
#农村	7519.26	7404.33	5302.12	2102.20	114.93
2.成人小学	31609.61	20654.74	10982.95	9671.80	10954.87
五、特殊教育	40516.34	39635.76	25883.96	13751.80	880.58
1.特殊教育学校	40214.13	39288.99	25649.06	13639.93	925.14
2.工读学校	46488.42	46488.42	30526.05	15962.38	
六、幼儿园	3941.04	3823.66	2306.47	1517.20	117.37
#农村	2856.86	2730.24	1593.29	1136.95	126.61

第二部分

各地区按来源分类教育经费收入

2-1 教育经费

地区	总计			教育部门和其他部门		
	合计	中央	地方	合计	中央	地方
合计	**3233087093**	**273558655**	**2959528438**	**2938938157**	**263427510**	**2675510648**
北京	193057872	83684131	109373741	185487652	83666613	101821039
天津	70866381	7603735	63262646	67506195	7574005	59932189
河北	110411151	1794429	108616722	101415384	1690712	99724673
山西	70445263	82936	70362327	64226021	82936	64143085
内蒙古	64069969	132192	63937777	61855443	132192	61723251
辽宁	95365108	8359778	87005330	87900910	8359778	79541132
吉林	60052690	6520887	53531802	55744718	6520887	49223831
黑龙江	72085248	9297132	62788116	67591690	7879643	59712047
上海	122573678	23651563	98922115	110057294	23651563	86405731
江苏	227712557	19703246	208009311	210685929	19633861	191052067
浙江	171074578	10277025	160797553	147944923	10277025	137667898
安徽	109266831	4688719	104578112	99927043	4685586	95241457
福建	94351339	5063630	89287709	85229277	5063630	80165647
江西	89429696	128421	89301274	82030551	127799	81902752
山东	196949205	8471690	188477515	180776953	8007245	172769708
河南	164493637	637525	163856112	144237048	637525	143599523
湖北	118996712	20251246	98745466	108754258	19973921	88780337
湖南	119025567	6170940	112854627	106913363	6151035	100762328
广东	283792589	10227071	273565518	234765474	10071501	224693973
广西	86035932	173693	85862239	80059642	173693	79885949
海南	24246969	107929	24139039	21461356	107929	21353426
重庆	76037031	6237305	69799726	69452353	6216077	63236276
四川	159335326	14250744	145084582	142611318	13980375	128630942
贵州	77069852	69243	77000609	73272792	69243	73203549
云南	92080331	86367	91993964	86581472	86367	86495105
西藏	15301937	6892	15295045	15231341	6892	15224449
陕西	105556556	14539838	91016718	95262752	14539838	80722914
甘肃	55008152	3191839	51816313	53254229	3191839	50062391
青海	19795862	26998	19768864	19402056	26998	19375058
宁夏	17643429	663785	16979644	16538528	663785	15874743
新疆	70955645	7457723	63497921	62760192	177014	62583178
大连	12780519	22625	12757894	12060392	22625	12037767
宁波	25800816		25800816	21152902		21152902
厦门	12442602		12442602	11192513		11192513
青岛	23599730		23599730	21527125		21527125
深圳	46602276	113167	46489109	37584013	113167	37470846

注：辽宁数据包含大连，浙江数据包含宁波，福建数据包含厦门，山东数据包含青岛，广东数据包含深圳，以下同。

总收入

单位：千元

企业办学			民办学校
合　　计	中　　央	地　　方	地　　方
22371224	**10131145**	**12240079**	**271777711**
381731	17518	364213	7188490
909076	29730	879346	2451111
702612	103717	598895	8293155
293545		293545	5925697
243147		243147	1971379
504031		504031	6960167
93188		93188	4214784
1471102	1417489	53613	3022456
4417825		4417825	8098559
258858	69384	189474	16767770
120046		120046	23009609
386663	3133	383529	8953126
8592		8592	9113469
27588	622	26966	7371556
2126200	464445	1661755	14046052
309931		309931	19946658
457208	277325	179883	9785246
187848	19905	167943	11924356
347527	155570	191957	48679587
55288		55288	5921002
28016		28016	2757598
93076	21228	71847	6491603
653951	270369	383582	16070058
78421		78421	3718639
210360		210360	5288500
			70596
263025		263025	10030779
326918		326918	1427005
35526		35526	358280
56682		56682	1048219
7323244	7280710	42535	872209
14089		14089	706038
			4647914
			1250089
204448		204448	1868157
			9018264

2-2 国家财政性

地区	总计			教育部门和其他部门		
	合计	中央	地方	合计	中央	地方
合计	**2594499205**	**176067352**	**2418431853**	**2545723882**	**167640235**	**2378083647**
北京	152441246	55604842	96836405	151670660	55592496	96078164
天津	60320572	4992984	55327588	59636351	4974196	54662154
河北	90527142	1262023	89265118	89830242	1183335	88646907
山西	57699324	76004	57623320	56903226	76004	56827222
内蒙古	57483693	126923	57356770	56999919	126923	56872996
辽宁	76096976	5563021	70533955	75527930	5563021	69964909
吉林	49276167	4673243	44602923	49002104	4673243	44328861
黑龙江	59309327	6541247	52768080	57934159	5316186	52617972
上海	93428748	13776120	79652628	88194894	13776120	74418774
江苏	180437608	13269263	167168345	178424960	13232914	165192046
浙江	123496897	2683100	120813797	120168127	2683100	117485027
安徽	89973659	3675883	86297776	88962755	3673474	85289282
福建	74535276	3017590	71517686	74035622	3017590	71018032
江西	74076921	127057	73949864	73471978	126435	73345543
山东	163252829	5140685	158112144	158472371	4806746	153665625
河南	132268800	450705	131818095	129477928	450705	129027223
湖北	89775317	13435136	76340181	89186929	13361963	75824966
湖南	92370510	4277729	88092781	91298964	4272646	87026319
广东	208569335	6368981	202200353	201448376	6264511	195183864
广西	71804274	173693	71630581	71395068	173693	71221374
海南	20003366	82728	19920638	19839752	82728	19757024
重庆	59154122	3764831	55389292	58103839	3759363	54344476
四川	125695222	7902473	117792749	123535997	7752268	115783729
贵州	67679909	69243	67610666	67368270	69243	67299027
云南	79383032	76297	79306735	78761402	76297	78685105
西藏	15082648	6892	15075756	15039410	6892	15032518
陕西	82511195	9459440	73051755	80287258	9459440	70827818
甘肃	48736202	2405319	46330883	48374934	2405319	45969615
青海	18455239	17825	18437415	18350389	17825	18332565
宁夏	15589677	563392	15026286	15400235	563392	14836843
新疆	65063970	6482683	58581287	58619834	102167	58517667
大连	11498909	710	11498199	11487313	710	11486604
宁波	19782498		19782498	18805120		18805120
厦门	10669922		10669922	10524045		10524045
青岛	20917002		20917002	20655157		20655157
深圳	34608377	113167	34495210	32360821	113167	32247654

教育经费

单位：千元

企业办学			民办学校
合　计	中　央	地　方	地　方
16667779	**8427117**	**8240662**	**32107543**
217448	12346	205102	553138
682173	18788	663385	2049
259897	78689	181208	437003
127759		127759	668340
167433		167433	316341
223806		223806	345241
68311		68311	205752
1250949	1225061	25888	124220
4222530		4222530	1011324
94126	36349	57776	1918522
29787		29787	3298983
157203	2409	154794	853700
6399		6399	493255
9134	622	8512	595809
1200885	333939	866946	3579573
132700		132700	2658172
165962	73173	92789	422425
82363	5083	77279	989183
225333	104470	120863	6895626
38496		38496	370711
16471		16471	147143
40998	5468	35530	1009286
303693	150205	153488	1855531
28922		28922	282717
72177		72177	549453
			43238
129781		129781	2094156
258373		258373	102895
10120		10120	94730
45938		45938	143505
6398612	6380516	18096	45525
5882		5882	5714
			977378
			145876
120639		120639	141206
			2247556

2-3 公共财政预算

地 区	总 计			教育部门和其他部门		
	合 计	中 央	地 方	合 计	中 央	地 方
合 计	**2434469455**	**143772699**	**2290696756**	**2396306756**	**137486541**	**2258820215**
北 京	131624025	45998846	85625180	131229968	45998846	85231122
天 津	56496941	4014796	52482146	55912743	4014796	51897947
河 北	85151227	1052668	84098558	84627437	1052668	83574768
山 西	53592235	323	53591913	52913196	323	52912874
内蒙古	54874925	15880	54859044	54576902	15880	54561021
辽 宁	71891673	4401971	67489702	71531778	4401971	67129807
吉 林	46183266	4085292	42097974	45988109	4085292	41902817
黑龙江	56594560	4451933	52142627	56048887	4040486	52008401
上 海	85472197	11929088	73543110	84201311	11929088	72272224
江 苏	165438154	10580751	154857403	163739801	10571753	153168048
浙 江	108720095	825238	107894857	105752765	825238	104927528
安 徽	84736454	2802945	81933509	83829360	2800994	81028367
福 建	69117952	2499352	66618601	68652121	2499352	66152770
江 西	72046182	2000	72044182	71448742	2000	71446742
山 东	152070586	4057836	148012750	148066510	4057836	144008675
河 南	127739789	169799	127569990	125028305	169799	124858506
湖 北	83284275	11212970	72071306	82787990	11188971	71599019
湖 南	89946584	4065699	85880885	88926060	4060841	84865219
广 东	197063471	5042548	192020923	191223809	4955183	186268626
广 西	68602907		68602907	68237307		68237307
海 南	19054066	57325	18996741	18904648	57325	18847323
重 庆	57480539	3338445	54142094	56455843	3333378	53122465
四 川	118800004	6779219	112020785	117003329	6711227	110292102
贵 州	65616002	10061	65605941	65319580	10061	65309518
云 南	77873517	1721	77871795	77291703	1721	77289981
西 藏	14775972		14775972	14732734		14732734
陕 西	79199497	8069285	71130212	77042431	8069285	68973146
甘 肃	46229118	2101271	44127848	45998794	2101271	43897523
青 海	17844371	802	17843568	17745866	802	17745063
宁 夏	14808700	528671	14280029	14671757	528671	14143086
新 疆	62140171	5675964	56464207	56416971	1485	56415486
大 连	11379644	710	11378934	11369131	710	11368421
宁 波	16830630		16830630	15960400		15960400
厦 门	9446111		9446111	9300452		9300452
青 岛	18705976		18705976	18543956		18543956
深 圳	32438786		32438786	31228131		31228131

安排的教育经费

单位：千元

企业办学			民办学校
合　计	中　央	地　方	地　方
8591164	**6286157**	**2305006**	**29571535**
117172		117172	276885
582201		582201	1998
88229		88229	435561
14892		14892	664147
6303		6303	291720
15240		15240	344656
14		14	195143
433453	411447	22006	112220
260667		260667	1010219
38340	8999	29342	1660012
22490		22490	2944839
56611	1951	54660	850482
54		54	465777
3404		3404	594036
446916		446916	3557160
66483		66483	2645002
79512	23998	55514	416773
64548	4859	59690	955976
171882	87365	84517	5667780
406		406	365193
3739		3739	145679
21060	5068	15992	1003637
152412	67992	84419	1644263
23383		23383	273039
38725		38725	543089
			43238
70598		70598	2086468
127450		127450	102875
3775		3775	94730
3438		3438	133505
5677768	5674479	3289	45431
4799		4799	5714
			870229
			145658
20815		20815	141206
			1210655

2-4 公共财政

地区	总计			教育部门和其他部门		
	合计	中央	地方	合计	中央	地方
合计	**2257600985**	**123420648**	**2134180337**	**2220837976**	**117626776**	**2103211201**
北京	113617958	37769226	75848732	113223900	37769226	75454674
天津	55372625	3672000	51700625	54801478	3672000	51129478
河北	81052675	821650	80231025	80534756	821650	79713107
山西	49579927	11	49579917	48909604	11	48909593
内蒙古	45949400	15880	45933520	45655796	15880	45639915
辽宁	64295164	3880956	60414208	63935381	3880956	60054425
吉林	44118711	3776188	40342523	43926802	3776188	40150614
黑龙江	53901291	3679287	50222004	53385704	3293968	50091736
上海	77416513	9980319	67436194	76171718	9980319	66191399
江苏	157691290	9171875	148519415	156044551	9167376	146877175
浙江	102398663	541798	101856866	99507313	541798	98965516
安徽	76465218	2158465	74306752	75571363	2156514	73414849
福建	65120239	2311094	62809144	64659083	2311094	62347989
江西	69621581		69621581	69034754		69034754
山东	149674752	3659317	146015434	145705349	3659317	142046032
河南	109908811	150905	109757906	107286996	150905	107136091
湖北	78842107	9778726	69063381	78354505	9754727	68599777
湖南	85434160	3067164	82366996	84432039	3062305	81369734
广东	182621008	4670894	177950114	177098580	4590125	172508455
广西	65934971		65934971	65584332		65584332
海南	17075619	5045	17070574	16929371	5045	16924325
重庆	47880380	3166424	44713956	46893454	3161357	43732097
四川	111387930	6249312	105138618	109633998	6195320	103438678
贵州	63183339		63183339	62891827		62891827
云南	66915135	689	66914445	66359577	689	66358888
西藏	14263704		14263704	14220466		14220466
陕西	76659445	7191605	69467840	74514811	7191605	67323206
甘肃	42056464	1946563	40109901	41910622	1946563	39964059
青海	15623653	802	15622851	15528129	802	15527327
宁夏	12478649	519601	11959048	12353124	519601	11833523
新疆	61059604	5234851	55824753	55778594	1433	55777161
大连	10499016	710	10498306	10488503	710	10487793
宁波	15818354		15818354	14987173		14987173
厦门	8652052		8652052	8507425		8507425
青岛	18648949		18648949	18486928		18486928
深圳	29932127		29932127	28726638		28726638

教育经费

单位：千元

企业办学			民办学校
合　计	中　央	地　方	地　方
7936982	**5793873**	**2143109**	**28826027**
117172		117172	276885
569150		569150	1998
82469		82469	435449
14392		14392	655931
6303		6303	287301
15240		15240	344543
14		14	191895
407325	385319	22006	108262
242630		242630	1002165
33802	4499	29303	1612937
22490		22490	2868860
53201	1951	51249	840654
54		54	461101
3404		3404	583423
440336		440336	3529067
63463		63463	2558352
74568	23998	50570	413034
58178	4859	53319	943943
157894	80769	77125	5364535
406		406	350233
3544		3544	142705
19248	5068	14180	967678
134688	53992	80696	1619244
23350		23350	268161
38718		38718	516840
			43238
69840		69840	2074794
43608		43608	102235
1350		1350	94174
3438		3438	122087
5236707	5233418	3289	44303
4799		4799	5714
			831181
			144627
20815		20815	141206
			1205490

2-5 教育

地 区	总 计			教育部门和其他部门		
	合 计	中 央	地 方	合 计	中 央	地 方
合 计	**2065072286**	**118169968**	**1946902318**	**2031883766**	**112815236**	**1919068530**
北 京	101835385	36202296	65633090	101638250	36202296	65435954
天 津	52041420	3272000	48769420	51472963	3272000	48200962
河 北	75834584	798800	75035784	75318190	798800	74519390
山 西	45845201	11	45845191	45195794	11	45195783
内蒙古	41650897	15880	41635017	41367437	15880	41351556
辽 宁	59054355	3750206	55304149	58695572	3750206	54945366
吉 林	41513385	3683188	37830197	41321476	3683188	37638288
黑龙江	51300070	3589287	47710783	50789489	3203968	47585521
上 海	62520877	9474819	53046058	61613997	9474819	52139178
江 苏	141709522	8891105	132818417	140252106	8886606	131365499
浙 江	91984332	541798	91442534	89422761	541798	88880963
安 徽	70898345	2123465	68774880	70048241	2121514	67926727
福 建	60109752	2246094	57863658	59672301	2246094	57426207
江 西	65699165		65699165	65122794		65122794
山 东	139115911	3439317	135676594	135327663	3439317	131888346
河 南	103806566	150905	103655661	101199239	150905	101048334
湖 北	72839674	9408726	63430949	72361593	9384727	62976866
湖 南	79683686	2912164	76771522	78724345	2907305	75817039
广 东	162342778	4220604	158122173	158182686	4139835	154042851
广 西	61630691		61630691	61283214		61283214
海 南	15636138	4845	15631293	15494207	4845	15489362
重 庆	43438273	3111424	40326849	42491914	3106357	39385557
四 川	103849090	6142312	97706778	102166196	6088320	96077876
贵 州	58937226		58937226	58647836		58647836
云 南	60406295	689	60405606	59908038	689	59907349
西 藏	11783864		11783864	11740626		11740626
陕 西	71880322	7071605	64808717	69866659	7071605	62795054
甘 肃	38837344	1853563	36983781	38725721	1853563	36872158
青 海	11303293	802	11302490	11207768	802	11206966
宁 夏	11560205	468351	11091854	11434680	468351	10966329
新 疆	56023639	4795711	51227928	51190010	1433	51188577
大 连	9152596	710	9151886	9142083	710	9141374
宁 波	13660060		13660060	12954004		12954004
厦 门	7340543		7340543	7213886		7213886
青 岛	16741112		16741112	16623761		16623761
深 圳	21711969		21711969	21468334		21468334

事业费

单位：千元

企业办学			民办学校
合　计	中　央	地　方	地　方
7430311	**5354733**	**2075578**	**25758209**
113985		113985	83150
566460		566460	1998
82469		82469	433925
11111		11111	638296
6303		6303	277158
15240		15240	343543
14		14	191895
407319	385319	22000	103262
242630		242630	664250
30283	4499	25784	1427133
21910		21910	2539662
52039	1951	50088	798065
54		54	437397
3404		3404	572967
429111		429111	3359137
63463		63463	2543864
74568	23998	50570	403513
58178	4859	53319	901164
157794	80769	77025	4002298
406		406	347070
3544		3544	138387
14248	5068	9180	932111
134557	53992	80565	1548337
23348		23348	266041
35066		35066	463191
			43238
69840		69840	1943823
10610		10610	101014
1350		1350	94174
3438		3438	122087
4797567	4794278	3289	36061
4799		4799	5714
			706056
			126657
16015		16015	101336
			243635

2-6 基本

地区	总计			教育部门和其他部门		
	合计	中央	地方	合计	中央	地方
合计	**54137544**	**5250680**	**48886864**	**53269104**	**4811540**	**48457564**
北京	3339807	1566930	1772877	3339807	1566930	1772877
天津	430000	400000	30000	430000	400000	30000
河北	1283087	22850	1260237	1283087	22850	1260237
山西	645632		645632	645632		645632
内蒙古	1374599		1374599	1374599		1374599
辽宁	726289	130750	595539	726289	130750	595539
吉林	557360	93000	464360	557360	93000	464360
黑龙江	894585	90000	804585	894585	90000	804585
上海	3657896	505500	3152396	3657896	505500	3152396
江苏	684817	280770	404047	684817	280770	404047
浙江	797923		797923	797923		797923
安徽	1640285	35000	1605285	1640285	35000	1605285
福建	606224	65000	541224	606224	65000	541224
江西	1494891		1494891	1494891		1494891
山东	573105	220000	353105	567105	220000	347105
河南	1939492		1939492	1939492		1939492
湖北	1942100	370000	1572100	1942100	370000	1572100
湖南	1162901	155000	1007901	1162901	155000	1007901
广东	6147117	450290	5696827	5728817	450290	5278527
广西	2017749		2017749	2017749		2017749
海南	714978	200	714778	714978	200	714778
重庆	2100871	55000	2045871	2095871	55000	2040871
四川	2442723	107000	2335723	2442723	107000	2335723
贵州	2077218		2077218	2077218		2077218
云南	2140946		2140946	2140946		2140946
西藏	2266050		2266050	2266050		2266050
陕西	1613243	120000	1493243	1613243	120000	1493243
甘肃	1559604	93000	1466604	1559604	93000	1466604
青海	3829587		3829587	3829587		3829587
宁夏	475553	51250	424303	475553	51250	424303
新疆	3000908	439140	2561768	2561768		2561768
大连	26000		26000	26000		26000
宁波	96627		96627	96627		96627
厦门	279326		279326	279326		279326
青岛						
深圳	4257184		4257184	3838884		3838884

建设经费

单位：千元

企业办学			民办学校
合　计	中　央	地　方	地　方
450140	**439140**	**11000**	**418300**
6000		6000	
			418300
5000		5000	
439140	439140		
			418300

2-7 教育费

地区	总计			教育部门和其他部门		
	合计	中央	地方	合计	中央	地方
合计	**138391156**		**138391156**	**135685107**		**135685107**
北京	8442765		8442765	8245843		8245843
天津	2901205		2901205	2898515		2898515
河北	3935003		3935003	3933479		3933479
山西	3089093		3089093	3068178		3068178
内蒙古	2923903		2923903	2913760		2913760
辽宁	4514520		4514520	4513520		4513520
吉林	2047966		2047966	2047966		2047966
黑龙江	1706636		1706636	1701630		1701630
上海	11237740		11237740	10899825		10899825
江苏	15296951		15296951	15107628		15107628
浙江	9616408		9616408	9286629		9286629
安徽	3926588		3926588	3882837		3882837
福建	4404262		4404262	4380558		4380558
江西	2427524		2427524	2417069		2417069
山东	9985736		9985736	9810581		9810581
河南	4162753		4162753	4148265		4148265
湖北	4060332		4060332	4050811		4050811
湖南	4587573		4587573	4544793		4544793
广东	14131114		14131114	13187077		13187077
广西	2286531		2286531	2283368		2283368
海南	724503		724503	720185		720185
重庆	2341236		2341236	2305669		2305669
四川	5096116		5096116	5025079		5025079
贵州	2168895		2168895	2166773		2166773
云南	4367894		4367894	4310593		4310593
西藏	213790		213790	213790		213790
陕西	3165880		3165880	3034909		3034909
甘肃	1659516		1659516	1625297		1625297
青海	490774		490774	490774		490774
宁夏	442890		442890	442890		442890
新疆	2035057		2035057	2026816		2026816
大连	1320420		1320420	1320420		1320420
宁波	2061668		2061668	1936542		1936542
厦门	1032183		1032183	1014213		1014213
青岛	1907836		1907836	1863167		1863167
深圳	3962974		3962974	3419419		3419419

附加

单位：千元

企业办学			民办学校
合　计	中　央	地　方	地　方
56531		**56531**	**2649518**
3187		3187	193735
2690		2690	
			1524
3281		3281	17635
			10144
			1000
6		6	5000
			337916
3519		3519	185804
580		580	329198
1162		1162	42589
			23704
			10456
5225		5225	169930
			14488
			9521
			42780
100		100	943937
			3163
			4318
			35567
131		131	70906
2		2	2120
3651		3651	53650
			130971
32998		32998	1221
			8241
			125125
			17970
4800		4800	39870
			543555

2-8 其他公共财政预算

地区	总计			教育部门和其他部门		
	合计	中央	地方	合计	中央	地方
合计	**176868469**	**20352050**	**156516419**	**175468780**	**19859766**	**155609014**
北京	18006068	8229620	9776448	18006068	8229620	9776448
天津	1124316	342795	781521	1111265	342795	768470
河北	4098552	231019	3867533	4092681	231019	3861662
山西	4012308	312	4011996	4003593	312	4003281
内蒙古	8925525		8925525	8921106		8921106
辽宁	7596510	521015	7075495	7596397	521015	7075382
吉林	2064555	309105	1755451	2061307	309105	1752202
黑龙江	2693269	772646	1920623	2663183	746518	1916665
上海	8055684	1948769	6106915	8029593	1948769	6080825
江苏	7746864	1408876	6337988	7695250	1404376	6290874
浙江	6321431	283440	6037991	6245452	283440	5962012
安徽	8271237	644480	7626757	8257998	644480	7613518
福建	3997714	188257	3809456	3993038	188257	3804780
江西	2424600	2000	2422600	2413987	2000	2411987
山东	2395834	398519	1997316	2361161	398519	1962642
河南	17830978	18894	17812084	17741309	18894	17722415
湖北	4442169	1434244	3007925	4433486	1434244	2999242
湖南	4512424	998535	3513888	4494021	998535	3495486
广东	14442463	371654	14070809	14125230	365058	13760171
广西	2667936		2667936	2652976		2652976
海南	1978447	52280	1926167	1975277	52280	1922997
重庆	9600159	172021	9428138	9562389	172021	9390368
四川	7412074	529907	6882167	7369331	515907	6853424
贵州	2432663	10061	2422602	2427753	10061	2417691
云南	10958382	1032	10957350	10932126	1032	10931094
西藏	512268		512268	512268		512268
陕西	2540051	877680	1662371	2527620	877680	1649940
甘肃	4172654	154708	4017947	4088172	154708	3933464
青海	2220717		2220717	2217737		2217737
宁夏	2330051	9070	2320981	2318633	9070	2309563
新疆	1080567	441113	639454	638377	52	638325
大连	880628		880628	880628		880628
宁波	1012276		1012276	973227		973227
厦门	794059		794059	793028		793028
青岛	57028		57028	57028		57028
深圳	2506659		2506659	2501494		2501494

安排的教育经费

单位：千元

企业办学			民办学校
合　计	中　央	地　方	地　方
654182	**492284**	**161898**	**745507**
13051		13051	
5760		5760	112
500		500	8216
			4419
			113
			3248
26128	26128		3958
18037		18037	8054
4539	4500	39	47075
			75979
3411		3411	9828
			4676
			10613
6580		6580	28093
3020		3020	86649
4944		4944	3740
6370		6370	12032
13988	6596	7393	303245
			14960
195		195	2974
1812		1812	35959
17723	14000	3723	25019
32		32	4878
7		7	26249
757		757	11674
83842		83842	640
2425		2425	556
			11418
441061	441061		1128
			39049
			1031
			5165

2-9 科研

地区	总计			教育部门和其他部门		
	合计	中央	地方	合计	中央	地方
合计	**13045079**	**8021573**	**5023506**	**12962433**	**7986212**	**4976222**
北京	2047173	1812170	235003	2047173	1812170	235003
天津	207167	129116	78051	207167	129116	78051
河北	148017	3850	144167	147987	3850	144137
山西	105912		105912	105912		105912
内蒙古	112841		112841	112841		112841
辽宁	178745	80605	98140	178745	80605	98140
吉林	266180	119270	146910	265548	119270	146278
黑龙江	725036	650459	74578	725036	650459	74578
上海	2071016	1598658	472358	2071016	1598658	472358
江苏	871505	577104	294401	870431	577104	293327
浙江	744630	192185	552445	730438	192185	538253
安徽	654483	580230	74253	654023	580230	73793
福建	318594	123270	195324	318574	123270	195304
江西	111017		111017	110119		110119
山东	358451	69170	289281	353791	69170	284621
河南	170277		170277	170277		170277
湖北	432526	364420	68106	432523	364420	68103
湖南	968366	741091	227275	967249	741091	226158
广东	1006429	135797	870632	1001789	135797	865992
广西	76109		76109	74608		74608
海南	128712	52280	76431	128062	52280	75781
重庆	59623	52050	7573	59309	52050	7259
四川	329006	193208	135798	328995	193208	135787
贵州	12528		12528	12498		12498
云南	163781		163781	146729		146729
西藏	4035		4035	4035		4035
陕西	497876	487610	10266	497876	487610	10266
甘肃	53341	23670	29671	53341	23670	29671
青海	100136		100136	100136		100136
宁夏	26784		26784	26784		26784
新疆	94782	35361	59421	59421		59421
大连	600		600	600		600
宁波	90883		90883	82838		82838
厦门	2220		2220	2220		2220
青岛	30017		30017	30017		30017
深圳	180662		180662	180662		180662

经费

单位：千元

企业办学			民办学校
合　计	中　央	地　方	地　方
40601	**35361**	**5240**	**42044**
30		30	
			632
			1074
			14192
460		460	
			20
			898
4660		4660	
			3
90		90	1027
			4640
			1501
			650
			314
			11
			30
			17052
35361	35361		
			8045

2-10 其他

地区	总计			教育部门和其他部门		
	合计	中央	地方	合计	中央	地方
合计	**163823391**	**12330477**	**151492914**	**162506346**	**11873554**	**150632793**
北京	15958895	6417450	9541445	15958895	6417450	9541445
天津	917149	213679	703470	904098	213679	690419
河北	3950534	227169	3723366	3944693	227169	3717524
山西	3906396	312	3906084	3897680	312	3897368
内蒙古	8812684		8812684	8808265		8808265
辽宁	7417764	440409	6977355	7417652	440409	6977242
吉林	1798375	189835	1608541	1795759	189835	1605925
黑龙江	1968232	122187	1846045	1938146	96059	1842087
上海	5984668	350111	5634557	5958577	350111	5608466
江苏	6875359	831773	6043587	6824819	827273	5997547
浙江	5576801	91255	5485546	5515014	91255	5423759
安徽	7616754	64250	7552504	7603975	64250	7539725
福建	3679120	64987	3614132	3674464	64987	3609476
江西	2313584	2000	2311584	2303868	2000	2301868
山东	2037383	329349	1708034	2007370	329349	1678021
河南	17660701	18894	17641808	17571032	18894	17552138
湖北	4009643	1069824	2939819	4000962	1069824	2931139
湖南	3544057	257444	3286613	3526772	257444	3269327
广东	13436034	235857	13200177	13123440	229261	12894179
广西	2591827		2591827	2578368		2578368
海南	1849735		1849735	1847216		1847216
重庆	9540537	119971	9420566	9503080	119971	9383109
四川	7083068	336699	6746369	7040336	322699	6717637
贵州	2420136	10061	2410074	2415255	10061	2405194
云南	10794601	1032	10793569	10785397	1032	10784365
西藏	508233		508233	508233		508233
陕西	2042175	390070	1652105	2029743	390070	1639674
甘肃	4119313	131038	3988276	4034831	131038	3903793
青海	2120581		2120581	2117601		2117601
宁夏	2303266	9070	2294196	2291849	9070	2282779
新疆	985785	405752	580033	578956	52	578904
大连	880028		880028	880028		880028
宁波	921393		921393	890389		890389
厦门	791839		791839	790808		790808
青岛	27011		27011	27011		27011
深圳	2325997		2325997	2320831		2320831

经费

单位：千元

企业办学			民办学校
合　计	中　央	地　方	地　方
613581	**456923**	**156658**	**703463**
13051		13051	
5730		5730	112
500		500	8216
			4419
			113
			2616
26128	26128		3958
18037		18037	8054
4539	4500	39	46001
			61787
2951		2951	9828
			4656
			9715
1920		1920	28093
3020		3020	86649
4944		4944	3737
6280		6280	11005
13988	6596	7393	298605
			13460
195		195	2324
1812		1812	35645
17723	14000	3723	25008
32		32	4848
7		7	9197
757		757	11674
83842		83842	640
2425		2425	556
			11418
405700	405700		1128
			31004
			1031
			5165

2-11 政府性基金预算

地区	总计			教育部门和其他部门		
	合计	中央	地方	合计	中央	地方
合计	**117847245**	**921545**	**116925700**	**111347685**	**907146**	**110440539**
北京	10225371	816726	9408645	9952124	816726	9135398
天津	2684575		2684575	2669275		2669275
河北	4880146		4880146	4878711		4878711
山西	3809168		3809168	3804947		3804947
内蒙古	2298021		2298021	2272434		2272434
辽宁	2570695	1840	2568854	2570675	1840	2568834
吉林	2194496		2194496	2183902		2183902
黑龙江	544181		544181	532181		532181
上海	5623767		5623767	1693767		1693767
江苏	11349126		11349126	11096613		11096613
浙江	12555608	1700	12553908	12212104	1700	12210404
安徽	4057935		4057935	4053306		4053306
福建	4698896		4698896	4672315		4672315
江西	1799983		1799983	1799723		1799723
山东	9355558		9355558	9330845		9330845
河南	3990764		3990764	3975768		3975768
湖北	3776995		3776995	3773035		3773035
湖南	1833853		1833853	1800763		1800763
广东	9328657	15940	9312717	8113290	15940	8097350
广西	2691264		2691264	2650374		2650374
海南	893815		893815	893815		893815
重庆	1014270		1014270	1008647		1008647
四川	5306540	52090	5254450	5094333	52090	5042243
贵州	1883889	50	1883839	1874212	50	1874162
云南	1283865		1283865	1277501		1277501
西藏	297484		297484	297484		297484
陕西	1662868	18800	1644068	1654630	18800	1635830
甘肃	1958661		1958661	1958641		1958641
青海	539916		539916	539886		539886
宁夏	695066		695066	685066		685066
新疆	2041810	14399	2027411	2027318		2027318
大连	116395		116395	116375		116375
宁波	2937074		2937074	2829925		2829925
厦门	1219696		1219696	1219686		1219686
青岛	2114201		2114201	2111201		2111201
深圳	1815725		1815725	778824		778824

安排的教育经费

单位：千元

企业办学			民办学校
合　计	中　央	地　方	地　方
4011117	**14399**	**3996718**	**2488442**
			273248
15300		15300	
			1435
28		28	4193
967		967	24621
20		20	
			10594
			12000
3930000		3930000	
1781		1781	250732
			343503
1508		1508	3122
60		60	26522
			260
3800		3800	20913
2750		2750	12246
			3960
			33089
360		360	1215008
36333		36333	4557
			5623
1868		1868	210339
			9677
			6364
1914		1914	6324
			20
30		30	
			10000
14399	14399		94
20		20	
			107149
			10
3000		3000	
			1036901

2-12 地方

地区	总计			教育部门和其他部门		
	合计	中央	地方	合计	中央	地方
合计	**75855131**		**75855131**	**69904724**		**69904724**
北京	7163114		7163114	6972516		6972516
天津	2109611		2109611	2109611		2109611
河北	3174852		3174852	3173417		3173417
山西	1868021		1868021	1866289		1866289
内蒙古	1416324		1416324	1393568		1393568
辽宁	1851229		1851229	1851229		1851229
吉林	1670784		1670784	1660810		1660810
黑龙江	85578		85578	73578		73578
上海	5130893		5130893	1200893		1200893
江苏	9148818		9148818	9090209		9090209
浙江	7235446		7235446	6924691		6924691
安徽	2052371		2052371	2049414		2049414
福建	2644561		2644561	2620766		2620766
江西	998678		998678	998478		998478
山东	6019085		6019085	5995462		5995462
河南	2010099		2010099	2002583		2002583
湖北	2018598		2018598	2014637		2014637
湖南	1028371		1028371	1024555		1024555
广东	7133119		7133119	5939115		5939115
广西	1592727		1592727	1588170		1588170
海南	369564		369564	369564		369564
重庆	47096		47096	45327		45327
四川	3274439		3274439	3155822		3155822
贵州	1197214		1197214	1187711		1187711
云南						
西藏	198137		198137	198137		198137
陕西	1047715		1047715	1039541		1039541
甘肃	1005796		1005796	1005796		1005796
青海	377172		377172	377172		377172
宁夏	424346		424346	414346		414346
新疆	1561376		1561376	1561317		1561317
大连	82750		82750	82750		82750
宁波	1964092		1964092	1867613		1867613
厦门	802860		802860	802850		802850
青岛	1740032		1740032	1737032		1737032
深圳	1793793		1793793	757106		757106

教育附加

单位：千元

企业办学			民办学校
合　计	中　央	地　方	地　方
3942235		**3942235**	**2008172**
			190598
			1435
28		28	1703
576		576	22180
			9974
			12000
3930000		3930000	
1338		1338	57271
			310755
746		746	2211
60		60	23735
			200
3795		3795	19827
2750		2750	4767
			3960
			3817
360		360	1193643
			4557
			1768
668		668	117949
			9503
1914		1914	6260
			10000
			58
			96479
			10
3000		3000	
			1036687

2-13 其他政府性基金

地 区	总 计			教育部门和其他部门		
	合 计	中 央	地 方	合 计	中 央	地 方
合 计	**41992113**	**921545**	**41070568**	**41442961**	**907146**	**40535815**
北 京	3062257	816726	2245531	2979608	816726	2162882
天 津	574964		574964	559664		559664
河 北	1705294		1705294	1705294		1705294
山 西	1941147		1941147	1938658		1938658
内蒙古	881697		881697	878866		878866
辽 宁	719465	1840	717625	719445	1840	717605
吉 林	523712		523712	523092		523092
黑龙江	458604		458604	458604		458604
上 海	492873		492873	492873		492873
江 苏	2200308		2200308	2006404		2006404
浙 江	5320162	1700	5318462	5287414	1700	5285714
安 徽	2005565		2005565	2003892		2003892
福 建	2054335		2054335	2051548		2051548
江 西	801305		801305	801245		801245
山 东	3336474		3336474	3335382		3335382
河 南	1980665		1980665	1973185		1973185
湖 北	1758397		1758397	1758397		1758397
湖 南	805481		805481	776208		776208
广 东	2195538	15940	2179598	2174174	15940	2158234
广 西	1098537		1098537	1062204		1062204
海 南	524252		524252	524252		524252
重 庆	967174		967174	963319		963319
四 川	2032102	52090	1980012	1938512	52090	1886422
贵 州	686676	50	686626	686501	50	686451
云 南	1283865		1283865	1277501		1277501
西 藏	99347		99347	99347		99347
陕 西	615153	18800	596353	615089	18800	596289
甘 肃	952866		952866	952846		952846
青 海	162745		162745	162715		162715
宁 夏	270721		270721	270721		270721
新 疆	480435	14399	466036	466001		466001
大 连	33645		33645	33625		33625
宁 波	972982		972982	962312		962312
厦 门	416836		416836	416836		416836
青 岛	374169		374169	374169		374169
深 圳	21932		21932	21718		21718

预算安排的教育经费

单位：千元

企业办学			民办学校
合　计	中　央	地　方	地　方
68882	**14399**	**54483**	**480270**
			82649
15300		15300	
			2490
391		391	2441
20		20	
			620
443		443	193461
			32748
762		762	911
			2786
			60
5		5	1086
			7480
			29273
			21364
36333		36333	
			3854
1200		1200	92390
			175
			6364
			64
			20
30		30	
14399	14399		35
20		20	
			10670
			213

2-14 从土地出让收益中

地区	总计			教育部门和其他部门		
	合计	中央	地方	合计	中央	地方
合计	**27683316**		**27683316**	**27507955**		**27507955**
北京	1168888		1168888	1146048		1146048
天津	486170		486170	486170		486170
河北	1431813		1431813	1431813		1431813
山西	473994		473994	473994		473994
内蒙古	626743		626743	623912		623912
辽宁	414578		414578	414558		414558
吉林	312462		312462	312462		312462
黑龙江	313806		313806	313806		313806
上海	489956		489956	489956		489956
江苏	1420237		1420237	1379041		1379041
浙江	3624226		3624226	3595698		3595698
安徽	1776189		1776189	1775279		1775279
福建	1801199		1801199	1801199		1801199
江西	491239		491239	491179		491179
山东	2604787		2604787	2604738		2604738
河南	1511389		1511389	1504355		1504355
湖北	1523481		1523481	1523481		1523481
湖南	306522		306522	278559		278559
广东	1462543		1462543	1445214		1445214
广西	770072		770072	770072		770072
海南	339195		339195	339195		339195
重庆	561262		561262	557438		557438
四川	1226650		1226650	1210402		1210402
贵州	429930		429930	429755		429755
云南	350391		350391	344037		344037
西藏	6125		6125	6125		6125
陕西	435084		435084	435084		435084
甘肃	700143		700143	700143		700143
青海	154777		154777	154777		154777
宁夏	163072		163072	163072		163072
新疆	306393		306393	306393		306393
大连	13192		13192	13172		13172
宁波	671161		671161	663517		663517
厦门	398678		398678	398678		398678
青岛	349220		349220	349220		349220
深圳	648		648	648		648

计提的教育资金

单位：千元

企业办学			民办学校
合　计	中　央	地　方	地　方
865		**865**	**174496**
			22840
391		391	2441
20		20	
443		443	40753
			28527
12		12	899
			60
			49
			7034
			27963
			17329
			3824
			16248
			175
			6354
20		20	
			7644

2-15 企业办学中的

地区	总计			教育部门和其他部门		
	合计	中央	地方	合计	中央	地方
合计	**3758596**	**1994370**	**1764226**			
北京	90192	12094	78097			
天津	60739	961	59778			
河北	162058	77799	84259			
山西	111912		111912			
内蒙古	160163		160163			
辽宁	207411		207411			
吉林	68297		68297			
黑龙江	736528	732906	3622			
上海	15399		15399			
江苏	54004	27351	26654			
浙江	7297		7297			
安徽	97686	457	97229			
福建	6285		6285			
江西	5730	622	5108			
山东	710023	333939	376084			
河南	44080		44080			
湖北	77637	40439	37198			
湖南	17590		17590			
广东	53091	17105	35986			
广西	1757		1757			
海南	12732		12732			
重庆	19712	400	19312			
四川	131906	80730	51176			
贵州	5100		5100			
云南	30849		30849			
西藏						
陕西	57238		57238			
甘肃	128973		128973			
青海	5326		5326			
宁夏	3760		3760			
新疆	675120	669567	5553			
大连	1063		1063			
宁波						
厦门						
青岛	96825		96825			
深圳						

企业拨款

单位：千元

企业办学			民办学校
合计	中央	地方	地方
3758596	**1994370**	**1764226**	
90192	12094	78097	
60739	961	59778	
162058	77799	84259	
111912		111912	
160163		160163	
207411		207411	
68297		68297	
736528	732906	3622	
15399		15399	
54004	27351	26654	
7297		7297	
97686	457	97229	
6285		6285	
5730	622	5108	
710023	333939	376084	
44080		44080	
77637	40439	37198	
17590		17590	
53091	17105	35986	
1757		1757	
12732		12732	
19712	400	19312	
131906	80730	51176	
5100		5100	
30849		30849	
57238		57238	
128973		128973	
5326		5326	
3760		3760	
675120	669567	5553	
1063		1063	
96825		96825	

2-16 校办产业和社会服务收入

地区	总计			教育部门和其他部门		
	合计	中央	地方	合计	中央	地方
合计	**2683439**	**1515840**	**1167599**	**2405344**	**1400306**	**1005038**
北京	595446	504610	90836	585362	504358	81004
天津	60336	30109	30227	36403	12282	24121
河北	13976	1124	12851	4366	235	4132
山西	13358		13358	12432		12432
内蒙古	8350		8350	8350		8350
辽宁	227961	215266	12695	226826	215266	11560
吉林	9303	476	8827	9303	476	8827
黑龙江	88515	84776	3738	7807	4069	3738
上海	160209	105205	55004	143744	105205	38539
江苏	293443	145136	148307	293443	145136	148307
浙江	97572	32636	64936	97572	32636	64936
安徽	8907		8907	7509		7509
福建	30686	2590	28096	30686	2590	28096
江西	12066		12066	12066		12066
山东	111001	54391	56609	70854	54391	16463
河南	63261		63261	43873		43873
湖北	122380	93756	28624	113601	85020	28581
湖南	73752	44374	29377	73527	44149	29377
广东	216131	62513	153617	216131	62513	153617
广西	83311		83311	83311		83311
海南	1581	333	1249	1581	333	1249
重庆	29405		29405	29180		29180
四川	95540	27305	68235	78032	25823	52210
贵州	20643		20643	20204		20204
云南	40430		40430	40430		40430
西藏						
陕西	101820	69631	32188	101788	69631	32157
甘肃	43344	36193	7152	41394	36193	5202
青海	1583		1583	594		594
宁夏	38740		38740			
新疆	20388	5415	14973	14973		14973
大连	165		165	165		165
宁波	1799		1799	1799		1799
厦门	2664		2664	2664		2664
青岛						
深圳						

用于教育的经费

单位：千元

企业办学			民办学校
合　计	中　央	地　方	地　方
278095	**115535**	**162561**	
10084	252	9833	
23933	17827	6106	
9609	890	8720	
926		926	
1135		1135	
80707	80707		
16465		16465	
1398		1398	
40147		40147	
19388		19388	
8779	8736	43	
225	225		
226		226	
17508	1483	16025	
439		439	
32		32	
1950		1950	
989		989	
38740		38740	
5415	5415		

2-17 其他属于

地 区	总 计			教育部门和其他部门		
	合 计	中 央	地 方	合 计	中 央	地 方
合 计	**35740470**	**27862898**	**7877572**	**35664097**	**27846242**	**7817855**
北 京	9906212	8272566	1633646	9903207	8272566	1630641
天 津	1017981	947119	70863	1017930	947119	70812
河 北	319735	130432	189304	319728	130432	189296
山 西	172650	75682	96969	172650	75682	96969
内蒙古	142234	111043	31191	142234	111043	31191
辽 宁	1199237	943944	255293	1198652	943944	254708
吉 林	820805	587475	233329	820790	587475	233314
黑龙江	1345544	1271632	73912	1345284	1271632	73652
上 海	2157176	1741827	415349	2156071	1741827	414244
江 苏	3302880	2516025	786855	3295102	2516025	779077
浙 江	2116325	1823526	292799	2105685	1823526	282159
安 徽	1072676	872480	200196	1072580	872480	200100
福 建	681456	515648	165808	680500	515648	164852
江 西	212961	124435	88526	211448	124435	87013
山 东	1005661	694519	311143	1004161	694519	309643
河 南	430906	280906	150000	429982	280906	149076
湖 北	2514029	2087972	426057	2512303	2087972	424331
湖 南	498732	167656	331077	498614	167656	330959
广 东	1907984	1230875	677109	1895146	1230875	664272
广 西	425035	173693	251342	424075	173693	250382
海 南	41171	25070	16102	39707	25070	14638
重 庆	610196	425985	184211	610170	425985	184185
四 川	1361231	963129	398103	1360302	963129	397174
贵 州	154275	59132	95143	154275	59132	95143
云 南	154372	74576	79796	151768	74576	77193
西 藏	9192	6892	2300	9192	6892	2300
陕 西	1489773	1301724	188049	1488409	1301724	186685
甘 肃	376105	267856	108249	376105	267856	108249
青 海	64043	17022	47021	64043	17022	47021
宁 夏	43412	34721	8691	43412	34721	8691
新 疆	186481	117338	69143	160572	100682	59890
大 连	1643		1643	1643		1643
宁 波	12995		12995	12995		12995
厦 门	1450		1450	1243		1243
青 岛						
深 圳	353866	113167	240699	353866	113167	240699

国家财政性教育经费

单位：千元

企业办学			民办学校
合 计	中 央	地 方	地 方
28807	**16656**	**12151**	**47566**
			3005
			51
			8
			585
			15
260		260	
			1105
			7778
			10640
			96
			956
			1513
			1500
			924
34		34	1692
			118
			12838
			960
			1464
			26
			929
2604		2604	
			1364
25909	16656	9253	
			208

2-18 民办学校中

地区	总计			教育部门和其他部门		
	合计	中央	地方	合计	中央	地方
合计	**13134764**		**13134764**			
北京	105288		105288			
天津	29484		29484			
河北	409326		409326			
山西	264852		264852			
内蒙古	131100		131100			
辽宁	300727		300727			
吉林	149835		149835			
黑龙江	63587		63587			
上海	23217		23217			
江苏	364853		364853			
浙江	806273		806273			
安徽	363622		363622			
福建	912012		912012			
江西	352290		352290			
山东	448196		448196			
河南	1601464		1601464			
湖北	341459		341459			
湖南	723950		723950			
广东	2490310		2490310			
广西	290978		290978			
海南	195594		195594			
重庆	276912		276912			
四川	1326583		1326583			
贵州	274614		274614			
云南	361568		361568			
西藏	5619		5619			
陕西	352462		352462			
甘肃	67327		67327			
青海	20574		20574			
宁夏	60147		60147			
新疆	20542		20542			
大连	31154		31154			
宁波	188530		188530			
厦门	197947		197947			
青岛	99464		99464			
深圳	326253		326253			

举办者投入

单位：千元

企业办学			民办学校
合　计	中　央	地　方	地　方
			13134764
			105288
			29484
			409326
			264852
			131100
			300727
			149835
			63587
			23217
			364853
			806273
			363622
			912012
			352290
			448196
			1601464
			341459
			723950
			2490310
			290978
			195594
			276912
			1326583
			274614
			361568
			5619
			352462
			67327
			20574
			60147
			20542
			31154
			188530
			197947
			99464
			326253

2-19 捐赠

地区	总计			教育部门和其他部门		
	合计	中央	地方	合计	中央	地方
合计	**7967003**	**2452996**	**5514007**	**6842349**	**2427029**	**4415320**
北京	1275871	1171557	104314	1196211	1171557	24654
天津	101413	52769	48644	99021	52769	46252
河北	123272	2206	121066	118417	2202	116215
山西	25326		25326	23442		23442
内蒙古	38966		38966	31465		31465
辽宁	62974	50746	12228	60749	50746	10003
吉林	42070	9899	32171	28315	9899	18416
黑龙江	30194	13544	16649	25523	13544	11979
上海	317425	213233	104192	247665	213233	34431
江苏	1318825	219085	1099740	1100322	219085	881237
浙江	535217	24929	510289	247903	24929	222975
安徽	91021	7971	83050	81515	7971	73544
福建	576124	184307	391817	563659	184307	379353
江西	93168		93168	73586		73586
山东	179458	52216	127242	163492	52167	111324
河南	77363	91	77272	63661	91	63570
湖北	179252	103000	76252	163967	103000	60967
湖南	228037	30685	197352	214336	30685	183651
广东	1076444	139832	936612	963772	133410	830362
广西	75694		75694	60297		60297
海南	15700		15700	14896		14896
重庆	271490	26890	244600	171943	26890	145053
四川	437109	66826	370283	424836	66616	358219
贵州	149857		149857	130290		130290
云南	180944		180944	146690		146690
西藏	6993		6993	6993		6993
陕西	111135	57708	53427	108461	57708	50753
甘肃	81777	6210	75567	79807	6210	73597
青海	25796		25796	25524		25524
宁夏	34637		34637	21450		21450
新疆	203450	19292	184158	184142	10	184132
大连	3572		3572	2572		2572
宁波	37421		37421	26971		26971
厦门	19021		19021	18429		18429
青岛	14362		14362	13496		13496
深圳	31358		31358	21513		21513

收入

单位：千元

企业办学			民办学校
合　计	中　央	地　方	地　方
29428	**25967**	**3461**	**1095226**
150		150	79510
849		849	1543
9	4	5	4847
181		181	1704
			7501
			2225
			13755
			4671
100		100	69660
			218503
157		157	287157
18		18	9489
			12464
			19582
152	49	104	15814
122		122	13581
484		484	14801
			13701
7570	6423	1147	105103
			15398
			804
			99547
210	210		12063
			19567
			34254
132		132	2542
			1970
14		14	259
			13187
19282	19282		26
			1000
			10450
			592
			867
			9845

2-20 港澳台及

地区	总计			教育部门和其他部门		
	合计	中央	地方	合计	中央	地方
合计	**873591**	**171487**	**702104**	**844319**	**171487**	**672832**
北京	78998	77261	1737	77261	77261	
天津	1207	1157	51	1207	1157	51
河北	358		358	358		358
山西	1014		1014	1014		1014
内蒙古	2699		2699	2699		2699
辽宁	1331	904	427	1301	904	397
吉林	763	151	612	763	151	612
黑龙江	218		218	218		218
上海	41584	27368	14215	29099	27368	1731
江苏	16058	8487	7571	15968	8487	7481
浙江	7694	197	7497	7140	197	6943
安徽	12038		12038	11820		11820
福建	59834	28110	31724	58573	28110	30463
江西	2016		2016	2016		2016
山东	981	211	770	981	211	770
河南	3658		3658	3658		3658
湖北	587		587	537		537
湖南	39455		39455	39455		39455
广东	506483	12516	493967	499120	12516	486604
广西	7614		7614	7513		7513
海南	100		100	100		100
重庆	22142	1732	20411	22142	1732	20411
四川	17324	13218	4106	17304	13218	4086
贵州	24019		24019	23760		23760
云南	15545		15545	15523		15523
西藏						
陕西	2026		2026	2006		2006
甘肃	1718	175	1543	1718	175	1543
青海	656		656	656		656
宁夏	5471		5471	408		408
新疆						
大连						
宁波	4872		4872	4397		4397
厦门						
青岛						
深圳	16		16			

海外捐赠

单位：千元

企业办学			民办学校
合　计	中　央	地　方	地　方
			29272
			1737
			30
			12484
			90
			554
			218
			1262
			50
			7363
			101
			20
			259
			22
			20
			5063
			475
			16

2-21 事业

地区	总计			教育部门和其他部门		
	合计	中央	地方	合计	中央	地方
合计	**542715808**	**74942064**	**467773744**	**319290011**	**73559595**	**245730416**
北京	31540368	21050835	10489533	25180959	21046780	4134179
天津	9102000	2091749	7010251	6533331	2081019	4452312
河北	18448723	483695	17965028	10735960	459014	10276947
山西	11835653	6928	11828725	6787329	6928	6780401
内蒙古	5947917	5269	5942649	4379766	5269	4374497
辽宁	18173695	2513420	15660275	11660376	2513420	9146956
吉林	9890155	1644986	8245169	6080538	1644986	4435552
黑龙江	11578718	2480714	9098005	8574451	2291809	6282642
上海	21004259	8087751	12916508	14738359	8087751	6650607
江苏	38296590	5317874	32978716	24505531	5287007	19218524
浙江	33644033	2291035	31352998	16212955	2291035	13921920
安徽	17706435	802418	16904017	9918027	801937	9116090
福建	16924294	1646825	15277469	9429525	1646825	7782700
江西	14168117	788	14167329	7823826	788	7823038
山东	30556023	2920525	27635498	19916122	2790743	17125379
河南	28945392	102076	28843316	13252319	102076	13150243
湖北	25753533	5542721	20210812	16788089	5411563	11376525
湖南	23176796	1590983	21585813	13117691	1582033	11535658
广东	64761246	2926694	61834552	26530846	2889996	23640850
广西	12758402		12758402	7641921		7641921
海南	3663414	21350	3642064	1296765	21350	1275415
重庆	14262037	2092457	12169580	9390322	2082949	7307373
四川	29731213	5519334	24211879	16962516	5410631	11551885
贵州	7822366		7822366	4705678		4705678
云南	10290559	8604	10281955	5923687	8604	5915083
西藏	178868		178868	157128		157128
陕西	20662078	4424385	16237693	13047028	4424385	8622643
甘肃	5476469	564794	4911675	4172603	564794	3607809
青海	844542	5946	838596	587049	5946	581103
宁夏	1787258	88428	1698829	965305	88428	876876
新疆	3784653	709479	3075174	2274010	11530	2262480
大连	1141658	21911	1119747	467374	21911	445463
宁波	4949580		4949580	1658667		1658667
厦门	1363760		1363760	493102		493102
青岛	2441269		2441269	766013		766013
深圳	8688912		8688912	2583391		2583391

收入

单位：千元

企业办学			民办学校
合　计	中　央	地　方	地　方
4943276	**1382469**	**3560807**	**218482521**
151825	4055	147769	6207584
212990	10730	202260	2355679
374254	24681	349573	7338508
159967		159967	4888357
71024		71024	1497128
253514		253514	6259804
22877		22877	3786740
216544	188905	27639	2787723
172210		172210	6093690
142823	30867	111956	13648236
85555		85555	17345523
216508	482	216026	7571901
2193		2193	7492576
18453		18453	6325838
791879	129782	662097	9848023
171069		171069	15522004
209828	131158	78670	8755617
90506	8950	81556	9968599
92691	36698	55993	38137710
16792		16792	5099689
11337		11337	2355312
33340	9508	23832	4838375
306620	108704	197916	12462078
46792		46792	3069895
127180		127180	4239692
			21739
129474		129474	7485575
67776		67776	1236090
16419		16419	241074
9151		9151	812802
721684	697950	23734	788959
8202		8202	666082
			3290913
			870658
74686		74686	1600571
			6105521

2-22 学

地区	总计			教育部门和其他部门		
	合计	中央	地方	合计	中央	地方
合计	**405303926**	**29193943**	**376109983**	**203702001**	**28307371**	**175394630**
北京	16269480	7930991	8338489	10289261	7928247	2361014
天津	6274658	645951	5628707	3841360	642632	3198728
河北	15433660	259013	15174647	8355873	236038	8119835
山西	8802995	6928	8796068	4183249	6928	4176322
内蒙古	4503239	5269	4497970	3039003	5269	3033735
辽宁	13596795	951653	12645141	7684155	951653	6732502
吉林	7991977	942626	7049350	4409696	942626	3467070
黑龙江	8862375	773314	8089060	6033897	621181	5412716
上海	12409395	2196294	10213101	6371899	2196294	4175605
江苏	27911342	1845971	26065371	15145810	1835089	13310722
浙江	25542556	1176613	24365943	9753872	1176613	8577259
安徽	14070733	362302	13708431	7141406	361859	6779547
福建	12627128	511124	12116004	5767265	511124	5256141
江西	11131116	788	11130328	5643678	788	5642890
山东	23908707	893796	23014912	14361043	855953	13505091
河南	24117895	82068	24035827	10497140	82068	10415071
湖北	18859050	2796884	16062166	10816521	2681393	8135127
湖南	17891370	723295	17168075	9021881	717341	8304540
广东	53448803	1492818	51955985	18235866	1477530	16758337
广西	10047683		10047683	5405878		5405878
海南	3008716	17477	2991239	998002	17477	980525
重庆	10368956	888107	9480850	5958262	882441	5075820
四川	20096723	2188048	17908675	9425814	2106708	7319106
贵州	6151422		6151422	3518712		3518712
云南	8049654	5704	8043950	4207499	5704	4201795
西藏	147383		147383	125644		125644
陕西	14476716	1534415	12942300	7508899	1534415	5974483
甘肃	4627680	445331	4182349	3402937	445331	2957606
青海	599680	3896	595784	360728	3896	356832
宁夏	1418395	70280	1348114	656877	70280	586597
新疆	2657647	442986	2214661	1539872	10493	1529379
大连	1041256	21911	1019345	372376	21911	350465
宁波	4132874		4132874	1083844		1083844
厦门	1220440		1220440	395435		395435
青岛	2200377		2200377	641731		641731
深圳	7284380		7284380	1555898		1555898

费

单位：千元

企业办学			民办学校
合　计	中　央	地　方	地　方
3540715	**886572**	**2654143**	**198061210**
132345	2743	129601	5847875
193427	3319	190108	2239871
251235	22975	228261	6826552
123444		123444	4496302
56589		56589	1407646
110444		110444	5802195
22877		22877	3559404
177171	152134	25037	2651307
151443		151443	5886053
88906	10883	78024	12676625
74183		74183	15714501
174517	444	174073	6754811
1942		1942	6857921
14527		14527	5472911
511505	37843	473662	9036159
147189		147189	13473566
165247	115490	49756	7877282
60739	5954	54785	8808750
55523	15289	40234	35157414
13783		13783	4628022
5123		5123	2005590
23778	5665	18113	4386916
208953	81339	127614	10461956
32533		32533	2600177
97765		97765	3744391
			21739
122365		122365	6845452
52558		52558	1172184
7229		7229	231723
7598		7598	753920
455778	432493	23284	661997
8023		8023	660857
			3049030
			825005
49974		49974	1508673
			5728482

2-23 其他

地区	总计			教育部门和其他部门		
	合计	中央	地方	合计	中央	地方
合计	**74770313**	**20096243**	**54674070**	**67081915**	**19800651**	**47281264**
北京	7695100	5856897	1838202	7439822	5855781	1584041
天津	1312912	466233	846679	1237492	466020	771472
河北	902688	46504	856184	730765	46161	684604
山西	620108	4	620104	512025	4	512020
内蒙古	468292		468292	444293		444293
辽宁	730736	232591	498145	651855	232591	419264
吉林	694464	192759	501705	633761	192759	441002
黑龙江	1103421	261626	841795	1057557	258104	799453
上海	7800029	1574459	6225570	6876378	1574459	5301919
江苏	7294681	897024	6397657	6655116	894857	5760259
浙江	12592157	5277961	7314196	11315937	5277961	6037976
安徽	1132094	202448	929647	964746	202205	762541
福建	1403633	214909	1188725	1200471	214909	985562
江西	739200	577	738623	661162	577	660585
山东	2512700	358265	2154435	2224969	357589	1867380
河南	1600617	84653	1515964	1443140	84653	1358487
湖北	2947151	1170389	1776762	2615273	1097394	1517879
湖南	2526274	271543	2254730	2282372	265672	2016700
广东	6895254	791564	6103690	5822481	783584	5038897
广西	1106583		1106583	962357		962357
海南	368894	3852	365042	309943	3852	306091
重庆	2072469	353127	1719341	1786249	346875	1439374
四川	2145200	762110	1383089	1687969	750860	937109
贵州	1143106		1143106	1068553		1068553
云南	1864229	1466	1862763	1749693	1466	1748227
西藏	27810		27810	27810		27810
陕西	1919686	598305	1321382	1820005	598305	1221701
甘肃	646377	215516	430862	626885	215516	411370
青海	449710	3228	446483	439094	3228	435867
宁夏	171710	11965	159745	151539	11965	139574
新疆	1883029	246268	1636760	1682206	63307	1618899
大连	105226	4	105222	103133	4	103128
宁波	842788		842788	662145		662145
厦门	191952		191952	156936		156936
青岛	127632		127632	92460		92460
深圳	2947376		2947376	2618287		2618287

教育经费

单位：千元

企业办学			民办学校
合　计	中　央	地　方	地　方
730741	**295591**	**435149**	**6957657**
12308	1117	11191	242970
13064	213	12852	62356
68452	343	68109	103471
5639		5639	102445
4691		4691	19308
26711		26711	52170
2000		2000	58703
3609	3523	86	42255
22985		22985	900666
21910	2167	19742	617655
4547		4547	1271673
12934	243	12691	154414
			203162
			78038
133284	676	132608	154447
6040		6040	151437
80934	72994	7940	250944
14980	5872	9108	228922
21934	7980	13954	1050840
			144226
207		207	58744
18738	6253	12485	267483
43428	11250	32178	413803
2706		2706	71847
11002		11002	103534
3637		3637	96044
769		769	18723
8974		8974	1642
1593		1593	18578
183666	182962	704	17157
5		5	2089
			180643
			35016
9123		9123	26050
			329089

第三部分

各地区各级各类教育机构教育经费收入

3-1 教育经费收入情况

地区	总计	国家财政性教育经费	公共财政预算安排的教育经费	公共财政教育经费	教育事业费	基本建设经费	教育费附加	科研经费	其他
合计	**3233087093**	**2594499205**	**2434469455**	**2257600985**	**2065072286**	**54137544**	**138391156**	**13045079**	**163823391**
北京	193057872	152441246	131624025	113617958	101835385	3339807	8442765	2047173	15958895
天津	70866381	60320572	56496941	55372625	52041420	430000	2901205	207167	917149
河北	110411151	90527142	85151227	81052675	75834584	1283087	3935003	148017	3950534
山西	70445263	57699324	53592235	49579927	45845201	645632	3089093	105912	3906396
内蒙古	64069969	57483693	54874925	45949400	41650897	1374599	2923903	112841	8812684
辽宁	95365108	76096976	71891673	64295164	59054355	726289	4514520	178745	7417764
吉林	60052690	49276167	46183266	44118711	41513385	557360	2047966	266180	1798375
黑龙江	72085248	59309327	56594560	53901291	51300070	894585	1706636	725036	1968232
上海	122573678	93428748	85472197	77416513	62520877	3657896	11237740	2071016	5984668
江苏	227712557	180437608	165438154	157691290	141709522	684817	15296951	871505	6875359
浙江	171074578	123496897	108720095	102398663	91984332	797923	9616408	744630	5576801
安徽	109266831	89973659	84736454	76465218	70898345	1640285	3926588	654483	7616754
福建	94351339	74535276	69117952	65120239	60109752	606224	4404262	318594	3679120
江西	89429696	74076921	72046182	69621581	65699165	1494891	2427524	111017	2313584
山东	196949205	163252829	152070586	149674752	139115911	573105	9985736	358451	2037383
河南	164493637	132268800	127739789	109908811	103806566	1939492	4162753	170277	17660701
湖北	118996712	89775317	83284275	78842107	72839674	1942100	4060332	432526	4009643
湖南	119025567	92370510	89946584	85434160	79683686	1162901	4587573	968366	3544057
广东	283792589	208569335	197063471	182621008	162342778	6147117	14131114	1006429	13436034
广西	86035932	71804274	68602907	65934971	61630691	2017749	2286531	76109	2591827
海南	24246969	20003366	19054066	17075619	15636138	714978	724503	128712	1849735
重庆	76037031	59154122	57480539	47880380	43438273	2100871	2341236	59623	9540537
四川	159335326	125695222	118800004	111387930	103849090	2442723	5096116	329006	7083068
贵州	77069852	67679909	65616002	63183339	58937226	2077218	2168895	12528	2420136
云南	92080331	79383032	77873517	66915135	60406295	2140946	4367894	163781	10794601
西藏	15301937	15082648	14775972	14263704	11783864	2266050	213790	4035	508233
陕西	105556556	82511195	79199497	76659445	71880322	1613243	3165880	497876	2042175
甘肃	55008152	48736202	46229118	42056464	38837344	1559604	1659516	53341	4119313
青海	19795862	18455239	17844371	15623653	11303293	3829587	490774	100136	2120581
宁夏	17643429	15589677	14808700	12478649	11560205	475553	442890	26784	2303266
新疆	70955645	65063970	62140171	61059604	56023639	3000908	2035057	94782	985785
大连	12780519	11498909	11379644	10499016	9152596	26000	1320420	600	880028
宁波	25800816	19782498	16830630	15818354	13660060	96627	2061668	90883	921393
厦门	12442602	10669922	9446111	8652052	7340543	279326	1032183	2220	791839
青岛	23599730	20917002	18705976	18648949	16741112		1907836	30017	27011
深圳	46602276	34608377	32438786	29932127	21711969	4257184	3962974	180662	2325997

(各级各类教育机构)

单位：千元

政府性基金预算安排的教育经费	#地方教育附加	#从土地出让收益中计提的教育资金	企业办学中的企业拨款	校办产业和社会服务收入用于教育的经费	其他属于国家财政性教育经费	民办学校中举办者投入	捐赠收入	事业收入	#学费	其他教育经费
117847245	**75855131**	**27683316**	**3758596**	**2683439**	**35740470**	**13134764**	**7967003**	**542715808**	**405303926**	**74770313**
10225371	7163114	1168888	90192	595446	9906212	105288	1275871	31540368	16269480	7695100
2684575	2109611	486170	60739	60336	1017981	29484	101413	9102000	6274658	1312912
4880146	3174852	1431813	162058	13976	319735	409326	123272	18448723	15433660	902688
3809168	1868021	473994	111912	13358	172650	264852	25326	11835653	8802995	620108
2298021	1416324	626743	160163	8350	142234	131100	38966	5947917	4503239	468292
2570695	1851229	414578	207411	227961	1199237	300727	62974	18173695	13596795	730736
2194496	1670784	312462	68297	9303	820805	149835	42070	9890155	7991977	694464
544181	85578	313806	736528	88515	1345544	63587	30194	11578718	8862375	1103421
5623767	5130893	489956	15399	160209	2157176	23217	317425	21004259	12409395	7800029
11349126	9148818	1420237	54004	293443	3302880	364853	1318825	38296590	27911342	7294681
12555608	7235446	3624226	7297	97572	2116325	806273	535217	33644033	25542556	12592157
4057935	2052371	1776189	97686	8907	1072676	363622	91021	17706435	14070733	1132094
4698896	2644561	1801199	6285	30686	681456	912012	576124	16924294	12627128	1403633
1799983	998678	491239	5730	12066	212961	352290	93168	14168117	11131116	739200
9355558	6019085	2604787	710023	111001	1005661	448196	179458	30556023	23908707	2512700
3990764	2010099	1511389	44080	63261	430906	1601464	77363	28945392	24117895	1600617
3776995	2018598	1523481	77637	122380	2514029	341459	179252	25753533	18859050	2947151
1833853	1028371	306522	17590	73752	498732	723950	228037	23176796	17891370	2526274
9328657	7133119	1462543	53091	216131	1907984	2490310	1076444	64761246	53448803	6895254
2691264	1592727	770072	1757	83311	425035	290978	75694	12758402	10047683	1106583
893815	369564	339195	12732	1581	41171	195594	15700	3663414	3008716	368894
1014270	47096	561262	19712	29405	610196	276912	271490	14262037	10368956	2072469
5306540	3274439	1226650	131906	95540	1361231	1326583	437109	29731213	20096723	2145200
1883889	1197214	429930	5100	20643	154275	274614	149857	7822366	6151422	1143106
1283865		350391	30849	40430	154372	361568	180944	10290559	8049654	1864229
297484	198137	6125			9192	5619	6993	178868	147383	27810
1662868	1047715	435084	57238	101820	1489773	352462	111135	20662078	14476716	1919686
1958661	1005796	700143	128973	43344	376105	67327	81777	5476469	4627680	646377
539916	377172	154777	5326	1583	64043	20574	25796	844542	599680	449710
695066	424346	163072	3760	38740	43412	60147	34637	1787258	1418395	171710
2041810	1561376	306393	675120	20388	186481	20542	203450	3784653	2657647	1883029
116395	82750	13192	1063	165	1643	31154	3572	1141658	1041256	105226
2937074	1964092	671161		1799	12995	188530	37421	4949580	4132874	842788
1219696	802860	398678		2664	1450	197947	19021	1363760	1220440	191952
2114201	1740032	349220	96825			99464	14362	2441269	2200377	127632
1815725	1793793	648			353866	326253	31358	8688912	7284380	2947376

3-2 教育经费收入情况

地区	总计	国家财政性教育经费	公共财政预算安排的教育经费	公共财政教育经费	教育事业费	基本建设经费	教育费附加	科研经费	其他
合计	**2952280067**	**2411183482**	**2281894554**	**2128039625**	**1940767684**	**48886864**	**138385078**	**3844869**	**150010060**
北京	106999293	94461957	83904055	74927227	64711585	1772877	8442765	48136	8928692
天津	63419021	55483963	52431201	51632411	48701246	30000	2901165	78051	720739
河北	108749465	89397862	84105345	80237812	75042571	1260237	3935003	144167	3723366
山西	70438009	57699002	53591913	49579917	45845191	645632	3089093	105912	3906084
内蒙古	64064700	57483693	54874925	45949400	41650897	1374599	2923903	112841	8812684
辽宁	87215031	70743656	67460519	60357452	55247394	595539	4514520	103495	6999571
吉林	53388070	44459191	42018335	40263074	37750748	464360	2047966	146910	1608351
黑龙江	62671573	52651538	52058280	50140744	47630271	804585	1705888	74578	1842959
上海	97150736	77881250	71434417	66200333	51810197	3152396	11237740	70894	5163190
江苏	207038251	166197285	153954360	147545310	131844312	404047	15296951	455387	5953663
浙江	160134500	120150744	107096731	101338568	90929527	797923	9611118	360260	5397903
安徽	104509619	86229283	81877580	74281523	68749651	1605285	3926588	74253	7521803
福建	89105501	71335478	66379593	62727569	57782083	541224	4404262	139529	3512494
江西	89427171	74075760	72045643	69621043	65698627	1494891	2427524	111017	2313584
山东	188287553	157922182	147691673	145760919	135422079	353105	9985736	278491	1652263
河南	164147161	132109144	127580133	109761969	103659724	1939492	4162753	170277	17647888
湖北	98237605	75832320	71804448	68855575	63223143	1572100	4060332	47309	2901564
湖南	112863979	88102133	85722581	82366996	76771522	1007901	4587573	104419	3251166
广东	271910914	200545750	190012557	176362873	156534932	5696827	14131114	464129	13185555
广西	86035932	71804274	68602907	65934971	61630691	2017749	2286531	76109	2591827
海南	24217159	19998758	19049791	17071344	15632063	714778	724503	128712	1849735
重庆	69784474	55374040	54096079	44667941	40280834	2045871	2341236	7573	9420566
四川	144818670	117526836	111970389	105096243	97664404	2335723	5096116	135798	6738348
贵州	77069852	67679909	65616002	63183339	58937226	2077218	2168895	12528	2420136
云南	92069229	79382000	77872485	66915135	60406295	2140946	4367894	163781	10793569
西藏	15301937	15082648	14775972	14263704	11783864	2266050	213790	4035	508233
陕西	90930792	72965828	71133923	69461367	64802244	1493243	3165880	10266	1662289
甘肃	51917200	46431769	44144477	40126531	37000411	1466604	1659516	29671	3988276
青海	19785886	18454437	17843568	15622851	11302490	3829587	490774	100136	2120581
宁夏	17001247	15047889	14280279	11959298	11092104	424303	442890	26784	2294196
新疆	63589538	58672904	56464394	55826186	51229361	2561768	2035057	59421	578787
大连	12757894	11498199	11378934	10498306	9151886	26000	1320420	600	880028
宁波	25800816	19782498	16830630	15818354	13660060	96627	2061668	90883	921393
厦门	12442602	10669922	9446111	8652052	7340543	279326	1032183	2220	791839
青岛	23585940	20903212	18692186	18645949	16738112		1907836	19227	27011
深圳	46602276	34608377	32438786	29932127	21711969	4257184	3962974	180662	2325997

(地方各级各类教育机构)

单位：千元

政府性基金预算安排的教育经费	#地方教育附加	#从土地出让收益中计提的教育资金	企业办学中的企业拨款	校办产业和社会服务收入用于教育的经费	其他属于国家财政性教育经费	民办学校中举办者投入	捐赠收入	事业收入	#学费	其他教育经费
116895981	**75842491**	**27682916**	**1764226**	**1167599**	**9461122**	**13134764**	**5514007**	**467773744**	**376109983**	**54674070**
9403245	7163114	1168888	78097	90836	985723	105288	104314	10489533	8338489	1838202
2684575	2109611	486170	59778	30227	278182	29484	48644	7010251	5628707	846679
4879716	3174422	1431813	84259	12851	315690	409326	121066	17965028	15174647	856184
3809168	1868021	473994	111912	13358	172650	264852	25326	11828725	8796068	620104
2298021	1416324	626743	160163	8350	142234	131100	38966	5942649	4497970	468292
2568854	1851229	414578	207411	12695	494177	300727	12228	15660275	12645141	498145
2194496	1670784	312462	68297	8827	169236	149835	32171	8245169	7049350	501705
538163	85578	313406	3622	3738	47734	63587	16649	9098005	8089060	841795
5623767	5130893	489956	15399	55004	752662	23217	104192	12916508	10213101	6225570
11337176	9137148	1420237	26654	148307	730788	364853	1099740	32978716	26065371	6397657
12552208	7235446	3624226	7297	64936	429572	806273	510289	31352998	24365943	7314196
4057935	2052371	1776189	97229	8907	187632	363622	83050	16904017	13708431	929647
4698896	2644561	1801199	6285	28096	222608	912012	391817	15277469	12116004	1188725
1799983	998678	491239	5108	12066	212961	352290	93168	14167329	11130328	738623
9355558	6019085	2604787	376084	56609	442257	448196	127242	27635498	23014912	2154435
3990764	2010099	1511389	44080	63261	430906	1601464	77272	28843316	24035827	1515964
3776995	2018598	1523481	37198	28624	185055	341459	76252	20210812	16062166	1776762
1833853	1028371	306522	17590	29377	498732	723950	197352	21585813	17168075	2254730
9308447	7132579	1462543	35986	153617	1035142	2490310	936612	61834552	51955985	6103690
2691264	1592727	770072	1757	83311	425035	290978	75694	12758402	10047683	1106583
893815	369564	339195	12732	1249	41171	195594	15700	3642064	2991239	365042
1014270	47096	561262	19312	29405	214974	276912	244600	12169580	9480850	1719341
5254450	3274439	1226650	51176	68235	182586	1326583	370283	24211879	17908675	1383089
1883889	1197214	429930	5100	20643	154275	274614	149857	7822366	6151422	1143106
1283865		350391	30849	40430	154372	361568	180944	10281955	8043950	1862763
297484	198137	6125			9192	5619	6993	178868	147383	27810
1644068	1047715	435084	57238	32188	98411	352462	53427	16237693	12942300	1321382
1958661	1005796	700143	128973	7152	192506	67327	75567	4911675	4182349	430862
539916	377172	154777	5326	1583	64043	20574	25796	838596	595784	446483
695066	424346	163072	3760	38740	30044	60147	34637	1698829	1348114	159745
2027411	1561376	306393	5553	14973	160572	20542	184158	3075174	2214661	1636760
116395	82750	13192	1063	165	1643	31154	3572	1119747	1019345	105222
2937074	1964092	671161		1799	12995	188530	37421	4949580	4132874	842788
1219696	802860	398678		2664	1450	197947	19021	1363760	1220440	191952
2114201	1740032	349220	96825			99464	14362	2441269	2200377	127632
1815725	1793793	648			353866	326253	31358	8688912	7284380	2947376

3-3 教育经费收入情况

地区	总计	国家财政性教育经费	公共财政预算安排的教育经费	公共财政教育经费	教育事业费	基本建设经费	教育费附加	科研经费	其他
合计	**869365509**	**526320801**	**475215231**	**433754645**	**412329393**	**15896294**	**5528958**	**12693303**	**28767283**
北京	96557076	66892501	55801977	51354722	49649229	1601670	103824	1887778	2559477
天津	23053074	15325361	14257273	13519861	12957961	430000	131900	206967	530445
河北	24899975	14347212	13973360	13178123	12436176	641687	100260	146627	648610
山西	16340102	10192818	8965481	7591805	7443212	89433	59160	104716	1268959
内蒙古	13736112	9994234	9512021	8285460	7989831	224785	70844	107950	1118611
辽宁	33583059	20734931	19081264	16701195	15962407	571861	166927	178193	2201877
吉林	20240225	13094285	12169000	11423436	11082195	223700	117541	264102	481461
黑龙江	24208545	14943472	13133462	12205715	11832399	187871	185445	723256	204491
上海	55411048	36198483	28799180	24970620	21943128	3013633	13859	2059686	1768874
江苏	65122139	38858777	33895817	31556636	30263628	527336	765672	842406	1496776
浙江	44586223	20525018	17385573	14125279	12945973	192713	986593	724980	2535313
安徽	23382009	15371184	14221365	12430586	12006166	304800	119620	649127	1141652
福建	22551616	11853391	10858200	9981036	9629274	68270	283492	304900	572265
江西	18886769	10641798	10449041	10103255	9811049	238500	53707	109585	236201
山东	42811902	25829683	24188628	23265650	22519720	370778	375151	354891	568087
河南	34493227	21114086	20104048	18020427	17503959	296512	219957	168097	1915524
湖北	43755845	24893678	22169658	20470709	19659445	491254	320011	428026	1270923
湖南	30759143	18809346	18153568	16008283	15108596	400424	499263	960842	1184443
广东	59783941	32393804	30240899	28071472	25676664	1921390	473419	997008	1172419
广西	17071715	10037839	9436528	9161278	8829189	204905	127184	74267	200984
海南	4421124	2613562	2468143	2153155	1897798	253689	1669	127115	187873
重庆	21286343	10950359	10366570	9913574	9837461	72302	3811	58423	394573
四川	39510420	21708171	20054142	18133701	17727877	342200	63624	321415	1599026
贵州	11280826	7872865	7720042	7425539	6854172	535528	35839	7896	286607
云南	15900721	9394302	8568445	7309195	7050925	248850	9420	160331	1098918
西藏	1535728	1400609	1391293	1333173	1126723	200450	6000	2655	55465
陕西	37343567	21287074	19592494	18439792	17846335	514733	78724	496991	655710
甘肃	11913487	8172868	7737908	6920201	6421333	438900	59969	51376	766331
青海	2472136	1996733	1978876	1610646	846141	760000	4505	99426	268804
宁夏	3478354	2508744	2326620	2026648	1896461	126250	3937	26234	273738
新疆	8989058	6363613	6214354	6063470	5573968	401871	87632	48037	102846
大连	2005888	1807300	1788484	1613653	1523932	26000	63721	600	174231
宁波	4801756	2225447	1931968	1771806	1395350	1207	375249	90883	69279
厦门	1374975	770679	766973	719915	599391		120524	90	46968
青岛	1422757	652961	555656	525639	483294		42345	30017	
深圳	6668621	4630223	4472344	4047819	2427967	1444848	175005	172061	252464

(高等学校)

单位：千元

政府性基金预算安排的教育经费	#地方教育附加	#从土地出让收益中计提的教育资金	企业办学中的企业拨款	校办产业和社会服务收入用于教育的经费	其他属于国家财政性教育经费	民办学校中举办者投入	捐赠收入	事业收入	#学费	其他教育经费
14762964	**10183302**		**1274121**	**2006110**	**33062376**	**1915420**	**4040722**	**294574195**	**202644951**	**42514372**
1994928	1504348		15722	444309	8635565		866385	23624217	10501568	5173973
21312	5012			32772	1014004		66372	6791946	4245885	869395
34070	24110		44247	5660	289875	99041	11984	10024134	8432245	417604
1062254	62995		7815	191	157077	19245	2964	5769625	3776885	355450
277204	175347		55469	7446	142094		19321	3524045	2693088	198512
115103	60264		146494	217311	1174759	21787	54712	12273980	8562162	497650
96875	87088		5224	3238	819950		27433	6751450	5215446	367056
260			387553	85054	1337143	3300	23146	8548397	6128447	690229
5130964	5130893			121295	2147045		278786	14175023	6319783	4758755
1509304	950548			220335	3233321	35000	788866	20807879	13475215	4631617
1095644	528288			77015	1966786	1500	91587	15844403	10807142	8123714
84747	35357		46942	5002	1013129	11684	22808	7444220	5656560	532113
303261	253060			13505	678425	422822	353495	9249894	6507174	672014
7023	6500			10655	175080	141600	13760	7699062	6315193	390548
189880	124783		409131	64754	977291	33994	74148	15364503	11022047	1509574
561854	396252			37022	411162	228667	47519	12250871	10335425	852085
99124	77451		33426	117052	2474418	4500	126083	16952219	11874806	1779365
222386	8481		50	45981	387361	47035	66952	10449649	7978970	1386161
462910	362928			167148	1522846	368511	654274	24066163	18492987	2301189
148532	84843			67270	385509	49595	17574	6595699	5216809	371007
113137	1600			172	32110		952	1701825	1436382	104784
56594	10480			10015	517179	99495	48896	8852442	6309142	1335151
227256	109644		111150	46194	1269429	192884	88534	16205371	10407200	1315460
17404	13150			13406	122013	18105	27393	3059743	2402983	302719
655384			3898	29357	137219	53800	53370	5652265	4372404	746984
300					9016		43	125508	112324	9568
136134	51632			78938	1479509	52600	91709	14359406	9021747	1552777
36594	22253		3062	38143	357161	10256	16246	3317145	2788308	396973
				588	17269		6	309042	230163	166354
100867	95995			38740	42517		1562	907042	697914	61006
1660			3938	7543	136117		103837	1877027	1308546	644582
18374					443			190903	145352	7685
279065	245999			1799	12615		15108	2243214	1712624	317988
80	80			2175	1450	9000	4857	536971	431271	53468
4395	4395		92910				161	744257	650954	25378
8274	240				149605		21051	1670125	1037752	347222

3-4 教育经费收入情况

地区	总计	国家财政性教育经费	公共财政预算安排的教育经费	公共财政教育经费	教育事业费	基本建设经费	教育费附加	科研经费	其他
合计	**613230313**	**362341676**	**338814929**	**314797819**	**298301697**	**10972454**	**5523668**	**3646093**	**20371017**
北京	25642546	20831977	18242665	17895657	17757093	34740	103824	41741	305267
天津	15688845	10539168	10223162	9811256	9649356	30000	131900	77851	334055
河北	23382122	13311111	12941539	12373833	11654736	618837	100260	142777	424929
山西	16340102	10192818	8965481	7591805	7443212	89433	59160	104716	1268959
内蒙古	13736112	9994234	9512021	8285460	7989831	224785	70844	107950	1118611
辽宁	25534991	15391187	14659397	12764193	12156155	441111	166927	102943	1792261
吉林	13829196	8436655	8162939	7723879	7475638	130700	117541	144832	294227
黑龙江	15658187	9086789	9046918	8833580	8550264	97871	185445	72797	140541
上海	30720633	20925105	15024939	13917917	11388424	2515633	13859	59564	1047459
江苏	44657697	24691511	22457729	21423493	20411255	246566	765672	426288	607949
浙江	33652716	17182477	15765821	13065184	11891168	192713	981303	340610	2360027
安徽	18636625	11631064	11366289	10250187	9860767	269800	119620	68897	1047205
福建	17444238	8692345	8158303	7625541	7338779	3270	283492	125835	406927
江西	18886769	10641798	10449041	10103255	9811049	238500	53707	109585	236201
山东	34386586	20706178	19815800	19351817	18825888	150778	375151	274931	189051
河南	34328450	20977926	19967888	17892076	17375608	296512	219957	168097	1907715
湖北	23157116	11053218	10783991	10561045	10119780	121254	320011	42808	180139
湖南	24661264	14549835	13938431	12947034	12202347	245424	499263	96895	894502
广东	48094296	24484900	23287560	21904317	19959798	1471100	473419	454708	928536
广西	17071715	10037839	9436528	9161278	8829189	204905	127184	74267	200984
海南	4421124	2613562	2468143	2153155	1897798	253689	1669	127115	187873
重庆	15177573	7273534	7084967	6803992	6782879	17302	3811	6373	274602
四川	25093431	13576860	13259420	11853268	11554444	235200	63624	128207	1277944
贵州	11280826	7872865	7720042	7425539	6854172	535528	35839	7896	286607
云南	15900721	9394302	8568445	7309195	7050925	248850	9420	160331	1098918
西藏	1535728	1400609	1391293	1333173	1126723	200450	6000	2655	55465
陕西	22969834	11966273	11751485	11449936	10976479	394733	78724	9381	292169
甘肃	8860754	5893939	5678771	5008864	4602995	345900	59969	27706	642201
青海	2472136	1996733	1978876	1610646	846141	760000	4505	99426	268804
宁夏	2837072	1966955	1798199	1507297	1428360	75000	3937	26234	264668
新疆	7170911	5027906	4908845	4859946	4490443	281871	87632	12676	36223
大连	2005888	1807300	1788484	1613653	1523932	26000	63721	600	174231
宁波	4801756	2225447	1931968	1771806	1395350	1207	375249	90883	69279
厦门	1374975	770679	766973	719915	599391		120524	90	46968
青岛	1408967	639171	541866	522639	480294		42345	19227	
深圳	6668621	4630223	4472344	4047819	2427967	1444848	175005	172061	252464

(地方高等学校)

单位：千元

政府性基金预算安排的教育经费	#地方教育附加	#从土地出让收益中计提的教育资金	企业办学中的企业拨款	校办产业和社会服务收入用于教育的经费	其他属于国家财政性教育经费	民办学校中举办者投入	捐赠收入	事业收入	#学费	其他教育经费
14635464	**10171092**		**636291**	**637964**	**7617028**	**1915420**	**1934308**	**223026333**	**174781952**	**24012577**
1975528	1504348		15722	48987	549076		2675	4444099	2939210	363795
21312	5012			20491	274204		13603	4732315	3620907	403759
34070	24110		44247	5426	285829	99041	9782	9590724	8206365	371464
1062254	62995		7815	191	157077	19245	2964	5769625	3776885	355450
277204	175347		55469	7446	142094		19321	3524045	2693088	198512
113503	60264		146494	2093	469700	21787	3972	9851187	7685027	266859
96875	87088		5224	3238	168381		18736	5185761	4345493	188043
260				278	39333	3300	9602	6129893	5412130	428603
5130964	5130893			26671	742530		66205	6434732	4257194	3294591
1497354	938878			75200	661228	35000	571921	15571205	11688197	3788061
1092244	528288			44379	280032	1500	66659	13556327	9633488	2845753
84747	35357		46942	5002	128085	11684	14838	6649125	5301342	329915
303261	253060			11205	219577	422822	169199	7697194	6002246	462678
7023	6500			10655	175080	141600	13760	7699062	6315193	390548
189880	124783		276249	10362	413887	33994	21981	12473109	10155742	1151324
561854	396252			37022	411162	228667	47519	12231952	10321179	842386
99124	77451			24660	145443	4500	28285	11453379	9113024	617734
222386	8481		50	1607	387361	47035	37568	8896686	7276690	1130139
442700	362388			104635	650005	368511	520865	21201996	17033131	1518024
148532	84843			67270	385509	49595	17574	6595699	5216809	371007
113137	1600			172	32110		952	1701825	1436382	104784
56594	10480			10015	121957	99495	22068	6782460	5430876	1000016
175166	109644		31120	20371	90784	192884	23747	10732088	8249804	567852
17404	13150			13406	122013	18105	27393	3059743	2402983	302719
655384			3898	29357	137219	53800	53370	5652265	4372404	746984
300					9016		43	125508	112324	9568
117334	51632			9306	88147	52600	34827	9957507	7507219	958626
36594	22253		3062	1950	173562	10256	10036	2764209	2354702	182314
				588	17269		6	309042	230163	166354
100867	95995			38740	29149		1562	819514	628509	49041
1610				7243	110208		103273	1434055	1063245	605676
18374					443			190903	145352	7685
279065	245999			1799	12615		15108	2243214	1712624	317988
80	80			2175	1450	9000	4857	536971	431271	53468
4395	4395		92910				161	744257	650954	25378
8274	240				149605		21051	1670125	1037752	347222

3-5 教育经费收入情况

地区	总计	国家财政性教育经费	公共财政预算安排的教育经费	公共财政教育经费	教育事业费	基本建设经费	教育费附加	科研经费	其他
合计	**850985515**	**514487636**	**467705001**	**427015924**	**406132082**	**15683010**	**5200832**	**12687826**	**28001252**
北京	94957127	66151280	55071670	50710537	49055935	1601670	52932	1887778	2473354
天津	22234596	14593489	13532667	12801072	12269172	400000	131900	206967	524628
河北	24320330	14040630	13668903	12901510	12164073	641687	95750	146627	620765
山西	15795769	9793495	8642911	7319599	7177938	82933	58728	104676	1218636
内蒙古	13579917	9910811	9448648	8226260	7935803	224785	65672	107950	1114437
辽宁	33104777	20520756	18873584	16521580	15783615	571661	166304	176213	2175792
吉林	19759927	12732694	11818417	11138493	10806474	223700	108319	264102	415822
黑龙江	23582322	14471740	12662268	11770990	11399474	187871	183645	723256	168022
上海	50510744	31734714	28273645	24495299	21475219	3013633	6446	2059686	1718660
江苏	64992230	38780997	33823992	31484826	30193670	527336	763820	842406	1496760
浙江	43558749	19937938	16866390	13630664	12661199	50207	919258	724449	2511277
安徽	23032081	15207248	14059781	12278509	11860057	299800	118652	649127	1132145
福建	22192273	11714294	10724706	9851417	9501116	68270	282031	304700	568590
江西	18487134	10480691	10287934	9944338	9677134	238500	28704	109260	234337
山东	42573857	25702017	24060962	23138145	22392216	370778	375151	354741	568076
河南	34076100	20850260	19868827	17827352	17318028	296512	212812	167747	1873728
湖北	43526348	24776604	22054217	20359437	19550798	491254	317385	428026	1266755
湖南	30230558	18602935	17948790	15810231	14934717	396424	479090	960522	1178037
广东	58658786	31828072	29706173	27588925	25214985	1920810	453130	996983	1120265
广西	16682479	9791497	9190720	8922034	8602444	192405	127184	73092	195595
海南	4358046	2579210	2433790	2118996	1877306	241691		126921	187873
重庆	20855549	10814725	10230937	9786556	9710443	72302	3811	58423	385958
四川	38605595	21211749	19638085	17924355	17539826	342200	42329	321385	1392346
贵州	11059463	7787555	7638530	7350757	6780311	535528	34919	7896	279877
云南	15554626	9214880	8403023	7158586	6900316	248850	9420	160174	1084263
西藏	1535728	1400609	1391293	1333173	1126723	200450	6000	2655	55465
陕西	36863405	21087840	19393686	18247617	17731297	514733	1587	496991	649078
甘肃	11700126	8086947	7656208	6850759	6351890	438900	59969	51376	754074
青海	2436537	1978504	1960689	1597500	832995	760000	4505	99426	263763
宁夏	3478354	2508744	2326620	2026648	1896461	126250	3937	26234	273738
新疆	8681982	6194709	6046933	5899759	5410447	401871	87441	48037	99136
大连	1863840	1725969	1707177	1543419	1453731	26000	63688	600	163157
宁波	4534183	2067087	1811410	1659349	1327655	1207	330487	90683	61378
厦门	1374064	769768	766062	719189	598665		120524	90	46783
青岛	1365345	601409	504104	474087	431742		42345	30017	
深圳	6605999	4600687	4442808	4020630	2401818	1444268	174545	172061	250117

（普通高等学校）

单位：千元

政府性基金预算安排的教育经费	#地方教育附加	#从土地出让收益中计提的教育资金	企业办学中的企业拨款	校办产业和社会服务收入用于教育的经费	其他属于国家财政性教育经费	民办学校中举办者投入	捐赠收入	事业收入	#学费	其他教育经费
10510741	**6102620**		**1239396**	**1970432**	**33062066**	**1915420**	**4039359**	**288617046**	**198087097**	**41926054**
1994928	1504348		15722	433396	8635565		866385	22879538	9849086	5059923
21300	5000			25519	1014004		66372	6714610	4171193	860125
31970	23910		44247	5660	289850	99041	11984	9764117	8203610	404558
985638	62814		7815	54	157077	19245	2964	5629464	3694974	350601
257154	155297		55469	7446	142094		19321	3451399	2676088	198387
114279	60264		141959	216176	1174759	21787	54712	12023767	8455056	483755
91486	83446			2841	819950		27433	6670162	5138933	329638
			387553	84776	1337143	3300	22946	8426467	6020631	657869
1200893	1200893			113131	2147045		278786	13816490	6191733	4680753
1503349	944593			220335	3233321	35000	788866	20757258	13444597	4630110
1027806	464709			77015	1966727	1500	91587	15472409	10580064	8055314
82395	33005		46942	5002	1013129	11684	22658	7262607	5491486	527883
297879	253060			13283	678425	422822	353495	9062469	6349852	639192
7023	6500			10655	175080	141600	13760	7479409	6134422	371673
189880	124783		409131	64754	977291	33994	74148	15265250	10939024	1498448
536564	372108			33708	411162	228667	47519	12114180	10214269	835473
97524	75851		33426	117019	2474418	4500	126078	16840717	11802055	1778449
220979	7086		50	45754	387361	47035	66010	10144681	7796437	1369897
432828	349257			166224	1522846	368511	654251	23517448	18055077	2290505
148041	84353			67227	385509	49595	17574	6468471	5100266	355342
113137	1600			172	32110		952	1676429	1414204	101455
56594	10480			10015	517179	99495	48896	8564838	6071505	1327595
167815	99065		90729	45692	1269429	192884	88529	15850050	10107277	1262382
15741	11516			11271	122013	18105	27393	2927366	2288669	299044
641384			3898	29357	137219	53800	53370	5495568	4223680	737007
300					9016		43	125508	112324	9568
135892	51592			78938	1479324	52600	91709	14082383	8770493	1548873
35436	21095			38143	357161	10256	16246	3192649	2686080	394029
				588	17227		6	293778	215417	164249
100867	95995			38740	42517		1562	907042	697914	61006
1660			2456	7543	136117		103799	1740522	1190679	642952
18350					443			137871	127641	
241321	211391			1799	12556		15108	2148255	1639318	303733
80	80			2175	1450	9000	4857	536971	431271	53468
4395	4395		92910				161	739257	646394	24518
8274	240				149605		21051	1639016	1010486	345245

3-6 教育经费收入情况

地区	总计	国家财政性教育经费	公共财政预算安排的教育经费	公共财政教育经费	教育事业费	基本建设经费	教育费附加	科研经费	其他
合计	**595726643**	**350651254**	**331445735**	**308179998**	**292225286**	**10759170**	**5195542**	**3640616**	**19625122**
北京	24810566	20182643	17604243	17343358	17255686	34740	52932	41741	219144
天津	14870368	9807296	9498556	9092467	8960567		131900	77851	328238
河北	22832438	13022405	12654958	12097220	11382634	618837	95750	142777	414961
山西	15795769	9793495	8642911	7319599	7177938	82933	58728	104676	1218636
内蒙古	13579917	9910811	9448648	8226260	7935803	224785	65672	107950	1114437
辽宁	25065318	15177012	14451717	12584578	11977363	440911	166304	100963	1766177
吉林	13348897	8075064	7812356	7438937	7199917	130700	108319	144832	228587
黑龙江	15031964	8615058	8575725	8398855	8117339	97871	183645	72797	104072
上海	25820328	16461335	14499405	13442595	10920516	2515633	6446	59564	997245
江苏	44527788	24613731	22385904	21351683	20341297	246566	763820	426288	607933
浙江	32625242	16595397	15246638	12570568	11606393	50207	913968	340079	2335991
安徽	18286697	11467129	11204705	10098109	9714658	264800	118652	68897	1037698
福建	17084895	8553248	8024809	7495922	7210621	3270	282031	125635	403252
江西	18487134	10480691	10287934	9944338	9677134	238500	28704	109260	234337
山东	34148541	20578512	19688134	19224313	18698384	150778	375151	274781	189040
河南	33911322	20714101	19732667	17699001	17189677	296512	212812	167747	1865919
湖北	22927619	10936145	10668551	10449772	10011133	121254	317385	42808	175971
湖南	24134115	14343649	13733653	12748983	12028468	241424	479090	96575	888096
广东	46969141	23919168	22752834	21421769	19498120	1470520	453130	454683	876382
广西	16682479	9791497	9190720	8922034	8602444	192405	127184	73092	195595
海南	4358046	2579210	2433790	2118996	1877306	241691		126921	187873
重庆	14746779	7137900	6949334	6676974	6655861	17302	3811	6373	265987
四川	24188606	13080438	12843363	11643922	11366393	235200	42329	128177	1071263
贵州	11059463	7787555	7638530	7350757	6780311	535528	34919	7896	279877
云南	15554626	9214880	8403023	7158586	6900316	248850	9420	160174	1084263
西藏	1535728	1400609	1391293	1333173	1126723	200450	6000	2655	55465
陕西	22489672	11767039	11552678	11257760	10861440	394733	1587	9381	285537
甘肃	8647393	5808019	5597071	4939421	4533553	345900	59969	27706	629944
青海	2436537	1978504	1960689	1597500	832995	760000	4505	99426	263763
宁夏	2837072	1966955	1798199	1507297	1428360	75000	3937	26234	264668
新疆	6932182	4891758	4772697	4725249	4355937	281871	87441	12676	34771
大连	1863840	1725969	1707177	1543419	1453731	26000	63688	600	163157
宁波	4534183	2067087	1811410	1659349	1327655	1207	330487	90683	61378
厦门	1374064	769768	766062	719189	598665		120524	90	46783
青岛	1351555	587619	490314	471087	428742		42345	19227	
深圳	6605999	4600687	4442808	4020630	2401818	1444268	174545	172061	250117

(地方普通高等学校)

单位：千元

政府性基金预算安排的教育经费	#地方教育附加	#从土地出让收益中计提的教育资金	企业办学中的企业拨款	校办产业和社会服务收入用于教育的经费	其他属于国家财政性教育经费	民办学校中举办者投入	捐赠收入	事业收入	#学费	其他教育经费
10383241	**6090410**		**603048**	**602511**	**7616718**	**1915420**	**1932945**	**217711680**	**170803276**	**23515344**
1975528	1504348		15722	38074	549076		2675	4285393	2809651	339855
21300	5000			13237	274204		13603	4654979	3546215	394489
31970	23910		44247	5426	285804	99041	9782	9342138	7989160	359073
985638	62814		7815	54	157077	19245	2964	5629464	3694974	350601
257154	155297		55469	7446	142094		19321	3451399	2676088	198387
112679	60264		141959	958	469700	21787	3972	9609394	7586072	253154
91486	83446			2841	168381		18736	5104473	4268980	150624
					39333	3300	9402	6007963	5304314	396242
1200893	1200893			18507	742530		66205	6076199	4129144	3216588
1491399	932923			75200	661228	35000	571921	15520583	11657579	3786554
1024406	464709			44379	279973	1500	66659	13184334	9406411	2777353
82395	33005		46942	5002	128085	11684	14688	6467512	5136267	325684
297879	253060			10983	219577	422822	169199	7509770	5844924	429856
7023	6500			10655	175080	141600	13760	7479409	6134422	371673
189880	124783		276249	10362	413887	33994	21981	12373856	10072719	1140198
536564	372108			33708	411162	228667	47519	12095261	10200023	825774
97524	75851			24626	145443	4500	28280	11341876	9040274	616818
220979	7086		50	1605	387361	47035	36627	8592910	7095349	1113894
412618	348717			103710	650005	368511	520841	20653281	16595221	1507340
148041	84353			67227	385509	49595	17574	6468471	5100266	355342
113137	1600			172	32110		952	1676429	1414204	101455
56594	10480			10015	121957	99495	22068	6494856	5193239	992459
115725	99065		10699	19869	90784	192884	23742	10376767	7949881	514774
15741	11516			11271	122013	18105	27393	2927366	2288669	299044
641384			3898	29357	137219	53800	53370	5495568	4223680	737007
300					9016		43	125508	112324	9568
117092	51592			9306	87962	52600	34827	9680484	7255965	954722
35436	21095			1950	173562	10256	10036	2639713	2252474	179370
				588	17227		6	293778	215417	164249
100867	95995			38740	29149		1562	819514	628509	49041
1610				7243	110208		103235	1333033	980861	604156
18350					443			137871	127641	
241321	211391			1799	12556		15108	2148255	1639318	303733
80	80			2175	1450	9000	4857	536971	431271	53468
4395	4395		92910				161	739257	646394	24518
8274	240				149605		21051	1639016	1010486	345245

3-7 教育经费收入情况

地区	总计	国家财政性教育经费	公共财政预算安排的教育经费	公共财政教育经费	教育事业费	基本建设经费	教育费附加	科研经费	其他
合计	**699208811**	**423529768**	**381944434**	**348465428**	**333131295**	**13577308**	**1756825**	**12508908**	**20970097**
北京	90432555	62390465	51641554	47468432	45897483	1566930	4020	1887778	2285344
天津	18210361	11659074	10631133	10042931	9642891	400000	40	206817	381384
河北	19314440	11461013	11144364	10493952	9854907	622817	16227	144751	505661
山西	12080955	7633562	6611416	5575595	5490462	60133	25000	103905	931916
内蒙古	9380943	6851241	6534925	5714162	5564954	139208	10000	105743	715021
辽宁	28720170	17720889	16249719	14284522	13802606	363700	118216	172137	1793059
吉林	17801157	11515916	10690257	10060125	9836425	223700		263252	366879
黑龙江	19934615	12053184	10570279	9722644	9565873	156771		723256	124380
上海	47152879	30245336	26799300	23088300	20319221	2762633	6446	2059686	1651314
江苏	50288543	29965760	25781675	23750900	23024717	481036	245147	838411	1192364
浙江	34347182	14512032	11904895	9938700	9109571		829130	642907	1323287
安徽	18313167	12569678	11553965	9976559	9698559	278000		636617	940789
福建	17683832	9504388	8663189	8051719	7902487	65870	83361	302880	308590
江西	13929648	7670328	7493818	7270076	7024719	228500	16857	105118	118625
山东	32757591	19733442	18647987	17807948	17399791	335660	72497	346367	493672
河南	25785879	15446551	14987489	13476817	13393736	79445	3636	160260	1350411
湖北	37460995	21554628	18968758	17347644	16739910	486573	121161	427139	1193975
湖南	22098696	13357634	12913278	11302545	10974204	312545	15796	951733	659000
广东	45409381	25316903	23372268	21639840	19864198	1686568	89074	987060	745367
广西	12403928	7252255	6789389	6545238	6352833	192405		65488	178663
海南	3225038	1979806	1907789	1623958	1382267	241691		126193	157638
重庆	17084378	9242829	8720478	8385477	8327175	58302		58220	276780
四川	31632551	16964045	15588601	14593048	14253530	337200	2319	318154	677399
贵州	7959670	5613753	5484245	5330531	4841182	469162	20187	7001	146713
云南	12703546	7435317	6655073	5647830	5546937	100000	893	150265	856978
西藏	860370	776006	766690	739058	662548	76510		2305	25327
陕西	31783029	18237032	16613022	15583626	15215726	367900		496734	532662
甘肃	9584137	6769891	6374298	5757328	5324611	428900	3817	47174	569796
青海	1944973	1634595	1616984	1290127	635622	650000	4505	99426	227431
宁夏	2681598	1899986	1847384	1621768	1500518	121250		25344	200272
新疆	6242605	4562231	4420212	4334026	3981630	283900	68497	46787	39398
大连	1643330	1551869	1533519	1383677	1330807	26000	26870	600	149242
宁波	3411561	1307696	1226181	1158083	876109		281974	40492	27606
厦门	687298	496807	496807	468960	391659		77300	90	27757
青岛	930526	317735	317735	287718	274818		12900	30017	
深圳	5029474	3481111	3324676	2957483	1721204	1236278		168701	198492

（普通高等本科学校）

单位：千元

政府性基金预算安排的教育经费	#地方教育附加	#从土地出让收益中计提的教育资金	企业办学中的企业拨款	校办产业和社会服务收入用于教育的经费	其他属于国家财政性教育经费	民办学校中举办者投入	捐赠收入	事业收入	#学费	其他教育经费
6752915	**4352811**		**157515**	**1699327**	**32975577**	**1031356**	**3852601**	**233650394**	**152688574**	**37144692**
1666568	1504348		15722	431160	8635461		865654	22204609	9292955	4971827
1000				13021	1013920		64991	5686509	3316106	799787
26270	18210			599	289779	72914	8061	7525245	6256822	247208
865069	20711				157077	19145	2774	4112935	2751239	312539
166776	127515			7446	142094		18821	2322739	1857696	188142
86630	53760			216176	1168365	18227	53250	10498933	7227939	428871
3438	3398			2807	819415		26609	5949316	4466798	309316
			141793	4069	1337043	3300	16896	7275885	4964615	585349
1200893	1200893			98097	2147045		278361	12630814	5165879	3998368
765772	592967			213996	3204318	21000	723780	15607809	9362104	3970194
588484	283745			68433	1950220		74730	12163078	7957402	7597341
				3604	1012109		20396	5260057	3805509	463037
154699	151529			11008	675492	152005	348173	7120416	4780073	558851
				2098	174412	108600	7352	5840640	4777657	302727
53953	47101			59553	971949	33994	67816	11648637	8042104	1273701
25162	17562			22738	411162	100000	47157	9535027	8018631	657145
18237	16988			93462	2474172	4500	113352	14283182	9627136	1505333
12947				44200	387209	17000	58238	7432937	5509298	1232886
275374	252085			154928	1514334	153767	646042	17158415	12766464	2134255
14341	500			64026	384499	40968	15753	4824017	3654415	270935
40256	1600			81	31679		327	1196776	1016603	48129
400				5175	516776	39330	42754	6653373	4432769	1106092
64579	3327			42321	1268544	139907	84844	13296341	7978683	1147413
7600	6100				121907	2898	10764	2150215	1656046	182041
631231				19249	129764	53800	52050	4543462	3426396	618917
300					9016		43	75940	66568	8382
68892	38592			78834	1476284	50000	87799	12012948	6960472	1395250
2380	1880			36193	357021		12886	2433829	2022181	367530
				588	17022			218085	162317	92294
10176	10000				42427		878	729898	556626	50836
1490				5464	135064		102052	1258327	809072	319996
18350								91461	88125	
68750	51355			209	12556		15015	1826146	1375506	262704
							4020	166931	112325	19540
							161	598067	544981	14563
7986	240				148449		20933	1216811	708879	310619

3-8 教育经费收入情况

地区	总计	国家财政性教育经费	公共财政预算安排的教育经费	公共财政教育经费	教育事业费	基本建设经费	教育费附加	科研经费	其他
合计	**445889600**	**260839119**	**246227794**	**230074608**	**219669605**	**8653468**	**1751535**	**3462149**	**12691037**
北京	20426297	16515203	14267503	14194628	14190609		4020	41741	31134
天津	10846133	6872881	6597022	6334327	6334287		40	77701	184994
河北	17826549	10442788	10130420	9689662	9073468	599967	16227	140901	299857
山西	12080955	7633562	6611416	5575595	5490462	60133	25000	103905	931916
内蒙古	9380943	6851241	6534925	5714162	5564954	139208	10000	105743	715021
辽宁	20680711	12377144	11827851	10347520	9996354	232950	118216	96887	1383444
吉林	11390127	6858286	6684195	6360569	6229869	130700		143982	179644
黑龙江	11818417	6580882	6541550	6408323	6341551	66771		72797	60430
上海	22542768	15013690	13066793	12072159	9801080	2264633	6446	59564	935070
江苏	29824101	15798494	14343586	13617757	13172344	200266	245147	422293	303537
浙江	23413675	11169490	10285143	8878605	8054765		823840	258537	1148001
安徽	13567783	8829558	8698889	7796160	7553160	243000		56387	846342
福建	12576454	6343342	5963291	5696224	5611993	870	83361	123815	143252
江西	13929648	7670328	7493818	7270076	7024719	228500	16857	105118	118625
山东	24566468	14742819	14275159	13894116	13705959	115660	72497	266407	114636
河南	25621102	15310391	14851329	13348467	13265385	79445	3636	160260	1342602
湖北	17125056	7780364	7607090	7461978	7224244	116573	121161	41922	103191
湖南	16117816	9156510	8756304	8272898	8099558	157545	15796	87786	395620
广东	33962060	17527764	16519771	15561084	14235731	1236278	89074	444760	513928
广西	12403928	7252255	6789389	6545238	6352833	192405		65488	178663
海南	3225038	1979806	1907789	1623958	1382267	241691		126193	157638
重庆	10975608	5566004	5438875	5275896	5272594	3302		6170	156809
四川	17437873	8982926	8864040	8368778	8136259	230200	2319	124946	370316
贵州	7959670	5613753	5484245	5330531	4841182	469162	20187	7001	146713
云南	12703546	7435317	6655073	5647830	5546937	100000	893	150265	856978
西藏	860370	776006	766690	739058	662548	76510		2305	25327
陕西	17495177	8947264	8803046	8624802	8376902	247900		9124	169120
甘肃	6531404	4490963	4315161	3845991	3506274	335900	3817	23504	445666
青海	1944973	1634595	1616984	1290127	635622	650000	4505	99426	227431
宁夏	2040316	1358198	1318963	1102417	1032417	70000		25344	191202
新疆	4614635	3327295	3211482	3185676	2953280	163900	68497	11876	13930
大连	1643330	1551869	1533519	1383677	1330807	26000	26870	600	149242
宁波	3411561	1307696	1226181	1158083	876109		281974	40492	27606
厦门	687298	496807	496807	468960	391659		77300	90	27757
青岛	916736	303945	303945	284718	271818		12900	19227	
深圳	5029474	3481111	3324676	2957483	1721204	1236278		168701	198492

（地方普通高等本科学校）

单位：千元

政府性基金预算安排的教育经费	#地方教育附加	#从土地出让收益中计提的教育资金	企业办学中的企业拨款	校办产业和社会服务收入用于教育的经费	其他属于国家财政性教育经费	民办学校中举办者投入	捐赠收入	事业收入	#学费	其他教育经费
6641355	**4340601**		**15722**	**423762**	**7530486**	**1031356**	**1746998**	**163411421**	**125881116**	**18860707**
1647168	1504348		15722	35838	548972		2654	3639659	2272968	268781
1000				739	274120		12222	3626878	2691128	334151
26270	18210			365	285734	72914	5859	7103265	6042372	201723
865069	20711				157077	19145	2774	4112935	2751239	312539
166776	127515			7446	142094		18821	2322739	1857696	188142
85030	53760			958	463305	18227	2510	8084560	6358954	198270
3438	3398			2807	167847		17912	4383627	3596845	130302
					39333	3300	3352	4905694	4294717	325188
1200893	1200893			3473	742530		65780	4928923	3131852	2534375
753822	581297			68861	632225	21000	506835	10371134	7575085	3126638
585084	283745			35797	263466		49801	9875003	6783749	2319380
				3604	127065		12425	4464962	3450290	260839
154699	151529			8708	216644	152005	163876	5567716	4275146	349515
				2098	174412	108600	7352	5840640	4777657	302727
53953	47101			5162	408545	33994	15649	8857894	7186151	916112
25162	17562			22738	411162	100000	47157	9516108	8004385	647446
18237	16988			9805	145231	4500	15554	8909665	6975010	414973
12947				51	387209	17000	28855	5937745	4855278	977705
271104	251545			95327	641562	153767	512632	14413933	11407252	1353965
14341	500			64026	384499	40968	15753	4824017	3654415	270935
40256	1600			81	31679		327	1196776	1016603	48129
400				5175	121554	39330	15926	4583391	3554503	770956
12489	3327			16498	89898	139907	20057	7893578	5877233	401405
7600	6100				121907	2898	10764	2150215	1656046	182041
631231				19249	129764	53800	52050	4543462	3426396	618917
300					9016		43	75940	66568	8382
50092	38592			9202	84923	50000	30917	7651549	5472855	815448
2380	1880				173422		6676	1880893	1588574	152871
				588	17022			218085	162317	92294
10176	10000				29059		878	642369	487220	38871
1440				5164	109208		101589	888066	630611	297686
18350								91461	88125	
68750	51355			209	12556		15015	1826146	1375506	262704
							4020	166931	112325	19540
							161	598067	544981	14563
7986	240				148449		20933	1216811	708879	310619

3-9 教育经费收入情况

地区	总计	国家财政性教育经费	公共财政预算安排的教育经费	公共财政教育经费	教育事业费	基本建设经费	教育费附加	科研经费	其他
合计	**151776704**	**90957868**	**85760568**	**78550496**	**73000787**	**2105702**	**3444007**	**178918**	**7031155**
北京	4524571	3760816	3430115	3242105	3158452	34740	48913		188010
天津	4024235	2934415	2901534	2758140	2626280		131860	150	143244
河北	5005890	2579617	2524539	2407558	2309166	18870	79522	1877	115104
山西	3714814	2159933	2031496	1744004	1687476	22800	33728	772	286720
内蒙古	4198974	3059569	2913723	2512099	2370850	85577	55672	2207	399417
辽宁	4384607	2799868	2623866	2237058	1981009	207961	48088	4076	382732
吉林	1958770	1216777	1128161	1078368	970049		108319	850	48943
黑龙江	3647707	2418556	2091989	2048346	1833601	31100	183645		43643
上海	3357865	1489378	1474344	1406998	1155998	251000			67346
江苏	14703687	8815237	8042317	7733926	7168953	46300	518673	3995	304396
浙江	9211568	5425906	4961495	3691963	3551628	50207	90128	81542	1187990
安徽	4718914	2637571	2505816	2301949	2161498	21800	118652	12510	191356
福建	4508441	2209906	2061517	1799698	1598628	2400	198670	1820	259999
江西	4557487	2810363	2794116	2674262	2652415	10000	11847	4142	115712
山东	9816266	5968575	5412975	5330197	4992425	35118	302654	8375	74404
河南	8290221	5403710	4881338	4350535	3924292	217067	209176	7487	523317
湖北	6065353	3221976	3085459	3011793	2810887	4681	196225	886	72780
湖南	8131862	5245301	5035512	4507687	3960513	83880	463294	8789	519037
广东	13249405	6511169	6333905	5949084	5350787	234241	364056	9923	374898
广西	4278552	2539242	2401331	2376795	2249611		127184	7604	16932
海南	1133008	599404	526001	495039	495039			728	30234
重庆	3771171	1571896	1510459	1401079	1383267	14000	3811	202	109178
四川	6973044	4247705	4049485	3331306	3286296	5000	40010	3231	714947
贵州	3099792	2173802	2154285	2020226	1939129	66366	14731	895	133164
云南	2851080	1779563	1747949	1510756	1353378	148850	8528	9909	227284
西藏	675358	624603	624603	594115	464175	123940	6000	350	30138
陕西	5080376	2850808	2780665	2663991	2515570	146833	1587	257	116417
甘肃	2115990	1317056	1281910	1093430	1027279	10000	56152	4202	184277
青海	491564	343910	343705	307373	197373	110000			36332
宁夏	796756	608757	479237	404881	395944	5000	3937	890	73466
新疆	2439377	1632478	1626720	1565733	1428818	117971	18945	1250	59737
大连	220510	174100	173657	159742	122925		36818		13915
宁波	1122622	759391	585230	501266	451547	1207	48513	50191	33773
厦门	686766	272961	269255	250229	207005		43224		19026
青岛	434819	283673	186369	186369	156924		29445		
深圳	1576525	1119576	1118132	1063147	680613	207989	174545	3360	51625

(普通高职高专学校)

单位：千元

政府性基金预算安排的教育经费	#地方教育附加	#从土地出让收益中计提的教育资金	企业办学中的企业拨款	校办产业和社会服务收入用于教育的经费	其他属于国家财政性教育经费	民办学校中举办者投入	捐赠收入	事业收入	#学费	其他教育经费
3757826	**1749810**		**1081881**	**271105**	**86489**	**884064**	**186757**	**54966652**	**45398523**	**4781362**
328361				2235	104		731	674929	556130	88096
20300	5000			12497	84		1381	1028101	855087	60338
5700	5700		44247	5061	71	26126	3924	2238872	1946788	157350
120569	42104		7815	54		100	190	1516529	943735	38062
90378	27782		55469				500	1128660	818391	10245
27649	6504		141959		6395	3560	1462	1524834	1227117	54884
88049	80049			34	534		824	720846	672135	20322
			245760	80707	100		6050	1150581	1056015	72519
				15034			425	1185676	1025854	682385
737577	351627			6339	29003	14000	65086	5149449	4082493	659916
439322	180964			8582	16508	1500	16857	3309331	2622662	457973
82395	33005		46942	1398	1020	11684	2263	2002550	1685977	64846
143180	101532			2275	2933	270817	5322	1942054	1569779	80342
7023	6500			8557	668	33000	6408	1638769	1356766	68946
135927	77682		409131	5200	5342		6332	3616612	2896920	224747
511402	354546			10970		128667	362	2579153	2195638	178329
79287	58863		33426	23557	246		12726	2557535	2174919	273116
208032	7086		50	1554	152	30035	7772	2711744	2287139	137011
157455	97172			11296	8512	214744	8209	6359032	5288614	156251
133701	83853			3200	1010	8627	1821	1644454	1445852	84407
72881				91	431		625	479653	397602	53326
56194	10480			4840	404	60165	6142	1911465	1638735	221503
103236	95737		90729	3370	885	52977	3685	2553709	2128594	114969
8141	5416			11271	105	15207	16630	777151	632623	117003
10154			3898	10108	7454		1321	952106	797284	118090
								49569	45756	1186
67000	13000			104	3039	2600	3910	2069433	1810020	153623
33056	19215			1950	140	10256	3360	758820	663900	26499
					205		6	75693	53100	71955
90691	85995			38740	90		685	177144	141288	10170
170			2456	2079	1053		1747	482195	381608	322957
					443			46410	39516	
172571	160035			1591			93	322109	263812	41029
80	80			2175	1450	9000	837	370040	318946	33928
4395	4395		92910					141190	101413	9956
288					1156		118	422205	301607	34627

3-10 教育经费收入情况

地区	总计	国家财政性教育经费	公共财政预算安排的教育经费	公共财政教育经费	教育事业费	基本建设经费	教育费附加	科研经费	其他
合计	**149837042**	**89812135**	**85217942**	**78105390**	**72555681**	**2105702**	**3444007**	**178468**	**6934084**
北京	4384269	3667440	3336740	3148730	3065077	34740	48913		188010
天津	4024235	2934415	2901534	2758140	2626280		131860	150	143244
河北	5005890	2579617	2524539	2407558	2309166	18870	79522	1877	115104
山西	3714814	2159933	2031496	1744004	1687476	22800	33728	772	286720
内蒙古	4198974	3059569	2913723	2512099	2370850	85577	55672	2207	399417
辽宁	4384607	2799868	2623866	2237058	1981009	207961	48088	4076	382732
吉林	1958770	1216777	1128161	1078368	970049		108319	850	48943
黑龙江	3213547	2034175	2034175	1990533	1775787	31100	183645		43643
上海	3277560	1447645	1432612	1370436	1119436	251000			62176
江苏	14703687	8815237	8042317	7733926	7168953	46300	518673	3995	304396
浙江	9211568	5425906	4961495	3691963	3551628	50207	90128	81542	1187990
安徽	4718914	2637571	2505816	2301949	2161498	21800	118652	12510	191356
福建	4508441	2209906	2061517	1799698	1598628	2400	198670	1820	259999
江西	4557487	2810363	2794116	2674262	2652415	10000	11847	4142	115712
山东	9582073	5835693	5412975	5330197	4992425	35118	302654	8375	74404
河南	8290221	5403710	4881338	4350535	3924292	217067	209176	7487	523317
湖北	5802564	3155781	3061461	2987794	2786889	4681	196225	886	72780
湖南	8016299	5187138	4977350	4476085	3928911	83880	463294	8789	492476
广东	13007080	6391404	6233063	5860686	5262388	234241	364056	9923	362455
广西	4278552	2539242	2401331	2376795	2249611		127184	7604	16932
海南	1133008	599404	526001	495039	495039			728	30234
重庆	3771171	1571896	1510459	1401079	1383267	14000	3811	202	109178
四川	6750732	4097512	3979322	3275144	3230134	5000	40010	3231	700947
贵州	3099792	2173802	2154285	2020226	1939129	66366	14731	895	133164
云南	2851080	1779563	1747949	1510756	1353378	148850	8528	9909	227284
西藏	675358	624603	624603	594115	464175	123940	6000	350	30138
陕西	4994495	2819776	2749632	2632959	2484538	146833	1587	257	116417
甘肃	2115990	1317056	1281910	1093430	1027279	10000	56152	4202	184277
青海	491564	343910	343705	307373	197373	110000			36332
宁夏	796756	608757	479237	404881	395944	5000	3937	890	73466
新疆	2317547	1564463	1561214	1539573	1402657	117971	18945	800	20842
大连	220510	174100	173657	159742	122925		36818		13915
宁波	1122622	759391	585230	501266	451547	1207	48513	50191	33773
厦门	686766	272961	269255	250229	207005		43224		19026
青岛	434819	283673	186369	186369	156924		29445		
深圳	1576525	1119576	1118132	1063147	680613	207989	174545	3360	51625

(地方普通高职高专学校)

单位：千元

政府性基金预算安排的教育经费	#地方教育附加	#从土地出让收益中计提的教育资金	企业办学中的企业拨款	校办产业和社会服务收入用于教育的经费	其他属于国家财政性教育经费	民办学校中举办者投入	捐赠收入	事业收入	#学费	其他教育经费
3741886	**1749810**		**587327**	**178749**	**86232**	**884064**	**185947**	**54300258**	**44922160**	**4654637**
328361				2235	104		21	645734	536683	71074
20300	5000			12497	84		1381	1028101	855087	60338
5700	5700		44247	5061	71	26126	3924	2238872	1946788	157350
120569	42104		7815	54		100	190	1516529	943735	38062
90378	27782		55469				500	1128660	818391	10245
27649	6504		141959		6395	3560	1462	1524834	1227117	54884
88049	80049			34	534		824	720846	672135	20322
							6050	1102268	1009597	71054
				15034			425	1147276	997292	682214
737577	351627			6339	29003	14000	65086	5149449	4082493	659916
439322	180964			8582	16508	1500	16857	3309331	2622662	457973
82395	33005		46942	1398	1020	11684	2263	2002550	1685977	64846
143180	101532			2275	2933	270817	5322	1942054	1569779	80342
7023	6500			8557	668	33000	6408	1638769	1356766	68946
135927	77682		276249	5200	5342		6332	3515962	2886567	224086
511402	354546			10970		128667	362	2579153	2195638	178329
79287	58863			14821	212		12726	2432212	2065263	201845
208032	7086		50	1554	152	30035	7772	2655165	2240071	136189
141515	97172			8384	8442	214744	8209	6239348	5187969	153375
133701	83853			3200	1010	8627	1821	1644454	1445852	84407
72881				91	431		625	479653	397602	53326
56194	10480			4840	404	60165	6142	1911465	1638735	221503
103236	95737		10699	3370	885	52977	3685	2483189	2072648	113369
8141	5416			11271	105	15207	16630	777151	632623	117003
10154			3898	10108	7454		1321	952106	797284	118090
								49569	45756	1186
67000	13000			104	3039	2600	3910	2028935	1783110	139274
33056	19215			1950	140	10256	3360	758820	663900	26499
					205		6	75693	53100	71955
90691	85995			38740	90		685	177144	141288	10170
170				2079	1000		1647	444968	350250	306470
					443			46410	39516	
172571	160035			1591			93	322109	263812	41029
80	80			2175	1450	9000	837	370040	318946	33928
4395	4395		92910					141190	101413	9956
288					1156		118	422205	301607	34627

3-11 教育经费收入情况

地区	总计	国家财政性教育经费	公共财政预算安排的教育经费	公共财政教育经费	教育事业费	基本建设经费	教育费附加	科研经费	其他
合计	**18379994**	**11833165**	**7510229**	**6738721**	**6197311**	**213284**	**328126**	**5477**	**766031**
北京	1599949	741220	730308	644185	593294		50891		86122
天津	818477	731872	724606	718789	688789	30000			5817
河北	579645	306582	304457	276613	272102		4511		27845
山西	544333	399322	322569	272206	265274	6500	432	40	50323
内蒙古	156195	83423	63373	59200	54028		5172		4174
辽宁	478283	214175	207679	179615	178792	200	623	1980	26085
吉林	480299	361592	350583	284943	275721		9222		65640
黑龙江	626222	471731	471194	434725	432926		1799		36469
上海	4900305	4463770	525535	475321	467908		7413		50213
江苏	129909	77781	71826	71810	69958		1852		16
浙江	1027474	587080	519183	494616	284774	142507	67335	531	24036
安徽	349928	163935	161584	152077	146109	5000	968		9507
福建	359343	139098	133494	129619	128158		1460	200	3675
江西	399634	161107	161107	158918	133915		25003	325	1864
山东	238046	127666	127666	127505	127505			150	11
河南	417127	263825	235221	193075	185930		7144	350	41796
湖北	229497	117074	115440	111273	108647		2625		4168
湖南	528585	206411	204777	198052	173879	4000	20173	320	6406
广东	1125155	565732	534726	482548	461679	580	20289	25	52153
广西	389236	246342	245808	239244	226744	12500		1175	5389
海南	63078	34353	34353	34159	20492	11998	1669	194	
重庆	430794	135633	135633	127018	127018				8616
四川	904826	496422	416057	209346	188051		21295	30	206680
贵州	221363	85310	81512	74782	73861		921		6730
云南	346095	179422	165422	150609	150609			157	14656
西藏									
陕西	480162	199234	198807	192175	115039		77137		6632
甘肃	213360	85920	81700	69443	69443				12258
青海	35599	18229	18187	13145	13145				5042
宁夏									
新疆	307076	168904	167422	163711	163520		191		3711
大连	142048	81331	81307	70234	70201		33		11074
宁波	267573	158360	120557	112457	67695		44763	200	7900
厦门	911	911	911	727	727				184
青岛	57412	51552	51552	51552	51552				
深圳	62622	29536	29536	27189	26149	580	460		2347

(成人高等学校)

单位：千元

政府性基金预算安排的教育经费	#地方教育附加	#从土地出让收益中计提的教育资金	企业办学中的企业拨款	校办产业和社会服务收入用于教育的经费	其他属于国家财政性教育经费	民办学校中举办者投入	捐赠收入	事业收入	#学费	其他教育经费
4252222	**4080682**		**34725**	**35678**	**311**		**1363**	**5957149**	**4557854**	**588318**
				10913				744679	652483	114050
12	12			7254				77336	74692	9270
2100	200				25			260017	228635	13046
76617	181			137				140161	81911	4850
20050	20050							72646	17000	126
824			4536	1135				250213	107106	13895
5389	3642		5224	397				81288	76513	37419
260				278			200	121930	107816	32361
3930070	3930000			8164				358533	128050	78002
5955	5955							50622	30618	1507
67838	63580				59			371993	227078	68400
2351	2351						150	181613	165075	4230
5382				221				187424	157322	32821
								219653	180771	18875
								99253	83023	11126
25291	24144			3314				136690	121156	16612
1600	1600			33			5	111502	72751	916
1407	1395			227			942	304968	182533	16264
30082	13671			925			24	548715	437910	10684
491	491			43				127229	116543	15665
								25397	22178	3329
								287604	237637	7556
59441	10579		20421	502			5	355321	299923	53077
1664	1634			2135				132378	114314	3675
14000								156697	148723	9976
242	40				185			277023	251254	3904
1158	1158		3062					124496	102228	2944
					42			15264	14746	2106
			1482				38	136504	117867	1630
24								53032	17712	7685
37743	34609				59			94959	73306	14254
								5000	4560	860
								31109	27266	1976

3-12 教育经费收入情况

地区	总计	国家财政性教育经费	公共财政预算安排的教育经费	公共财政教育经费	教育事业费	基本建设经费	教育费附加	科研经费	其他
合计	**17503670**	**11690422**	**7369193**	**6617821**	**6076411**	**213284**	**328126**	**5477**	**745895**
北京	831980	649334	638422	552299	501408		50891		86122
天津	818477	731872	724606	718789	688789	30000			5817
河北	549683	288705	286581	276613	272102		4511		9968
山西	544333	399322	322569	272206	265274	6500	432	40	50323
内蒙古	156195	83423	63373	59200	54028		5172		4174
辽宁	469673	214175	207679	179615	178792	200	623	1980	26085
吉林	480299	361592	350583	284943	275721		9222		65640
黑龙江	626222	471731	471194	434725	432926		1799		36469
上海	4900305	4463770	525535	475321	467908		7413		50213
江苏	129909	77781	71826	71810	69958		1852		16
浙江	1027474	587080	519183	494616	284774	142507	67335	531	24036
安徽	349928	163935	161584	152077	146109	5000	968		9507
福建	359343	139098	133494	129619	128158		1460	200	3675
江西	399634	161107	161107	158918	133915		25003	325	1864
山东	238046	127666	127666	127505	127505			150	11
河南	417127	263825	235221	193075	185930		7144	350	41796
湖北	229497	117074	115440	111273	108647		2625		4168
湖南	527149	206187	204777	198052	173879	4000	20173	320	6406
广东	1125155	565732	534726	482548	461679	580	20289	25	52153
广西	389236	246342	245808	239244	226744	12500		1175	5389
海南	63078	34353	34353	34159	20492	11998	1669	194	
重庆	430794	135633	135633	127018	127018				8616
四川	904826	496422	416057	209346	188051		21295	30	206680
贵州	221363	85310	81512	74782	73861		921		6730
云南	346095	179422	165422	150609	150609			157	14656
西藏									
陕西	480162	199234	198807	192175	115039		77137		6632
甘肃	213360	85920	81700	69443	69443				12258
青海	35599	18229	18187	13145	13145				5042
宁夏									
新疆	238728	136148	136148	134697	134506		191		1451
大连	142048	81331	81307	70234	70201		33		11074
宁波	267573	158360	120557	112457	67695		44763	200	7900
厦门	911	911	911	727	727				184
青岛	57412	51552	51552	51552	51552				
深圳	62622	29536	29536	27189	26149	580	460		2347

(地方成人高等学校)

单位：千元

政府性基金预算安排的教育经费	#地方教育附加	#从土地出让收益中计提的教育资金	企业办学中的企业拨款	校办产业和社会服务收入用于教育的经费	其他属于国家财政性教育经费	民办学校中举办者投入	捐赠收入	事业收入	#学费	其他教育经费
4252222	**4080682**		**33243**	**35453**	**311**		**1363**	**5314653**	**3978676**	**497233**
				10913				158706	129559	23940
12	12			7254				77336	74692	9270
2100	200				25			248587	217205	12391
76617	181			137				140161	81911	4850
20050	20050							72646	17000	126
824			4536	1135				241793	98955	13705
5389	3642		5224	397				81288	76513	37419
260				278			200	121930	107816	32361
3930070	3930000			8164				358533	128050	78002
5955	5955							50622	30618	1507
67838	63580				59			371993	227078	68400
2351	2351						150	181613	165075	4230
5382				221				187424	157322	32821
								219653	180771	18875
								99253	83023	11126
25291	24144			3314				136690	121156	16612
1600	1600			33			5	111502	72751	916
1407	1395			2			942	303776	181341	16245
30082	13671			925			24	548715	437910	10684
491	491			43				127229	116543	15665
								25397	22178	3329
								287604	237637	7556
59441	10579		20421	502			5	355321	299923	53077
1664	1634			2135				132378	114314	3675
14000								156697	148723	9976
242	40				185			277023	251254	3904
1158	1158		3062					124496	102228	2944
					42			15264	14746	2106
							38	101022	82384	1520
24								53032	17712	7685
37743	34609				59			94959	73306	14254
								5000	4560	860
								31109	27266	1976

3-13 教育经费收入情况

地区	总计	国家财政性教育经费	公共财政预算安排的教育经费	公共财政教育经费	教育事业费	基本建设经费	教育费附加	科研经费	其他
合计	190651999	164733251	154070730	143928899	119768092	3571344	20589463		10141831
北京	6533627	6008244	5786537	5086924	3553613		1533311		699612
天津	2585093	2359755	2267831	2195440	1935580		259860		72391
河北	7050792	6085377	5939112	5701270	5003493	58491	639286		237843
山西	4734723	4310728	3908527	3703555	3423640	44968	234948		204971
内蒙古	3766938	3507362	3323001	2784620	2514860	41463	228296		538382
辽宁	5416293	4799513	4680775	4099374	3422430	26800	650144		581402
吉林	3486301	3273298	3023588	2851861	2305031	63353	483477		171726
黑龙江	3809101	3371999	3286844	3097085	2891941	78078	127066		189759
上海	6835058	5911816	5885727	5570846	2808076	5132	2757639		314880
江苏	16450159	14033067	12723783	11473693	9656018	99338	1718337		1250090
浙江	11891809	10445246	9581018	9073779	7577245	18000	1478533		507240
安徽	6852720	5871593	5413768	5074218	3867090	171972	1035156		339550
福建	5043928	4642952	4254029	3997402	3068417	108726	820259		256628
江西	3701492	3091764	2966011	2855117	2264717	320789	269610		110894
山东	16391882	14888240	13287563	13059997	10871119	97127	2091752		227566
河南	10002322	8723108	7861659	6917393	6013410	220037	683946		944265
湖北	4983633	4059291	3944462	3742480	3070245	152865	519369		201983
湖南	5830325	4536541	4409078	4303604	3812538	83939	407126		105475
广东	19673440	16252775	15045016	14381480	11995724	263835	2121922		663536
广西	5139733	4361347	4045357	3868402	3449197	123742	295463		176954
海南	1730811	1565111	1540929	1442901	1307798	123094	12010		98027
重庆	5054849	4164965	4049012	3442442	2989955	181080	271406		606570
四川	8739997	7381897	6613091	6336840	5709424	153666	473750		276251
贵州	4685445	4223187	4052771	3949506	3649610	132038	167858		103265
云南	5966542	4978533	4932986	4303498	3688927	281378	333193		629489
西藏	557643	553686	514242	497023	419823	77200			17219
陕西	4043025	3097648	3010002	2904226	2686330	100081	117815		105776
甘肃	3503390	3059286	2845317	2581617	2248313	127702	205602		263701
青海	1128251	934386	896233	800363	661862	34872	103629		95870
宁夏	923024	836663	802916	688426	605926	41000	41500		114490
新疆	4139654	3403873	3179543	3143516	2295741	340578	507197		36026
大连	927482	869668	869639	808543	691084		117459		61096
宁波	2355378	2099420	1911543	1779066	1579867		199199		132477
厦门	941853	892205	890041	810196	540926	70431	198838		79846
青岛	2558666	2425951	1928733	1905913	1545494		360418		22821
深圳	2011476	1622353	1615953	1544876	1096992	121478	326406		71077

（中等职业学校）

单位：千元

政府性基金预算安排的教育经费	#地方教育附加	#从土地出让收益中计提的教育资金	企业办学中的企业拨款	校办产业和社会服务收入用于教育的经费	其他属于国家财政性教育经费	民办学校中举办者投入	捐赠收入	事业收入	#学费	其他教育经费
10102467	**6470539**	**2243997**	**323444**	**236610**		**542443**	**207246**	**19293930**	**12368344**	**5875129**
194087	86162	74900	11245	16376		5300	21236	364699	256445	134148
43022	17175		30074	18827			2387	178405	156071	44546
129293	36799	80928	14286	2686		21926	1857	797164	545202	144468
369894	154965	120033	20280	12027		11011		346618	140466	66366
119692	43294	48998	64065	604		4684	139	216920	116228	37832
97387	49753	34303	13350	8001		19845		529229	367068	67706
249594	168176	17911		117		12079	179	151875	127419	48870
67392	30000	2433	15595	2169		7522	797	367891	292445	60893
			10740	15349			1463	449901	352772	471878
1275647	1013361	201122	29521	4116		17885	43178	1918666	1074111	437364
863061	395137	294963	700	467		12535	7664	752717	301217	673646
457168	239883	195168	457	200		18111	3355	825969	609467	133692
374948	319035	27351		13975		20987	3915	268162	64126	107911
125459	30703	91249		295		12341	594	526778	413346	70015
1520383	1296419	131898	37934	42359		30891	3900	1160083	657027	308767
827818	588253	97809	14930	18702		85961	3217	954005	686745	236030
112109	48719	59070	720	2000		15188	4603	676748	438644	227803
120553	78720	31515	6885	25		25205	1438	1086743	730758	180398
1191478	961680	74524	2990	13290		43578	39611	2830312	1952438	507164
303257	279036	20356	1024	11709		26909	3829	590883	323282	156766
23446	7409	16036		737		1976	17	93694	65907	70012
98958	23444	59703	16769	226		8818	7070	692280	436051	181716
748324	178501	385968	1955	18528		62601	10215	1113870	616628	171414
163758	41460	96824	100	6558		8760	9719	233697	120828	210081
41084		6249		4462		10022	2925	616462	438914	358599
39443	9443							772	220	3185
67891	40591	19		19755		20995	347	806108	590698	117926
209337	140838	55716	4632			19366	1223	336181	283534	87334
37165	30944	2161		989		13935	938	98086	44646	80907
33747	8020	4202				4012	9410	64405	34264	8534
197077	152614	12590	25191	2062			22019	244607	131377	469155
29		21						28432	19533	29383
187877	105989	18996				100	391	101705	24263	153762
1950	1250			214		4297		22366	8724	22985
497217	460538	24251				7783	385	103596	58317	20953
6400	10					7050		230052	182122	152021

3-14 教育经费收入情况

地区	总计	国家财政性教育经费	公共财政预算安排的教育经费	公共财政教育经费	教育事业费	基本建设经费	教育费附加	科研经费	其他
合计	**189658367**	**164138889**	**153589330**	**143472892**	**119322833**	**3561344**	**20588715**		**10116438**
北京	6375272	5897742	5687532	4990640	3457328		1533311		696892
天津	2551754	2337358	2264222	2191831	1931971		259860		72391
河北	7020370	6076112	5930738	5692895	4995118	58491	639286		237843
山西	4734723	4310728	3908527	3703555	3423640	44968	234948		204971
内蒙古	3766938	3507362	3323001	2784620	2514860	41463	228296		538382
辽宁	5416293	4799513	4680775	4099374	3422430	26800	650144		581402
吉林	3486301	3273298	3023588	2851861	2305031	63353	483477		171726
黑龙江	3728520	3292018	3222458	3033266	2828869	78078	126318		189192
上海	6811820	5894703	5879165	5570846	2808076	5132	2757639		308319
江苏	16380775	13996718	12714785	11469195	9651520	99338	1718337		1245590
浙江	11891809	10445246	9581018	9073779	7577245	18000	1478533		507240
安徽	6849587	5869184	5411817	5072267	3865139	171972	1035156		339550
福建	5043928	4642952	4254029	3997402	3068417	108726	820259		256628
江西	3699619	3091256	2965503	2854608	2264209	320789	269610		110894
山东	16391882	14888240	13287563	13059997	10871119	97127	2091752		227566
河南	9984342	8713480	7852031	6907765	6003782	220037	683946		944265
湖北	4983633	4059291	3944462	3742480	3070245	152865	519369		201983
湖南	5814177	4531682	4404220	4298745	3807680	83939	407126		105475
广东	19623385	16229530	15021771	14358235	11972478	263835	2121922		663536
广西	5139733	4361347	4045357	3868402	3449197	123742	295463		176954
海南	1730811	1565111	1540929	1442901	1307798	123094	12010		98027
重庆	5033621	4159497	4043944	3437374	2984888	181080	271406		606570
四川	8678480	7366567	6599944	6326978	5699562	153666	473750		272966
贵州	4685445	4223187	4052771	3949506	3649610	132038	167858		103265
云南	5965066	4978533	4932986	4303498	3688927	281378	333193		629489
西藏	557643	553686	514242	497023	419823	77200			17219
陕西	4043025	3097648	3010002	2904226	2686330	100081	117815		105776
甘肃	3503105	3059286	2845317	2581617	2248313	127702	205602		263701
青海	1128251	934386	896233	800363	661862	34872	103629		95870
宁夏	923024	836663	802916	688426	605926	41000	41500		114490
新疆	3715038	3146563	2947484	2919217	2081442	330578	507197		28267
大连	927482	869668	869639	808543	691084		117459		61096
宁波	2355378	2099420	1911543	1779066	1579867		199199		132477
厦门	941853	892205	890041	810196	540926	70431	198838		79846
青岛	2558666	2425951	1928733	1905913	1545494		360418		22821
深圳	2011476	1622353	1615953	1544876	1096992	121478	326406		71077

(地方中等职业学校)

单位：千元

政府性基金预算安排的教育经费	#地方教育附加	#从土地出让收益中计提的教育资金	企业办学中的企业拨款	校办产业和社会服务收入用于教育的经费	其他属于国家财政性教育经费	民办学校中举办者投入	捐赠收入	事业收入	#学费	其他教育经费
10102407	**6470539**	**2243997**	**241544**	**205607**		**542443**	**206030**	**19057331**	**12256639**	**5713674**
194087	86162	74900		16124		5300	21236	317716	242320	133277
43022	17175		29114	1000			2387	167675	152752	44334
129293	36799	80928	14286	1796		21926	1857	776350	541470	144124
369894	154965	120033	20280	12027		11011		346618	140466	66366
119692	43294	48998	64065	604		4684	139	216920	116228	37832
97387	49753	34303	13350	8001		19845		529229	367068	67706
249594	168176	17911		117		12079	179	151875	127419	48870
67392	30000	2433		2169		7522	797	367290	291845	60893
			10740	4797			1463	444638	347532	471016
1275647	1013361	201122	2170	4116		17885	43178	1887799	1063228	435196
863061	395137	294963	700	467		12535	7664	752717	301217	673646
457168	239883	195168		200		18111	3355	825487	609023	133450
374948	319035	27351		13975		20987	3915	268162	64126	107911
125459	30703	91249		295		12341	594	525991	412559	69438
1520383	1296419	131898	37934	42359		30891	3900	1160083	657027	308767
827818	588253	97809	14930	18702		85961	3217	952355	685345	229329
112109	48719	59070	720	2000		15188	4603	676748	438644	227803
120553	78720	31515	6885	25		25205	1438	1081306	726852	174545
1191478	961680	74524	2990	13290		43578	39611	2808332	1951144	502335
303257	279036	20356	1024	11709		26909	3829	590883	323282	156766
23446	7409	16036		737		1976	17	93694	65907	70012
98958	23444	59703	16369	226		8818	7070	682772	430386	175464
748324	178501	385968	1255	17045		62601	10005	1077543	593092	161763
163758	41460	96824	100	6558		8760	9719	233697	120828	210081
41084		6249		4462		10022	2925	616352	438904	357233
39443	9443							772	220	3185
67891	40594	19		19755		20995	347	806108	590698	117926
209337	140838	55716	4632			19366	1223	335895	283382	87334
37165	30944	2161		989		13935	938	98086	44646	80907
33747	8020	4202				4012	9410	64405	34264	8534
197017	152614	12590		2062			21013	199833	94765	347629
29		21						28432	19533	29383
187877	105989	18996				100	391	101705	24263	153762
1950	1250			214		4297		22366	8724	22985
497217	460538	24251				7783	385	103596	58317	20953
6400	10					7050		230052	182122	152021

3-15 教育经费收入情况

地区	总计	国家财政性教育经费	公共财政预算安排的教育经费	公共财政教育经费	教育事业费	基本建设经费	教育费附加	科研经费	其他
合计	**87994846**	**75158433**	**70021375**	**65188898**	**55151340**	**1883755**	**8153803**		**4832478**
北京	1522962	1375153	1316453	1149943	1095633		54310		166511
天津	1302848	1179144	1141674	1115505	1013508		101997		26169
河北	2167859	1642943	1610841	1531228	1379903	1200	150125		79613
山西	2027785	1789767	1670554	1556413	1532769	6638	17006		114141
内蒙古	1462116	1311155	1210416	991499	938694	9900	42906		218917
辽宁	3120402	2835738	2771917	2371913	1897417	16800	457696		400004
吉林	1370715	1291215	1188403	1111679	754755	8000	348924		76724
黑龙江	1060208	820611	785127	698614	663131	13261	22223		86513
上海	2626664	1960112	1940433	1775188	1574388		200800		165245
江苏	10598665	9086614	8263983	7505797	6326536	4222	1175038		758187
浙江	2315200	1921900	1786513	1651139	1398946		252193		135374
安徽	3721336	3228681	2926816	2723091	2027814	72746	622531		203725
福建	3973827	3699285	3345365	3155665	2410834	95332	649499		189701
江西	1612091	1310684	1307093	1255347	1001703	223289	30354		51746
山东	7781992	7038978	6413952	6317300	5298995	83627	934679		96653
河南	3951669	3478047	3077349	2704870	2333142	105607	266120		372479
湖北	3213318	2558536	2478212	2313503	1836363	106365	370776		164708
湖南	1169766	837460	816740	771254	692201	20000	59053		45485
广东	9769383	8158378	7522098	7181203	5745889	101158	1334156		340896
广西	4030531	3436153	3228658	3099684	2819631	109494	170559		128974
海南	1050467	962924	955222	890875	810908	79967			64346
重庆	1040886	776544	741526	653917	592101	45319	16497		87609
四川	3385003	2739140	2243570	2174398	1973790	50448	150160		69172
贵州	2351437	2193027	2150410	2097194	2001745	42598	52851		53216
云南	3027023	2381086	2360931	2094989	1749533	196940	148516		265941
西藏	557643	553686	514242	497023	419823	77200			17219
陕西	828805	683779	656820	620515	617806	1600	1110		36305
甘肃	2720764	2353870	2195832	1973716	1736239	76245	161232		222116
青海	1003077	830093	794190	707172	587583	23302	96287		87017
宁夏	568045	499568	470342	386576	318471	30000	38105		83766
新疆	2662359	2224161	2135692	2111686	1601089	282495	228102		24006
大连	305980	290688	290680	265821	234429		31392		24859
宁波	689946	552825	502255	458369	415440		42930		43885
厦门	841014	797850	795900	726768	474913	69552	182303		69132
青岛	261280	241045	194695	172609	157919		14690		22086
深圳	471023	387888	382407	359737	237717	10800	111219		22671

(中等专业学校)

单位：千元

政府性基金预算安排的教育经费	#地方教育附加	#从土地出让收益中计提的教育资金	企业办学中的企业拨款	校办产业和社会服务收入用于教育的经费	其他属于国家财政性教育经费	民办学校中举办者投入	捐赠收入	事业收入	#学费	其他教育经费
4873249	**2886296**	**1021059**	**145456**	**118352**		**220649**	**104378**	**9192585**	**6053208**	**3318801**
56766		33500		1933			150	123982	73464	23678
21327	5920		16144				1853	89841	83895	32009
31892	3189	22993		210		14938	802	430234	343307	78941
107186	4074	16626		12027		1400		179516	70189	57102
46470	10551	24916	53665	604		1400		127047	81215	22514
43275	29492	1390	12546	8001		427		252556	197863	31681
102812	41897					490		56631	53320	22379
35333		644		152		6885	483	205341	162193	26888
			10740	8939			1458	310931	236765	354163
794546	611396	128627	24000	4085		17885	30916	1142382	689858	320868
135388	39855	6326					1000	177764	73791	214536
301665	122160	158895		200		8800	463	413351	316150	70042
340158	289540	24851		13761		9012	3107	191818	44597	70605
3330	373	1500		261		1800		249303	208987	50304
587256	451545	62491		37769		5680	1631	570869	352619	164835
399553	305105	23373		1145		22962	115	291968	222071	158577
77605	23730	50074	720	2000		9677	2388	453273	303129	189443
20695	15495	5000		25		250		286048	199211	46009
630533	466221	31080		5747		19238	26932	1258565	823924	306268
195785	176615	15306		11709		26909	2378	437829	237983	127261
6965		6965		737		200	5	65991	49515	21348
35017	9562	24657				920	2544	191811	129078	69067
494168	50084	341070		1402		40872	2470	514593	289396	87927
39558	21248			3059		2052	37	118211	56135	38110
18344				1811		625	131	358787	262419	286394
39443	9443							772	220	3185
26958								97464	78279	47563
155588	109166	35424	2450			12793	67	271989	231649	82045
34915	29786	1069		989		11424	258	94450	42294	66852
29226	8020	3681				4012	9310	52678	29826	2478
61492	51829	600	25191	1786			15879	176590	109866	245728
8								11924	6496	3368
50570	25403	458						22478	2885	114644
1950	1250					4297		16867	6463	22000
46350	25836	11087						16632	12005	3603
5481	6							13020	10025	70115

3-16 教育经费收入情况

地区	总计	国家财政性教育经费	公共财政预算安排的教育经费	公共财政教育经费	教育事业费	基本建设经费	教育费附加	科研经费	其他
合计	**87329948**	**74721778**	**69638114**	**64827178**	**54799620**	**1873755**	**8153803**		**4810936**
北京	1378515	1276148	1217448	1053658	999348		54310		163791
天津	1302848	1179144	1141674	1115505	1013508		101997		26169
河北	2140534	1634568	1602466	1522853	1371528	1200	150125		79613
山西	2027785	1789767	1670554	1556413	1532769	6638	17006		114141
内蒙古	1462116	1311155	1210416	991499	938694	9900	42906		218917
辽宁	3120402	2835738	2771917	2371913	1897417	16800	457696		400004
吉林	1370715	1291215	1188403	1111679	754755	8000	348924		76724
黑龙江	1059541	819944	784459	697947	662464	13261	22223		86513
上海	2614010	1949409	1933872	1775188	1574388		200800		158684
江苏	10553276	9053753	8255122	7501435	6322175	4222	1175038		753687
浙江	2315200	1921900	1786513	1651139	1398946		252193		135374
安徽	3721336	3228681	2926816	2723091	2027814	72746	622531		203725
福建	3973827	3699285	3345365	3155665	2410834	95332	649499		189701
江西	1610218	1310175	1306585	1254839	1001195	223289	30354		51746
山东	7781992	7038978	6413952	6317300	5298995	83627	934679		96653
河南	3943559	3475137	3074439	2701960	2330232	105607	266120		372479
湖北	3213318	2558536	2478212	2313503	1836363	106365	370776		164708
湖南	1153618	832601	811881	766396	687343	20000	59053		45485
广东	9719327	8135133	7498853	7157957	5722643	101158	1334156		340896
广西	4030531	3436153	3228658	3099684	2819631	109494	170559		128974
海南	1050467	962924	955222	890875	810908	79967			64346
重庆	1040886	776544	741526	653917	592101	45319	16497		87609
四川	3385003	2739140	2243570	2174398	1973790	50448	150160		69172
贵州	2351437	2193027	2150410	2097194	2001745	42598	52851		53216
云南	3026913	2381086	2360931	2094989	1749533	196940	148516		265941
西藏	557643	553686	514242	497023	419823	77200			17219
陕西	828805	683779	656820	620515	617806	1600	1110		36305
甘肃	2720478	2353870	2195832	1973716	1736239	76245	161232		222116
青海	1003077	830093	794190	707172	587583	23302	96287		87017
宁夏	568045	499568	470342	386576	318471	30000	38105		83766
新疆	2304526	1970640	1907422	1891176	1390579	272495	228102		16246
大连	305980	290688	290680	265821	234429		31392		24859
宁波	689946	552825	502255	458369	415440		42930		43885
厦门	841014	797850	795900	726768	474913	69552	182303		69132
青岛	261280	241045	194695	172609	157919		14690		22086
深圳	471023	387888	382407	359737	237717	10800	111219		22671

（地方中等专业学校）

单位：千元

政府性基金预算安排的教育经费	#地方教育附加	#从土地出让收益中计提的教育资金	企业办学中的企业拨款	校办产业和社会服务收入用于教育的经费	其他属于国家财政性教育经费	民办学校中举办者投入	捐赠收入	事业收入	#学费	其他教育经费
4873189	**2886296**	**1021059**	**96265**	**114210**		**220649**	**103372**	**9043226**	**5988373**	**3240922**
56766		33500		1933			150	79405	60432	22813
21327	5920		16144				1853	89841	83895	32009
31892	3189	22993		210		14938	802	411283	339732	78941
107186	4074	16626		12027		1400		179516	70189	57102
46470	10551	24916	53665	604		1400		127047	81215	22514
43275	29492	1390	12546	8001		427		252556	197863	31681
102812	41897					490		56631	53320	22379
35333		644		152		6885	483	205341	162193	26888
			10740	4797			1458	309653	235509	353490
794546	611396	128627		4085		17885	30916	1130986	685228	319737
135388	39855	6326					1000	177764	73791	214536
301665	122160	158895		200		8800	463	413351	316150	70042
340158	289540	24851		13761		9012	3107	191818	44597	70605
3330	373	1500		261		1800		248515	208200	49727
587256	451545	62491		37769		5680	1631	570869	352619	164835
399553	305105	23373		1145		22962	115	290768	221071	154577
77605	23730	50074	720	2000		9677	2388	453273	303129	189443
20695	15495	5000		25		250		280610	195306	40156
630533	466221	31080		5747		19238	26932	1236584	822631	301439
195785	176615	15306		11709		26909	2378	437829	237983	127261
6965		6965		737		200	5	65991	49515	21348
35017	9562	24657				920	2544	191811	129078	69067
494168	50084	341070		1402		40872	2470	514593	289396	87927
39558	21248			3059		2052	37	118211	56135	38110
18344				1811		625	131	358677	262409	286394
39443	9443							772	220	3185
26958								97464	78279	47563
155588	109166	35424	2450			12793	67	271703	231497	82045
34915	29786	1069		989		11424	258	94450	42294	66852
29226	8020	3681				4012	9310	52678	29826	2478
61432	51829	600		1786			14873	133236	74673	185777
8								11924	6496	3368
50570	25403	458						22478	2885	114644
1950	1250					4297		16867	6463	22000
46350	25836	11087						16632	12005	3603
5481	6							13020	10025	70115

3-17 教育经费收入情况

地区	总计	国家财政性教育经费	公共财政预算安排的教育经费	公共财政教育经费	教育事业费	基本建设经费	教育费附加	科研经费	其他
合计	**70933138**	**64413158**	**60574129**	**57258422**	**44830921**	**1453854**	**10973647**		**3315707**
北京	3603200	3336149	3198586	2677731	1220889		1456842		520855
天津	747501	706799	684483	675934	532371		143563		8549
河北	3500119	3313847	3235844	3135761	2638377	57291	440093		100083
山西	1900424	1754707	1618831	1572680	1355762	38330	178588		46151
内蒙古	1820770	1763110	1691519	1491328	1279849	31563	179916		200191
辽宁	1752715	1518553	1464636	1353993	1180967		173026		110643
吉林	1268514	1177070	1077198	1034074	877830	55353	100892		43124
黑龙江	1515461	1450059	1442789	1403281	1295399	35568	72314		39508
上海	3856549	3706531	3706531	3587431	1032948	5132	2549351		119100
江苏	3260530	3032299	2641310	2380763	1914466	91615	374682		260547
浙江	7965099	7218259	6593532	6388575	5253595	18000	1116980		204958
安徽	2776579	2422003	2274930	2158005	1653843	99226	404935		116925
福建	534301	522026	493745	464379	339750	8800	115829		29366
江西	1700826	1437449	1316236	1273925	973077	97500	203348		42311
山东	5206101	4957972	4153828	4137599	3095675	5000	1036924		16229
河南	4038664	3602345	3358003	3014723	2582636	97841	334245		343280
湖北	1485968	1282387	1252060	1222960	1036437	42200	144322		29101
湖南	3859401	3097360	3005486	2968420	2573046	63939	331435		37066
广东	3930416	3618339	3412993	3223611	2596164	141660	485786		189382
广西	92231	88552	78508	77816	63684		14132		692
海南	461913	427073	410672	386102	346539	27828	11735		24571
重庆	2721803	2474124	2423338	2129540	1856578	107667	165294		293798
四川	4558142	4095751	3911816	3744015	3370391	99681	273943		167802
贵州	2095851	1848541	1724689	1680232	1477585	89440	113207		44457
云南	1980662	1799990	1778808	1563403	1366810	44510	152083		215405
西藏									
陕西	2253998	1924067	1884083	1845456	1657839	73600	114017		38627
甘肃	704427	638445	584923	550821	461226	51457	38139		34102
青海	121712	103407	101157	92991	74079	11570	7342		8167
宁夏	343072	328046	323525	296663	282268	11000	3395		26862
新疆	876189	767898	730067	726210	440839	48083	237288		3857
大连	399223	382142	382121	364018	279767		84250		18103
宁波	1246618	1193667	1073232	1015057	894165		120892		58175
厦门									
青岛	2141058	2037005	1589355	1589355	1243626		345729		
深圳	890355	813683	813675	772497	564422	109660	98415		41178

(职业高中)

单位：千元

政府性基金预算安排的教育经费	#地方教育附加	#从土地出让收益中计提的教育资金	企业办学中的企业拨款	校办产业和社会服务收入用于教育的经费	其他属于国家财政性教育经费	民办学校中举办者投入	捐赠收入	事业收入	#学费	其他教育经费
3802153	**2518922**	**1016071**	**33551**	**3326**		**264522**	**62708**	**4853117**	**3247659**	**1339633**
135490	86162	41400		2072		5300	4701	163731	137500	93320
21687	11247		629					34185	30083	6517
78003	27223	46823				5488	541	150291	106525	29952
115596	105377	8365	20280			9611		128936	63981	7170
71590	32742	22948				3284	88	44809	22697	9479
53112	19261	32913	804			18973		205617	147565	9573
99872	81789	16657				10229	148	74119	64647	6949
1961		1691	5309			637	112	54315	42809	10339
							5	101120	92535	48893
390989	315410	71449					3232	195358	82151	29640
624027	300963	247074	700			12535	6473	354729	134683	373102
147074	113749	31818				4993	2893	292057	233778	54632
28281	27346						125	9528	2436	2623
121179	29630	89749		34		10541	594	238275	195618	13968
800642	725721	57374	3501			23572	590	202703	110864	21265
241623	165430	55317	2327	393		54120	443	332294	229379	49461
30327	21812	7995				4000	2215	178072	112963	19294
91873	60146	22817				24350	938	644234	445569	92520
205346	158756	43444				10149	12398	213959	158932	75571
10044	4994	5050					47	2553	509	1079
16401	7409	8992				1776	12	20809	15552	12242
50785	2068	35046				1460	183	205356	130381	40681
183935	120478	38647				18448	7415	383909	219476	52618
123852	19865	96824				6708	9682	100672	61653	130248
20682		6156		500		9217	1817	135627	98470	34012
39933	39594	19		52		20836	13	294315	243238	14767
53522	31446	20292				5784	1156	55818	47099	3224
2250	1158	1092				2511	680	3636	2352	11478
4520		520					100	10709	3480	4217
37555	9145	5600		276			6110	21381	10733	80800
21		21						11496	8366	5585
120435	66573	17229				100	380	24792	3250	27679
447650	432686	13164				7783	385	86890	46245	8996
7	4					7050		19705	14152	49917

3-18 教育经费收入情况

地 区	总 计	国家财政性教育经费	公共财政预算安排的教育经费	公共财政教育经费	教育事业费	基本建设经费	教育费附加	科研经费	其 他
合 计	**70849267**	**64394794**	**60561073**	**57245367**	**44818614**	**1453854**	**10972899**		**3315707**
北 京	3603200	3336149	3198586	2677731	1220889		1456842		520855
天 津	747501	706799	684483	675934	532371		143563		8549
河 北	3500119	3313847	3235844	3135761	2638377	57291	440093		100083
山 西	1900424	1754707	1618831	1572680	1355762	38330	178588		46151
内蒙古	1820770	1763110	1691519	1491328	1279849	31563	179916		200191
辽 宁	1752715	1518553	1464636	1353993	1180967		173026		110643
吉 林	1268514	1177070	1077198	1034074	877830	55353	100892		43124
黑龙江	1503576	1438413	1436452	1396944	1289810	35568	71566		39508
上 海	3856549	3706531	3706531	3587431	1032948	5132	2549351		119100
江 苏	3260530	3032299	2641310	2380763	1914466	91615	374682		260547
浙 江	7965099	7218259	6593532	6388575	5253595	18000	1116980		204958
安 徽	2776579	2422003	2274930	2158005	1653843	99226	404935		116925
福 建	534301	522026	493745	464379	339750	8800	115829		29366
江 西	1700826	1437449	1316236	1273925	973077	97500	203348		42311
山 东	5206101	4957972	4153828	4137599	3095675	5000	1036924		16229
河 南	4028794	3595627	3351285	3008005	2575918	97841	334245		343280
湖 北	1485968	1282387	1252060	1222960	1036437	42200	144322		29101
湖 南	3859401	3097360	3005486	2968420	2573046	63939	331435		37066
广 东	3930416	3618339	3412993	3223611	2596164	141660	485786		189382
广 西	92231	88552	78508	77816	63684		14132		692
海 南	461913	427073	410672	386102	346539	27828	11735		24571
重 庆	2721803	2474124	2423338	2129540	1856578	107667	165294		293798
四 川	4558142	4095751	3911816	3744015	3370391	99681	273943		167802
贵 州	2095851	1848541	1724689	1680232	1477585	89440	113207		44457
云 南	1980662	1799990	1778808	1563403	1366810	44510	152083		215405
西 藏									
陕 西	2253998	1924067	1884083	1845456	1657839	73600	114017		38627
甘 肃	704427	638445	584923	550821	461226	51457	38139		34102
青 海	121712	103407	101157	92991	74079	11570	7342		8167
宁 夏	343072	328046	323525	296663	282268	11000	3395		26862
新 疆	814074	767898	730067	726210	440839	48083	237288		3857
大 连	399223	382142	382121	364018	279767		84250		18103
宁 波	1246618	1193667	1073232	1015057	894165		120892		58175
厦 门									
青 岛	2141058	2037005	1589355	1589355	1243626		345729		
深 圳	890355	813683	813675	772497	564422	109660	98415		41178

（地方职业高中）

单位：千元

政府性基金预算安排的教育经费	#地方教育附加	#从土地出让收益中计提的教育资金	企业办学中的企业拨款	校办产业和社会服务收入用于教育的经费	其他属于国家财政性教育经费	民办学校中举办者投入	捐赠收入	事业收入	#学费	其他教育经费
3802153	**2518922**	**1016071**	**28241**	**3326**		**264522**	**62708**	**4851772**	**3246365**	**1275471**
135490	86162	41400		2072		5300	4701	163731	137500	93320
21687	11247		629					34185	30083	6517
78003	27223	46823				5488	541	150291	106525	29952
115596	105377	8365	20280			9611		128936	63981	7170
71590	32742	22948				3284	88	44809	22697	9479
53112	19261	32913	804			18973		205617	147565	9573
99872	81789	16657				10229	148	74119	64647	6949
1961		1691				637	112	54076	42569	10339
							5	101120	92535	48893
390989	315410	71449					3232	195358	82151	29640
624027	300963	247074	700			12535	6473	354729	134683	373102
147074	113749	31818				4993	2893	292057	233778	54632
28281	27346						125	9528	2436	2623
121179	29630	89749		34		10541	594	238275	195618	13968
800642	725721	57374	3501			23572	590	202703	110864	21265
241623	165430	55317	2327	393		54120	443	331844	228979	46759
30327	21812	7995				4000	2215	178072	112963	19294
91873	60146	22817				24350	938	644234	445569	92520
205346	158756	43444				10149	12398	213959	158932	75571
10044	4994	5050					47	2553	509	1079
16401	7409	8992				1776	12	20809	15552	12242
50785	2068	35046				1460	183	205356	130381	40681
183935	120478	38647				18448	7415	383909	219476	52618
123852	19865	96824				6708	9682	100672	61653	130248
20682		6156		500		9217	1817	135627	98470	34012
39933	39594	19		52		20836	13	294315	243238	14767
53522	31446	20292				5784	1156	55818	47099	3224
2250	1158	1092				2511	680	3636	2352	11478
4520		520					100	10709	3480	4217
37555	9145	5600		276			6110	20726	10077	19340
21		21						11496	8366	5585
120435	66573	17229				100	380	24792	3250	27679
447650	432686	13164				7783	385	86890	46245	8996
7	4					7050		19705	14152	49917

3-19 教育经费收入情况

地区	总计	国家财政性教育经费	公共财政预算安排的教育经费	公共财政教育经费	教育事业费	基本建设经费	教育费附加	科研经费	其他
合计	**32192782**	**29491969**	**27893861**	**26751958**	**22249869**	**970664**	**3531425**		**1141903**
北京	641250	610848	584832	569889	178245		391644		14943
天津	31140	29596	19136	19136	8674		10461		
河北	1922145	1839758	1805695	1745023	1513251	57291	174481		60673
山西	1224052	1125839	1036627	1012730	852391	33330	127009		23897
内蒙古	1206712	1176535	1124912	1018206	871444	24587	122176		106706
辽宁	454479	388967	356802	335514	295859		39655		21288
吉林	418809	402530	366430	361071	312628	20000	28443		5359
黑龙江	548089	529225	523243	513508	471943	23693	17872		9736
上海	165258	163676	163676	156968	99907		57060		6708
江苏	1463889	1378807	1236210	1170449	901063	91615	177771		65761
浙江	3077089	2785441	2580144	2545868	2082294		463574		34276
安徽	2259125	2044279	1917471	1833575	1404376	89226	339973		83896
福建	185617	183660	167419	164978	111443	2800	50735		2441
江西	1222983	1088867	1034024	1004632	743162	82500	178970		29392
山东	1648905	1586003	1414563	1406218	1118008	5000	283210		8345
河南	2410310	2184438	2003575	1821519	1551171	95827	174521		182056
湖北	545107	453153	438272	436879	394831	20500	21548		1393
湖南	2244728	1925008	1860210	1845315	1563677	38939	242699		14895
广东	569915	542634	510668	491192	420446	6000	64746		19476
广西	83843	80368	70324	69632	56540		13092		692
海南	183540	177901	175163	163323	163323				11841
重庆	1394184	1237616	1190991	1077421	939303	66885	71233		113571
四川	2859365	2541149	2424694	2357920	2131389	71010	155520		66774
贵州	1421634	1281819	1256803	1224071	1084320	89440	50311		32731
云南	1224092	1135126	1118059	968574	853610	30000	84965		149484
西藏									
陕西	1462217	1356133	1339676	1317731	1202011	63600	52120		21945
甘肃	580901	534073	484151	453414	388390	31457	33567		30737
青海	80339	74635	73477	68898	55208	11570	2120		4580
宁夏	224581	212578	208057	191326	177931	11000	2395		16731
新疆	438486	421308	408555	406977	303030	4393	99554		1577
大连	40455	40455	40455	39664	29674		9990		791
宁波	487532	457764	415551	394011	319426		74584		21540
厦门									
青岛	192860	186557	156088	156088	121349		34739		
深圳									

(农村职业高中)

单位：千元

政府性基金预算安排的教育经费	#地方教育附加	#从土地出让收益中计提的教育资金	企业办学中的企业拨款	校办产业和社会服务收入用于教育的经费	其他属于国家财政性教育经费	民办学校中举办者投入	捐赠收入	事业收入	#学费	其他教育经费
1570000	**1000776**	**451941**	**25589**	**2519**		**107265**	**21279**	**2130197**	**1317141**	**442072**
23944	13944	10000		2072		5300	40	24530	22836	532
10460	20							1544		
34063	19530	10576				3788	442	64520	42688	13637
68932	61902	5275	20280			2934		89010	40154	6270
51622	29538	17930				2086	88	25620	9905	2384
32165	1773	30392				730		64481	36135	301
36100	35056	1044				884		14778	13044	617
673		403	5309					14879	7807	3984
										1582
142597	124754	13712					2860	73440	32714	8782
205296	100640	80802				3300	1990	154190	54299	132168
126808	94390	30918				2887	819	196987	158599	14153
16241	16241							1882	1511	75
54809	18320	34689		34		3176	594	123851	93361	6495
171440	126047	34710				2034	100	51638	29447	9130
180471	124737	53003		393		37794	198	181521	121256	6359
14881	12651	2230					1778	84885	40987	5291
64798	43475	18413				11587	838	265076	175622	42220
31966	29946	2020				330	468	23137	18307	3345
10044	4994	5050						2396	509	1078
2738	2738					728		2640	1591	2270
46625	2068	35046				1410	100	133503	82310	21555
116455	70562	24978				6576	3377	272884	163026	35379
25016	13603	11350				5406	213	53913	28552	80284
17067		4571				2088	179	61460	40666	25240
16137	16099	19		20		9142	13	90710	62756	6218
49922	28848	19290				2574	336	40909	32782	3009
1158	1158					2511	680	2501	1217	11
4520		520					55	9093	2662	2856
12753	7743	5000					6110	4221	2399	6847
42213	12233	13635						14254	2335	15514
30468	30468					870		2790	2524	2644

3-20 教育经费收入情况

地区	总计	国家财政性教育经费	公共财政预算安排的教育经费	公共财政教育经费	教育事业费	基本建设经费	教育费附加	科研经费	其他
合计	**32180896**	**29480322**	**27887523**	**26745621**	**22244280**	**970664**	**3530677**		**1141903**
北京	641250	610848	584832	569889	178245		391644		14943
天津	31140	29596	19136	19136	8674		10461		
河北	1922145	1839758	1805695	1745023	1513251	57291	174481		60673
山西	1224052	1125839	1036627	1012730	852391	33330	127009		23897
内蒙古	1206712	1176535	1124912	1018206	871444	24587	122176		106706
辽宁	454479	388967	356802	335514	295859		39655		21288
吉林	418809	402530	366430	361071	312628	20000	28443		5359
黑龙江	536203	517579	516906	507171	466354	23693	17124		9736
上海	165258	163676	163676	156968	99907		57060		6708
江苏	1463889	1378807	1236210	1170449	901063	91615	177771		65761
浙江	3077089	2785441	2580144	2545868	2082294		463574		34276
安徽	2259125	2044279	1917471	1833575	1404376	89226	339973		83896
福建	185617	183660	167419	164978	111443	2800	50735		2441
江西	1222983	1088867	1034024	1004632	743162	82500	178970		29392
山东	1648905	1586003	1414563	1406218	1118008	5000	283210		8345
河南	2410310	2184438	2003575	1821519	1551171	95827	174521		182056
湖北	545107	453153	438272	436879	394831	20500	21548		1393
湖南	2244728	1925008	1860210	1845315	1563677	38939	242699		14895
广东	569915	542634	510668	491192	420446	6000	64746		19476
广西	83843	80368	70324	69632	56540		13092		692
海南	183540	177901	175163	163323	163323				11841
重庆	1394184	1237616	1190991	1077421	939303	66885	71233		113571
四川	2859365	2541149	2424694	2357920	2131389	71010	155520		66774
贵州	1421634	1281819	1256803	1224071	1084320	89440	50311		32731
云南	1224092	1135126	1118059	968574	853610	30000	84965		149484
西藏									
陕西	1462217	1356133	1339676	1317731	1202011	63600	52120		21945
甘肃	580901	534073	484151	453414	388390	31457	33567		30737
青海	80339	74635	73477	68898	55208	11570	2120		4580
宁夏	224581	212578	208057	191326	177931	11000	2395		16731
新疆	438486	421308	408555	406977	303030	4393	99554		1577
大连	40455	40455	40455	39664	29674		9990		791
宁波	487532	457764	415551	394011	319426		74584		21540
厦门									
青岛	192860	186557	156088	156088	121349		34739		
深圳									

(地方农村职业高中)

单位：千元

政府性基金预算安排的教育经费	#地方教育附加	#从土地出让收益中计提的教育资金	企业办学中的企业拨款	校办产业和社会服务收入用于教育的经费	其他属于国家财政性教育经费	民办学校中举办者投入	捐赠收入	事业收入	#学费	其他教育经费
1570000	**1000776**	**451941**	**20280**	**2519**		**107265**	**21279**	**2129958**	**1316902**	**442072**
23944	13944	10000		2072		5300	40	24530	22836	532
10460	20							1544		
34063	19530	10576				3788	442	64520	42688	13637
68932	61902	5275	20280			2934		89010	40154	6270
51622	29538	17930				2086	88	25620	9905	2384
32165	1773	30392				730		64481	36135	301
36100	35056	1044				884		14778	13044	617
673		403						14640	7567	3984
										1582
142597	124754	13712					2860	73440	32714	8782
205296	100640	80802				3300	1990	154190	54299	132168
126808	94390	30918				2887	819	196987	158599	14153
16241	16241							1882	1511	75
54809	18320	34689		34		3176	594	123851	93361	6495
171440	126047	34710				2034	100	51638	29447	9130
180471	124737	53003		393		37794	198	181521	121256	6359
14881	12651	2230					1778	84885	40987	5291
64798	43475	18413				11587	838	265076	175622	42220
31966	29946	2020				330	468	23137	18307	3345
10044	4994	5050						2396	509	1078
2738	2738					728		2640	1591	2270
46625	2068	35046				1410	100	133503	82310	21555
116455	70562	24978				6576	3377	272884	163026	35379
25016	13603	11350				5406	213	53913	28552	80284
17067		4571				2088	179	61460	40666	25240
16437	16099	19		20		9142	13	90710	62756	6218
49922	28848	19290				2574	336	40909	32782	3009
1158	1158					2511	680	2501	1217	11
4520		520					55	9093	2662	2856
12753	7743	5000					6110	4221	2399	6847
42213	12233	13635						14254	2335	15514
30468	30468					870		2790	2524	2644

3-21 教育经费收入情况

地区	总计	国家财政性教育经费	公共财政预算安排的教育经费	公共财政教育经费	教育事业费	基本建设经费	教育费附加	科研经费	其他
合计	**22887984**	**17870855**	**16600483**	**15361846**	**14026440**	**202188**	**1133219**		**1238637**
北京	1331053	1247404	1223789	1214177	1200347		13830		9612
天津	453373	398744	384442	355064	340764		14300		29378
河北	706088	532038	504277	491057	464440		26617		13221
山西	515880	491111	348039	322993	286595		36398		25046
内蒙古	171777	140333	128301	96411	95911		500		31890
辽宁	512399	415538	414538	354827	325405	10000	19421		59711
吉林	228977	202772	166673	149380	122264		27116		17293
黑龙江	575549	473600	439354	425283	379840	27903	17540		14071
上海	202854	126285	119876	100510	100510				19365
江苏	1929205	1398769	1353635	1145772	1005058		140714		207864
浙江	972028	794342	720023	594691	534010		60681		125332
安徽	97175	52075	49237	43697	40887		2810		5540
福建	486928	388337	386755	350061	305562	4594	39905		36694
江西	58152	49701	49401	49383	45903		3480		18
山东	2876722	2446795	2316950	2207261	2101814	8500	96947		109689
河南	1121116	982963	816173	711968	630377	8864	72727		104205
湖北	217078	175457	173106	164977	160835		4143		8128
湖南	317837	229201	220953	210843	201498		9346		10109
广东	5578058	4208354	3851785	3743045	3436490	21016	285539		108740
广西	992857	817099	718648	674897	549877	14247	110772		43752
海南	194292	151491	151491	147348	132049	15299			4143
重庆	770858	490806	462617	337343	256856	13418	67068		125274
四川	552928	383918	350187	328430	278301	3537	46593		21757
贵州	185237	147237	147237	147237	147237				
云南	677800	532838	530022	460070	400863	39928	19279		69951
西藏									
陕西	795943	390901	370232	339511	313630	24881	1000		30721
甘肃	1473	1053	1053	1001	1001				53
青海									
宁夏									
新疆	364346	201691	201691	194609	168116	10000	16493		7082
大连	213252	188153	188153	170216	168399		1817		17937
宁波	82332	63978	63278	54812	48950		5862		8465
厦门	100839	94355	94141	83427	66013	879	16535		10714
青岛	143883	135534	133674	133674	133674				
深圳	584051	391842	391842	386898	269466	1018	116414		4944

(技工学校)

单位：千元

政府性基金预算安排的教育经费	#地方教育附加	#从土地出让收益中计提的教育资金	企业办学中的企业拨款	校办产业和社会服务收入用于教育的经费	其他属于国家财政性教育经费	民办学校中举办者投入	捐赠收入	事业收入	#学费	其他教育经费
1085062	**852344**	**157338**	**109012**	**76298**		**32471**	**13254**	**3984836**	**2459380**	**986567**
			11245	12370			201	68908	41727	14539
			13302	1000			534	48413	37419	5681
11000		11000	14286	2476				151029	74133	23020
143072	44786	95042						23294	3895	1476
1632		1134	10400					26915	11222	4529
1000	1000					445		70105	21626	26312
36099	36033					1100		7491	5544	17614
30000	30000		2228	2017			189	89258	81096	12503
				6410				30314	23342	46256
39582	38572	999	5521	31			4525	451020	254402	74891
74270	39712	28383		49			180	130550	87288	46956
2380		2380	457					43915	20360	1186
1369	9			214		5975	683	57471	15057	34461
300	300							8099	4479	352
108504	108504		16751	4590		1200	436	318312	156684	109978
161136	105966	18400	5198	456		281		117126	77568	20746
2351	2351					1200		23165	12047	17256
1363	1363		6885				500	65257	27594	22880
346066	328081		2990	7514		14190	202	1249173	896693	106139
97427	97427		1024				1403	146176	81154	28179
								6882	840	35919
11194	9854		16769	226		6438	2903	213970	138852	56741
14650	7386		1955	17126		1482	230	146676	65797	20622
										38000
665				2151			936	109057	73305	34969
1000	1000			19669		160	334	349934	242161	54614
										420
								32325	5097	130330
								4675	4671	20424
700								18192	17717	163
				214				5499	2261	985
1860	1860									8349
								164228	137808	27981

3-22 教育经费收入情况

地区	总计	国家财政性教育经费	公共财政预算安排的教育经费	公共财政教育经费	教育事业费	基本建设经费	教育费附加	科研经费	其他
合计	**22695161**	**17780465**	**16538469**	**15303118**	**13967711**	**202188**	**1133219**		**1235351**
北京	1317145	1235908	1223789	1214177	1200347		13830		9612
天津	438608	394274	380933	351555	337255		14300		29378
河北	702991	531149	504277	491057	464440		26617		13221
山西	515880	491111	348039	322993	286595		36398		25046
内蒙古	171777	140333	128301	96411	95911		500		31890
辽宁	512399	415538	414538	354827	325405	10000	19421		59711
吉林	228977	202772	166673	149380	122264		27116		17293
黑龙江	534952	433170	401153	387082	341639	27903	17540		14071
上海	192271	119876	119876	100510	100510				19365
江苏	1905210	1395281	1353498	1145635	1004921		140714		207864
浙江	972028	794342	720023	594691	534010		60681		125332
安徽	94042	49666	47286	41746	38936		2810		5540
福建	486928	388337	386755	350061	305562	4594	39905		36694
江西	58152	49701	49401	49383	45903		3480		18
山东	2876722	2446795	2316950	2207261	2101814	8500	96947		109689
河南	1121116	982963	816173	711968	630377	8864	72727		104205
湖北	217078	175457	173106	164977	160835		4143		8128
湖南	317837	229201	220953	210843	201498		9346		10109
广东	5578058	4208354	3851785	3743045	3436490	21016	285539		108740
广西	992857	817099	718648	674897	549877	14247	110772		43752
海南	194292	151491	151491	147348	132049	15299			4143
重庆	749630	485339	457550	332275	251789	13418	67068		125274
四川	491410	368588	337040	318568	268439	3537	46593		18472
贵州	185237	147237	147237	147237	147237				
云南	677800	532838	530022	460070	400863	39928	19279		69951
西藏									
陕西	795943	390901	370232	339511	313630	24881	1000		30721
甘肃	1473	1053	1053	1001	1001				53
青海									
宁夏									
新疆	364346	201691	201691	194609	168116	10000	16493		7082
大连	213252	188153	188153	170216	168399		1817		17937
宁波	82332	63978	63278	54812	48950		5862		8465
厦门	100839	94355	94141	83427	66013	879	16535		10714
青岛	143883	135534	133674	133674	133674				
深圳	584051	391842	391842	386898	269466	1018	116414		4944

(地方技工学校)

单位：千元

政府性基金预算安排的教育经费	#地方教育附加	#从土地出让收益中计提的教育资金	企业办学中的企业拨款	校办产业和社会服务收入用于教育的经费	其他属于国家财政性教育经费	民办学校中举办者投入	捐赠收入	事业收入	#学费	其他教育经费
1085062	**852344**	**157338**	**89669**	**67264**		**32471**	**13044**	**3900334**	**2415125**	**968846**
				12119			201	66503	40634	14533
			12341	1000			534	38119	34462	5681
11000		11000	14286	1586				149166	73976	22677
143072	44786	95042						23294	3895	1476
1632		1134	10400					26915	11222	4529
1000	1000					445		70105	21626	26312
36099	36033					1100		7491	5544	17614
30000	30000			2017			189	89090	80929	12503
								26330	19358	46065
39582	38572	999	2170	31			4525	431549	248149	73855
74270	39712	28383		49			180	130550	87288	46956
2380		2380						43433	19916	943
1369	9			214		5975	683	57471	15057	34461
300	300							8099	4479	352
108504	108504		16751	4590		1200	436	318312	156684	109978
161136	105966	18400	5198	456		281		117126	77568	20746
2351	2351					1200		23165	12047	17256
1363	1363		6885				500	65257	27594	22880
346066	328081		2990	7514		14190	202	1249173	896693	106139
97427	97427		1024				1403	146176	81154	28179
								6882	840	35919
11194	9854		16369	226		6438	2903	204462	133187	50489
14650	7386		1255	15643		1482	20	110349	42261	10971
										38000
665				2151			936	109057	73305	34969
1000	1000			19669		160	334	349934	242161	54614
										420
								32325	5097	130330
								4675	4671	20424
700								18192	17717	163
				214				5499	2261	985
1860	1860									8349
								164228	137808	27981

3-23 教育经费收入情况

地区	总计	国家财政性教育经费	公共财政预算安排的教育经费	公共财政教育经费	教育事业费	基本建设经费	教育费附加	科研经费	其他
合计	**8836032**	**7290806**	**6874743**	**6119733**	**5759391**	**31547**	**328796**		**755010**
北京	76411	49538	47708	45073	36744		8330		2634
天津	81372	75067	57232	48936	48936				8296
河北	676726	596549	588151	543225	520773		22452		44926
山西	290634	275142	271103	251470	248514		2956		19634
内蒙古	312275	292765	292765	205381	200406		4975		87384
辽宁	30777	29684	29684	18641	18641				11043
吉林	618095	602242	591314	556728	550183		6545		34585
黑龙江	657884	627730	619574	569907	553571	1347	14990		49667
上海	148989	118887	118887	107717	100229		7488		11170
江苏	661759	515384	464855	441362	409958	3500	27904		23493
浙江	639481	510744	480950	439374	390695		48679		41576
安徽	257630	168834	162785	149425	144545		4880		13360
福建	48871	33304	28164	27297	12270		15027		867
江西	330424	293931	293281	276461	244033		32428		16820
山东	527067	444495	402833	397838	374635		23203		4995
河南	890873	659753	610134	485832	467255	7725	10853		124302
湖北	67270	42911	41085	41039	36611	4300	129		46
湖南	483321	372520	365899	353085	345794		7292		12814
广东	395583	267704	258141	233622	217181		16441		24519
广西	24113	19542	19542	16005	16005				3537
海南	24139	23624	23544	18577	18302		275		4968
重庆	521302	423491	421530	321641	284420	14675	22546		99888
四川	243925	163087	107517	89997	86942		3055		17520
贵州	52921	34383	30435	24843	23043		1800		5593
云南	281056	264619	263226	185035	171720		13315		78191
西藏									
陕西	164279	98901	98867	98744	97055		1689		123
甘肃	76726	65917	63509	56079	49847		6232		7431
青海	3462	886	886	200	200				686
宁夏	11906	9049	9049	5187	5187				3862
新疆	236760	210122	112092	111011	85697		25314		1082
大连	9028	8685	8685	8489	8489				197
宁波	336482	288951	272779	250827	221312		29516		21951
厦门									
青岛	12445	12367	11010	10275	10275				735
深圳	66048	28941	28029	25744	25387		357		2285

(成人中等专业学校)

单位：千元

政府性基金预算安排的教育经费	#地方教育附加	#从土地出让收益中计提的教育资金	企业办学中的企业拨款	校办产业和社会服务收入用于教育的经费	其他属于国家财政性教育经费	民办学校中举办者投入	捐赠收入	事业收入	#学费	其他教育经费
342003	**212977**	**49529**	**35426**	**38634**		**24801**	**26905**	**1263392**	**608097**	**230128**
1830							16184	8078	3754	2612
8	8			17827				5965	4674	339
8398	6386	112				1500	514	65609	21237	12554
4039	729							14873	2401	618
							51	18149	1094	1310
								952	15	140
10811	8457	1254		117		260	31	13634	3908	1928
98		98	8057				13	18977	6347	11164
								7536	130	22567
50530	47983	47					4505	129905	47700	11964
29376	14607	13179		418			12	89674	5454	39052
6049	3974	2075				4318		76646	39179	7832
5140	2140	2500				6000		9345	2037	222
650	400							31102	4262	5391
23981	10648	12033	17682			440	1244	68200	36860	12689
25505	11751	720	7405	16709		8598	2659	212617	157728	7247
1826	826	1000				311		22238	10505	1809
6621	1716	3698				606		91206	58383	18989
9534	8622			29			79	108615	72889	19186
								4324	3635	247
79		79						12		504
1961	1961						1441	81143	37740	15227
55570	554	6252				1800	100	68691	41959	10247
348	348		100	3499				14815	3040	3724
1393		93				180	42	12991	4721	3224
				34				64395	27021	982
226	226		2182			789		8374	4786	1645
										2577
								1018	959	1840
98030	91640	6390					30	14310	5682	12297
								337		6
16172	14013	1308					12	36244	410	11276
1357	157							73	67	5
912								33099	20137	4008

3-24 教育经费收入情况

地区	总计	国家财政性教育经费	公共财政预算安排的教育经费	公共财政教育经费	教育事业费	基本建设经费	教育费附加	科研经费	其他
合计	**8783991**	**7241851**	**6851673**	**6097230**	**5736888**	**31547**	**328796**		**754443**
北京	76411	49538	47708	45073	36744		8330		2634
天津	62797	57140	57132	48837	48837				8296
河北	676726	596549	588151	543225	520773		22452		44926
山西	290634	275142	271103	251470	248514		2956		19634
内蒙古	312275	292765	292765	205381	200406		4975		87384
辽宁	30777	29684	29684	18641	18641				11043
吉林	618095	602242	591314	556728	550183		6545		34585
黑龙江	630452	600492	600393	551293	534957	1347	14990		49100
上海	148989	118887	118887	107717	100229		7488		11170
江苏	661759	515384	464855	441362	409958	3500	27904		23493
浙江	639481	510744	480950	439374	390695		48679		41576
安徽	257630	168834	162785	149425	144545		4880		13360
福建	48871	33304	28164	27297	12270		15027		867
江西	330424	293931	293281	276461	244033		32428		16820
山东	527067	444495	402833	397838	374635		23203		4995
河南	890873	659753	610134	485832	467255	7725	10853		124302
湖北	67270	42911	41085	41039	36611	4300	129		46
湖南	483321	372520	365899	353085	345794		7292		12814
广东	395583	267704	258141	233622	217181		16441		24519
广西	24113	19542	19542	16005	16005				3537
海南	24139	23624	23544	18577	18302		275		4968
重庆	521302	423491	421530	321641	284420	14675	22546		99888
四川	243925	163087	107517	89997	86942		3055		17520
贵州	52921	34383	30435	24843	23043		1800		5593
云南	279690	264619	263226	185035	171720		13315		78191
西藏									
陕西	164279	98901	98867	98744	97055		1689		123
甘肃	76726	65917	63509	56079	49847		6232		7431
青海	3462	886	886	200	200				686
宁夏	11906	9049	9049	5187	5187				3862
新疆	232092	206333	108303	107221	81908		25314		1082
大连	9028	8685	8685	8489	8489				197
宁波	336482	288951	272779	250827	221312		29516		21951
厦门									
青岛	12445	12367	11010	10275	10275				735
深圳	66048	28941	28029	25744	25387		357		2285

(地方成人中等专业学校)

单位：千元

政府性基金预算安排的教育经费	#地方教育附加	#从土地出让收益中计提的教育资金	企业办学中的企业拨款	校办产业和社会服务收入用于教育的经费	其他属于国家财政性教育经费	民办学校中举办者投入	捐赠收入	事业收入	#学费	其他教育经费
342003	**212977**	**49529**	**27369**	**20807**		**24801**	**26905**	**1261999**	**606776**	**228434**
1830							16184	8078	3754	2612
8	8							5530	4311	127
8398	6386	112				1500	514	65609	21237	12554
4039	729							14873	2401	618
							51	18149	1094	1310
								952	15	140
10811	8457	1254		117		260	31	13634	3908	1928
98		98					13	18783	6153	11164
								7536	130	22567
50530	47983	47					4505	129905	47700	11964
29376	14607	13179		418			12	89674	5454	39052
6049	3974	2075				4318		76646	39179	7832
5140	2140	2500				6000		9345	2037	222
650	400							31102	4262	5391
23981	10648	12033	17682			440	1244	68200	36860	12689
25505	11751	720	7405	16709		8598	2659	212617	157728	7247
1826	826	1000				311		22238	10505	1809
6621	1716	3698				606		91206	58383	18989
9534	8622			29			79	108615	72889	19186
								4324	3635	247
79		79						12		504
1961	1961						1441	81143	37740	15227
55570	554	6252				1800	100	68691	41959	10247
348	348		100	3499				14815	3040	3724
1393		93				180	42	12991	4721	1858
				34				64395	27021	982
226	226		2182			789		8374	4786	1645
										2577
								1018	959	1840
98030	91640	6390					30	13546	4917	12183
								337		6
16172	14013	1308					12	36244	410	11276
1357	157							73	67	5
912								33099	20137	4008

3-25 教育经费收入情况

地区	总计	国家财政性教育经费	公共财政预算安排的教育经费	公共财政教育经费	教育事业费	基本建设经费	教育费附加	科研经费	其他
合计	**882555206**	**776084655**	**734524184**	**689408389**	**623514377**	**16589573**	**49304440**		**45115795**
北京	29741492	26782710	23191193	20011881	16596499	987745	2427637		3179313
天津	14872825	13793844	13056190	12941973	11652889		1289083		114217
河北	31508279	28214025	26328924	25362636	23414474	327873	1620289		966288
山西	21766099	18234087	17054387	16272978	14640017	216496	1416466		781409
内蒙古	18537656	17852243	16939524	14799095	13309955	442203	1046937		2140429
辽宁	23285769	21599689	20510871	18641560	16515797	37430	2088333		1869312
吉林	14019089	12764064	11926966	11501574	10616117	133732	751725		425391
黑龙江	19622598	18414023	18045679	17440291	16061774	521177	857339		605389
上海	23213872	20016747	19717521	18124246	14595848	440764	3087634		1593275
江苏	59712381	52670847	48947375	46979741	41270943	6566	5702233		1967634
浙江	45709338	36885201	32992219	31897789	28989332	327640	2580817		1094430
安徽	34575725	28340189	26569624	24231011	21966170	626036	1638805		2338613
福建	26267539	22877517	20611353	19583788	18051925	194696	1337167		1027565
江西	27819708	25234274	24332720	23652183	22049828	552130	1050226		680537
山东	61983734	56314118	52424626	51781291	47884999	20000	3876292		643335
河南	50950268	44677286	43323633	36995661	34556496	727350	1711815		6327972
湖北	31101162	26779264	25317431	24194370	21939420	641160	1613789		1123061
湖南	35919036	29908322	29170600	28191025	25773771	412349	2004906		979574
广东	78172320	62752444	60115599	56053663	50615584	1488980	3949099		4061936
广西	25176821	23028744	21826684	21053759	19156199	1012861	884698		772926
海南	7603517	6932098	6533011	5881638	5410783	143035	327820		651373
重庆	21726289	19137411	18741513	15660788	13831666	970031	859091		3080725
四川	45606246	39239110	37550940	35394529	32797407	833547	1763575		2156412
贵州	25573641	22747638	21985931	21235605	19847201	709700	678705		750326
云南	25860616	23982457	23745626	21182636	18912296	895324	1375016		2562990
西藏	4044676	4022963	3871250	3738049	3167563	519220	51265		133201
陕西	26254656	23634036	23051314	22470080	20650869	441876	1377335		581234
甘肃	17281267	16284130	15243787	14205883	12975311	538129	692443		1037904
青海	6068407	5817394	5534375	4910654	3719909	995119	195626		623721
宁夏	5769380	5437550	5156536	4531582	4141300	200570	189712		624954
新疆	22810798	21710230	20706782	20486432	18402037	1225836	858560		220350
大连	4062879	3751103	3723390	3430812	2929951		500862		292578
宁波	7765505	6514989	5482926	5148064	4564835	77800	505429		334862
厦门	3838539	3448748	2572427	2311345	1892214	121937	297194		261082
青岛	8331224	7755212	7052026	7052026	6269479		782547		
深圳	11199442	8436256	8188697	7491179	5483139	1211669	796371		697518

(中学)

单位：千元

政府性基金预算安排的教育经费	#地方教育附加	#从土地出让收益中计提的教育资金	企业办学中的企业拨款	校办产业和社会服务收入用于教育的经费	其他属于国家财政性教育经费	民办学校中举办者投入	捐赠收入	事业收入	#学费	其他教育经费
40951870	**25148486**	**12949239**	**548654**	**59947**		**3634422**	**1932557**	**90174759**	**70061929**	**10728813**
3557067	2820741	630307	32803	1647		30570	71847	1969114	1645487	887251
728820	578250	149820	7256	1578		6002	21734	808578	708035	242667
1884239	1069674	693230		862		72121	43586	3007506	2358227	171042
1176605	797633	209608	3034	61		146148	13601	3294531	2767227	77732
912719	551513	339664				3545	6786	604659	335120	70424
1088793	757181	259622		25		88343	5478	1515344	1264571	76914
837099	632886	182006				28000	5983	1085494	949158	135548
308188	32624	230880	60156			14328	2475	1046598	939880	145173
293642		292659		5584		2145	14440	2324225	2179154	856316
3723472	3215635	459327				76025	322848	5635823	4610895	1006838
3892982	2159567	1397065				217799	289059	6887415	5427704	1429864
1758348	809930	867327	12010	208		137350	24424	5807208	4729786	266554
2266096	1099891	1100453		68		232999	114216	2737848	2025780	304960
899221	475458	219775	2285	48		57529	57122	2366181	1408591	104602
3883748	2237485	1388882	5731	13		145954	40220	5119035	4199767	364408
1352278	589240	696299	335	1039		636154	17909	5388895	4140295	230025
1458956	872175	534972		2878		173169	19918	3722912	2840301	405899
731033	508999	131317		6690		385605	48915	5066993	3499193	509200
2591687	1734496	718077	19247	25911		429911	205608	13335593	10872792	1448763
1202059	532912	509791				45349	25155	1833703	1264425	243871
394705	246457	136174	4378	4		33388	12581	545502	433773	79949
386272	1495	304834		9626		25246	149418	2074090	1277064	340123
1684979	1088500	391932		3190		420847	184128	5507018	3333867	255143
760637	460626	160529	1071			123296	51821	2264805	1789746	386080
228245		117702	8071	515		42460	59333	1615820	1260968	160545
151713	123802	711				555	5800	14155	10032	1203
579621	436749	126952	3100	1		39576	12962	2483279	2126822	84804
956139	480006	383661	84204			2549	35001	894762	790280	64825
283019	170960	110057				3942	17856	146058	94250	83157
281014	147948	80174				13166	6624	281452	218083	30588
698474	515655	125432	304973			354	45707	790160	560656	264347
27713	14490	12860				12000	1917	256632	244757	41227
1032063	611908	298020				20000	17897	1050617	940310	162003
876321	585928	290250				93344	12939	203548	187746	79960
703186	532769	165952				50198	5601	487495	432029	32718
247560	245595					33033	542	1854242	1601483	875369

3-26 教育经费收入情况

地区	总计	国家财政性教育经费	公共财政预算安排的教育经费	公共财政教育经费	教育事业费	基本建设经费	教育费附加	科研经费	其他
合计	**878415838**	**772736745**	**731570091**	**686597523**	**620812278**	**16480805**	**49304440**		**44972568**
北京	28865424	26290167	22699801	19523885	16108503	987745	2427637		3175916
天津	14872825	13793844	13056190	12941973	11652889		1289083		114217
河北	31508279	28214025	26328924	25362636	23414474	327873	1620289		966288
山西	21766099	18234087	17054387	16272978	14640017	216496	1416466		781409
内蒙古	18537656	17852243	16939524	14799095	13309955	442203	1046937		2140429
辽宁	23285769	21599689	20510871	18641560	16515797	37430	2088333		1869312
吉林	13870847	12665814	11828716	11403324	10517867	133732	751725		425391
黑龙江	19391880	18191917	17888788	17283399	15904882	521177	857339		605389
上海	23024156	19924781	19625555	18033119	14512221	433264	3087634		1592436
江苏	59712381	52670847	48947375	46979741	41270943	6566	5702233		1967634
浙江	45709338	36885201	32992219	31897789	28989332	327640	2580817		1094430
安徽	34575725	28340189	26569624	24231011	21966170	626036	1638805		2338613
福建	26267539	22877517	20611353	19583788	18051925	194696	1337167		1027565
江西	27819708	25234274	24332720	23652183	22049828	552130	1050226		680537
山东	61983734	56314118	52424626	51781291	47884999	20000	3876292		643335
河南	50945466	44673440	43319787	36991816	34552651	727350	1711815		6327972
湖北	31044818	26730059	25269590	24147000	21892050	641160	1613789		1122590
湖南	35903455	29908322	29170600	28191025	25773771	412349	2004906		979574
广东	78111748	62704477	60082182	56024057	50585978	1488980	3949099		4058125
广西	25176821	23028744	21826684	21053759	19156199	1012861	884698		772926
海南	7597796	6930863	6531776	5880403	5409548	143035	327820		651373
重庆	21626842	19060651	18664753	15584028	13754906	970031	859091		3080725
四川	45606246	39239110	37550940	35394529	32797407	833547	1763575		2156412
贵州	25573641	22747638	21985931	21235605	19847201	709700	678705		750326
云南	25860616	23982457	23745626	21182636	18912296	895324	1375016		2562990
西藏	4044676	4022963	3871250	3738049	3167563	519220	51265		133201
陕西	26116535	23518456	22935734	22354500	20535289	441876	1377335		581234
甘肃	17274782	16277815	15237472	14200567	12969995	538129	692443		1036904
青海	6068407	5817394	5534375	4910654	3719909	995119	195626		623721
宁夏	5769380	5437550	5156536	4531582	4141300	200570	189712		624954
新疆	20503249	19568093	18876183	18789542	16806414	1124568	858560		86641
大连	4062879	3751103	3723390	3430812	2929951		500862		292578
宁波	7765505	6514989	5482926	5148064	4564835	77800	505429		334862
厦门	3838539	3448748	2572427	2311345	1892214	121937	297194		261082
青岛	8331224	7755212	7052026	7052026	6269479		782547		
深圳	11199442	8436256	8188697	7491179	5483139	1211669	796371		697518

(地方中学)

单位：千元

政府性基金预算安排的教育经费	#地方教育附加	#从土地出让收益中计提的教育资金	企业办学中的企业拨款	校办产业和社会服务收入用于教育的经费	其他属于国家财政性教育经费	民办学校中举办者投入	捐赠收入	事业收入	#学费	其他教育经费
40939778	**25148486**	**12949239**	**169443**	**57433**		**3634422**	**1913758**	**89820756**	**69857368**	**10310157**
3557067	2820741	630307	32803	496		30570	62782	1873630	1634433	608274
728820	578250	149820	7256	1578		6002	21734	808578	708035	242667
1884239	1069674	693230		862		72121	43586	3007506	2358227	171042
1176605	797633	209608	3034	61		146148	13601	3294531	2767227	77732
912719	551513	339664				3545	6786	604659	335120	70424
1088793	757181	259622		25		88343	5478	1515344	1264571	76914
837099	632886	182006				28000	5983	1046719	910383	124330
302661	32624	230880	468			14328	2475	1037987	934244	145173
293642		292659		5584		2145	14215	2284909	2141598	798107
3723472	3215635	459327				76025	322848	5635823	4610895	1006838
3892982	2159567	1397065				217799	289059	6887415	5427704	1429864
1758348	809930	867327	12010	208		137350	24424	5807208	4729786	266554
2266096	1099891	1100453		68		232999	114216	2737848	2025780	304960
899221	475458	219775	2285	48		57529	57122	2366181	1408591	104602
3883748	2237485	1388882	5731	13		145954	40220	5119035	4199767	364408
1352278	589240	696299	335	1039		636154	17873	5388895	4140295	229104
1458956	872175	534972		1514		173169	19918	3720586	2838464	401086
731033	508999	131317		6690		385605	48524	5056901	3498109	504102
2591687	1734496	718077	4697	25911		429911	205608	13324597	10862206	1447154
1202059	532912	509791				45349	25155	1833703	1264425	243871
394705	246457	136174	4378	4		33388	12581	543448	433175	77516
386272	1495	304834		9626		25246	149415	2061123	1272889	330407
1684979	1088500	391932		3190		420847	184128	5507018	3333867	255143
760637	460626	160529	1071			123296	51821	2264805	1789746	386080
228245		117702	8071	515		42460	59333	1615820	1260968	160545
151713	123802	711				555	5800	14155	10032	1203
579621	436749	126952	3100	1		39576	12622	2464805	2110747	81076
956139	480006	383661	84204			2549	35001	894717	790235	64700
283019	170960	110057				3942	17856	146058	94250	83157
281014	147948	80174				13166	6624	281452	218083	30588
691909	515655	125432				354	36968	675296	483516	222539
27713	14490	12860				12000	1917	256632	244757	41227
1032063	611908	298020				20000	17897	1050617	940310	162003
876321	585928	290250				93344	12939	203548	187746	79960
703186	532769	165952				50198	5601	487495	432029	32718
247560	245595					33033	542	1854242	1601483	875369

3-27 教育经费收入情况

地 区	总 计	国家财政性教育经费	公共财政预算安排的教育经费	公共财政教育经费	教育事业费	基本建设经费	教育费附加	科研经费	其 他
合 计	**881913004**	**775571915**	**734023018**	**688953108**	**623179678**	**16589573**	**49183858**		**45069910**
北 京	29732922	26774788	23183271	20003958	16589956	987745	2426257		3179313
天 津	14849196	13770215	13032562	12918484	11629401		1289083		114078
河 北	31508279	28214025	26328924	25362636	23414474	327873	1620289		966288
山 西	21766099	18234087	17054387	16272978	14640017	216496	1416466		781409
内蒙古	18537656	17852243	16939524	14799095	13309955	442203	1046937		2140429
辽 宁	23285769	21599689	20510871	18641560	16515797	37430	2088333		1869312
吉 林	14015532	12760542	11923504	11498112	10612827	133732	751554		425391
黑龙江	19622598	18414023	18045679	17440291	16061774	521177	857339		605389
上 海	23183381	19989197	19689971	18102859	14574461	440764	3087634		1587112
江 苏	59434501	52459327	48739324	46771948	41172994	6566	5592388		1967377
浙 江	45522048	36738287	32851095	31761230	28859537	327640	2574053		1089865
安 徽	34575725	28340189	26569624	24231011	21966170	626036	1638805		2338613
福 建	26267267	22877245	20611081	19583556	18051693	194696	1337167		1027524
江 西	27790208	25204774	24303220	23652183	22049828	552130	1050226		651037
山 东	61962021	56292404	52402913	51759578	47863285	20000	3876292		643335
河 南	50947088	44674106	43320453	36992481	34553316	727350	1711815		6327972
湖 北	31088058	26770988	25309554	24186885	21932462	641160	1613263		1122669
湖 南	35917094	29907438	29169716	28190142	25772887	412349	2004906		979574
广 东	78132127	62725466	60090471	56033322	50597139	1488980	3947203		4057148
广 西	25176518	23028440	21826381	21053456	19155896	1012861	884698		772926
海 南	7603517	6932098	6533011	5881638	5410783	143035	327820		651373
重 庆	21726289	19137411	18741513	15660788	13831666	970031	859091		3080725
四 川	45605670	39238534	37550367	35393996	32796875	833547	1763575		2156371
贵 州	25573641	22747638	21985931	21235605	19847201	709700	678705		750326
云 南	25860616	23982457	23745626	21182636	18912296	895324	1375016		2562990
西 藏	4044676	4022963	3871250	3738049	3167563	519220	51265		133201
陕 西	26254656	23634036	23051314	22470080	20650869	441876	1377335		581234
甘 肃	17281267	16284130	15243787	14205883	12975311	538129	692443		1037904
青 海	6068407	5817394	5534375	4910654	3719909	995119	195626		623721
宁 夏	5769380	5437550	5156536	4531582	4141300	200570	189712		624954
新 疆	22810798	21710230	20706782	20486432	18402037	1225836	858560		220350
大 连	4062879	3751103	3723390	3430812	2929951		500862		292578
宁 波	7763741	6513299	5481236	5146374	4563198	77800	505376		334862
厦 门	3838539	3448748	2572427	2311345	1892214	121937	297194		261082
青 岛	8331224	7755212	7052026	7052026	6269479		782547		
深 圳	11199442	8436256	8188697	7491179	5483139	1211669	796371		697518

(普通中学)

单位：千元

政府性基金预算安排的教育经费	#地方教育附加	#从土地出让收益中计提的教育资金	企业办学中的企业拨款	校办产业和社会服务收入用于教育的经费	其他属于国家财政性教育经费	民办学校中举办者投入	捐赠收入	事业收入	#学费	其他教育经费
40940296	**25139968**	**12946494**	**548654**	**59947**		**3634422**	**1932435**	**90086750**	**70035886**	**10687482**
3557067	2820741	630307	32803	1647		30570	71847	1968466	1645487	887251
728820	578250	149820	7256	1578		6002	21734	808578	708035	242666
1884239	1069674	693230		862		72121	43586	3007506	2358227	171042
1176605	797633	209608	3034	61		146148	13601	3294531	2767227	77732
912719	551513	339664				3545	6786	604659	335120	70424
1088793	757181	259622		25		88343	5478	1515344	1264571	76914
837038	632886	181945				28000	5983	1085461	949158	135547
308188	32624	230880	60156			14328	2475	1046598	939880	145173
293642		292659		5584		2145	14440	2321454	2178689	856145
3720003	3214237	457256				76025	322793	5578318	4590631	998038
3887192	2154335	1396652				217799	288993	6875388	5426876	1401581
1758348	809930	867327	12010	208		137350	24424	5807208	4729786	266554
2266096	1099891	1100453		68		232999	114216	2737848	2025780	304960
899221	475458	219775	2285	48		57529	57122	2366181	1408591	104602
3883748	2237485	1388882	5731	13		145954	40220	5119035	4199767	364408
1352278	589240	696299	335	1039		636154	17909	5388895	4140295	230025
1458556	871975	534772		2878		173169	19918	3719612	2840061	404371
731033	508999	131317		6690		385605	48915	5065935	3498134	509200
2589837	1732810	718077	19247	25911		429911	205608	13324926	10869604	1446216
1202059	532912	509791				45349	25155	1833703	1264425	243871
394705	246457	136174	4378	4		33388	12581	545502	433773	79949
386272	1495	304834		9626		25246	149418	2074090	1277064	340123
1684976	1088497	391932		3190		420847	184128	5507018	3333867	255143
760637	460626	160529	1071			123296	51821	2264805	1789746	386080
228245		117702	8071	515		42460	59333	1615820	1260968	160545
151713	123802	711				555	5800	14155	10032	1203
579621	436749	126952	3100	1		39576	12962	2483279	2126822	84804
956139	480006	383661	84204			2549	35001	894762	790280	64825
283019	170960	110057				3942	17856	146058	94250	83157
281014	147948	80174				13166	6624	281452	218083	30588
698474	515655	125432	304973			354	45707	790160	560656	264347
27713	14490	12860				12000	1917	256632	244757	41227
1032063	611908	298020				20000	17897	1050617	940310	161928
876321	585928	290250				93344	12939	203548	187746	79960
703186	532769	165952				50198	5601	487495	432029	32718
247560	245595					33033	542	1854242	1601483	875369

3-28 教育经费收入情况

地区	总计	国家财政性教育经费	公共财政预算安排的教育经费	公共财政教育经费	教育事业费	基本建设经费	教育费附加	科研经费	其他
合计	**877773636**	**772224005**	**731068925**	**686142241**	**620477578**	**16480805**	**49183858**		**44926683**
北京	28856853	26282245	22691878	19515962	16101960	987745	2426257		3175916
天津	14849196	13770215	13032562	12918484	11629401		1289083		114078
河北	31508279	28214025	26328924	25362636	23414474	327873	1620289		966288
山西	21766099	18234087	17054387	16272978	14640017	216496	1416466		781409
内蒙古	18537656	17852243	16939524	14799095	13309955	442203	1046937		2140429
辽宁	23285769	21599689	20510871	18641560	16515797	37430	2088333		1869312
吉林	13867290	12662292	11825254	11399862	10514577	133732	751554		425391
黑龙江	19391880	18191917	17888788	17283399	15904882	521177	857339		605389
上海	22993666	19897232	19598006	18011732	14490834	433264	3087634		1586273
江苏	59434501	52459327	48739324	46771948	41172994	6566	5592388		1967377
浙江	45522048	36738287	32851095	31761230	28859537	327640	2574053		1089865
安徽	34575725	28340189	26569624	24231011	21966170	626036	1638805		2338613
福建	26267267	22877245	20611081	19583556	18051693	194696	1337167		1027524
江西	27790208	25204774	24303220	23652183	22049828	552130	1050226		651037
山东	61962021	56292404	52402913	51759578	47863285	20000	3876292		643335
河南	50942286	44670260	43316607	36988636	34549471	727350	1711815		6327972
湖北	31031714	26721783	25261714	24139515	21885092	641160	1613263		1122199
湖南	35901512	29907438	29169716	28190142	25772887	412349	2004906		979574
广东	78071555	62677499	60057053	56003716	50567533	1488980	3947203		4053337
广西	25176518	23028440	21826381	21053456	19155896	1012861	884698		772926
海南	7597796	6930863	6531776	5880403	5409548	143035	327820		651373
重庆	21626842	19060651	18664753	15584028	13754906	970031	859091		3080725
四川	45605670	39238534	37550367	35393996	32796875	833547	1763575		2156371
贵州	25573641	22747638	21985931	21235605	19847201	709700	678705		750326
云南	25860616	23982457	23745626	21182636	18912296	895324	1375016		2562990
西藏	4044676	4022963	3871250	3738049	3167563	519220	51265		133201
陕西	26116535	23518456	22935734	22354500	20535289	441876	1377335		581234
甘肃	17274782	16277815	15237472	14200567	12969995	538129	692443		1036904
青海	6068407	5817394	5534375	4910654	3719909	995119	195626		623721
宁夏	5769380	5437550	5156536	4531582	4141300	200570	189712		624954
新疆	20503249	19568093	18876183	18789542	16806414	1124568	858560		86641
大连	4062879	3751103	3723390	3430812	2929951		500862		292578
宁波	7763741	6513299	5481236	5146374	4563198	77800	505376		334862
厦门	3838539	3448748	2572427	2311345	1892214	121937	297194		261082
青岛	8331224	7755212	7052026	7052026	6269479		782547		
深圳	11199442	8436256	8188697	7491179	5483139	1211669	796371		697518

(地方普通中学)

单位：千元

政府性基金预算安排的教育经费	#地方教育附加	#从土地出让收益中计提的教育资金	企业办学中的企业拨款	校办产业和社会服务收入用于教育的经费	其他属于国家财政性教育经费	民办学校中举办者投入	捐赠收入	事业收入	#学费	其他教育经费
40928205	**25139968**	**12946494**	**169443**	**57433**		**3634422**	**1913636**	**89732747**	**69831325**	**10268826**
3557067	2820741	630307	32803	496		30570	62782	1872983	1634433	608274
728820	578250	149820	7256	1578		6002	21734	808578	708035	242666
1884239	1069674	693230		862		72121	43586	3007506	2358227	171042
1176605	797633	209608	3034	61		146148	13601	3294531	2767227	77732
912719	551513	339664				3545	6786	604659	335120	70424
1088793	757181	259622		25		88343	5478	1515344	1264571	76914
837038	632886	181945				28000	5983	1046686	910383	124329
302661	32624	230880	468			14328	2475	1037987	934244	145173
293642		292659		5584		2145	14215	2282138	2141133	797936
3720003	3214237	457256				76025	322793	5578318	4590631	998038
3887192	2154335	1396652				217799	288993	6875388	5426876	1401581
1758348	809930	867327	12010	208		137350	24424	5807208	4729786	266554
2266096	1099891	1100453		68		232999	114216	2737848	2025780	304960
899221	475458	219775	2285	48		57529	57122	2366181	1408591	104602
3883748	2237485	1388882	5731	13		145954	40220	5119035	4199767	364408
1352278	589240	696299	335	1039		636154	17873	5388895	4140295	229104
1458556	871975	534772		1514		173169	19918	3717286	2838224	399558
731033	508999	131317		6690		385605	48524	5055843	3497050	504102
2589837	1732810	718077	4697	25911		429911	205608	13313930	10859018	1444606
1202059	532912	509791				45349	25155	1833703	1264425	243871
394705	246457	136174	4378	4		33388	12581	543448	433175	77516
386272	1495	304834		9626		25246	149415	2061123	1272889	330407
1684976	1088497	391932		3190		420847	184128	5507018	3333867	255143
760637	460626	160529	1071			123296	51821	2264805	1789746	386080
228245		117702	8071	515		42460	59333	1615820	1260968	160545
151713	123802	711				555	5800	14155	10032	1203
579621	436749	126952	3100	1		39576	12622	2464805	2110747	81076
956139	480006	383661	84204			2549	35001	894717	790235	64700
283019	170960	110057				3942	17856	146058	94250	83157
281014	147948	80174				13166	6624	281452	218083	30588
691909	515655	125432				354	36968	675296	483516	222539
27713	14490	12860				12000	1917	256632	244757	41227
1032063	611908	298020				20000	17897	1050617	940310	161928
876321	585928	290250				93344	12939	203548	187746	79960
703186	532769	165952				50198	5601	487495	432029	32718
247560	245595					33033	542	1854242	1601483	875369

3-29 教育经费收入情况

地区	总计	国家财政性教育经费							
			公共财政预算安排的教育经费						
				公共财政教育经费			教育费附加	科研经费	其他
					教育事业费	基本建设经费			
合计	**335853749**	**261919171**	**243995330**	**229209998**	**202643408**	**6186516**	**20380074**		**14785332**
北京	12707519	10785696	9078725	7806024	6417532	445241	943251		1272701
天津	6806595	5989412	5807739	5757681	5044293		713388		50058
河北	11963121	9730566	9229260	8901721	8096947	46510	758265		327539
山西	9780788	7109318	6572937	6275600	5307159	132194	836247		297338
内蒙古	7464879	6927723	6530881	5788769	5259586	134768	394414		742112
辽宁	8275320	6976541	6498812	5972867	5187370	8180	777317		525944
吉林	4873631	4055908	3708486	3565120	3202779	37869	324471		143366
黑龙江	6906171	5937067	5730977	5543177	5082644	106410	354123		187799
上海	8580093	6894887	6770330	6216435	4672275	299957	1244203		553895
江苏	23365657	18878429	17046650	16478035	14185578	4220	2288237		568615
浙江	18408403	12511397	10907112	10433546	9517729	134100	781717		473566
安徽	14705551	9976104	9176719	8508626	7295356	227537	985733		668094
福建	9967511	7883983	6849493	6440411	5953526	28480	458406		409082
江西	10646529	8709648	8167050	7935327	7317070	167327	450931		231723
山东	21808793	17737347	16231804	16023613	14580725		1442888		208191
河南	17070342	13028956	12432237	11102304	10192084	260116	650104		1329933
湖北	12120094	8659377	8039621	7698417	6782350	142158	773910		341203
湖南	12617409	8136214	7800172	7557720	6647243	92189	818288		242452
广东	33263826	23189197	21998646	20473182	18302061	438554	1732566		1525464
广西	8521259	6979476	6287806	5984169	5235907	497556	250706		303636
海南	2847438	2446367	2302289	2095943	1957701	45142	93100		206346
重庆	9373691	7479131	7266420	6207953	5121641	654705	431607		1058467
四川	16472644	12402282	11588936	10920351	9925887	196097	798367		668585
贵州	9248144	7139929	6784143	6488607	5775729	405532	307346		295536
云南	8016402	6650367	6547974	5646991	4927767	324027	395197		900983
西藏	1497902	1484575	1450476	1411439	1079820	306700	24918		39038
陕西	10496484	8426868	8257196	8030100	7364824	114399	550876		227096
甘肃	6611864	5729684	5319170	4863216	4363292	196980	302945		455954
青海	2243595	2043315	1934211	1676850	1243115	329181	104554		257361
宁夏	2098707	1844820	1758418	1531794	1447061	30460	54273		226624
新疆	7093387	6174587	5920640	5874011	5156357	379926	337728		46629
大连	1523735	1286742	1282406	1189049	1018890		170159		93357
宁波	3319643	2425567	1928522	1797987	1638046		159941		130535
厦门	1470539	1210799	876936	768081	670083	6611	91388		108854
青岛	2991880	2603807	2412330	2412330	2026561		385770		
深圳	4699544	2995934	2937493	2635856	2045404	346001	244451		301637

(普通高中)

单位：千元

政府性基金预算安排的教育经费	#地方教育附加	#从土地出让收益中计提的教育资金	企业办学中的企业拨款	校办产业和社会服务收入用于教育的经费	其他属于国家财政性教育经费	民办学校中举办者投入	捐赠收入	事业收入	#学费	其他教育经费
17656405	**9992134**	**6397871**	**217323**	**50113**		**1486984**	**1087897**	**66201379**	**50939213**	**5158318**
1689035	1177193	435924	16547	1389		8947	37234	1514199	1316604	361443
174092	124092	50000	6003	1578		308	16258	628901	535362	171716
501266	89907	351299		40		31768	12409	2091387	1546058	96991
536328	342210	114682		52		56311	5877	2562135	2129734	47148
396843	199960	187558				2174	3385	494437	253929	37160
477704	296831	174450		25		33375	3686	1202375	1006533	59343
347422	239114	96472				4563	2781	775494	655386	34885
192845	12179	157430	13245			10413	1283	885039	793315	72369
118973		118973		5584		264	6482	1183367	1082808	495093
1831779	1529657	278408				41579	201761	3746917	3017148	496971
1604286	826880	623847				121984	164564	5023304	3906491	587153
789833	337163	437979	9361	190		56607	14065	4480864	3589297	177911
1034452	482760	528639		38		102703	63961	1761728	1314741	155137
542563	262218	132597		35		23670	23922	1836955	1106426	52334
1505543	750674	693825				53073	20059	3837162	3153490	161152
596636	298070	286723		83		89079	14685	3805696	2888752	131925
618392	357486	244764		1364		94615	13128	3173362	2427811	179612
329362	269437	34066		6680		289847	21486	3946583	2767152	223278
1154899	803227	300847	14550	21102		128542	123977	9149788	7486972	672322
691670	269770	288494				17993	11881	1384972	938807	126937
141975	84318	49084	2104			8301	5867	352661	287899	34243
204464	499	179197		8247		6703	53953	1664129	1014437	169775
810156	527951	209617		3190		191054	118684	3659282	1957032	101343
355786	219162	43031				60954	46632	1847084	1498626	153544
97581		41296	4296	515		23541	24670	1258008	990397	59816
34099	31929							12637	9130	690
169672	115103	49453				18559	6414	2013133	1724495	31510
355856	146846	171513	54657			1837	26588	835094	745557	18660
109104	70415	37600				3345	1700	134419	93289	60816
86402	20853	33948				4781	5127	227658	176329	16322
157387	106231	46153	96559			93	35378	712610	525207	170718
4336	4285	51					400	206283	198128	30309
497045	188222	215906				13426	13762	762432	682435	104456
333863	245751	88088				52189	7833	152917	143686	46801
191477	130810	58947				46807	4105	331125	281322	6037
58441	57688					14677	51	1292422	1134860	396460

3-30 教育经费收入情况

地区	总计	国家财政性教育经费	公共财政预算安排的教育经费	公共财政教育经费	教育事业费	基本建设经费	教育费附加	科研经费	其他
合计	**333909963**	**260548898**	**242755215**	**227996912**	**201452962**	**6163876**	**20380074**		**14758303**
北京	12131019	10452726	8746905	7476292	6087800	445241	943251		1270613
天津	6806595	5989412	5807739	5757681	5044293		713388		50058
河北	11963121	9730566	9229260	8901721	8096947	46510	758265		327539
山西	9780788	7109318	6572937	6275600	5307159	132194	836247		297338
内蒙古	7464879	6927723	6530881	5788769	5259586	134768	394414		742112
辽宁	8275320	6976541	6498812	5972867	5187370	8180	777317		525944
吉林	4782610	4009258	3661836	3518470	3156129	37869	324471		143366
黑龙江	6805552	5845059	5652290	5464491	5003958	106410	354123		187799
上海	8431210	6829916	6705359	6151975	4612393	295380	1244203		553383
江苏	23365657	18878429	17046650	16478035	14185578	4220	2288237		568615
浙江	18408403	12511397	10907112	10433546	9517729	134100	781717		473566
安徽	14705551	9976104	9176719	8508626	7295356	227537	985733		668094
福建	9967511	7883983	6849493	6440411	5953526	28480	458406		409082
江西	10646529	8709648	8167050	7935327	7317070	167327	450931		231723
山东	21808793	17737347	16231804	16023613	14580725		1442888		208191
河南	17070342	13028956	12432237	11102304	10192084	260116	650104		1329933
湖北	12089379	8634631	8016239	7675265	6759198	142158	773910		340973
湖南	12611289	8136214	7800172	7557720	6647243	92189	818288		242452
广东	33236618	23174190	21998189	20472740	18301620	438554	1732566		1525448
广西	8521259	6979476	6287806	5984169	5235907	497556	250706		303636
海南	2843707	2445792	2301713	2095367	1957125	45142	93100		206346
重庆	9310926	7431814	7219104	6160637	5074325	654705	431607		1058467
四川	16472644	12402282	11588936	10920351	9925887	196097	798367		668585
贵州	9248144	7139929	6784143	6488607	5775729	405532	307346		295536
云南	8016402	6650367	6547974	5646991	4927767	324027	395197		900983
西藏	1497902	1484575	1450476	1411439	1079820	306700	24918		39038
陕西	10414429	8363705	8194033	7966936	7301661	114399	550876		227096
甘肃	6608857	5726761	5316247	4860806	4360881	196980	302945		455441
青海	2243595	2043315	1934211	1676850	1243115	329181	104554		257361
宁夏	2098707	1844820	1758418	1531794	1447061	30460	54273		226624
新疆	6282226	5494644	5340471	5317512	4617922	361863	337728		22959
大连	1523735	1286742	1282406	1189049	1018890		170159		93357
宁波	3319643	2425567	1928522	1797987	1638046		159941		130535
厦门	1470539	1210799	876936	768081	670083	6611	91388		108854
青岛	2991880	2603807	2412330	2412330	2026561		385770		
深圳	4699544	2995934	2937493	2635856	2045404	346001	244451		301637

(地方普通高中)

单位：千元

政府性基金预算安排的教育经费	#地方教育附加	#从土地出让收益中计提的教育资金	企业办学中的企业拨款	校办产业和社会服务收入用于教育的经费	其他属于国家财政性教育经费	民办学校中举办者投入	捐赠收入	事业收入	#学费	其他教育经费
17653115	**9992134**	**6397871**	**92969**	**47598**		**1486984**	**1078920**	**65917000**	**50735653**	**4878162**
1689035	1177193	435924	16547	239		8947	29053	1461630	1305550	178663
174092	124092	50000	6003	1578		308	16258	628901	535362	171716
501266	89907	351299		40		31768	12409	2091387	1546058	96991
536328	342210	114682		52		56311	5877	2562135	2129734	47148
396843	199960	187558				2174	3385	494437	253929	37160
477704	296831	174450		25		33375	3686	1202375	1006533	59343
347422	239114	96472				4563	2781	736719	616611	29289
192769	12179	157430				10413	1283	876428	787679	72369
118973		118973		5584		264	6345	1144355	1045252	450331
1831779	1529657	278408				41579	201761	3746917	3017148	496971
1604286	826880	623847				121984	164564	5023304	3906491	587153
789833	337163	437979	9361	190		56607	14065	4480864	3589297	177911
1034452	482760	528639		38		102703	63961	1761728	1314741	155137
542563	262218	132597		35		23670	23922	1836955	1106426	52334
1505543	750674	693825				53073	20059	3837162	3153490	161152
596636	298070	286723		83		89079	14685	3805696	2888752	131925
618392	357486	244764				94615	13128	3171278	2425974	175727
329362	269437	34066		6680		289847	21295	3941644	2766068	222288
1154899	803227	300847		21102		128542	123977	9139054	7476427	670855
691670	269770	288494				17993	11881	1384972	938807	126937
141975	84318	49084	2104			8301	5867	351105	287301	32642
204464	499	179197		8247		6703	53951	1654603	1010262	163854
810156	527951	209617		3190		191054	118684	3659282	1957032	101343
355786	219162	43031				60954	46632	1847084	1498626	153544
97581		41296	4296	515		23541	24670	1258008	990397	59816
34099	31929							12637	9130	690
169672	115103	49453				18559	6074	1996064	1708420	30028
355856	146846	171513	54657			1837	26588	835049	745512	18621
109104	70415	37600				3345	1700	134419	93289	60816
86402	20853	33948				4781	5127	227658	176329	16322
154173	106231	46153				93	35253	613151	449028	139084
4336	4285	51					400	206283	198128	30309
497045	188222	215906				13426	13762	762432	682435	104456
333863	245751	88088				52189	7833	152917	143686	46801
191477	130810	58947				46807	4105	331125	281322	6037
58441	57688					14677	51	1292422	1134860	396460

3-31 教育经费收入情况

地区	总计	国家财政性教育经费	公共财政预算安排的教育经费	公共财政教育经费	教育事业费	基本建设经费	教育费附加	科研经费	其他
合计	**142711116**	**112579608**	**106402499**	**101309715**	**92884413**	**3283371**	**5141932**		**5092783**
北京	1697108	1413898	904659	820138	700419		119719		84520
天津	2067217	1960426	1892320	1888934	1679192		209741		3386
河北	6213332	5086281	4775934	4605111	4343106	44195	217809		170824
山西	4813428	3619734	3362688	3250223	2865356	113010	271857		112465
内蒙古	3247160	3079529	2920875	2646224	2357833	84368	204023		274650
辽宁	2065084	1733681	1534554	1441887	1352993	4784	84110		92667
吉林	1259246	1143078	1071027	1050775	908733	12454	129589		20252
黑龙江	2597885	2207031	2134599	2089121	2015837	23553	49731		45478
上海	821086	683741	683741	626981	519367		107614		56760
江苏	8293799	6537826	6187989	5948530	5401866	3820	542844		239459
浙江	7240559	5246244	4684061	4582387	4263473	19100	299814		101674
安徽	9146540	5998011	5543228	5252666	4871055	206766	174845		290562
福建	4550182	3547501	3396215	3265143	3147208	21021	96913		131072
江西	6012136	4631331	4384343	4275456	3980272	103719	191465		108887
山东	8369928	6615030	6039091	5977075	5671218		305857		62015
河南	9207241	6957476	6706554	6118461	5784206	150616	183639		588092
湖北	4075613	3010259	2874731	2781604	2499167	119372	163064		93127
湖南	6425142	4032346	3917984	3827986	3519788	84265	223933		89998
广东	8361612	6442063	6135737	5785674	5505197	691	279786		350063
广西	4069570	3292676	3142462	3053516	2935498	96470	21548		88946
海南	1233239	1164509	1095710	1011056	936029	35125	39902		84654
重庆	4634975	3782225	3638177	3191895	2763487	334655	93753		446282
四川	9220319	7165559	6722524	6409576	5926027	132800	350749		312948
贵州	5697367	4397505	4298037	4098458	3746321	234333	117804		199579
云南	4957102	4266052	4179759	3642626	3132500	310909	199217		537133
西藏	1016055	1012364	1006007	981280	671381	286700	23199		24727
陕西	6146949	5239062	5149497	5075891	4737949	103169	234773		73606
甘肃	3931738	3409198	3236849	3036867	2816585	122849	97433		199982
青海	1312558	1227016	1199473	1090114	784646	282781	22686		109359
宁夏	631473	552137	545411	471699	446474	20400	4825		73713
新疆	3395471	3125822	3038265	3012361	2601228	331445	79688		25903
大连	134648	110118	105833	95487	95417		70		10346
宁波	1167665	935778	819981	768425	713330		55095		51556
厦门	84675	77667	71456	68227	62977		5250		3229
青岛	396431	325928	261404	261404	258610		2794		
深圳									

（农村高中）

单位：千元

政府性基金预算安排的教育经费	#地方教育附加	#从土地出让收益中计提的教育资金	企业办学中的企业拨款	校办产业和社会服务收入用于教育的经费	其他属于国家财政性教育经费	民办学校中举办者投入	捐赠收入	事业收入	#学费	其他教育经费
6119553	**2883756**	**2728782**	**54152**	**3404**		**645324**	**422452**	**27788397**	**20663730**	**1275334**
509240	294094	214032				4636	8851	265708	244334	4015
68106	18106	50000					794	105515	76349	482
310306	40745	211635		40		22109	4601	1076969	766552	23372
256994	174175	38349		52		32547	1260	1151731	923029	8156
158655	33236	119662				1398	2488	155391	56326	8354
199126	48295	148544						307155	240376	24248
72051	47492	20179				115	795	113189	84158	2069
64261	1330	54662	8171			900	637	326876	273280	62441
							186	90726	83247	46433
349837	312575	36297				35189	58172	1564840	1295682	97772
562182	278054	211830				77021	49447	1703708	1193944	164140
454613	145494	303653		169		43586	4642	3003452	2411014	96850
151248	35493	111657		38		30441	35300	893725	649377	43215
246988	131706	68214				22435	3203	1325819	839500	29347
575939	225215	321988				48092	4459	1664605	1396362	37743
250922	136740	106840				79183	11859	2128850	1628297	29874
135528	74195	51025				15786	6781	996579	729512	46209
114282	67250	23172		80		28800	14686	2189781	1532254	159528
291616	207545	76760	14550	159		43401	32352	1814191	1484109	29605
150213	30269	112422				11455	5581	708702	492567	51156
68799	51308	10175					203	57695	36580	10831
144048	352	123237				5678	8580	819600	459955	18893
440685	286625	115488		2350		82359	70837	1834887	947190	66677
99467	73629	20248				36947	35218	1132501	919231	95197
81481		27332	4296	515		19286	15265	639410	506376	17090
6357	6357							3688	1367	2
89565	70133	16539				2765	750	897150	734219	7223
172349	37902	99063				850	12405	498974	451968	10311
27544	11322	15660				345	1200	63993	35616	20004
6726	229	5067					3008	73524	51118	2804
60422	43890	15052	27135				28895	179462	119841	61293
4285	4285							11552	11506	12977
115797	12505	45940					7694	201218	151376	22974
6211	3373	2838						7008	6743	
64524	8454	56070				46092	265	24026	21625	120

3-32 教育经费收入情况

地区	总计	国家财政性教育经费	公共财政预算安排的教育经费	公共财政教育经费	教育事业费	基本建设经费	教育费附加	科研经费	其他
合计	**142282866**	**112227982**	**106101200**	**101030092**	**92612853**	**3275308**	**5141932**		**5071108**
北京	1697108	1413898	904659	820138	700419		119719		84520
天津	2067217	1960426	1892320	1888934	1679192		209741		3386
河北	6213332	5086281	4775934	4605111	4343106	44195	217809		170824
山西	4813428	3619734	3362688	3250223	2865356	113010	271857		112465
内蒙古	3247160	3079529	2920875	2646224	2357833	84368	204023		274650
辽宁	2065084	1733681	1534554	1441887	1352993	4784	84110		92667
吉林	1259246	1143078	1071027	1050775	908733	12454	129589		20252
黑龙江	2577792	2187944	2123739	2078261	2004977	23553	49731		45478
上海	821086	683741	683741	626981	519367		107614		56760
江苏	8293799	6537826	6187989	5948530	5401866	3820	542844		239459
浙江	7240559	5246244	4684061	4582387	4263473	19100	299814		101674
安徽	9146540	5998011	5543228	5252666	4871055	206766	174845		290562
福建	4550182	3547501	3396215	3265143	3147208	21021	96913		131072
江西	6012136	4631331	4384343	4275456	3980272	103719	191465		108887
山东	8369928	6615030	6039091	5977075	5671218		305857		62015
河南	9207241	6957476	6706554	6118461	5784206	150616	183639		588092
湖北	4075613	3010259	2874731	2781604	2499167	119372	163064		93127
湖南	6425142	4032346	3917984	3827986	3519788	84265	223933		89998
广东	8334403	6427056	6135280	5785232	5504756	691	279786		350047
广西	4069570	3292676	3142462	3053516	2935498	96470	21548		88946
海南	1229508	1163934	1095134	1010480	935453	35125	39902		84654
重庆	4634975	3782225	3638177	3191895	2763487	334655	93753		446282
四川	9220319	7165559	6722524	6409576	5926027	132800	350749		312948
贵州	5697367	4397505	4298037	4098458	3746321	234333	117804		199579
云南	4957102	4266052	4179759	3642626	3132500	310909	199217		537133
西藏	1016055	1012364	1006007	981280	671381	286700	23199		24727
陕西	6146949	5239062	5149497	5075891	4737949	103169	234773		73606
甘肃	3928731	3406275	3233926	3034456	2814174	122849	97433		199469
青海	1312558	1227016	1199473	1090114	784646	282781	22686		109359
宁夏	631473	552137	545411	471699	446474	20400	4825		73713
新疆	3021261	2811788	2751781	2747025	2343956	323382	79688		4756
大连	134648	110118	105833	95487	95417		70		10346
宁波	1167665	935778	819981	768425	713330		55095		51556
厦门	84675	77667	71456	68227	62977		5250		3229
青岛	396431	325928	261404	261404	258610		2794		
深圳									

(地方农村高中)

单位：千元

政府性基金预算安排的教育经费	#地方教育附加	#从土地出让收益中计提的教育资金	企业办学中的企业拨款	校办产业和社会服务收入用于教育的经费	其他属于国家财政性教育经费	民办学校中举办者投入	捐赠收入	事业收入	#学费	其他教育经费
6119082	**2883756**	**2728782**	**4296**	**3404**		**645324**	**422452**	**27727106**	**20615789**	**1260003**
509240	294094	214032				4636	8851	265708	244334	4015
68106	18106	50000					794	105515	76349	482
310306	40745	211635		40		22109	4601	1076969	766552	23372
256994	174175	38349		52		32547	1260	1151731	923029	8156
158655	33236	119662				1398	2488	155391	56326	8354
199126	48295	148544						307155	240376	24248
72051	47492	20179				115	795	113189	84158	2069
64205	1330	54662				900	637	325871	272274	62441
							186	90726	83247	46433
349837	312575	36297				35189	58172	1564840	1295682	97772
562182	278054	211830				77021	49447	1703708	1193944	164140
454613	145494	303653		169		43586	4642	3003452	2411014	96850
151248	35493	111657		38		30441	35300	893725	649377	43215
246988	131706	68214				22435	3203	1325819	839500	29347
575939	225215	321988				48092	4459	1664605	1396362	37743
250922	136740	106840				79183	11859	2128850	1628297	29874
135528	74195	51025				15786	6781	996579	729512	46209
114282	67250	23172		80		28800	14686	2189781	1532254	159528
291616	207545	76760		159		43401	32352	1803457	1473564	28138
150213	30269	112422				11455	5581	708702	492567	51156
68799	51308	10175					203	56140	35981	9231
144048	352	123237				5678	8580	819600	459955	18893
440685	286625	115488		2350		82359	70837	1834887	947190	66677
99467	73629	20248				36947	35218	1132501	919231	95197
81481		27332	4296	515		19286	15265	639410	506376	17090
6357	6357							3688	1367	2
89565	70133	16539				2765	750	897150	734219	7223
172349	37902	99063				850	12405	498929	451923	10273
27544	11322	15660				345	1200	63993	35616	20004
6726	229	5067					3008	73524	51118	2804
60007	43890	15052					28895	131511	84095	49067
4285	4285							11552	11506	12977
115797	12505	45940					7694	201218	151376	22974
6211	3373	2838						7008	6743	
64524	8454	56070				46092	265	24026	21625	120

3-33 教育经费收入情况

地区	总计	国家财政性教育经费	公共财政预算安排的教育经费	公共财政教育经费	教育事业费	基本建设经费	教育费附加	科研经费	其他
合计	**546059255**	**513652744**	**490027688**	**459743110**	**420536270**	**10403056**	**28803784**		**30284578**
北京	17025403	15989092	14104546	12197935	10172425	542504	1483006		1906612
天津	8042601	7780803	7224822	7160803	6585107		575695		64020
河北	19545158	18483459	17099664	16460915	15317528	281363	862024		638749
山西	11985311	11124769	10481449	9997378	9332858	84301	580219		484071
内蒙古	11072777	10924520	10408643	9010326	8050369	307435	652522		1398317
辽宁	15010449	14623149	14012059	12668692	11328426	29250	1311017		1343367
吉林	9141902	8704634	8215018	7932993	7410048	95863	427083		282025
黑龙江	12716426	12476956	12314703	11897113	10979129	414768	503216		417589
上海	14603288	13094310	12919641	11886424	9902186	140807	1843432		1033217
江苏	36068844	33580898	31692674	30293912	26987415	2346	3304151		1398762
浙江	27113645	24226890	21943983	21327684	19341808	193540	1792336		616300
安徽	19870174	18364085	17392905	15722385	14670814	398499	653072		1670520
福建	16299756	14993261	13761587	13143145	12098168	166216	878762		618442
江西	17143679	16495126	16136170	15716856	14732758	384803	599295		419314
山东	40153228	38555057	36171109	35735965	33282561	20000	2433404		435144
河南	33876745	31645149	30888216	25890177	24361233	467234	1061711		4998039
湖北	18967963	18111611	17269934	16488468	15150112	499002	839354		781466
湖南	23299685	21771225	21369544	20632422	19125644	320160	1186618		737122
广东	44868301	39536269	38091825	35560141	32295078	1050426	2214637		2531684
广西	16655259	16048964	15538576	15069286	13919989	515305	633992		469289
海南	4756079	4485731	4230723	3785696	3453082	97894	234720		445027
重庆	12352598	11658280	11475092	9452835	8710025	315326	427484		2022257
四川	29133026	26836252	25961431	24473645	22870987	637449	965209		1487786
贵州	16325497	15607709	15201788	14746998	14071472	304167	371359		454790
云南	17844214	17332090	17197652	15535646	13984530	571296	979819		1662007
西藏	2546774	2538388	2420773	2326610	2087742	212520	26347		94163
陕西	15758172	15207168	14794119	14439981	13286046	327476	826459		354138
甘肃	10669404	10554446	9924617	9342667	8612019	341149	389499		581950
青海	3824813	3774079	3600164	3233804	2476794	665937	91073		366359
宁夏	3670672	3592730	3398118	2999788	2694239	170110	135439		398330
新疆	15717410	15535643	14786142	14612420	13245679	845909	520832		173721
大连	2539144	2464361	2440984	2241763	1911061		330702		199221
宁波	4444098	4087732	3552714	3348387	2925152	77800	345435		204327
厦门	2368000	2237949	1695492	1543264	1222132	115325	205807		152228
青岛	5339344	5151405	4639696	4639696	4242919		396777		
深圳	6499898	5440322	5251204	4855323	3437735	865668	551921		395881

(普通初中)

单位：千元

政府性基金预算安排的教育经费	#地方教育附加	#从土地出让收益中计提的教育资金	企业办学中的企业拨款	校办产业和社会服务收入用于教育的经费	其他属于国家财政性教育经费	民办学校中举办者投入	捐赠收入	事业收入	#学费	其他教育经费
23283891	**15147833**	**6548623**	**331331**	**9834**		**2147439**	**844538**	**23885371**	**19096673**	**5529164**
1868033	1643548	194382	16256	257		21623	34612	454268	328883	525808
554728	454158	99820	1253			5694	5476	179677	172673	70950
1382974	979767	341931		822		40352	31177	916120	812170	74050
640276	455423	94926	3034	9		89837	7725	732396	637493	30584
515876	351554	152106				1370	3401	110222	81190	33264
611089	460350	85172				54968	1792	312969	258038	17571
489616	393772	85472				23437	3202	309967	293772	100662
115343	20445	73451	46911			3915	1192	161559	146565	72805
174669		173686				1880	7957	1138088	1095881	361052
1888224	1684579	178848				34446	121032	1831401	1573483	501067
2282907	1327456	772805				95815	124429	1852084	1520385	814428
968514	472767	429348	2648	18		80743	10360	1326344	1140489	88642
1231645	617131	571814		29		130296	50255	976121	711039	149823
356658	213240	87178	2285	13		33860	33200	529226	302165	52267
2378204	1486811	695057	5731	13		92881	20161	1281873	1046277	203256
755641	291170	409576	335	957		547074	3223	1583198	1251543	98100
840164	514489	290008		1514		78554	6790	546250	412251	224759
401671	239562	97250		10		95758	27429	1119352	730982	285921
1434938	929583	417230	4697	4810		301369	81632	4175137	3382632	773894
510389	263142	221296				27356	13275	448731	325617	116933
252730	162138	87090	2274	4		25087	6715	192841	145874	45706
181808	996	125637		1379		18542	95466	409961	262627	170349
874820	560546	182315				229793	65444	1847736	1376835	153801
404851	241464	117498	1071			62342	5189	417721	291121	232536
130663		76406	3775			18919	34663	357812	270571	100730
117614	91873	711				555	5800	1518	903	513
409949	321646	77498	3100			21017	6548	470145	402327	53293
600282	333160	212149	29547			712	8413	59667	44723	46165
173916	100545	72457				597	16156	11639	961	22341
194612	127094	46226				8385	1497	53794	41754	14265
541087	409424	79279	208414			260	10329	77550	35448	93629
23377	10205	12809				12000	1517	50348	46629	10917
535018	423687	82114				6574	4135	288184	257875	57472
542458	340177	202162				41155	5106	50631	44060	33159
511710	401959	107005				3391	1497	156369	150707	26682
189118	187907					18355	491	561820	466623	478908

3-34 教育经费收入情况

地区	总计	国家财政性教育经费	公共财政预算安排的教育经费	公共财政教育经费	教育事业费	基本建设经费	教育费附加	科研经费	其他
合计	**543863674**	**511675107**	**488313709**	**458145329**	**419024616**	**10316929**	**28803784**		**30168380**
北京	16725835	15829519	13944973	12039670	10014160	542504	1483006		1905303
天津	8042601	7780803	7224822	7160803	6585107		575695		64020
河北	19545158	18483459	17099664	16460915	15317528	281363	862024		638749
山西	11985311	11124769	10481449	9997378	9332858	84301	580219		484071
内蒙古	11072777	10924520	10408643	9010326	8050369	307435	652522		1398317
辽宁	15010449	14623149	14012059	12668692	11328426	29250	1311017		1343367
吉林	9084680	8653034	8163418	7881393	7358448	95863	427083		282025
黑龙江	12586328	12346858	12236498	11818908	10900924	414768	503216		417589
上海	14562455	13067316	12892647	11859757	9878442	137884	1843432		1032890
江苏	36068844	33580898	31692674	30293912	26987415	2346	3304151		1398762
浙江	27113645	24226890	21943983	21327684	19341808	193540	1792336		616300
安徽	19870174	18364085	17392905	15722385	14670814	398499	653072		1670520
福建	16299756	14993261	13761587	13143145	12098168	166216	878762		618442
江西	17143679	16495126	16136170	15716856	14732758	384803	599295		419314
山东	40153228	38555057	36171109	35735965	33282561	20000	2433404		435144
河南	33871944	31641304	30884370	25886332	24357387	467234	1061711		4998039
湖北	18942335	18087152	17245475	16464250	15125894	499002	839354		781225
湖南	23290224	21771225	21369544	20632422	19125644	320160	1186618		737122
广东	44834937	39503309	38058865	35530976	32265913	1050426	2214637		2527889
广西	16655259	16048964	15538576	15069286	13919989	515305	633992		469289
海南	4754089	4485071	4230063	3785036	3452423	97894	234720		445027
重庆	12315916	11628836	11445648	9423391	8680581	315326	427484		2022257
四川	29133026	26836252	25961431	24473645	22870987	637449	965209		1487786
贵州	16325497	15607709	15201788	14746998	14071472	304167	371359		454790
云南	17844214	17332090	17197652	15535646	13984530	571296	979819		1662007
西藏	2546774	2538388	2420773	2326610	2087742	212520	26347		94163
陕西	15702106	15154751	14741702	14387564	13233629	327476	826459		354138
甘肃	10665925	10551054	9921225	9339762	8609114	341149	389499		581463
青海	3824813	3774079	3600164	3233804	2476794	665937	91073		366359
宁夏	3670672	3592730	3398118	2999788	2694239	170110	135439		398330
新疆	14221023	14073449	13535712	13472030	12188492	762706	520832		63683
大连	2539144	2464361	2440984	2241763	1911061		330702		199221
宁波	4444098	4087732	3552714	3348387	2925152	77800	345435		204327
厦门	2368000	2237949	1695492	1543264	1222132	115325	205807		152228
青岛	5339344	5151405	4639696	4639696	4242919		396777		
深圳	6499898	5440322	5251204	4855323	3437735	865668	551921		395881

(地方普通初中)

单位：千元

政府性基金预算安排的教育经费	#地方教育附加	#从土地出让收益中计提的教育资金	企业办学中的企业拨款	校办产业和社会服务收入用于教育的经费	其他属于国家财政性教育经费	民办学校中举办者投入	捐赠收入	事业收入	#学费	其他教育经费
23275090	**15147833**	**6548623**	**76474**	**9834**		**2147439**	**834717**	**23815747**	**19095673**	**5390664**
1868033	1643548	194382	16256	257		21623	33729	411353	328883	429612
554728	454158	99820	1253			5694	5476	179677	172673	70950
1382974	979767	341931		822		40352	31177	916120	812170	74050
640276	455423	94926	3034	9		89837	7725	732396	637493	30584
515876	351554	152106				1370	3401	110222	81190	33264
611089	460350	85172				54968	1792	312969	258038	17571
489616	393772	85472				23437	3202	309967	293772	95040
109892	20445	73451	468			3915	1192	161559	146565	72805
174669		173686				1880	7870	1137784	1095881	347605
1888224	1684579	178848				34446	121032	1831401	1573483	501067
2282907	1327456	772805				95815	124429	1852084	1520385	814428
968514	472767	429348	2648	18		80743	10360	1326344	1140489	88642
1231645	617131	571814		29		130296	50255	976121	711039	149823
356658	213240	87178	2285	13		33860	33200	529226	302165	52267
2378204	1486811	695057	5731	13		92881	20161	1281873	1046277	203256
755641	291170	409576	335	957		547074	3188	1583198	1251543	97179
840164	514489	290008		1514		78554	6790	546008	412251	223831
401671	239562	97250		10		95758	27229	1114198	730982	281814
1434938	929583	417230	4697	4810		301369	81632	4174876	3382591	773751
510389	263142	221296				27356	13275	448731	325617	116933
252730	162138	87090	2274	4		25087	6715	192343	145874	44873
181808	996	125637		1379		18542	95464	406520	262627	166553
874820	560546	182315				229793	65444	1847736	1376835	153801
404851	241464	117498	1071			62342	5189	417721	291121	232536
130663		76406	3775			18919	34663	357812	270571	100730
117614	91873	711				555	5800	1518	903	513
409949	321646	77498	3100			21017	6548	468742	402327	51048
600282	333160	212149	29547			712	8413	59667	44723	46079
173916	100545	72457				597	16156	11639	961	22341
194612	127094	46226				8385	1497	53794	41754	14265
537736	409424	79279				260	1715	62145	34488	83454
23377	10205	12809				12000	1517	50348	46629	10917
535018	423687	82114				6574	4135	288184	257875	57472
542458	340177	202162				41155	5106	50631	44060	33159
511710	401959	107005				3391	1497	156369	150707	26682
189118	187907					18355	491	561820	466623	478908

3-35 教育经费收入情况

地区	总计	国家财政性教育经费	公共财政预算安排的教育经费	公共财政教育经费	教育事业费	基本建设经费	教育费附加	科研经费	其他
合计	**330373639**	**318791568**	**307108995**	**289385301**	**271708334**	**6640125**	**11036842**		**17723694**
北京	3565067	3479348	2751955	2543516	2185255		358261		208438
天津	2520474	2470282	2310811	2298906	2286748		12158		11905
河北	13651328	13111312	12064902	11645336	10909503	268767	467065		419566
山西	7949112	7476402	7125269	6918369	6484009	53203	381156		206900
内蒙古	6678164	6643686	6469095	5647908	5143490	197105	307313		821187
辽宁	6461172	6378087	6122854	5597293	5331700	25895	239698		525561
吉林	5124865	5076999	4824292	4662079	4438011	87685	136382		162213
黑龙江	6477723	6375378	6301766	6138150	5929265	113951	94933		163616
上海	1985643	1893675	1893193	1690421	1612717		77704		202771
江苏	17423548	16692102	15841963	15088530	13912541	2346	1173644		753433
浙江	14367770	13422794	12320757	12043451	11068870	81600	892982		277306
安徽	15269746	14353373	13596856	12353303	11641461	375902	335940		1243554
福建	9929609	9350230	8900982	8639137	8155580	113427	370129		261845
江西	13198609	12740576	12477417	12146518	11569785	225373	351360		330899
山东	23980825	23294090	22139323	21882030	20664078	20000	1197953		257292
河南	24041911	22587321	22207439	18520302	17745710	336333	438260		3687137
湖北	11905055	11757303	11387566	10821345	10144844	364601	311900		566222
湖南	17188872	16244390	15956908	15355002	14823632	216192	315178		601906
广东	18476624	17578584	16997421	15863514	15405444	20562	437508		1133907
广西	12312949	12086842	11889482	11583639	10925407	392383	265848		305844
海南	2917760	2860818	2734971	2427115	2212394	68598	146123		307856
重庆	8149188	7913757	7771050	6545622	6066672	287572	191378		1225428
四川	21490831	20609288	20043293	18979108	17800800	590082	588226		1064185
贵州	13096259	12631189	12430770	12052681	11611194	260420	181067		378089
云南	14751515	14567631	14486723	13152865	12067818	410881	674165		1333858
西藏	1905858	1898393	1858619	1776116	1630526	121348	24242		82503
陕西	11179512	11078073	10920217	10718406	9842700	310451	565254		201811
甘肃	8301957	8249402	7903336	7508740	7007689	328073	172978		394596
青海	2834173	2807661	2755217	2525738	1854932	624551	46255		229479
宁夏	2367994	2360086	2243946	2007782	1826662	119050	62070		236165
新疆	10869522	10802495	10380600	10252380	9408897	623771	219712		128220
大连	555136	551302	548278	486494	445834		40660		61785
宁波	2033839	1969312	1682316	1542132	1384833		157299		140184
厦门	303764	302066	288900	275329	185429	70500	19400		13570
青岛	1861187	1855826	1603777	1603777	1511309		92468		
深圳									

(农村初中)

单位：千元

政府性基金预算安排的教育经费	#地方教育附加	#从土地出让收益中计提的教育资金	企业办学中的企业拨款	校办产业和社会服务收入用于教育的经费	其他属于国家财政性教育经费	民办学校中举办者投入	捐赠收入	事业收入	#学费	其他教育经费
11462878	7222035	3371849	216722	2973		1274890	359482	8019960	6087067	1927739
727394	652083	73284				7249	24242	47452	18908	6775
159472	68902	89820					261	47937	45380	1994
1045588	831858	171985		822		36193	14258	459481	431735	30085
348587	267743	39222	2546			81766	4446	380641	340554	5857
174591	112984	56321				1053	1348	19189	10403	12888
255233	188337	19536				7610	321	70687	55359	4467
252707	211095	37137				1202	1821	23262	22667	21580
45603	1215	41341	28009			334	378	37021	29710	64612
483							61	14321	13922	77586
850139	733645	106234				13517	5677	581877	502752	130375
1102037	654312	325232				42718	50124	505647	410444	346487
756516	318397	377517				57522	6463	808414	705798	43974
449219	214264	213676		29		67261	28763	415728	257818	67627
263159	154258	61676				30720	17714	373427	213427	36173
1149037	741196	333974	5731			77698	11475	509929	407912	87633
379875	156177	200567		8		465500	548	961483	744814	27059
368223	194716	158811		1514		9098	5219	67996	56179	65440
287482	157672	87425				62349	19050	649568	435038	213515
575869	313646	248663	4697	596		86916	39973	700860	499420	70291
197359	108218	66194				15229	8525	132389	91266	69964
125844	101430	22034		4		7818	547	32738	19961	15840
142706	893	114087				16419	29920	144551	86518	44541
565995	377663	129966				132930	48700	622707	431896	77205
199348	124053	54500	1071			38779	4583	198758	114192	222951
77133		51049	3775			8377	9865	94187	55675	71455
39773	21192	711				555	5800	903	903	208
155453	69474	77498	2402			5453	5344	80478	72484	10165
346066	176938	122179				28	8410	11873	10593	32244
52443	40825	10898				597	1038	6148	100	18729
116140	77679	22619					1111	2376	9	4421
253403	151170	57693	168492				3499	17933	1229	45595
3024	2175	849					50			3784
286996	210841	50224					1401	54178	39376	8948
13166	10991	2162						1688	1515	10
252049	197249	54800				457	341	2613	1199	1951

3-36 教育经费收入情况

地区	总计	国家财政性教育经费	公共财政预算安排的教育经费	公共财政教育经费	教育事业费	基本建设经费	教育费附加	科研经费	其他
合计	**329006559**	**317460297**	**305976467**	**288356340**	**270761864**	**6557635**	**11036842**		**17620127**
北京	3552664	3479348	2751955	2543516	2185255		358261		208438
天津	2520474	2470282	2310811	2298906	2286748		12158		11905
河北	13651328	13111312	12064902	11645336	10909503	268767	467065		419566
山西	7949112	7476402	7125269	6918369	6484009	53203	381156		206900
内蒙古	6678164	6643686	6469095	5647908	5143490	197105	307313		821187
辽宁	6461172	6378087	6122854	5597293	5331700	25895	239698		525561
吉林	5124865	5076999	4824292	4662079	4438011	87685	136382		162213
黑龙江	6410075	6307730	6261697	6098081	5889196	113951	94933		163616
上海	1985643	1893675	1893193	1690421	1612717		77704		202771
江苏	17423548	16692102	15841963	15088530	13912541	2346	1173644		753433
浙江	14367770	13422794	12320757	12043451	11068870	81600	892982		277306
安徽	15269746	14353373	13596856	12353303	11641461	375902	335940		1243554
福建	9929609	9350230	8900982	8639137	8155580	113427	370129		261845
江西	13198609	12740576	12477417	12146518	11569785	225373	351360		330899
山东	23980825	23294090	22139323	21882030	20664078	20000	1197953		257292
河南	24041911	22587321	22207439	18520302	17745710	336333	438260		3687137
湖北	11905055	11757303	11387566	10821345	10144844	364601	311900		566222
湖南	17188872	16244390	15956908	15355002	14823632	216192	315178		601906
广东	18443260	17545624	16964461	15834349	15376280	20562	437508		1130112
广西	12312949	12086842	11889482	11583639	10925407	392383	265848		305844
海南	2915770	2860159	2734311	2426456	2211735	68598	146123		307856
重庆	8149188	7913757	7771050	6545622	6066672	287572	191378		1225428
四川	21490831	20609288	20043293	18979108	17800800	590082	588226		1064185
贵州	13096259	12631189	12430770	12052681	11611194	260420	181067		378089
云南	14751515	14567631	14486723	13152865	12067818	410881	674165		1333858
西藏	1905858	1898393	1858619	1776116	1630526	121348	24242		82503
陕西	11179512	11078073	10920217	10718406	9842700	310451	565254		201811
甘肃	8298479	8246010	7899944	7505835	7004784	328073	172978		394109
青海	2834173	2807661	2755217	2525738	1854932	624551	46255		229479
宁夏	2367994	2360086	2243946	2007782	1826662	119050	62070		236165
新疆	9621326	9575884	9325153	9296217	8535224	541281	219712		28936
大连	555136	551302	548278	486494	445834		40660		61785
宁波	2033839	1969312	1682316	1542132	1384833		157299		140184
厦门	303764	302066	288900	275329	185429	70500	19400		13570
青岛	1861187	1855826	1603777	1603777	1511309		92468		
深圳									

(地方农村初中)

单位：千元

政府性基金预算安排的教育经费	#地方教育附加	#从土地出让收益中计提的教育资金	企业办学中的企业拨款	校办产业和社会服务收入用于教育的经费	其他属于国家财政性教育经费	民办学校中举办者投入	捐赠收入	事业收入	#学费	其他教育经费
11460168	**7222035**	**3371849**	**20689**	**2973**		**1274890**	**357225**	**7995329**	**6086067**	**1918818**
727394	652083	73284				7249	24242	35436	18908	6389
159472	68902	89820					261	47937	45380	1994
1045588	831858	171985		822		36193	14258	459481	431735	30085
348587	267743	39222	2546			81766	4446	380641	340554	5857
174591	112984	56321				1053	1348	19189	10403	12888
255233	188337	19536				7610	321	70687	55359	4467
252707	211095	37137				1202	1821	23262	22667	21580
45565	1215	41341	468			334	378	37021	29710	64612
483							61	14321	13922	77586
850139	733645	106234				13517	5677	581877	502752	130375
1102037	654312	325232				42718	50124	505647	410444	346487
756516	318397	377517				57522	6463	808414	705798	43974
449219	214264	213676		29		67261	28763	415728	257818	67627
263159	154258	61676				30720	17714	373427	213427	36173
1149037	741196	333974	5731			77698	11475	509929	407912	87633
379875	156177	200567		8		465500	548	961483	744814	27059
368223	194716	158811		1514		9098	5219	67996	56179	65440
287482	157672	87425				62349	19050	649568	435038	213515
575869	313646	248663	4697	596		86916	39973	700599	499379	70148
197359	108218	66194				15229	8525	132389	91266	69964
125844	101430	22034		4		7818	547	32240	19961	15007
142706	893	114087				16419	29920	144551	86518	44541
565995	377663	129966				132930	48700	622707	431896	77205
199348	124053	54500	1071			38779	4583	198758	114192	222951
77133		51049	3775			8377	9865	94187	55675	71455
39773	21192	711				555	5800	903	903	208
155453	69474	77498	2402			5453	5344	80478	72484	10165
346066	176938	122179				28	8410	11873	10593	32157
52443	40825	10898				597	1038	6148	100	18729
116140	77679	22619					1111	2376	9	4421
250731	151170	57693					1243	6078	269	38123
3024	2175	849					50			3784
286996	210841	50224					1401	54178	39376	8948
13166	10991	2162						1688	1515	10
252049	197249	54800				457	341	2613	1199	1951

3-37 教育经费收入情况

地区	总计	国家财政性教育经费	公共财政预算安排的教育经费	公共财政教育经费	教育事业费	基本建设经费	教育费附加	科研经费	其他
合计	**642202**	**512740**	**501166**	**455281**	**334699**		**120582**		**45885**
北京	8570	7922	7922	7922	6542		1380		
天津	23630	23628	23628	23489	23489				140
河北									
山西									
内蒙古									
辽宁									
吉林	3557	3523	3462	3462	3291		171		
黑龙江									
上海	30491	27550	27550	21387	21387				6163
江苏	277880	211519	208050	207793	97949		109844		257
浙江	187290	146914	141124	136559	129795		6765		4565
安徽									
福建	272	272	272	231	231				41
江西	29500	29500	29500						29500
山东	21713	21713	21713	21713	21713				
河南	3180	3180	3180	3180	3180				
湖北	13104	8276	7876	7484	6958		526		392
湖南	1942	884	884	884	884				
广东	40193	26978	25128	20341	18445		1896		4788
广西	303	303	303	303	303				
海南									
重庆									
四川	576	576	573	533	533				41
贵州									
云南									
西藏									
陕西									
甘肃									
青海									
宁夏									
新疆									
大连									
宁波	1765	1689	1689	1689	1636		53		
厦门									
青岛									
深圳									

(成人中学)

单位：千元

政府性基金预算安排的教育经费	#地方教育附加	#从土地出让收益中计提的教育资金	企业办学中的企业拨款	校办产业和社会服务收入用于教育的经费	其他属于国家财政性教育经费	民办学校中举办者投入	捐赠收入	事业收入	#学费	其他教育经费
11573	**8519**	**2745**					**122**	**88009**	**26042**	**41331**
								648		
										1
61		61						33		1
								2770	465	171
3469	1398	2071					55	57505	20263	8801
5790	5232	413					67	12027	828	28282
400	200	200						3300	240	1528
								1058	1058	
1850	1686							10668	3188	2547
3	3									
										75

3-38 教育经费收入情况

地区	总计	国家财政性教育经费	公共财政预算安排的教育经费	公共财政教育经费	教育事业费	基本建设经费	教育费附加	科研经费	其他
合计	**868232079**	**831565370**	**798676505**	**739598247**	**686599798**	**11013599**	**41984850**		**59078258**
北京	26148720	24682953	22564743	19764234	16838850	178193	2747192		2800509
天津	11751322	11528348	10700398	10598929	9554320		1044609		101469
河北	35130154	33837460	31225246	29488703	28037850	110667	1340185		1736544
山西	19225995	18697143	17987277	16689268	15770979	68715	849573		1298010
内蒙古	19214681	19082034	18493016	14406767	13186509	191684	1028574		4086249
辽宁	20899402	20475248	19709312	17589825	16564623	33343	991858		2119488
吉林	15280291	14964555	14284013	13755084	13097323	106175	551585		528929
黑龙江	18175265	18025373	17861732	17236940	16688303	63647	484990		624792
上海	18939773	17133125	17014596	15656906	12905518	106122	2645266		1357690
江苏	60856329	58803952	55363111	53755681	48104857	32124	5618700		1607430
浙江	42946228	39364357	35351034	34441788	31390931	212250	2838606		909246
安徽	32408394	31572733	30321316	26888823	25695079	333571	860173		3432493
福建	27666179	26812359	25438435	23978969	22228696	138352	1611922		1459465
江西	31005962	30383896	29766409	28701499	27521459	298392	881647		1064910
山东	52567979	50989547	47964750	47481226	44579092	12700	2889433		483524
河南	50771544	47641209	46788764	39500809	37847395	400306	1253108		7287955
湖北	27134055	26359226	25021078	23967338	22263377	512783	1191178		1053740
湖南	32926115	31512469	30937592	29913940	28660312	188560	1065068		1023652
广东	75224317	65332761	63340308	57678986	52635807	1062215	3980965		5661321
广西	29041887	28461400	27641470	26479500	25046516	581267	851717		1161970
海南	8234046	7741059	7401603	6604794	6100920	162939	340936		796809
重庆	21357050	21006112	20726932	15749533	14236580	683565	829388		4977399
四川	46408863	44481302	43260462	40873337	38628184	688959	1556193		2387125
贵州	26373877	25817708	25411147	24410219	23611709	429102	369409		1000928
云南	32267721	31664823	31474046	25935535	23848808	377594	1709133		5538511
西藏	6791185	6786318	6692753	6448549	5276947	1052275	119327		244205
陕西	25099338	24448686	23985055	23412028	21969308	415397	1027323		573027
甘肃	17360842	17268386	16604626	14949081	14080090	280506	588485		1655545
青海	7105126	7041184	6845257	6069770	4439071	1526758	103942		775487
宁夏	5650159	5585335	5366561	4351178	4084674	83643	182861		1015382
新疆	24269282	24064309	23133464	22819009	21705712	681793	431504		314455
大连	3188896	3122203	3111502	2853234	2547427		305807		258268
宁波	6661451	6194078	5296809	5036931	4451399		585531		259879
厦门	3461709	3249167	2945370	2651886	2252744	72902	326239		293484
青岛	7928976	7736272	6957270	6955050	6275087		679964		2220
深圳	11737496	9233459	8773216	8143049	5888893	895487	1358669		630167

(小学)

单位：千元

政府性基金预算安排的教育经费	#地方教育附加	#从土地出让收益中计提的教育资金	企业办学中的企业拨款	校办产业和社会服务收入用于教育的经费	其他属于国家财政性教育经费	民办学校中举办者投入	捐赠收入	事业收入	#学费	其他教育经费
32471166	**21913757**	**8502859**	**416166**	**1533**		**2886545**	**1072718**	**25660772**	**21650910**	**7046673**
2101276	1849475	204963	16934			28213	10537	855891	745658	571125
815803	598360	216993	12147			8500	9921	147805	144792	56748
2612214	1956634	563796				98769	59108	1041315	976688	93501
702816	550339	83116	7049			55112	6718	441531	383931	25490
587294	400507	148510	1719	5		3108	5481	91002	73061	33057
765936	578882	81046				128298	784	253252	195602	41821
680542	573898	78385				20558	5234	228080	204057	61863
96401	10108	57277	67240			4625	1346	45273	35538	98648
118529		116665				11263	13896	991271	966253	790219
3440840	2966912	428764				27267	116765	1366515	1252803	541831
4013323	2408116	1298590				209009	114419	2142613	1852737	1115829
1247383	712495	491924	4002	32		81974	20848	642522	564040	90317
1373759	731962	568862		165		105842	72836	516493	388246	158649
615528	403531	142320	1950	10		78724	13279	449804	267585	80259
3014169	2015077	795692	10627	2		140884	40698	1265915	1042069	130935
851171	290351	509703	1268	6		499568	6026	2521616	1988241	103125
1338148	818695	447507				26047	21563	443155	338355	284064
574806	372931	140339		71		70211	100634	978253	643588	264548
1977812	1336495	562512	14252	389		723788	137262	7706071	6808823	1324434
819930	567486	223909				36215	26287	405778	289888	112208
332498	101032	180711	6909	48		65180	1733	371599	307249	54476
278821	9846	137845		359		14254	38581	177619	130106	120483
1220840	795050	288084				307138	106538	1352555	1069543	161330
402878	314077	49878	3244	439		35860	47640	347722	272604	124946
188567		117934	2210			44431	40170	273110	199426	245188
93565	60945	4378				1022	500	2667	1333	677
454664	306754	137942	8967			47119	4585	496000	454833	102948
634110	322247	210721	29650			4618	25209	22012	15336	40617
191310	152275	37235	4611	6		1869	5291	10697	2296	46084
218774	134277	72066				5208	7832	18186	14820	33598
707459	575000	105195	223387			1870	10995	54451	21409	137657
10701	10307	258				14000	428	38449	30624	13815
897269	601743	277025				25535	2633	344036	320899	95169
303687	205912	83428		111		64407	1205	132150	129547	14780
779001	672750	104603				17932	5262	150783	137067	18728
460243	457132					51383	1499	1568124	1403686	883032

3-39 教育经费收入情况

地区	总计	国家财政性教育经费	公共财政预算安排的教育经费	公共财政教育经费	教育事业费	基本建设经费	教育费附加	科研经费	其他
合计	**865257524**	**828816747**	**796224177**	**737327363**	**684460277**	**10882277**	**41984810**		**58896814**
北京	25803601	24494137	22375927	19578185	16652800	178193	2747192		2797742
天津	11722945	11500348	10672398	10570929	9526360		1044569		101469
河北	35130154	33837460	31225246	29488703	28037850	110667	1340185		1736544
山西	19225995	18697143	17987277	16689268	15770979	68715	849573		1298010
内蒙古	19214681	19082034	18493016	14406767	13186509	191684	1028574		4086249
辽宁	20899402	20475248	19709312	17589825	16564623	33343	991858		2119488
吉林	15215911	14906925	14226383	13699344	13041583	106175	551585		527039
黑龙江	17994946	17845054	17746659	17121867	16573230	63647	484990		624792
上海	18929327	17126686	17008157	15650467	12899079	106122	2645266		1357690
江苏	60856329	58803952	55363111	53755681	48104857	32124	5618700		1607430
浙江	42946228	39364357	35351034	34441788	31390931	212250	2838606		909246
安徽	32408394	31572733	30321316	26888823	25695079	333571	860173		3432493
福建	27666179	26812359	25438435	23978969	22228696	138352	1611922		1459465
江西	31005310	30383244	29766379	28701468	27521429	298392	881647		1064910
山东	52567979	50989547	47964750	47481226	44579092	12700	2889433		483524
河南	50766393	47637083	46784639	39496684	37843270	400306	1253108		7287955
湖北	27100142	26330338	24992190	23938451	22234489	512783	1191178		1053740
湖南	32916792	31512469	30937592	29913940	28660312	188560	1065068		1023652
广东	75173001	65289848	63299412	57640874	52597695	1062215	3980965		5658537
广西	29041887	28461400	27641470	26479500	25046516	581267	851717		1161970
海南	8230347	7739059	7399603	6602794	6098920	162939	340936		796809
重庆	21333938	20985082	20705902	15728503	14215550	683565	829388		4977399
四川	46405277	44481021	43260181	40873056	38627903	688959	1556193		2387125
贵州	26373877	25817708	25411147	24410219	23611709	429102	369409		1000928
云南	32267721	31664823	31474046	25935535	23848808	377594	1709133		5538511
西藏	6791185	6786318	6692753	6448549	5276947	1052275	119327		244205
陕西	25007965	24357985	23894354	23321327	21878607	415397	1027323		573027
甘肃	17351793	17259998	16596238	14940709	14071717	280506	588485		1655530
青海	7105126	7041184	6845257	6069770	4439071	1526758	103942		775487
宁夏	5650159	5585335	5366561	4351178	4084674	83643	182861		1015382
新疆	22154543	21975868	21273433	21132966	20150992	550470	431504		140468
大连	3188896	3122203	3111502	2853234	2547427		305807		258268
宁波	6661451	6194078	5296809	5036931	4451399		585531		259879
厦门	3461709	3249167	2945370	2651886	2252744	72902	326239		293484
青岛	7928976	7736272	6957270	6955050	6275087		679964		2220
深圳	11737496	9233459	8773216	8143049	5888893	895487	1358669		630167

(地方小学)

单位：千元

政府性基金预算安排的教育经费	#地方教育附加	#从土地出让收益中计提的教育资金	企业办学中的企业拨款	校办产业和社会服务收入用于教育的经费	其他属于国家财政性教育经费	民办学校中举办者投入	捐赠收入	事业收入	#学费	其他教育经费
32465660	**21913757**	**8502459**	**125376**	**1533**		**2886545**	**1051681**	**25575008**	**21649176**	**6927542**
2101276	1849475	204963	16934			28213	10537	792309	745658	478404
815803	598360	216993	12147			8500	9921	147805	144792	56371
2612214	1956634	563796				98769	59108	1041315	976688	93501
702816	550339	83116	7049			55112	6718	441531	383931	25490
587294	400507	148510	1719	5		3108	5481	91002	73061	33057
765936	578882	81046				128298	784	253252	195602	41821
680542	573898	78385				20558	5234	221457	204057	61737
95919	10108	56877	2476			4625	1346	45273	35538	98648
118529		116665				11263	13896	991271	966253	786211
3440840	2966912	428764				27267	116765	1366515	1252803	541831
4013323	2408116	1298590				209009	114419	2142613	1852737	1115829
1247383	712495	491924	4002	32		81974	20848	642522	564040	90317
1373759	731962	568862		165		105842	72836	516493	388246	158649
615528	403531	142320	1328	10		78724	13279	449804	267585	80259
3014169	2015077	795692	10627	2		140884	40698	1265915	1042069	130935
851171	290351	509703	1268	6		499568	5988	2521616	1988241	102138
1338148	818695	447507				26047	16580	443155	338355	284022
574806	372931	140339		71		70211	99835	974037	643588	260239
1977812	1336495	562512	12235	389		723788	130840	7705632	6808695	1322893
819930	567486	223909				36215	26287	405778	289888	112208
332498	101032	180711	6909	48		65180	1733	370963	307249	53412
278821	9846	137845		359		14254	38523	177619	130106	118460
1220840	795050	288084				307138	106538	1352555	1069543	158025
402878	314077	49878	3244	439		35860	47640	347722	272604	124946
188567		117934	2210			44431	40170	273110	199426	245188
93565	60945	4378				1022	500	2667	1333	677
454664	306754	137942	8967			47119	4210	496000	454833	102651
634110	322247	210721	29650			4618	25209	22012	15336	39955
191310	152275	37235	4611	6		1869	5291	10697	2296	46084
218774	134277	72066				5208	7832	18186	14820	33598
702434	575000	105195				1870	2633	44183	19802	129988
10701	10307	258				14000	428	38449	30624	13815
897269	601743	277025				25535	2633	344036	320899	95169
303687	205912	83428		111		64407	1205	132150	129547	14780
779001	672750	104603				17932	5262	150783	137067	18728
460243	457132					51383	1499	1568124	1403686	883032

3-40 教育经费收入情况

地区	总计	国家财政性教育经费	公共财政预算安排的教育经费	公共财政教育经费	教育事业费	基本建设经费	教育费附加	科研经费	其他
合计	**868063629**	**831446920**	**798558055**	**739561050**	**686576908**	**11001461**	**41982681**		**58997005**
北京	26148720	24682953	22564743	19764234	16838850	178193	2747192		2800509
天津	11751322	11528348	10700398	10598929	9554320		1044609		101469
河北	35129924	33837230	31225016	29488473	28037620	110667	1340185		1736544
山西	19225995	18697143	17987277	16689268	15770979	68715	849573		1298010
内蒙古	19214681	19082034	18493016	14406767	13186509	191684	1028574		4086249
辽宁	20899402	20475248	19709312	17589825	16564623	33343	991858		2119488
吉林	15280291	14964555	14284013	13755084	13097323	106175	551585		528929
黑龙江	18175265	18025373	17861732	17236940	16688303	63647	484990		624792
上海	18939773	17133125	17014596	15656906	12905518	106122	2645266		1357690
江苏	60856329	58803952	55363111	53755681	48104857	32124	5618700		1607430
浙江	42946228	39364357	35351034	34441788	31390931	212250	2838606		909246
安徽	32408394	31572733	30321316	26888823	25695079	333571	860173		3432493
福建	27654572	26800752	25426827	23967362	22217088	138352	1611922		1459465
江西	30924862	30302796	29685309	28701499	27521459	298392	881647		983810
山东	52567979	50989547	47964750	47481226	44579092	12700	2889433		483524
河南	50771544	47641209	46788764	39500809	37847395	400306	1253108		7287955
湖北	27134055	26359226	25021078	23967338	22263377	512783	1191178		1053740
湖南	32854027	31490381	30915504	29891852	28652519	176422	1062911		1023652
广东	75224317	65332761	63340308	57678986	52635807	1062215	3980965		5661321
广西	29041837	28461350	27641420	26479450	25046466	581267	851717		1161970
海南	8234046	7741059	7401603	6604794	6100920	162939	340936		796809
重庆	21355241	21004303	20725123	15747765	14234812	683565	829388		4977358
四川	46408053	44480491	43259651	40872638	38627485	688959	1556193		2387013
贵州	26373877	25817708	25411147	24410219	23611709	429102	369409		1000928
云南	32267229	31664331	31473554	25935043	23848328	377594	1709121		5538511
西藏	6791185	6786318	6692753	6448549	5276947	1052275	119327		244205
陕西	25099338	24448686	23985055	23412028	21969308	415397	1027323		573027
甘肃	17360842	17268386	16604626	14949081	14080090	280506	588485		1655545
青海	7105126	7041184	6845257	6069770	4439071	1526758	103942		775487
宁夏	5650159	5585335	5366561	4351178	4084674	83643	182861		1015382
新疆	24269019	24064047	23133201	22818746	21705449	681793	431504		314455
大连	3188896	3122203	3111502	2853234	2547427		305807		258268
宁波	6661451	6194078	5296809	5036931	4451399		585531		259879
厦门	3461709	3249167	2945370	2651886	2252744	72902	326239		293484
青岛	7928976	7736272	6957270	6955050	6275087		679964		2220
深圳	11737496	9233459	8773216	8143049	5888893	895487	1358669		630167

(普通小学)

单位：千元

政府性基金预算安排的教育经费	#地方教育附加	#从土地出让收益中计提的教育资金	企业办学中的企业拨款	校办产业和社会服务收入用于教育的经费	其他属于国家财政性教育经费	民办学校中举办者投入	捐赠收入	事业收入	#学费	其他教育经费
32471166	**21913757**	**8502859**	**416166**	**1533**		**2886545**	**1022718**	**25660772**	**21650910**	**7046673**
2101276	1849475	204963	16934			28213	10537	855891	745658	571125
815803	598360	216993	12147			8500	9921	147805	144792	56748
2612214	1956634	563796				98769	59108	1041315	976688	93501
702816	550339	83116	7049			55112	6718	441531	383931	25490
587294	400507	148510	1719	5		3108	5481	91002	73061	33057
765936	578882	81046				128298	784	253252	195602	41821
680542	573898	78385				20558	5234	228080	204057	61863
96401	10108	57277	67240			4625	1346	45273	35538	98648
118529		116665				11263	13896	991271	966253	790219
3440840	2966912	428764				27267	116765	1366515	1252803	541831
4013323	2408116	1298590				209009	114419	2142613	1852737	1115829
1247383	712495	491924	4002	32		81974	20848	642522	564040	90317
1373759	731962	568862		165		105842	72836	516493	388246	158649
615528	403531	142320	1950	10		78724	13279	449804	267585	80259
3014169	2015077	795692	10627	2		140884	40698	1265915	1042069	130935
851171	290351	509703	1268	6		499568	6026	2521616	1988241	103125
1338148	818695	447507				26047	21563	443155	338355	284064
574806	372931	140339		71		70211	50634	978253	643588	264548
1977812	1336495	562512	14252	389		723788	137262	7706071	6808823	1324434
819930	567486	223909				36215	26287	405778	289888	112208
332498	101032	180711	6909	48		65180	1733	371599	307249	54476
278821	9846	137845		359		14254	38581	177619	130106	120483
1220840	795050	288084				307138	106538	1352555	1069543	161330
402878	314077	49878	3244	439		35860	47640	347722	272604	124946
188567		117934	2210			44431	40170	273110	199426	245188
93565	60945	4378				1022	500	2667	1333	677
454664	306754	137942	8967			47119	4585	496000	454833	102948
634110	322247	210721	29650			4618	25209	22012	15336	40617
191310	152275	37235	4611	6		1869	5291	10697	2296	46084
218774	134277	72066				5208	7832	18186	14820	33598
707459	575000	105195	223387			1870	10995	54451	21409	137657
10701	10307	258				14000	428	38449	30624	13815
897269	601743	277025				25535	2633	344036	320899	95169
303687	205912	83428		111		64407	1205	132150	129547	14780
779001	672750	104603				17932	5262	150783	137067	18728
460243	457132					51383	1499	1568124	1403686	883032

3-41 教育经费收入情况

地区	总计	国家财政性教育经费	公共财政预算安排的教育经费	公共财政教育经费	教育事业费	基本建设经费	教育费附加	科研经费	其他
合计	**865089074**	**828698297**	**796105727**	**737290166**	**684437386**	**10870139**	**41982641**		**58815561**
北京	25803601	24494137	22375927	19578185	16652800	178193	2747192		2797742
天津	11722945	11500348	10672398	10570929	9526360		1044569		101469
河北	35129924	33837230	31225016	29488473	28037620	110667	1340185		1736544
山西	19225995	18697143	17987277	16689268	15770979	68715	849573		1298010
内蒙古	19214681	19082034	18493016	14406767	13186509	191684	1028574		4086249
辽宁	20899402	20475248	19709312	17589825	16564623	33343	991858		2119488
吉林	15215911	14906925	14226383	13699344	13041583	106175	551585		527039
黑龙江	17994946	17845054	17746659	17121867	16573230	63647	484990		624792
上海	18929327	17126686	17008157	15650467	12899079	106122	2645266		1357690
江苏	60856329	58803952	55363111	53755681	48104857	32124	5618700		1607430
浙江	42946228	39364357	35351034	34441788	31390931	212250	2838606		909246
安徽	32408394	31572733	30321316	26888823	25695079	333571	860173		3432493
福建	27654572	26800752	25426827	23967362	22217088	138352	1611922		1459465
江西	30924210	30302144	29685279	28701468	27521429	298392	881647		983810
山东	52567979	50989547	47964750	47481226	44579092	12700	2889433		483524
河南	50766393	47637083	46784639	39496684	37843270	400306	1253108		7287955
湖北	27100142	26330338	24992190	23938451	22234489	512783	1191178		1053740
湖南	32844704	31490381	30915504	29891852	28652519	176422	1062911		1023652
广东	75173001	65289848	63299412	57640874	52597695	1062215	3980965		5658537
广西	29041837	28461350	27641420	26479450	25046466	581267	851717		1161970
海南	8230347	7739059	7399603	6602794	6098920	162939	340936		796809
重庆	21332129	20983273	20704093	15726735	14213782	683565	829388		4977358
四川	46404466	44480210	43259370	40872356	38627204	688959	1556193		2387013
贵州	26373877	25817708	25411147	24410219	23611709	429102	369409		1000928
云南	32267229	31664331	31473554	25935043	23848328	377594	1709121		5538511
西藏	6791185	6786318	6692753	6448549	5276947	1052275	119327		244205
陕西	25007965	24357985	23894354	23321327	21878607	415397	1027323		573027
甘肃	17351793	17259998	16596238	14940709	14071717	280506	588485		1655530
青海	7105126	7041184	6845257	6069770	4439071	1526758	103942		775487
宁夏	5650159	5585335	5366561	4351178	4084674	83643	182861		1015382
新疆	22154280	21975605	21273171	21132703	20150729	550470	431504		140468
大连	3188896	3122203	3111502	2853234	2547427		305807		258268
宁波	6661451	6194078	5296809	5036931	4451399		585531		259879
厦门	3461709	3249167	2945370	2651886	2252744	72902	326239		293484
青岛	7928976	7736272	6957270	6955050	6275087		679964		2220
深圳	11737496	9233459	8773216	8143049	5888893	895487	1358669		630167

（地方普通小学）

单位：千元

政府性基金预算安排的教育经费	#地方教育附加	#从土地出让收益中计提的教育资金	企业办学中的企业拨款	校办产业和社会服务收入用于教育的经费	其他属于国家财政性教育经费	民办学校中举办者投入	捐赠收入	事业收入	#学费	其他教育经费
32465660	**21913757**	**8502459**	**125376**	**1533**		**2886545**	**1001681**	**25575008**	**21649176**	**6927542**
2101276	1849475	204963	16934			28213	10537	792309	745658	478404
815803	598360	216993	12147			8500	9921	147805	144792	56371
2612214	1956634	563796				98769	59108	1041315	976688	93501
702816	550339	83116	7049			55112	6718	441531	383931	25490
587294	400507	148510	1719	5		3108	5481	91002	73061	33057
765936	578882	81046				128298	784	253252	195602	41821
680542	573898	78385				20558	5234	221457	204057	61737
95919	10108	56877	2476			4625	1346	45273	35538	98648
118529		116665				11263	13896	991271	966253	786211
3440840	2966912	428764				27267	116765	1366515	1252803	541831
4013323	2408116	1298590				209009	114419	2142613	1852737	1115829
1247383	712495	491924	4002	32		81974	20848	642522	564040	90317
1373759	731962	568862		165		105842	72836	516493	388246	158649
615528	403531	142320	1328	10		78724	13279	449804	267585	80259
3014169	2015077	795692	10627	2		140884	40698	1265915	1042069	130935
851171	290351	509703	1268	6		499568	5988	2521616	1988241	102138
1338148	818695	447507				26047	16580	443155	338355	284022
574806	372931	140339		71		70211	49835	974037	643588	260239
1977812	1336495	562512	12235	389		723788	130840	7705632	6808695	1322893
819930	567486	223909				36215	26287	405778	289888	112208
332498	101032	180711	6909	48		65180	1733	370963	307249	53412
278821	9846	137845		359		14254	38523	177619	130106	118460
1220840	795050	288084				307138	106538	1352555	1069543	158025
402878	314077	49878	3244	439		35860	47640	347722	272604	124946
188567		117934	2210			44431	40170	273110	199426	245188
93565	60945	4378				1022	500	2667	1333	677
434664	306754	137942	8967			47119	4210	496000	454833	102651
634110	322247	210721	29650			4618	25209	22012	15336	39955
191310	152275	37235	4611	6		1869	5291	10697	2296	46084
218774	134277	72066				5208	7832	18186	14820	33598
702434	575000	105195				1870	2633	44183	19802	129988
10701	10307	258				14000	428	38449	30624	13815
897269	601743	277025				25535	2633	344036	320899	95169
303687	205912	83428		111		64407	1205	132150	129547	14780
779001	672750	104603				17932	5262	150783	137067	18728
460243	457132					51383	1499	1568124	1403686	883032

3-42 教育经费收入情况

地区	总计	国家财政性教育经费	公共财政预算安排的教育经费	公共财政教育经费	教育事业费	基本建设经费	教育费附加	科研经费	其他
合计	**564263903**	**551407916**	**533919000**	**493474872**	**468515272**	**7521845**	**17437754**		**40444128**
北京	5393818	5236464	4643580	4189978	3563463	725	625790		453602
天津	3673380	3657028	3468434	3454008	3438680		15328		14426
河北	27627716	26770370	24501382	23084604	22105528	103470	875606		1416778
山西	13850999	13506275	13044755	12160273	11643647	42141	474485		884481
内蒙古	14224794	14179796	13783120	10558868	9750266	134634	673968		3224252
辽宁	10342116	10264738	9885198	8786457	8537541	30579	218337		1098741
吉林	9773931	9714692	9355016	9015167	8705070	88203	221894		339848
黑龙江	11805204	11697690	11621750	11382190	11155531	61147	165512		239560
上海	3161500	2774306	2773389	2454761	2179191		275570		318628
江苏	31938080	31306918	29917543	28691106	26503420	32124	2155561		1226438
浙江	23974231	22790800	20601863	20246717	18940911	42450	1263356		355146
安徽	25378877	24783632	23881673	21300948	20544847	272561	483541		2580725
福建	17305612	16945140	16292430	15506491	14600814	60750	844927		785939
江西	24924712	24476607	24047927	23167296	22392746	210029	564522		880631
山东	32221301	31524559	30192682	29833887	28642961	2700	1188226		358795
河南	38913158	36653975	36193956	30593437	29823494	180569	589374		5600519
湖北	17467843	17283746	16576343	15852119	15077549	375901	398668		724224
湖南	24043593	23287464	22916806	22223261	21507252	136445	579564		693545
广东	31433465	30022842	29209756	26175749	25370461	45440	759848		3034007
广西	23396499	23119730	22820094	21876877	20928456	505895	442526		943217
海南	5740713	5607380	5400270	4779866	4489221	122131	168513		620404
重庆	14480298	14339229	14154839	10719344	10017600	411164	290581		3435495
四川	36293640	35478432	34572147	32577469	31236903	478383	862184		1994678
贵州	22168035	21881354	21665328	20787356	20152682	368912	265762		877972
云南	28056378	27788316	27640160	22746645	21076593	281337	1388715		4893516
西藏	6094395	6091451	6034093	5807177	4702577	985995	118605		226917
陕西	18569313	18435549	18162068	17816611	16709058	356274	751279		345457
甘肃	14211636	14146187	13711165	12345309	11778027	263446	303836		1365856
青海	5760953	5722059	5605221	5039644	3620022	1322966	96656		565577
宁夏	3709385	3678297	3560799	2856573	2705840	56910	93822		704227
新疆	18328329	18242889	17685211	17444684	16614921	548564	281199		240527
大连	752721	748481	739903	658722	627753		30970		81180
宁波	3342571	3241739	2681104	2540978	2218735		322243		140126
厦门	560405	555152	510026	463462	422761		40701		46564
青岛	2502432	2496903	2260166	2260166	2091050		169116		
深圳									

（农村小学）

单位：千元

政府性基金预算安排的教育经费	#地方教育附加	#从土地出让收益中计提的教育资金	企业办学中的企业拨款	校办产业和社会服务收入用于教育的经费	其他属于国家财政性教育经费	民办学校中举办者投入	捐赠收入	事业收入	#学费	其他教育经费
17217332	**11024672**	**4833677**	**270777**	**807**		**1479084**	**570464**	**8226498**	**6488399**	**2579942**
592884	555466	29360				6496	1597	131963	62988	17299
188594	34081	154063					2972	9792	8087	3588
2268988	1778241	419081				84377	24168	709251	666844	39550
454972	372381	50211	6548			42373	5953	278019	238174	18378
394952	252318	111459	1719	5		2144	4000	24084	14223	14771
379541	260983	26510					399	67615	49555	9364
359676	299722	36744				9179	1437	21307	15062	27316
23677	3270	11509	52262			625	138	14805	9874	91947
917						2777	688	42772	41018	340957
1389374	1246452	104430				15917	9228	470189	426682	135829
2188937	1341084	724625				37545	57153	589157	520761	499576
901758	440312	422866	202			71054	11312	455918	403147	56961
652655	320546	298687		55		29373	53031	184432	106621	93637
428048	280729	92607	622	10		70330	10735	321719	155773	45320
1325317	786682	436617	6559	2		106430	20110	519584	453792	50618
459820	169474	256097	193	6		445487	2378	1758194	1350668	53124
707403	388787	252587				9801	10312	87185	69245	76798
370643	216771	107829		15		44741	40782	486826	315016	183780
802330	410447	359366	10535	221		202015	90663	1023520	893592	94425
299635	221309	55178				14018	21414	149675	87155	91662
207062	67834	90209		48		17275	1575	94169	71295	20314
184390	5546	74757				13001	14799	40071	14959	73197
906285	576260	228132				210458	90373	421603	278625	92775
212343	156245	30075	3244	439		21549	17350	130562	97053	117220
145946		77976	2210			7658	35063	46102	15657	179238
57358	28078	3258				1022	500	1333	1333	89
266473	188901	68988	7008			6105	2223	115645	108907	9789
435022	195966	157773				334	24880	6464	2791	33771
112220	75235	35235	4611	6		1791	3906	4311	20	28886
117498	55994	53115				5058	5318	5787	4403	14926
382614	295559	64332	175064			150	6009	14445	5079	64837
8578	8578						43			4197
560635	349812	200252				485	921	69519	68853	29906
45126	44520						3	5206	5206	44
236737	161197	75520				492	1175	3375	1777	487

3-43 教育经费收入情况

地区	总计	国家财政性教育经费	公共财政预算安排的教育经费	公共财政教育经费	教育事业费	基本建设经费	教育费附加	科研经费	其他
合计	**562176508**	**549404008**	**532145029**	**491860041**	**467030628**	**7391659**	**17437754**		**40284988**
北京	5328526	5236464	4643580	4189978	3563463	725	625790		453602
天津	3673380	3657028	3468434	3454008	3438680		15328		14426
河北	27627716	26770370	24501382	23084604	22105528	103470	875606		1416778
山西	13850999	13506275	13044755	12160273	11643647	42141	474485		884481
内蒙古	14224794	14179796	13783120	10558868	9750266	134634	673968		3224252
辽宁	10342116	10264738	9885198	8786457	8537541	30579	218337		1098741
吉林	9773931	9714692	9355016	9015167	8705070	88203	221894		339848
黑龙江	11680844	11573330	11547658	11308098	11081439	61147	165512		239560
上海	3161500	2774306	2773389	2454761	2179191		275570		318628
江苏	31938080	31306918	29917543	28691106	26503420	32124	2155561		1226438
浙江	23974231	22790800	20601863	20246717	18940911	42450	1263356		355146
安徽	25378877	24783632	23881673	21300948	20544847	272561	483541		2580725
福建	17305612	16945140	16292430	15506491	14600814	60750	844927		785939
江西	24924059	24475955	24047897	23167266	22392715	210029	564522		880631
山东	32221301	31524559	30192682	29833887	28642961	2700	1188226		358795
河南	38913158	36653975	36193956	30593437	29823494	180569	589374		5600519
湖北	17467843	17283746	16576343	15852119	15077549	375901	398668		724224
湖南	24043593	23287464	22916806	22223261	21507252	136445	579564		693545
广东	31398188	29988052	29174966	26143743	25338455	45440	759848		3031223
广西	23396499	23119730	22820094	21876877	20928456	505895	442526		943217
海南	5737014	5605380	5398270	4777866	4487221	122131	168513		620404
重庆	14480298	14339229	14154839	10719344	10017600	411164	290581		3435495
四川	36293529	35478369	34572084	32577407	31236840	478383	862184		1994678
贵州	22168035	21881354	21665328	20787356	20152682	368912	265762		877972
云南	28056378	27788316	27640160	22746645	21076593	281337	1388715		4893516
西藏	6094395	6091451	6034093	5807177	4702577	985995	118605		226917
陕西	18569313	18435549	18162068	17816611	16709058	356274	751279		345457
甘肃	14202587	14137800	13702778	12336937	11769655	263446	303836		1365841
青海	5760953	5722059	5605221	5039644	3620022	1322966	96656		565577
宁夏	3709385	3678297	3560799	2856573	2705840	56910	93822		704227
新疆	16479375	16409233	16030602	15946416	15246840	418377	281199		84186
大连	752721	748481	739903	658722	627753		30970		81180
宁波	3342571	3241739	2681104	2540978	2218735		322243		140126
厦门	560405	555152	510026	463462	422761		40701		46564
青岛	2502432	2496903	2260166	2260166	2091050		169116		
深圳									

(地方农村小学)

单位：千元

政府性基金预算安排的教育经费	#地方教育附加	#从土地出让收益中计提的教育资金	企业办学中的企业拨款	校办产业和社会服务收入用于教育的经费	其他属于国家财政性教育经费	民办学校中举办者投入	捐赠收入	事业收入	#学费	其他教育经费
17212868	**11024672**	**4833277**	**45304**	**807**		**1479084**	**567047**	**8155390**	**6486665**	**2570979**
592884	555466	29360				6496	1597	68705	62988	15265
188594	34081	154063					2972	9792	8087	3588
2268988	1778241	419081				84377	24168	709251	666844	39550
454972	372381	50211	6548			42373	5953	278019	238174	18378
394952	252318	111459	1719	5		2144	4000	24084	14223	14771
379541	260983	26510					399	67615	49555	9364
359676	299722	36744				9179	1437	21307	15062	27316
23196	3270	11109	2476			625	138	14805	9874	91947
917						2777	688	42772	41018	340957
1389374	1246452	104430				15917	9228	470189	426682	135829
2188937	1341084	724625				37545	57153	589157	520761	499576
901758	440312	422866	202			71054	11312	455918	403147	56961
652655	320546	298687		55		29373	53031	184432	106621	93637
428048	280729	92607		10		70330	10735	321719	155773	45320
1325317	786682	436617	6559	2		106430	20110	519584	453792	50618
459820	169474	256097	193	6		445487	2378	1758194	1350668	53124
707403	388787	252587				9801	10312	87185	69245	76798
370643	216771	107829		15		44741	40782	486826	315016	183780
802330	410447	359366	10535	221		202015	90663	1023081	893465	94378
299635	221309	55178				14018	21414	149675	87155	91662
207062	67834	90209		48		17275	1575	93533	71295	19251
184390	5546	74757				13001	14799	40071	14959	73197
906285	576260	228132				210458	90373	421603	278625	92726
212343	156245	30075	3244	439		21549	17350	130562	97053	117220
145946		77976	2210			7658	35063	46102	15657	179238
57358	28078	3258				1022	500	1333	1333	89
266473	188901	68988	7008			6105	2223	115645	108907	9789
435022	195966	157773				334	24880	6464	2791	33109
112220	75235	35235	4611	6		1791	3906	4311	20	28886
117498	55994	53115				5058	5318	5787	4403	14926
378631	295559	64332				150	2592	7670	3473	59730
8578	8578						43			4197
560635	349812	200252				485	921	69519	68853	29906
45126	44520						3	5206	5206	44
236737	161197	75520				492	1175	3375	1777	487

3-44 教育经费收入情况

地区	总计	国家财政性教育经费	公共财政预算安排的教育经费	公共财政教育经费	教育事业费	基本建设经费	教育费附加	科研经费	其他
合计	**168450**	**118450**	**118450**	**37197**	**22891**	**12138**	**2169**		**81253**
北京									
天津									
河北	230	230	230	230	230				
山西									
内蒙古									
辽宁									
吉林									
黑龙江									
上海									
江苏									
浙江									
安徽									
福建	11607	11607	11607	11607	11607				
江西	81100	81100	81100						81100
山东									
河南									
湖北									
湖南	72088	22088	22088	22088	7794	12138	2156		
广东									
广西	50	50	50	50	50				
海南									
重庆	1809	1809	1809	1768	1768				41
四川	811	811	811	699	699				112
贵州									
云南	492	492	492	492	480		12		
西藏									
陕西									
甘肃									
青海									
宁夏									
新疆	263	263	263	263	263				
大连									
宁波									
厦门									
青岛									
深圳									

（成人小学）

单位：千元

政府性基金预算安排的教育经费	#地方教育附加	#从土地出让收益中计提的教育资金	企业办学中的企业拨款	校办产业和社会服务收入用于教育的经费	其他属于国家财政性教育经费	民办学校中举办者投入	捐赠收入	事业收入	#学费	其他教育经费
							50000			
							50000			

3-45 教育经费收入情况

地区	总计	国家财政性教育经费	公共财政预算安排的教育经费	公共财政教育经费	教育事业费	基本建设经费	教育费附加	科研经费	其他
合计	**10186542**	**9890611**	**9176371**	**8585428**	**7683574**	**253595**	**648259**		**590943**
北京	484915	473979	447747	380158	307926		72231		67589
天津	241155	237767	237047	232500	228040		4460		4547
河北	410700	401875	370033	356629	296997	30000	29633		13403
山西	195582	191342	187482	172015	168288		3727		15467
内蒙古	197574	193928	180196	155889	153884		2005		24307
辽宁	471441	465553	441974	378921	368623	2723	7574		63053
吉林	239650	235442	227105	216784	191359	12700	12725		10320
黑龙江	318351	316078	312619	305473	279784	11400	14289		7145
上海	668874	654439	654439	598211	499833		98379		56228
江苏	731548	707123	690189	668899	617240		51659		21290
浙江	680838	646229	490013	465559	405598		59961		24454
安徽	326061	319957	313544	292059	262900		29159		21485
福建	392372	384397	306465	290765	256259	2000	32506		15700
江西	204891	202085	193634	191220	148313	25765	17141		2414
山东	909222	889720	759296	750745	682939	33000	34807		8550
河南	403448	398271	377147	308444	288228	1865	18351		68704
湖北	288670	282934	259414	240493	214254	150	26089		18920
湖南	307353	295715	291409	283181	238593		44588		8228
广东	970774	919292	825141	784482	638262	117259	28961		40658
广西	171511	166530	150406	145999	143209		2790		4407
海南	45469	45110	45110	40260	36610	3250	400		4851
重庆	160580	156829	152576	124105	115911	428	7766		28471
四川	394358	383510	359323	344235	317131	7700	19404		15088
贵州	189326	181953	176674	169630	160677	4573	4380		7044
云南	213340	201674	199829	182964	180526		2438		16865
西藏	28008	28000	28000	26969	26969				1031
陕西	176412	161374	157437	155477	139419		16058		1960
甘肃	103670	95430	93538	85428	81630		3798		8110
青海	73331	73189	71838	68035	67983	51			3803
宁夏	44060	42895	42895	38944	36474		2470		3951
新疆	143059	137989	133851	130954	129715	730	509		2897
大连	71403	71369	71369	48475	47211		1263		22895
宁波	132181	129744	76361	72072	68476		3596		4290
厦门	86045	85191	52119	46756	28470		18286		5363
青岛	148215	146535	107253	107253	99932		7321		
深圳	138303	136636	134873	125024	68764	50000	6261		9848

（特殊教育）

单位：千元

政府性基金预算安排的教育经费	#地方教育附加	#从土地出让收益中计提的教育资金	企业办学中的企业拨款	校办产业和社会服务收入用于教育的经费	其他属于国家财政性教育经费	民办学校中举办者投入	捐赠收入	事业收入	#学费	其他教育经费
714062	391795	198031		178		3385	38828	69331	31198	184386
26054	26004			178			664	1136	282	9136
720	20	700					323			3065
31842	10829	20683				200	1101	6416	5669	1108
3860	3351					40	316	1727	648	2157
13732	608	332					372	605	434	2669
23579	13721	117					690	3960		1238
8337	6300	1669					929	337		2941
3459		3114					357	366		1550
							12	174		14249
16934	15012	19				1275	4307	3271	1222	15572
156217	114640	22393					8460	1953	231	24196
6413	4197	2130				44	1800	1974	1224	2286
77932	46065	27271					2643	2398		2934
8451	5625	1332					1091	474	88	1241
130425	42269	67684				113	3462	10436	9374	5491
21124	5298	13032					1181	2855	698	1142
23521	9583	8919					2543	727	179	2465
4305	2773	7					856	2339	663	8443
94151	51981	21711				1036	1838	22748	8124	25860
16124	9592	1226					366	751	443	3864
								27		332
4252		40					322	678		2751
24188	17053	2909					1419	683		8745
5279	4001	600					502	154		6717
1845		600					2407	966	658	8294
										9
3936	2609	200				678	246	1281	1053	12834
1892	261	14					228	146		7867
1351		1330					70	44		28
							310	156		700
4139	2						17	550	208	4503
								30		3
53382	44351	8991					260	8		2170
33071	8071	25000					20	50		785
39282	24202	14830					268	45		1366
1764							120	918		628

3-46 教育经费收入情况

地区	总计	国家财政性教育经费	公共财政预算安排的教育经费	公共财政教育经费	教育事业费	基本建设经费	教育费附加	科研经费	其他
合计	**9593730**	**9320911**	**8648457**	**8122381**	**7264595**	**250872**	**606915**		**526076**
北京	372231	366484	344420	301257	235798		65459		43163
天津	187469	185748	185028	181351	176891		4460		3677
河北	410700	401875	370033	356629	296997	30000	29633		13403
山西	182150	178010	174631	159164	155988		3176		15467
内蒙古	197574	193928	180196	155889	153884		2005		24307
辽宁	425694	420011	396503	339033	334346		4687		57469
吉林	226409	223262	215511	205665	180820	12700	12146		9846
黑龙江	314092	311821	308362	301757	276068	11400	14289		6604
上海	529340	518418	518418	478995	389828		89167		39422
江苏	731548	707123	690189	668899	617240		51659		21290
浙江	650486	615899	468228	445023	394975		50048		23205
安徽	313464	307631	302156	283821	254993		28828		18334
福建	392372	384397	306465	290765	256259	2000	32506		15700
江西	203492	200686	192235	189875	146969	25765	17141		2360
山东	909222	889720	759296	750745	682939	33000	34807		8550
河南	392022	387039	365915	300579	280512	1865	18202		65336
湖北	275920	270185	248529	231016	206856	150	24010		17513
湖南	294814	283234	278929	273639	229051		44588		5290
广东	939522	888751	807312	767331	622606	117259	27466		39981
广西	166591	161625	145702	141378	138838		2540		4324
海南	45469	45110	45110	40260	36610	3250	400		4851
重庆	152985	149234	144981	117867	113094	428	4344		27115
四川	352536	348314	333863	319837	293334	7700	18804		14025
贵州	169942	163570	160025	153453	144996	4573	3884		6571
云南	208291	196625	194779	178261	175922		2339		16519
西藏	28008	28000	28000	26969	26969				1031
陕西	167720	155018	151582	149621	136035		13586		1960
甘肃	103670	95430	93538	85428	81630		3798		8110
青海	73331	73189	71838	68035	67983	51			3803
宁夏	44060	42895	42895	38944	36474		2470		3951
新疆	132606	127679	123790	120893	119689	730	474		2897
大连	65020	64986	64986	42933	42611		322		22053
宁波	132181	129744	76361	72072	68476		3596		4290
厦门	86045	85191	52119	46756	28470		18286		5363
青岛	148215	146535	107253	107253	99932		7321		
深圳	130007	129013	127250	117854	62854	50000	5000		9396

(特殊教育学校)

单位：千元

政府性基金预算安排的教育经费	#地方教育附加	#从土地出让收益中计提的教育资金	企业办学中的企业拨款	校办产业和社会服务收入用于教育的经费	其他属于国家财政性教育经费	民办学校中举办者投入	捐赠收入	事业收入	#学费	其他教育经费
672395	**355962**	**193232**		**60**		**3385**	**38815**	**67797**	**31198**	**162822**
22005	21955			60			664	777	282	4306
720	20	700					323			1398
31842	10829	20683				200	1101	6416	5669	1108
3380	2871					40	316	1627	648	2156
13732	608	332					372	605	434	2669
23508	13657	110					690	3755		1238
7751	5714	1669					929	337		1880
3459		3114					357	366		1548
							8	7		10908
16934	15012	19				1275	4307	3271	1222	15572
147671	110887	17601					8460	1953	231	24175
5476	3260	2130				44	1800	1974	1224	2015
77932	46065	27271					2643	2398		2934
8451	5625	1332					1091	474	88	1241
130425	42269	67684				113	3462	10436	9374	5491
21124	5298	13032					1181	2662	698	1141
21655	7717	8919					2543	727	179	2465
4305	2773	7					856	2281	663	8443
81439	39269	21711				1036	1838	22519	8124	25377
15924	9392	1226					357	747	443	3862
								27		332
4252		40					322	678		2751
14451	7602	2909					1419	603		2200
3546	2267	600					502	154		5716
1845		600					2407	966	658	8294
										9
3436	2609	200				678	246	1281	1053	10497
1892	261	14					228	146		7867
1351		1330					70	44		28
							310	156		700
3889	2						17	408	208	4503
								30		3
53382	44351	8991					260	8		2170
33071	8071	25000					20	50		785
39282	24202	14830					268	45		1366
1764							120	728		145

3-47 教育经费收入情况

地区	总计	国家财政性教育经费	公共财政预算安排的教育经费	公共财政教育经费	教育事业费	基本建设经费	教育费附加	科研经费	其他
合计	**592811**	**569699**	**527914**	**463047**	**418979**	**2723**	**41345**		**64867**
北京	112684	107495	103327	78901	72129		6773		24426
天津	53686	52019	52019	51149	51149				870
河北									
山西	13432	13332	12852	12852	12300		551		
内蒙古									
辽宁	45747	45543	45471	39888	34277	2723	2887		5584
吉林	13241	12180	11594	11119	10540		580		475
黑龙江	4259	4257	4257	3716	3716				541
上海	139534	136021	136021	119216	110004		9212		16806
江苏									
浙江	30352	30331	21785	20536	10622		9913		1249
安徽	12596	12326	11389	8238	7907		331		3151
福建									
江西	1399	1399	1399	1345	1345				55
山东									
河南	11426	11232	11232	7864	7715		149		3368
湖北	12750	12750	10884	9477	7398		2079		1408
湖南	12539	12480	12480	9542	9542				2939
广东	31252	30541	17829	17152	15656		1496		677
广西	4920	4904	4704	4621	4371		250		83
海南									
重庆	7595	7595	7595	6238	2817		3422		1357
四川	41822	35197	25460	24398	23798		600		1062
贵州	19385	18383	16649	16177	15681		496		473
云南	5049	5049	5049	4703	4604		99		346
西藏									
陕西	8692	6356	5856	5856	3383		2473		
甘肃									
青海									
宁夏									
新疆	10452	10310	10061	10061	10026		35		
大连	6383	6383	6383	5542	4600		941		842
宁波									
厦门									
青岛									
深圳	8296	7623	7623	7171	5910		1261		452

(工读学校)

单位：千元

政府性基金预算安排的教育经费	#地方教育附加	#从土地出让收益中计提的教育资金	企业办学中的企业拨款	校办产业和社会服务收入用于教育的经费	其他属于国家财政性教育经费	民办学校中举办者投入	捐赠收入	事业收入	#学费	其他教育经费
41667	**35833**	**4799**		**118**			**13**	**1535**		**21564**
4050	4050			118				358		4830
										1667
480	480							100		1
71	64	7						204		
586	586									1061
										2
							4	167		3342
8546	3753	4792								21
937	937									271
								193		1
1866	1866									
								59		
12712	12712							228		483
200	200						9	4		3
9737	9452							80		6545
1734	1734									1002
500										2336
249								142		
								190		483

3-48 教育经费收入情况

地区	总计	国家财政性教育经费	公共财政预算安排的教育经费	公共财政教育经费	教育事业费	基本建设经费	教育费附加	科研经费	其他
合计	**204875714**	**93405194**	**85268543**	**81390588**	**72270983**	**2187236**	**6932369**		**3877955**
北京	8669435	5188806	4431565	4093579	3192567	60689	840324		337986
天津	3405315	2361370	1980482	1917894	1849854		68040		62588
河北	7735991	4331001	4085172	3935813	3740261	94140	101412		149359
山西	3665679	1792087	1630805	1564024	1411317	53552	99155		66781
内蒙古	4684688	3238059	2946762	2635080	2260779	47623	326677		311682
辽宁	5044222	1586954	1507931	1441568	1274303	13672	153593		66363
吉林	3008725	1327387	1139370	1105997	1025940	15250	64808		33373
黑龙江	3001831	1361217	1134654	1069582	1027846	4289	37446		65072
上海	10190450	7317332	7286360	6844889	5846563	7591	990735		441471
江苏	16698563	8520881	7514388	7291942	6174256	16310	1101376		222446
浙江	15072210	6648379	5296820	5083594	4481427	21620	580547		213226
安徽	5333692	2491492	2318958	2203792	1958570	151969	93254		115166
福建	7919629	3958246	3682150	3574485	3311680	65617	197188		107665
江西	4709773	1628471	1579819	1560115	1392536	44775	122804		19704
山东	12731200	5483069	4994348	4981447	4598280	25500	357667		12902
河南	11115127	3236570	3067131	2788828	2569355	97773	121701		278302
湖北	6108216	2156847	1752029	1693854	1544005	53740	96109		58175
湖南	7245889	1672328	1631343	1612906	1472170	58654	82082		18437
广东	22959693	5119543	4173049	3918313	3314112	75200	529001		254737
广西	5190315	1889353	1835207	1796387	1691839	40882	63667		38820
海南	1567597	548881	527475	495383	438945	18089	38349		32093
重庆	3610439	1171400	1154882	1026288	892750	59393	74146		128594
四川	9670452	3927160	3812540	3600466	3333312	135212	131942		212074
贵州	3700214	1814093	1760786	1701429	1576418	79256	45755		59357
云南	4452847	2234819	2201751	1943327	1704916	100740	137671		258424
西藏	1430603	1408853	1403570	1377566	950568	414290	12708		26005
陕西	7375655	4763723	4529423	4469735	4022606	101557	345573		59687
甘肃	2516399	1699295	1617441	1522382	1356556	100093	65733		95059
青海	944759	671589	654381	607756	429786	158141	19830		46625
宁夏	962357	461208	416118	350181	327418	19090	3673		65937
新疆	4153749	3394780	3201830	3181985	3100048	52531	29406		19845
大连	1151852	525173	521894	511230	478642		32588		10664
宁波	2862672	1492881	1210843	1126957	940332	17620	169005		83886
厦门	1302946	801722	799812	768121	709090		59031		31690
青岛	2172935	1200617	1128083	1126263	1110697		15566		1820
深圳	5040045	1242714	568282	556626	369795	40120	146712		11655

(幼儿园)

单位：千元

政府性基金预算安排的教育经费	#地方教育附加	#从土地出让收益中计提的教育资金	企业办学中的企业拨款	校办产业和社会服务收入用于教育的经费	其他属于国家财政性教育经费	民办学校中举办者投入	捐赠收入	事业收入	#学费	其他教育经费
6951528	**4656165**	**2037684**	**1171308**	**13815**		**4152548**	**237494**	**103766607**	**98208554**	**3313872**
741938	626425	112413	13488	1814		41205	21987	3187062	3067954	230376
369421	301151	68270	11261	206		14983	676	1020865	1009204	7421
140020	72723	64891	103526	2283		117269	3091	3259387	3103831	25243
86622	47587	23734	73733	926		33296	1517	1800757	1731104	38023
252387	183537	62075	38910			119764	318	1308854	1254035	17692
30743	20047	9605	47566	714		42454	1311	3391420	3206678	22083
124303	112192	8668	63073	640		89197	1429	1559575	1489831	31137
21545	12845	8689	205019			33812	80	1518990	1465009	87731
26314		26314	4659			9810	7412	2609974	2591433	245921
982010	670834	309809	24484			207402	20168	7568956	7474318	381156
1344658	776443	452706	6597	304		365430	21185	7348551	7149093	688665
138157	106599	19471	34276	100		114458	6242	2694804	2492766	26697
269373	192858	75206	6285	437		129361	22375	3752129	3637665	57518
47157	19298	27211	1495			62096	1196	2986739	2700484	31271
241715	132584	94779	246600	406		96359	11774	7077713	6952903	62286
141887	75218	64093	27547	5		151114	699	7630574	6946105	96170
361034	48993	283323	43491	293		122555	3367	3733064	3361899	92383
29911	26087	2145	10655	420		195893	5971	5329491	4996939	42206
926215	866446	53432	16602	3676		923486	31280	16231788	15303293	653596
53276	41573	9571	733	137		132911	404	3095779	2952687	71868
19340	13066	6274	1445	620		95051	321	901583	765122	21761
13575	1831	4974	2943			129100	21983	2254975	2203672	32981
95441	66485	24941	18802	377		343112	40433	5217868	4668765	141879
52620	40549	7919	686			88593	1751	1754401	1562801	41377
16331		8153	16671	67		210854	3109	1961297	1777241	42767
5282	3947	1036				4042		17624	17396	83
189075	60245	126740	45171	55		191494	1283	2404424	2281163	14731
74430	33227	39980	7424			30538	2784	778617	747666	5163
16494	12816	3592	715			829	271	236902	228325	35167
41331	33258	5100	3760			37762	857	449523	441874	13008
98924	57302	32570	93692	334		18319	2220	682920	627301	55510
2051	1998	54	1063	165		5154	1226	611638	600989	8661
282038	158495	66108				142895	1132	1161960	1134779	63805
1910	1618					26899	1	466185	463152	8140
68619	28875	39584	3915			23551	2548	928956	922011	17263
674432	674432					234788	8146	3255902	3059059	298495

3-49 教育经费收入情况

地区	总计	国家财政性教育经费	公共财政预算安排的教育经费	公共财政教育经费	教育事业费	基本建设经费	教育费附加	科研经费	其他
合计	**202602815**	**92513724**	**84962477**	**81123055**	**72031300**	**2159386**	**6932369**		**3839422**
北京	8175066	5179939	4427389	4092873	3191860	60689	840324		334516
天津	3383899	2361350	1980462	1917894	1849854		68040		62568
河北	7626068	4250574	4082974	3933615	3738063	94140	101412		149359
山西	3658736	1792076	1630795	1564013	1411306	53552	99155		66781
内蒙古	4679419	3238059	2946762	2635080	2260779	47623	326677		311682
辽宁	4945009	1580174	1501440	1440859	1273594	13672	153593		60581
吉林	2968657	1324821	1137280	1103907	1023850	15250	64808		33373
黑龙江	2704528	1116913	1094700	1032942	991207	4289	37446		61758
上海	10057306	7291013	7260040	6828360	5830033	7591	990735		431681
江苏	16585753	8511843	7505349	7283603	6165918	16310	1101376		221746
浙江	15069250	6648379	5296820	5083594	4481427	21620	580547		213226
安徽	5325501	2490149	2317615	2202449	1957227	151969	93254		115166
福建	7916569	3957956	3682150	3574485	3311680	65617	197188		107665
江西	4709773	1628471	1579819	1560115	1392536	44775	122804		19704
山东	12500948	5282011	4994348	4981447	4598280	25500	357667		12902
河南	10966366	3235678	3066239	2787936	2568463	97773	121701		278302
湖北	6054918	2149225	1751420	1693245	1543396	53740	96109		58175
湖南	7226183	1671272	1630287	1611850	1471113	58654	82082		18437
广东	22929608	5118988	4173032	3918296	3314095	75200	529001		254737
广西	5190315	1889353	1835207	1796387	1691839	40882	63667		38820
海南	1547208	547508	526435	494342	438104	17889	38349		32093
重庆	3610439	1171400	1154882	1026288	892750	59393	74146		128594
四川	9656242	3926049	3811429	3599355	3332202	135212	131942		212074
贵州	3700214	1814093	1760786	1701429	1576418	79256	45755		59357
云南	4444253	2234819	2201751	1943327	1704916	100740	137671		258424
西藏	1430603	1408853	1403570	1377566	950568	414290	12708		26005
陕西	7369463	4761783	4527482	4467795	4020665	101557	345573		59687
甘肃	2499893	1694387	1612533	1517473	1351648	100093	65733		95059
青海	934783	670787	653579	606954	428983	158141	19830		46625
宁夏	961457	461208	416118	350181	327418	19090	3673		65937
新疆	3774387	3104594	2999783	2995395	2941108	24881	29406		4388
大连	1129227	524463	521184	510520	477933		32588		10664
宁波	2862672	1492881	1210843	1126957	940332	17620	169005		83886
厦门	1302946	801722	799812	768121	709090		59031		31690
青岛	2172935	1200617	1128083	1126263	1110697		15566		1820
深圳	5040045	1242714	568282	556626	369795	40120	146712		11655

(地方幼儿园)

单位：千元

政府性基金预算安排的教育经费	#地方教育附加	#从土地出让收益中计提的教育资金	企业办学中的企业拨款	校办产业和社会服务收入用于教育的经费	其他属于国家财政性教育经费	民办学校中举办者投入	捐赠收入	事业收入	#学费	其他教育经费
6948122	**4655735**	**2037684**	**591572**	**11552**		**4152548**	**214515**	**102653550**	**97242018**	**3068477**
739213	626425	112413	12639	699		41205	5159	2809383	2759977	139380
369421	301151	68270	11261	206		14983	676	999477	991550	7413
139590	72293	64891	25727	2283		117269	3087	3229916	3074431	25222
86622	47587	23734	73733	926		33296	1517	1793830	1724176	38018
252387	183537	62075	38910			119764	318	1303586	1248766	17692
30502	20047	9605	47566	666		42454	1305	3300792	3132160	20284
124303	112192	8668	63073	165		89197	227	1525676	1455932	28736
21535	12845	8689	678			33812	80	1465992	1414247	87731
26314		26314	4659			9810	7412	2519065	2500524	230006
982010	670834	309809	24484			207402	18028	7518624	7426248	329855
1344658	776443	452706	6597	304		365430	21185	7345592	7146134	688665
138157	106599	19471	34276	100		114458	6242	2687962	2486125	26690
269373	192858	75206	6285	147		129361	22375	3749359	3634896	57518
47157	19298	27211	1495			62096	1196	2986739	2700484	31271
241715	132584	94779	45543	406		96359	11725	7048582	6925413	62271
141887	75218	64093	27547	5		151114	681	7549066	6879682	29826
361034	48993	283323	36478	293		122555	3147	3691509	3328634	88481
29911	26087	2145	10655	420		195893	5859	5311216	4980913	41943
926215	866446	53432	16064	3676		923486	31280	16202677	15282337	653178
53276	41573	9571	733	137		132911	404	3095779	2952687	71868
19340	13066	6274	1445	288		95051	321	882923	748244	21406
13575	1831	4974	2943			129100	21983	2254975	2203672	32981
95441	66485	24941	18802	377		343112	38604	5208144	4661649	140333
52620	40549	7919	686			88593	1751	1754401	1562801	41377
16331		8153	16671	67		210854	3109	1952803	1771547	42667
5282	3947	1036				4042		17624	17396	83
189075	60245	126740	45171	55		191494	1172	2400411	2277350	14603
74430	33227	39980	7424			30538	2784	767090	736139	5093
16494	12816	3592	715			829	271	230956	224429	31940
41331	33258	5100	3760			37762	857	448623	440999	13008
98924	57302	32570	5553	334		18319	1759	600779	552479	48937
2051	1998	54	1063	165		5154	1226	589727	579078	8656
282038	158495	66108				142895	1132	1161960	1134779	63805
1910	1618					26899	1	466185	463152	8140
68619	28875	39584	3915			23551	2548	928956	922011	17263
674432	674432					234788	8146	3255902	3059059	298495

3-50 教育经费收入情况

地区	总计	国家财政性教育经费	公共财政预算安排的教育经费	公共财政教育经费	教育事业费	基本建设经费	教育费附加	科研经费	其他
合计	**90297905**	**46136715**	**43336700**	**41813685**	**38040567**	**1718560**	**2054557**		**1523015**
北京	1374064	1096272	908670	864399	694934		169465		44271
天津	677062	520887	440836	440472	437231		3241		364
河北	4982390	3000326	2897877	2807098	2652373	90140	64584		90779
山西	1968343	1155985	1079704	1055496	975110	33027	47360		24207
内蒙古	2521227	1983079	1823600	1664582	1446072	30882	187628		159018
辽宁	1146706	484156	471162	458925	446838	6689	5398		12237
吉林	1087831	632057	588975	580278	534048	14490	31740		8697
黑龙江	1209446	631340	622819	605260	586256	2369	16635		17559
上海	1523255	1175128	1175128	1102630	1029869		72761		72498
江苏	6410517	3419594	3089980	2971805	2651265	16310	304231		118175
浙江	6658187	2898014	2329382	2239898	1986627	4000	249271		89484
安徽	3276801	1628148	1553165	1486363	1276060	151969	58334		66802
福建	3625457	1892689	1744096	1719868	1616975	31587	71306		24229
江西	2956478	1066491	1026239	1015099	938301	44775	32023		11140
山东	5767385	2903016	2733717	2725726	2553863	23250	148612		7991
河南	6074010	1784880	1718976	1594477	1487007	62543	44927		124499
湖北	2511544	978587	867509	834906	751223	47610	36073		32603
湖南	4274532	1155302	1134125	1126756	1028620	58654	39482		7368
广东	5610641	1378153	1311882	1267201	1199594	4240	63367		44681
广西	2997266	1071711	1052647	1035390	986609	27153	21628		17257
海南	804217	367895	348453	326821	296112	17680	13029		21632
重庆	1815083	706722	694950	641432	549780	59393	32259		53518
四川	5394275	2636271	2571479	2424429	2248155	120095	56180		147049
贵州	2343168	1297646	1282498	1245929	1167760	60956	17213		36569
云南	2434367	1314985	1293026	1150672	1050103	74808	25761		142353
西藏	1173870	1169851	1164569	1142271	759273	370290	12708		22298
陕西	4366624	3420768	3243540	3233447	2995001	78236	160210		10093
甘肃	1620280	1179359	1145833	1087310	967925	85093	34292		58523
青海	635132	508197	495802	471910	323139	135701	13070		23893
宁夏	409107	264957	229864	205338	182576	19090	3673		24525
新疆	2648642	2414251	2296199	2287496	2221868	47531	18097		8703
大连	181439	151489	149565	147100	145239		1861		2465
宁波	1212017	645909	524059	475789	406483		69306		48270
厦门	60133	36187	36187	34504	33454		1050		1683
青岛	490161	381810	340690	340690	340666		23		
深圳									

(农村幼儿园)

单位：千元

政府性基金预算安排的教育经费	#地方教育附加	#从土地出让收益中计提的教育资金	企业办学中的企业拨款	校办产业和社会服务收入用于教育的经费	其他属于国家财政性教育经费	民办学校中举办者投入	捐赠收入	事业收入	#学费	其他教育经费
2561658	**1512978**	**956612**	**236885**	**1473**		**1586614**	**98600**	**41389558**	**39506099**	**1086418**
187598	117298	70300		4		3640	193	261576	257486	12383
80051	37771	42280				3820	26	152299	151694	29
85876	49478	33991	16574			49891	2026	1924862	1843232	5286
50703	39740	4568	25578			19094	1088	773907	752632	18268
159479	121324	35405				31093	160	503897	488048	2998
12994	4566	7578				353	1078	656712	643411	4407
43083	39410	3640				25192	129	426465	411920	3987
4672	580	4083	3849			6662	8	488309	470588	83127
						1090	165	302362	302313	44510
329314	258536	70032	300			57894	3070	2863249	2831531	66710
568632	269208	267815				128641	16734	3203212	3115172	411586
68816	44255	12917	6167			68937	815	1568391	1398770	10511
147128	106454	39856	1464			49598	15907	1642613	1592006	24652
40252	19298	20726				34276	853	1843912	1669135	10947
115476	61899	52363	53823			22842	3378	2826815	2796829	11334
60424	36142	23183	5480			74849	78	4185370	3856384	28833
85635	20288	57784	25192	251		27155	527	1490133	1407216	15142
21177	17404	2145				90931	4314	2996190	2827046	27795
62200	38192	23768	3141	930		231957	10268	3911093	3768211	79169
18531	11106	5424	533			66170	338	1825499	1783920	33548
17709	12663	5046	1445	288		51969	321	378681	328504	5351
10430	326	4974	1343			67729	10912	1020899	1004346	8821
64792	44433	17036				170183	19223	2506321	2401374	62277
14962	11746	1153	186			65254	1692	956271	858982	22305
15094		7040	6865			128407	1472	964977	878120	24526
5282	3947	1036				1972		2044	1894	3
174505	53174	120635	2722			63190	285	881087	859452	1295
31227	20305	10726	2299			15522	2563	420683	418544	2152
12395	8717	3592				185	58	97650	91762	29042
35094	29258	5000				18107	188	124707	123768	1148
38127	35459	2516	79925			10009	731	189376	171811	34275
1924	1894	30					1014	26483	24994	2453
121850	56465	48297				8032	542	531275	511283	26259
						158		23788	23788	
41120	10320	30800					339	107812	107644	200

3-51 教育经费收入情况

地区	总计	国家财政性教育经费	公共财政预算安排的教育经费	公共财政教育经费	教育事业费	基本建设经费	教育费附加	科研经费	其他
合计	**89836243**	**45807434**	**43141319**	**41627786**	**37882519**	**1690710**	**2054557**		**1513533**
北京	1369246	1096272	908670	864399	694934		169465		44271
天津	677062	520887	440836	440472	437231		3241		364
河北	4964742	2985469	2897877	2807098	2652373	90140	64584		90779
山西	1968296	1155985	1079704	1055496	975110	33027	47360		24207
内蒙古	2521227	1983079	1823600	1664582	1446072	30882	187628		159018
辽宁	1146706	484156	471162	458925	446838	6689	5398		12237
吉林	1086356	630770	587687	578991	532761	14490	31740		8697
黑龙江	1181421	603696	598984	584723	565719	2369	16635		14261
上海	1523255	1175128	1175128	1102630	1029869		72761		72498
江苏	6410517	3419594	3089980	2971805	2651265	16310	304231		118175
浙江	6658187	2898014	2329382	2239898	1986627	4000	249271		89484
安徽	3276801	1628148	1553165	1486363	1276060	151969	58334		66802
福建	3624097	1892689	1744096	1719868	1616975	31587	71306		24229
江西	2956478	1066491	1026239	1015099	938301	44775	32023		11140
山东	5727806	2868244	2733717	2725726	2553863	23250	148612		7991
河南	6016581	1784880	1718976	1594477	1487007	62543	44927		124499
湖北	2510894	978587	867509	834906	751223	47610	36073		32603
湖南	4274532	1155302	1134125	1126756	1028620	58654	39482		7368
广东	5606559	1377598	1311865	1267184	1199577	4240	63367		44681
广西	2997266	1071711	1052647	1035390	986609	27153	21628		17257
海南	803183	367345	347903	326271	295762	17480	13029		21632
重庆	1815083	706722	694950	641432	549780	59393	32259		53518
四川	5394275	2636271	2571479	2424429	2248155	120095	56180		147049
贵州	2343168	1297646	1282498	1245929	1167760	60956	17213		36569
云南	2434367	1314985	1293026	1150672	1050103	74808	25761		142353
西藏	1173870	1169851	1164569	1142271	759273	370290	12708		22298
陕西	4366267	3420696	3243469	3233375	2994930	78236	160210		10093
甘肃	1613929	1174451	1140925	1082402	963017	85093	34292		58523
青海	635132	508197	495802	471910	323139	135701	13070		23893
宁夏	409107	264957	229864	205338	182576	19090	3673		24525
新疆	2349832	2169615	2131487	2128969	2090991	19881	18097		2518
大连	181439	151489	149565	147100	145239		1861		2465
宁波	1212017	645909	524059	475789	406483		69306		48270
厦门	60133	36187	36187	34504	33454		1050		1683
青岛	490161	381810	340690	340690	340666		23		
深圳									

(地方农村幼儿园)

单位：千元

政府性基金预算安排的教育经费	#地方教育附加	#从土地出让收益中计提的教育资金	企业办学中的企业拨款	校办产业和社会服务收入用于教育的经费	其他属于国家财政性教育经费	民办学校中举办者投入	捐赠收入	事业收入	#学费	其他教育经费
2561648	**1512978**	**956612**	**102995**	**1473**		**1586614**	**98413**	**41283256**	**39419421**	**1060525**
187598	117298	70300		4		3640	153	256804	252714	12378
80051	37771	42280				3820	26	152299	151694	29
85876	49478	33991	1717			49891	2026	1922070	1840440	5286
50703	39740	4568	25578			19094	1088	773860	752585	18268
159479	121324	35405				31093	160	503897	488048	2998
12994	4566	7578				353	1078	656712	643411	4407
43083	39410	3640				25192	129	426277	411733	3987
4662	580	4083	50			6662	8	487928	470207	83127
						1090	165	302362	302313	44510
329314	258536	70032	300			57894	3070	2863249	2831531	66710
568632	269208	267815				128641	16734	3203212	3115172	411586
68816	44255	12917	6167			68937	815	1568391	1398770	10511
147128	106454	39856	1464			49598	15907	1641253	1590646	24652
40252	19298	20726				34276	853	1843912	1669135	10947
115476	61899	52363	19052			22842	3378	2822007	2792964	11334
60424	36142	23183	5480			74849	78	4152735	3836385	4040
85635	20288	57784	25192	251		27155	527	1489733	1406816	14892
21177	17404	2145				90931	4314	2996190	2827046	27795
62200	38192	23768	2603	930		231957	10268	3907567	3764797	79169
18531	11106	5424	533			66170	338	1825499	1783920	33548
17709	12663	5046	1445	288		51969	321	378196	328019	5351
10430	326	4974	1343			67729	10912	1020899	1004346	8821
64792	44433	17036				170183	19223	2506321	2401374	62277
14962	11746	1153	186			65254	1692	956271	858982	22305
15094		7040	6865			128407	1472	964977	878120	24526
5282	3947	1036				1972		2044	1894	3
174505	53174	120635	2722			63190	285	880802	859167	1295
31227	20305	10726	2299			15522	2563	419311	417171	2082
12395	8717	3592				185	58	97650	91762	29042
35094	29258	5000				18107	188	124707	123768	1148
38127	35459	2516				10009	584	136123	124490	33501
1924	1894	30					1014	26483	24994	2453
121850	56465	48297				8032	542	531275	511283	26259
						158		23788	23788	
41120	10320	30800					339	107812	107644	200

3-52 教育经费收入情况

地区	总计	国家财政性教育经费	公共财政预算安排的教育经费	公共财政教育经费	教育事业费	基本建设经费	教育费附加	科研经费	其他
合计	**41894888**	**39440058**	**37417911**	**33878928**	**29255504**	**1260084**	**3363340**		**3538983**
北京	4153032	3979587	3979056	3320054	3293477		26576		659002
天津	275504	269362	269362	262209	262209				7153
河北	610234	591648	586891	535568	529766		5802		51323
山西	1130898	1095490	1088009	1026733	954236		72497		61277
内蒙古	1140540	1038810	985874	805373	683098	13017	109259		180500
辽宁	670528	666136	663219	539980	539670		310		123238
吉林	437270	425698	418824	399724	397838		1885		19101
黑龙江	1344051	1319901	1304529	1176343	1170122	6191	30		128186
上海	291485	284447	284447	225481	225481				58965
江苏	1520802	1389878	1355183	1256511	1197195		59316		98671
浙江	1385919	1284532	1217827	1149801	876420		273381		68026
安徽	839254	747600	708719	635672	599092		36580		73047
福建	794636	728684	728635	668824	646959	7698	14167		59811
江西	869890	833704	819365	765885	754840	1192	9853		53480
山东	1634020	1544586	1511240	1485601	1412655	4000	68946		25639
河南	1301896	1273009	1229236	1024648	837328	128431	58889		204588
湖北	1288873	1226655	1171839	1066675	1038234		28441		105164
湖南	1976848	1797524	1693697	1566255	1542077		24178		127442
广东	5701520	5195661	4768162	4337261	2776677	447057	1113528		430901
广西	872162	768295	752560	714603	713003		1600		37957
海南	377066	358862	358302	298239	297739		500		60063
重庆	815229	739608	715600	596193	541402	19380	35411		119407
四川	3005982	2959806	2412937	2254344	1569437	91620	593287		158593
贵州	2493325	2352126	2012618	1871094	1418952	71860	380282		141524
云南	2303715	2157196	2101632	1848689	1463568	92136	292984		252943
西藏	258422	257995	257995	252419	227929		24490		5576
陕西	1154995	1135390	1083041	1076084	994112	16460	65512		6957
甘肃	1032305	975256	964467	885073	783422	69300	32352		79394
青海	549699	527360	517466	437936	292098	122168	23670		79531
宁夏	241281	226603	224722	189006	174688	5000	9317		35716
新疆	1423507	1288650	1232458	1206652	1041778	164574	300		25806
大连	124737	124737	124737	96442	96442				28295
宁波	124745	111711	107653	98088	96157		1931		9565
厦门	277676	276542	276542	258621	258621				17921
青岛	232909	230613	222302	222152	213681		8471		150
深圳	1467414	1158070	1055091	963137	447505	369170	146462		91954

(教育行政单位)

单位：千元

政府性基金预算安排的教育经费	#地方教育附加	#从土地出让收益中计提的教育资金	企业办学中的企业拨款	校办产业和社会服务收入用于教育的经费	其他属于国家财政性教育经费	民办学校中举办者投入	捐赠收入	事业收入	#学费	其他教育经费
2018265	**1370083**	**255121**	**3882**				**74814**	**587239**		**1792776**
532	532							11357		162087
										6143
4757	776						1900	1424		15262
7481		1982					200	12544		22665
52936	33713	12343					3972	14440		83319
2918	937							2015		2377
6873	6693							1023		10549
14407			965				1892	8263		13995
										7038
34695	25291	2035					100	16649		114175
66705	56570	2528						12690		88698
38881	32331	100					10843	59204		21607
49							921	33817		31213
14339	2330	1020					3203	16920		16062
33346	11738	3479					1360	60183		27891
43774	20501	3827					810	13449		14628
54816	13276	18927					1060	5574		55584
103826							3012	79971		96341
427499	390520	19162					5270	25161		475428
15735							1484			102383
560								4392		13812
24008		92					5019	48796		21805
546869	494956	19696					4251	18876		23048
339508	196419	112654					10084	70250		60865
55564		29912					15448	37194		93878
								313		114
52349	31087	20583						1623		17982
10789	1792						928	24210		31911
9894	9894						580	1677		20082
1881	1321						800	574		13304
53275	39407	6782	2917				1677	4650		128531
4058	3252							1626		11408
										1134
8311	4781							56		2240
102979	102332	648								309344

3-53 教育经费收入情况

地区	总计	国家财政性教育经费	公共财政预算安排的教育经费	公共财政教育经费	教育事业费	基本建设经费	教育费附加	科研经费	其他
合计	**38298393**	**36040865**	**34022601**	**31022918**	**26399494**	**1260084**	**3363340**		**2999683**
北京	651307	650310	649778	503400	476824		26576		146378
天津	275504	269362	269362	262209	262209				7153
河北	610234	591648	586891	535568	529766		5802		51323
山西	1130898	1095490	1088009	1026733	954236		72497		61277
内蒙古	1140540	1038810	985874	805373	683098	13017	109259		180500
辽宁	670528	666136	663219	539980	539670		310		123238
吉林	437270	425698	418824	399724	397838		1885		19101
黑龙江	1311276	1287126	1272719	1169866	1163645	6191	30		102853
上海	291485	284447	284447	225481	225481				58965
江苏	1520802	1389878	1355183	1256511	1197195		59316		98671
浙江	1385919	1284532	1217827	1149801	876420		273381		68026
安徽	839254	747600	708719	635672	599092		36580		73047
福建	794636	728684	728635	668824	646959	7698	14167		59811
江西	869890	833704	819365	765885	754840	1192	9853		53480
山东	1634020	1544586	1511240	1485601	1412655	4000	68946		25639
河南	1301896	1273009	1229236	1024648	837328	128431	58889		204588
湖北	1288873	1226655	1171839	1066675	1038234		28441		105164
湖南	1976848	1797524	1693697	1566255	1542077		24178		127442
广东	5701520	5195661	4768162	4337261	2776677	447057	1113528		430901
广西	872162	768295	752560	714603	713003		1600		37957
海南	377066	358862	358302	298239	297739		500		60063
重庆	815229	739608	715600	596193	541402	19380	35411		119407
四川	3005982	2959806	2412937	2254344	1569437	91620	593287		158593
贵州	2493325	2352126	2012618	1871094	1418952	71860	380282		141524
云南	2303715	2157196	2101632	1848689	1463568	92136	292984		252943
西藏	258422	257995	257995	252419	227929		24490		5576
陕西	1154995	1135390	1083041	1076084	994112	16460	65512		6957
甘肃	1032305	975256	964467	885073	783422	69300	32352		79394
青海	549699	527360	517466	437936	292098	122168	23670		79531
宁夏	241281	226603	224722	189006	174688	5000	9317		35716
新疆	1361513	1251510	1198235	1173772	1008898	164574	300		24463
大连	124737	124737	124737	96442	96442				28295
宁波	124745	111711	107653	98088	96157		1931		9565
厦门	277676	276542	276542	258621	258621				17921
青岛	232909	230613	222302	222152	213681		8471		150
深圳	1467414	1158070	1055091	963137	447505	369170	146462		91954

(地方教育行政单位)

单位：千元

政府性基金预算安排的教育经费	#地方教育附加	#从土地出让收益中计提的教育资金	企业办学中的企业拨款	校办产业和社会服务收入用于教育的经费	其他属于国家财政性教育经费	民办学校中举办者投入	捐赠收入	事业收入	#学费	其他教育经费
2018265	**1370083**	**255121**					**74814**	**575888**		**1606826**
532	532							6		991
										6143
4757	776						1900	1424		15262
7481		1982					200	12544		22665
52936	33713	12343					3972	14440		83319
2918	937							2015		2377
6873	6693							1023		10549
14407							1892	8263		13995
										7038
34695	25291	2035					100	16649		114175
66705	56570	2528						12690		88698
38881	32331	100					10843	59204		21607
49							921	33817		31213
14339	2330	1020					3203	16920		16062
33346	11738	3479					1360	60183		27891
43774	20501	3827					810	13449		14628
54816	13276	18927					1060	5574		55584
103826							3012	79971		96341
427499	390520	19162					5270	25161		475428
15735							1484			102383
560								4392		13812
24008		92					5019	48796		21805
546869	494956	19696					4251	18876		23048
339508	196419	112654					10084	70250		60865
55564		29912					15448	37194		93878
								313		114
52349	31087	20583						1623		17982
10789	1792						928	24210		31911
9894	9894						580	1677		20082
1881	1321						800	574		13304
53275	39407	6782					1677	4650		103677
4058	3252							1626		11408
										1134
8311	4781							56		2240
102979	102332	648								309344

3-54 教育经费收入情况

地区	总计	国家财政性教育经费	公共财政预算安排的教育经费	公共财政教育经费	教育事业费	基本建设经费	教育费附加	科研经费	其他
合计	**80127863**	**70585405**	**65189011**	**57778216**	**50089074**	**1646083**	**6043059**		**7410795**
北京	11518597	9580777	8435953	4920132	4142035	308510	469587		3515821
天津	3403332	3183993	2799070	2784477	2783256		1221		14593
河北	2197359	1884481	1850102	1747800	1655164		92636		102302
山西	2208860	2076437	1768831	1627822	1384177		243645		141009
内蒙古	1709067	1566802	1502074	1220302	1177242	13392	29669		281772
辽宁	2481910	2296220	2165622	1898245	1819190	28852	50203		267377
吉林	1886538	1751572	1580805	1509846	1447766		62080		70959
黑龙江	1061018	1023578	1001571	942822	937861	4931	30		58749
上海	6041707	5193966	5124109	4877751	3198326	35197	1644228		246357
江苏	3835350	2846960	2511889	2457468	2312351	1168	143949		54421
浙江	4791328	3932630	3363004	3249702	2774510		475192		113302
安徽	964695	791325	662179	579313	525993		53320		82866
福建	2954828	2671822	2638768	2524622	2421740	4000	98883		114146
江西	1471936	1342494	1311218	1272729	1250134	12560	10034		38489
山东	4427082	3935315	3654197	3622840	3406923	10000	205917		31357
河南	2297267	2110963	1970787	1584431	1516429		68002		386356
湖北	2519396	2239815	2124560	2044520	1833140	72608	138772		80039
湖南	1332116	1197043	1171764	1092905	991760	2690	98455		78859
广东	5403671	4865684	4478672	4097377	2812084	714028	571265		381295
广西	1961462	1723517	1635639	1585774	1502248	36907	46619		49865
海南	164125	119837	111090	100916	98096		2820		10174
重庆	1386951	1211001	1056174	945931	587444	98270	260217		110243
四川	3213324	2958595	2613283	2466831	2031670	4000	431161		146453
贵州	1127951	1061791	992946	949104	583350	11870	353884		43842
云南	2952510	2661646	2610140	2339621	1969929	48915	320777		270518
西藏	524887	500089	492909	472627	472127	500			20282
陕西	1517834	1424249	1393361	1376494	1321509	688	54298		16866
甘肃	541813	449185	427563	271686	262215		9471		155877
青海	903512	859423	858739	685496	491238	178726	15532		173243
宁夏	379483	322893	305939	184066	174646		9420		121873
新疆	2947954	2801300	2576054	2344564	2204521	58271	81772		231489
大连	313384	297823	284566	266741	260016		6725		17825
宁波	674897	598463	529371	506083	392407		113676		23289
厦门	1060200	1049083	1046267	1007281	995211		12070		38986
青岛	489292	457704	443514	443514	432311		11204		
深圳	940921	793480	786025	748748	398444	121164	229141		37276

(教育事业单位)

单位：千元

政府性基金预算安排的教育经费	#地方教育附加	#从土地出让收益中计提的教育资金	企业办学中的企业拨款	校办产业和社会服务收入用于教育的经费	其他属于国家财政性教育经费	民办学校中举办者投入	捐赠收入	事业收入	#学费	其他教育经费
5073042	**2396986**	**781266**	**4399**	**318953**			**346550**	**6566550**		**2629358**
1021062	72901	114405		123762			273215	1297444		367162
380139	334691			4784				141107		78232
32122	2779	1276		2258			645	286992		25240
307453	224389	28817		153				107849		24573
64433	19180	5822		295			2159	116777		23329
128688	91356	800		1910				174907		10783
166466	62945	20023		4300			883	102269		31816
20715				1292			101	32980		4359
54319		54319		15539			989	225297		621455
266080	193825	16417		68991			21094	832318		134978
550184	354553	77049		19442			2843	503715		352140
125783	88435	22401		3363			700	141737		30933
30585	1591	203		2469			5711	227544		49750
31167	11443	2766		109			2923	84928		41591
277651	116903	102348		3467			1140	415746		74880
133939	33167	81727		6237			3	121538		64763
115098	41208	45610		158			115	189033		90433
13340	2397			11940			259	107447		27368
386911	339966	8777		101			907	404234		132846
87167	56834	5220		712			590	207678		29677
8748							95	33663		10530
145648		47633		9179			200	144063		31687
320640	103736	100239		24671			1571	195070		58088
68845	59393	677					947	56538		8675
46691		19712		4816			4065	89633		197166
7180							650	11256		12892
27818	18959	529		3071			2	78691		14892
16420	790			5202				86663		5965
684	282	402					784	30665		12640
16954	3528	1030					7241	46075		3274
220115	161737	23065	4399	733			16719	72696		57239
13257	11685							12394		3167
69092	60185	2021						43447		32987
2677				138				509		10609
14189	11722						138	23196		8254
7455	7435							71513		75928

3-55 教育经费收入情况

地区	总计	国家财政性教育经费	公共财政预算安排的教育经费	公共财政教育经费	教育事业费	基本建设经费	教育费附加	科研经费	其他
合计	**73616668**	**65746063**	**61259138**	**56813860**	**49124719**	**1646083**	**6043059**		**4445278**
北京	5046877	4780543	4538090	3987155	3209059	308510	469587		550934
天津	3403332	3183993	2799070	2784477	2783256		1221		14593
河北	2197359	1884481	1850102	1747800	1655164		92636		102302
山西	2208860	2076437	1768831	1627822	1384177		243645		141009
内蒙古	1709067	1566802	1502074	1220302	1177242	13392	29669		281772
辽宁	2481910	2296220	2165622	1898245	1819190	28852	50203		267377
吉林	1886538	1751572	1580805	1509846	1447766		62080		70959
黑龙江	1053592	1016153	994146	935397	930435	4931	30		58749
上海	6041707	5193966	5124109	4877751	3198326	35197	1644228		246357
江苏	3835350	2846960	2511889	2457468	2312351	1168	143949		54421
浙江	4791328	3932630	3363004	3249702	2774510		475192		113302
安徽	964695	791325	662179	579313	525993		53320		82866
福建	2954828	2671822	2638768	2524622	2421740	4000	98883		114146
江西	1471936	1342494	1311218	1272729	1250134	12560	10034		38489
山东	4427082	3935315	3654197	3622840	3406923	10000	205917		31357
河南	2297267	2110963	1970787	1584431	1516429		68002		386356
湖北	2519396	2239815	2124560	2044520	1833140	72608	138772		80039
湖南	1332116	1197043	1171764	1092905	991760	2690	98455		78859
广东	5403671	4865684	4478672	4097377	2812084	714028	571265		381295
广西	1961462	1723517	1635639	1585774	1502248	36907	46619		49865
海南	164125	119837	111090	100916	98096		2820		10174
重庆	1386951	1211001	1056174	945931	587444	98270	260217		110243
四川	3213324	2958595	2613283	2466831	2031670	4000	431161		146453
贵州	1127951	1061791	992946	949104	583350	11870	353884		43842
云南	2952510	2661646	2610140	2339621	1969929	48915	320777		270518
西藏	524887	500089	492909	472627	472127	500			20282
陕西	1517834	1424249	1393361	1376494	1321509	688	54298		16866
甘肃	541813	449185	427563	271686	262215		9471		155877
青海	903512	859423	858739	685496	491238	178726	15532		173243
宁夏	379483	322893	305939	184066	174646		9420		121873
新疆	2915905	2769617	2551469	2320611	2180568	58271	81772		230859
大连	313384	297823	284566	266741	260016		6725		17825
宁波	674897	598463	529371	506083	392407		113676		23289
厦门	1060200	1049083	1046267	1007281	995211		12070		38986
青岛	489292	457704	443514	443514	432311		11204		
深圳	940921	793480	786025	748748	398444	121164	229141		37276

(地方教育事业单位)

单位：千元

政府性基金预算安排的教育经费	#地方教育附加	#从土地出让收益中计提的教育资金	企业办学中的企业拨款	校办产业和社会服务收入用于教育的经费	其他属于国家财政性教育经费	民办学校中举办者投入	捐赠收入	事业收入	#学费	其他教育经费
4270342	**2396986**	**781266**		**216583**			**74596**	**5468030**		**2327980**
221062	72901	114405		21392			1260	199160		65914
380139	334691			4784				141107		78232
32122	2779	1276		2258			645	286992		25240
307453	224389	28817		153				107849		24573
64433	19180	5822		295			2159	116777		23329
128688	91356	800		1910				174907		10783
166466	62945	20023		4300			883	102269		31816
20715				1292			101	32980		4359
54319		54319		15539			989	225297		621455
266080	193825	16417		68991			21094	832318		134978
550184	354553	77049		19442			2843	503715		352140
125783	88435	22401		3363			700	141737		30933
30585	1591	203		2469			5711	227544		49750
31167	11443	2766		109			2923	84928		41591
277651	116903	102348		3467			1140	415746		74880
133939	33167	81727		6237			3	121538		64763
115098	41208	45610		158			115	189033		90433
13340	2397			11940			259	107447		27368
386911	339966	8777		101			907	404234		132846
87167	56834	5220		712			590	207678		29677
8748							95	33663		10530
145648		47633		9179			200	144063		31687
320640	103736	100239		24671			1571	195070		58088
68845	59393	677					947	56538		8675
46691		19712		4816			4065	89633		197166
7180							650	11256		12892
27818	18959	529		3071			2	78691		14892
16420	790			5202				86663		5965
684	282	402					784	30665		12640
16954	3528	1030					7241	46075		3274
217415	161737	23065		733			16719	72459		57110
13257	11685							12394		3167
69092	60185	2021						43447		32987
2677				138				509		10609
14189	11722						138	23196		8254
7455	7435							71513		75928

3-56 教育经费收入情况

地区	总计	国家财政性教育经费	公共财政预算安排的教育经费	公共财政教育经费	教育事业费	基本建设经费	教育费附加	科研经费	其他
合计	**85197294**	**82473859**	**74930969**	**69277645**	**63561491**	**1719736**	**3996418**	**351776**	**5301549**
北京	9250978	8851689	6985255	4686273	4261189	203000	222084	159395	2139587
天津	11278761	11260773	10929289	10919343	10817311		102032	200	9746
河北	867666	834063	792387	746133	720403	20230	5500	1390	44864
山西	1177326	1109194	1001437	931727	649335	172468	109923	1196	68514
内蒙古	1082713	1010222	992457	856815	374739	400433	81643	4891	130751
辽宁	3512484	3472731	3130705	3004497	2587312	11607	405577	553	125656
吉林	1454600	1439865	1413596	1354404	1349814	2450	2140	2078	57114
黑龙江	544488	533685	513469	427040	410040	17000		1781	84649
上海	981412	718393	705820	547562	498105	49457		11330	146927
江苏	2785285	2606123	2436419	2250719	2113033	1976	135709	29099	156602
浙江	4010686	3765305	3042587	2911373	2542895	25700	342778	19650	111564
安徽	4584281	4467586	4206980	4129743	4017286	51938	60520	5356	71882
福建	760612	605908	599917	520348	494804	16865	8678	13694	65874
江西	759274	718434	627965	519579	506289	787	12503	1432	106954
山东	3492184	3378551	3285938	3245956	3160185		85771	3560	36422
河南	3158538	3094299	3017385	2768169	2673966	67219	26984	2180	247036
湖北	1816863	1777607	1523806	1421667	1277554	17540	126574	4501	97638
湖南	2728742	2641222	2487532	2462061	2083868	16284	361908	7524	17947
广东	15902912	15737370	14076624	13297973	11877864	57153	1362956	9421	769230
广西	1410327	1367251	1279055	1129268	1099291	17186	12792	1842	147945
海南	103214	78845	68403	58333	47450	10883		1596	8474
重庆	639301	616438	517280	421526	405104	16422		1200	94554
四川	2785683	2655671	2123284	1983647	1734648	185820	63179	7591	132046
贵州	1645248	1608547	1503086	1471212	1235137	103291	132784	4632	27243
云南	2162320	2107581	2039062	1869670	1586401	96008	187261	3450	165942
西藏	130786	124135	123959	117330	115215	2115		1380	5249
陕西	2591074	2559014	2397370	2355529	2249834	22452	83243	885	40956
甘肃	754979	732365	694470	635113	628476	4975	1662	1965	57392
青海	550642	533980	487206	432998	355206	53752	24040	710	53498
宁夏	195331	167787	166392	118617	118617			550	47225
新疆	2078584	1899227	1761835	1683022	1570120	74724	38178	46745	32069
大连	933997	929532	884062	869886	577890		291996		14176
宁波	422230	415766	283156	279289	171237		108051		3867
厦门	98658	96585	96559	77930	63874	14056		2130	16499
青岛	314755	311138	311138	311138	311138				
深圳	7398558	7355185	6844306	6311668	5530471	3250	777948	8601	524036

(其他教育机构)

单位：千元

政府性基金预算安排的教育经费	#地方教育附加	#从土地出让收益中计提的教育资金	企业办学中的企业拨款	校办产业和社会服务收入用于教育的经费	其他属于国家财政性教育经费	民办学校中举办者投入	捐赠收入	事业收入	#学费	其他教育经费
4801881	3324018	715118	16623	46293	2678094		16075	2022426	338040	684934
588426	176526	31900		7361	1270647		10000	229448	52087	159841
325338	274951	50387		2169	3978			13294	10670	4694
11588	529	7009		227	29861			24383	11797	9220
92184	26763	6704			15573		10	60470	2734	7653
17626	8626	9000			140		418	70616	31274	1458
317548	279088	29085			24477			29589	714	10163
24406	20606	3800		1008	855			10051	6065	4683
11814		11412			8401			9960	1057	843
				2441	10132		427	228395		34197
100144	97400	2744			69560		1500	146512	22779	31150
572835	442131	78931		344	149539			149976	4431	95406
201057	23144	177667		2	59547			88799	16890	27896
2893	100	1854		68	3030		12	136009	4136	18684
51639	43790	5567		949	37881			37229	25829	3611
64243	41828	20025			28370		2756	82410	25520	28468
56920	11820	44900		250	19744			61592	20385	2648
214190	88498	125154			39611			30102	4865	9154
33693	27983	1200		8625	111371			75910	41259	11611
1269993	1088606	4348		5615	385138		394	139175	10347	25973
45186	20450			3483	39526		6	28131	150	14940
1381					9061			11129	282	13239
6141		6141			93016			17094	12922	5770
438003	420512	12882		2581	91802		20	119901	721	10092
72959	67540	850		240	32262			35055	2460	1645
50153		50129		1213	17154		117	43814	43	10808
					176			6571	6077	79
151380	99086	22120			10264			31267	400	793
18951	4381	10050			18944		157	16734	2555	5723
					46774			11372		5290
500		500			895			19845	11440	7698
60688	59659	759	16623	9716	50364		260	57593	8150	121504
44270	44270				1200			3179		1286
132230	132170				380			2967		3497
				26				1981		92
								2885		732
306618	306618				204261			38036	277	5337

3-57 教育经费收入情况

地区	总计	国家财政性教育经费	公共财政预算安排的教育经费	公共财政教育经费	教育事业费	基本建设经费	教育费附加	科研经费	其他
合计	**81013608**	**78958163**	**72275440**	**68298767**	**62631513**	**1670836**	**3996418**	**198776**	**3777897**
北京	5954286	5863162	4835128	3975275	3550191	203000	222084	6395	853458
天津	11278761	11260773	10929289	10919343	10817311		102032	200	9746
河北	864179	830575	788899	746133	720403	20230	5500	1390	41376
山西	1177014	1108882	1001125	931727	649335	172468	109923	1196	68202
内蒙古	1082713	1010222	992457	856815	374739	400433	81643	4891	130751
辽宁	3509688	3469935	3127909	3004497	2587312	11607	405577	553	122860
吉林	1453700	1438965	1412696	1354404	1349814	2450	2140	2078	56214
黑龙江	510293	499489	479274	424953	407953	17000		1781	52540
上海	605429	586110	573566	498181	448724	49457		11330	64055
江苏	2757616	2578453	2408750	2250719	2113033	1976	135709	29099	128933
浙江	4007074	3761693	3038975	2911373	2542895	25700	342778	19650	107952
安徽	4583777	4467082	4206476	4129743	4017286	51938	60520	5356	71378
福建	625212	567446	561455	483174	457630	16865	8678	13694	64587
江西	759274	718434	627965	519579	506289	787	12503	1432	106954
山东	3486100	3372466	3279853	3245956	3160185		85771	3560	30338
河南	3153533	3089294	3012380	2768169	2673966	67219	26984	2180	242031
湖北	1800039	1760783	1506982	1421667	1277554	17540	126574	4501	80814
湖南	2725792	2638271	2484581	2462061	2083868	16284	361908	7524	14996
广东	15902912	15737370	14076624	13297973	11877864	57153	1362956	9421	769230
广西	1410327	1367251	1279055	1129268	1099291	17186	12792	1842	147945
海南	103214	78845	68403	58333	47450	10883		1596	8474
重庆	639301	616438	517280	421526	405104	16422		1200	94554
四川	2765331	2635318	2102932	1983647	1734648	185820	63179	7591	111694
贵州	1645248	1608547	1503086	1471212	1235137	103291	132784	4632	27243
云南	2161288	2106549	2038030	1869670	1586401	96008	187261	3450	164910
西藏	130786	124135	123959	117330	115215	2115		1380	5249
陕西	2574730	2542670	2381026	2355529	2249834	22452	83243	885	24612
甘肃	749086	726473	688577	635113	628476	4975	1662	1965	51499
青海	550642	533980	487206	432998	355206	53752	24040	710	53498
宁夏	195331	167787	166392	118617	118617			550	47225
新疆	1850934	1690763	1575110	1503784	1439783	25824	38178	46745	24581
大连	933997	929532	884062	869886	577890		291996		14176
宁波	422230	415766	283156	279289	171237		108051		3867
厦门	98658	96585	96559	77930	63874	14056		2130	16499
青岛	314755	311138	311138	311138	311138				
深圳	7398558	7355185	6844306	6311668	5530471	3250	777948	8601	524036

(地方其他教育机构)

单位：千元

政府性基金预算安排的教育经费	#地方教育附加	#从土地出让收益中计提的教育资金	企业办学中的企业拨款	校办产业和社会服务收入用于教育的经费	其他属于国家财政性教育经费	民办学校中举办者投入	捐赠收入	事业收入	#学费	其他教育经费
4801881	**3324018**	**715118**		**36748**	**1844094**		**5478**	**1527518**	**291632**	**522450**
588426	176526	31900		2961	436647			52093	16611	39031
325338	274951	50387		2169	3978			13294	10670	4694
11588	529	7009		227	29861			24383	11797	9220
92184	26763	6704			15573		10	60470	2734	7653
17626	8626	9000			140		418	70616	31274	1458
317548	279088	29085			24477			29589	714	10163
24406	20606	3800		1008	855			10051	6065	4683
11814		11412			8401			9960	1057	843
				2412	10132			16423		2897
100144	97400	2744			69560		1500	146512	22779	31150
572835	442131	78931		344	149539			149976	4431	95406
201057	23144	177667		2	59547			88799	16890	27896
2893	100	1854		68	3030		2	44653	710	13111
51639	43790	5567		949	37881			37229	25829	3611
64243	41828	20025			28370		2756	82410	25520	28468
56920	11820	44900		250	19744			61592	20385	2648
214190	88498	125154			39611			30102	4865	9154
33693	27983	1200		8625	111371			75910	41259	11611
1269993	1088606	4348		5615	385138		394	139175	10347	25973
45186	20450			3483	39526		6	28131	150	14940
1381					9061			11129	282	13239
6141		6141			93016			17094	12922	5770
438003	420512	12882		2581	91802		20	119901	721	10092
72959	67540	850		240	32262			35055	2460	1645
50153		50129		1213	17154		117	43814	43	10808
					176			6571	6077	79
151380	99086	22120			10264			31267	400	793
18951	4381	10050			18944		157	16734	2555	5723
					46774			11372		5290
500		500			895			19845	11440	7698
60688	59659	759		4601	50364		100	43368	645	116702
44270	44270				1200			3179		1286
132230	132170				380			2967		3497
				26				1981		92
								2885		732
306618	306618				204261			38036	277	5337

第四部分

各地区各级各类教育机构教育经费支出明细

4-1 教育经费支出明细

地区	合计	个人部分	工资福利支出	对个人和家庭的补助支出	#助学金
合计	**3101784193**	**1706841755**	**1148785950**	**558055806**	**137539515**
北京	184132397	77765589	44784804	32980785	10234578
天津	67178347	30125008	16454019	13670990	1419114
河北	106640401	63942268	46704894	17237374	3906420
山西	67535160	39813999	29867588	9946411	2523183
内蒙古	62181254	38519975	26120863	12399112	3153212
辽宁	90561611	49100104	32227202	16872902	2460250
吉林	55986954	32208788	20815160	11393628	1692575
黑龙江	69783982	41426134	25807964	15618169	2199377
上海	117596993	51894585	40798634	11095951	3896484
江苏	218719505	120789376	80936678	39852698	6116449
浙江	164605527	92998122	68645521	24352601	4656427
安徽	106919240	56881453	37190155	19691298	4124916
福建	87752663	51159714	36644486	14515228	2420272
江西	87732463	45934220	31176329	14757891	3896246
山东	191837788	102911489	79183349	23728140	4942292
河南	161443766	83552378	58923574	24628804	7844438
湖北	113738194	67412810	44731792	22681018	4931954
湖南	115274207	62895475	42648270	20247204	5360076
广东	259895418	151874794	106880397	44994397	6636331
广西	83163189	47548731	28733483	18815248	5556496
海南	23737935	12737715	10551844	2185871	931245
重庆	74980587	41674526	26534789	15139737	4323874
四川	156481616	95598695	58112953	37485743	14513653
贵州	71024721	45599742	26312649	19287093	5381914
云南	89086682	53214404	32189521	21024883	8627564
西藏	14946715	7653249	3808798	3844451	1986261
陕西	101720289	50735038	33227446	17507593	5995233
甘肃	52166546	31170583	19954900	11215684	3038347
青海	19143139	9312927	5742420	3570507	1114791
宁夏	16694420	9398755	6489083	2909672	820214
新疆	69122481	40991111	26586386	14404724	2835330
大连	12351339	6252827	5057324	1195503	140509
宁波	25404688	14535987	11358367	3177620	599472
厦门	10279756	5962826	4262408	1700418	129832
青岛	23272890	12109662	8719633	3390029	252254
深圳	37529191	20460133	13892084	6568049	460740

(各级各类教育机构)

单位：千元

公用部分	商品和服务支出	其他资本性支出			基本建设支出
			专项公用支出	专项项目支出	
1342741063	**642698354**	**700042709**	**213313935**	**486728774**	**52201374**
103440154	65652842	37787312	18684927	19102385	2926654
36516346	10084742	26431605	10098222	16333382	536993
41722615	20378806	21343809	6959456	14384352	975518
27142350	13880063	13262287	3999487	9262800	578812
22142018	10023295	12118723	4318581	7800143	1519261
40627755	22541592	18086163	5577897	12508266	833752
23230839	12081351	11149488	4252404	6897084	547327
27576251	16601036	10975215	3638972	7336243	781598
62176632	43802969	18373663	12176528	6197135	3525777
97244048	36184077	61059971	12702671	48357300	686082
70924332	32070870	38853462	8989891	29863571	683073
48350512	18664602	29685910	8483299	21202612	1687275
35794199	14940317	20853882	6006229	14847653	798750
40599524	13898351	26701173	5093532	21607641	1198719
88299735	31361563	56938172	11131621	45806551	626565
75892764	36563329	39329435	12513302	26816133	1998624
44352143	24312464	20039679	7322099	12717579	1973241
51304160	22372270	28931890	8152367	20779523	1074572
102089334	58699554	43389780	17187029	26202751	5931290
33558184	13294705	20263480	5673896	14589583	2056274
10332744	4310571	6022172	1743352	4278820	667477
31264810	15229478	16035332	5137278	10898054	2041251
58202331	29347854	28854477	9813366	19041111	2680590
23784096	11868339	11915757	3167266	8748491	1640883
33818611	14567139	19251472	4016936	15234536	2053667
5016672	1664987	3351685	831739	2519947	2276794
49324747	22601678	26723069	6596434	20126634	1660504
19468183	8384229	11083954	2759621	8324333	1527780
6521167	2328869	4192299	1060714	3131585	3309044
6820111	2951441	3868670	1506067	2362603	475553
25203693	12034971	13168722	3718753	9449970	2927677
6021441	2804168	3217273	938882	2278391	77071
10772074	4336178	6435896	1321104	5114793	96627
4035468	1855107	2180361	1066330	1114030	281463
11163228	3493545	7669682	1782535	5887147	
12930653	10538228	2392425	2006941	385484	4138406

4-2 教育经费支出明细

地区	合计	个人部分	工资福利支出	对个人和家庭的补助支出	#助学金
合计	**2849036460**	**1598398045**	**1086973358**	**511424687**	**117693515**
北京	103688505	47219886	29943917	17275969	1334995
天津	60595176	27393071	14949286	12443786	1039639
河北	105060713	63073660	46097958	16975703	3801636
山西	67524048	39805112	29859703	9945409	2523153
内蒙古	62174670	38514272	26115286	12398986	3153212
辽宁	83163058	46061842	30310900	15750942	2020609
吉林	50270165	29330726	19187187	10143539	1348951
黑龙江	61201841	37754899	23455880	14299018	1802517
上海	94750350	42767550	34091589	8675961	2588742
江苏	201317696	112435604	76027222	36408382	5013046
浙江	154454975	90312374	67251270	23061104	4143528
安徽	102666726	55247947	36299512	18948435	3822087
福建	83291252	49092610	35414252	13678359	2067278
江西	87726565	45930061	31173099	14756962	3896209
山东	184238176	99589340	77186046	22403294	4545565
河南	161105459	83363586	58772710	24590876	7836529
湖北	95527260	58204602	39640513	18564089	3369116
湖南	109707306	60098223	41030362	19067861	4926945
广东	249920960	147216281	104357353	42858928	6107279
广西	83163189	47548731	28733483	18815248	5556496
海南	23688660	12697940	10520592	2177347	930961
重庆	69536404	38952824	24957854	13994970	3861676
四川	143939589	89293230	54164853	35128377	13601585
贵州	71024721	45599742	26312649	19287093	5381914
云南	89073924	53205866	32181050	21024816	8627553
西藏	14946715	7653249	3808798	3844451	1986261
陕西	88609751	45297778	30144391	15153387	5135312
甘肃	49473437	29747749	19089376	10658373	2849595
青海	19130516	9302077	5732248	3569829	1114193
宁夏	16054795	9180281	6329841	2850440	787288
新疆	62009858	36506933	23834176	12672757	2519644
大连	12325349	6231531	5037096	1194435	140509
宁波	25404688	14535987	11358367	3177620	599472
厦门	10279756	5962826	4262408	1700418	129832
青岛	23259100	12109662	8719633	3390029	252254
深圳	37529191	20460133	13892084	6568049	460740

(地方各级各类教育机构)

单位：千元

公用部分	商品和服务支出	其他资本性支出			基本建设支出
			专项公用支出	专项项目支出	
1203985068	**544709401**	**659275668**	**192676966**	**466598701**	**46653347**
55113872	29940696	25173175	13100826	12072350	1354748
33096264	7768926	25327338	9674657	15652681	105840
41044076	20010585	21033491	6754999	14278492	942976
27140124	13878173	13261951	3999151	9262800	578812
22141137	10022448	12118689	4318547	7800143	1519261
36487878	19952486	16535392	4743941	11791451	613338
20485112	9871475	10613638	3780776	6832861	454327
22748390	13060028	9688362	2891056	6797306	698552
48908472	33941667	14966806	9740995	5225810	3074328
88487315	30301840	58185475	11127304	47058171	394776
63459528	28353286	35106242	8392292	26713951	683073
45772317	16745698	29026619	7880553	21146067	1646462
33473522	13611664	19861858	5548535	14313323	725119
40597786	13896723	26701063	5093519	21607544	1198719
84269475	28330662	55938812	10546207	45392605	379361
75743249	36472959	39270290	12457241	26813049	1998624
35808878	17879049	17929830	5958374	11971456	1513779
48630545	20317928	28312617	7606407	20706210	978538
97152683	55381553	41771130	16216362	25554768	5551995
33558184	13294705	20263480	5673896	14589583	2056274
10323244	4304208	6019036	1741492	4277544	667477
28597329	13067517	15529812	4747346	10782466	1986251
52180063	25094104	27085959	8736749	18349210	2466296
23784096	11868339	11915757	3167266	8748491	1640883
33814392	14563140	19251252	4016795	15234456	2053667
5016672	1664987	3351685	831739	2519947	2276794
41801245	17531391	24269854	5531496	18738358	1510728
18295082	7575789	10719293	2594495	8124798	1430606
6519394	2327436	4191958	1060693	3131265	3309044
6450211	2767981	3682230	1351219	2331011	424303
23084529	10911959	12172570	3392037	8780534	2418397
6016747	2799977	3216770	938404	2278366	77071
10772074	4336178	6435896	1321104	5114793	96627
4035468	1855107	2180361	1066330	1114030	281463
11149438	3479755	7669682	1782535	5887147	
12930653	10538228	2392425	2006941	385484	4138406

4-3 教育经费支出明细

地区	合计	个人部分	工资福利支出	对个人和家庭的补助支出	#助学金
合计	**802657872**	**358859772**	**221253757**	**137606015**	**57084988**
北京	90114298	37673820	19122321	18551499	9730164
天津	20250127	8804627	4826785	3977843	1159438
河北	23407056	11555042	7515175	4039868	1607884
山西	15001728	7193531	4709555	2483976	1205945
内蒙古	12531241	6413102	3738670	2674432	1483648
辽宁	29992803	13367565	8405891	4961674	1549587
吉林	17011369	8422866	5079670	3343196	1048930
黑龙江	22347982	9768723	5653923	4114801	1354402
上海	54693531	18190697	13441487	4749210	2518618
江苏	58662643	27871923	16915793	10956130	3663333
浙江	41418480	17553614	11722098	5831516	2222804
安徽	23216839	10097019	5923860	4173159	1829015
福建	20949951	9651202	6124621	3526581	1527147
江西	18306380	9413913	6112094	3301819	1392300
山东	39479377	18479653	11942182	6537471	2303191
河南	33107358	14900290	10076561	4823728	2290693
湖北	39878843	20144180	12528430	7615750	2941752
湖南	27853949	12693000	7890746	4802254	1960710
广东	53400908	24599498	15403927	9195571	2703072
广西	15827597	7157956	4000572	3157384	1702095
海南	4261486	1819202	1371820	447381	312133
重庆	21021714	8538106	5317588	3220518	1489085
四川	36108847	17175058	11010912	6164146	2806740
贵州	9716269	4760716	2545750	2214966	735482
云南	14529020	6692464	4222342	2470122	1322926
西藏	1251458	663802	351101	312701	108418
陕西	34079878	13612526	7958577	5653949	2448068
甘肃	10890588	5074030	3269889	1804141	773928
青海	1993715	893640	523862	369778	87755
宁夏	3025289	1412131	972262	439869	167416
新疆	8327150	4265875	2575294	1690582	638310
大连	1735542	389132	293399	95733	36229
宁波	4695337	2006652	1503185	503467	200410
厦门	1318499	561547	411251	150296	69778
青岛	1365131	566268	442264	124004	50664
深圳	6449385	2184610	1650882	533728	197731

（高等学校）

单位：千元

公用部分	商品和服务支出	其他资本性支出	专项公用支出	专项项目支出	基本建设支出
428072717	**240720952**	**187351765**	**81375259**	**105976506**	**15725383**
50823559	31793276	19030282	8876535	10153747	1616919
10991102	5403128	5587974	2813698	2774276	454398
11543973	6123930	5420043	3009920	2410122	308040
7632340	3501267	4131073	1404150	2726923	175857
5899092	2490333	3408760	1984533	1424227	219046
16012396	9182539	6829857	2671623	4158233	612842
8372220	5358535	3013685	1885251	1128434	216282
12407975	8013157	4394818	2023678	2371140	171284
33591610	25803578	7788032	4655664	3132369	2911224
30264111	17598327	12665784	5222951	7442833	526608
23689969	12520887	11169082	3498734	7670348	174897
12754682	5757317	6997365	3394730	3602636	365138
11081052	5280939	5800112	2204740	3595372	217698
8792837	4185544	4607293	1833283	2774010	99631
20561836	10751128	9810709	3635101	6175608	437888
17890621	8380163	9510458	4162885	5347573	316448
19116975	12834810	6282165	3410268	2871897	617688
14881075	7644304	7236770	2829572	4407198	279874
26949281	15228925	11720356	4968970	6751386	1852129
8381549	3547080	4834469	1952503	2881967	288092
2338063	1041527	1296536	511758	784778	104222
12377406	5600785	6776621	2687179	4089441	106202
18378255	10475588	7902667	3914771	3987897	555534
4484958	2163951	2321006	822048	1498958	470595
7591109	3395040	4196068	1103623	3092445	245448
358462	238657	119805	58817	60987	229194
19840872	10686957	9153916	3483201	5670715	626480
5319490	2540388	2779102	1019514	1759589	497068
571387	341541	229846	198516	31331	528687
1486908	778681	708227	510728	197499	126250
3687551	2058669	1628882	626316	1002566	373724
1275005	237815	1037190	93153	944037	71405
2687479	1301814	1385665	447657	938008	1207
687502	400093	287409	209766	77643	69450
798863	356672	442191	121869	320322	
2818763	2203137	615627	610314	5313	1446012

4-4 教育经费支出明细

地区	合计	个人部分			
			工资福利支出	对个人和家庭的补助支出	
					#助学金
合计	**573939566**	**258870288**	**165504138**	**93366150**	**37505054**
北京	24008610	9415605	5940228	3475377	854449
天津	13742687	6126198	3363903	2762295	780406
河北	21975977	10789615	7005697	3783918	1503326
山西	15001728	7193531	4709555	2483976	1205945
内蒙古	12531241	6413102	3738670	2674432	1483648
辽宁	22703087	10407891	6562830	3845061	1109947
吉林	11540180	5694695	3579811	2114884	705306
黑龙江	14610007	6701446	3801783	2899663	966026
上海	32646656	9336396	6965270	2371126	1213144
江苏	41469880	19648424	12123454	7524970	2561372
浙江	31274444	14870394	10330212	4540182	1709906
安徽	18982510	8477716	5045113	3432604	1527836
福建	16604328	7606390	4913743	2692648	1174153
江西	18306380	9413913	6112094	3301819	1392300
山东	32117174	15324629	10090958	5233671	1906879
河南	32945782	14816417	10015351	4801065	2284488
湖北	21840218	11049206	7531589	3517617	1379227
湖南	22384305	9969086	6342392	3626694	1527679
广东	43609876	20061242	12983167	7078075	2179543
广西	15827597	7157956	4000572	3157384	1702095
海南	4261486	1819202	1371820	447381	312133
重庆	15712448	5907132	3817896	2089235	1028422
四川	23660558	10926604	7108941	3817663	1900518
贵州	9716269	4760716	2545750	2214966	735482
云南	14529020	6692464	4222342	2470122	1322926
西藏	1251458	663802	351101	312701	108418
陕西	21252215	8357189	5040833	3316356	1589515
甘肃	8236786	3677660	2429939	1247721	585855
青海	1993715	893640	523862	369778	87755
宁夏	2387891	1195794	815081	380712	134490
新疆	6815053	3502235	2120181	1382054	531867
大连	1735542	389132	293399	95733	36229
宁波	4695337	2006652	1503185	503467	200410
厦门	1318499	561547	411251	150296	69778
青岛	1351341	566268	442264	124004	50664
深圳	6449385	2184610	1650882	533728	197731

（地方高等学校）

单位：千元

公用部分	商品和服务支出	其他资本性支出			基本建设支出
			专项公用支出	专项项目支出	
304526309	**156308512**	**148217797**	**61375860**	**86841937**	**10542969**
14546113	7650575	6895538	3573425	3322113	46893
7593244	3102123	4491121	2394943	2096178	23245
10910863	5796849	5114015	2807746	2306269	275499
7632340	3501267	4131073	1404150	2726923	175857
5899092	2490333	3408760	1984533	1424227	219046
11902769	6613121	5289648	1842866	3446782	392428
5722203	3227881	2494321	1426589	1067733	123282
7820323	4663237	3157086	1294126	1862960	88238
20850484	16336846	4513638	2253046	2260592	2459776
21586153	11775330	9810823	3654424	6156399	235303
16229153	8807155	7421998	2901191	4520807	174897
10180469	3840075	6340394	2792633	3547761	324325
8853872	4039633	4814238	1751331	3062907	144066
8792837	4185544	4607293	1833283	2774010	99631
16601861	7779472	8822389	3053301	5769088	190684
17812918	8340557	9472360	4124787	5347573	316448
10632786	6453107	4179679	2050261	2129418	158226
12231380	5608352	6623027	2288307	4334721	183839
22075800	11956475	10119326	4006149	6113177	1472834
8381549	3547080	4834469	1952503	2881967	288092
2338063	1041527	1296536	511758	784778	104222
9754114	3469285	6284830	2304839	3979991	51202
12392714	6250746	6141968	2845739	3296229	341240
4484958	2163951	2321006	822048	1498958	470595
7591109	3395040	4196068	1103623	3092445	245448
358462	238657	119805	58817	60987	229194
12418322	5703907	6714415	2430624	4283791	476704
4159233	1742385	2416847	855928	1560919	399893
571387	341541	229846	198516	31331	528687
1117097	595309	521788	355881	165907	75000
3084642	1651151	1433491	498495	934996	228176
1275005	237815	1037190	93153	944037	71405
2687479	1301814	1385665	447657	938008	1207
687502	400093	287409	209766	77643	69450
785073	342882	442191	121869	320322	
2818763	2203137	615627	610314	5313	1446012

4-5 教育经费支出明细

地区	合计				
		个人部分			
			工资福利支出	对个人和家庭的补助支出	
					#助学金
合计	**785421854**	**352362721**	**216816844**	**135545877**	**56835600**
北京	88838066	37044334	18735381	18308953	9729009
天津	19479441	8554387	4695826	3858561	1157760
河北	22784147	11243683	7284003	3959680	1592298
山西	14614799	6968249	4542420	2425828	1197789
内蒙古	12391092	6352076	3696087	2655989	1478981
辽宁	29528302	13136822	8238006	4898816	1548626
吉林	16559978	8136979	4909058	3227921	1036736
黑龙江	21735416	9369001	5420735	3948265	1328821
上海	49744552	17679875	13024492	4655383	2510824
江苏	58547257	27819515	16878450	10941064	3661175
浙江	40460825	17157734	11424129	5733605	2215288
安徽	22893775	9933596	5816670	4116926	1820084
福建	20683390	9517146	6033125	3484021	1526803
江西	17949189	9218309	5988166	3230142	1368460
山东	39248098	18370217	11868429	6501789	2301640
河南	32723104	14689651	9925289	4764362	2281104
湖北	39665481	19986136	12411583	7574553	2928576
湖南	27293168	12524374	7782111	4742262	1951984
广东	52420980	24062712	15042563	9020148	2696714
广西	15451931	6945987	3872351	3073637	1686185
海南	4192454	1795483	1352994	442489	309296
重庆	20615576	8417347	5224772	3192575	1477263
四川	35282429	16736528	10691594	6044934	2788503
贵州	9530009	4662696	2479939	2182758	730467
云南	14173587	6550147	4119809	2430338	1305286
西藏	1251458	663802	351101	312701	108418
陕西	33626237	13472020	7862647	5609374	2437038
甘肃	10713533	4980635	3202585	1778050	768436
青海	1964601	879439	516872	362567	87755
宁夏	3025289	1412131	972262	439869	167416
新疆	8033691	4081711	2453395	1628316	636867
大连	1592047	324809	239986	84824	35966
宁波	4442768	1886307	1409215	477092	195129
厦门	1317588	560735	410661	150075	69778
青岛	1311607	549244	431205	118039	50664
深圳	6390976	2151702	1627359	524344	196429

(普通高等学校)

单位：千元

公用部分	商品和服务支出	其他资本性支出	专项公用支出	专项项目支出	基本建设支出
417534602	**232360587**	**185174014**	**80633624**	**104540390**	**15524531**
50176814	31243790	18933024	8797104	10135920	1616919
10490656	5319391	5171266	2805528	2365738	434398
11232424	5944512	5287912	2962569	2325344	308040
7470693	3394302	4076391	1361254	2715137	175857
5819970	2441024	3378946	1960275	1418671	219046
15778638	8978764	6799874	2650940	4148934	612842
8206717	5233672	2973045	1863587	1109458	216282
12195131	7837408	4357724	2003948	2353776	171284
29153453	21456175	7697278	4588329	3108948	2911224
30201135	17563525	12637610	5215061	7422549	526608
23270701	12251563	11019138	3452801	7566337	32390
12600041	5663512	6936529	3362370	3574159	360138
10948546	5172709	5775837	2193391	3582446	217698
8631249	4079365	4551884	1808554	2743330	99631
20441493	10691621	9749872	3627939	6121933	436388
17717006	8234436	9482569	4144255	5338314	316448
19062106	12792057	6270049	3400178	2869872	617238
14492920	7406718	7086202	2804889	4281313	275874
26506720	14901348	11605372	4908134	6697238	1851549
8230352	3447158	4783195	1926211	2856984	275592
2304746	1025336	1279410	507276	772134	92224
12092027	5442134	6649893	2655327	3994566	106202
17992685	10163055	7829630	3880269	3949361	553216
4396718	2087442	2309276	814426	1494849	470595
7377992	3298187	4079805	1086687	2993118	245448
358462	238657	119805	58817	60987	229194
19527736	10511235	9016501	3457791	5558710	626480
5235830	2465943	2769887	1013810	1756077	497068
556474	331186	225289	195636	29653	528687
1486908	778681	708227	510728	197499	126250
3578256	1965683	1612574	615539	997035	373724
1195832	168340	1027492	86242	941249	71405
2555254	1235133	1320122	427487	892635	1207
687403	399994	287409	209766	77643	69450
762363	352563	409799	119477	290322	
2793841	2180891	612951	607638	5313	1445432

4-6 教育经费支出明细

地区	合计	个人部分	工资福利支出	对个人和家庭的补助支出	#助学金
合计	**557283690**	**252593041**	**161215648**	**91377393**	**37256174**
北京	23175321	8934048	5654423	3279625	853293
天津	12972000	5875957	3232944	2643013	778727
河北	21400478	10494522	6784830	3709692	1487740
山西	14614799	6968249	4542420	2425828	1197789
内蒙古	12391092	6352076	3696087	2655989	1478981
辽宁	22248817	10182362	6399583	3782778	1108985
吉林	11088789	5408807	3409198	1999609	693111
黑龙江	13997440	6301723	3568595	2733128	940444
上海	27697676	8825575	6548275	2277300	1205350
江苏	41354494	19596015	12086111	7509904	2559215
浙江	30316790	14474514	10032243	4442271	1702389
安徽	18659446	8314294	4937923	3376371	1518905
福建	16337767	7472335	4822247	2650088	1173809
江西	17949189	9218309	5988166	3230142	1368460
山东	31885895	15215193	10017204	5197989	1905328
河南	32561528	14605778	9864079	4741699	2274899
湖北	21626856	10891163	7414742	3476420	1366052
湖南	21831827	9804979	6238277	3566702	1518953
广东	42629948	19524456	12621803	6902652	2173185
广西	15451931	6945987	3872351	3073637	1686185
海南	4192454	1795483	1352994	442489	309296
重庆	15306310	5786373	3725080	2061293	1016600
四川	22834140	10488073	6789623	3698450	1882281
贵州	9530009	4662696	2479939	2182758	730467
云南	14173587	6550147	4119809	2430338	1305286
西藏	1251458	663802	351101	312701	108418
陕西	20798573	8216683	4944903	3271780	1578485
甘肃	8059731	3584265	2362635	1221630	580363
青海	1964601	879439	516872	362567	87755
宁夏	2387891	1195794	815081	380712	134490
新疆	6592850	3363945	2026107	1337838	530933
大连	1592047	324809	239986	84824	35966
宁波	4442768	1886307	1409215	477092	195129
厦门	1317588	560735	410661	150075	69778
青岛	1297817	549244	431205	118039	50664
深圳	6390976	2151702	1627359	524344	196429

(地方普通高等学校)

单位：千元

公用部分	商品和服务支出	其他资本性支出	专项公用支出	专项项目支出	基本建设支出
294348532	**148248685**	**146099848**	**60680361**	**85419486**	**10342117**
14194380	7361408	6832972	3527301	3305671	46893
7092798	3018385	4074413	2386772	1687640	3245
10630458	5630402	5000056	2769335	2230721	275499
7470693	3394302	4076391	1361254	2715137	175857
5819970	2441024	3378946	1960275	1418671	219046
11674028	6411634	5262394	1822906	3439488	392428
5556700	3103019	2453681	1404924	1048757	123282
7607479	4487488	3119991	1274396	1845596	88238
16412326	11989443	4422883	2185712	2237171	2459776
21523176	11740528	9782648	3646533	6136115	235303
15809885	8537831	7272055	2855259	4416796	32390
10025828	3746269	6279558	2760273	3519285	319325
8721366	3931403	4789963	1739982	3049981	144066
8631249	4079365	4551884	1808554	2743330	99631
16481518	7719965	8761552	3046139	5715413	189184
17639303	8194831	9444472	4106158	5338314	316448
10577918	6410355	4167563	2040170	2127392	157776
11847009	5372629	6474381	2264500	4209880	179839
21633239	11628897	10004342	3945313	6059029	1472254
8230352	3447158	4783195	1926211	2856984	275592
2304746	1025336	1279410	507276	772134	92224
9468735	3310634	6158102	2272986	3885115	51202
12007144	5938214	6068931	2811237	3257693	338922
4396718	2087442	2309276	814426	1494849	470595
7377992	3298187	4079805	1086687	2993118	245448
358462	238657	119805	58817	60987	229194
12105186	5528185	6577001	2405214	4171786	476704
4075572	1667940	2407632	850224	1557407	399893
556474	331186	225289	195636	29653	528687
1117097	595309	521788	355881	165907	75000
3000729	1581259	1419471	490005	929466	228176
1195832	168340	1027492	86242	941249	71405
2555254	1235133	1320122	427487	892635	1207
687403	399994	287409	209766	77643	69450
748573	338773	409799	119477	290322	
2793841	2180891	612951	607638	5313	1445432

4-7 教育经费支出明细

地区	合计	个人部分			
			工资福利支出	对个人和家庭的补助支出	
					#助学金
合计	**642387580**	**286061905**	**173144991**	**112916915**	**47498391**
北京	84194161	35184001	17473719	17710281	9602669
天津	15519911	6883703	3807248	3076456	936716
河北	17769984	8473704	5359965	3113739	1160548
山西	11326431	5252863	3410983	1841880	919936
内蒙古	8534691	4265391	2459308	1806083	1040651
辽宁	25435640	11207466	6943922	4263544	1394497
吉林	14911436	7265625	4370585	2895040	933871
黑龙江	18177875	7656023	4315817	3340207	1157858
上海	45968203	16305803	11875396	4430407	2405977
江苏	44950504	21653549	12867310	8786239	2854106
浙江	32045448	13194227	8563717	4630510	1796879
安徽	18029051	7390192	4226662	3163530	1367830
福建	16432113	7594940	4767291	2827649	1212173
江西	13661933	7138125	4681424	2456701	981081
山东	29997216	14429081	9155547	5273534	1828699
河南	25150241	11177392	7510456	3666937	1759262
湖北	33805416	16922970	10399347	6523623	2514944
湖南	20401382	9460290	5818775	3641514	1478811
广东	39639028	18028009	10762910	7265099	2086512
广西	11219487	5122566	2762191	2360375	1353119
海南	2890721	1311893	990919	320974	224394
重庆	17034122	6885194	4189881	2695313	1256712
四川	29028386	13770057	8738864	5031193	2287302
贵州	6897302	3395773	1816438	1579335	517043
云南	11138015	5311192	3383999	1927193	1034705
西藏	698971	414765	211229	203536	72468
陕西	29086512	11575007	6723238	4851770	2055663
甘肃	8877745	4125727	2658166	1467561	625632
青海	1554053	692852	403239	289614	65372
宁夏	2410483	1055632	724583	331049	132231
新疆	5601119	2917892	1771863	1146029	440729
大连	1382601	238720	181381	57339	20898
宁波	3313838	1464228	1114969	349258	146636
厦门	658959	277500	201348	76152	34465
青岛	889427	341794	282616	59178	35675
深圳	4859289	1372769	1018558	354211	126297

(普通高等本科学校)

单位：千元

公用部分	商品和服务支出	其他资本性支出			基本建设支出
			专项公用支出	专项项目支出	
343066612	**197915613**	**145150999**	**64919806**	**80231194**	**13259062**
47428012	29892307	17535705	7895591	9640114	1582149
8204055	4603255	3600800	1409035	2191765	432153
8990051	4728082	4261969	2515710	1746260	306228
5986342	2616206	3370136	1114629	2255507	87226
4130093	1698430	2431663	1431551	1000113	139208
13828468	7766523	6061946	2318609	3743337	399706
7429528	4833393	2596135	1633218	962917	216282
10356640	6734164	3622476	1623503	1998973	165211
27031456	20067057	6964400	4216095	2748304	2630944
22781296	13950369	8830927	4135487	4695440	515659
18849836	10136607	8713229	2661752	6051477	1385
10300986	4673109	5627877	2803025	2824851	337873
8648842	4218138	4430704	1792251	2638454	188330
6446324	3263766	3182557	1431248	1751309	77485
15160112	8721997	6438115	2759379	3678736	408023
13873468	6428054	7445414	3218364	4227050	99381
16280412	11119640	5160772	2962675	2198097	602035
10700714	5749869	4950845	2093613	2857233	240378
19994893	11884893	8110000	3655800	4454200	1616126
5821329	2622008	3199321	1200873	1998448	275592
1497250	733135	764115	361551	402564	81577
10052726	4662905	5389822	2184475	3205346	96202
14891094	8595793	6295301	3244359	3050942	367235
3092358	1601647	1490711	598728	891983	409171
5730225	2647038	3083187	757449	2325738	96598
178442	140309	38133	22624	15509	105764
17051858	9584389	7467469	3062932	4404536	459647
4273894	2034551	2239343	823572	1415772	478124
417931	262787	155143	148340	6803	443270
1233601	651566	582035	434004	148032	121250
2404375	1293626	1110749	409363	701386	278852
1072476	84184	988292	54938	933355	71405
1849610	972278	877332	251766	625566	
312009	187133	124876	124876		69450
547633	261569	286064	66009	220055	
2250241	1764155	486086	482076	4011	1236278

4-8 教育经费支出明细

地区	合计	个人部分	工资福利支出	对个人和家庭的补助支出	#助学金
合计	**416213138**	**187327438**	**118339349**	**68988089**	**27987578**
北京	18722586	7119240	4421950	2697290	729654
天津	9012470	4205274	2344366	1860908	557684
河北	16386315	7724543	4860792	2863752	1055990
山西	11326431	5252863	3410983	1841880	919936
内蒙古	8534691	4265391	2459308	1806083	1040651
辽宁	18156155	8253006	5105500	3147506	954856
吉林	9440247	4537454	2870725	1666729	590247
黑龙江	10879596	4837707	2702296	2135411	773512
上海	23978699	7491352	5433263	2058090	1100988
江苏	27757741	13430049	8074971	5355079	1752145
浙江	21901412	10511007	7171831	3339176	1283981
安徽	13794722	5770889	3347914	2422975	1066650
福建	12086490	5550129	3556413	1993716	859179
江西	13661933	7138125	4681424	2456701	981081
山东	22845161	11384794	7399310	3985484	1432800
河南	24988665	11093519	7449245	3644274	1753057
湖北	16007743	7991563	5529245	2462317	973985
湖南	15060326	6824725	4333686	2491038	1047333
广东	30171104	13629344	8436595	5192749	1574212
广西	11219487	5122566	2762191	2360375	1353119
海南	2890721	1311893	990919	320974	224394
重庆	11724856	4254220	2690189	1564030	796049
四川	16763797	7615367	4889033	2726335	1395474
贵州	6897302	3395773	1816438	1579335	517043
云南	11138015	5311192	3383999	1927193	1034705
西藏	698971	414765	211229	203536	72468
陕西	16344730	6366793	3838157	2528635	1202884
甘肃	6223944	2729357	1818216	911141	437559
青海	1554053	692852	403239	289614	65372
宁夏	1773085	839295	567403	271892	99306
新疆	4271690	2262392	1378519	883872	341263
大连	1382601	238720	181381	57339	20898
宁波	3313838	1464228	1114969	349258	146636
厦门	658959	277500	201348	76152	34465
青岛	875637	341794	282616	59178	35675
深圳	4859289	1372769	1018558	354211	126297

(地方普通高等本科学校)

单位：千元

公用部分	商品和服务支出	其他资本性支出	专项公用支出	专项项目支出	基本建设支出
220809052	**114443440**	**106365612**	**45095994**	**61269618**	**8076648**
11591224	6131780	5459444	2648367	2811077	12123
4806196	2302249	2503947	990279	1513668	1000
8388085	4413972	3974113	2322476	1651637	273687
5986342	2616206	3370136	1114629	2255507	87226
4130093	1698430	2431663	1431551	1000113	139208
9723858	5199393	4524465	1490575	3033890	179291
4779511	2702740	2076771	1174555	902215	123282
5959725	3536410	2423314	900269	1523045	82165
14307851	10617500	3690351	1813824	1876528	2179495
14103338	8127373	5975965	2566959	3409006	224354
11389020	6422875	4966145	2064209	2901936	1385
7726773	2755867	4970906	2200929	2769977	297060
6421662	2976832	3444831	1338842	2105989	114699
6446324	3263766	3182557	1431248	1751309	77485
11299547	5839023	5460524	2188308	3272216	160820
13795765	6388448	7407317	3180267	4227050	99381
7873608	4789641	3083966	1610536	1473431	142573
8091258	3743188	4348071	1562271	2785799	144344
15304928	8651377	6653551	2738140	3915412	1236831
5821329	2622008	3199321	1200873	1998448	275592
1497250	733135	764115	361551	402564	81577
7429435	2531404	4898031	1802135	3095896	41202
8995488	4449392	4546095	2178190	2367905	152942
3092358	1601647	1490711	598728	891983	409171
5730225	2647038	3083187	757449	2325738	96598
178442	140309	38133	22624	15509	105764
9668066	4630548	5037518	2019906	3017612	309871
3113636	1236548	1877088	659986	1217103	380950
417931	262787	155143	148340	6803	443270
863791	468194	395596	279157	116440	70000
1875994	943359	932635	298819	633816	133305
1072476	84184	988292	54938	933355	71405
1849610	972278	877332	251766	625566	
312009	187133	124876	124876		69450
533843	247779	286064	66009	220055	
2250241	1764155	486086	482076	4011	1236278

4-9 教育经费支出明细

地区	合计	个人部分	工资福利支出	对个人和家庭的补助支出	#助学金
合计	**143034273**	**66300815**	**43671853**	**22628962**	**9337209**
北京	4643905	1860333	1261661	598672	126340
天津	3959530	1670684	888579	782105	221044
河北	5014163	2769978	1924038	845941	431750
山西	3288368	1715386	1131438	583948	277853
内蒙古	3856401	2086685	1236779	849906	438330
辽宁	4092662	1929356	1294083	635272	154129
吉林	1648542	871353	538473	332881	102864
黑龙江	3557541	1712977	1104919	608059	170963
上海	3776349	1374072	1149096	224976	104847
江苏	13596753	6165966	4011141	2154825	807069
浙江	8415377	3963507	2860412	1103095	418408
安徽	4864724	2543405	1590008	953397	452254
福建	4251277	1922206	1265833	656372	314630
江西	4287256	2080184	1306742	773442	387379
山东	9250881	3941136	2712881	1228255	472941
河南	7572863	3512259	2414834	1097425	521842
湖北	5860064	3063167	2012237	1050930	413632
湖南	6891785	3064084	1963336	1100748	473172
广东	12781952	6034702	4279653	1755049	610202
广西	4232444	1823421	1110160	713261	333066
海南	1301733	483590	362076	121514	84902
重庆	3581454	1532154	1034891	497263	220551
四川	6254043	2966471	1952731	1013740	501202
贵州	2632707	1266923	663501	603423	213423
云南	3035572	1238955	735810	503145	270581
西藏	552487	249037	139873	109164	35950
陕西	4539725	1897013	1139409	757604	381375
甘肃	1835788	854908	544419	310489	142804
青海	410548	186587	113634	72953	22383
宁夏	614805	356499	247678	108821	35185
新疆	2432571	1163819	681532	482287	196138
大连	209445	86089	58605	27485	15069
宁波	1128930	422079	294246	127834	48493
厦门	658629	283235	209313	73923	35313
青岛	422180	207450	148588	58862	14990
深圳	1531687	778933	608800	170133	70132

(普通高职高专学校)

单位：千元

公用部分	商品和服务支出	其他资本性支出			基本建设支出
			专项公用支出	专项项目支出	
74467989	**34444975**	**40023015**	**15713819**	**24309196**	**2265469**
2748802	1351483	1397319	901512	495807	34770
2286602	716136	1570465	1396493	173973	2245
2242373	1216430	1025943	446859	579084	1812
1484352	778096	706255	246625	459631	88631
1689878	742594	947283	528725	418558	79838
1950170	1212241	737929	332331	405597	213137
777189	400279	376910	230369	146541	
1838491	1103244	735247	380445	354802	6073
2121997	1389119	732878	372234	360644	280280
7419839	3613155	3806683	1079574	2727109	10949
4420866	2114956	2305910	791049	1514860	31005
2299055	990402	1308652	559344	749308	22265
2299704	954571	1345132	401140	943992	29368
2184926	815599	1369327	377306	992021	22146
5281381	1969624	3311757	868560	2443197	28364
3843538	1806383	2037155	925891	1111264	217067
2781694	1672417	1109277	437503	671774	15203
3792206	1656849	2135357	711276	1424081	35496
6511827	3016455	3495372	1252335	2243038	235422
2409023	825150	1583874	725338	858535	
807496	292201	515295	145725	369570	10648
2039301	779230	1260071	470851	789220	10000
3101591	1567262	1534329	635911	898419	185981
1304360	485795	818565	215698	602866	61425
1647767	651148	996618	329238	667380	148850
180020	98348	81672	36193	45479	123430
2475879	926846	1549032	394858	1154174	166833
961936	431393	530543	190239	340305	18943
138544	68398	70146	47296	22850	85418
253306	127115	126192	76724	49468	5000
1173881	672056	501825	206175	295649	94871
123356	84157	39199	31304	7895	
705644	262855	442789	175721	267069	1207
375394	212861	162533	84890	77643	
214730	90994	123735	53469	70267	
543600	416736	126864	125562	1302	209154

4-10 教育经费支出明细

地 区	合 计	个人部分	工资福利支出	对个人和家庭的补助支出	#助学金
合 计	**141070552**	**65265603**	**42876299**	**22389304**	**9268596**
北 京	4452735	1814809	1232474	582335	123640
天 津	3959530	1670684	888579	782105	221044
河 北	5014163	2769978	1924038	845941	431750
山 西	3288368	1715386	1131438	583948	277853
内蒙古	3856401	2086685	1236779	849906	438330
辽 宁	4092662	1929356	1294083	635272	154129
吉 林	1648542	871353	538473	332881	102864
黑龙江	3117844	1464016	866300	597717	166932
上 海	3718978	1334222	1115012	219210	104362
江 苏	13596753	6165966	4011141	2154825	807069
浙 江	8415377	3963507	2860412	1103095	418408
安 徽	4864724	2543405	1590008	953397	452254
福 建	4251277	1922206	1265833	656372	314630
江 西	4287256	2080184	1306742	773442	387379
山 东	9040734	3830399	2617894	1212505	472527
河 南	7572863	3512259	2414834	1097425	521842
湖 北	5619113	2899600	1885497	1014103	392067
湖 南	6771501	2980254	1904591	1075663	471620
广 东	12458845	5895112	4185208	1709903	598973
广 西	4232444	1823421	1110160	713261	333066
海 南	1301733	483590	362076	121514	84902
重 庆	3581454	1532154	1034891	497263	220551
四 川	6070343	2872706	1900591	972115	486808
贵 州	2632707	1266923	663501	603423	213423
云 南	3035572	1238955	735810	503145	270581
西 藏	552487	249037	139873	109164	35950
陕 西	4453843	1849890	1106746	743145	375601
甘 肃	1835788	854908	544419	310489	142804
青 海	410548	186587	113634	72953	22383
宁 夏	614805	356499	247678	108821	35185
新 疆	2321160	1101553	647587	453966	189671
大 连	209445	86089	58605	27485	15069
宁 波	1128930	422079	294246	127834	48493
厦 门	658629	283235	209313	73923	35313
青 岛	422180	207450	148588	58862	14990
深 圳	1531687	778933	608800	170133	70132

(地方普通高职高专学校)

单位：千元

公用部分	商品和服务支出	其他资本性支出			基本建设支出
			专项公用支出	专项项目支出	
73539480	**33805245**	**39734235**	**15584367**	**24149868**	**2265469**
2603156	1229629	1373527	878933	494594	34770
2286602	716136	1570465	1396493	173973	2245
2242373	1216430	1025943	446859	579084	1812
1484352	778096	706255	246625	459631	88631
1689878	742594	947283	528725	418558	79838
1950170	1212241	737929	332331	405597	213137
777189	400279	376910	230369	146541	
1647755	951078	696677	374127	322550	6073
2104475	1371943	732532	371888	360644	280280
7419839	3613155	3806683	1079574	2727109	10949
4420866	2114956	2305910	791049	1514860	31005
2299055	990402	1308652	559344	749308	22265
2299704	954571	1345132	401140	943992	29368
2184926	815599	1369327	377306	992021	22146
5181970	1880942	3301028	857831	2443197	28364
3843538	1806383	2037155	925891	1111264	217067
2704310	1620713	1083596	429635	653962	15203
3755751	1629441	2126310	702229	1424081	35496
6328311	2977520	3350791	1207174	2143617	235422
2409023	825150	1583874	725338	858535	
807496	292201	515295	145725	369570	10648
2039301	779230	1260071	470851	789220	10000
3011657	1488821	1522835	633047	889789	185981
1304360	485795	818565	215698	602866	61425
1647767	651148	996618	329238	667380	148850
180020	98348	81672	36193	45479	123430
2437120	897637	1539482	385308	1154174	166833
961936	431393	530543	190239	340305	18943
138544	68398	70146	47296	22850	85418
253306	127115	126192	76724	49468	5000
1124736	637900	486836	191186	295649	94871
123356	84157	39199	31304	7895	
705644	262855	442789	175721	267069	1207
375394	212861	162533	84890	77643	
214730	90994	123735	53469	70267	
543600	416736	126864	125562	1302	209154

4-11 教育经费支出明细

地区	合计	个人部分	工资福利支出	对个人和家庭的补助支出	#助学金
合计	**17236018**	**6497051**	**4436913**	**2060138**	**249388**
北京	1276231	629487	386940	242546	1155
天津	770686	250240	130959	119282	1678
河北	622909	311360	231172	80188	15586
山西	386929	225282	167134	58147	8156
内蒙古	140149	61027	42583	18443	4668
辽宁	464501	230743	167885	62858	962
吉林	451391	285888	170613	115275	12194
黑龙江	612567	399723	233187	166535	25582
上海	4948979	510822	416995	93826	7793
江苏	115385	52409	37343	15066	2157
浙江	957654	395880	297969	97911	7517
安徽	323064	163422	107190	56232	8931
福建	266561	134056	91496	42559	344
江西	357191	195604	123927	71677	23840
山东	231279	109436	73754	35682	1551
河南	384254	210639	151272	59367	9589
湖北	213362	158043	116847	41197	13175
湖南	560781	168626	108634	59992	8726
广东	979928	536787	361364	175423	6358
广西	375665	211969	128221	83747	15909
海南	69033	23718	18826	4893	2837
重庆	406138	120758	92816	27943	11822
四川	826418	438531	319318	119213	18237
贵州	186259	98020	65811	32209	5016
云南	355433	142316	102533	39783	17640
西藏					
陕西	453642	140506	95930	44576	11030
甘肃	177055	93394	67304	26090	5492
青海	29114	14201	6990	7211	
宁夏					
新疆	293459	184165	121899	62266	1442
大连	143495	64322	53413	10909	263
宁波	252569	120345	93970	26375	5281
厦门	911	812	591	221	
青岛	53524	17024	11059	5965	
深圳	58409	32907	23523	9384	1302

(成人高等学校)

单位：千元

公用部分					基本建设支出
	商品和服务支出	其他资本性支出			
			专项公用支出	专项项目支出	
10538115	**8360365**	**2177750**	**741635**	**1436116**	**200852**
646745	549487	97258	79432	17827	
500446	83737	416709	8171	408538	20000
311549	179419	132130	47352	84778	
161647	106965	54682	42896	11786	
79122	49309	29813	24258	5556	
233758	203776	29982	20683	9299	
165503	124862	40641	21665	18976	
212844	175749	37095	19730	17365	
4438158	4347403	90755	67334	23420	
62977	34802	28174	7890	20284	
419268	269324	149943	45933	104011	142507
154641	93805	60836	32360	28476	5000
132505	108230	24275	11349	12926	
161587	106178	55409	24728	30681	
120344	59507	60837	7162	53675	1500
173615	145727	27888	18629	9259	
54869	42753	12116	10091	2025	450
388155	237586	150568	24683	125885	4000
442561	327578	114984	60836	54148	580
151196	99922	51274	26291	24983	12500
33316	16191	17126	4482	12644	11998
285379	158651	126728	31853	94876	
385570	312532	73037	34501	38536	2318
88240	76509	11731	7622	4109	
213117	96854	116263	16936	99327	
313136	175721	137415	25410	112005	
83660	74445	9215	5703	3512	
14913	10356	4557	2879	1678	
109295	92987	16308	10777	5531	
79173	69475	9698	6911	2788	
132225	66681	65543	20170	45373	
99	99				
36500	4108	32392	2392	30000	
24922	22246	2676	2676		580

4-12 教育经费支出明细

地区	合计	个人部分	工资福利支出	对个人和家庭的补助支出	#助学金
合计	**16655876**	**6277246**	**4288490**	**1988757**	**248880**
北京	833289	481556	285804	195752	1155
天津	770686	250240	130959	119282	1678
河北	575498	295093	220867	74226	15586
山西	386929	225282	167134	58147	8156
内蒙古	140149	61027	42583	18443	4668
辽宁	454270	225529	163246	62283	962
吉林	451391	285888	170613	115275	12194
黑龙江	612567	399723	233187	166535	25582
上海	4948979	510822	416995	93826	7793
江苏	115385	52409	37343	15066	2157
浙江	957654	395880	297969	97911	7517
安徽	323064	163422	107190	56232	8931
福建	266561	134056	91496	42559	344
江西	357191	195604	123927	71677	23840
山东	231279	109436	73754	35682	1551
河南	384254	210639	151272	59367	9589
湖北	213362	158043	116847	41197	13175
湖南	552478	164107	104115	59992	8726
广东	979928	536787	361364	175423	6358
广西	375665	211969	128221	83747	15909
海南	69033	23718	18826	4893	2837
重庆	406138	120758	92816	27943	11822
四川	826418	438531	319318	119213	18237
贵州	186259	98020	65811	32209	5016
云南	355433	142316	102533	39783	17640
西藏					
陕西	453642	140506	95930	44576	11030
甘肃	177055	93394	67304	26090	5492
青海	29114	14201	6990	7211	
宁夏					
新疆	222203	138290	94074	44216	934
大连	143495	64322	53413	10909	263
宁波	252569	120345	93970	26375	5281
厦门	911	812	591	221	
青岛	53524	17024	11059	5965	
深圳	58409	32907	23523	9384	1302

(地方成人高等学校)

单位：千元

公用部分	商品和服务支出	其他资本性支出	专项公用支出	专项项目支出	基本建设支出
10177777	**8059827**	**2117950**	**695499**	**1422451**	**200852**
351733	289167	62566	46125	16442	
500446	83737	416709	8171	408538	20000
280405	166446	113959	38411	75548	
161647	106965	54682	42896	11786	
79122	49309	29813	24258	5556	
228741	201487	27254	19959	7294	
165503	124862	40641	21665	18976	
212844	175749	37095	19730	17365	
4438158	4347403	90755	67334	23420	
62977	34802	28174	7890	20284	
419268	269324	149943	45933	104011	142507
154641	93805	60836	32360	28476	5000
132505	108230	24275	11349	12926	
161587	106178	55409	24728	30681	
120344	59507	60837	7162	53675	1500
173615	145727	27888	18629	9259	
54869	42753	12116	10091	2025	450
384371	235724	148647	23806	124840	4000
442561	327578	114984	60836	54148	580
151196	99922	51274	26291	24983	12500
33316	16191	17126	4482	12644	11998
285379	158651	126728	31853	94876	
385570	312532	73037	34501	38536	2318
88240	76509	11731	7622	4109	
213117	96854	116263	16936	99327	
313136	175721	137415	25410	112005	
83660	74445	9215	5703	3512	
14913	10356	4557	2879	1678	
83913	69892	14020	8490	5531	
79173	69475	9698	6911	2788	
132225	66681	65543	20170	45373	
99	99				
36500	4108	32392	2392	30000	
24922	22246	2676	2676		580

4-13 教育经费支出明细

地区	合计				
		个人部分			
			工资福利支出	对个人和家庭的补助支出	
					#助学金
合计	**186267755**	**91101667**	**60540323**	**30561343**	**9131550**
北京	6220288	2929254	1717376	1211878	208048
天津	2783327	1728577	799856	928721	153673
河北	6818869	4063340	3044803	1018537	321442
山西	4703106	2498986	1906888	592098	176070
内蒙古	3934444	2267250	1487729	779521	301969
辽宁	5206473	2710204	1608569	1101634	245205
吉林	3391960	1938469	1156738	781731	103351
黑龙江	3849250	2411236	1366485	1044751	223204
上海	6422329	2710252	1905781	804471	369426
江苏	16296595	7651480	5389528	2261952	308056
浙江	11474488	5980331	4574846	1405485	265176
安徽	6947264	2721592	1695659	1025934	367629
福建	5009466	2623086	1857069	766017	121249
江西	3531499	1638507	972378	666128	308924
山东	15864374	6323089	4772493	1550596	359509
河南	9828767	4411895	3166187	1245708	411276
湖北	4938932	2655899	1706017	949882	289775
湖南	5694031	2839921	1847639	992283	406005
广东	18781266	9847010	6490750	3356259	942299
广西	4993640	2485586	1511552	974034	316364
海南	1887136	773962	626035	147928	78148
重庆	5004711	2489569	1374391	1115178	463358
四川	8608542	4101461	2686510	1414951	600625
贵州	4329639	1720277	1010593	709684	324195
云南	5812753	3014171	1799393	1214778	560998
西藏	558146	162668	83295	79373	49346
陕西	4003795	2223110	1461140	761970	299998
甘肃	3266743	1629849	969362	660486	251687
青海	1070566	484373	293499	190874	62718
宁夏	949527	409663	272938	136725	54180
新疆	4085830	1656602	984825	671777	187646
大连	942162	420961	301567	119394	59470
宁波	2308345	1310034	1052224	257810	25849
厦门	905688	445821	293990	151832	20524
青岛	2555418	1103068	778100	324968	33271
深圳	1842374	837317	564427	272890	64306

(中等职业学校)

单位：千元

公用部分	商品和服务支出	其他资本性支出	专项公用支出	专项项目支出	基本建设支出
91412235	**38591681**	**52820554**	**18192986**	**34627568**	**3753854**
3258150	1393653	1864497	1187124	677373	32883
1054749	398772	655977	253179	402798	
2685100	1380155	1304945	376988	927957	70430
2144851	1083598	1061254	417314	643940	59269
1607423	833493	773930	313481	460449	59772
2410417	1449794	960622	394278	566345	85853
1389638	580909	808729	273905	534824	63853
1387921	820326	567596	252344	315251	50093
3704112	1392768	2311344	2210748	100596	7965
8543785	2682127	5861659	1440207	4421452	101330
5430610	2179302	3251308	871126	2380182	63547
4063880	1200996	2862884	576188	2286696	161791
2284998	947655	1337343	542629	794714	101383
1737542	652310	1085232	241262	843970	155451
9458436	2908741	6549695	1432767	5116929	82849
5195206	2117877	3077329	970651	2106678	221666
2132886	919507	1213379	402543	810836	150147
2770170	1374981	1395189	450578	944611	83939
8650325	4796552	3853773	1691989	2161784	283932
2342910	929062	1413848	652380	761467	165144
935994	457894	478100	225002	253098	177180
2322931	1250099	1072833	400563	672270	192211
4342105	1766389	2575716	781997	1793719	164976
2469878	867833	1602045	214428	1387617	139483
2432650	1228720	1203930	384540	819390	365932
318278	83858	234420	102795	131625	77200
1710770	1003926	706844	192838	514006	69915
1531832	608518	923314	355835	567479	105062
520045	219435	300610	137094	163516	66148
498864	234808	264056	89704	174352	41000
2075777	827624	1248153	356510	891644	353451
515535	295995	219540	191934	27606	5666
998312	548210	450101	155778	294324	
395729	197603	198125	98528	99597	64138
1452350	416630	1035719	303672	732047	
883579	684926	198653	176655	21998	121478

4-14 教育经费支出明细

地区	合计	个人部分	工资福利支出	对个人和家庭的补助支出	#助学金
合计	**185282550**	**90572142**	**60163343**	**30408800**	**9082078**
北京	6070466	2857883	1666851	1191032	203995
天津	2752286	1708922	782143	926778	153231
河北	6774566	4042451	3025826	1016625	321215
山西	4703106	2498986	1906888	592098	176070
内蒙古	3934444	2267250	1487729	779521	301969
辽宁	5206473	2710204	1608569	1101634	245205
吉林	3391960	1938469	1156738	781731	103351
黑龙江	3772034	2350934	1323974	1026960	218415
上海	6399191	2690090	1886711	803379	369401
江苏	16234011	7615814	5356935	2258879	307575
浙江	11474488	5980331	4574846	1405485	265176
安徽	6944469	2719074	1694795	1024279	365981
福建	5009466	2623086	1857069	766017	121249
江西	3526253	1634864	969658	665206	308894
山东	15864374	6323089	4772493	1550596	359509
河南	9814729	4401689	3158085	1243604	409637
湖北	4938932	2655899	1706017	949882	289775
湖南	5680549	2830720	1840283	990438	406005
广东	18735676	9826329	6478072	3348257	937871
广西	4993640	2485586	1511552	974034	316364
海南	1887136	773962	626035	147928	78148
重庆	4983494	2479247	1364773	1114474	463133
四川	8557576	4062392	2655314	1407078	594893
贵州	4329639	1720277	1010593	709684	324195
云南	5811277	3012695	1797916	1214778	560998
西藏	558146	162668	83295	79373	49346
陕西	4003795	2223110	1461140	761970	299998
甘肃	3266457	1629849	969362	660486	251687
青海	1070566	484373	293499	190874	62718
宁夏	949527	409663	272938	136725	54180
新疆	3643823	1452237	863243	588994	161896
大连	942162	420961	301567	119394	59470
宁波	2308345	1310034	1052224	257810	25849
厦门	905688	445821	293990	151832	20524
青岛	2555418	1103068	778100	324968	33271
深圳	1842374	837317	564427	272890	64306

(地方中等职业学校)

单位：千元

公用部分	商品和服务支出	其他资本性支出			基本建设支出
			专项公用支出	专项项目支出	
90971194	**38308874**	**52662320**	**18135982**	**34526338**	**3739214**
3179699	1330303	1849397	1180400	668996	32883
1043364	389086	654278	251531	402747	
2661685	1356941	1304744	376817	927927	70430
2144851	1083598	1061254	417314	643940	59269
1607423	833493	773930	313481	460449	59772
2410417	1449794	960622	394278	566345	85853
1389638	580909	808729	273905	534824	63853
1371007	807049	563958	249627	314331	50093
3701136	1389792	2311344	2210748	100596	7965
8516867	2662129	5854738	1439812	4414927	101330
5430610	2179302	3251308	871126	2380182	63547
4063604	1200836	2862768	576178	2286589	161791
2284998	947655	1337343	542629	794714	101383
1735938	650817	1085122	241249	843873	155451
9458436	2908741	6549695	1432767	5116929	82849
5191373	2114054	3077319	970641	2106678	221666
2132886	919507	1213379	402543	810836	150147
2765889	1371439	1394450	450226	944224	83939
8625415	4773319	3852096	1690312	2161784	283932
2342910	929062	1413848	652380	761467	165144
935994	457894	478100	225002	253098	177180
2312037	1241335	1070702	398569	672133	192211
4330208	1761472	2568736	775016	1793719	164976
2469878	867833	1602045	214428	1387617	139483
2432650	1228720	1203930	384540	819390	365932
318278	83858	234420	102795	131625	77200
1710770	1003926	706844	192838	514006	69915
1531546	608233	923314	355835	567479	105062
520045	219435	300610	137094	163516	66148
498864	234808	264056	89704	174352	41000
1852775	723534	1129241	322195	807046	338812
515535	295995	219540	191934	27606	5666
998312	548210	450101	155778	294324	
395729	197603	198125	98528	99597	64138
1452350	416630	1035719	303672	732047	
883579	684926	198653	176655	21998	121478

4-15 教育经费支出明细

地 区	合 计	个人部分	工资福利支出	对个人和家庭的补助支出	#助学金
合 计	**86236202**	**41506989**	**26950631**	**14556358**	**4636509**
北 京	1671979	890774	498200	392574	164596
天 津	1352392	822060	413651	408409	103594
河 北	2141744	1301668	917031	384637	150022
山 西	2034562	1155269	848067	307202	96751
内蒙古	1604752	902315	549324	352991	182940
辽 宁	2981220	1515051	817200	697851	133480
吉 林	1302993	673449	408175	265274	29467
黑龙江	1051855	595248	324597	270651	81612
上 海	2608302	1428288	1118952	309337	84116
江 苏	10489964	5091440	3565208	1526232	195319
浙 江	2099820	1061645	810524	251121	47039
安 徽	3745701	1448376	865345	583031	198605
福 建	3885211	1995294	1407250	588045	110898
江 西	1461784	745111	393612	351498	168650
山 东	7703284	2883398	2146789	736609	206529
河 南	3824265	1823948	1232068	591880	206956
湖 北	3188751	1639961	1060361	579601	203221
湖 南	1131331	564938	331474	233464	115804
广 东	9285267	4691572	3081350	1610222	467304
广 西	3948310	2046122	1233321	812801	283274
海 南	1242924	481751	388112	93639	48700
重 庆	1045673	434309	230666	203644	77758
四 川	3378436	1514504	954110	560393	260247
贵 州	2018230	767263	401401	365862	170550
云 南	2833907	1385823	786068	599756	335803
西 藏	558146	162668	83295	79373	49346
陕 西	797128	456838	292166	164672	43107
甘 肃	2506817	1205022	694485	510537	191992
青 海	945411	439818	265275	174543	60579
宁 夏	609018	252635	165593	87042	38108
新 疆	2787025	1130431	666961	463469	130142
大 连	318688	155649	128790	26859	298
宁 波	656254	326502	256550	69951	4533
厦 门	795849	394710	260052	134658	19061
青 岛	259152	138257	90517	47740	6383
深 圳	364143	187741	123639	64102	10199

(中等专业学校)

单位：千元

公用部分	商品和服务支出	其他资本性支出			基本建设支出
			专项公用支出	专项项目支出	
42761689	**17839430**	**24922259**	**7916248**	**17006011**	**1967523**
778321	375859	402462	281992	120470	2883
530332	203097	327235	116952	210283	
828237	485361	342875	106067	236809	11839
878993	544542	334451	156807	177644	301
676749	395025	281725	145240	136485	25687
1396887	823374	573513	172434	401079	69282
621043	203721	417322	105718	311604	8500
446607	259955	186651	100379	86272	10000
1177181	721635	455546	391583	63963	2833
5389804	1727806	3661998	883613	2778385	8720
997160	419980	577181	179339	397842	41015
2236896	622050	1614845	296191	1318654	60430
1798099	728428	1069672	438378	631293	91818
617014	323824	293190	119996	173194	99660
4748136	1459422	3288713	601176	2687537	71751
1893081	802522	1090559	326406	764153	107237
1448943	660408	788535	261337	527197	99847
546393	272288	274105	109799	164305	20000
4487638	2164201	2323437	908716	1414720	106057
1838924	772562	1066361	540166	526196	63265
635377	310518	324859	151874	172985	125796
576002	240770	335232	87118	248114	35361
1802674	750559	1052115	310212	741903	61258
1211024	394608	816416	87754	728662	39943
1187576	581875	605701	127828	477873	260508
318278	83858	234420	102795	131625	77200
337040	203380	133660	37812	95848	3249
1252190	484536	767654	308559	459095	49605
451015	201430	249585	130368	119217	54578
326383	144071	182312	60098	122214	30000
1327694	477764	849930	269540	580390	328900
157373	108121	49253	44254	4999	5666
329752	131709	198043	38803	159240	
337880	167390	170490	84396	86094	63259
120895	73528	47367	41101	6265	
165602	144072	21530	20279	1251	10800

4-16 教育经费支出明细

地区	合计	个人部分			
			工资福利支出	对个人和家庭的补助支出	
					#助学金
合 计	**85556458**	**41195477**	**26749635**	**14445842**	**4601293**
北 京	1534179	830426	456742	373684	160600
天 津	1352392	822060	413651	408409	103594
河 北	2100162	1282570	899739	382831	149795
山 西	2034562	1155269	848067	307202	96751
内蒙古	1604752	902315	549324	352991	182940
辽 宁	2981220	1515051	817200	697851	133480
吉 林	1302993	673449	408175	265274	29467
黑龙江	1051187	595082	324597	270485	81446
上 海	2595738	1416555	1107901	308654	84090
江 苏	10450696	5071082	3547310	1523772	195124
浙 江	2099820	1061645	810524	251121	47039
安 徽	3745701	1448376	865345	583031	198605
福 建	3885211	1995294	1407250	588045	110898
江 西	1456538	741468	390892	350576	168620
山 东	7703284	2883398	2146789	736609	206529
河 南	3816945	1819328	1228068	591260	206556
湖 北	3188751	1639961	1060361	579601	203221
湖 南	1117848	555737	324118	231618	115804
广 东	9239677	4670892	3068672	1602220	462876
广 西	3948310	2046122	1233321	812801	283274
海 南	1242924	481751	388112	93639	48700
重 庆	1045673	434309	230666	203644	77758
四 川	3378436	1514504	954110	560393	260247
贵 州	2018230	767263	401401	365862	170550
云 南	2833797	1385713	785958	599756	335803
西 藏	558146	162668	83295	79373	49346
陕 西	797128	456838	292166	164672	43107
甘 肃	2506532	1205022	694485	510537	191992
青 海	945411	439818	265275	174543	60579
宁 夏	609018	252635	165593	87042	38108
新 疆	2411197	968877	580528	388349	104393
大 连	318688	155649	128790	26859	298
宁 波	656254	326502	256550	69951	4533
厦 门	795849	394710	260052	134658	19061
青 岛	259152	138257	90517	47740	6383
深 圳	364143	187741	123639	64102	10199

(地方中等专业学校)

单位：千元

公用部分	商品和服务支出	其他资本性支出			基本建设支出
			专项公用支出	专项项目支出	
42408097	**17628701**	**24779396**	**7873369**	**16906027**	**1952884**
700870	313508	387362	275268	112093	2883
530332	203097	327235	116952	210283	
805753	462877	342875	106067	236809	11839
878993	544542	334451	156807	177644	301
676749	395025	281725	145240	136485	25687
1396887	823374	573513	172434	401079	69282
621043	203721	417322	105718	311604	8500
446106	259454	186651	100379	86272	10000
1176350	720804	455546	391583	63963	2833
5370894	1715816	3655078	883217	2771860	8720
997160	419980	577181	179339	397842	41015
2236896	622050	1614845	296191	1318654	60430
1798099	728428	1069672	438378	631293	91818
615411	322330	293080	119983	173097	99660
4748136	1459422	3288713	601176	2687537	71751
1890381	799822	1090559	326406	764153	107237
1448943	660408	788535	261337	527197	99847
542111	268746	273365	109448	163918	20000
4462728	2140967	2321760	907040	1414720	106057
1838924	772562	1066361	540166	526196	63265
635377	310518	324859	151874	172985	125796
576002	240770	335232	87118	248114	35361
1802674	750559	1052115	310212	741903	61258
1211024	394608	816416	87754	728662	39943
1187576	581875	605701	127828	477873	260508
318278	83858	234420	102795	131625	77200
337040	203380	133660	37812	95848	3249
1251904	484251	767654	308559	459095	49605
451015	201430	249585	130368	119217	54578
326383	144071	182312	60098	122214	30000
1128059	396446	731613	235820	495793	314261
157373	108121	49253	44254	4999	5666
329752	131709	198043	38803	159240	
337880	167390	170490	84396	86094	63259
120895	73528	47367	41101	6265	
165602	144072	21530	20279	1251	10800

4-17 教育经费支出明细

地区	合计	个人部分	工资福利支出	对个人和家庭的补助支出	#助学金
合计	**68770100**	**33116715**	**22421128**	**10695587**	**3280728**
北京	3123931	1520300	829036	691264	32579
天津	804522	533742	186922	346820	16948
河北	3398172	1865665	1440096	425569	144496
山西	1863587	925609	745421	180187	67055
内蒙古	1838968	998366	693395	304970	110056
辽宁	1679346	930337	639352	290986	59133
吉林	1266304	678223	428632	249591	28013
黑龙江	1560693	923594	501359	422234	100499
上海	3475444	1096366	641403	454963	285014
江苏	3189777	1261597	909556	352041	39630
浙江	7805517	4119145	3168604	950541	198022
安徽	2814528	1086378	716868	369510	142815
福建	520253	280840	198192	82648	4336
江西	1682261	658607	422423	236184	132469
山东	5062615	2102199	1598635	503564	82160
河南	4019179	1630933	1215853	415080	167493
湖北	1476685	829324	517091	312233	77296
湖南	3807935	1811501	1217352	594149	247963
广东	3821294	2254740	1526935	727804	139211
广西	68689	43669	27648	16021	628
海南	443747	192378	157611	34767	18398
重庆	2664722	1408851	772078	636773	351421
四川	4322912	2140530	1425579	714951	273674
贵州	1952570	719335	422306	297029	118157
云南	1973498	1052612	671589	381023	156348
西藏					
陕西	2222668	1152304	774092	378211	164070
甘肃	687229	376629	244820	131810	59680
青海	121686	41821	26176	15645	2139
宁夏	324487	146145	100938	45207	16071
新疆	776881	334978	201166	133812	44953
大连	398764	198659	154219	44440	14595
宁波	1242990	739120	598241	140878	20474
厦门					
青岛	2137549	887021	628972	258049	21509
深圳	827652	433723	282521	151202	26340

（职业高中）

单位：千元

公用部分	商品和服务支出	其他资本性支出			基本建设支出
			专项公用支出	专项项目支出	
34188068	**12715969**	**21472099**	**7287068**	**14185031**	**1465317**
1573630	582317	991314	499062	492251	30000
270780	100144	170636	34163	136474	
1473917	606381	867536	222957	644579	58591
886329	405529	480799	126546	354253	51650
806517	348105	458412	151276	307136	34085
749009	443509	305500	179007	126493	
532728	226541	306187	118051	188136	55353
608806	340973	267833	83954	183879	28293
2373946	541662	1832284	1805523	26761	5132
1836565	317226	1519339	328609	1190730	91615
3668372	1325322	2343049	572589	1770461	18000
1626788	444887	1181901	261268	920633	101361
231544	79774	151770	47123	104647	7868
968655	246920	721734	105247	616487	55000
2955416	643412	2312004	475996	1836009	5000
2290405	806150	1484255	379724	1104531	97841
601362	206036	395326	124370	270956	46000
1932495	909789	1022706	299574	723132	63939
1421655	886892	534763	322357	212406	144899
25020	13110	11910	5103	6807	
223377	92550	130827	58799	72029	27992
1124698	619146	505552	209870	295682	131173
2082201	787146	1295055	343107	951948	100181
1133695	349269	784426	125491	658935	99540
867390	426964	440426	167587	272839	53497
1004635	513581	491054	111575	379479	65730
255143	108895	146248	42004	104244	55457
68295	17327	50968	6669	44299	11570
167342	86095	81246	29496	51751	11000
427352	240314	187038	49972	137066	14551
200105	75066	125038	109737	15301	
503871	274633	229238	96717	132521	
1250527	289670	960858	253449	707408	
284269	223979	60290	55341	4950	109660

4-18 教育经费支出明细

地区	合计	个人部分	工资福利支出	对个人和家庭的补助支出	#助学金
合计	**68689863**	**33063541**	**22376617**	**10686924**	**3279382**
北京	3123931	1520300	829036	691264	32579
天津	804522	533742	186922	346820	16948
河北	3398172	1865665	1440096	425569	144496
山西	1863587	925609	745421	180187	67055
内蒙古	1838968	998366	693395	304970	110056
辽宁	1679346	930337	639352	290986	59133
吉林	1266304	678223	428632	249591	28013
黑龙江	1549289	915593	494526	421067	100393
上海	3475444	1096366	641403	454963	285014
江苏	3189777	1261597	909556	352041	39630
浙江	7805517	4119145	3168604	950541	198022
安徽	2814528	1086378	716868	369510	142815
福建	520253	280840	198192	82648	4336
江西	1682261	658607	422423	236184	132469
山东	5062615	2102199	1598635	503564	82160
河南	4012461	1625347	1211752	413596	166253
湖北	1476685	829324	517091	312233	77296
湖南	3807935	1811501	1217352	594149	247963
广东	3821294	2254740	1526935	727804	139211
广西	68689	43669	27648	16021	628
海南	443747	192378	157611	34767	18398
重庆	2664722	1408851	772078	636773	351421
四川	4322912	2140530	1425579	714951	273674
贵州	1952570	719335	422306	297029	118157
云南	1973498	1052612	671589	381023	156348
西藏					
陕西	2222668	1152304	774092	378211	164070
甘肃	687229	376629	244820	131810	59680
青海	121686	41821	26176	15645	2139
宁夏	324487	146145	100938	45207	16071
新疆	714766	295391	167590	127801	44953
大连	398764	198659	154219	44440	14595
宁波	1242990	739120	598241	140878	20474
厦门					
青岛	2137549	887021	628972	258049	21509
深圳	827652	433723	282521	151202	26340

(地方职业高中)

单位：千元

公用部分					基本建设支出
	商品和服务支出	其他资本性支出			
			专项公用支出	专项项目支出	
34161005	**12690249**	**21470755**	**7286224**	**14184531**	**1465317**
1573630	582317	991314	499062	492251	30000
270780	100144	170636	34163	136474	
1473917	606381	867536	222957	644579	58591
886329	405529	480799	126546	354253	51650
806517	348105	458412	151276	307136	34085
749009	443509	305500	179007	126493	
532728	226541	306187	118051	188136	55353
605403	338344	267059	83680	183379	28293
2373946	541662	1832284	1805523	26761	5132
1836565	317226	1519339	328609	1190730	91615
3668372	1325322	2343049	572589	1770461	18000
1626788	444887	1181901	261268	920633	101361
231544	79774	151770	47123	104647	7868
968655	246920	721734	105247	616487	55000
2955416	643412	2312004	475996	1836009	5000
2289273	805028	1484245	379714	1104531	97841
601362	206036	395326	124370	270956	46000
1932495	909789	1022706	299574	723132	63939
1421655	886892	534763	322357	212406	144899
25020	13110	11910	5103	6807	
223377	92550	130827	58799	72029	27992
1124698	619146	505552	209870	295682	131173
2082201	787146	1295055	343107	951948	100181
1133695	349269	784426	125491	658935	99540
867390	426964	440426	167587	272839	53497
1004635	513581	491054	111575	379479	65730
255143	108895	146248	42004	104244	55457
68295	17327	50968	6669	44299	11570
167342	86095	81246	29496	51751	11000
404824	218346	186478	49412	137066	14551
200105	75066	125038	109737	15301	
503871	274633	229238	96717	132521	
1250527	289670	960858	253449	707408	
284269	223979	60290	55341	4950	109660

4-19 教育经费支出明细

地区	合计	个人部分	工资福利支出	对个人和家庭的补助支出	#助学金
合计	**31359425**	**14808303**	**10474293**	**4334010**	**1662217**
北京	441473	192417	143997	48419	5705
天津	31140	7747	4722	3025	
河北	1874064	1077025	824960	252065	94895
山西	1189615	574293	460852	113440	44893
内蒙古	1193914	643223	455681	187542	76912
辽宁	433295	231215	173782	57432	9424
吉林	408820	219596	144254	75342	13665
黑龙江	543756	310815	189122	121693	14649
上海	117785	58997	48940	10057	4848
江苏	1436405	549279	406101	143178	23862
浙江	3041257	1710086	1357667	352420	88772
安徽	2290201	826597	535003	291594	115713
福建	158570	65335	47088	18246	1884
江西	1206870	431373	277671	153702	84401
山东	1600130	730025	599065	130960	33113
河南	2422160	917099	690104	226995	106371
湖北	538937	275843	187778	88065	32191
湖南	2196723	1031927	691689	340238	144543
广东	552458	293406	216348	77058	14692
广西	60301	38580	24064	14517	628
海南	169972	73046	57411	15635	8661
重庆	1333865	664090	378882	285208	177770
四川	2785888	1323364	899850	423514	189353
贵州	1357856	506322	303269	203053	82549
云南	1188299	699703	456324	243379	99738
西藏					
陕西	1461684	725842	502549	223293	94143
甘肃	569310	310919	201082	109836	52390
青海	80312	28092	16294	11797	2090
宁夏	229449	100960	70116	30844	13542
新疆	444915	191089	109627	81462	30820
大连	34257	21967	18929	3038	
宁波	496694	313322	264110	49212	7617
厦门					
青岛	192858	90263	73293	16970	1844
深圳					

(农村职业高中)

单位：千元

公用部分	商品和服务支出	其他资本性支出			基本建设支出
			专项公用支出	专项项目支出	
15590821	**5671286**	**9919536**	**2426151**	**7493385**	**960300**
249057	51397	197660	91058	106601	
23392	2471	20921	3516	17405	
738449	353336	385113	116100	269012	58591
578672	258994	319679	81358	238321	36650
520024	236114	283910	75660	208250	30667
202081	132497	69583	23595	45988	
169224	73414	95810	27853	67958	20000
211268	113772	97496	34147	63348	21673
58787	45307	13480	7352	6128	
795511	132321	663190	133794	529395	91615
1331170	494001	837169	190765	646404	
1372243	336438	1035805	228504	807302	91361
90436	18135	72300	10134	62166	2800
730496	143931	586566	65272	521294	45000
865105	213405	651700	173031	478670	5000
1409234	502369	906865	230570	676295	95827
242794	51204	191590	57386	134204	20300
1125857	479857	646000	143201	502799	38939
253052	138946	114106	50595	63510	6000
21721	11011	10709	4693	6017	
96762	25305	71456	29717	41739	164
598461	290271	308190	111693	196497	71314
1391013	494336	896678	192483	704194	71510
752003	245926	506077	86975	419102	99531
456346	196998	259348	87544	171804	32250
680112	337339	342773	78468	264305	55730
222935	89465	133470	33775	99695	35457
40651	12516	28134	5219	22915	11570
117489	68186	49303	24479	24825	11000
246476	122022	124454	27213	97240	7350
12290	8479	3811	719	3092	
183373	96140	87233	36071	51162	
102595	20512	82083	24553	57530	

4-20 教育经费支出明细

地区	合计				
		个人部分			
			工资福利支出	对个人和家庭的补助支出	
					#助学金
合计	**31348021**	**14800302**	**10467459**	**4332843**	**1662111**
北京	441473	192417	143997	48419	5705
天津	31140	7747	4722	3025	
河北	1874064	1077025	824960	252065	94895
山西	1189615	574293	460852	113440	44893
内蒙古	1193914	643223	455681	187542	76912
辽宁	433295	231215	173782	57432	9424
吉林	408820	219596	144254	75342	13665
黑龙江	532352	302814	182288	120526	14543
上海	117785	58997	48940	10057	4848
江苏	1436405	549279	406101	143178	23862
浙江	3041257	1710086	1357667	352420	88772
安徽	2290201	826597	535003	291594	115713
福建	158570	65335	47088	18246	1884
江西	1206870	431373	277671	153702	84401
山东	1600130	730025	599065	130960	33113
河南	2422160	917099	690104	226995	106371
湖北	538937	275843	187778	88065	32191
湖南	2196723	1031927	691689	340238	144543
广东	552458	293406	216348	77058	14692
广西	60301	38580	24064	14517	628
海南	169972	73046	57411	15635	8661
重庆	1333865	664090	378882	285208	177770
四川	2785888	1323364	899850	423514	189353
贵州	1357856	506322	303269	203053	82549
云南	1188299	699703	456324	243379	99738
西藏					
陕西	1461684	725842	502549	223293	94143
甘肃	569310	310919	201082	109836	52390
青海	80312	28092	16294	11797	2090
宁夏	229449	100960	70116	30844	13542
新疆	444915	191089	109627	81462	30820
大连	34257	21967	18929	3038	
宁波	496694	313322	264110	49212	7617
厦门					
青岛	192858	90263	73293	16970	1844
深圳					

(地方农村职业高中)

单位：千元

公用部分	商品和服务支出	其他资本性支出	专项公用支出	专项项目支出	基本建设支出
15587418	**5668656**	**9918762**	**2425877**	**7492885**	**960300**
249057	51397	197660	91058	106601	
23392	2471	20921	3516	17405	
738449	353336	385113	116100	269012	58591
578672	258994	319679	81358	238321	36650
520024	236114	283910	75660	208250	30667
202081	132497	69583	23595	45988	
169224	73414	95810	27853	67958	20000
207865	111143	96722	33873	62848	21673
58787	45307	13480	7352	6128	
795511	132321	663190	133794	529395	91615
1331170	494001	837169	190765	646404	
1372243	336438	1035805	228504	807302	91361
90436	18135	72300	10134	62166	2800
730496	143931	586566	65272	521294	45000
865105	213405	651700	173031	478670	5000
1409234	502369	906865	230570	676295	95827
242794	51204	191590	57386	134204	20300
1125857	479857	646000	143201	502799	38939
253052	138946	114106	50595	63510	6000
21721	11011	10709	4693	6017	
96762	25305	71456	29717	41739	164
598461	290271	308190	111693	196497	71314
1391013	494336	896678	192483	704194	71510
752003	245926	506077	86975	419102	99531
456346	196998	259348	87544	171804	32250
680112	337339	342773	78468	264305	55730
222935	89465	133470	33775	99695	35457
40651	12516	28134	5219	22915	11570
117489	68186	49303	24479	24825	11000
246476	122022	124454	27213	97240	7350
12290	8479	3811	719	3092	
183373	96140	87233	36071	51162	
102595	20512	82083	24553	57530	

4-21 教育经费支出明细

地区	合计	个人部分			
			工资福利支出	对个人和家庭的补助支出	
					#助学金
合计	**22508052**	**10909633**	**7472561**	**3437072**	**1040784**
北京	1372757	485811	368073	117737	10873
天津	545376	308635	164428	144208	33031
河北	607237	382756	305179	77577	24027
山西	515954	181549	142315	39234	12098
内蒙古	179613	104071	71848	32223	8973
辽宁	513839	246813	141403	105410	51102
吉林	184408	108549	44288	64261	45500
黑龙江	581692	352154	235787	116367	37212
上海	201464	132152	104952	27200	297
江苏	1932854	892818	647198	245620	67354
浙江	944072	446872	327114	119758	17263
安徽	130078	54608	32229	22379	15676
福建	555669	327793	235631	92161	5924
江西	54851	37245	23406	13839	3175
山东	2581174	1024265	779045	245220	64187
河南	1111780	486822	360836	125986	24362
湖北	206402	145366	101202	44164	7685
湖南	279847	158426	107200	51226	13415
广东	5310535	2677939	1754707	923232	293502
广西	952732	384394	244676	139718	32462
海南	170662	82544	65198	17346	11051
重庆	782847	392193	217881	174313	33611
四川	641091	318393	236125	82268	26527
贵州	312002	198548	163840	34708	34708
云南	725273	350219	199417	150802	67396
西藏					
陕西	811160	508250	324136	184114	91415
甘肃	1378	980	539	442	
青海					
宁夏					
新疆	301301	119467	73909	45558	7960
大连	216156	64696	16954	47742	44577
宁波	81490	41382	35214	6168	679
厦门	109839	51111	33938	17174	1463
青岛	146272	69379	51223	18156	5318
深圳	590245	190086	139137	50949	26899

(技工学校)

单位：千元

公用部分	商品和服务支出	其他资本性支出	专项公用支出	专项项目支出	基本建设支出
11311475	**5955696**	**5355779**	**2665846**	**2689934**	**286943**
886946	419788	467158	403721	63437	
236741	80499	156242	100260	55982	
224481	162239	62243	31066	31177	
327087	89643	237443	129465	107978	7319
75543	48530	27013	13385	13628	
252026	170762	81264	42612	38652	15000
75859	40085	35774	21628	14146	
217738	117271	100467	62431	38036	11800
69311	49218	20093	10221	9872	
1040035	468950	571086	183377	387709	
497200	227439	269761	97610	172152	
75471	56311	19159	11361	7799	
226180	133559	92621	53748	38873	1696
17606	12430	5176	4676	501	
1550811	725702	825109	333150	491959	6098
616094	266229	349865	218643	131222	8864
61036	39425	21612	15370	6242	
121421	74145	47276	22861	24415	
2599621	1633699	965921	434647	531275	32975
466459	132026	334433	105968	228465	101879
64725	43027	21698	13614	8084	23392
379134	206126	173008	74979	98029	11520
319162	174091	145071	126164	18907	3537
113454	113454				
323126	173123	150003	82554	67449	51928
301975	231329	70646	38249	32397	935
398	398				
171834	66199	105634	34087	71548	10000
151460	106281	45179	37873	7306	
40108	31529	8579	8579		
57849	30214	27635	14132	13503	879
76893	52180	24712	8602	16110	
399140	284630	114510	98884	15626	1018

4-22 教育经费支出明细

地区	合计	个人部分	工资福利支出	对个人和家庭的补助支出	#助学金
合计	**22334607**	**10786123**	**7375202**	**3410921**	**1027975**
北京	1360735	474788	359006	115782	10815
天津	533038	301863	157998	143865	32689
河北	604516	380966	303494	77472	24027
山西	515954	181549	142315	39234	12098
内蒙古	179613	104071	71848	32223	8973
辽宁	513839	246813	141403	105410	51102
吉林	184408	108549	44288	64261	45500
黑龙江	544196	323875	220002	103874	32695
上海	190890	123723	96933	26790	297
江苏	1909538	877511	632504	245007	67068
浙江	944072	446872	327114	119758	17263
安徽	127284	52089	31365	20724	14028
福建	555669	327793	235631	92161	5924
江西	54851	37245	23406	13839	3175
山东	2581174	1024265	779045	245220	64187
河南	1111780	486822	360836	125986	24362
湖北	206402	145366	101202	44164	7685
湖南	279847	158426	107200	51226	13415
广东	5310535	2677939	1754707	923232	293502
广西	952732	384394	244676	139718	32462
海南	170662	82544	65198	17346	11051
重庆	761630	381871	208262	173609	33386
四川	590126	279324	204929	74396	20795
贵州	312002	198548	163840	34708	34708
云南	725273	350219	199417	150802	67396
西藏					
陕西	811160	508250	324136	184114	91415
甘肃	1378	980	539	442	
青海					
宁夏					
新疆	301301	119467	73909	45558	7960
大连	216156	64696	16954	47742	44577
宁波	81490	41382	35214	6168	679
厦门	109839	51111	33938	17174	1463
青岛	146272	69379	51223	18156	5318
深圳	590245	190086	139137	50949	26899

(地方技工学校)

单位：千元

公用部分	商品和服务支出	其他资本性支出	专项公用支出	专项项目支出	基本建设支出
11261540	**5918308**	**5343232**	**2653992**	**2689240**	**286943**
885947	418789	467158	403721	63437	
231175	75333	155841	99859	55982	
223550	161509	62042	30895	31147	
327087	89643	237443	129465	107978	7319
75543	48530	27013	13385	13628	
252026	170762	81264	42612	38652	15000
75859	40085	35774	21628	14146	
208520	110772	97749	60134	37615	11800
67167	47074	20093	10221	9872	
1032027	460942	571086	183377	387709	
497200	227439	269761	97610	172152	
75195	56152	19043	11351	7692	
226180	133559	92621	53748	38873	1696
17606	12430	5176	4676	501	
1550811	725702	825109	333150	491959	6098
616094	266229	349865	218643	131222	8864
61036	39425	21612	15370	6242	
121421	74145	47276	22861	24415	
2599621	1633699	965921	434647	531275	32975
466459	132026	334433	105968	228465	101879
64725	43027	21698	13614	8084	23392
368240	197363	170877	72985	97892	11520
307265	169174	138091	119184	18907	3537
113454	113454				
323126	173123	150003	82554	67449	51928
301975	231329	70646	38249	32397	935
398	398				
171834	66199	105634	34087	71548	10000
151460	106281	45179	37873	7306	
40108	31529	8579	8579		
57849	30214	27635	14132	13503	879
76893	52180	24712	8602	16110	
399140	284630	114510	98884	15626	1018

4-23 教育经费支出明细

地区	合计	个人部分	工资福利支出	对个人和家庭的补助支出	#助学金
合计	**8753402**	**5568330**	**3696003**	**1872327**	**173529**
北京	51621	32369	22066	10303	
天津	81036	64140	34855	29285	100
河北	671716	513250	382497	130753	2897
山西	289003	236560	171085	65475	167
内蒙古	311111	262498	173161	89337	
辽宁	32068	18002	10614	7388	1489
吉林	638255	478248	275643	202605	372
黑龙江	655010	540240	304742	235498	3881
上海	137119	53446	40474	12971	
江苏	684001	405625	267566	138060	5753
浙江	625079	352669	268604	84064	2851
安徽	256956	132231	81217	51014	10533
福建	48333	19159	15996	3163	92
江西	332602	197544	132938	64606	4630
山东	517300	313228	248024	65203	6633
河南	873543	470192	357429	112762	12465
湖北	67094	41248	27364	13884	1574
湖南	474918	305057	191612	113444	28823
广东	364170	222759	127758	95001	42282
广西	23909	11401	5907	5494	
海南	29803	17289	15114	2175	
重庆	511468	254216	153767	100449	569
四川	266102	128034	70696	57339	40176
贵州	46837	35131	23046	12085	779
云南	280075	225517	142319	83197	1451
西藏					
陕西	172838	105718	70745	34973	1407
甘肃	71319	47217	29519	17698	15
青海	3469	2734	2048	686	
宁夏	16022	10883	6407	4476	
新疆	220623	71726	42789	28937	4590
大连	8554	1957	1604	352	
宁波	327611	203030	162218	40812	163
厦门					
青岛	12445	8410	7387	1023	61
深圳	60335	25767	19129	6638	868

(成人中等专业学校)

单位：千元

公用部分	商品和服务支出	其他资本性支出			基本建设支出
			专项公用支出	专项项目支出	
3151002	**2080585**	**1070417**	**323824**	**746592**	**34070**
19253	15689	3563	2349	1215	
16897	15032	1864	1805	60	
158465	126174	32291	16899	15393	
52443	43883	8560	4495	4064	
48613	41833	6780	3580	3200	
12494	12149	345	225	120	1572
160008	110562	49446	28508	20937	
114771	102126	12645	5579	7065	
83673	80252	3422	3422		
277381	168146	109236	44608	64628	994
267878	206560	61317	21589	39728	4533
124726	77747	46978	7368	39610	
29174	5894	23280	3380	19900	
134267	69136	65131	11342	53789	791
204073	80205	123868	22445	101424	
395627	242976	152650	45878	106772	7725
21545	13639	7907	1466	6441	4300
169862	118759	51102	18343	32760	
141411	111760	29651	26269	3383	
12508	11364	1144	1144		
12514	11799	715	715		
243096	184056	59041	28596	30444	14156
138067	54593	83475	2513	80962	
11706	10502	1204	1184	20	
54559	46758	7801	6571	1230	
67120	55636	11484	5202	6282	
24102	14690	9412	5272	4140	
735	678	57	57		
5140	4642	498	110	388	
148897	43346	105551	2911	102640	
6598	6528	70	70		
124581	110340	14241	11679	2562	
4035	1253	2783	519	2263	
34568	32246	2322	2151	171	

4-24 教育经费支出明细

地区	合计	个人部分	工资福利支出	对个人和家庭的补助支出	#助学金
合计	**8701622**	**5527000**	**3661888**	**1865112**	**173429**
北京	51621	32369	22066	10303	
天津	62334	51256	23572	27684	
河北	671716	513250	382497	130753	2897
山西	289003	236560	171085	65475	167
内蒙古	311111	262498	173161	89337	
辽宁	32068	18002	10614	7388	1489
吉林	638255	478248	275643	202605	372
黑龙江	627363	516384	284850	231534	3881
上海	137119	53446	40474	12971	
江苏	684001	405625	267566	138060	5753
浙江	625079	352669	268604	84064	2851
安徽	256956	132231	81217	51014	10533
福建	48333	19159	15996	3163	92
江西	332602	197544	132938	64606	4630
山东	517300	313228	248024	65203	6633
河南	873543	470192	357429	112762	12465
湖北	67094	41248	27364	13884	1574
湖南	474918	305057	191612	113444	28823
广东	364170	222759	127758	95001	42282
广西	23909	11401	5907	5494	
海南	29803	17289	15114	2175	
重庆	511468	254216	153767	100449	569
四川	266102	128034	70696	57339	40176
贵州	46837	35131	23046	12085	779
云南	278709	224151	140953	83197	1451
西藏					
陕西	172838	105718	70745	34973	1407
甘肃	71319	47217	29519	17698	15
青海	3469	2734	2048	686	
宁夏	16022	10883	6407	4476	
新疆	216559	68501	41215	27286	4590
大连	8554	1957	1604	352	
宁波	327611	203030	162218	40812	163
厦门					
青岛	12445	8410	7387	1023	61
深圳	60335	25767	19129	6638	868

(地方成人中等专业学校)

单位：千元

公用部分	商品和服务支出	其他资本性支出	专项公用支出	专项项目支出	基本建设支出
3140552	**2071615**	**1068937**	**322396**	**746541**	**34070**
19253	15689	3563	2349	1215	
11078	10513	565	557	8	
158465	126174	32291	16899	15393	
52443	43883	8560	4495	4064	
48613	41833	6780	3580	3200	
12494	12149	345	225	120	1572
160008	110562	49446	28508	20937	
110979	98479	12499	5434	7065	
83673	80252	3422	3422		
277381	168146	109236	44608	64628	994
267878	206560	61317	21589	39728	4533
124726	77747	46978	7368	39610	
29174	5894	23280	3380	19900	
134267	69136	65131	11342	53789	791
204073	80205	123868	22445	101424	
395627	242976	152650	45878	106772	7725
21545	13639	7907	1466	6441	4300
169862	118759	51102	18343	32760	
141411	111760	29651	26269	3383	
12508	11364	1144	1144		
12514	11799	715	715		
243096	184056	59041	28596	30444	14156
138067	54593	83475	2513	80962	
11706	10502	1204	1184	20	
54559	46758	7801	6571	1230	
67120	55636	11484	5202	6282	
24102	14690	9412	5272	4140	
735	678	57	57		
5140	4642	498	110	388	
148058	42542	105516	2876	102640	
6598	6528	70	70		
124581	110340	14241	11679	2562	
4035	1253	2783	519	2263	
34568	32246	2322	2151	171	

4-25 教育经费支出明细

地区	合计	个人部分	工资福利支出	对个人和家庭的补助支出	#助学金
合计	**859198630**	**520668883**	**369313678**	**151355205**	**33194708**
北京	28397172	14729296	9209045	5520250	129236
天津	14209623	8701790	4870400	3831390	66359
河北	30443002	18814456	14555747	4258709	1134569
山西	21090623	12903582	10442358	2461225	712153
内蒙古	18099739	11528356	8508195	3020161	821067
辽宁	22878774	13963218	9609708	4353510	339330
吉林	13855991	8736739	5936201	2800539	306165
黑龙江	19495486	12537895	8480262	4057633	298697
上海	21827102	12243632	9912925	2330707	446751
江苏	58388239	35936856	25978909	9957948	756691
浙江	44373297	28902302	22403242	6499060	1035858
安徽	33873854	19580062	13916867	5663195	1090252
福建	24210293	15679030	11975162	3703868	410061
江西	27296203	13620427	9665831	3954596	1132678
山东	61381450	35476799	28590330	6886469	1124241
河南	50056246	27001845	18829286	8172559	2502448
湖北	30411997	20408999	14062437	6346562	899629
湖南	35327301	21064367	14282010	6782357	1499590
广东	75996441	48150605	35228365	12922240	1384218
广西	24496746	14493924	9056058	5437866	1936546
海南	7376557	4039573	3303920	735653	306029
重庆	21252731	13400620	9196975	4203644	1259653
四川	44233476	29127466	19620414	9507052	3308681
贵州	24168735	15981158	9553534	6427624	2319133
云南	25435672	16578415	10364463	6213952	3053644
西藏	4015047	2262562	1215497	1047065	568658
陕西	25999228	14559781	10200382	4359399	1581532
甘肃	16775074	10325832	6868527	3457305	1090898
青海	6182832	3050826	1965532	1085295	379005
宁夏	5579171	3178577	2279138	899440	353593
新疆	22070529	13689890	9231958	4457932	947344
大连	3977054	2478715	2014047	464668	30971
宁波	7502882	4649750	3658999	990751	174749
厦门	2882954	1881735	1299483	582252	20438
青岛	8228457	4438732	3239493	1199239	84434
深圳	10550857	6391552	4019884	2371668	73202

(中学)

单位：千元

公用部分	商品和服务支出	其他资本性支出			基本建设支出
			专项公用支出	专项项目支出	
322690232	**132719741**	**189970491**	**42485705**	**147484787**	**15839514**
12724603	6327980	6396623	3152546	3244077	943274
5432903	1447821	3985082	645487	3339595	74930
11251369	4886102	6365267	1505610	4859657	377177
8022522	3905635	4116886	1037667	3079220	164519
6076240	2848942	3227298	763035	2464263	495143
8864534	4645694	4218840	1063311	3155528	51022
4985997	2191730	2794267	731400	2062867	133255
6482981	3315464	3167517	598020	2569497	474610
9148443	5536199	3612243	2112123	1500120	435026
22444817	5797365	16647452	2335038	14312414	6566
15176539	5984816	9191723	1681990	7509733	294455
13664539	4550304	9114234	2138925	6975309	629253
8277046	3083119	5193927	1225232	3968695	254217
13168339	3470987	9697352	1200884	8496468	507437
25884651	7064324	18820327	2587827	16232499	20000
22294382	9843422	12450961	2509122	9941839	760018
9421636	4248006	5173630	1192234	3981396	581362
13850744	5171528	8679216	1861081	6818135	412189
26334117	15214860	11119257	3798869	7320388	1511718
9069598	3165293	5904304	1237411	4666893	933225
3151143	1249630	1901513	485031	1416482	185841
6903856	3334803	3569053	834307	2734746	948256
14265440	6579821	7685619	2032631	5652989	840570
7722834	3765579	3957255	1014448	2942807	464742
8067421	3847635	4219786	939725	3280061	789835
1251265	393857	857408	292835	564573	501220
11008023	4430418	6577606	1024012	5553594	431423
5971017	2151766	3819251	663479	3155772	478226
2264924	571622	1693301	205844	1487457	867083
2205023	769882	1435141	430733	1004408	195570
7303285	2925135	4378150	1184845	3193305	1077353
1498339	758085	740254	302499	437755	
2775332	884680	1890652	243786	1646866	77800
915786	458723	457063	239620	217443	85432
3789725	940093	2849631	616469	2233162	
2949381	2407035	542347	424842	117504	1209924

4-26 教育经费支出明细

地区	合计	个人部分	工资福利支出	对个人和家庭的补助支出	#助学金
合计	**855073621**	**517850779**	**367401297**	**150449482**	**33099114**
北京	27550914	14176726	8812618	5364107	127248
天津	14209623	8701790	4870400	3831390	66359
河北	30443002	18814456	14555747	4258709	1134569
山西	21090623	12903582	10442358	2461225	712153
内蒙古	18099739	11528356	8508195	3020161	821067
辽宁	22878774	13963218	9609708	4353510	339330
吉林	13727366	8663168	5876191	2786977	306165
黑龙江	19272512	12372468	8344098	4028370	295302
上海	21624227	12127452	9818045	2309408	445722
江苏	58388239	35936856	25978909	9957948	756691
浙江	44373297	28902302	22403242	6499060	1035858
安徽	33873854	19580062	13916867	5663195	1090252
福建	24210293	15679030	11975162	3703868	410061
江西	27296203	13620427	9665831	3954596	1132678
山东	61381450	35476799	28590330	6886469	1124241
河南	50051691	26999021	18827171	8171850	2502448
湖北	30357926	20371194	14035597	6335596	899578
湖南	35287884	21032031	14249840	6782192	1499520
广东	75941469	48114068	35196412	12917656	1383374
广西	24496746	14493924	9056058	5437866	1936546
海南	7363142	4028212	3297181	731031	305974
重庆	21161813	13336540	9142481	4194059	1258342
四川	44233476	29127466	19620414	9507052	3308681
贵州	24168735	15981158	9553534	6427624	2319133
云南	25435672	16578415	10364463	6213952	3053644
西藏	4015047	2262562	1215497	1047065	568658
陕西	25849815	14462837	10113689	4349148	1580733
甘肃	16769888	10321789	6864638	3457151	1090798
青海	6182832	3050826	1965532	1085295	379005
宁夏	5579171	3178577	2279138	899440	353593
新疆	19758199	12065465	8251952	3813513	861390
大连	3977054	2478715	2014047	464668	30971
宁波	7502882	4649750	3658999	990751	174749
厦门	2882954	1881735	1299483	582252	20438
青岛	8228457	4438732	3239493	1199239	84434
深圳	10550857	6391552	4019884	2371668	73202

(地方中学)

单位：千元

公用部分	商品和服务支出	其他资本性支出			基本建设支出
			专项公用支出	专项项目支出	
321488613	**132024806**	**189463807**	**42307159**	**147156648**	**15734228**
12430915	6098208	6332706	3099282	3233425	943274
5432903	1447821	3985082	645487	3339595	74930
11251369	4886102	6365267	1505610	4859657	377177
8022522	3905635	4116886	1037667	3079220	164519
6076240	2848942	3227298	763035	2464263	495143
8864534	4645694	4218840	1063311	3155528	51022
4930943	2141277	2789666	726799	2062867	133255
6425434	3274067	3151367	589687	2561680	474610
9061748	5502571	3559177	2100521	1458655	435026
22444817	5797365	16647452	2335038	14312414	6566
15176539	5984816	9191723	1681990	7509733	294455
13664539	4550304	9114234	2138925	6975309	629253
8277046	3083119	5193927	1225232	3968695	254217
13168339	3470987	9697352	1200884	8496468	507437
25884651	7064324	18820327	2587827	16232499	20000
22292651	9842236	12450416	2508577	9941839	760018
9405370	4231848	5173523	1192127	3981396	581362
13843663	5165449	8678214	1860079	6818135	412189
26315683	15205393	11110290	3794757	7315533	1511718
9069598	3165293	5904304	1237411	4666893	933225
3149089	1248230	1900859	484377	1416482	185841
6877017	3317237	3559780	831034	2728746	948256
14265440	6579821	7685619	2032631	5652989	840570
7722834	3765579	3957255	1014448	2942807	464742
8067421	3847635	4219786	939725	3280061	789835
1251265	393857	857408	292835	564573	501220
10955555	4383979	6571576	1017982	5553594	431423
5969873	2151429	3818444	663157	3155287	478226
2264924	571622	1693301	205844	1487457	867083
2205023	769882	1435141	430733	1004408	195570
6720667	2684081	4036586	1100146	2936440	972067
1498339	758085	740254	302499	437755	
2775332	884680	1890652	243786	1646866	77800
915786	458723	457063	239620	217443	85432
3789725	940093	2849631	616469	2233162	
2949381	2407035	542347	424842	117504	1209924

4-27 教育经费支出明细

地 区	合 计				
		个人部分			
			工资福利支 出	对个人和家庭的补助支出	
					#助学金
合 计	**858563627**	**520381406**	**369102698**	**151278707**	**33194309**
北 京	28388649	14729170	9208920	5520250	129236
天 津	14185994	8678237	4854147	3824090	66359
河 北	30443002	18814456	14555747	4258709	1134569
山 西	21090623	12903582	10442358	2461225	712153
内蒙古	18099739	11528356	8508195	3020161	821067
辽 宁	22878774	13963218	9609708	4353510	339330
吉 林	13852518	8733742	5935209	2798533	306165
黑龙江	19495486	12537895	8480262	4057633	298697
上 海	21796833	12219148	9893728	2325420	446368
江 苏	58113681	35846986	25922798	9924188	756691
浙 江	44187663	28808400	22326290	6482110	1035841
安 徽	33873854	19580062	13916867	5663195	1090252
福 建	24210012	15678848	11975002	3703846	410061
江 西	27266703	13620427	9665831	3954596	1132678
山 东	61359736	35456252	28570758	6885495	1124241
河 南	50053066	27001845	18829286	8172559	2502448
湖 北	30398893	20404139	14057918	6346221	899629
湖 南	35325358	21063318	14281118	6782201	1499590
广 东	75958117	48125256	35212630	12912626	1384218
广 西	24496443	14493924	9056058	5437866	1936546
海 南	7376557	4039573	3303920	735653	306029
重 庆	21252731	13400620	9196975	4203644	1259653
四 川	44232907	29126905	19619942	9506963	3308681
贵 州	24168735	15981158	9553534	6427624	2319133
云 南	25435672	16578415	10364463	6213952	3053644
西 藏	4015047	2262562	1215497	1047065	568658
陕 西	25999228	14559781	10200382	4359399	1581532
甘 肃	16775074	10325832	6868527	3457305	1090898
青 海	6182832	3050826	1965532	1085295	379005
宁 夏	5579171	3178577	2279138	899440	353593
新 疆	22070529	13689890	9231958	4457932	947344
大 连	3977054	2478715	2014047	464668	30971
宁 波	7501285	4648704	3658108	990596	174749
厦 门	2882954	1881735	1299483	582252	20438
青 岛	8228457	4438732	3239493	1199239	84434
深 圳	10550857	6391552	4019884	2371668	73202

(普通中学)

单位：千元

公用部分	商品和服务支出	其他资本性支出	专项公用支出	专项项目支出	基本建设支出
322342707	**132558122**	**189784585**	**42452537**	**147332048**	**15839514**
12716205	6321059	6395146	3151069	3244077	943274
5432826	1447744	3985082	645487	3339595	74930
11251369	4886102	6365267	1505610	4859657	377177
8022522	3905635	4116886	1037667	3079220	164519
6076240	2848942	3227298	763035	2464263	495143
8864534	4645694	4218840	1063311	3155528	51022
4985521	2191329	2794193	731326	2062867	133255
6482981	3315464	3167517	598020	2569497	474610
9142658	5530525	3612133	2112013	1500120	435026
22260130	5733043	16527086	2322941	14204146	6566
15084807	5917750	9167057	1669176	7497881	294455
13664539	4550304	9114234	2138925	6975309	629253
8276946	3083019	5193927	1225232	3968695	254217
13138839	3469487	9669352	1200884	8468468	507437
25883484	7063351	18820133	2587634	16232499	20000
22291202	9843422	12447781	2505942	9941839	760018
9413392	4244402	5168990	1191534	3977456	581362
13849851	5170897	8678954	1860819	6818135	412189
26321142	15204520	11116623	3796610	7320013	1511718
9069294	3165293	5904001	1237411	4666590	933225
3151143	1249630	1901513	485031	1416482	185841
6903856	3334803	3569053	834307	2734746	948256
14265431	6579812	7685619	2032631	5652989	840570
7722834	3765579	3957255	1014448	2942807	464742
8067421	3847635	4219786	939725	3280061	789835
1251265	393857	857408	292835	564573	501220
11008023	4430418	6577606	1024012	5553594	431423
5971017	2151766	3819251	663479	3155772	478226
2264924	571622	1693301	205844	1487457	867083
2205023	769882	1435141	430733	1004408	195570
7303285	2925135	4378150	1184845	3193305	1077353
1498339	758085	740254	302499	437755	
2774781	884429	1890352	243486	1646866	77800
915786	458723	457063	239620	217443	85432
3789725	940093	2849631	616469	2233162	
2949381	2407035	542347	424842	117504	1209924

4-28 教育经费支出明细

地 区	合 计	个人部分	工资福利支出	对个人和家庭的补助支出	#助学金
合 计	**854438618**	**517563302**	**367190317**	**150372985**	**33098714**
北 京	27542391	14176600	8812493	5364107	127248
天 津	14185994	8678237	4854147	3824090	66359
河 北	30443002	18814456	14555747	4258709	1134569
山 西	21090623	12903582	10442358	2461225	712153
内蒙古	18099739	11528356	8508195	3020161	821067
辽 宁	22878774	13963218	9609708	4353510	339330
吉 林	13723893	8660171	5875199	2784972	306165
黑龙江	19272512	12372468	8344098	4028370	295302
上 海	21593958	12102969	9798848	2304121	445339
江 苏	58113681	35846986	25922798	9924188	756691
浙 江	44187663	28808400	22326290	6482110	1035841
安 徽	33873854	19580062	13916867	5663195	1090252
福 建	24210012	15678848	11975002	3703846	410061
江 西	27266703	13620427	9665831	3954596	1132678
山 东	61359736	35456252	28570758	6885495	1124241
河 南	50048511	26999021	18827171	8171850	2502448
湖 北	30344821	20366334	14031078	6335255	899578
湖 南	35285941	21030982	14248947	6782035	1499520
广 东	75903145	48088719	35180677	12908042	1383374
广 西	24496443	14493924	9056058	5437866	1936546
海 南	7363142	4028212	3297181	731031	305974
重 庆	21161813	13336540	9142481	4194059	1258342
四 川	44232907	29126905	19619942	9506963	3308681
贵 州	24168735	15981158	9553534	6427624	2319133
云 南	25435672	16578415	10364463	6213952	3053644
西 藏	4015047	2262562	1215497	1047065	568658
陕 西	25849815	14462837	10113689	4349148	1580733
甘 肃	16769888	10321789	6864638	3457151	1090798
青 海	6182832	3050826	1965532	1085295	379005
宁 夏	5579171	3178577	2279138	899440	353593
新 疆	19758199	12065465	8251952	3813513	861390
大 连	3977054	2478715	2014047	464668	30971
宁 波	7501285	4648704	3658108	990596	174749
厦 门	2882954	1881735	1299483	582252	20438
青 岛	8228457	4438732	3239493	1199239	84434
深 圳	10550857	6391552	4019884	2371668	73202

(地方普通中学)

单位：千元

公用部分	商品和服务支出	其他资本性支出			基本建设支出
			专项公用支出	专项项目支出	
321141088	**131863188**	**189277900**	**42273992**	**147003909**	**15734228**
12422517	6091288	6331230	3097805	3233425	943274
5432826	1447744	3985082	645487	3339595	74930
11251369	4886102	6365267	1505610	4859657	377177
8022522	3905635	4116886	1037667	3079220	164519
6076240	2848942	3227298	763035	2464263	495143
8864534	4645694	4218840	1063311	3155528	51022
4930467	2140876	2789592	726725	2062867	133255
6425434	3274067	3151367	589687	2561680	474610
9055963	5496897	3559067	2100411	1458655	435026
22260130	5733043	16527086	2322941	14204146	6566
15084807	5917750	9167057	1669176	7497881	294455
13664539	4550304	9114234	2138925	6975309	629253
8276946	3083019	5193927	1225232	3968695	254217
13138839	3469487	9669352	1200884	8468468	507437
25883484	7063351	18820133	2587634	16232499	20000
22289471	9842236	12447236	2505397	9941839	760018
9397126	4228244	5168883	1191427	3977456	581362
13842770	5164819	8677951	1859816	6818135	412189
26302708	15195052	11107656	3792498	7315158	1511718
9069294	3165293	5904001	1237411	4666590	933225
3149089	1248230	1900859	484377	1416482	185841
6877017	3317237	3559780	831034	2728746	948256
14265431	6579812	7685619	2032631	5652989	840570
7722834	3765579	3957255	1014448	2942807	464742
8067421	3847635	4219786	939725	3280061	789835
1251265	393857	857408	292835	564573	501220
10955555	4383979	6571576	1017982	5553594	431423
5969873	2151429	3818444	663157	3155287	478226
2264924	571622	1693301	205844	1487457	867083
2205023	769882	1435141	430733	1004408	195570
6720667	2684081	4036586	1100146	2936440	972067
1498339	758085	740254	302499	437755	
2774781	884429	1890352	243486	1646866	77800
915786	458723	457063	239620	217443	85432
3789725	940093	2849631	616469	2233162	
2949381	2407035	542347	424842	117504	1209924

4-29 教育经费支出明细

地区	合计	个人部分	工资福利支出	对个人和家庭的补助支出	#助学金
合计	317091773	180409750	132362356	48047395	9111434
北京	11674265	5830236	3712007	2118229	21689
天津	6241943	3439656	1933014	1506642	36027
河北	11390661	6647975	5223014	1424961	387704
山西	8969194	5031163	4104415	926748	291774
内蒙古	7180477	4304662	3125625	1179037	415939
辽宁	8020229	4510900	3295547	1215353	135225
吉林	4758873	2782788	1916206	866582	139852
黑龙江	6787384	4115762	2842147	1273615	181859
上海	7954038	4266477	3516561	749916	100905
江苏	22341796	12967186	9753535	3213652	220555
浙江	17256325	10940867	8717754	2223114	272140
安徽	13667375	7360726	5388085	1972641	407795
福建	9078988	5758440	4334326	1424114	115863
江西	10163071	4541115	3269345	1271771	299053
山东	21434746	11588204	9514287	2073917	310151
河南	16202490	7833177	6026007	1807169	619540
湖北	11550012	7084991	5259659	1825332	310710
湖南	11682283	6624128	4944078	1680050	314377
广东	30176995	18339236	13395236	4944000	380792
广西	8204021	4456777	2922994	1533783	387929
海南	2721819	1356916	1107387	249529	95932
重庆	8758189	5028941	3582256	1446685	412649
四川	15712602	9825441	6958751	2866690	1000267
贵州	8323991	4912063	3122560	1789504	381815
云南	7691883	4683087	3168515	1514571	427593
西藏	1485849	706370	377432	328939	145578
陕西	9954424	5194972	3789021	1405951	470203
甘肃	6418446	3769212	2552257	1216955	311890
青海	2419117	1051643	714451	337192	86634
宁夏	1958708	1253891	915292	338599	139197
新疆	6911581	4202746	2880593	1322153	289797
大连	1458652	852811	688273	164538	20589
宁波	3069545	1828128	1463864	364264	51657
厦门	1066648	693711	478983	214728	7457
青岛	2944882	1477874	1093817	384056	33236
深圳	4119032	2452811	1560676	892134	26064

（普通高中）

单位：千元

公用部分					基本建设支出
	商品和服务支出	其他资本性支出			
			专项公用支出	专项项目支出	
130700687	**55008676**	**75692011**	**17066285**	**58625727**	**5981336**
5396480	2646640	2749840	1395130	1354710	447548
2766208	611388	2154820	304715	1850105	36080
4673231	1974548	2698683	548076	2150607	69456
3822325	1700572	2121752	476291	1645461	115706
2711981	1362744	1349237	302464	1046773	163834
3489049	1914919	1574130	374717	1199413	20280
1938979	810079	1128900	301347	827553	37105
2588578	1377155	1211424	293825	917599	83043
3390417	1959887	1430530	703159	727371	297143
9370390	2530970	6839419	974715	5864704	4220
6164358	2647935	3516423	656495	2859928	151100
6075895	1992537	4083358	891914	3191444	230754
3268517	1245654	2022864	453519	1569345	52031
5439509	1421795	4017714	559045	3458670	182447
9846542	2950134	6896408	834830	6061578	
8108627	3898456	4210171	973071	3237099	260686
4347376	2004047	2343329	557227	1786102	117646
4965966	2106512	2859454	803815	2055639	92189
11406230	6566778	4839452	1555448	3284003	431530
3280500	1125670	2154830	542745	1612085	466744
1285057	600905	684152	186916	497236	79846
3076008	1434954	1641054	371604	1269450	653239
5663047	2613459	3049587	982983	2066605	224114
3202279	1489218	1713060	362483	1350578	209649
2734705	1401513	1333192	269411	1063780	274092
472778	129958	342821	97980	244840	306700
4650386	2107548	2542838	415088	2127749	109066
2469769	970199	1499570	249630	1249939	179466
1068295	232321	835975	70215	765760	299179
674357	272645	401712	139570	262142	30460
2352850	907536	1445314	417856	1027458	355984
605841	261931	343910	106992	236917	
1241416	398242	843174	97955	745219	
364205	216765	147440	83617	63823	8731
1467008	335809	1131199	158403	972796	
1317380	1064021	253359	180557	72802	348841

4-30 教育经费支出明细

地区	合计	个人部分	工资福利支出	对个人和家庭的补助支出	#助学金
合计	**315225442**	**179179370**	**131505092**	**47674279**	**9068569**
北京	11142716	5482528	3466163	2016365	19964
天津	6241943	3439656	1933014	1506642	36027
河北	11390661	6647975	5223014	1424961	387704
山西	8969194	5031163	4104415	926748	291774
内蒙古	7180477	4304662	3125625	1179037	415939
辽宁	8020229	4510900	3295547	1215353	135225
吉林	4687470	2744472	1884920	859553	139852
黑龙江	6693242	4047531	2790666	1256865	179078
上海	7796017	4180364	3445013	735351	100003
江苏	22341796	12967186	9753535	3213652	220555
浙江	17256325	10940867	8717754	2223114	272140
安徽	13667375	7360726	5388085	1972641	407795
福建	9078988	5758440	4334326	1424114	115863
江西	10163071	4541115	3269345	1271771	299053
山东	21434746	11588204	9514287	2073917	310151
河南	16202490	7833177	6026007	1807169	619540
湖北	11521675	7064608	5244838	1819770	310686
湖南	11668146	6612655	4932687	1679967	314347
广东	30152376	18322867	13381537	4941330	380258
广西	8204021	4456777	2922994	1533783	387929
海南	2713699	1350017	1103500	246517	95896
重庆	8702278	4989559	3548780	1440778	411841
四川	15712602	9825441	6958751	2866690	1000267
贵州	8323991	4912063	3122560	1789504	381815
云南	7691883	4683087	3168515	1514571	427593
西藏	1485849	706370	377432	328939	145578
陕西	9870118	5144447	3742900	1401547	469524
甘肃	6416188	3767424	2550528	1216896	311849
青海	2419117	1051643	714451	337192	86634
宁夏	1958708	1253891	915292	338599	139197
新疆	6118053	3659555	2548612	1110943	254493
大连	1458652	852811	688273	164538	20589
宁波	3069545	1828128	1463864	364264	51657
厦门	1066648	693711	478983	214728	7457
青岛	2944882	1477874	1093817	384056	33236
深圳	4119032	2452811	1560676	892134	26064

(地方普通高中)

单位：千元

公用部分	商品和服务支出	其他资本性支出	专项公用支出	专项项目支出	基本建设支出
130083596	**54654823**	**75428773**	**16960747**	**58468026**	**5962476**
5212639	2506175	2706465	1357123	1349342	447548
2766208	611388	2154820	304715	1850105	36080
4673231	1974548	2698683	548076	2150607	69456
3822325	1700572	2121752	476291	1645461	115706
2711981	1362744	1349237	302464	1046773	163834
3489049	1914919	1574130	374717	1199413	20280
1905892	780386	1125506	297952	827553	37105
2562668	1355131	1207537	292831	914706	83043
3318510	1933261	1385249	693148	692100	297143
9370390	2530970	6839419	974715	5864704	4220
6164358	2647935	3516423	656495	2859928	151100
6075895	1992537	4083358	891914	3191444	230754
3268517	1245654	2022864	453519	1569345	52031
5439509	1421795	4017714	559045	3458670	182447
9846542	2950134	6896408	834830	6061578	
8108627	3898456	4210171	973071	3237099	260686
4339421	1996145	2343277	557174	1786102	117646
4963302	2104189	2859113	803474	2055639	92189
11397980	6562699	4835280	1552277	3283003	431530
3280500	1125670	2154830	542745	1612085	466744
1283835	600114	683722	186486	497236	79846
3059480	1424137	1635342	369591	1265751	653239
5663047	2613459	3049587	982983	2066605	224114
3202279	1489218	1713060	362483	1350578	209649
2734705	1401513	1333192	269411	1063780	274092
472778	129958	342821	97980	244840	306700
4616605	2078140	2538465	410716	2127749	109066
2469298	970113	1499185	249487	1249698	179466
1068295	232321	835975	70215	765760	299179
674357	272645	401712	139570	262142	30460
2121374	827897	1293477	375249	918228	337124
605841	261931	343910	106992	236917	
1241416	398242	843174	97955	745219	
364205	216765	147440	83617	63823	8731
1467008	335809	1131199	158403	972796	
1317380	1064021	253359	180557	72802	348841

4-31 教育经费支出明细

地区	合计	个人部分	工资福利支出	对个人和家庭的补助支出	#助学金
合计	**136818471**	**78527826**	**59007377**	**19520449**	**5389251**
北京	1452766	620804	472162	148642	2040
天津	1982808	713658	497998	215660	9520
河北	6124883	3472967	2724167	748800	237703
山西	4437459	2556581	2046190	510391	179621
内蒙古	3185578	1917003	1424226	492777	182335
辽宁	2027071	1097199	850973	246226	40288
吉林	1239535	745663	541252	204411	38664
黑龙江	2554458	1413283	1037634	375649	57506
上海	831082	516537	446264	70272	17517
江苏	7852930	4853805	3780287	1073518	111677
浙江	6963525	4668491	3765169	903322	131934
安徽	8494764	4497420	3367329	1130091	267620
福建	4398456	3013798	2346680	667119	68683
江西	5789913	2796117	2089472	706646	217991
山东	8229133	4542309	3906020	636289	139268
河南	8830700	4235060	3295806	939255	408992
湖北	3981300	2492992	1905247	587745	168220
湖南	6063940	3759689	2877451	882237	224278
广东	7971499	4685174	3641011	1044163	144520
广西	3952377	2413351	1593246	820105	254158
海南	1130734	593875	453970	139905	70588
重庆	4375839	2373101	1701289	671812	244102
四川	8748593	5534373	3882595	1651778	639487
贵州	5178773	3000714	1979215	1021499	273114
云南	4728117	3005740	2049249	956491	307710
西藏	1015852	468150	260983	207167	105956
陕西	5951900	3119028	2301268	817760	347010
甘肃	3843724	2396755	1668312	728443	217067
青海	1516123	655954	453029	202925	59957
宁夏	634414	421782	316926	104856	38587
新疆	3330224	1946452	1331955	614497	183138
大连	131518	98089	79789	18300	150
宁波	1127428	726647	576896	149751	11225
厦门	81073	56778	42242	14536	753
青岛	392968	166953	133153	33801	1121
深圳					

(农村高中)

单位：千元

公用部分	商品和服务支出	其他资本性支出			基本建设支出
			专项公用支出	专项项目支出	
55246990	**23240044**	**32006946**	**6592153**	**25414794**	**3043655**
831962	261175	570787	128484	442303	
1269150	122482	1146669	93136	1053533	
2584775	1089606	1495168	329823	1165346	67141
1793571	890866	902706	238427	664278	87307
1187764	618215	569549	130222	439327	80811
925089	453873	471216	78555	392661	4784
481418	161433	319986	59979	260007	12454
1124768	562237	562531	139331	423201	16408
314545	215748	98797	33480	65317	
2995305	843730	2151575	347403	1804172	3820
2258934	944033	1314902	243461	1071441	36100
3790748	1332663	2458085	535212	1922873	206596
1342205	550974	791231	167371	623859	42452
2903370	997710	1905660	333830	1571829	90426
3686824	1141145	2545679	314138	2231542	
4445023	2247846	2197177	492218	1704959	150616
1390918	654194	736725	126078	610646	97390
2219986	1190734	1029252	322086	707166	84265
3285634	1753620	1532014	459547	1072467	691
1442305	585212	857094	260801	596293	96720
478618	244769	233849	61079	172769	58241
1669670	653822	1015848	208191	807656	333068
3052889	1446413	1606476	412132	1194344	161331
2057609	887173	1170436	236038	934398	120450
1494054	773915	720139	156174	563965	228322
261001	83176	177825	48482	129344	286700
2735043	1345343	1389700	227674	1162026	97829
1334060	541464	792597	136546	656051	112909
617720	131085	486636	28025	458611	242449
192232	112584	79648	48272	31376	20400
1079797	402805	676992	195958	481033	303975
33428	23875	9553	5366	4188	
400782	129132	271650	42517	229133	
24295	12471	11824	1898	9927	
226015	34526	191489	19265	172224	

4-32 教育经费支出明细

地区	合计	个人部分	工资福利支出	对个人和家庭的补助支出	#助学金
合计	**136394446**	**78207614**	**58805610**	**19402004**	**5370053**
北京	1452766	620804	472162	148642	2040
天津	1982808	713658	497998	215660	9520
河北	6124883	3472967	2724167	748800	237703
山西	4437459	2556581	2046190	510391	179621
内蒙古	3185578	1917003	1424226	492777	182335
辽宁	2027071	1097199	850973	246226	40288
吉林	1239535	745663	541252	204411	38664
黑龙江	2534430	1398748	1024892	373856	56684
上海	831082	516537	446264	70272	17517
江苏	7852930	4853805	3780287	1073518	111677
浙江	6963525	4668491	3765169	903322	131934
安徽	8494764	4497420	3367329	1130091	267620
福建	4398456	3013798	2346680	667119	68683
江西	5789913	2796117	2089472	706646	217991
山东	8229133	4542309	3906020	636289	139268
河南	8830700	4235060	3295806	939255	408992
湖北	3981300	2492992	1905247	587745	168220
湖南	6063940	3759689	2877451	882237	224278
广东	7946879	4668805	3627313	1041492	143985
广西	3952377	2413351	1593246	820105	254158
海南	1122614	586976	450083	136893	70552
重庆	4375839	2373101	1701289	671812	244102
四川	8748593	5534373	3882595	1651778	639487
贵州	5178773	3000714	1979215	1021499	273114
云南	4728117	3005740	2049249	956491	307710
西藏	1015852	468150	260983	207167	105956
陕西	5951900	3119028	2301268	817760	347010
甘肃	3841466	2394967	1666584	728384	217026
青海	1516123	655954	453029	202925	59957
宁夏	634414	421782	316926	104856	38587
新疆	2961225	1665830	1162243	503586	165373
大连	131518	98089	79789	18300	150
宁波	1127428	726647	576896	149751	11225
厦门	81073	56778	42242	14536	753
青岛	392968	166953	133153	33801	1121
深圳					

(地方农村高中)

单位：千元

公用部分	商品和服务支出	其他资本性支出	专项公用支出	专项项目支出	基本建设支出
55151241	**23193504**	**31957736**	**6581948**	**25375788**	**3035591**
831962	261175	570787	128484	442303	
1269150	122482	1146669	93136	1053533	
2584775	1089606	1495168	329823	1165346	67141
1793571	890866	902706	238427	664278	87307
1187764	618215	569549	130222	439327	80811
925089	453873	471216	78555	392661	4784
481418	161433	319986	59979	260007	12454
1119274	558422	560852	138882	421971	16408
314545	215748	98797	33480	65317	
2995305	843730	2151575	347403	1804172	3820
2258934	944033	1314902	243461	1071441	36100
3790748	1332663	2458085	535212	1922873	206596
1342205	550974	791231	167371	623859	42452
2903370	997710	1905660	333830	1571829	90426
3686824	1141145	2545679	314138	2231542	
4445023	2247846	2197177	492218	1704959	150616
1390918	654194	736725	126078	610646	97390
2219986	1190734	1029252	322086	707166	84265
3277384	1749541	1527843	456375	1071467	691
1442305	585212	857094	260801	596293	96720
477397	243978	233419	60649	172769	58241
1669670	653822	1015848	208191	807656	333068
3052889	1446413	1606476	412132	1194344	161331
2057609	887173	1170436	236038	934398	120450
1494054	773915	720139	156174	563965	228322
261001	83176	177825	48482	129344	286700
2735043	1345343	1389700	227674	1162026	97829
1333590	541378	792212	136402	655810	112909
617720	131085	486636	28025	458611	242449
192232	112584	79648	48272	31376	20400
999483	365037	634446	189947	444499	295912
33428	23875	9553	5366	4188	
400782	129132	271650	42517	229133	
24295	12471	11824	1898	9927	
226015	34526	191489	19265	172224	

4-33 教育经费支出明细

地　区	合　计				
		个人部分			
			工资福利支出	对个人和家庭的补助支出	
					#助学金
合　计	**541471854**	**339971655**	**236740343**	**103231313**	**24082875**
北　京	16714384	8898934	5496913	3402021	107547
天　津	7944051	5238582	2921133	2317448	30333
河　北	19052341	12166481	9332733	2833748	746866
山　西	12121430	7872419	6337942	1534477	420379
内蒙古	10919262	7223694	5382570	1841124	405128
辽　宁	14858546	9452319	6314161	3138158	204105
吉　林	9093646	5950955	4019003	1931952	166312
黑龙江	12708102	8422133	5638115	2784018	116838
上　海	13842796	7952671	6377167	1575504	345462
江　苏	35771885	22879800	16169264	6710536	536136
浙　江	26931338	17867533	13608537	4258996	763701
安　徽	20206479	12219336	8528782	3690554	682457
福　建	15131023	9920408	7640676	2279732	294198
江　西	17103632	9079312	6396486	2682826	833625
山　东	39924990	23868048	19056471	4811577	814091
河　南	33850576	19168668	12803278	6365390	1882907
湖　北	18848881	13319148	8798259	4520889	588919
湖　南	23643076	14439190	9337039	5102151	1185213
广　东	45781122	29786020	21817394	7968626	1003425
广　西	16292422	10037146	6133063	3904083	1548617
海　南	4654738	2682657	2196533	486123	210097
重　庆	12494543	8371678	5614719	2756959	847005
四　川	28520305	19301465	12661191	6640274	2308414
贵　州	15844743	11069095	6430974	4638121	1937317
云　南	17743788	11895329	7195948	4699381	2626051
西　藏	2529198	1556191	838065	718126	423080
陕　西	16044804	9364809	6411361	2953448	1111328
甘　肃	10356628	6556620	4316270	2240350	779008
青　海	3763715	1999183	1251081	748102	292372
宁　夏	3620463	1924687	1363846	560840	214396
新　疆	15158948	9487144	6351366	3135779	657548
大　连	2518401	1625904	1325773	300131	10382
宁　波	4431741	2820576	2194244	626332	123092
厦　门	1816306	1188024	820500	367524	12981
青　岛	5283575	2960859	2145676	815183	51198
深　圳	6431825	3938741	2459208	1479534	47138

(普通初中)

单位：千元

公用部分	商品和服务支出	其他资本性支出			基本建设支出
			专项公用支出	专项项目支出	
191642021	**77549447**	**114092574**	**25386252**	**88706321**	**9858178**
7319725	3674419	3645306	1755938	1889368	495725
2666619	836356	1830262	340772	1489491	38850
6578138	2911554	3666584	957534	2709050	307722
4200197	2205063	1995134	561375	1433758	48814
3364259	1486198	1878062	460572	1417490	331309
5375485	2730775	2644710	688594	1956116	30742
3046542	1381249	1665293	429979	1235314	96149
3894403	1938309	1956093	304195	1651898	391566
5752241	3570637	2181603	1408854	772749	137884
12889740	3202073	9687667	1348225	8339442	2346
8920449	3269815	5650634	1012681	4637953	143355
7588644	2557767	5030876	1247012	3783865	398499
5008429	1837366	3171063	771714	2399350	202186
7699330	2047692	5651638	641840	5009798	324990
16036942	4113217	11923725	1752804	10170921	20000
14182576	5944966	8237610	1532871	6704739	499332
5066017	2240356	2825661	634307	2191354	463716
8883885	3064386	5819500	1057004	4762496	320000
14914913	8637742	6277171	2241161	4036010	1080189
5788795	2039624	3749171	694667	3054504	466481
1866086	648724	1217361	298115	919246	105996
3827848	1899848	1928000	462703	1465297	295017
8602385	3966353	4636032	1049648	3586384	616456
4520556	2276361	2244194	651965	1592229	255093
5332716	2446122	2886595	670314	2216281	515743
778487	263900	514587	194855	319732	194520
6357638	2322870	4034768	608924	3425845	322357
3501248	1181567	2319681	413849	1905833	298760
1196628	339302	857327	135629	721697	567904
1530666	497237	1033429	291163	742266	165110
4950435	2017599	2932836	766988	2165848	721369
892498	496153	396344	195507	200838	
1533365	486187	1047178	145531	901647	77800
551581	241958	309623	156003	153620	76701
2322717	604284	1718432	458066	1260366	
1632001	1343013	288988	244286	44702	861083

4-34 教育经费支出明细

地区	合计	个人部分	工资福利支出	对个人和家庭的补助支出	#助学金
合计	**539213176**	**338383931**	**235685226**	**102698706**	**24030146**
北京	16399676	8694072	5346330	3347742	107284
天津	7944051	5238582	2921133	2317448	30333
河北	19052341	12166481	9332733	2833748	746866
山西	12121430	7872419	6337942	1534477	420379
内蒙古	10919262	7223694	5382570	1841124	405128
辽宁	14858546	9452319	6314161	3138158	204105
吉林	9036424	5915699	3990280	1925419	166312
黑龙江	12579270	8324938	5553432	2771505	116225
上海	13797941	7922604	6353834	1568770	345336
江苏	35771885	22879800	16169264	6710536	536136
浙江	26931338	17867533	13608537	4258996	763701
安徽	20206479	12219336	8528782	3690554	682457
福建	15131023	9920408	7640676	2279732	294198
江西	17103632	9079312	6396486	2682826	833625
山东	39924990	23868048	19056471	4811577	814091
河南	33846021	19165844	12801164	6364681	1882907
湖北	18823147	13301726	8786240	4515485	588893
湖南	23617796	14418328	9316260	5102068	1185173
广东	45750769	29765852	21799139	7966713	1003116
广西	16292422	10037146	6133063	3904083	1548617
海南	4649443	2678195	2193681	484514	210078
重庆	12459536	8346981	5593701	2753281	846502
四川	28520305	19301465	12661191	6640274	2308414
贵州	15844743	11069095	6430974	4638121	1937317
云南	17743788	11895329	7195948	4699381	2626051
西藏	2529198	1556191	838065	718126	423080
陕西	15979696	9318390	6370789	2947601	1111209
甘肃	10353700	6554365	4314110	2240254	778949
青海	3763715	1999183	1251081	748102	292372
宁夏	3620463	1924687	1363846	560840	214396
新疆	13640146	8405910	5703340	2702569	606896
大连	2518401	1625904	1325773	300131	10382
宁波	4431741	2820576	2194244	626332	123092
厦门	1816306	1188024	820500	367524	12981
青岛	5283575	2960859	2145676	815183	51198
深圳	6431825	3938741	2459208	1479534	47138

(地方普通初中)

单位：千元

公用部分	商品和服务支出	其他资本性支出			基本建设支出
			专项公用支出	专项项目支出	
191057492	**77208365**	**113849128**	**25313244**	**88535883**	**9771753**
7209878	3585113	3624765	1740682	1884083	495725
2666619	836356	1830262	340772	1489491	38850
6578138	2911554	3666584	957534	2709050	307722
4200197	2205063	1995134	561375	1433758	48814
3364259	1486198	1878062	460572	1417490	331309
5375485	2730775	2644710	688594	1956116	30742
3024575	1360489	1664086	428772	1235314	96149
3862766	1918937	1943830	296856	1646974	391566
5737453	3563636	2173818	1407263	766555	137884
12889740	3202073	9687667	1348225	8339442	2346
8920449	3269815	5650634	1012681	4637953	143355
7588644	2557767	5030876	1247012	3783865	398499
5008429	1837366	3171063	771714	2399350	202186
7699330	2047692	5651638	641840	5009798	324990
16036942	4113217	11923725	1752804	10170921	20000
14180845	5943780	8237065	1532326	6704739	499332
5057705	2232099	2825606	634252	2191354	463716
8879468	3060629	5818839	1056343	4762496	320000
14904729	8632353	6272376	2240221	4032155	1080189
5788795	2039624	3749171	694667	3054504	466481
1865253	648116	1217137	297891	919246	105996
3817538	1893100	1924438	461443	1462995	295017
8602385	3966353	4636032	1049648	3586384	616456
4520556	2276361	2244194	651965	1592229	255093
5332716	2446122	2886595	670314	2216281	515743
778487	263900	514587	194855	319732	194520
6338949	2305839	4033110	607266	3425845	322357
3500575	1181316	2319259	413670	1905589	298760
1196628	339302	857327	135629	721697	567904
1530666	497237	1033429	291163	742266	165110
4599293	1856184	2743109	724896	2018213	634943
892498	496153	396344	195507	200838	
1533365	486187	1047178	145531	901647	77800
551581	241958	309623	156003	153620	76701
2322717	604284	1718432	458066	1260366	
1632001	1343013	288988	244286	44702	861083

4-35 教育经费支出明细

地区	合计	个人部分			
			工资福利支出	对个人和家庭的补助支出	
					#助学金
合计	**327407017**	**211940188**	**146448812**	**65491376**	**19980483**
北京	3180335	1679444	1168806	510638	33775
天津	2524368	1701107	1144292	556815	8061
河北	13303547	8335398	6334912	2000486	713274
山西	7990357	5212947	4152005	1060942	370356
内蒙古	6579095	4592043	3384225	1207818	298418
辽宁	6431611	4128574	2805230	1323343	126102
吉林	5067722	3337318	2331797	1005522	118281
黑龙江	6474480	4311543	3006714	1304830	106395
上海	2005984	1422748	1167589	255159	63241
江苏	17369897	11413241	8029308	3383933	285785
浙江	14193217	9698502	7343466	2355036	461824
安徽	15487315	9472071	6497565	2974505	595788
福建	9439954	6377784	4947122	1430662	257745
江西	13161480	7216426	5123296	2093130	744662
山东	23893145	14418156	11746234	2671922	553546
河南	24123612	13977713	9018170	4959543	1636046
湖北	11876774	8676449	5685578	2990871	519727
湖南	17232907	11515656	7124799	4390858	1138796
广东	18266377	12228656	9565202	2663454	231884
广西	12220729	8047717	4776822	3270895	1464708
海南	2787614	1783761	1468702	315058	131695
重庆	8185195	5557913	3747125	1810788	671369
四川	21218351	14620768	9411761	5209007	2049121
贵州	12982131	9288656	5374080	3914576	1868659
云南	14628374	10104890	6002891	4101999	2444187
西藏	1887965	1282164	700985	581180	383428
陕西	11221055	6796770	4575036	2221734	982434
甘肃	8105909	5253906	3490256	1763650	738862
青海	2794478	1491523	915694	575829	273840
宁夏	2216524	1196692	836481	360210	157111
新疆	10556516	6799653	4572669	2226984	551363
大连	543159	388410	308955	79455	3596
宁波	2068062	1269848	987579	282270	49859
厦门	267529	190502	131980	58522	2458
青岛	1864364	1005765	760566	245199	9937
深圳					

(农村初中)

单位：千元

公用部分	商品和服务支出	其他资本性支出	专项公用支出	专项项目支出	基本建设支出
109335534	**43474733**	**65860802**	**12869238**	**52991564**	**6131295**
1500891	648463	852429	346963	505466	
823261	238529	584732	119942	464790	
4709776	2017517	2692259	738349	1953910	258373
2735678	1502545	1233133	348689	884445	41732
1793213	861198	932015	202351	729665	193839
2277392	910862	1366530	284087	1082443	25645
1653311	763254	890057	210383	679674	77093
2053659	1194178	859482	194278	665203	109277
583236	403972	179264	78962	100302	
5954311	1386865	4567445	589999	3977447	2346
4463299	1596269	2867030	453011	2414019	31415
5639342	2023058	3616285	881344	2734941	375902
2912837	1067689	1845149	425202	1419947	149333
5736332	1573694	4162638	475424	3687214	208722
9454989	2191097	7263892	866027	6397865	20000
9807257	4373597	5433660	987614	4446046	338643
2864749	1140900	1723849	292889	1430960	335576
5501219	2186968	3314251	690488	2623763	216032
6015171	3338093	2677078	826303	1850775	22550
3786570	1481409	2305161	462926	1842234	386443
932171	353102	579069	146714	432355	71682
2361942	1183615	1178327	280380	897947	265340
6040298	2766926	3273373	602247	2671126	557285
3492709	1829739	1662970	475632	1187338	200766
4175160	1959189	2215971	495988	1719983	348324
502452	220304	282148	64780	217369	103348
4119021	1522495	2596526	307296	2289230	305264
2562243	860682	1701561	309003	1392558	289760
757041	246270	510772	93879	416893	545914
905782	289774	616008	141953	474055	114050
3220221	1342483	1877738	476135	1401603	536642
154749	114908	39840	16597	23243	
798213	206416	591798	61546	530251	
42527	21708	20820	8606	12213	34500
858599	99622	758977	179046	579931	

4-36 教育经费支出明细

地 区	合 计	个人部分	工资福利支 出	对个人和家庭的补助支出	#助学金
合 计	**326017303**	**210956075**	**145833767**	**65122308**	**19933285**
北 京	3170275	1673382	1163610	509772	33775
天 津	2524368	1701107	1144292	556815	8061
河 北	13303547	8335398	6334912	2000486	713274
山 西	7990357	5212947	4152005	1060942	370356
内蒙古	6579095	4592043	3384225	1207818	298418
辽 宁	6431611	4128574	2805230	1323343	126102
吉 林	5067722	3337318	2331797	1005522	118281
黑龙江	6406635	4257808	2959385	1298423	106175
上 海	2005984	1422748	1167589	255159	63241
江 苏	17369897	11413241	8029308	3383933	285785
浙 江	14193217	9698502	7343466	2355036	461824
安 徽	15487315	9472071	6497565	2974505	595788
福 建	9439954	6377784	4947122	1430662	257745
江 西	13161480	7216426	5123296	2093130	744662
山 东	23893145	14418156	11746234	2671922	553546
河 南	24123612	13977713	9018170	4959543	1636046
湖 北	11876774	8676449	5685578	2990871	519727
湖 南	17232907	11515656	7124799	4390858	1138796
广 东	18236024	12208487	9546947	2661540	231575
广 西	12220729	8047717	4776822	3270895	1464708
海 南	2782319	1779298	1465850	313448	131677
重 庆	8185195	5557913	3747125	1810788	671369
四 川	21218351	14620768	9411761	5209007	2049121
贵 州	12982131	9288656	5374080	3914576	1868659
云 南	14628374	10104890	6002891	4101999	2444187
西 藏	1887965	1282164	700985	581180	383428
陕 西	11221055	6796770	4575036	2221734	982434
甘 肃	8102981	5251650	3488096	1763555	738802
青 海	2794478	1491523	915694	575829	273840
宁 夏	2216524	1196692	836481	360210	157111
新 疆	9283282	5902222	4033416	1868807	504772
大 连	543159	388410	308955	79455	3596
宁 波	2068062	1269848	987579	282270	49859
厦 门	267529	190502	131980	58522	2458
青 岛	1864364	1005765	760566	245199	9937
深 圳					

(地方农村初中)

单位：千元

公用部分	商品和服务支出	其他资本性支出	专项公用支出	专项项目支出	基本建设支出
109015212	**43328338**	**65686873**	**12829905**	**52856968**	**6046017**
1496893	645847	851046	346768	504278	
823261	238529	584732	119942	464790	
4709776	2017517	2692259	738349	1953910	258373
2735678	1502545	1233133	348689	884445	41732
1793213	861198	932015	202351	729665	193839
2277392	910862	1366530	284087	1082443	25645
1653311	763254	890057	210383	679674	77093
2039550	1184867	854682	192923	661759	109277
583236	403972	179264	78962	100302	
5954311	1386865	4567445	589999	3977447	2346
4463299	1596269	2867030	453011	2414019	31415
5639342	2023058	3616285	881344	2734941	375902
2912837	1067689	1845149	425202	1419947	149333
5736332	1573694	4162638	475424	3687214	208722
9454989	2191097	7263892	866027	6397865	20000
9807257	4373597	5433660	987614	4446046	338643
2864749	1140900	1723849	292889	1430960	335576
5501219	2186968	3314251	690488	2623763	216032
6004987	3332704	2672283	825363	1846920	22550
3786570	1481409	2305161	462926	1842234	386443
931339	352494	578845	146489	432355	71682
2361942	1183615	1178327	280380	897947	265340
6040298	2766926	3273373	602247	2671126	557285
3492709	1829739	1662970	475632	1187338	200766
4175160	1959189	2215971	495988	1719983	348324
502452	220304	282148	64780	217369	103348
4119021	1522495	2596526	307296	2289230	305264
2561570	860432	1701139	308824	1392314	289760
757041	246270	510772	93879	416893	545914
905782	289774	616008	141953	474055	114050
2929696	1214262	1715433	439696	1275737	451364
154749	114908	39840	16597	23243	
798213	206416	591798	61546	530251	
42527	21708	20820	8606	12213	34500
858599	99622	758977	179046	579931	

4-37 教育经费支出明细

地区	合计	个人部分	工资福利支出	对个人和家庭的补助支出	#助学金
合计	**635002**	**287477**	**210980**	**76498**	**399**
北京	8523	125	125		
天津	23629	23552	16252	7300	
河北					
山西					
内蒙古					
辽宁					
吉林	3472	2997	992	2005	
黑龙江					
上海	30268	24484	19197	5287	383
江苏	274558	89870	56110	33760	
浙江	185634	93902	76952	16950	17
安徽					
福建	282	182	160	22	
江西	29500				
山东	21713	20547	19573	974	
河南	3180				
湖北	13104	4860	4519	341	
湖南	1942	1049	893	156	
广东	38324	25349	15735	9614	
广西	303				
海南					
重庆					
四川	570	561	472	89	
贵州					
云南					
西藏					
陕西					
甘肃					
青海					
宁夏					
新疆					
大连					
宁波	1596	1045	891	154	
厦门					
青岛					
深圳					

（成人中学）

单位：千元

公用部分	商品和服务支出	其他资本性支出			基本建设支出
			专项公用支出	专项项目支出	
347525	**161619**	**185906**	**33168**	**152739**	
8397	6921	1477	1477		
77	77				
475	401	74	74		
5785	5675	110	110		
184688	64322	120366	12097	108268	
91732	67066	24666	12814	11852	
100	100				
29500	1500	28000		28000	
1167	973	194	194		
3180		3180	3180		
8244	3604	4640	700	3940	
893	630	263	263		
12975	10341	2634	2259	375	
303		303		303	
9	9				
551	251	300	300		

4-38 教育经费支出明细

地区	合计	个人部分	工资福利支出	对个人和家庭的补助支出	#助学金
合计	**860004355**	**562994298**	**361963156**	**201031142**	**35039138**
北京	26336533	13552394	8375687	5176707	145317
天津	11546483	7452256	4013119	3439137	31744
河北	34362083	22669386	15931913	6737473	791742
山西	18959301	13299618	9825012	3474606	340796
内蒙古	19060403	13993654	9206704	4786950	438450
辽宁	20780996	14061242	8800611	5260631	310176
吉林	15075197	10260744	6526344	3734401	221947
黑龙江	18017852	13417267	7875120	5542147	306979
上海	17725579	10216151	8070253	2145898	497456
江苏	60442451	37037977	22628167	14409810	1201374
浙江	42650694	28783495	20053719	8729777	1100425
安徽	32648778	20536981	12503704	8033277	788999
福建	25927014	17286220	11756066	5530154	316555
江西	30804696	17521216	11330791	6190425	1031013
山东	52151317	32278716	25256845	7021871	847680
河南	50555093	29313852	20307854	9005998	2490906
湖北	26841571	18291062	11769392	6521670	742245
湖南	33046050	20296133	13626680	6669452	1353375
广东	73219368	50889670	34592788	16296883	1475368
广西	28564030	19208183	10961246	8246937	1491653
海南	8039344	4935332	4243834	691498	203737
重庆	21266056	14426653	8448461	5978191	1018740
四川	49959850	36557690	18382735	18174954	7518310
贵州	25530354	19488109	10676405	8811704	1873987
云南	31808394	22931475	13043323	9888152	3633246
西藏	6791367	3560826	1677360	1883466	1036309
陕西	25002477	15141699	9512394	5629305	1484019
甘肃	16581936	11767111	7136418	4630692	897433
青海	7077249	3745876	2351380	1394497	502567
宁夏	5424489	3444740	2277147	1167593	238758
新疆	23807350	16628570	10801682	5826887	707833
大连	3178753	2034730	1649196	385533	7573
宁波	6681710	4413892	3249631	1164262	187061
厦门	3059222	2146430	1518565	627865	17377
青岛	7764999	4375596	2973823	1401772	63059
深圳	11527796	7164848	4666066	2498782	125456

（小学）

单位：千元

公用部分	商品和服务支出	其他资本性支出			基本建设支出
			专项公用支出	专项项目支出	
286437914	**122304025**	**164133889**	**38464478**	**125669410**	**10572143**
12655488	6869185	5786302	3172455	2613847	128651
4094227	1285180	2809047	455364	2353684	
11593950	5400145	6193805	1611498	4582307	98747
5623453	3151019	2472435	789593	1682842	36230
4879740	2056748	2822992	646589	2176402	187009
6691127	3678605	3012522	728423	2284099	28627
4705576	2245986	2459590	676843	1782748	108877
4540864	2605655	1935209	358649	1576560	59721
7403306	4900281	2503024	1715083	787941	106122
23372349	5067497	18304853	2396049	15908804	32124
13771949	5168739	8603210	1640988	6962222	95250
11781171	3879785	7901386	1855238	6046147	330626
8514170	3080329	5433841	1262267	4171573	126624
13011164	3909432	9101732	1400281	7701452	272315
19859901	6040674	13819227	2309778	11509449	12700
20840278	10977724	9862553	2364665	7497889	400963
8083576	3630526	4453049	1006262	3446788	466934
12561357	4554026	8007330	1401710	6605620	188560
21260117	13172490	8087627	3617263	4470364	1069580
8805520	3628705	5176814	1128429	4048385	550327
2928633	985587	1943046	345785	1597261	175379
6239729	2897042	3342687	855553	2487133	599674
12683757	5980406	6703351	1651655	5051696	718404
5678873	3094863	2584010	733083	1850927	363372
8531318	3454731	5076587	997147	4079441	345601
2178266	545554	1632712	245429	1387283	1052275
9462465	3781816	5680648	1097791	4582857	398314
4498360	1872537	2625823	423984	2201839	316465
1828651	686399	1142252	295506	846746	1502722
1891105	797770	1093336	365071	728264	88643
6467475	2904588	3562887	916046	2646841	711306
1144023	660404	483620	189442	294177	
2267818	759274	1508544	265053	1243490	
864405	373893	490512	272758	217754	48387
3389404	1062405	2326999	500781	1826218	
3467127	2774282	692845	570585	122260	895820

4-39 教育经费支出明细

地区	合计	个人部分			
			工资福利支出	对个人和家庭的补助支出	
					#助学金
合计	**857073139**	**560921328**	**360552028**	**200369300**	**34953833**
北京	26066450	13371737	8233593	5138144	145317
天津	11517600	7430786	4000825	3429961	31744
河北	34362083	22669386	15931913	6737473	791742
山西	18956839	13297253	9823322	3473931	340796
内蒙古	19060403	13993654	9206704	4786950	438450
辽宁	20780996	14061242	8800611	5260631	310176
吉林	15004775	10214054	6486160	3727894	221947
黑龙江	17838741	13275537	7759518	5516019	306709
上海	17715905	10207684	8064235	2143450	497456
江苏	60442451	37037977	22628167	14409810	1201374
浙江	42650694	28783495	20053719	8729777	1100425
安徽	32648778	20536981	12503704	8033277	788999
福建	25927014	17286220	11756066	5530154	316555
江西	30804043	17520700	11330281	6190419	1031006
山东	52151317	32278716	25256845	7021871	847680
河南	50550207	29310823	20305585	9005238	2490906
湖北	26809984	18271557	11754207	6517349	741983
湖南	33028358	20282138	13612697	6669441	1353375
广东	73169546	50853866	34560599	16293268	1475212
广西	28564030	19208183	10961246	8246937	1491653
海南	8027042	4925055	4236558	688496	203713
重庆	21243273	14410326	8435330	5974996	1018740
四川	49954655	36553194	18379384	18173809	7518197
贵州	25530354	19488109	10676405	8811704	1873987
云南	31808394	22931475	13043323	9888152	3633246
西藏	6791367	3560826	1677360	1883466	1036309
陕西	24905383	15072715	9448208	5624507	1484012
甘肃	16574140	11760510	7130523	4629987	896855
青海	7077249	3745876	2351380	1394497	502567
宁夏	5424489	3444740	2277147	1167593	238758
新疆	21686577	15136513	9866412	5270101	623946
大连	3178753	2034730	1649196	385533	7573
宁波	6681710	4413892	3249631	1164262	187061
厦门	3059222	2146430	1518565	627865	17377
青岛	7764999	4375596	2973823	1401772	63059
深圳	11527796	7164848	4666066	2498782	125456

(地方小学)

单位：千元

公用部分	商品和服务支出	其他资本性支出			基本建设支出
			专项公用支出	专项项目支出	
285713434	**121892694**	**163820740**	**38364637**	**125456104**	**10438377**
12566062	6802112	5763950	3158666	2605284	128651
4086814	1283007	2803807	452539	2351267	
11593950	5400145	6193805	1611498	4582307	98747
5623355	3150951	2472404	789562	1682842	36230
4879740	2056748	2822992	646589	2176402	187009
6691127	3678605	3012522	728423	2284099	28627
4681844	2224139	2457706	676001	1781705	108877
4503483	2580816	1922667	354307	1568360	59721
7402099	4899145	2502954	1715013	787941	106122
23372349	5067497	18304853	2396049	15908804	32124
13771949	5168739	8603210	1640988	6962222	95250
11781171	3879785	7901386	1855238	6046147	330626
8514170	3080329	5433841	1262267	4171573	126624
13011029	3909297	9101732	1400281	7701452	272315
19859901	6040674	13819227	2309778	11509449	12700
20838421	10976452	9861969	2364080	7497889	400963
8071494	3622445	4449049	1005262	3443788	466934
12557661	4552612	8005049	1399429	6605620	188560
21246099	13163433	8082666	3616040	4466626	1069580
8805520	3628705	5176814	1128429	4048385	550327
2926609	983850	1942759	345498	1597261	175379
6233273	2892911	3340362	853229	2487133	599674
12683058	5979886	6703172	1651476	5051696	718404
5678873	3094863	2584010	733083	1850927	363372
8531318	3454731	5076587	997147	4079441	345601
2178266	545554	1632712	245429	1387283	1052275
9434354	3760163	5674191	1092181	4582010	398314
4497166	1872026	2625140	423578	2201562	316465
1828651	686399	1142252	295506	846746	1502722
1891105	797770	1093336	365071	728264	88643
5972524	2658908	3313616	851999	2461617	577540
1144023	660404	483620	189442	294177	
2267818	759274	1508544	265053	1243490	
864405	373893	490512	272758	217754	48387
3389404	1062405	2326999	500781	1826218	
3467127	2774282	692845	570585	122260	895820

4-40 教育经费支出明细

地区	合计	个人部分			
			工资福利支出	对个人和家庭的补助支出	
					#助学金
合计	**859835905**	**562981971**	**361951581**	**201030390**	**35039133**
北京	26336533	13552394	8375687	5176707	145317
天津	11546483	7452256	4013119	3439137	31744
河北	34361853	22669386	15931913	6737473	791742
山西	18959301	13299618	9825012	3474606	340796
内蒙古	19060403	13993654	9206704	4786950	438450
辽宁	20780996	14061242	8800611	5260631	310176
吉林	15075197	10260744	6526344	3734401	221947
黑龙江	18017852	13417267	7875120	5542147	306979
上海	17725579	10216151	8070253	2145898	497456
江苏	60442451	37037977	22628167	14409810	1201374
浙江	42650694	28783495	20053719	8729777	1100425
安徽	32648778	20536981	12503704	8033277	788999
福建	25915406	17276372	11746687	5529685	316555
江西	30723596	17521216	11330791	6190425	1031013
山东	52151317	32278716	25256845	7021871	847680
河南	50555093	29313852	20307854	9005998	2490906
湖北	26841571	18291062	11769392	6521670	742245
湖南	32973962	20296133	13626680	6669452	1353375
广东	73219368	50889670	34592788	16296883	1475368
广西	28563980	19208183	10961246	8246937	1491653
海南	8039344	4935332	4243834	691498	203737
重庆	21264247	14425071	8446961	5978110	1018735
四川	49959039	36556902	18382040	18174862	7518310
贵州	25530354	19488109	10676405	8811704	1873987
云南	31807902	22931366	13043323	9888043	3633246
西藏	6791367	3560826	1677360	1883466	1036309
陕西	25002477	15141699	9512394	5629305	1484019
甘肃	16581936	11767111	7136418	4630692	897433
青海	7077249	3745876	2351380	1394497	502567
宁夏	5424489	3444740	2277147	1167593	238758
新疆	23807087	16628570	10801682	5826887	707833
大连	3178753	2034730	1649196	385533	7573
宁波	6681710	4413892	3249631	1164262	187061
厦门	3059222	2146430	1518565	627865	17377
青岛	7764999	4375596	2973823	1401772	63059
深圳	11527796	7164848	4666066	2498782	125456

(普通小学)

单位：千元

公用部分	商品和服务支出	其他资本性支出	专项公用支出	专项项目支出	基本建设支出
286293929	**122264880**	**164029049**	**38456395**	**125572654**	**10560005**
12655488	6869185	5786302	3172455	2613847	128651
4094227	1285180	2809047	455364	2353684	
11593720	5400145	6193575	1611268	4582307	98747
5623453	3151019	2472435	789593	1682842	36230
4879740	2056748	2822992	646589	2176402	187009
6691127	3678605	3012522	728423	2284099	28627
4705576	2245986	2459590	676843	1782748	108877
4540864	2605655	1935209	358649	1576560	59721
7403306	4900281	2503024	1715083	787941	106122
23372349	5067497	18304853	2396049	15908804	32124
13771949	5168739	8603210	1640988	6962222	95250
11781171	3879785	7901386	1855238	6046147	330626
8512411	3078570	5433841	1262267	4171573	126624
12930064	3872932	9057132	1400281	7656852	272315
19859901	6040674	13819227	2309778	11509449	12700
20840278	10977724	9862553	2364665	7497889	400963
8083576	3630526	4453049	1006262	3446788	466934
12501407	4554026	7947380	1393917	6553464	176422
21260117	13172490	8087627	3617263	4470364	1069580
8805470	3628655	5176814	1128429	4048385	550327
2928633	985587	1943046	345785	1597261	175379
6239502	2896815	3342687	855553	2487133	599674
12683733	5980383	6703351	1651655	5051696	718404
5678873	3094863	2584010	733083	1850927	363372
8530935	3454408	5076527	997087	4079441	345601
2178266	545554	1632712	245429	1387283	1052275
9462465	3781816	5680648	1097791	4582857	398314
4498360	1872537	2625823	423984	2201839	316465
1828651	686399	1142252	295506	846746	1502722
1891105	797770	1093336	365071	728264	88643
6467212	2904325	3562887	916046	2646841	711306
1144023	660404	483620	189442	294177	
2267818	759274	1508544	265053	1243490	
864405	373893	490512	272758	217754	48387
3389404	1062405	2326999	500781	1826218	
3467127	2774282	692845	570585	122260	895820

4-41 教育经费支出明细

地 区	合 计	个人部分	工资福利支出	对个人和家庭的补助支出	#助学金
合 计	**856904689**	**560909001**	**360540453**	**200368548**	**34953828**
北 京	26066450	13371737	8233593	5138144	145317
天 津	11517600	7430786	4000825	3429961	31744
河 北	34361853	22669386	15931913	6737473	791742
山 西	18956839	13297253	9823322	3473931	340796
内蒙古	19060403	13993654	9206704	4786950	438450
辽 宁	20780996	14061242	8800611	5260631	310176
吉 林	15004775	10214054	6486160	3727894	221947
黑龙江	17838741	13275537	7759518	5516019	306709
上 海	17715905	10207684	8064235	2143450	497456
江 苏	60442451	37037977	22628167	14409810	1201374
浙 江	42650694	28783495	20053719	8729777	1100425
安 徽	32648778	20536981	12503704	8033277	788999
福 建	25915406	17276372	11746687	5529685	316555
江 西	30722943	17520700	11330281	6190419	1031006
山 东	52151317	32278716	25256845	7021871	847680
河 南	50550207	29310823	20305585	9005238	2490906
湖 北	26809984	18271557	11754207	6517349	741983
湖 南	32956270	20282138	13612697	6669441	1353375
广 东	73169546	50853866	34560599	16293268	1475212
广 西	28563980	19208183	10961246	8246937	1491653
海 南	8027042	4925055	4236558	688496	203713
重 庆	21241465	14408745	8433830	5974914	1018735
四 川	49953845	36552406	18378689	18173717	7518197
贵 州	25530354	19488109	10676405	8811704	1873987
云 南	31807902	22931366	13043323	9888043	3633246
西 藏	6791367	3560826	1677360	1883466	1036309
陕 西	24905383	15072715	9448208	5624507	1484012
甘 肃	16574140	11760510	7130523	4629987	896855
青 海	7077249	3745876	2351380	1394497	502567
宁 夏	5424489	3444740	2277147	1167593	238758
新 疆	21686314	15136513	9866412	5270101	623946
大 连	3178753	2034730	1649196	385533	7573
宁 波	6681710	4413892	3249631	1164262	187061
厦 门	3059222	2146430	1518565	627865	17377
青 岛	7764999	4375596	2973823	1401772	63059
深 圳	11527796	7164848	4666066	2498782	125456

(地方普通小学)

单位：千元

公用部分	商品和服务支出	其他资本性支出	专项公用支出	专项项目支出	基本建设支出
285569449	**121853549**	**163715900**	**38356553**	**125359347**	**10426239**
12566062	6802112	5763950	3158666	2605284	128651
4086814	1283007	2803807	452539	2351267	
11593720	5400145	6193575	1611268	4582307	98747
5623355	3150951	2472404	789562	1682842	36230
4879740	2056748	2822992	646589	2176402	187009
6691127	3678605	3012522	728423	2284099	28627
4681844	2224139	2457706	676001	1781705	108877
4503483	2580816	1922667	354307	1568360	59721
7402099	4899145	2502954	1715013	787941	106122
23372349	5067497	18304853	2396049	15908804	32124
13771949	5168739	8603210	1640988	6962222	95250
11781171	3879785	7901386	1855238	6046147	330626
8512411	3078570	5433841	1262267	4171573	126624
12929929	3872797	9057132	1400281	7656852	272315
19859901	6040674	13819227	2309778	11509449	12700
20838421	10976452	9861969	2364080	7497889	400963
8071494	3622445	4449049	1005262	3443788	466934
12497711	4552612	7945099	1391635	6553464	176422
21246099	13163433	8082666	3616040	4466626	1069580
8805470	3628655	5176814	1128429	4048385	550327
2926609	983850	1942759	345498	1597261	175379
6233046	2892684	3340362	853229	2487133	599674
12683035	5979862	6703172	1651476	5051696	718404
5678873	3094863	2584010	733083	1850927	363372
8530935	3454408	5076527	997087	4079441	345601
2178266	545554	1632712	245429	1387283	1052275
9434354	3760163	5674191	1092181	4582010	398314
4497166	1872026	2625140	423578	2201562	316465
1828651	686399	1142252	295506	846746	1502722
1891105	797770	1093336	365071	728264	88643
5972261	2658645	3313616	851999	2461617	577540
1144023	660404	483620	189442	294177	
2267818	759274	1508544	265053	1243490	
864405	373893	490512	272758	217754	48387
3389404	1062405	2326999	500781	1826218	
3467127	2774282	692845	570585	122260	895820

4-42 教育经费支出明细

地区	合计	个人部分	工资福利支出	对个人和家庭的补助支出	#助学金
合计	**562658608**	**382803159**	**241109336**	**141693823**	**30491701**
北京	5025576	2790867	1797632	993235	52759
天津	3625068	2355749	1405998	949750	7923
河北	27117782	17692899	12270781	5422117	784695
山西	13729412	9869701	7175022	2694679	308243
内蒙古	14084343	10651760	6787244	3864517	337853
辽宁	10376929	7372361	4474081	2898280	188259
吉林	9648075	6755870	4354694	2401176	209904
黑龙江	11665808	8643786	5108618	3535168	303403
上海	3045042	2122414	1709616	412798	99261
江苏	31921538	20097463	11608564	8488898	731366
浙江	23869616	16631461	11246945	5384516	675036
安徽	25539400	16547388	9827630	6719758	723946
福建	16460249	11514436	7692196	3822240	285958
江西	24805190	14617414	9472898	5144516	935908
山东	32129385	21154211	16847791	4306420	570733
河南	38881943	22795518	15569271	7226247	2245541
湖北	17381976	12278508	7957057	4321451	672082
湖南	24020534	15722245	10452017	5270228	1328051
广东	30897658	22166422	15206871	6959552	434077
广西	23210895	16190543	9044479	7146064	1445746
海南	5638217	3795157	3264640	530517	148098
重庆	14377401	10246340	6022330	4224010	838608
四川	40096697	30251008	14397256	15853752	7345223
贵州	21783055	16944281	9335003	7609278	1835978
云南	27650457	20216841	11350857	8865984	3429985
西藏	6093253	3088383	1512102	1576281	983741
陕西	18547018	11646660	7137895	4508765	1364942
甘肃	13650189	9922834	6061082	3861752	859478
青海	5707034	3044170	1911001	1133169	483116
宁夏	3582091	2432354	1590186	842168	203909
新疆	18096778	13244118	8517580	4726538	657878
大连	755342	504197	406063	98135	1135
宁波	3393946	2146795	1564013	582782	91549
厦门	541147	424691	268144	156547	642
青岛	2495867	1577515	1084167	493348	24038
深圳					

（农村小学）

单位：千元

公用部分	商品和服务支出	其他资本性支出	专项公用支出	专项项目支出	基本建设支出
172602010	**72910439**	**99691571**	**20515768**	**79175804**	**7253440**
2234710	1106921	1127789	570724	557065	
1269319	512928	756391	118086	638306	
9331534	4250504	5081029	1292104	3788926	93350
3838049	2232503	1605546	497687	1107859	21662
3297229	1405342	1891886	398014	1493872	135353
2979768	1528755	1451013	253203	1197810	24800
2807592	1316704	1490888	401384	1089504	84613
2964800	1719567	1245233	256546	988687	57221
922628	624528	298100	136073	162027	
11791951	2510995	9280956	1159458	8121498	32124
7217705	2686106	4531599	813246	3718354	20450
8722396	3168731	5553665	1420412	4133253	269616
4871577	1796512	3075064	657209	2417855	74236
10008591	3208045	6800546	1113664	5686882	179185
10972473	3368083	7604391	1174517	6429874	2700
15905056	8732729	7172327	1643633	5528694	181369
4767225	1960388	2806837	488180	2318657	336244
8161844	3295577	4866267	863589	4002677	136445
8681243	4671737	4009506	1326729	2682777	49992
6507591	2938622	3568969	839616	2729353	512761
1719601	631955	1087646	213187	874459	123459
3760659	1887955	1872705	438762	1433942	370402
9340188	4374401	4965787	1062817	3902970	505502
4531617	2479070	2052547	517460	1535087	307157
7201176	2952750	4248426	794797	3453629	232439
2018875	502294	1516581	183067	1333514	985995
6551582	2665972	3885610	584260	3301350	348776
3427950	1412219	2015731	300619	1715112	299405
1379143	531166	847977	194213	653764	1283721
1087828	494617	593210	203489	389721	61910
4330109	1942760	2387348	599022	1788326	522551
251145	176669	74476	41079	33397	
1247151	359254	887897	129928	757969	
116456	50056	66399	35834	30566	
918352	196558	721794	171767	550027	

4-43 教育经费支出明细

地区	合计	个人部分	工资福利支出	对个人和家庭的补助支出	#助学金
合计	**560566672**	**381329411**	**240136500**	**141192911**	**30410884**
北京	4972615	2758953	1770277	988675	52759
天津	3625068	2355749	1405998	949750	7923
河北	27117782	17692899	12270781	5422117	784695
山西	13726949	9867336	7173332	2694004	308243
内蒙古	14084343	10651760	6787244	3864517	337853
辽宁	10376929	7372361	4474081	2898280	188259
吉林	9648075	6755870	4354694	2401176	209904
黑龙江	11541883	8545298	5023899	3521399	303201
上海	3045042	2122414	1709616	412798	99261
江苏	31921538	20097463	11608564	8488898	731366
浙江	23869616	16631461	11246945	5384516	675036
安徽	25539400	16547388	9827630	6719758	723946
福建	16460249	11514436	7692196	3822240	285958
江西	24804538	14616897	9472388	5144509	935901
山东	32129385	21154211	16847791	4306420	570733
河南	38881943	22795518	15569271	7226247	2245541
湖北	17381976	12278508	7957057	4321451	672082
湖南	24020534	15722245	10452017	5270228	1328051
广东	30862685	22141725	15183956	6957769	433921
广西	23210895	16190543	9044479	7146064	1445746
海南	5625915	3784879	3257364	527515	148074
重庆	14377401	10246340	6022330	4224010	838608
四川	40095398	30249850	14396270	15853580	7345161
贵州	21783055	16944281	9335003	7609278	1835978
云南	27650457	20216841	11350857	8865984	3429985
西藏	6093253	3088383	1512102	1576281	983741
陕西	18547018	11646660	7137895	4508765	1364942
甘肃	13642393	9916233	6055186	3861047	858900
青海	5707034	3044170	1911001	1133169	483116
宁夏	3582091	2432354	1590186	842168	203909
新疆	16241213	11946389	7696090	4250299	578090
大连	755342	504197	406063	98135	1135
宁波	3393946	2146795	1564013	582782	91549
厦门	541147	424691	268144	156547	642
青岛	2495867	1577515	1084167	493348	24038
深圳					

(地方农村小学)

单位：千元

公用部分	商品和服务支出	其他资本性支出	专项公用支出	专项项目支出	基本建设支出
172116120	**72663599**	**99452521**	**20453979**	**78998542**	**7121141**
2213662	1093150	1120512	569699	550813	
1269319	512928	756391	118086	638306	
9331534	4250504	5081029	1292104	3788926	93350
3837951	2232435	1605515	497657	1107859	21662
3297229	1405342	1891886	398014	1493872	135353
2979768	1528755	1451013	253203	1197810	24800
2807592	1316704	1490888	401384	1089504	84613
2939364	1701915	1237448	254108	983340	57221
922628	624528	298100	136073	162027	
11791951	2510995	9280956	1159458	8121498	32124
7217705	2686106	4531599	813246	3718354	20450
8722396	3168731	5553665	1420412	4133253	269616
4871577	1796512	3075064	657209	2417855	74236
10008456	3207910	6800546	1113664	5686882	179185
10972473	3368083	7604391	1174517	6429874	2700
15905056	8732729	7172327	1643633	5528694	181369
4767225	1960388	2806837	488180	2318657	336244
8161844	3295577	4866267	863589	4002677	136445
8670968	4666134	4004834	1325794	2679040	49992
6507591	2938622	3568969	839616	2729353	512761
1717577	630218	1087359	212900	874459	123459
3760659	1887955	1872705	438762	1433942	370402
9340046	4374267	4965779	1062809	3902970	505502
4531617	2479070	2052547	517460	1535087	307157
7201176	2952750	4248426	794797	3453629	232439
2018875	502294	1516581	183067	1333514	985995
6551582	2665972	3885610	584260	3301350	348776
3426755	1411708	2015047	300212	1714835	299405
1379143	531166	847977	194213	653764	1283721
1087828	494617	593210	203489	389721	61910
3904571	1735530	2169042	542365	1626677	390253
251145	176669	74476	41079	33397	
1247151	359254	887897	129928	757969	
116456	50056	66399	35834	30566	
918352	196558	721794	171767	550027	

4-44 教育经费支出明细

地 区	合 计	个人部分	工资福利支出	对个人和家庭的补助支出	#助学金
合 计	**168450**	**12327**	**11576**	**752**	**5**
北 京					
天 津					
河 北	230				
山 西					
内蒙古					
辽 宁					
吉 林					
黑龙江					
上 海					
江 苏					
浙 江					
安 徽					
福 建	11607	9848	9380	469	
江 西	81100				
山 东					
河 南					
湖 北					
湖 南	72088				
广 东					
广 西	50				
海 南					
重 庆	1809	1582	1500	82	5
四 川	811	788	696	92	
贵 州					
云 南	492	109		109	
西 藏					
陕 西					
甘 肃					
青 海					
宁 夏					
新 疆	263				
大 连					
宁 波					
厦 门					
青 岛					
深 圳					

（成人小学）

单位：千元

公用部分	商品和服务支出	其他资本性支出	专项公用支出	专项项目支出	基本建设支出
143985	**39145**	**104840**	**8084**	**96756**	**12138**
230		230	230		
1759	1759				
81100	36500	44600		44600	
59950		59950	7794	52156	12138
50	50				
227	227				
23	23				
383	323	60	60		
263	263				

4-45 教育经费支出明细

地 区	合 计	个人部分	工资福利支出	对个人和家庭的补助支出	#助学金
合 计	**9960264**	**5658492**	**3973259**	**1685232**	**211256**
北 京	499069	316730	197741	118990	2895
天 津	222771	146231	75341	70890	25
河 北	393828	223779	183837	39942	6205
山 西	187851	123144	99080	24065	2184
内蒙古	198132	133143	101086	32057	3393
辽 宁	521316	269694	176247	93447	4821
吉 林	242861	162769	99458	63311	3474
黑龙江	300808	216783	122788	93996	8097
上 海	640293	379149	302188	76961	10848
江 苏	721146	494772	322472	172300	13057
浙 江	654521	335753	251547	84206	11659
安 徽	327369	135184	91621	43563	6936
福 建	404356	200538	145135	55403	13161
江 西	186078	89590	65018	24573	4347
山 东	880602	455707	346485	109222	20643
河 南	397555	244383	176560	67823	8697
湖 北	282055	178283	116615	61669	9509
湖 南	309123	151277	111303	39973	8074
广 东	895691	423546	311397	112149	4327
广 西	162450	99170	66755	32415	7917
海 南	43903	24543	20078	4466	2440
重 庆	156683	102056	68427	33629	9406
四 川	402096	215855	150509	65345	15786
贵 州	183924	124899	78844	46055	3911
云 南	207486	113112	81028	32084	11745
西 藏	28008	20248	14518	5730	3291
陕 西	171293	91839	69451	22388	5675
甘 肃	95047	62127	41128	20999	2449
青 海	55872	23637	16122	7515	1513
宁 夏	48069	27164	20672	6492	878
新 疆	140006	73385	49809	23576	3892
大 连	71477	51566	40681	10885	1046
宁 波	133073	50337	38486	11851	1859
厦 门	85255	24544	16956	7587	338
青 岛	145918	85743	53576	32167	4859
深 圳	139220	56194	42460	13733	45

(特殊教育)

单位：千元

公用部分	商品和服务支出	其他资本性支出			基本建设支出
			专项公用支出	专项项目支出	
4133630	**1751371**	**2382259**	**739998**	**1642262**	**168142**
182115	108909	73206	55064	18142	224
76540	31274	45266	5584	39682	
140049	63579	76470	24019	52450	30000
63887	38515	25372	7371	18000	820
59990	32626	27364	19908	7456	5000
251623	151380	100243	35725	64518	
67392	38675	28717	19272	9445	12700
81456	51007	30449	19472	10976	2569
261144	151746	109398	80839	28559	
226374	88846	137529	43720	93809	
318768	109485	209283	56301	152982	
192185	37296	154889	17336	137553	
201817	49951	151866	48727	103139	2000
89198	31630	57569	11031	46538	7290
391895	105653	286242	46136	240106	33000
151307	64108	87198	19917	67281	1865
103121	44849	58273	10070	48203	650
157847	57581	100266	19234	81032	
419923	167174	252749	64062	188687	52222
63281	30577	32704	12728	19976	
17955	15345	2611	2351	260	1404
54199	31427	22771	9167	13605	428
178307	81724	96584	39833	56751	7934
54452	30588	23863	6368	17495	4573
93752	38651	55101	20568	34533	622
7761	6001	1759	1759		
77977	33037	44940	14559	30381	1477
32919	18494	14425	4940	9486	
32235	4227	28008	611	27397	
20905	4535	16370	8631	7739	
63258	32482	30776	14693	16083	3363
19911	18117	1793	1793		
82736	14363	68373	17749	50623	
60711	9196	51515	5146	46369	
60176	15818	44357	12089	32268	
33026	28822	4204	4204		50000

4-46 教育经费支出明细

地区	合计				
		个人部分			
			工资福利支出	对个人和家庭的补助支出	
					#助学金
合计	**9345540**	**5316003**	**3748933**	**1567070**	**206281**
北京	379225	240258	153853	86405	1996
天津	168722	124008	67013	56995	25
河北	393828	223779	183837	39942	6205
山西	174419	115048	91503	23545	2137
内蒙古	198132	133143	101086	32057	3393
辽宁	476017	235275	156298	78978	4821
吉林	228402	152142	92959	59183	3452
黑龙江	296266	213768	120981	92788	8097
上海	506893	290175	234531	55644	9267
江苏	721146	494772	322472	172300	13057
浙江	605660	327700	245671	82029	11375
安徽	314891	125764	85167	40597	6936
福建	404356	200538	145135	55403	13161
江西	184679	89057	64565	24492	4304
山东	880602	455707	346485	109222	20643
河南	385817	236772	171786	64985	8697
湖北	268990	171946	113550	58396	8935
湖南	296584	144939	106987	37953	8074
广东	861386	411932	302901	109031	4281
广西	157040	95392	64044	31348	7916
海南	43903	24543	20078	4466	2440
重庆	149088	98288	65911	32377	9369
四川	358456	198449	137171	61278	15519
贵州	164985	112246	70805	41441	3911
云南	202437	109300	77575	31725	11739
西藏	28008	20248	14518	5730	3291
陕西	167594	88868	66901	21967	5675
甘肃	95047	62127	41128	20999	2449
青海	55872	23637	16122	7515	1513
宁夏	48069	27164	20672	6492	878
新疆	129025	69015	47227	21788	2725
大连	65525	47063	37105	9958	1046
宁波	133073	50337	38486	11851	1859
厦门	85255	24544	16956	7587	338
青岛	145918	85743	53576	32167	4859
深圳	127962	52312	39400	12912	

(特殊教育学校)

单位：千元

公用部分	商品和服务支出	其他资本性支出	专项公用支出	专项项目支出	基本建设支出
3861396	**1620057**	**2241338**	**712181**	**1529157**	**168142**
138743	72379	66364	48293	18071	224
44713	27398	17315	4345	12970	
140049	63579	76470	24019	52450	30000
58551	34107	24444	6444	18000	820
59990	32626	27364	19908	7456	5000
240741	141629	99113	35204	63908	
63560	36078	27482	18477	9005	12700
79929	49728	30201	19225	10976	2569
216718	120898	95821	74292	21528	
226374	88846	137529	43720	93809	
277960	106136	171824	55315	116509	
189127	34799	154328	17104	137224	
201817	49951	151866	48727	103139	2000
88333	31438	56895	10358	46538	7290
391895	105653	286242	46136	240106	33000
147181	60274	86907	19794	67113	1865
96394	40985	55409	8806	46604	650
151645	55827	95818	19086	76731	
397231	158457	238774	63125	175649	52222
61648	29827	31822	12119	19703	
17955	15345	2611	2351	260	1404
50371	31022	19350	8896	10453	428
152072	74086	77987	36613	41373	7934
48165	25048	23118	5964	17154	4573
92514	37575	54939	20406	34533	622
7761	6001	1759	1759		
77249	32403	44846	14464	30381	1477
32919	18494	14425	4940	9486	
32235	4227	28008	611	27397	
20905	4535	16370	8631	7739	
56647	30709	25939	13047	12891	3363
18461	16695	1766	1766		
82736	14363	68373	17749	50623	
60711	9196	51515	5146	46369	
60176	15818	44357	12089	32268	
25649	22194	3456	3456		50000

4-47 教育经费支出明细

地 区	合 计	个人部分	工资福利支出	对个人和家庭的补助支出	#助学金
合 计	**614724**	**342489**	**224326**	**118163**	**4975**
北 京	119844	76472	43887	32585	899
天 津	54049	22223	8328	13895	
河 北					
山 西	13432	8096	7577	519	48
内蒙古					
辽 宁	45300	34418	19949	14469	
吉 林	14458	10627	6498	4129	22
黑龙江	4542	3015	1807	1208	
上 海	133399	88974	67657	21317	1581
江 苏					
浙 江	48861	8053	5876	2177	284
安 徽	12478	9420	6454	2966	
福 建					
江 西	1399	534	453	81	44
山 东					
河 南	11737	7611	4774	2837	
湖 北	13065	6338	3065	3273	574
湖 南	12539	6337	4317	2020	
广 东	34305	11613	8495	3118	45
广 西	5410	3778	2711	1067	1
海 南					
重 庆	7595	3768	2516	1252	37
四 川	43640	17405	13338	4067	267
贵 州	18939	12653	8038	4614	
云 南	5049	3812	3453	359	6
西 藏					
陕 西	3699	2971	2550	421	
甘 肃					
青 海					
宁 夏					
新 疆	10981	4370	2583	1788	1168
大 连	5952	4503	3577	926	
宁 波					
厦 门					
青 岛					
深 圳	11259	3881	3060	821	45

(工读学校)

单位：千元

公用部分	商品和服务支出	其他资本性支出	专项公用支出	专项项目支出	基本建设支出
272235	**131314**	**140921**	**27816**	**113105**	
43372	36530	6842	6771	71	
31826	3875	27951	1240	26711	
5336	4408	928	928		
10881	9751	1130	521	609	
3831	2597	1235	795	440	
1527	1280	247	247		
44425	30848	13577	6546	7031	
40809	3349	37459	985	36474	
3058	2497	561	232	329	
865	192	674	674		
4126	3835	291	123	168	
6727	3864	2863	1264	1599	
6202	1753	4448	148	4300	
22692	8717	13975	937	13038	
1632	750	882	609	273	
3827	406	3422	270	3151	
26235	7638	18597	3219	15378	
6286	5541	746	404	342	
1237	1076	161	161		
728	634	95	95		
6611	1773	4838	1646	3192	
1450	1422	27	27		
7377	6629	749	749		

4-48 教育经费支出明细

地区	合计	个人部分	工资福利支出	对个人和家庭的补助支出	#助学金
合计	200759041	112631257	99320536	13310721	2498924
北京	8346208	4374141	3696090	678051	1099
天津	3305200	1784036	1257746	526290	7875
河北	7502523	4603701	4180697	423004	44477
山西	3508169	2028908	1791682	237226	84470
内蒙古	4647653	2510988	2056269	454718	104685
辽宁	4753707	2559692	2365234	194458	11131
吉林	2797707	1533257	1346004	187252	8709
黑龙江	2875712	1795152	1588080	207072	7132
上海	10220032	5995569	5470469	525099	51233
江苏	16440087	8913110	7971317	941793	169466
浙江	14849433	8278761	7557830	720931	19850
安徽	5292526	2694585	2427602	266983	42084
福建	7212467	4206363	3836435	369928	25952
江西	4618765	2513767	2328799	184968	26875
山东	12675404	6647805	6014644	633161	287027
河南	10873846	5525352	5126888	398464	140417
湖北	6030299	3567562	3231916	335646	27843
湖南	7196740	3954917	3675150	279766	123381
广东	22919601	14436997	12977982	1459015	126197
广西	4938780	2848153	2463778	384374	101921
海南	1499996	849762	787164	62598	28759
重庆	3577428	1912477	1685994	226483	83632
四川	9430316	5447245	4670893	776352	238415
贵州	3616555	2164286	1761833	402453	23172
云南	4346290	2329195	1966324	362870	45005
西藏	1434506	567512	215552	351960	220240
陕西	7333361	3558395	3066700	491695	175854
甘肃	2486417	1348861	1105605	243257	21952
青海	918694	453238	314348	138890	81233
宁夏	890548	480992	413694	67298	5389
新疆	4220073	2746478	1967813	778665	163449
大连	1090681	599023	557616	41407	5219
宁波	2835185	1694172	1565940	128231	9544
厦门	986384	671469	590271	81198	1377
青岛	2181537	1000669	893760	106909	15967
深圳	5046461	3311154	2666175	644979	

(幼儿园)

单位：千元

公用部分	商品和服务支出	其他资本性支出			基本建设支出
			专项公用支出	专项项目支出	
86049772	**48083275**	**37966497**	**10385103**	**27581394**	**2078012**
3966713	2658928	1307786	581145	726640	5354
1521163	545071	976092	225661	750431	
2810561	1676697	1133865	281936	851929	88260
1418340	904773	513567	141128	372439	60921
2073033	1040520	1032514	257651	774862	63632
2187593	1657013	530580	166142	364438	6422
1252590	697198	555392	174474	380917	11860
1075930	784927	291002	87831	203171	4630
4216872	3136305	1080567	650598	429969	7591
7510666	2646484	4864183	945794	3918389	16310
6542953	3136935	3406018	746819	2659198	27719
2445973	970261	1475712	299218	1176494	151969
2937350	1511495	1425855	420113	1005742	68754
2060387	916003	1144384	243388	900996	44611
6002100	2793091	3209009	718002	2491007	25500
5250722	3609816	1640906	463625	1177280	97773
2413824	1443997	969828	281367	688460	48913
3183170	2016619	1166551	377210	789341	58654
8407582	5973214	2434368	1201392	1232976	75022
2052781	1039851	1012930	303098	709832	37847
638153	286075	352078	140612	211466	12080
1615142	1097608	517534	173112	344422	49808
3848780	2243111	1605670	372228	1233441	134292
1384866	955036	429829	140679	289151	67403
1941784	912231	1029553	251471	778082	75311
452704	106244	346460	55107	291353	414290
3681670	1665323	2016347	335635	1680712	93296
1038431	446408	592023	121646	470377	99125
321286	164969	156317	45672	110645	144170
390466	182948	207519	53636	153882	19090
1406187	864125	542061	128711	413350	67408
491658	420490	71168	53854	17314	
1123393	482843	640550	113378	527172	17620
314914	217240	97674	63562	34112	
1180868	431358	749510	146146	603364	
1695069	1460399	234670	137768	96902	40238

4-49 教育经费支出明细

地 区	合 计	个人部分	工资福利支出	对个人和家庭的补助支出	#助学金
合 计	**198273888**	**110931495**	**97812200**	**13119295**	**2482261**
北 京	7782160	3981250	3342721	638529	1092
天 津	3289392	1771655	1245902	525753	7875
河 北	7401705	4521410	4102216	419195	44477
山 西	3499831	2022386	1785488	236899	84440
内蒙古	4641069	2505285	2050693	454592	104685
辽 宁	4647666	2481104	2291993	189111	11131
吉 林	2752054	1503628	1318084	185544	8709
黑龙江	2561158	1573210	1390842	182368	7102
上 海	10052551	5915235	5398241	516995	51233
江 苏	16321293	8818504	7886793	931711	168506
浙 江	14846529	8276233	7555465	720768	19850
安 徽	5277639	2682900	2416571	266329	42084
福 建	7209387	4204344	3834505	369839	25952
江 西	4618765	2513767	2328799	184968	26875
山 东	12444079	6480680	5868566	612114	286613
河 南	10725601	5436492	5049719	386773	140354
湖 北	5960472	3511638	3179503	332136	27843
湖 南	7173024	3937111	3659105	278006	123351
广 东	22886558	14409762	12952519	1457243	126101
广 西	4938780	2848153	2463778	384374	101921
海 南	1476438	831626	769927	61699	28553
重 庆	3577428	1912477	1685994	226483	83632
四 川	9413091	5433798	4659311	774487	238415
贵 州	3616555	2164286	1761833	402453	23172
云 南	4336040	2322133	1959330	362803	44994
西 藏	1434506	567512	215552	351960	220240
陕 西	7313337	3542400	3052268	490131	175291
甘 肃	2466269	1333040	1089815	243225	21952
青 海	906071	442388	304177	138212	80634
宁 夏	888321	478855	411632	67223	5389
新 疆	3816117	2508231	1780860	727372	149796
大 连	1064692	577728	537388	40340	5219
宁 波	2835185	1694172	1565940	128231	9544
厦 门	986384	671469	590271	81198	1377
青 岛	2181537	1000669	893760	106909	15967
深 圳	5046461	3311154	2666175	644979	

(地方幼儿园)

单位：千元

公用部分	商品和服务支出	其他资本性支出	专项公用支出	专项项目支出	基本建设支出
85299891	**47608301**	**37691590**	**10302738**	**27388852**	**2042502**
3795557	2528984	1266572	564459	702113	5354
1517738	542119	975619	225323	750295	
2792035	1662258	1129777	279824	849952	88260
1416524	903262	513262	140823	372439	60921
2072152	1039672	1032479	257617	774862	63632
2160139	1640122	520017	160943	359074	6422
1236566	691175	545391	166952	378439	11860
983318	707404	275914	86562	189352	4630
4129724	3106357	1023367	647428	375939	7591
7486479	2634911	4851569	939350	3912219	16310
6542576	3136695	3405881	746763	2659119	27719
2442771	969263	1473508	298579	1174929	151969
2936290	1510876	1425414	419738	1005676	68754
2060387	916003	1144384	243388	900996	44611
5937899	2739930	3197969	714388	2483580	25500
5191336	3570339	1620998	446801	1174197	97773
2399921	1433348	966573	278756	687817	48913
3177259	2012214	1165045	376152	788893	58654
8401775	5969423	2432352	1200558	1231794	75022
2052781	1039851	1012930	303098	709832	37847
632732	282849	349883	139692	210190	12080
1615142	1097608	517534	173112	344422	49808
3845002	2239993	1605009	371801	1233208	134292
1384866	955036	429829	140679	289151	67403
1938597	909264	1029333	251331	778002	75311
452704	106244	346460	55107	291353	414290
3677642	1662522	2015120	334914	1680206	93296
1034105	442997	591108	120834	470273	99125
319513	163537	155976	45651	110325	144170
390376	182859	207518	53635	153882	19090
1275988	811187	464801	118480	346321	31898
486964	416299	70665	53376	17289	
1123393	482843	640550	113378	527172	17620
314914	217240	97674	63562	34112	
1180868	431358	749510	146146	603364	
1695069	1460399	234670	137768	96902	40238

4-50 教育经费支出明细

地 区	合 计	个人部分	工资福利支出	对个人和家庭的补助支出	#助学金
合 计	**88934923**	**47891046**	**42186935**	**5704111**	**1784584**
北 京	1254283	710497	615621	94877	218
天 津	634601	272244	219990	52254	1009
河 北	4930394	2995718	2743980	251738	37673
山 西	1927900	1066321	926210	140111	67237
内蒙古	2501066	1394908	1142789	252118	50754
辽 宁	1092409	488199	450954	37245	1671
吉 林	1020545	527352	471015	56337	3916
黑龙江	1163876	685553	619762	65791	3836
上 海	1640773	1101835	1033414	68421	7492
江 苏	6350059	3208831	2899857	308974	111302
浙 江	6496284	3493406	3231930	261475	14792
安 徽	3242959	1559393	1400381	159012	27581
福 建	3510263	1938323	1781539	156784	17534
江 西	2925638	1537450	1449713	87738	15595
山 东	5724567	2840292	2531250	309042	180247
河 南	5982902	2886917	2694661	192256	104908
湖 北	2487766	1477402	1367082	110320	17650
湖 南	4261264	2333138	2149681	183457	101904
广 东	5481852	3273405	3079093	194312	56675
广 西	2863490	1676336	1456112	220224	73012
海 南	751612	390942	361125	29817	13084
重 庆	1806804	882811	755037	127774	70101
四 川	5324199	2990010	2493596	496413	196195
贵 州	2376805	1385900	1124078	261822	22390
云 南	2397002	1279085	1068585	210500	37217
西 藏	1177358	408070	173507	234563	179475
陕 西	4328829	2003570	1690776	312795	124997
甘 肃	1587054	843500	705438	138061	17516
青 海	623020	295850	195395	100455	67170
宁 夏	390321	150181	125640	24541	2898
新 疆	2679028	1793608	1228724	564884	158535
大 连	148403	44671	41529	3142	523
宁 波	1206733	712002	662422	49580	8215
厦 门	55330	37915	32038	5878	332
青 岛	492080	162742	152199	10543	5340
深 圳					

（农村幼儿园）

单位：千元

公用部分	商品和服务支出	其他资本性支出	专项公用支出	专项项目支出	基本建设支出
39378642	**20116573**	**19262069**	**4231583**	**15030486**	**1665235**
543786	345595	198191	92665	105526	
362356	102836	259520	41999	217521	
1850416	1055045	795370	170288	625082	84260
822463	482250	340214	68560	271654	39115
1061993	474116	587877	128659	459218	44165
599788	432459	167329	26617	140713	4422
482093	237594	244499	58660	185839	11100
475897	289464	186433	29569	156864	2425
538938	417964	120974	79847	41127	
3124918	1000050	2124868	345180	1779688	16310
2998749	1245476	1753272	345163	1408109	4130
1531598	623079	908519	179594	728925	151969
1535596	683722	851875	214157	637718	36344
1343863	592484	751379	141000	610379	44325
2861024	1187448	1673577	355448	1318128	23250
3033443	2195292	838151	211713	626438	62543
967781	561864	405917	83747	322170	42583
1869472	1186564	682908	199794	483114	58654
2203488	1320197	883291	350847	532443	4959
1162001	625974	536026	159038	376989	25153
348872	118314	230558	80915	149644	11798
874185	548947	325237	74833	250405	49808
2215015	1241555	973460	172838	800622	119175
941803	629144	312659	92664	219995	49103
1057250	483822	573428	100632	472796	60667
398998	87461	311537	51782	259755	370290
2255283	977542	1277741	166056	1111685	69975
659430	289344	370086	78804	291282	84125
211680	104845	106835	21409	85426	115490
221050	69565	151485	27450	124035	19090
825411	506560	318852	81657	237195	60009
103732	97073	6659	4415	2244	
494732	217098	277634	59644	217990	
17415	14616	2798	2670	128	
329337	69621	259716	34316	225400	

4-51 教育经费支出明细

地区	合计	个人部分	工资福利支出	对个人和家庭的补助支出	#助学金
合计	**88456023**	**47602103**	**41945316**	**5656787**	**1770821**
北京	1246884	704274	609768	94506	218
天津	634601	272244	219990	52254	1009
河北	4915259	2982539	2731723	250815	37673
山西	1926534	1065024	925058	139966	67237
内蒙古	2501066	1394908	1142789	252118	50754
辽宁	1092409	488199	450954	37245	1671
吉林	1019071	526064	469727	56337	3916
黑龙江	1136176	665068	599925	65143	3830
上海	1640773	1101835	1033414	68421	7492
江苏	6350059	3208831	2899857	308974	111302
浙江	6496284	3493406	3231930	261475	14792
安徽	3242959	1559393	1400381	159012	27581
福建	3508942	1937511	1780727	156784	17534
江西	2925638	1537450	1449713	87738	15595
山东	5685619	2808593	2507000	301592	180247
河南	5925474	2852267	2665049	187218	104908
湖北	2487116	1476832	1366512	110320	17650
湖南	4261264	2333138	2149681	183457	101904
广东	5477772	3269934	3075719	194215	56579
广西	2863490	1676336	1456112	220224	73012
海南	750711	390225	360418	29807	13084
重庆	1806804	882811	755037	127774	70101
四川	5324199	2990010	2493596	496413	196195
贵州	2376805	1385900	1124078	261822	22390
云南	2397002	1279085	1068585	210500	37217
西藏	1177358	408070	173507	234563	179475
陕西	4328149	2003003	1690220	312783	124989
甘肃	1580288	837731	699701	138030	17516
青海	623020	295850	195395	100455	67170
宁夏	390321	150181	125640	24541	2898
新疆	2363977	1625393	1093109	532284	144883
大连	148403	44671	41529	3142	523
宁波	1206733	712002	662422	49580	8215
厦门	55330	37915	32038	5878	332
青岛	492080	162742	152199	10543	5340
深圳					

(地方农村幼儿园)

单位：千元

公用部分	商品和服务支出	其他资本性支出	专项公用支出	专项项目支出	基本建设支出
39224196	**20047158**	**19177038**	**4217528**	**14959510**	**1629725**
542610	344612	197998	92472	105526	
362356	102836	259520	41999	217521	
1848460	1053650	794810	170077	624732	84260
822395	482184	340211	68557	271654	39115
1061993	474116	587877	128659	459218	44165
599788	432459	167329	26617	140713	4422
481906	237536	244370	58531	185839	11100
468683	285600	183083	29429	153654	2425
538938	417964	120974	79847	41127	
3124918	1000050	2124868	345180	1779688	16310
2998749	1245476	1753272	345163	1408109	4130
1531598	623079	908519	179594	728925	151969
1535087	683573	851515	213847	637668	36344
1343863	592484	751379	141000	610379	44325
2853776	1183484	1670292	354114	1316178	23250
3010665	2179332	831333	207195	624138	62543
967701	561805	405896	83727	322169	42583
1869472	1186564	682908	199794	483114	58654
2202879	1319663	883216	350773	532443	4959
1162001	625974	536026	159038	376989	25153
348688	118135	230553	80910	149644	11798
874185	548947	325237	74833	250405	49808
2215015	1241555	973460	172838	800622	119175
941803	629144	312659	92664	219995	49103
1057250	483822	573428	100632	472796	60667
398998	87461	311537	51782	259755	370290
2255170	977461	1277709	166024	1111685	69975
658432	288851	369581	78403	291178	84125
211680	104845	106835	21409	85426	115490
221050	69565	151485	27450	124035	19090
714085	464929	249156	74972	174184	24499
103732	97073	6659	4415	2244	
494732	217098	277634	59644	217990	
17415	14616	2798	2670	128	
329337	69621	259716	34316	225400	

4-52 教育经费支出明细

地区	合计	个人部分	工资福利支出	对个人和家庭的补助支出	#助学金
合计	**37877005**	**15268932**	**8687129**	**6581802**	
北京	4326079	621192	333359	287833	
天津	266467	231153	117621	113532	
河北	588321	387141	242061	145081	
山西	1188823	630019	427728	202291	
内蒙古	975693	474456	264918	209538	
辽宁	654008	388223	181752	206471	
吉林	397648	185181	114412	70770	
黑龙江	1317637	494947	272723	222224	
上海	321537	222799	140169	82630	
江苏	1413884	720150	424464	295687	
浙江	1137345	638242	405347	232895	
安徽	805058	422226	229212	193014	
福建	607378	342107	201734	140373	
江西	801564	411909	246115	165794	
山东	1650378	988195	745848	242347	
河南	1296023	471727	287125	184602	
湖北	1241170	704237	413980	290257	
湖南	1898809	877558	527217	350342	
广东	4382560	1408473	621838	786635	
广西	843311	226290	126342	99948	
海南	329372	176336	109705	66631	
重庆	780673	314622	157294	157328	
四川	2288836	838480	412631	425849	
贵州	1871166	775616	433281	342334	
云南	2092652	569805	266261	303544	
西藏	217941	129096	86084	43012	
陕西	1013940	282449	183929	98520	
甘肃	806911	448897	251725	197173	
青海	529567	159895	59538	100357	
宁夏	229728	126089	85994	40095	
新疆	1602524	601421	316724	284697	
大连	122307	59669	32888	26780	
宁波	120570	92986	62248	30739	
厦门	86796	43324	22148	21175	
青岛	236212	119794	84714	35081	
深圳	889329	210492	87995	122497	

(教育行政单位)

单位：千元

公用部分	商品和服务支出	其他资本性支出	专项公用支出	专项项目支出	基本建设支出
21552772	**13906962**	**7645810**	**2977468**	**4668343**	**1055301**
3704887	3324774	380114	149528	230585	
35314	34321	993	993		
201180	175111	26069	11742	14326	
558804	411398	147406	48581	98825	
497730	248059	249672	61406	188266	3507
265786	235930	29855	26590	3265	
212466	163452	49014	35118	13896	
816500	413782	402717	216871	185847	6191
98738	95944	2794	2794		
693734	503549	190185	79025	111159	
499103	451283	47819	40287	7533	
382833	300813	82019	46013	36006	
255435	185184	70250	27291	42959	9836
387836	225999	161837	55218	106619	1819
658183	476118	182065	135485	46581	4000
689565	540886	148679	102989	45690	134731
535712	315003	220709	95955	124754	1220
1021251	697236	324014	258663	65352	
2539960	1604873	935087	425019	510068	434127
617021	264123	352898	113834	239064	
152965	133789	19176	12175	7002	71
436071	349117	86954	49100	37855	29980
1406846	630160	776685	251987	524698	43510
1072033	607070	464963	177240	287723	23517
1427801	507929	919872	160892	758980	95046
88845	53685	35160	8072	27089	
715030	255896	459134	74313	384821	16460
331239	199403	131837	62384	69453	26775
332521	94198	238323	54567	183756	37151
98639	51295	47345	3806	43538	5000
818743	356580	462164	189528	272636	182360
62639	51246	11393	11393		
27584	25413	2170	2170		
43473	30069	13404	5604	7800	
116418	79135	37283	30791	6492	
309667	286295	23372	13034	10338	369170

4-53 教育经费支出明细

地区	合计	个人部分	工资福利支出	对个人和家庭的补助支出	#助学金
合计	**34392540**	**15013119**	**8548792**	**6464327**	
北京	912490	400968	210088	190880	
天津	266467	231153	117621	113532	
河北	588321	387141	242061	145081	
山西	1188823	630019	427728	202291	
内蒙古	975693	474456	264918	209538	
辽宁	654008	388223	181752	206471	
吉林	397648	185181	114412	70770	
黑龙江	1308651	491050	269548	221502	
上海	321537	222799	140169	82630	
江苏	1413884	720150	424464	295687	
浙江	1137345	638242	405347	232895	
安徽	805058	422226	229212	193014	
福建	607378	342107	201734	140373	
江西	801564	411909	246115	165794	
山东	1650378	988195	745848	242347	
河南	1296023	471727	287125	184602	
湖北	1241170	704237	413980	290257	
湖南	1898809	877558	527217	350342	
广东	4382560	1408473	621838	786635	
广西	843311	226290	126342	99948	
海南	329372	176336	109705	66631	
重庆	780673	314622	157294	157328	
四川	2288836	838480	412631	425849	
贵州	1871166	775616	433281	342334	
云南	2092652	569805	266261	303544	
西藏	217941	129096	86084	43012	
陕西	1013940	282449	183929	98520	
甘肃	806911	448897	251725	197173	
青海	529567	159895	59538	100357	
宁夏	229728	126089	85994	40095	
新疆	1540635	569730	304833	264897	
大连	122307	59669	32888	26780	
宁波	120570	92986	62248	30739	
厦门	86796	43324	22148	21175	
青岛	236212	119794	84714	35081	
深圳	889329	210492	87995	122497	

(地方教育行政单位)

单位：千元

公用部分	商品和服务支出	其他资本性支出			基本建设支出
			专项公用支出	专项项目支出	
18324119	**10697083**	**7627037**	**2958694**	**4668343**	**1055301**
511522	149668	361854	131269	230585	
35314	34321	993	993		
201180	175111	26069	11742	14326	
558804	411398	147406	48581	98825	
497730	248059	249672	61406	188266	3507
265786	235930	29855	26590	3265	
212466	163452	49014	35118	13896	
811410	408735	402675	216828	185847	6191
98738	95944	2794	2794		
693734	503549	190185	79025	111159	
499103	451283	47819	40287	7533	
382833	300813	82019	46013	36006	
255435	185184	70250	27291	42959	9836
387836	225999	161837	55218	106619	1819
658183	476118	182065	135485	46581	4000
689565	540886	148679	102989	45690	134731
535712	315003	220709	95955	124754	1220
1021251	697236	324014	258663	65352	
2539960	1604873	935087	425019	510068	434127
617021	264123	352898	113834	239064	
152965	133789	19176	12175	7002	71
436071	349117	86954	49100	37855	29980
1406846	630160	776685	251987	524698	43510
1072033	607070	464963	177240	287723	23517
1427801	507929	919872	160892	758980	95046
88845	53685	35160	8072	27089	
715030	255896	459134	74313	384821	16460
331239	199403	131837	62384	69453	26775
332521	94198	238323	54567	183756	37151
98639	51295	47345	3806	43538	5000
788546	326854	461692	189056	272636	182360
62639	51246	11393	11393		
27584	25413	2170	2170		
43473	30069	13404	5604	7800	
116418	79135	37283	30791	6492	
309667	286295	23372	13034	10338	369170

4-54 教育经费支出明细

地 区	合 计	个人部分	工资福利支出	对个人和家庭的补助支出	#助学金
合 计	**74948020**	**27037409**	**16409606**	**10627803**	**309722**
北 京	10901264	2715940	1671966	1043974	
天 津	3416125	951602	414085	537517	
河 北	2281618	1159569	750458	409110	
山 西	1890574	830010	449758	380252	1564
内蒙古	1582795	856969	534888	322081	
辽 宁	2312797	1332843	845760	487082	
吉 林	1815425	661348	374763	286585	
黑龙江	1059400	506074	296195	209878	
上 海	4753565	1631568	1321103	310465	567
江 苏	3677105	1493004	925439	567565	3831
浙 江	4550589	1795522	1220244	575278	56
安 徽	917528	379014	225611	153403	
福 建	2701647	820188	531642	288546	946
江 西	1414315	441845	290969	150876	
山 东	4335142	1434778	988480	446297	
河 南	2248760	1171109	663852	507257	
湖 北	2436776	896639	579004	317634	
湖 南	1209362	484784	305380	179404	
广 东	4801420	1309046	796457	512590	
广 西	1878287	733840	385611	348230	
海 南	163844	60317	47863	12453	
重 庆	1292074	292772	175282	117490	
四 川	3140781	1453458	839588	613869	13867
贵 州	949923	289459	92400	197059	102034
云 南	2775455	570527	219706	350821	
西 藏	505970	214651	120308	94344	
陕 西	1518598	949062	609200	339863	
甘 肃	528897	193892	129431	64461	
青 海	810581	355803	135899	219904	
宁 夏	336446	220386	102822	117564	
新 疆	2740958	831389	365442	465947	186856
大 连	309070	169674	138267	31407	
宁 波	715869	250273	182507	67767	
厦 门	857323	143429	87619	55810	
青 岛	478950	285731	188411	97320	
深 圳	672563	211645	135199	76445	

(教育事业单位)

单位：千元

公用部分	商品和服务支出	其他资本性支出	专项公用支出	专项项目支出	基本建设支出
46668329	**25280019**	**21388310**	**6530396**	**14857914**	**1242282**
8177120	7017113	1160007	739665	420341	8204
2456858	349758	2107100	138020	1969079	7665
1122049	457055	664994	119195	545800	
1057064	458968	598095	110023	488073	3500
717431	322465	394966	215689	179277	8396
954975	694425	260550	100269	160281	24980
1153577	451095	702482	159366	543116	500
548154	398129	150026	71852	78174	5172
3086800	2171408	915391	707085	208306	35197
2182933	1296086	886846	202366	684480	1168
2755067	1586556	1168511	377929	790583	
538514	340388	198126	101330	96796	
1880374	539165	1341208	250034	1091174	1084
959911	323613	636298	95666	540632	12560
2890364	746836	2143529	172339	1971190	10000
1077650	653415	424235	183684	240551	
1448349	556690	891660	706618	185042	91788
689506	401063	288443	110252	178191	35072
2896996	1482450	1414546	703104	711442	595378
1107284	506513	600771	218056	382715	37163
103527	86653	16874	12405	4469	
901032	426500	474532	103687	370844	98270
1682650	877317	805332	273849	531483	4674
647685	229305	418381	28955	389426	12778
2155027	730973	1424054	65714	1358340	49901
290818	210828	79990	43765	36226	500
568848	317620	251228	78890	172338	688
334919	278120	56799	44219	12580	86
304819	132115	172704	108099	64605	149958
116060	69251	46809	36075	10733	
1861968	1168144	693824	252194	441629	47601
139396	82984	56412	43804	12608	
465596	278469	187127	70779	116348	
713894	133868	580026	168298	411728	
193219	131218	62002	44495	17506	
458404	384771	73633	64809	8825	2514

4-55 教育经费支出明细

地区	合计	个人部分	工资福利支出	对个人和家庭的补助支出	#助学金
合计	**69050822**	**26456486**	**15960900**	**10495585**	**309722**
北京	5043704	2162942	1240838	922105	
天津	3416125	951602	414085	537517	
河北	2281618	1159569	750458	409110	
山西	1890574	830010	449758	380252	1564
内蒙古	1582795	856969	534888	322081	
辽宁	2312797	1332843	845760	487082	
吉林	1815425	661348	374763	286585	
黑龙江	1052273	500314	292370	207944	
上海	4753565	1631568	1321103	310465	567
江苏	3677105	1493004	925439	567565	3831
浙江	4550589	1795522	1220244	575278	56
安徽	917528	379014	225611	153403	
福建	2701647	820188	531642	288546	946
江西	1414315	441845	290969	150876	
山东	4335142	1434778	988480	446297	
河南	2248760	1171109	663852	507257	
湖北	2436776	896639	579004	317634	
湖南	1209362	484784	305380	179404	
广东	4801420	1309046	796457	512590	
广西	1878287	733840	385611	348230	
海南	163844	60317	47863	12453	
重庆	1292074	292772	175282	117490	
四川	3140781	1453458	839588	613869	13867
贵州	949923	289459	92400	197059	102034
云南	2775455	570527	219706	350821	
西藏	505970	214651	120308	94344	
陕西	1518598	949062	609200	339863	
甘肃	528897	193892	129431	64461	
青海	810581	355803	135899	219904	
宁夏	336446	220386	102822	117564	
新疆	2708447	809224	351690	457533	186856
大连	309070	169674	138267	31407	
宁波	715869	250273	182507	67767	
厦门	857323	143429	87619	55810	
青岛	478950	285731	188411	97320	
深圳	672563	211645	135199	76445	

(地方教育事业单位)

单位：千元

公用部分	商品和服务支　　出	其他资本性支　　出			基本建设支　　出
			专项公用支　　出	专项项目支　　出	
41353934	**20086954**	**21266980**	**6416673**	**14850307**	**1240402**
2874438	1831092	1043346	628862	414484	6324
2456858	349758	2107100	138020	1969079	7665
1122049	457055	664994	119195	545800	
1057064	458968	598095	110023	488073	3500
717431	322465	394966	215689	179277	8396
954975	694425	260550	100269	160281	24980
1153577	451095	702482	159366	543116	500
546787	396761	150026	71852	78174	5172
3086800	2171408	915391	707085	208306	35197
2182933	1296086	886846	202366	684480	1168
2755067	1586556	1168511	377929	790583	
538514	340388	198126	101330	96796	
1880374	539165	1341208	250034	1091174	1084
959911	323613	636298	95666	540632	12560
2890364	746836	2143529	172339	1971190	10000
1077650	653415	424235	183684	240551	
1448349	556690	891660	706618	185042	91788
689506	401063	288443	110252	178191	35072
2896996	1482450	1414546	703104	711442	595378
1107284	506513	600771	218056	382715	37163
103527	86653	16874	12405	4469	
901032	426500	474532	103687	370844	98270
1682650	877317	805332	273849	531483	4674
647685	229305	418381	28955	389426	12778
2155027	730973	1424054	65714	1358340	49901
290818	210828	79990	43765	36226	500
568848	317620	251228	78890	172338	688
334919	278120	56799	44219	12580	86
304819	132115	172704	108099	64605	149958
116060	69251	46809	36075	10733	
1851623	1162469	689154	249275	439879	47601
139396	82984	56412	43804	12608	
465596	278469	187127	70779	116348	
713894	133868	580026	168298	411728	
193219	131218	62002	44495	17506	
458404	384771	73633	64809	8825	2514

4-56 教育经费支出明细

地区	合计	个人部分	工资福利支出	对个人和家庭的补助支出	#助学金
合计	**70111251**	**12621047**	**7324505**	**5296542**	**69229**
北京	8991487	852822	461218	391603	17819
天津	11178225	324735	79066	245670	
河北	843100	465853	300202	165651	101
山西	1004984	306200	215529	90672	
内蒙古	1151153	342057	222403	119654	
辽宁	3460735	447424	233430	213995	
吉林	1398797	307414	181571	125843	
黑龙江	519855	278057	152388	125669	867
上海	993027	304769	234259	70510	1585
江苏	2677355	670102	380590	289512	640
浙江	3496681	730102	456649	273453	600
安徽	2890024	314790	176019	138771	
福建	730092	350980	216621	134359	5201
江西	772962	283046	164335	118711	108
山东	3419744	826748	526041	300706	
河南	3080118	511925	289261	222663	
湖北	1676551	565949	324000	241949	21200
湖南	2738843	533518	382145	151372	8942
广东	5498163	809948	456893	353055	851
广西	1458349	295630	161569	134061	
海南	136297	58687	41424	17263	
重庆	628517	197652	110377	87275	
四川	2308872	681983	338759	343224	11229
贵州	658158	295222	160009	135213	
云南	2078959	415240	226682	188559	
西藏	144272	71884	45083	26801	
陕西	2597720	316177	165674	150503	88
甘肃	734933	319984	182814	137170	
青海	504062	145638	82239	63398	
宁夏	211153	99012	64416	34596	
新疆	2128062	497501	292838	204663	
大连	924294	49358	29663	19695	
宁波	411716	67891	45148	22743	
厦门	97636	44526	22124	22402	
青岛	316268	134063	65493	68569	
深圳	411206	92321	58995	33326	

(其他教育机构)

单位：千元

公用部分	商品和服务支出	其他资本性支出			基本建设支出
			专项公用支出	专项项目支出	
55723462	**19340329**	**36383134**	**12162543**	**24220590**	**1766742**
7947520	6159024	1788496	770863	1017633	191146
10853489	589416	10264073	5560235	4703838	
374384	216032	158352	18547	139805	2864
621089	424890	196199	43660	152539	77694
331340	150111	181229	56288	124941	477756
2989305	846211	2143094	391536	1751559	24006
1091383	353772	737611	296774	440837	
234470	198590	35880	10254	25627	7328
665607	614739	50868	41593	9275	22651
2005277	503796	1501481	37520	1463961	1976
2739375	932867	1806508	75718	1730790	27204
2526736	1627441	899295	54320	844975	48498
361957	262479	99478	25195	74284	17156
392311	182835	209477	12520	196956	97605
2592368	474999	2117369	94187	2023182	628
2503034	375917	2127117	1735765	391352	65160
1096062	319077	776986	216782	560204	14540
2189041	454932	1734109	844066	890043	16284
4631032	1059014	3572019	716361	2855658	57182
1118243	183501	934742	55457	879285	44477
66311	54073	12238	8234	4004	11299
414443	242097	172347	24610	147737	16422
1416192	713338	702854	494416	208438	210697
268517	154113	114404	30017	84387	94419
1577749	451229	1126520	93255	1033265	85969
70273	26303	43971	23159	20812	2115
2259091	426685	1832406	295195	1537210	22452
409974	268595	141379	63621	77758	4975
345299	114361	230938	14806	216132	13126
112141	62272	49868	7682	42187	
1519449	897623	621826	49910	571916	111113
874936	279033	595903	51009	544894	
343825	41110	302715	4754	297960	
39054	34422	4632	3047	1585	14056
182206	60215	121990	6221	115769	
315635	308561	7074	4730	2344	3250

4-57 教育经费支出明细

地区	合计	个人部分	工资福利支出	对个人和家庭的补助支出	#助学金
合计	**65990071**	**12123917**	**7057401**	**5066516**	**50197**
北京	5754642	536046	299240	236806	
天津	11178225	324735	79066	245670	
河北	839613	465853	300202	165651	101
山西	1004672	306200	215529	90672	
内蒙古	1151153	342057	222403	119654	
辽宁	3457939	447424	233430	213995	
吉林	1397897	307414	181571	125843	
黑龙江	485657	273156	150960	122196	867
上海	596427	257176	195628	61548	371
江苏	2649686	670102	380590	289512	640
浙江	3493069	730102	456649	273453	600
安徽	2889520	314790	176019	138771	
福建	617382	330706	199195	131511	5201
江西	772962	283046	164335	118711	108
山东	3413659	826748	526041	300706	
河南	3075113	511925	289261	222663	
湖北	1659727	565949	324000	241949	21200
湖南	2735892	533518	382145	151372	8942
广东	5498163	809948	456893	353055	851
广西	1458349	295630	161569	134061	
海南	136297	58687	41424	17263	
重庆	628517	197652	110377	87275	
四川	2288519	681983	338759	343224	11229
贵州	658158	295222	160009	135213	
云南	2077927	415240	226682	188559	
西藏	144272	71884	45083	26801	
陕西	2581376	316177	165674	150503	88
甘肃	729041	319984	182814	137170	
青海	504062	145638	82239	63398	
宁夏	211153	99012	64416	34596	
新疆	1901001	389913	245196	144717	
大连	924294	49358	29663	19695	
宁波	411716	67891	45148	22743	
厦门	97636	44526	22124	22402	
青岛	316268	134063	65493	68569	
深圳	411206	92321	58995	33326	

(地方其他教育机构)

单位：千元

公用部分	商品和服务支出	其他资本性支出			基本建设支出
			专项公用支出	专项项目支出	
52173943	**16030806**	**36143137**	**12075226**	**24067911**	**1692210**
5027450	3440845	1586605	709398	877207	191146
10853489	589416	10264073	5560235	4703838	
370896	212544	158352	18547	139805	2864
620777	424578	196199	43660	152539	77694
331340	150111	181229	56288	124941	477756
2986509	843415	2143094	391536	1751559	24006
1090483	352872	737611	296774	440837	
205173	170952	34221	8595	25627	7328
316600	287857	28743	23521	5222	22651
1977608	476127	1501481	37520	1463961	1976
2735763	929255	1806508	75718	1730790	27204
2526232	1626937	899295	54320	844975	48498
269521	175751	93770	21285	72485	17156
392311	182835	209477	12520	196956	97605
2586283	468914	2117369	94187	2023182	628
2498029	370912	2127117	1735765	391352	65160
1079238	302253	776986	216782	560204	14540
2186090	451981	1734109	844066	890043	16284
4631032	1059014	3572019	716361	2855658	57182
1118243	183501	934742	55457	879285	44477
66311	54073	12238	8234	4004	11299
414443	242097	172347	24610	147737	16422
1395839	692986	702854	494416	208438	210697
268517	154113	114404	30017	84387	94419
1576717	450197	1126520	93255	1033265	85969
70273	26303	43971	23159	20812	2115
2242747	410341	1832406	295195	1537210	22452
404082	262702	141379	63621	77758	4975
345299	114361	230938	14806	216132	13126
112141	62272	49868	7682	42187	
1474506	861293	613213	47699	565514	36582
874936	279033	595903	51009	544894	
343825	41110	302715	4754	297960	
39054	34422	4632	3047	1585	14056
182206	60215	121990	6221	115769	
315635	308561	7074	4730	2344	3250

第五部分

各地区各级各类教育机构财政补助支出明细

5-1 财政补助支出明细

地区	合计	个人部分	工资福利支出	对个人和家庭的补助支出	#助学金
合计	**2467605319**	**1429141961**	**925232044**	**503909917**	**118509803**
北京	138314846	63593556	33861879	29731676	8862373
天津	57483059	25789550	13331906	12457645	1142499
河北	87436914	54560784	38564311	15996473	3549237
山西	55820190	34391842	24962371	9429471	2321770
内蒙古	56106611	36411580	24301134	12110446	3093651
辽宁	71906793	41241970	26104692	15137278	1941726
吉林	47010446	28623332	17841717	10781615	1501528
黑龙江	56336837	37162300	22433970	14728331	1895707
上海	87407570	40156671	30513710	9642961	3089026
江苏	172786712	98817741	63803838	35013903	5045415
浙江	117169383	72322326	51627687	20694639	3505475
安徽	86557613	46996151	29203707	17792444	3688984
福建	68308695	42063952	29180508	12883444	1830808
江西	73148010	38222919	24588167	13634751	3610055
山东	159716876	90184410	68204871	21979538	4412787
河南	131801202	70408064	47301409	23106654	7375552
湖北	86274538	54596369	34702671	19893697	4134446
湖南	90229411	51422898	33027082	18395816	4818199
广东	184953798	115650532	77818303	37832229	5383525
广西	68439759	40590223	22917518	17672705	5295684
海南	19360068	10635265	8682324	1952940	855163
重庆	58125239	34366191	20500559	13865632	3961791
四川	119970457	76607934	45877401	30730533	9078605
贵州	61656392	41287963	22951605	18336359	5049222
云南	76196805	48406704	28221317	20185387	8252365
西藏	14762156	7592015	3762360	3829655	1983309
陕西	80131339	43109863	27162873	15946989	5500887
甘肃	45926278	28317864	17677000	10640865	2895547
青海	17635150	8730162	5389672	3340489	1072089
宁夏	14824186	8663124	5798934	2864190	800571
新疆	61807988	38217709	24916547	13301162	2561809
大连	11071197	5607070	4477177	1129893	115582
宁波	19234544	11241282	8558681	2682601	428695
厦门	8709885	5203792	3613158	1590633	87882
青岛	20553263	10861522	7555889	3305633	238576
深圳	24943059	13648434	9325931	4322503	328475

(各级各类教育机构)

单位：千元

公用部分	商品和服务支出	其他资本性支出			基本建设支出
			专项公用支出	专项项目支出	
986261984	**420847030**	**565414954**	**166258623**	**399156331**	**52201374**
71794636	42643092	29151544	16096335	13055209	2926654
31156515	6806788	24349728	9273448	15076279	536993
31900612	13572245	18328367	5912976	12415391	975518
20849537	9834564	11014973	3264113	7750860	578812
18175770	7795018	10380752	3615087	6765665	1519261
29831071	15868280	13962791	4066093	9896698	833752
17839787	8352295	9487492	3520301	5967191	547327
18392939	10153026	8239913	2798291	5441622	781598
43725123	30809751	12915371	9374209	3541162	3525777
73282890	21698036	51584853	9474196	42110658	686082
44163984	16129095	28034890	5879476	22155414	683073
37874187	12112495	25761692	6871588	18890104	1687275
25445992	9122450	16323542	4464159	11859384	798750
33726373	10231873	23494500	4182992	19311508	1198719
68905901	18972135	49933767	8322176	41611591	626565
59394515	27471333	31923181	10458553	21464629	1998624
29704928	14798053	14906875	5193413	9713462	1973241
37731942	14102062	23629880	6170016	17459864	1074572
63371975	33456495	29915480	12228735	17686745	5931290
25793262	8958683	16834579	4374242	12460337	2056274
8057327	3243682	4813646	1338944	3474701	667477
21717798	10535357	11182441	3421674	7760767	2041251
40681934	19099505	21582429	7129636	14452793	2680590
18727545	8428462	10299084	2566976	7732108	1640883
25736434	10445724	15290710	3020626	12270084	2053667
4893346	1594681	3298665	823539	2475126	2276794
35360973	14736412	20624561	4691455	15933106	1660504
16080633	6501684	9578949	2385943	7193006	1527780
5595944	1777813	3818131	931348	2886783	3309044
5685508	2177719	3507789	1287976	2219813	475553
20662601	9418222	11244380	3120108	8124272	2927677
5387056	2354447	3032609	802494	2230116	77071
7896635	2549151	5347485	918764	4428721	96627
3224630	1336068	1888562	920198	968364	281463
9691741	2611444	7080297	1563920	5516378	
7156219	5776746	1379473	1227731	151742	4138406

5-2 财政补助支出明细

地区	合计	个人部分	工资福利支出	对个人和家庭的补助支出	#助学金
合计	**2318117815**	**1354641853**	**886797153**	**467844700**	**102640402**
北京	90720899	42059506	25494286	16565220	1065516
天津	53573825	23875907	12380415	11495492	819475
河北	86377486	54026375	38218790	15807585	3476592
山西	55819847	34391811	24962371	9429440	2321739
内蒙古	56106611	36411580	24301134	12110446	3093651
辽宁	67617277	39130068	24834142	14295926	1660784
吉林	42904438	26245764	16555586	9690177	1168781
黑龙江	51991516	34698981	20990852	13708129	1561906
上海	73604751	34116989	26512338	7604651	1958191
江苏	161783792	93358950	61014506	32344444	4226764
浙江	115453180	71223138	51043442	20179697	3408668
安徽	83669024	45611725	28477215	17134509	3416169
福建	65561619	40616992	28309825	12307167	1578623
江西	73147952	38222884	24588167	13634717	3610020
山东	155331883	87818114	66896887	20921227	4097581
河南	131645977	70341952	47248317	23093635	7370683
湖北	75002399	48792984	31730195	17062788	3039699
湖南	86393720	49687613	32139391	17548222	4550956
广东	178681938	112610427	76101857	36508570	5054473
广西	68439759	40590223	22917518	17672705	5295684
海南	19356608	10634623	8682004	1952619	855042
重庆	54786247	32523846	19519917	13003929	3654360
四川	112997684	72504567	43456731	29047836	8439426
贵州	61656392	41287963	22951605	18336359	5049222
云南	76195028	48406055	28220676	20185380	8252364
西藏	14762156	7592015	3762360	3829655	1983309
陕西	72164257	38856134	24830467	14025667	4790323
甘肃	43979468	27214283	17079617	10134666	2717403
青海	17634351	8729563	5389672	3339891	1071490
宁夏	14253690	8455761	5646330	2809431	767777
新疆	56504041	34605059	22540539	12064520	2283730
大连	11070487	5606431	4476538	1129893	115582
宁波	19234544	11241282	8558681	2682601	428695
厦门	8709885	5203792	3613158	1590633	87882
青岛	20539473	10861522	7555889	3305633	238576
深圳	24943059	13648434	9325931	4322503	328475

(地方各级各类教育机构)

单位：千元

公用部分	商品和服务支出	其他资本性支出	专项公用支出	专项项目支出	基本建设支出
916822615	**371315105**	**545507510**	**151714712**	**393792798**	**46653347**
47306645	23859875	23446770	12237869	11208901	1354748
29592078	5653699	23938379	8988482	14949896	105840
31408135	13307593	18100542	5748550	12351992	942976
20849225	9834252	11014973	3264113	7750860	578812
18175770	7795018	10380752	3615087	6765665	1519261
27873872	14658341	13215531	3459446	9756085	613338
16204348	7074938	9129409	3162218	5967191	454327
16593983	9173973	7420010	2383106	5036903	698552
36413434	25312807	11100627	7806127	3294500	3074328
68030066	18390583	49639483	8188938	41450545	394776
43546968	15757738	27789230	5635816	22153414	683073
36410837	11177437	25233400	6344731	18888669	1646462
24219508	8438956	15780551	4085537	11695014	725119
33726349	10231850	23494500	4182992	19311508	1198719
67134407	17679758	49454650	7978947	41475703	379361
59305402	27421835	31883566	10418937	21464629	1998624
24695636	10999679	13695956	4235795	9460161	1513779
35727570	12603400	23124169	5697860	17426309	978538
60519515	31692414	28827101	11397486	17429615	5551995
25793262	8958683	16834579	4374242	12460337	2056274
8054508	3240865	4813644	1338943	3474701	667477
20276151	9354240	10921911	3167144	7754767	1986251
38026821	17379812	20647008	6403455	14243553	2466296
18727545	8428462	10299084	2566976	7732108	1640883
25735305	10444617	15290689	3020605	12270084	2053667
4893346	1594681	3298665	823539	2475126	2276794
31797395	12265268	19532126	3922657	15609470	1510728
15334579	5946917	9387663	2251905	7135757	1430606
5595744	1777613	3818131	931348	2886783	3309044
5373626	2008979	3364646	1176425	2188221	424303
19480586	8850822	10629763	2905434	7724329	2418397
5386985	2354432	3032553	802438	2230116	77071
7896635	2549151	5347485	918764	4428721	96627
3224630	1336068	1888562	920198	968364	281463
9677951	2597654	7080297	1563920	5516378	
7156219	5776746	1379473	1227731	151742	4138406

5-3 财政补助支出明细

地 区	合 计	个人部分	工资福利支出	对个人和家庭的补助支出	#助学金
合 计	**475679148**	**234526019**	**130195474**	**104330545**	**45512589**
北 京	56253912	28081763	12272226	15809538	8500175
天 津	13205020	5811024	2854263	2956761	892187
河 北	13514096	6413864	3395470	3018393	1314268
山 西	9753430	4952156	2809016	2143140	1058761
内蒙古	9629608	5654037	3067851	2586187	1450743
辽 宁	17803644	8499117	4968011	3531106	1066404
吉 林	11500331	6543773	3677693	2866080	882541
黑龙江	12948397	7453772	4028184	3425588	1085318
上 海	34370867	11102365	7484961	3617403	1849129
江 苏	34102408	17021190	9876921	7144269	2716494
浙 江	17979557	9233495	5796741	3436754	1250208
安 徽	14603882	6409241	3448817	2960424	1551270
福 建	11278854	5379663	2950100	2429563	1008513
江 西	10783687	5508923	3024472	2484452	1173670
山 东	24183265	13473336	8243419	5229917	1838842
河 南	21686198	10624527	6790812	3833715	1895208
湖 北	22511744	12759111	7451258	5307853	2231103
湖 南	17278611	8090503	4567339	3523164	1520185
广 东	28298525	15081370	9070190	6011180	1812676
广 西	8925375	4021142	1404413	2616729	1523802
海 南	2377944	1078764	701397	377367	281681
重 庆	10561408	4662424	2335075	2327348	1219048
四 川	19394149	10490433	5967050	4523383	2154263
贵 州	6432801	3287055	1453639	1833416	595914
云 南	8033530	4265838	2262794	2003044	1075176
西 藏	1141672	630396	325864	304532	105466
陕 西	19714473	9422815	5009318	4413497	2030415
甘 肃	7613661	3292746	1791708	1501038	656171
青 海	1637753	780159	438667	341492	80121
宁 夏	2242656	1116506	692232	424274	163387
新 疆	5917689	3384512	2035575	1348937	529450
大 连	1548603	304138	237740	66397	20686
宁 波	2209083	759687	549773	209915	78908
厦 门	786534	350404	244168	106237	31390
青 岛	560055	261009	160500	100510	42844
深 圳	4576307	1741840	1371495	370345	99011

(高等学校)

单位：千元

公用部分	商品和服务支出	其他资本性支出			基本建设支出
			专项公用支出	专项项目支出	
225427746	**121732864**	**103694882**	**53867465**	**49827416**	**15725383**
26555230	14825552	11729678	6975340	4754338	1616919
6939599	3046209	3893390	2135385	1758005	454398
6792192	3142239	3649954	2489271	1160683	308040
4625416	1875333	2750083	1036256	1713827	175857
3756524	1543999	2212525	1504239	708286	219046
8691685	5023588	3668097	1596330	2071767	612842
4740275	2830750	1909525	1400764	508761	216282
5323340	3133639	2189701	1349908	839793	171284
20357278	17039580	3317698	2515899	801799	2911224
16554610	8772312	7782297	3520994	4261304	526608
8571166	3537038	5034128	1762402	3271726	174897
7829503	2703708	5125795	2642108	2483687	365138
5681493	2590897	3090596	1406855	1683741	217698
5175133	2560724	2614409	1377791	1236618	99631
10272042	4592584	5679458	2146552	3532906	437888
10745224	5958182	4787042	3033775	1753266	316448
9134945	6458897	2676048	1791474	884574	617688
8908234	4416277	4491957	1809106	2682852	279874
11365027	5999603	5365424	3045854	2319570	1852129
4616142	1653584	2962558	1334972	1627585	288092
1194958	645204	549753	345553	204201	104222
5792782	2961310	2831472	1309992	1521480	106202
8348182	5000533	3347650	2186438	1161212	555534
2675150	977385	1697765	607718	1090047	470595
3522244	1508685	2013559	623025	1390534	245448
282082	182520	99562	55302	44260	229194
9665179	5261948	4403231	2029320	2373911	626480
3823848	1830128	1993720	847643	1146077	497068
328907	164838	164069	155561	8508	528687
999900	482944	516956	379320	137636	126250
2159454	1012674	1146780	452318	694462	373724
1173060	155688	1017371	73780	943592	71405
1448189	425072	1023117	242589	780528	1207
366680	212608	154072	152972	1100	69450
299046	71102	227944	60706	167238	
1388455	991184	397270	392707	4564	1446012

5-4 财政补助支出明细

地区	合计	个人部分	工资福利支出	对个人和家庭的补助支出	#助学金
合计	**342983703**	**165012127**	**95128276**	**69883851**	**29875216**
北京	19401688	7629966	4539880	3090086	719047
天津	9327205	3920035	1915894	2004142	569606
河北	12479837	5897368	3066912	2830456	1241849
山西	9753430	4952156	2809016	2143140	1058761
内蒙古	9629608	5654037	3067851	2586187	1450743
辽宁	13523301	6392071	3702247	2689824	785461
吉林	7556274	4266927	2474310	1792617	549794
黑龙江	9072520	5309630	2834480	2475150	759911
上海	20926720	5176784	3571022	1605762	720069
江苏	23145021	11569326	7092019	4477306	1898069
浙江	16266966	8134308	5212495	2921812	1153402
安徽	11718995	5026760	2722621	2304139	1280103
福建	8570492	3938287	2083752	1854535	756328
江西	10783687	5508923	3024472	2484452	1173670
山东	19804358	11107041	6935435	4171606	1523637
河南	21553399	10567883	6745487	3822396	1892038
湖北	11331592	7003304	4513304	2490000	1136669
湖南	13458127	6367038	3691141	2675897	1252944
广东	22127641	12099392	7403169	4696223	1485139
广西	8925375	4021142	1404413	2616729	1523802
海南	2377944	1078764	701397	377367	281681
重庆	7324456	2889051	1413512	1475539	913094
四川	12456268	6398392	3555996	2842396	1516141
贵州	6432801	3287055	1453639	1833416	595914
云南	8033530	4265838	2262794	2003044	1075176
西藏	1141672	630396	325864	304532	105466
陕西	11961364	5291238	2784223	2507015	1320661
甘肃	5689877	2203992	1208338	995654	478690
青海	1637753	780159	438667	341492	80121
宁夏	1672161	909143	539628	369515	130593
新疆	4899642	2735720	1634298	1101422	446638
大连	1548603	304138	237740	66397	20686
宁波	2209083	759687	549773	209915	78908
厦门	786534	350404	244168	106237	31390
青岛	546265	261009	160500	100510	42844
深圳	4576307	1741840	1371495	370345	99011

（地方高等学校）

单位：千元

公用部分	商品和服务支出	其他资本性支出			基本建设支出
			专项公用支出	专项项目支出	
167428606	**82681106**	**84747500**	**39682354**	**45065146**	**10542969**
11724829	5366885	6357945	3290119	3067826	46893
5383925	1896643	3487282	1853243	1634039	23245
6306971	2884378	3422592	2324879	1097714	275499
4625416	1875333	2750083	1036256	1713827	175857
3756524	1543999	2212525	1504239	708286	219046
6738802	3816585	2922217	989919	1932298	392428
3166065	1608701	1557364	1048603	508761	123282
3674653	2265776	1408877	950152	458724	88238
13290161	11747541	1542620	960683	581937	2459776
11340392	5502399	5837994	2236569	3601424	235303
7957762	3169293	4788469	1518742	3269726	174897
6367910	1769270	4598641	2115554	2483087	324325
4488138	1940357	2547781	1028234	1519547	144066
5175133	2560724	2614409	1377791	1236618	99631
8506633	3306292	5200341	1803324	3397018	190684
10669068	5920120	4748948	2995682	1753266	316448
4170062	2700816	1469245	834972	634273	158226
6907250	2920997	3986253	1336956	2649297	183839
8555415	4268038	4287378	2217345	2070033	1472834
4616142	1653584	2962558	1334972	1627585	288092
1194958	645204	549753	345553	204201	104222
4384203	1801799	2582404	1060924	1521480	51202
5716635	3303361	2413274	1461302	951972	341240
2675150	977385	1697765	607718	1090047	470595
3522244	1508685	2013559	623025	1390534	245448
282082	182520	99562	55302	44260	229194
6193422	2874060	3319362	1268473	2050889	476704
3085991	1282014	1803977	714321	1089656	399893
328907	164838	164069	155561	8508	528687
688018	314204	373814	267769	106044	75000
1935746	909305	1026441	364173	662268	228176
1173060	155688	1017371	73780	943592	71405
1448189	425072	1023117	242589	780528	1207
366680	212608	154072	152972	1100	69450
285256	57312	227944	60706	167238	
1388455	991184	397270	392707	4564	1446012

5-5 财政补助支出明细

地区	合计	个人部分	工资福利支出	对个人和家庭的补助支出	#助学金
合计	**464161026**	**230131068**	**127445811**	**102685257**	**45304564**
北京	55517617	27614912	12022015	15592897	8500175
天津	12533332	5614975	2761279	2853696	890770
河北	13170579	6190766	3232083	2958683	1298801
山西	9525810	4796540	2702569	2093971	1050783
内蒙古	9547047	5611844	3043791	2568053	1446099
辽宁	17591302	8334980	4847054	3487926	1066131
吉林	11158815	6314585	3551447	2763138	871682
黑龙江	12462322	7113592	3840471	3273120	1060025
上海	29904823	10775683	7238301	3537382	1847038
江苏	34032033	16980345	9849417	7130928	2714589
浙江	17418064	9011343	5645487	3365856	1246511
安徽	14439782	6301508	3380497	2921011	1542784
福建	11139513	5280151	2887808	2392344	1008208
江西	10645818	5429033	2976616	2452416	1162204
山东	24055560	13395378	8196856	5198522	1838820
河南	21426926	10476997	6696700	3780297	1885618
湖北	22392374	12662691	7385259	5277432	2218025
湖南	17080209	7976968	4501412	3475556	1512176
广东	27741654	14712469	8827932	5884537	1808318
广西	8674349	3886620	1343684	2542937	1507912
海南	2330326	1061607	687862	373746	278854
重庆	10425775	4628238	2317350	2310887	1208702
四川	18935148	10224385	5779220	4445165	2137494
贵州	6354334	3223048	1419904	1803144	590916
云南	7865835	4168154	2194510	1973644	1060805
西藏	1141672	630396	325864	304532	105466
陕西	19510754	9346002	4964892	4381111	2021953
甘肃	7532026	3238406	1757782	1480624	652129
青海	1620977	767414	433050	334365	80121
宁夏	2242656	1116506	692232	424274	163387
新疆	5743593	3245532	1942467	1303065	528070
大连	1462964	243998	187972	56026	20513
宁波	2055301	689891	496024	193867	76641
厦门	785624	349592	243577	106015	31390
青岛	508503	244558	150013	94545	42844
深圳	4546476	1723043	1356277	366766	97709

（普通高等学校）

单位：千元

公用部分	商品和服务支出	其他资本性支出			基本建设支出
			专项公用支出	专项项目支出	
218505428	**116144220**	**102361207**	**53422446**	**48938761**	**15524531**
26285787	14610773	11675014	6933671	4741343	1616919
6483960	3001570	3482390	2132923	1349467	434398
6671773	3073961	3597812	2452952	1144860	308040
4553413	1837205	2716208	1012331	1703877	175857
3716157	1530503	2185654	1482688	702966	219046
8643480	4986978	3656502	1587523	2068980	612842
4627948	2735923	1892025	1385498	506527	216282
5177447	3021656	2155790	1330888	824902	171284
16217916	12946383	3271532	2492265	779268	2911224
16525080	8761841	7763240	3518414	4244825	526608
8374330	3460077	4914254	1736791	3177463	32390
7778136	2671580	5106556	2623269	2483287	360138
5641664	2556763	3084901	1402221	1682681	217698
5117155	2528061	2589093	1356713	1232380	99631
10223794	4581479	5642315	2142409	3499906	436388
10633482	5868593	4764888	3017794	1747094	316448
9112445	6441608	2670837	1787938	882899	617238
8827367	4359788	4467579	1804720	2662859	275874
11177637	5889305	5288331	3009056	2279275	1851549
4512138	1597479	2914658	1311320	1603338	275592
1176495	641404	535090	341488	193602	92224
5691335	2879396	2811939	1290459	1521480	106202
8157547	4858614	3298933	2164166	1134767	553216
2660691	968122	1692569	602660	1089908	470595
3452233	1486919	1965314	609803	1355511	245448
282082	182520	99562	55302	44260	229194
9538271	5229871	4308400	2009315	2299085	626480
3796552	1808129	1988423	845858	1142565	497068
324875	164277	160598	153010	7588	528687
999900	482944	516956	379320	137636	126250
2124337	980496	1143842	449679	694162	373724
1147560	136734	1010826	70022	940804	71405
1364203	395444	968759	228098	740661	1207
366581	212509	154072	152972	1100	69450
263946	67409	196536	59298	137238	
1378001	981097	396904	392340	4564	1445432

5-6 财政补助支出明细

地区	合计	个人部分	工资福利支出	对个人和家庭的补助支出	#助学金
合计	**331635414**	**160711324**	**92424927**	**68286397**	**29667638**
北京	18753104	7211758	4304523	2907235	719047
天津	8655517	3723986	1822910	1901076	568189
河北	12183731	5690537	2913829	2776708	1226383
山西	9525810	4796540	2702569	2093971	1050783
内蒙古	9547047	5611844	3043791	2568053	1446099
辽宁	13310959	6227934	3581291	2646644	785189
吉林	7214759	4037739	2348064	1689675	538935
黑龙江	8586446	4969449	2646767	2322682	734618
上海	16460676	4850102	3324362	1525740	717977
江苏	23074646	11528480	7064515	4463965	1896164
浙江	15705473	7912156	5061242	2850914	1149704
安徽	11554895	4919026	2654301	2264725	1271617
福建	8431151	3838776	2021459	1817316	756023
江西	10645818	5429033	2976616	2452416	1162204
山东	19676652	11029083	6888872	4140211	1523615
河南	21294127	10420353	6651376	3768978	1882449
湖北	11212222	6906884	4447305	2459579	1123591
湖南	13259725	6253503	3625214	2628288	1244935
广东	21570770	11730491	7160911	4569581	1480782
广西	8674349	3886620	1343684	2542937	1507912
海南	2330326	1061607	687862	373746	278854
重庆	7188823	2854865	1395787	1459078	902748
四川	11997267	6132344	3368166	2764178	1499372
贵州	6354334	3223048	1419904	1803144	590916
云南	7865835	4168154	2194510	1973644	1060805
西藏	1141672	630396	325864	304532	105466
陕西	11757644	5214426	2739797	2474628	1312199
甘肃	5608242	2149652	1174412	975240	474648
青海	1620977	767414	433050	334365	80121
宁夏	1672161	909143	539628	369515	130593
新疆	4760258	2625978	1562346	1063633	445704
大连	1462964	243998	187972	56026	20513
宁波	2055301	689891	496024	193867	76641
厦门	785624	349592	243577	106015	31390
青岛	494713	244558	150013	94545	42844
深圳	4546476	1723043	1356277	366766	97709

(地方普通高等学校)

单位：千元

公用部分	商品和服务支出	其他资本性支出	专项公用支出	专项项目支出	基本建设支出
160581974	**77146983**	**83434990**	**39248603**	**44186388**	**10342117**
11494453	5188204	6306249	3250752	3055497	46893
4928285	1852003	3076282	1850781	1225501	3245
6217695	2829073	3388622	2297500	1091122	275499
4553413	1837205	2716208	1012331	1703877	175857
3716157	1530503	2185654	1482688	702966	219046
6690597	3779975	2910622	981112	1929510	392428
3053738	1513874	1539864	1033337	506527	123282
3528759	2153793	1374966	931132	443834	88238
9150798	7654345	1496454	937048	559405	2459776
11310863	5491927	5818936	2233990	3584946	235303
7760926	3092332	4668594	1493132	3175463	32390
6316544	1737142	4579402	2096715	2482687	319325
4448309	1906223	2542086	1023599	1518487	144066
5117155	2528061	2589093	1356713	1232380	99631
8458385	3295187	5163198	1799181	3364018	189184
10557326	5830532	4726794	2979701	1747094	316448
4147562	2683528	1464034	831436	632598	157776
6826383	2864509	3961874	1332570	2629304	179839
8368025	4157740	4210285	2180547	2029737	1472254
4512138	1597479	2914658	1311320	1603338	275592
1176495	641404	535090	341488	193602	92224
4282756	1719885	2562871	1041391	1521480	51202
5526000	3161443	2364557	1439030	925528	338922
2660691	968122	1692569	602660	1089908	470595
3452233	1486919	1965314	609803	1355511	245448
282082	182520	99562	55302	44260	229194
6066514	2841983	3224531	1248468	1976063	476704
3058696	1260016	1798680	712536	1086144	399893
324875	164277	160598	153010	7588	528687
688018	314204	373814	267769	106044	75000
1906103	882577	1023526	361558	661968	228176
1147560	136734	1010826	70022	940804	71405
1364203	395444	968759	228098	740661	1207
366581	212509	154072	152972	1100	69450
250156	53619	196536	59298	137238	
1378001	981097	396904	392340	4564	1445432

5-7 财政补助支出明细

地区	合计	个人部分	工资福利支出	对个人和家庭的补助支出	#助学金
合计	**378515363**	**186780124**	**101614438**	**85165686**	**37491791**
北京	51626032	26048440	10993641	15054799	8405417
天津	9617996	4548370	2260699	2287672	707517
河北	10598065	4542351	2298040	2244310	904039
山西	7308789	3579649	1985859	1593790	796081
内蒙古	6563092	3746690	1986236	1760454	1021935
辽宁	15021446	6957339	4023306	2934033	945013
吉林	10066064	5682290	3214958	2467332	784374
黑龙江	10357724	5863173	3131532	2731641	901305
上海	28027247	10142536	6732549	3409986	1802357
江苏	25675567	12998851	7289346	5709504	2082117
浙江	12454648	6520088	3940729	2579359	932502
安徽	11846396	4851520	2542270	2309250	1184959
福建	9112381	4266027	2348577	1917450	807675
江西	8002572	3988311	2172336	1815975	799885
山东	18675664	10606693	6364295	4242399	1465225
河南	16540186	7979117	5109612	2869506	1442919
湖北	19151920	10895522	6376775	4518748	1833212
湖南	12662401	5865597	3228165	2637432	1112056
广东	21605125	11260354	6511407	4748947	1361469
广西	6286582	2830882	873867	1957014	1221307
海南	1801737	797105	519488	277617	201487
重庆	8851107	4001594	2033173	1968421	1008296
四川	15197390	8520044	4882673	3637371	1693504
贵州	4518500	2248396	984811	1263585	394436
云南	6277163	3311497	1759209	1552288	824861
西藏	619481	386374	190796	195579	69516
陕西	16604730	7952215	4167419	3784796	1694630
甘肃	6315092	2623542	1420494	1203048	525152
青海	1312893	609991	347344	262647	58249
宁夏	1818860	835433	513660	321773	130443
新疆	3998510	2320133	1411174	908959	379850
大连	1291140	173047	135867	37180	6703
宁波	1300984	394447	274067	120380	46363
厦门	529649	214677	163079	51597	9979
青岛	317735	138818	86719	52099	32113
深圳	3470283	1126445	880709	245736	51936

（普通高等本科学校）

单位：千元

公用部分	商品和服务支出	其他资本性支出	专项公用支出	专项项目支出	基本建设支出
178476177	**99232068**	**79244109**	**43226317**	**36017792**	**13259062**
23995444	13626269	10369174	6095921	4273253	1582149
4637473	2521932	2115541	830587	1284954	432153
5749486	2753083	2996403	2209524	786879	306228
3641913	1451000	2190913	816242	1374671	87226
2677194	1029652	1647542	1150552	496990	139208
7664401	4339290	3325112	1413947	1911165	399706
4167492	2553986	1613506	1221937	391569	216282
4329340	2577103	1752237	1069514	682723	165211
15253768	12204546	3049222	2290765	758457	2630944
12161057	6736214	5424843	2809631	2615212	515659
5933175	2491954	3441221	1285932	2155289	1385
6657003	2341343	4315661	2311086	2004574	337873
4658024	2158235	2499790	1185925	1313865	188330
3936776	2104995	1831781	1115801	715980	77485
7660948	3932991	3727957	1724623	2003334	408023
8461688	4748037	3713651	2419769	1293881	99381
7654363	5582112	2072251	1547815	524435	602035
6556426	3549221	3007205	1370295	1636910	240378
8728645	4825091	3903553	2385574	1517980	1616126
3180108	1276998	1903110	730837	1172274	275592
923055	513212	409843	295312	114531	81577
4753311	2460813	2292498	997160	1295338	96202
6310111	4079258	2230853	1733907	496946	367235
1860933	743792	1117142	445494	671648	409171
2869068	1186799	1682269	482833	1199437	96598
127343	103411	23932	20132	3800	105764
8192869	4713102	3479767	1802012	1677755	459647
3213426	1536870	1676556	704619	971937	478124
259633	138243	121390	115869	5520	443270
862177	431410	430768	316447	114321	121250
1399525	521107	878418	326254	552164	278852
1046688	62967	983721	50366	933355	71405
906537	298232	608304	123141	485163	
245522	139274	106248	106248		69450
178917	40868	138049	31449	106600	
1107559	775653	331906	328538	3368	1236278

5-8 财政补助支出明细

地 区	合 计	个人部分	工资福利支 出	对个人和家庭的补助支出	#助学金
合 计	**246626759**	**117689595**	**66792041**	**50897553**	**21909046**
北 京	14952833	5682930	3300013	2382916	625885
天 津	5740181	2657382	1322330	1335052	384936
河 北	9611217	4042122	1979787	2062335	831621
山 西	7308789	3579649	1985859	1593790	796081
内蒙古	6563092	3746690	1986236	1760454	1021935
辽 宁	10741103	4850293	2757543	2092750	664071
吉 林	6122008	3405444	2011575	1393869	451627
黑龙江	6539661	3761575	1973798	1787778	579410
上 海	14604580	4235496	2831582	1403914	673695
江 苏	14718180	7546986	4504445	3042542	1263692
浙 江	10742057	5420901	3356484	2064417	835695
安 徽	8961509	3469038	1816074	1652965	913792
福 建	6404019	2824652	1482229	1342423	555490
江 西	8002572	3988311	2172336	1815975	799885
山 东	14296757	8240398	5056311	3184088	1150020
河 南	16407387	7922474	5064287	2858186	1439750
湖 北	7995566	5161469	3438821	1722648	760235
湖 南	8898832	4183702	2373644	1810059	846367
广 东	15662558	8332852	4880665	3452188	1039686
广 西	6286582	2830882	873867	1957014	1221307
海 南	1801737	797105	519488	277617	201487
重 庆	5614155	2228221	1111609	1116612	702342
四 川	8329672	4488366	2504269	1984097	1068676
贵 州	4518500	2248396	984811	1263585	394436
云 南	6277163	3311497	1759209	1552288	824861
西 藏	619481	386374	190796	195579	69516
陕 西	8882653	3849607	1963536	1886071	985073
甘 肃	4391307	1534788	837124	697664	347670
青 海	1312893	609991	347344	262647	58249
宁 夏	1248365	628070	361056	267014	97649
新 疆	3071350	1723933	1044916	679016	303905
大 连	1291140	173047	135867	37180	6703
宁 波	1300984	394447	274067	120380	46363
厦 门	529649	214677	163079	51597	9979
青 岛	303945	138818	86719	52099	32113
深 圳	3470283	1126445	880709	245736	51936

(地方普通高等本科学校)

单位：千元

公用部分	商品和服务支出	其他资本性支出			基本建设支出
			专项公用支出	专项项目支出	
120860517	**60355864**	**60504653**	**29135601**	**31369052**	**8076648**
9257781	4235050	5022731	2434111	2588620	12123
3081799	1372366	1709433	548445	1160988	1000
5295408	2508195	2787214	2054073	733140	273687
3641913	1451000	2190913	816242	1374671	87226
2677194	1029652	1647542	1150552	496990	139208
5711518	3132287	2579232	807536	1771696	179291
2593282	1331937	1261345	869776	391569	123282
2695921	1719808	976113	671458	304654	82165
8189589	6915405	1274184	735589	538595	2179495
6946839	3466300	3480539	1525207	1955332	224354
5319771	2124209	3195562	1042273	2153289	1385
5195411	1406905	3788506	1784532	2003974	297060
3464669	1507694	1956974	807304	1149671	114699
3936776	2104995	1831781	1115801	715980	77485
5895538	2646698	3248840	1381395	1867446	160820
8385532	4709975	3675557	2381676	1293881	99381
2691525	1826077	865448	591313	274135	142573
4570786	2067285	2503501	900145	1603356	144344
6092874	3123949	2968925	1601062	1367863	1236831
3180108	1276998	1903110	730837	1172274	275592
923055	513212	409843	295312	114531	81577
3344732	1301302	2043430	748092	1295338	41202
3688364	2390669	1297695	1009989	287706	152942
1860933	743792	1117142	445494	671648	409171
2869068	1186799	1682269	482833	1199437	96598
127343	103411	23932	20132	3800	105764
4723175	2327277	2395898	1041165	1354733	309871
2475570	988756	1486814	571297	915517	380950
259633	138243	121390	115869	5520	443270
550295	262670	287625	204896	82729	70000
1214112	442948	771164	251195	519970	133305
1046688	62967	983721	50366	933355	71405
906537	298232	608304	123141	485163	
245522	139274	106248	106248		69450
165127	27078	138049	31449	106600	
1107559	775653	331906	328538	3368	1236278

5-9 财政补助支出明细

地区	合计	个人部分	工资福利支出	对个人和家庭的补助支出	#助学金
合计	**85645663**	**43350944**	**25831372**	**17519572**	**7812773**
北京	3891585	1566472	1028374	538098	94757
天津	2915335	1066604	500580	566024	183253
河北	2572514	1648415	934042	714373	394761
山西	2217021	1216891	716709	500181	254702
内蒙古	2983956	1865154	1057556	807599	424164
辽宁	2569856	1377641	823748	553893	121118
吉林	1092751	632295	336489	295806	87307
黑龙江	2104598	1250419	708939	541480	158720
上海	1877576	633148	505752	127396	44681
江苏	8356466	3981494	2560070	1421423	632472
浙江	4963415	2491255	1704758	786497	314009
安徽	2593386	1449988	838227	611761	357825
福建	2027132	1014124	539231	474893	200533
江西	2643246	1440722	804281	636441	362319
山东	5379895	2788684	1832561	956123	373595
河南	4886740	2497880	1587089	910791	442699
湖北	3240454	1767169	1008485	758684	384813
湖南	4417808	2111371	1273248	838124	400120
广东	6136529	3452115	2316525	1135590	446849
广西	2387768	1055739	469816	585922	286605
海南	528589	264503	168374	96129	77367
重庆	1574668	626644	284178	342466	200406
四川	3737757	1704341	896547	807794	443990
贵州	1835834	974652	435093	539559	196479
云南	1588672	856657	435301	421356	235944
西藏	522191	244022	135068	108954	35950
陕西	2906023	1393787	797473	596315	327323
甘肃	1216934	614864	337288	277576	126977
青海	308084	157423	85705	71718	21872
宁夏	423796	281073	178572	102501	32944
新疆	1745082	925399	531293	394106	148220
大连	171824	70951	52105	18846	13811
宁波	754318	295444	221957	73487	30278
厦门	255975	134915	80497	54418	21411
青岛	190768	105739	63293	42446	10731
深圳	1076194	596597	475568	121029	45774

(普通高职高专学校)

单位：千元

公用部分	商品和服务支出	其他资本性支出			基本建设支出
			专项公用支出	专项项目支出	
40029251	**16912153**	**23117098**	**10196129**	**12920969**	**2265469**
2290343	984504	1305840	837750	468090	34770
1846486	479637	1366849	1302336	64513	2245
922286	320878	601409	243427	357981	1812
911499	386204	525295	196089	329206	88631
1038963	500851	538112	332136	205976	79838
979079	647689	331390	173576	157814	213137
460456	181937	278519	163561	114958	
848107	444554	403553	261374	142179	6073
964148	741838	222310	201500	20811	280280
4364024	2025627	2338396	708783	1629613	10949
2441155	968123	1473032	450859	1022173	31005
1121133	330238	790895	312183	478713	22265
983640	398529	585112	216296	368816	29368
1180379	423066	757312	240912	516400	22146
2562846	648489	1914358	417786	1496572	28364
2171794	1120556	1051238	598025	453213	217067
1458082	859496	598586	240123	358463	15203
2270941	810568	1460373	434425	1025949	35496
2448992	1064214	1384778	623483	761295	235422
1332029	320481	1011548	580484	431064	
253439	128192	125247	46176	79071	10648
938024	418583	519441	293299	226142	10000
1847436	779356	1068080	430258	637822	185981
799758	224330	575427	157167	418261	61425
583165	300120	283045	126970	156075	148850
154739	79109	75630	35170	40460	123430
1345402	516769	828633	207303	621330	166833
583126	271260	311867	141239	170627	18943
65243	26034	39208	37140	2068	85418
137723	51535	86189	62873	23315	5000
724812	459388	265424	123426	141998	94871
100872	73767	27105	19656	7449	
457667	97212	360455	104957	255498	1207
121059	73235	47824	46724	1100	
85029	26542	58487	27849	30638	
270443	205444	64998	63803	1195	209154

5-10 财政补助支出明细

地区	合计	个人部分	工资福利支出	对个人和家庭的补助支出	#助学金
合计	**85008655**	**43021729**	**25632885**	**17388844**	**7758591**
北京	3800271	1528828	1004510	524319	93161
天津	2915335	1066604	500580	566024	183253
河北	2572514	1648415	934042	714373	394761
山西	2217021	1216891	716709	500181	254702
内蒙古	2983956	1865154	1057556	807599	424164
辽宁	2569856	1377641	823748	553893	121118
吉林	1092751	632295	336489	295806	87307
黑龙江	2046785	1207874	672969	534905	155207
上海	1856096	614606	492780	121826	44282
江苏	8356466	3981494	2560070	1421423	632472
浙江	4963415	2491255	1704758	786497	314009
安徽	2593386	1449988	838227	611761	357825
福建	2027132	1014124	539231	474893	200533
江西	2643246	1440722	804281	636441	362319
山东	5379895	2788684	1832561	956123	373595
河南	4886740	2497880	1587089	910791	442699
湖北	3216656	1745415	1008485	736931	363356
湖南	4360893	2069800	1251571	818230	398568
广东	5908212	3397639	2280246	1117393	441095
广西	2387768	1055739	469816	585922	286605
海南	528589	264503	168374	96129	77367
重庆	1574668	626644	284178	342466	200406
四川	3667595	1643979	863897	780081	430696
贵州	1835834	974652	435093	539559	196479
云南	1588672	856657	435301	421356	235944
西藏	522191	244022	135068	108954	35950
陕西	2874991	1364819	776262	588557	327126
甘肃	1216934	614864	337288	277576	126977
青海	308084	157423	85705	71718	21872
宁夏	423796	281073	178572	102501	32944
新疆	1688908	902046	517429	384616	141799
大连	171824	70951	52105	18846	13811
宁波	754318	295444	221957	73487	30278
厦门	255975	134915	80497	54418	21411
青岛	190768	105739	63293	42446	10731
深圳	1076194	596597	475568	121029	45774

（地方普通高职高专学校）

单位：千元

公用部分	商品和服务支出	其他资本性支出			基本建设支出
			专项公用支出	专项项目支出	
39721457	**16791119**	**22930337**	**10113002**	**12817335**	**2265469**
2236672	953154	1283518	816641	466877	34770
1846486	479637	1366849	1302336	64513	2245
922286	320878	601409	243427	357981	1812
911499	386204	525295	196089	329206	88631
1038963	500851	538112	332136	205976	79838
979079	647689	331390	173576	157814	213137
460456	181937	278519	163561	114958	
832838	433985	398853	259674	139179	6073
961210	738940	222269	201459	20811	280280
4364024	2025627	2338396	708783	1629613	10949
2441155	968123	1473032	450859	1022173	31005
1121133	330238	790895	312183	478713	22265
983640	398529	585112	216296	368816	29368
1180379	423066	757312	240912	516400	22146
2562846	648489	1914358	417786	1496572	28364
2171794	1120556	1051238	598025	453213	217067
1456037	857451	598586	240123	358463	15203
2255597	797224	1458373	432425	1025949	35496
2275151	1033791	1241360	579485	661874	235422
1332029	320481	1011548	580484	431064	
253439	128192	125247	46176	79071	10648
938024	418583	519441	293299	226142	10000
1837636	770773	1066862	429041	637822	185981
799758	224330	575427	157167	418261	61425
583165	300120	283045	126970	156075	148850
154739	79109	75630	35170	40460	123430
1343339	514706	828633	207303	621330	166833
583126	271260	311867	141239	170627	18943
65243	26034	39208	37140	2068	85418
137723	51535	86189	62873	23315	5000
691991	439629	252362	110364	141998	94871
100872	73767	27105	19656	7449	
457667	97212	360455	104957	255498	1207
121059	73235	47824	46724	1100	
85029	26542	58487	27849	30638	
270443	205444	64998	63803	1195	209154

5-11 财政补助支出明细

地 区	合 计	个人部分	工资福利支出	对个人和家庭的补助支出	#助学金
合 计	**11518122**	**4394952**	**2749664**	**1645288**	**208025**
北 京	736295	466852	250211	216641	
天 津	671688	196049	92983	103065	1417
河 北	343517	223098	163388	59710	15467
山 西	227620	155616	106447	49169	7979
内蒙古	82560	42193	24059	18134	4644
辽 宁	212342	164137	120957	43180	273
吉 林	341516	229188	126246	102942	10859
黑龙江	486074	340181	187713	152467	25293
上 海	4466044	326681	246660	80021	2092
江 苏	70375	40845	27504	13341	1905
浙 江	561494	222152	151254	70898	3697
安 徽	164100	107733	68320	39414	8486
福 建	139341	99511	62292	37219	305
江 西	137868	79890	47855	32035	11466
山 东	127706	77958	46562	31395	22
河 南	259272	147530	94112	53418	9589
湖 北	119370	96420	65998	30421	13078
湖 南	198402	113535	65927	47608	8009
广 东	556871	368901	242258	126643	4358
广 西	251026	134522	60729	73792	15890
海 南	47617	17157	13536	3621	2827
重 庆	135633	34186	17725	16461	10346
四 川	459001	266048	187830	78218	16769
贵 州	78466	64007	33735	30272	4999
云 南	167695	97684	68284	29400	14371
西 藏					
陕 西	203720	76812	44426	32386	8461
甘 肃	81635	54340	33926	20414	4042
青 海	16776	12745	5618	7127	
宁 夏					
新 疆	174097	138980	93108	45872	1381
大 连	85639	60139	49768	10371	173
宁 波	153782	69796	53749	16048	2267
厦 门	911	812	591	221	
青 岛	51552	16452	10487	5965	
深 圳	29831	18797	15218	3579	1302

(成人高等学校)

单位：千元

公用部分	商品和服务支出	其他资本性支出	其他资本性支出：专项公用支出	其他资本性支出：专项项目支出	基本建设支出
6922318	**5588644**	**1333674**	**445019**	**888656**	**200852**
269443	214779	54664	41669	12995	
455639	44640	411000	2462	408538	20000
120419	68278	52142	36319	15822	
72004	38129	33875	23925	9950	
40367	13496	26871	21551	5320	
48205	36609	11595	8808	2788	
112327	94827	17500	15266	2234	
145894	111983	33911	19020	14891	
4139363	4093197	46166	23635	22531	
29529	10471	19058	2580	16478	
196835	76961	119874	25611	94264	142507
51366	32127	19239	18839	400	5000
39829	34134	5695	4635	1061	
57978	32662	25316	21078	4238	
48248	11105	37143	4143	33000	1500
111742	89588	22154	15981	6173	
22500	17289	5211	3536	1675	450
80867	56488	24379	4386	19993	4000
187390	110298	77093	36798	40295	580
104004	56105	47899	23652	24247	12500
18463	3800	14663	4064	10598	11998
101447	81914	19533	19533		
190635	141919	48717	22272	26445	2318
14459	9263	5196	5057	139	
70011	21766	48245	13222	35022	
126908	32077	94831	20005	74826	
27295	21998	5297	1785	3512	
4032	561	3471	2551	920	
35117	32178	2939	2639	300	
25499	18954	6545	3758	2788	
83985	29628	54357	14491	39866	
99	99				
35100	3692	31408	1408	30000	
10454	10087	366	366		580

5-12 财政补助支出明细

地区	合计	个人部分	工资福利支出	对个人和家庭的补助支出	#助学金
合计	**11348288**	**4300803**	**2703349**	**1597454**	**207578**
北京	648584	418208	235357	182852	
天津	671688	196049	92983	103065	1417
河北	296107	206831	153083	53748	15467
山西	227620	155616	106447	49169	7979
内蒙古	82560	42193	24059	18134	4644
辽宁	212342	164137	120957	43180	273
吉林	341516	229188	126246	102942	10859
黑龙江	486074	340181	187713	152467	25293
上海	4466044	326681	246660	80021	2092
江苏	70375	40845	27504	13341	1905
浙江	561494	222152	151254	70898	3697
安徽	164100	107733	68320	39414	8486
福建	139341	99511	62292	37219	305
江西	137868	79890	47855	32035	11466
山东	127706	77958	46562	31395	22
河南	259272	147530	94112	53418	9589
湖北	119370	96420	65998	30421	13078
湖南	198402	113535	65927	47608	8009
广东	556871	368901	242258	126643	4358
广西	251026	134522	60729	73792	15890
海南	47617	17157	13536	3621	2827
重庆	135633	34186	17725	16461	10346
四川	459001	266048	187830	78218	16769
贵州	78466	64007	33735	30272	4999
云南	167695	97684	68284	29400	14371
西藏					
陕西	203720	76812	44426	32386	8461
甘肃	81635	54340	33926	20414	4042
青海	16776	12745	5618	7127	
宁夏					
新疆	139384	109742	71952	37790	934
大连	85639	60139	49768	10371	173
宁波	153782	69796	53749	16048	2267
厦门	911	812	591	221	
青岛	51552	16452	10487	5965	
深圳	29831	18797	15218	3579	1302

(地方成人高等学校)

单位：千元

公用部分	商品和服务支出	其他资本性支出			基本建设支出
			专项公用支出	专项项目支出	
6846633	**5534122**	**1312510**	**433752**	**878759**	**200852**
230376	178681	51695	39367	12329	
455639	44640	411000	2462	408538	20000
89276	55305	33970	27378	6592	
72004	38129	33875	23925	9950	
40367	13496	26871	21551	5320	
48205	36609	11595	8808	2788	
112327	94827	17500	15266	2234	
145894	111983	33911	19020	14891	
4139363	4093197	46166	23635	22531	
29529	10471	19058	2580	16478	
196835	76961	119874	25611	94264	142507
51366	32127	19239	18839	400	5000
39829	34134	5695	4635	1061	
57978	32662	25316	21078	4238	
48248	11105	37143	4143	33000	1500
111742	89588	22154	15981	6173	
22500	17289	5211	3536	1675	450
80867	56488	24379	4386	19993	4000
187390	110298	77093	36798	40295	580
104004	56105	47899	23652	24247	12500
18463	3800	14663	4064	10598	11998
101447	81914	19533	19533		
190635	141919	48717	22272	26445	2318
14459	9263	5196	5057	139	
70011	21766	48245	13222	35022	
126908	32077	94831	20005	74826	
27295	21998	5297	1785	3512	
4032	561	3471	2551	920	
29643	26728	2915	2615	300	
25499	18954	6545	3758	2788	
83985	29628	54357	14491	39866	
99	99				
35100	3692	31408	1408	30000	
10454	10087	366	366		580

5-13 财政补助支出明细

地区	合计	个人部分			
			工资福利支出	对个人和家庭的补助支出	
					#助学金
合　计	**159297881**	**80270019**	**51906455**	**28363564**	**8463503**
北　京	5657052	2657176	1579763	1077413	98768
天　津	2428870	1583790	692333	891458	148406
河　北	5813532	3654884	2694696	960188	305576
山　西	4211711	2331977	1760671	571306	169547
内蒙古	3590446	2111389	1352500	758889	291023
辽　宁	4531688	2467460	1420524	1046936	228192
吉　林	3157600	1862285	1093989	768296	100695
黑龙江	3323775	2172479	1173273	999206	205286
上　海	5605135	2243462	1497231	746231	336301
江　苏	13594846	6799499	4741133	2058366	273319
浙　江	9853541	5493463	4171996	1321468	248167
安　徽	5850345	2239782	1327738	912044	326417
福　建	4483523	2440561	1713205	727356	113674
江　西	2905450	1359528	742916	616612	295895
山　东	14388764	5812134	4326485	1485649	338212
河　南	8486734	3855227	2706883	1148344	404015
湖　北	4062583	2279379	1389823	889556	280221
湖　南	4449309	2335254	1427188	908066	382280
广　东	15692128	8407147	5444098	2963048	872190
广　西	4206206	2142515	1246556	895959	298261
海　南	1667843	686785	554453	132332	72093
重　庆	4130119	2095269	1062271	1032998	449807
四　川	7128600	3393484	2066679	1326805	545577
贵　州	3720386	1387461	707954	679507	305490
云　南	4957105	2792016	1623821	1168195	534896
西　藏	554196	162312	82953	79360	49346
陕　西	2981738	1742497	1092909	649588	275481
甘　肃	2836577	1506169	863465	642704	244715
青　海	880878	421153	243545	177608	56838
宁　夏	850376	374353	245151	129202	47505
新　疆	3296824	1459128	860252	598877	165312
大　连	868019	397773	283301	114472	59190
宁　波	1968956	1216858	971631	245227	24973
厦　门	858864	432151	292358	139793	20159
青　岛	2425543	1048600	727555	321044	32590
深　圳	1463695	718616	515651	202965	61929

(中等职业学校)

单位：千元

公用部分	商品和服务支出	其他资本性支出			基本建设支出
			专项公用支出	专项项目支出	
75274009	**29100663**	**46173346**	**15584389**	**30588956**	**3753854**
2966993	1209005	1757988	1154281	603707	32883
845080	291340	553740	220862	332878	
2088218	970604	1117614	285063	832551	70430
1820465	895331	925134	380245	544889	59269
1419285	683282	736003	292805	443198	59772
1978375	1126824	851551	349770	501780	85853
1231462	467358	764103	234477	529627	63853
1101203	609615	491587	219818	271770	50093
3353708	1146252	2207456	2117462	89994	7965
6694018	1918697	4775321	1120915	3654406	101330
4296530	1639661	2656870	716965	1939904	63547
3448771	737750	2711021	492619	2218402	161791
1941579	772058	1169520	472217	697303	101383
1390472	439715	950757	200441	750316	155451
8493781	2347648	6146133	1265314	4880818	82849
4409842	1598094	2811748	833943	1977805	221666
1633058	652312	980746	337323	643423	150147
2030115	914680	1115435	327350	788086	83939
7001050	3712766	3288284	1409407	1878877	283932
1898547	669661	1228887	555303	673584	165144
803879	376277	427602	182627	244974	177180
1842639	952055	890584	323689	566895	192211
3570141	1248106	2322035	632032	1690003	164976
2193442	727988	1465454	180370	1285084	139483
1799157	926669	872488	309424	563064	365932
314683	82208	232475	102755	129720	77200
1169326	631429	537897	132966	404931	69915
1225346	447525	777821	312397	465424	105062
393576	138948	254629	109785	144844	66148
435023	197438	237586	78578	159008	41000
1484245	569366	914879	233187	681692	353451
464580	263102	201478	175134	26344	5666
752098	429043	323055	129904	193151	
362574	174565	188010	92778	95232	64138
1376944	362538	1014406	290751	723655	
623600	541685	81916	69810	12106	121478

5-14 财政补助支出明细

地区	合计	个人部分	工资福利支出	对个人和家庭的补助支出	#助学金
合计	**158818712**	**80001108**	**51741983**	**28259125**	**8426226**
北京	5557134	2605198	1543704	1061494	95841
天津	2425471	1581761	690746	891015	147963
河北	5805158	3649550	2690312	959238	305350
山西	4211711	2331977	1760671	571306	169547
内蒙古	3590446	2111389	1352500	758889	291023
辽宁	4531688	2467460	1420524	1046936	228192
吉林	3157600	1862285	1093989	768296	100695
黑龙江	3261066	2126148	1143041	983106	200514
上海	5605135	2243462	1497231	746231	336301
江苏	13586048	6797034	4741133	2055901	273120
浙江	9853541	5493463	4171996	1321468	248167
安徽	5848696	2238133	1327738	910395	324768
福建	4483523	2440561	1713205	727356	113674
江西	2905423	1359500	742916	616584	295867
山东	14388764	5812134	4326485	1485649	338212
河南	8478247	3850372	2703668	1146704	402375
湖北	4062583	2279379	1389823	889556	280221
湖南	4444450	2330415	1422396	908019	382280
广东	15657503	8394383	5435525	2958858	871105
广西	4206206	2142515	1246556	895959	298261
海南	1667843	686785	554453	132332	72093
重庆	4125051	2091023	1058194	1032829	449638
四川	7115453	3383251	2058043	1325208	544634
贵州	3720386	1387461	707954	679507	305490
云南	4957105	2792016	1623821	1168195	534896
西藏	554196	162312	82953	79360	49346
陕西	2981738	1742497	1092909	649588	275481
甘肃	2836577	1506169	863465	642704	244715
青海	880878	421153	243545	177608	56838
宁夏	850376	374353	245151	129202	47505
新疆	3068716	1336969	797336	539634	142115
大连	868019	397773	283301	114472	59190
宁波	1968956	1216858	971631	245227	24973
厦门	858864	432151	292358	139793	20159
青岛	2425543	1048600	727555	321044	32590
深圳	1463695	718616	515651	202965	61929

(地方中等职业学校)

单位：千元

公用部分	商品和服务支出	其他资本性支出			基本建设支出
			专项公用支出	专项项目支出	
75078389	**28966605**	**46111784**	**15559128**	**30552656**	**3739214**
2919053	1173103	1745951	1150621	595330	32883
843710	289970	553740	220862	332878	
2085178	967564	1117614	285063	832551	70430
1820465	895331	925134	380245	544889	59269
1419285	683282	736003	292805	443198	59772
1978375	1126824	851551	349770	501780	85853
1231462	467358	764103	234477	529627	63853
1084826	596762	488064	217185	270879	50093
3353708	1146252	2207456	2117462	89994	7965
6687684	1912364	4775321	1120915	3654406	101330
4296530	1639661	2656870	716965	1939904	63547
3448771	737750	2711021	492619	2218402	161791
1941579	772058	1169520	472217	697303	101383
1390472	439715	950757	200441	750316	155451
8493781	2347648	6146133	1265314	4880818	82849
4406209	1594472	2811738	833933	1977805	221666
1633058	652312	980746	337323	643423	150147
2030095	914660	1115435	327350	788086	83939
6979189	3691662	3287527	1408649	1878877	283932
1898547	669661	1228887	555303	673584	165144
803879	376277	427602	182627	244974	177180
1841817	951233	890584	323689	566895	192211
3567226	1246236	2320990	630987	1690003	164976
2193442	727988	1465454	180370	1285084	139483
1799157	926669	872488	309424	563064	365932
314683	82208	232475	102755	129720	77200
1169326	631429	537897	132966	404931	69915
1225346	447525	777821	312397	465424	105062
393576	138948	254629	109785	144844	66148
435023	197438	237586	78578	159008	41000
1392935	522246	870689	216030	654659	338812
464580	263102	201478	175134	26344	5666
752098	429043	323055	129904	193151	
362574	174565	188010	92778	95232	64138
1376944	362538	1014406	290751	723655	
623600	541685	81916	69810	12106	121478

5-15 财政补助支出明细

地区	合计	个人部分	工资福利支出	对个人和家庭的补助支出	#助学金
合计	**73120463**	**36318004**	**23012446**	**13305558**	**4200702**
北京	1446458	732679	459095	273584	61042
天津	1204341	747376	365113	382263	99194
河北	1598667	1073763	720832	352931	144029
山西	1747364	1074014	777503	296511	93858
内蒙古	1382974	791166	450157	341009	172515
辽宁	2624923	1390516	738022	652494	118106
吉林	1245399	658077	396417	261660	28131
黑龙江	801682	503781	256298	247483	73017
上海	2068461	1065155	805411	259744	54191
江苏	8839104	4593928	3202823	1391105	168683
浙江	1717822	956091	735868	220223	44797
安徽	3228389	1221997	721309	500688	169413
福建	3551083	1887045	1317316	569729	104965
江西	1144306	610823	287392	323430	167049
山东	6966396	2636492	1938214	698278	193497
河南	3357068	1633880	1095764	538116	203123
湖北	2565987	1368277	836120	532156	195070
湖南	823003	454662	248814	205848	107268
广东	7893963	4003955	2575293	1428662	423549
广西	3353951	1780093	1020504	759588	271355
海南	1066152	410155	330926	79229	43254
重庆	774360	328306	142219	186087	75803
四川	2691423	1211349	689030	522320	238224
贵州	1832089	676583	326000	350583	161116
云南	2329340	1250603	671983	578619	326686
西藏	554196	162312	82953	79360	49346
陕西	614567	383653	251682	131971	29654
甘肃	2161277	1109623	613925	495697	185184
青海	777518	381572	219531	162041	54737
宁夏	531017	224308	144772	79536	31433
新疆	2227183	995771	591158	404612	112411
大连	295846	146639	122073	24565	159
宁波	506694	308255	246458	61797	4224
厦门	763543	391784	258420	133364	18696
青岛	241045	130126	82911	47214	6112
深圳	313572	164043	123639	40404	7821

(中等专业学校)

单位：千元

公用部分	商品和服务支出	其他资本性支出	专项公用支出	专项项目支出	基本建设支出
34834935	**13438230**	**21396705**	**6752852**	**14643853**	**1967523**
710896	318899	391996	272767	119230	2883
456965	152084	304881	104163	200718	
513066	275315	237751	56061	181690	11839
673050	440502	232548	139345	93203	301
566121	315927	250195	127611	122583	25687
1165125	661432	503694	153611	350082	69282
578822	178385	400437	91140	309296	8500
287901	145451	142450	83805	58645	10000
1000473	590979	409494	346068	63426	2833
4236456	1304853	2931603	684906	2246697	8720
720716	293579	427137	146154	280983	41015
1945962	408521	1537441	269533	1267908	60430
1572220	616237	955983	387438	568544	91818
433823	220838	212985	102548	110437	99660
4258153	1166242	3091911	533572	2558339	71751
1615952	626118	989834	293403	696431	107237
1097863	466651	631212	219634	411578	99847
348341	172882	175459	85554	89906	20000
3783951	1731021	2052930	825617	1227313	106057
1510593	574518	936075	483637	452438	63265
530201	250762	279439	113238	166202	125796
410692	154182	256510	67635	188875	35361
1418816	468729	950086	253390	696696	61258
1115563	332555	783008	77078	705930	39943
818230	425253	392977	113918	279059	260508
314683	82208	232475	102755	129720	77200
227664	159672	67992	23301	44491	3249
1002049	353881	648168	273319	374848	49605
341368	126787	214581	104429	110152	54578
276709	118959	157750	50881	106870	30000
902512	304808	597705	166143	431562	328900
143541	96884	46657	42920	3737	5666
198440	92283	106157	35867	70290	
308500	145797	162703	80974	81729	63259
110919	64636	46283	40018	6265	
138729	119425	19304	18052	1251	10800

5-16 财政补助支出明细

地 区	合 计	个人部分	工资福利支出	对个人和家庭的补助支出	#助学金
合 计	**72736111**	**36120825**	**22897296**	**13223530**	**4172478**
北 京	1346540	680701	423036	257665	58115
天 津	1204341	747376	365113	382263	99194
河 北	1590293	1068428	716448	351981	143803
山 西	1747364	1074014	777503	296511	93858
内蒙古	1382974	791166	450157	341009	172515
辽 宁	2624923	1390516	738022	652494	118106
吉 林	1245399	658077	396417	261660	28131
黑龙江	801015	503615	256298	247317	72851
上 海	2068461	1065155	805411	259744	54191
江 苏	8830443	4591468	3202823	1388645	168488
浙 江	1717822	956091	735868	220223	44797
安 徽	3228389	1221997	721309	500688	169413
福 建	3551083	1887045	1317316	569729	104965
江 西	1144278	610795	287392	323402	167021
山 东	6966396	2636492	1938214	698278	193497
河 南	3354168	1633480	1095764	537716	202723
湖 北	2565987	1368277	836120	532156	195070
湖 南	818144	449823	244023	205801	107268
广 东	7859339	3991191	2566720	1424471	422465
广 西	3353951	1780093	1020504	759588	271355
海 南	1066152	410155	330926	79229	43254
重 庆	774360	328306	142219	186087	75803
四 川	2691423	1211349	689030	522320	238224
贵 州	1832089	676583	326000	350583	161116
云 南	2329340	1250603	671983	578619	326686
西 藏	554196	162312	82953	79360	49346
陕 西	614567	383653	251682	131971	29654
甘 肃	2161277	1109623	613925	495697	185184
青 海	777518	381572	219531	162041	54737
宁 夏	531017	224308	144772	79536	31433
新 疆	2002864	876561	529816	346745	89214
大 连	295846	146639	122073	24565	159
宁 波	506694	308255	246458	61797	4224
厦 门	763543	391784	258420	133364	18696
青 岛	241045	130126	82911	47214	6112
深 圳	313572	164043	123639	40404	7821

(地方中等专业学校)

单位：千元

公用部分	商品和服务支出	其他资本性支出	专项公用支出	专项项目支出	基本建设支出
34662402	**13322645**	**21339757**	**6731314**	**14608443**	**1952884**
662956	282996	379959	269106	110853	2883
456965	152084	304881	104163	200718	
510026	272275	237751	56061	181690	11839
673050	440502	232548	139345	93203	301
566121	315927	250195	127611	122583	25687
1165125	661432	503694	153611	350082	69282
578822	178385	400437	91140	309296	8500
287400	144950	142450	83805	58645	10000
1000473	590979	409494	346068	63426	2833
4230255	1298652	2931603	684906	2246697	8720
720716	293579	427137	146154	280983	41015
1945962	408521	1537441	269533	1267908	60430
1572220	616237	955983	387438	568544	91818
433823	220838	212985	102548	110437	99660
4258153	1166242	3091911	533572	2558339	71751
1613452	623618	989834	293403	696431	107237
1097863	466651	631212	219634	411578	99847
348321	172862	175459	85554	89906	20000
3762090	1709917	2052173	824859	1227313	106057
1510593	574518	936075	483637	452438	63265
530201	250762	279439	113238	166202	125796
410692	154182	256510	67635	188875	35361
1418816	468729	950086	253390	696696	61258
1115563	332555	783008	77078	705930	39943
818230	425253	392977	113918	279059	260508
314683	82208	232475	102755	129720	77200
227664	159672	67992	23501	44491	3249
1002049	353881	648168	273319	374848	49605
341368	126787	214581	104429	110152	54578
276709	118959	157750	50881	106870	30000
812042	258492	553550	149022	404529	314261
143541	96884	46657	42920	3737	5666
198440	92283	106157	35867	70290	
308500	145797	162703	80974	81729	63259
110919	64636	46283	40018	6265	
138729	119425	19304	18052	1251	10800

5-17 财政补助支出明细

地区	合计	个人部分	工资福利支出	对个人和家庭的补助支出	#助学金
合计	**61930783**	**30586824**	**20280611**	**10306213**	**3156365**
北京	2898686	1454016	770592	683424	27859
天津	754955	515463	171132	344332	16624
河北	3191850	1812169	1394550	417619	140489
山西	1692056	844926	673555	171371	63490
内蒙古	1779969	981837	680469	301368	109535
辽宁	1457440	857621	572409	285212	58121
吉林	1153763	640138	396117	244021	26964
黑龙江	1471376	886927	478282	408645	93573
上海	3303496	1049156	597437	451719	282039
江苏	2952592	1193911	867701	326210	38820
浙江	6885820	3843995	2937052	906943	184202
安徽	2404796	894249	545301	348948	134705
福建	488305	269986	189870	80116	4221
江西	1423602	534182	313197	220985	123588
山东	4817239	2003558	1506606	496951	80001
河南	3564353	1451087	1054998	396090	166516
湖北	1282360	750775	446568	304207	75948
湖南	3065596	1502210	950416	551794	236404
广东	3465160	2133924	1472887	661038	129907
广西	62904	43088	27191	15898	628
海南	408770	177206	143453	33754	17826
重庆	2462652	1337425	712269	625156	345149
四川	3871847	1919093	1222226	696867	264768
贵州	1715079	656393	373659	282734	109119
云南	1768821	1001694	632765	368929	146813
西藏					
陕西	1899393	1010586	644725	365860	157202
甘肃	614934	354534	225585	128949	59521
青海	103360	39581	24015	15567	2100
宁夏	307229	139638	94448	45190	16071
新疆	662382	287455	161138	126317	44159
大连	374345	185404	143440	41965	14593
宁波	1119600	691219	553052	138167	20092
厦门					
青岛	2036597	844590	589072	255518	21238
深圳	730656	389534	279644	109890	26340

(职业高中)

单位：千元

公用部分	商品和服务支出	其他资本性支出	专项公用支出	专项项目支出	基本建设支出
29878642	**10116699**	**19761942**	**6574845**	**13187097**	**1465317**
1414670	505611	909059	489189	419870	30000
239492	77195	162297	33200	129097	
1321090	513753	807337	194960	612376	58591
795479	340752	454727	109449	345278	51650
764048	307297	456751	150090	306661	34085
599819	316791	283028	166896	116132	
458272	165225	293047	106247	186800	55353
556156	297496	258660	75959	182701	28293
2249208	462594	1786614	1760046	26568	5132
1667066	237412	1429654	296094	1133560	91615
3023825	1053264	1970561	475656	1494905	18000
1409185	285551	1123634	217482	906152	101361
210450	74318	136132	44332	91800	7868
834420	162575	671844	85168	586676	55000
2808681	542014	2266667	457407	1809260	5000
2015424	632157	1383268	330261	1053007	97841
485586	149504	336081	109506	226576	46000
1499447	629946	869501	215440	654061	63939
1186337	732537	453800	269858	183942	144899
19816	10912	8903	4764	4139	
203572	77567	126004	55316	70689	27992
994053	535946	458107	180819	277288	131173
1852574	641019	1211555	307886	903669	100181
959146	277340	681806	102651	579155	99540
713631	345493	368139	122436	245703	53497
823077	384010	439067	99809	339258	65730
204943	83873	121070	34035	87035	55457
52208	12160	40048	5356	34692	11570
156591	77196	79395	27645	51751	11000
360376	185190	175186	46888	128298	14551
188941	66188	122753	107452	15301	
428381	229408	198973	76982	121991	
1192007	246439	945568	244056	701512	
231462	189726	41736	40851	885	109660

5-18 财政补助支出明细

地区	合计	个人部分	工资福利支出	对个人和家庭的补助支出	#助学金
合计	**61918858**	**30579435**	**20274697**	**10304738**	**3155019**
北京	2898686	1454016	770592	683424	27859
天津	754955	515463	171132	344332	16624
河北	3191850	1812169	1394550	417619	140489
山西	1692056	844926	673555	171371	63490
内蒙古	1779969	981837	680469	301368	109535
辽宁	1457440	857621	572409	285212	58121
吉林	1153763	640138	396117	244021	26964
黑龙江	1465038	883993	475583	408410	93467
上海	3303496	1049156	597437	451719	282039
江苏	2952592	1193911	867701	326210	38820
浙江	6885820	3843995	2937052	906943	184202
安徽	2404796	894249	545301	348948	134705
福建	488305	269986	189870	80116	4221
江西	1423602	534182	313197	220985	123588
山东	4817239	2003558	1506606	496951	80001
河南	3558766	1446632	1051783	394850	165276
湖北	1282360	750775	446568	304207	75948
湖南	3065596	1502210	950416	551794	236404
广东	3465160	2133924	1472887	661038	129907
广西	62904	43088	27191	15898	628
海南	408770	177206	143453	33754	17826
重庆	2462652	1337425	712269	625156	345149
四川	3871847	1919093	1222226	696867	264768
贵州	1715079	656393	373659	282734	109119
云南	1768821	1001694	632765	368929	146813
西藏					
陕西	1899393	1010586	644725	365860	157202
甘肃	614934	354534	225585	128949	59521
青海	103360	39581	24015	15567	2100
宁夏	307229	139638	94448	45190	16071
新疆	662382	287455	161138	126317	44159
大连	374345	185404	143440	41965	14593
宁波	1119600	691219	553052	138167	20092
厦门					
青岛	2036597	844590	589072	255518	21238
深圳	730656	389534	279644	109890	26340

（地方职业高中）

单位：千元

公用部分	商品和服务支出	其他资本性支出	专项公用支出	专项项目支出	基本建设支出
29874106	**10112947**	**19761159**	**6574561**	**13186597**	**1465317**
1414670	505611	909059	489189	419870	30000
239492	77195	162297	33200	129097	
1321090	513753	807337	194960	612376	58591
795479	340752	454727	109449	345278	51650
764048	307297	456751	150090	306661	34085
599819	316791	283028	166896	116132	
458272	165225	293047	106247	186800	55353
552752	294866	257886	75685	182201	28293
2249208	462594	1786614	1760046	26568	5132
1667066	237412	1429654	296094	1133560	91615
3023825	1053264	1970561	475656	1494905	18000
1409185	285551	1123634	217482	906152	101361
210450	74318	136132	44332	91800	7868
834420	162575	671844	85168	586676	55000
2808681	542014	2266667	457407	1809260	5000
2014292	631034	1383258	330251	1053007	97841
485586	149504	336081	109506	226576	46000
1499447	629946	869501	215440	654061	63939
1186337	732537	453800	269858	183942	144899
19816	10912	8903	4764	4139	
203572	77567	126004	55316	70689	27992
994053	535946	458107	180819	277288	131173
1852574	641019	1211555	307886	903669	100181
959146	277340	681806	102651	579155	99540
713631	345493	368139	122436	245703	53497
823077	384010	439067	99809	339258	65730
204943	83873	121070	34035	87035	55457
52208	12160	40048	5356	34692	11570
156591	77196	79395	27645	51751	11000
360376	185190	175186	46888	128298	14551
188941	66188	122753	107452	15301	
428381	229408	198973	76982	121991	
1192007	246439	945568	244056	701512	
231462	189726	41736	40851	885	109660

5-19 财政补助支出明细

地 区	合 计	个人部分	工资福利支出	对个人和家庭的补助支出	#助学金
合 计	**28551125**	**13795767**	**9591315**	**4204452**	**1618334**
北 京	413158	179107	134851	44256	1570
天 津	29596	7747	4722	3025	
河 北	1781135	1061049	810694	250355	94616
山 西	1075865	522639	417003	105637	42156
内蒙古	1164874	636053	451313	184740	76888
辽 宁	383773	222342	165233	57109	9112
吉 林	393951	214128	139658	74470	13198
黑龙江	510027	301922	182707	119214	14495
上 海	108455	58399	48342	10057	4847
江 苏	1373689	531069	392051	139018	23313
浙 江	2650272	1558762	1222670	336093	86300
安 徽	2039389	712645	435825	276820	108722
福 建	141220	63046	44800	18246	1884
江 西	1078172	368602	224183	144419	77898
山 东	1540430	712078	581545	130533	32933
河 南	2189374	842243	620845	221398	105871
湖 北	452338	246709	161747	84961	32116
湖 南	1894690	908957	581312	327645	142172
广 东	515369	284965	210765	74200	14160
广 西	55760	37999	23606	14394	628
海 南	165301	70962	55355	15608	8654
重 庆	1225765	628229	350973	277257	173515
四 川	2462101	1161195	752359	408837	182115
贵 州	1221879	480875	284189	196685	79980
云 南	1108825	677444	436954	240490	98781
西 藏					
陕 西	1352693	692042	474054	217988	93793
甘 肃	516151	299628	192575	107053	52231
青 海	74588	26852	15133	11719	2051
宁 夏	215725	97396	66569	30827	13542
新 疆	416559	190682	109282	81400	30793
大 连	34257	21967	18929	3038	
宁 波	418802	275065	228252	46813	7436
厦 门					
青 岛	186557	88517	71554	16963	1844
深 圳					

(农村职业高中)

单位：千元

公用部分	商品和服务支出	其他资本性支出	专项公用支出	专项项目支出	基本建设支出
13795057	**4584972**	**9210085**	**2168334**	**7041751**	**960300**
234050	44454	189596	90795	98801	
21848	927	20921	3516	17405	
661496	306260	355235	105559	249676	58591
516576	214619	301957	71686	230271	36650
498154	215458	282696	74583	208113	30667
161431	93069	68363	22374	45988	
159823	66049	93774	26268	67506	20000
186433	94406	92027	29510	62517	21673
50057	37416	12641	6706	5935	
751005	108832	642173	121527	520646	91615
1091509	379009	712500	155802	556698	
1235382	247196	988186	190464	797722	91361
75374	17430	57944	8278	49666	2800
664569	103725	560845	59600	501244	45000
823352	179917	643435	170416	473019	5000
1251304	399816	851488	204640	646848	95827
185329	36027	149302	49894	99409	20300
946794	363170	583624	116452	467172	38939
224405	126071	98333	47566	50767	6000
17761	9018	8743	4604	4139	
94175	22805	71370	29681	41688	164
526222	241683	284539	101486	183052	71314
1229396	394218	835177	168432	666745	71510
641474	200856	440618	71880	368738	99531
399132	162208	236924	84753	152171	32250
604921	278564	326357	71035	255322	55730
181066	70930	110136	27240	82896	35457
36166	8460	27706	4906	22800	11570
107329	59839	47489	22665	24825	11000
218527	102542	115985	26013	89972	7350
12290	8479	3811	719	3092	
143737	76935	66803	23095	43707	
98040	15977	82063	24533	57530	

5-20 财政补助支出明细

地区	合计				
		个人部分			
			工资福利支出	对个人和家庭的补助支出	
					#助学金
合计	**28544788**	**13792833**	**9588616**	**4204217**	**1618227**
北京	413158	179107	134851	44256	1570
天津	29596	7747	4722	3025	
河北	1781135	1061049	810694	250355	94616
山西	1075865	522639	417003	105637	42156
内蒙古	1164874	636053	451313	184740	76888
辽宁	383773	222342	165233	57109	9112
吉林	393951	214128	139658	74470	13198
黑龙江	503690	298988	180008	118980	14388
上海	108455	58399	48342	10057	4847
江苏	1373689	531069	392051	139018	23313
浙江	2650272	1558762	1222670	336093	86300
安徽	2039389	712645	435825	276820	108722
福建	141220	63046	44800	18246	1884
江西	1078172	368602	224183	144419	77898
山东	1540430	712078	581545	130533	32933
河南	2189374	842243	620845	221398	105871
湖北	452338	246709	161747	84961	32116
湖南	1894690	908957	581312	327645	142172
广东	515369	284965	210765	74200	14160
广西	55760	37999	23606	14394	628
海南	165301	70962	55355	15608	8654
重庆	1225765	628229	350973	277257	173515
四川	2462101	1161195	752359	408837	182115
贵州	1221879	480875	284189	196685	79980
云南	1108825	677444	436954	240490	98781
西藏					
陕西	1352693	692042	474054	217988	93793
甘肃	516151	299628	192575	107053	52231
青海	74588	26852	15133	11719	2051
宁夏	215725	97396	66569	30827	13542
新疆	416559	190682	109282	81400	30793
大连	34257	21967	18929	3038	
宁波	418802	275065	228252	46813	7436
厦门					
青岛	186557	88517	71554	16963	1844
深圳					

(地方农村职业高中)

单位：千元

公用部分	商品和服务支出	其他资本性支出			基本建设支出
			专项公用支出	专项项目支出	
13791654	**4582343**	**9209311**	**2168060**	**7041251**	**960300**
234050	44454	189596	90795	98801	
21848	927	20921	3516	17405	
661496	306260	355235	105559	249676	58591
516576	214619	301957	71686	230271	36650
498154	215458	282696	74583	208113	30667
161431	93069	68363	22374	45988	
159823	66049	93774	26268	67506	20000
183029	91777	91253	29236	62017	21673
50057	37416	12641	6706	5935	
751005	108832	642173	121527	520646	91615
1091509	379009	712500	155802	556698	
1235382	247196	988186	190464	797722	91361
75374	17430	57944	8278	49666	2800
664569	103725	560845	59600	501244	45000
823352	179917	643435	170416	473019	5000
1251304	399816	851488	204640	646848	95827
185329	36027	149302	49894	99409	20300
946794	363170	583624	116452	467172	38939
224405	126071	98333	47566	50767	6000
17761	9018	8743	4604	4139	
94175	22805	71370	29681	41688	164
526222	241683	284539	101486	183052	71314
1229396	394218	835177	168432	666745	71510
641474	200856	440618	71880	368738	99531
399132	162208	236924	84753	152171	32250
604921	278564	326357	71035	255322	55730
181066	70930	110136	27240	82896	35457
36166	8460	27706	4906	22800	11570
107329	59839	47489	22665	24825	11000
218527	102542	115985	26013	89972	7350
12290	8479	3811	719	3092	
143737	76935	66803	23095	43707	
98040	15977	82063	24533	57530	

5-21 财政补助支出明细

地区	合计	个人部分	工资福利支出	对个人和家庭的补助支出	#助学金
合计	**17173993**	**8499991**	**5492515**	**3007476**	**968163**
北京	1272600	442994	332892	110102	9866
天津	414354	272778	134462	138316	32488
河北	433661	277025	213466	63559	18444
山西	498352	177346	138858	38488	12032
内蒙古	136681	78265	49080	29185	8973
辽宁	420122	202861	100087	102774	50778
吉林	153352	101797	40353	61443	45485
黑龙江	437271	262537	149923	112614	34815
上海	120813	81429	59383	22046	71
江苏	1308652	688087	472391	215696	61491
浙江	757793	377631	262380	115251	16832
安徽	50492	32919	14520	18399	15215
福建	425593	271887	197245	74642	4420
江西	44797	29612	18884	10728	2227
山东	2180136	896905	669082	227823	58890
河南	925001	413433	305691	107742	23165
湖北	171062	132531	90691	41839	7628
湖南	190809	122739	77292	45447	12147
广东	4085806	2088845	1302961	785884	276459
广西	773963	309553	194058	115495	26278
海南	167681	82388	65198	17190	11013
重庆	472989	216929	83941	132989	28403
四川	406906	197448	126772	70676	21318
贵州	148162	34708		34708	34708
云南	598081	317831	178856	138975	59957
西藏					
陕西	368959	276875	146942	129934	87217
甘肃	1053	980	539	442	
青海					
宁夏					
新疆	208854	111657	66568	45089	7840
大连	189469	63791	16200	47590	44437
宁波	64123	27436	21612	5825	625
厦门	95320	40367	33938	6429	1463
青岛	135534	65474	48184	17290	5180
深圳	390889	152469	102106	50363	26899

(技工学校)

单位：千元

公用部分	商品和服务支出	其他资本性支出		基本建设支出

公用部分	商品和服务支出	其他资本性支出	专项公用支出	专项项目支出	基本建设支出
8387059	**4261034**	**4126025**	**2030832**	**2095193**	**286943**
829606	374473	455133	391696	63437	
141576	55525	86050	82994	3056	
156636	103571	53065	24317	28747	
313687	82763	230924	128121	102804	7319
58416	34607	23809	12181	11628	
202261	137777	64485	29039	35446	15000
51555	28292	23263	10262	13001	
162934	83571	79362	54687	24675	11800
39384	29933	9450	9450		
620565	287711	332853	112141	220712	
380162	162283	217879	79486	138393	
17573	9442	8130	2998	5132	
152009	80857	71152	39194	31959	1696
15185	10504	4681	4381	300	
1277133	607567	669566	256600	412966	6098
502704	196172	306532	180754	125778	8864
38531	27955	10576	6748	3828	
68070	35980	32091	14056	18035	
1963985	1202971	761014	295967	465047	32975
362531	79732	282799	65793	217007	101879
61900	40405	21495	13411	8084	23392
244539	116162	128378	49890	78487	11520
205921	122332	83589	69507	14082	3537
113454	113454				
228323	121471	106852	69339	37512	51928
91148	67329	23819	8818	15001	935
73	73				
87197	48120	39076	19000	20076	10000
125678	93680	31998	24691	7306	
36686	28140	8546	8546		
54074	28767	25307	11804	13503	879
70061	50289	19772	6157	13615	
237402	216966	20435	10466	9970	1018

5-22 财政补助支出明细

地 区	合 计	个人部分	工资福利支出	对个人和家庭的补助支出	#助学金
合 计	**17115592**	**8455896**	**5464658**	**2991238**	**960556**
北 京	1272600	442994	332892	110102	9866
天 津	411055	270849	132875	137974	32145
河 北	433661	277025	213466	63559	18444
山 西	498352	177346	138858	38488	12032
内蒙古	136681	78265	49080	29185	8973
辽 宁	420122	202861	100087	102774	50778
吉 林	153352	101797	40353	61443	45485
黑龙江	402170	236504	136366	100138	30315
上 海	120813	81429	59383	22046	71
江 苏	1308515	688083	472391	215691	61487
浙 江	757793	377631	262380	115251	16832
安 徽	48843	31270	14520	16750	13566
福 建	425593	271887	197245	74642	4420
江 西	44797	29612	18884	10728	2227
山 东	2180136	896905	669082	227823	58890
河 南	925001	413433	305691	107742	23165
湖 北	171062	132531	90691	41839	7628
湖 南	190809	122739	77292	45447	12147
广 东	4085806	2088845	1302961	785884	276459
广 西	773963	309553	194058	115495	26278
海 南	167681	82388	65198	17190	11013
重 庆	467921	212683	79863	132820	28235
四 川	393759	187215	118136	69079	20375
贵 州	148162	34708		34708	34708
云 南	598081	317831	178856	138975	59957
西 藏					
陕 西	368959	276875	146942	129934	87217
甘 肃	1053	980	539	442	
青 海					
宁 夏					
新 疆	208854	111657	66568	45089	7840
大 连	189469	63791	16200	47590	44437
宁 波	64123	27436	21612	5825	625
厦 门	95320	40367	33938	6429	1463
青 岛	135534	65474	48184	17290	5180
深 圳	390889	152469	102106	50363	26899

(地方技工学校)

单位：千元

公用部分	商品和服务支出	其他资本性支出			基本建设支出
			专项公用支出	专项项目支出	
8372753	**4250386**	**4122367**	**2027564**	**2094803**	**286943**
829606	374473	455133	391696	63437	
140206	54155	86050	82994	3056	
156636	103571	53065	24317	28747	
313687	82763	230924	128121	102804	7319
58416	34607	23809	12181	11628	
202261	137777	64485	29039	35446	15000
51555	28292	23263	10262	13001	
153866	77117	76749	52465	24285	11800
39384	29933	9450	9450		
620432	287579	332853	112141	220712	
380162	162283	217879	79486	138393	
17573	9442	8130	2998	5132	
152009	80857	71152	39194	31959	1696
15185	10504	4681	4381	300	
1277133	607567	669566	256600	412966	6098
502704	196172	306532	180754	125778	8864
38531	27955	10576	6748	3828	
68070	35980	32091	14056	18035	
1963985	1202971	761014	295967	465047	32975
362531	79732	282799	65793	217007	101879
61900	40405	21495	13411	8084	23392
243718	115340	128378	49890	78487	11520
203007	120463	82544	68462	14082	3537
113454	113454				
228323	121471	106852	69339	37512	51928
91148	67329	23819	8818	15001	935
73	73				
87197	48120	39076	19000	20076	10000
125678	93680	31998	24691	7306	
36686	28140	8546	8546		
54074	28767	25307	11804	13503	879
70061	50289	19772	6157	13615	
237402	216966	20435	10466	9970	1018

5-23 财政补助支出明细

地区	合计	个人部分	工资福利支出	对个人和家庭的补助支出	#助学金
合计	**7072642**	**4865200**	**3120882**	**1744317**	**138274**
北京	39308	27487	17184	10303	
天津	55221	48173	21627	26546	100
河北	589354	491927	365848	126079	2613
山西	273939	235691	170755	64935	167
内蒙古	290822	260122	172795	87327	
辽宁	29203	16462	10007	6455	1187
吉林	605085	462273	261101	201171	115
黑龙江	613446	519234	288771	230464	3881
上海	112366	47723	35000	12723	
江苏	494498	323573	198218	125355	4325
浙江	492106	315746	236696	79050	2336
安徽	166668	90617	46608	44008	7084
福建	18543	11644	8775	2869	68
江西	292745	184911	123442	61469	3031
山东	424993	275179	212582	62597	5823
河南	640312	356826	250430	106396	11211
湖北	43175	27797	16444	11353	1574
湖南	369900	255643	150666	104977	26462
广东	247199	180422	92958	87464	42275
广西	15388	9781	4802	4978	
海南	25241	17034	14876	2159	
重庆	420119	212609	123842	88766	452
四川	158423	65593	28652	36942	21266
贵州	25056	19777	8295	11482	547
云南	260862	221889	140217	81672	1439
西藏					
陕西	98820	71383	49560	21823	1407
甘肃	59314	41032	23416	17616	9
青海					
宁夏	12130	10407	5931	4476	
新疆	198406	64246	41387	22859	901
大连	8359	1939	1587	352	
宁波	278539	189948	150509	39439	32
厦门					
青岛	12367	8410	7387	1023	61
深圳	28578	12569	10261	2308	868

(成人中等专业学校)

单位：千元

公用部分					基本建设支出
	商品和服务支出	其他资本性支出			
			专项公用支出	专项项目支出	
2173372	**1284699**	**888673**	**225860**	**662813**	**34070**
11821	10022	1799	629	1170	
7047	6535	512	504	8	
97427	77965	19462	9725	9737	
38249	31314	6935	3331	3604	
30700	25452	5248	2922	2326	
11170	10825	345	225	120	1572
142813	95457	47356	26827	20528	
94212	83097	11115	5367	5748	
64643	62745	1898	1898		
169932	88722	81210	27773	53437	994
171828	130534	41294	15669	25624	4533
76051	34236	41816	2606	39209	
6899	646	6253	1253	5000	
107044	45797	61247	8344	52903	791
149814	31825	117989	17736	100253	
275761	143648	132114	29525	102589	7725
11078	8202	2876	1435	1441	4300
114257	75873	38385	12300	26084	
66777	46237	20540	17965	2575	
5607	4498	1109	1109		
8206	7543	664	664		
193354	145764	47589	25345	22244	14156
92830	16025	76805	1248	75557	
5280	4639	641	641		
38973	34452	4520	3731	790	
27437	20418	7019	838	6182	
18282	9699	8583	5043	3540	
1723	1283	440	52	388	
134160	31248	102912	1156	101756	
6420	6350	70	70		
88592	79212	9380	8510	870	
3957	1174	2783	519	2263	
16008	15567	441	441		

5-24 财政补助支出明细

地 区	合 计	个人部分	工资福利支出	对个人和家庭的补助支出	#助学金
合 计	**7048150**	**4844952**	**3105333**	**1739619**	**138174**
北 京	39308	27487	17184	10303	
天 津	55121	48073	21627	26447	
河 北	589354	491927	365848	126079	2613
山 西	273939	235691	170755	64935	167
内蒙古	290822	260122	172795	87327	
辽 宁	29203	16462	10007	6455	1187
吉 林	605085	462273	261101	201171	115
黑龙江	592843	502036	274795	227241	3881
上 海	112366	47723	35000	12723	
江 苏	494498	323573	198218	125355	4325
浙 江	492106	315746	236696	79050	2336
安 徽	166668	90617	46608	44008	7084
福 建	18543	11644	8775	2869	68
江 西	292745	184911	123442	61469	3031
山 东	424993	275179	212582	62597	5823
河 南	640312	356826	250430	106396	11211
湖 北	43175	27797	16444	11353	1574
湖 南	369900	255643	150666	104977	26462
广 东	247199	180422	92958	87464	42275
广 西	15388	9781	4802	4978	
海 南	25241	17034	14876	2159	
重 庆	420119	212609	123842	88766	452
四 川	158423	65593	28652	36942	21266
贵 州	25056	19777	8295	11482	547
云 南	260862	221889	140217	81672	1439
西 藏					
陕 西	98820	71383	49560	21823	1407
甘 肃	59314	41032	23416	17616	9
青 海					
宁 夏	12130	10407	5931	4476	
新 疆	194617	61296	39813	21483	901
大 连	8359	1939	1587	352	
宁 波	278539	189948	150509	39439	32
厦 门					
青 岛	12367	8410	7387	1023	61
深 圳	28578	12569	10261	2308	868

（地方成人中等专业学校）

单位：千元

公用部分	商品和服务支出	其他资本性支出	专项公用支出	专项项目支出	基本建设支出
2169128	**1280627**	**888501**	**225688**	**662813**	**34070**
11821	10022	1799	629	1170	
7047	6535	512	504	8	
97427	77965	19462	9725	9737	
38249	31314	6935	3331	3604	
30700	25452	5248	2922	2326	
11170	10825	345	225	120	1572
142813	95457	47356	26827	20528	
90807	79829	10979	5231	5748	
64643	62745	1898	1898		
169932	88722	81210	27773	53437	994
171828	130534	41294	15669	25624	4533
76051	34236	41816	2606	39209	
6899	646	6253	1253	5000	
107044	45797	61247	8344	52903	791
149814	31825	117989	17736	100253	
275761	143648	132114	29525	102589	7725
11078	8202	2876	1435	1441	4300
114257	75873	38385	12300	26084	
66777	46237	20540	17965	2575	
5607	4498	1109	1109		
8206	7543	664	664		
193354	145764	47589	25345	22244	14156
92830	16025	76805	1248	75557	
5280	4639	641	641		
38973	34452	4520	3731	790	
27437	20418	7019	838	6182	
18282	9699	8583	5043	3540	
1723	1283	440	52	388	
133320	30444	102877	1120	101756	
6420	6350	70	70		
88592	79212	9380	8510	870	
3957	1174	2783	519	2263	
16008	15567	441	441		

5-25 财政补助支出明细

地区	合计	个人部分	工资福利支出	对个人和家庭的补助支出	#助学金
合计	**755622760**	**474099891**	**329884687**	**144215203**	**31702854**
北京	25936698	13660745	8228858	5431886	115362
天津	13353002	8284620	4547047	3737573	62293
河北	27185636	17514577	13349772	4164805	1095529
山西	17931985	11363921	9001018	2362904	674464
内蒙古	17395824	11226764	8257450	2969315	806862
辽宁	21156762	13391266	9129831	4261435	326724
吉林	12759288	8208648	5486014	2722634	286490
黑龙江	18088861	12053115	8074995	3978120	285931
上海	18769665	10738814	8535694	2203120	383553
江苏	51675651	32492919	22929398	9563521	701482
浙江	35779862	24217153	18389384	5827769	918998
安徽	27779733	16355979	11098238	5257740	987690
福建	20630862	14071386	10588747	3482639	360174
江西	24849590	12471426	8676159	3795267	1090425
山东	55899616	33673923	26986634	6687289	1095182
河南	44337615	24828435	16817827	8010608	2459214
湖北	26349032	18330771	12254851	6075921	837377
湖南	29763205	18687565	12212162	6475402	1441592
广东	60133976	41107754	29870002	11237752	1218649
广西	21971574	13605774	8371879	5233895	1895483
海南	6707698	3699230	3044767	654463	276652
重庆	18864013	12003845	8003001	4000844	1197298
四川	38538026	26374140	17217566	9156575	3138273
贵州	21536083	14899985	8766674	6133310	2212981
云南	23442849	15923951	9845557	6078394	3006923
西藏	3996008	2254730	1211081	1043649	568658
陕西	23458434	13587909	9369092	4218817	1537853
甘肃	15587541	9981496	6624751	3356746	1079782
青海	5898292	2942670	1921083	1021586	367786
宁夏	5254509	3062435	2172303	890131	350147
新疆	20590872	13083946	8902853	4181092	923027
大连	3728281	2352682	1898922	453760	25810
宁波	6233836	3869808	2981421	888387	140491
厦门	2571681	1744478	1186635	557843	18753
青岛	7703478	4243949	3067584	1176365	81202
深圳	7825467	4781655	3323242	1458413	56629

(中学)

单位：千元

公用部分	商品和服务支出	其他资本性支出	专项公用支出	专项项目支出	基本建设支出
265683355	**97120336**	**168563019**	**35206433**	**133356586**	**15839514**
11332679	5271200	6061479	2973669	3087811	943274
4993452	1193335	3800117	606418	3193699	74930
9293882	3467736	5826146	1317141	4509005	377177
6403544	2740223	3663322	841439	2821883	164519
5673917	2551052	3122864	727860	2395004	495143
7714473	3889499	3824974	882229	2942744	51022
4417385	1804099	2613286	671548	1941738	133255
5561136	2702049	2859088	528768	2330320	474610
7595824	4332903	3262921	1855242	1407679	435026
19176167	4063780	15112387	1868152	13244235	6566
11268254	3718231	7550022	1205399	6344623	294455
10794502	2821069	7973433	1653269	6320164	629253
6305259	1982036	4323223	944105	3379118	254217
11870727	2715028	9155698	1018867	8136831	507437
22205693	4633690	17572003	2065440	15506563	20000
18749162	7586490	11162672	2182752	8979920	760018
7436899	3041462	4395436	997904	3397532	581362
10663452	3214821	7448631	1474105	5974526	412189
17514503	9649007	7865496	2710384	5155113	1511718
7432575	2345106	5087469	923864	4163605	933225
2822626	1055283	1767343	428033	1339310	185841
5911912	2727248	3184664	712285	2472379	948256
11323316	4839007	6484309	1629495	4854814	840570
6171356	2705150	3466206	825464	2640742	464742
6729063	3037382	3691681	775830	2915851	789835
1240058	390658	849400	292122	557278	501220
9439103	3370801	6068302	873915	5194387	431423
5127819	1642482	3485336	573517	2911819	478226
2088540	487912	1600628	189566	1411062	867083
1996504	592625	1403879	405815	998064	195570
6429573	2548970	3880603	1051835	2828768	1077353
1375599	664220	711380	287393	423987	
2286228	579187	1707041	194529	1512512	77800
741771	347338	394433	210163	184270	85432
3459529	742351	2717179	573659	2143520	
1833888	1501244	332644	267343	65301	1209924

5-26 财政补助支出明细

地区	合计	个人部分	工资福利支出	对个人和家庭的补助支出	#助学金
合计	752636037	472071425	328472001	143599424	31618260
北京	25420588	13357672	8042317	5315355	115185
天津	13353002	8284620	4547047	3737573	62293
河北	27185636	17514577	13349772	4164805	1095529
山西	17931985	11363921	9001018	2362904	674464
内蒙古	17395824	11226764	8257450	2969315	806862
辽宁	21156762	13391266	9129831	4261435	326724
吉林	12661038	8152404	5441237	2711166	286490
黑龙江	17909169	11927717	7975155	3952562	282609
上海	18650419	10677349	8487975	2189374	382849
江苏	51675651	32492919	22929398	9563521	701482
浙江	35779862	24217153	18389384	5827769	918998
安徽	27779733	16355979	11098238	5257740	987690
福建	20630862	14071386	10588747	3482639	360174
江西	24849590	12471426	8676159	3795267	1090425
山东	55899616	33673923	26986634	6687289	1095182
河南	44333769	24826320	16815712	8010608	2459214
湖北	26303366	18300641	12233514	6067127	837327
湖南	29759277	18683708	12208306	6475402	1441592
广东	60105883	41089302	29853459	11235844	1218351
广西	21971574	13605774	8371879	5233895	1895483
海南	6706626	3699230	3044767	654463	276652
重庆	18788070	11953770	7960254	3993516	1195990
四川	38538026	26374140	17217566	9156575	3138273
贵州	21536083	14899985	8766674	6133310	2212981
云南	23442849	15923951	9845557	6078394	3006923
西藏	3996008	2254730	1211081	1043649	568658
陕西	23347369	13525606	9316447	4209159	1537606
甘肃	15582497	9977471	6620862	3356609	1079681
青海	5898292	2942670	1921083	1021586	367786
宁夏	5254509	3062435	2172303	890131	350147
新疆	18792104	11772615	8012174	3760441	844640
大连	3728281	2352682	1898922	453760	25810
宁波	6233836	3869808	2981421	888387	140491
厦门	2571681	1744478	1186635	557843	18753
青岛	7703478	4243949	3067584	1176365	81202
深圳	7825467	4781655	3323242	1458413	56629

(地方中学)

单位：千元

公用部分					基本建设支出
	商品和服务支出	其他资本性支出			
			专项公用支出	专项项目支出	
264830384	**96598986**	**168231398**	**35093031**	**133138367**	**15734228**
11119642	5101656	6017986	2939641	3078346	943274
4993452	1193335	3800117	606418	3193699	74930
9293882	3467736	5826146	1317141	4509005	377177
6403544	2740223	3663322	841439	2821883	164519
5673917	2551052	3122864	727860	2395004	495143
7714473	3889499	3824974	882229	2942744	51022
4375379	1766694	2608685	666947	1941738	133255
5506842	2663858	2842984	520482	2322502	474610
7538043	4302422	3235621	1854742	1380879	435026
19176167	4063780	15112387	1868152	13244235	6566
11268254	3718231	7550022	1205399	6344623	294455
10794502	2821069	7973433	1653269	6320164	629253
6305259	1982036	4323223	944105	3379118	254217
11870727	2715028	9155698	1018867	8136831	507437
22205693	4633690	17572003	2065440	15506563	20000
18747431	7585304	11162127	2182207	8979920	760018
7421363	3026034	4395329	997796	3397532	581362
10663380	3214749	7448631	1474105	5974526	412189
17504862	9643985	7860877	2709619	5151258	1511718
7432575	2345106	5087469	923864	4163605	933225
2821554	1054212	1767343	428033	1339310	185841
5886044	2710518	3175526	709147	2466379	948256
11323316	4839007	6484309	1629495	4854814	840570
6171356	2705150	3466206	825464	2640742	464742
6729063	3037382	3691681	775830	2915851	789835
1240058	390658	849400	292122	557278	501220
9390340	3324865	6065476	871089	5194387	431423
5126800	1642267	3484532	573198	2911334	478226
2088540	487912	1600628	189566	1411062	867083
1996504	592625	1403879	405815	998064	195570
6047422	2388902	3658520	993549	2664971	972067
1375599	664220	711380	287393	423987	
2286228	579187	1707041	194529	1512512	77800
741771	347338	394433	210163	184270	85432
3459529	742351	2717179	573659	2143520	
1833888	1501244	332644	267343	65301	1209924

5-27 财政补助支出明细

地区	合计	个人部分	工资福利支出	对个人和家庭的补助支出	#助学金
合计	**755111594**	**473839502**	**329697336**	**144142166**	**31702454**
北京	25928823	13660744	8228858	5431886	115362
天津	13329374	8261068	4530794	3730274	62293
河北	27185636	17514577	13349772	4164805	1095529
山西	17931985	11363921	9001018	2362904	674464
内蒙古	17395824	11226764	8257450	2969315	806862
辽宁	21156762	13391266	9129831	4261435	326724
吉林	12755815	8205651	5485022	2720629	286490
黑龙江	18088861	12053115	8074995	3978120	285931
上海	18742227	10716462	8518628	2197834	383170
江苏	51465069	32415258	22884428	9530830	701482
浙江	35635190	24130852	18318620	5812232	918981
安徽	27779733	16355979	11098238	5257740	987690
福建	20630621	14071245	10588606	3482639	360174
江西	24820090	12471426	8676159	3795267	1090425
山东	55877903	33653376	26967062	6686315	1095182
河南	44334435	24828435	16817827	8010608	2459214
湖北	26340756	18327141	12251562	6075580	837377
湖南	29762322	18686802	12211438	6475364	1441592
广东	60105145	41085870	29856892	11228978	1218649
广西	21971271	13605774	8371879	5233895	1895483
海南	6707698	3699230	3044767	654463	276652
重庆	18864013	12003845	8003001	4000844	1197298
四川	38537456	26373579	17217094	9156486	3138273
贵州	21536083	14899985	8766674	6133310	2212981
云南	23442849	15923951	9845557	6078394	3006923
西藏	3996008	2254730	1211081	1043649	568658
陕西	23458434	13587909	9369092	4218817	1537853
甘肃	15587541	9981496	6624751	3356746	1079782
青海	5898292	2942670	1921083	1021586	367786
宁夏	5254509	3062435	2172303	890131	350147
新疆	20590872	13083946	8902853	4181092	923027
大连	3728281	2352682	1898922	453760	25810
宁波	6232324	3868766	2980530	888236	140491
厦门	2571681	1744478	1186635	557843	18753
青岛	7703478	4243949	3067584	1176365	81202
深圳	7825467	4781655	3323242	1458413	56629

(普通中学)

单位: 千元

公用部分	商品和服务支出	其他资本性支出	专项公用支出	专项项目支出	基本建设支出
265432578	**97033536**	**168399042**	**35188510**	**133210532**	**15839514**
11324805	5264749	6060056	2972245	3087811	943274
4993376	1193259	3800117	606418	3193699	74930
9293882	3467736	5826146	1317141	4509005	377177
6403544	2740223	3663322	841439	2821883	164519
5673917	2551052	3122864	727860	2395004	495143
7714473	3889499	3824974	882229	2942744	51022
4416910	1803698	2613212	671474	1941738	133255
5561136	2702049	2859088	528768	2330320	474610
7590738	4327926	3262812	1855134	1407679	435026
19043246	4040478	15002767	1866136	13136631	6566
11209883	3677276	7532607	1196816	6335791	294455
10794502	2821069	7973433	1653269	6320164	629253
6305159	1981936	4323223	944105	3379118	254217
11841227	2713528	9127698	1018867	8108831	507437
22204526	4632717	17571809	2065247	15506563	20000
18745982	7586490	11159492	2179572	8979920	760018
7432253	3038156	4394096	997504	3396592	581362
10663331	3214800	7448531	1474005	5974526	412189
17507557	9644279	7863277	2708540	5154738	1511718
7432272	2345106	5087166	923864	4163302	933225
2822626	1055283	1767343	428033	1339310	185841
5911912	2727248	3184664	712285	2472379	948256
11323307	4838998	6484309	1629495	4854814	840570
6171356	2705150	3466206	825464	2640742	464742
6729063	3037382	3691681	775830	2915851	789835
1240058	390658	849400	292122	557278	501220
9439103	3370801	6068302	873915	5194387	431423
5127819	1642482	3485336	573517	2911819	478226
2088540	487912	1600628	189566	1411062	867083
1996504	592625	1403879	405815	998064	195570
6429573	2548970	3880603	1051835	2828768	1077353
1375599	664220	711380	287393	423987	
2285758	579018	1706741	194229	1512512	77800
741771	347338	394433	210163	184270	85432
3459529	742351	2717179	573659	2143520	
1833888	1501244	332644	267343	65301	1209924

5-28 财政补助支出明细

地区	合计	个人部分	工资福利支出	对个人和家庭的补助支出	#助学金
合计	**752124871**	**471811036**	**328284649**	**143526386**	**31617861**
北京	25412713	13357672	8042317	5315355	115185
天津	13329374	8261068	4530794	3730274	62293
河北	27185636	17514577	13349772	4164805	1095529
山西	17931985	11363921	9001018	2362904	674464
内蒙古	17395824	11226764	8257450	2969315	806862
辽宁	21156762	13391266	9129831	4261435	326724
吉林	12657565	8149407	5440246	2709161	286490
黑龙江	17909169	11927717	7975155	3952562	282609
上海	18622981	10654997	8470910	2184087	382466
江苏	51465069	32415258	22884428	9530830	701482
浙江	35635190	24130852	18318620	5812232	918981
安徽	27779733	16355979	11098238	5257740	987690
福建	20630621	14071245	10588606	3482639	360174
江西	24820090	12471426	8676159	3795267	1090425
山东	55877903	33653376	26967062	6686315	1095182
河南	44330589	24826320	16815712	8010608	2459214
湖北	26295090	18297011	12230225	6066786	837327
湖南	29758393	18682945	12207581	6475364	1441592
广东	60077052	41067418	29840349	11227070	1218351
广西	21971271	13605774	8371879	5233895	1895483
海南	6706626	3699230	3044767	654463	276652
重庆	18788070	11953770	7960254	3993516	1195990
四川	38537456	26373579	17217094	9156486	3138273
贵州	21536083	14899985	8766674	6133310	2212981
云南	23442849	15923951	9845557	6078394	3006923
西藏	3996008	2254730	1211081	1043649	568658
陕西	23347369	13525606	9316447	4209159	1537606
甘肃	15582497	9977471	6620862	3356609	1079681
青海	5898292	2942670	1921083	1021586	367786
宁夏	5254509	3062435	2172303	890131	350147
新疆	18792104	11772615	8012174	3760441	844640
大连	3728281	2352682	1898922	453760	25810
宁波	6232324	3868766	2980530	888236	140491
厦门	2571681	1744478	1186635	557843	18753
青岛	7703478	4243949	3067584	1176365	81202
深圳	7825467	4781655	3323242	1458413	56629

(地方普通中学)

单位：千元

公用部分	商品和服务支出	其他资本性支出			基本建设支出
			专项公用支出	专项项目支出	
264579607	**96512186**	**168067421**	**35075108**	**132992313**	**15734228**
11111768	5095205	6016563	2938218	3078346	943274
4993376	1193259	3800117	606418	3193699	74930
9293882	3467736	5826146	1317141	4509005	377177
6403544	2740223	3663322	841439	2821883	164519
5673917	2551052	3122864	727860	2395004	495143
7714473	3889499	3824974	882229	2942744	51022
4374904	1766293	2608611	666873	1941738	133255
5506842	2663858	2842984	520482	2322502	474610
7532957	4297445	3235512	1854634	1380879	435026
19043246	4040478	15002767	1866136	13136631	6566
11209883	3677276	7532607	1196816	6335791	294455
10794502	2821069	7973433	1653269	6320164	629253
6305159	1981936	4323223	944105	3379118	254217
11841227	2713528	9127698	1018867	8108831	507437
22204526	4632717	17571809	2065247	15506563	20000
18744251	7585304	11158947	2179027	8979920	760018
7416717	3022729	4393989	997396	3396592	581362
10663259	3214728	7448531	1474005	5974526	412189
17497915	9639257	7858658	2707776	5150883	1511718
7432272	2345106	5087166	923864	4163302	933225
2821554	1054212	1767343	428033	1339310	185841
5886044	2710518	3175526	709147	2466379	948256
11323307	4838998	6484309	1629495	4854814	840570
6171356	2705150	3466206	825464	2640742	464742
6729063	3037382	3691681	775830	2915851	789835
1240058	390658	849400	292122	557278	501220
9390340	3324865	6065476	871089	5194387	431423
5126800	1642267	3484532	573198	2911334	478226
2088540	487912	1600628	189566	1411062	867083
1996504	592625	1403879	405815	998064	195570
6047422	2388902	3658520	993549	2664971	972067
1375599	664220	711380	287393	423987	
2285758	579018	1706741	194229	1512512	77800
741771	347338	394433	210163	184270	85432
3459529	742351	2717179	573659	2143520	
1833888	1501244	332644	267343	65301	1209924

5-29 财政补助支出明细

地区	合计	个人部分	工资福利支出	对个人和家庭的补助支出	#助学金
合计	**255323833**	**155220020**	**111358794**	**43861226**	**8210014**
北京	10550115	5311803	3237613	2074189	15377
天津	5697200	3179014	1742608	1436406	32520
河北	9351207	5959194	4600515	1358678	357275
山西	7029194	4189091	3331060	858031	268973
内蒙古	6728255	4128845	2984137	1144709	405140
辽宁	6764508	4150911	2966188	1184723	122875
吉林	4148220	2526772	1708329	818443	127374
黑龙江	5806184	3825124	2608323	1216801	171573
上海	6606224	3745119	3055709	689410	70322
江苏	18358116	11066745	8103060	2963686	188633
浙江	12151172	8038284	6226841	1811443	206528
安徽	9617313	5436618	3791709	1644909	324511
福建	7167713	4987703	3682824	1304878	89848
江西	8521067	3841709	2682860	1158849	268511
山东	17548030	10561143	8633408	1927735	290552
河南	12926114	6862182	5160938	1701244	589074
湖北	8536609	5595128	3990448	1604679	263720
湖南	8021310	5176926	3720241	1456686	274725
广东	22667037	15368812	11231020	4137792	292649
广西	6683217	4019296	2589955	1429341	363098
海南	2409420	1201492	985297	216195	87485
重庆	7274060	4153612	2833555	1320057	369113
四川	12243593	8224544	5572553	2651991	902124
贵州	6622790	4310715	2674183	1636533	338545
云南	6475922	4310828	2886854	1423973	400411
西藏	1475313	699564	373679	325884	145578
陕西	8424177	4759647	3411440	1348208	444898
甘肃	5537584	3549842	2385898	1163944	304465
青海	2240060	999561	683615	315946	86252
宁夏	1737898	1175015	844213	330802	136321
新疆	6004211	3864781	2659720	1205061	271546
大连	1286058	765881	609356	156525	15459
宁波	2316993	1381783	1067022	314761	38008
厦门	915221	633082	421801	211281	6492
青岛	2592081	1364227	995524	368703	30297
深圳	2861470	1812209	1282260	529948	18161

(普通高中)

单位：千元

公用部分	商品和服务支出	其他资本性支出			基本建设支出
			专项公用支出	专项项目支出	
94122477	**30339671**	**63782806**	**12522575**	**51260231**	**5981336**
4790764	2148659	2642104	1326416	1315688	447548
2482106	444280	2037826	278326	1759500	36080
3322557	921821	2400736	423619	1977117	69456
2724398	887695	1836703	349446	1487257	115706
2435576	1132500	1303076	281578	1021498	163834
2593316	1269576	1323740	263476	1060263	20280
1584342	533151	1051192	263107	788085	37105
1898017	889196	1008821	246030	762790	83043
2563962	1347700	1216262	541300	674962	297143
7287151	1325157	5961994	681016	5280979	4220
3961788	1254185	2707603	391398	2316205	151100
3949942	673256	3276685	553789	2722896	230754
2127979	562481	1565498	290299	1275199	52031
4496911	860024	3636888	428945	3207943	182447
6986887	982929	6003958	439729	5564229	
5803246	2161465	3641780	772220	2869560	260686
2823836	1060270	1763566	413600	1349966	117646
2752195	660916	2091279	564147	1527132	92189
6866695	3320382	3546314	1004534	2541779	431530
2197177	525582	1671595	323387	1348208	466744
1128083	504210	623873	163794	460079	79846
2467209	1040824	1426385	282643	1143742	653239
3794934	1363031	2431903	728869	1703034	224114
2102425	688124	1414301	234990	1179311	209649
1891003	858219	1032784	168055	864729	274092
469050	127579	341470	97643	243827	306700
3555463	1319978	2235485	315033	1920452	109066
1808276	523570	1284706	172262	1112444	179466
941320	165248	776072	58317	717755	299179
532423	149334	383089	124620	258469	30460
1783446	638328	1145118	339985	805133	355984
520177	188912	331265	98715	232550	
935209	207374	727836	76913	650923	
273408	152152	121256	67393	53863	8731
1227854	193764	1034090	131340	902750	
700420	563706	136713	83544	53169	348841

5-30 财政补助支出明细

地区	合计	个人部分	工资福利支出	对个人和家庭的补助支出	#助学金
合计	**254062381**	**154392526**	**110784699**	**43607827**	**8175606**
北京	10206239	5106903	3109529	1997374	15227
天津	5697200	3179014	1742608	1436406	32520
河北	9351207	5959194	4600515	1358678	357275
山西	7029194	4189091	3331060	858031	268973
内蒙古	6728255	4128845	2984137	1144709	405140
辽宁	6764508	4150911	2966188	1184723	122875
吉林	4101570	2501650	1688330	813321	127374
黑龙江	5733145	3775002	2573270	1201732	168792
上海	6513239	3701889	3021193	680696	69618
江苏	18358116	11066745	8103060	2963686	188633
浙江	12151172	8038284	6226841	1811443	206528
安徽	9617313	5436618	3791709	1644909	324511
福建	7167713	4987703	3682824	1304878	89848
江西	8521067	3841709	2682860	1158849	268511
山东	17548030	10561143	8633408	1927735	290552
河南	12926114	6862182	5160938	1701244	589074
湖北	8514659	5580401	3980020	1600381	263695
湖南	8019629	5175276	3718590	1456686	274725
广东	22666595	15368533	11230787	4137746	292619
广西	6683217	4019296	2589955	1429341	363098
海南	2408845	1201492	985297	216195	87485
重庆	7227248	4122745	2807205	1315540	368307
四川	12243593	8224544	5572553	2651991	902124
贵州	6622790	4310715	2674183	1636533	338545
云南	6475922	4310828	2886854	1423973	400411
西藏	1475313	699564	373679	325884	145578
陕西	8364203	4729993	3385655	1344338	444744
甘肃	5535336	3548060	2384170	1163890	304424
青海	2240060	999561	683615	315946	86252
宁夏	1737898	1175015	844213	330802	136321
新疆	5432991	3439619	2369453	1070166	241828
大连	1286058	765881	609356	156525	15459
宁波	2316993	1381783	1067022	314761	38008
厦门	915221	633082	421801	211281	6492
青岛	2592081	1364227	995524	368703	30297
深圳	2861470	1812209	1282260	529948	18161

(地方普通高中)

单位：千元

公用部分	商品和服务支出	其他资本性支出	其他资本性支出：专项公用支出	其他资本性支出：专项项目支出	基本建设支出
93707379	**30086198**	**63621181**	**12458522**	**51162660**	**5962476**
4651788	2040458	2611329	1301009	1310320	447548
2482106	444280	2037826	278326	1759500	36080
3322557	921821	2400736	423619	1977117	69456
2724398	887695	1836703	349446	1487257	115706
2435576	1132500	1303076	281578	1021498	163834
2593316	1269576	1323740	263476	1060263	20280
1562814	515017	1047797	259712	788085	37105
1875100	870149	1004951	245053	759897	83043
2514207	1322126	1192080	540995	651085	297143
7287151	1325157	5961994	681016	5280979	4220
3961788	1254185	2707603	391398	2316205	151100
3949942	673256	3276685	553789	2722896	230754
2127979	562481	1565498	290299	1275199	52031
4496911	860024	3636888	428945	3207943	182447
6986887	982929	6003958	439729	5564229	
5803246	2161465	3641780	772220	2869560	260686
2816612	1053099	1763513	413548	1349966	117646
2752164	660885	2091279	564147	1527132	92189
6866533	3320224	3546309	1004529	2541779	431530
2197177	525582	1671595	323387	1348208	466744
1127507	503635	623873	163794	460079	79846
2451263	1030511	1420752	280709	1140043	653239
3794934	1363031	2431903	728869	1703034	224114
2102425	688124	1414301	234990	1179311	209649
1891003	858219	1032784	168055	864729	274092
469050	127579	341470	97643	243827	306700
3525144	1290915	2234229	313778	1920452	109066
1807810	523489	1284321	172118	1112203	179466
941320	165248	776072	58317	717755	299179
532423	149334	383089	124620	258469	30460
1656248	603202	1053046	309407	743638	337124
520177	188912	331265	98715	232550	
935209	207374	727836	76913	650923	
273408	152152	121256	67393	53863	8731
1227854	193764	1034090	131340	902750	
700420	563706	136713	83544	53169	348841

5-31 财政补助支出明细

地区	合计	个人部分	工资福利支出	对个人和家庭的补助支出	#助学金
合计	**109951043**	**68781202**	**50932688**	**17848515**	**4941730**
北京	1311735	544116	395943	148173	1988
天津	1884923	670446	469550	200896	9506
河北	5050030	3190044	2475262	714782	221494
山西	3538740	2207395	1730354	477041	167060
内蒙古	3030490	1883372	1401205	482167	180715
辽宁	1660636	1037613	794784	242829	37635
吉林	1134997	720307	522239	198068	36920
黑龙江	2189092	1300189	959643	340546	50021
上海	660174	472531	407490	65040	13722
江苏	6318499	4111156	3131652	979504	100706
浙江	4990737	3553959	2819675	734284	103106
安徽	5773716	3305986	2368249	937736	209577
福建	3358706	2611183	2013637	597545	53856
江西	4583484	2320799	1681633	639166	195013
山东	6570318	4147530	3566189	581341	134173
河南	6913135	3756334	2867096	889238	385541
湖北	2997146	2071870	1554335	517535	143515
湖南	3979278	2844558	2115047	729510	192392
广东	6269153	4189302	3254015	935287	125473
广西	3158018	2220980	1456437	764544	235267
海南	1074561	563470	439505	123965	66208
重庆	3623867	1964719	1333756	630963	227342
四川	7038798	4843801	3311538	1532263	580397
贵州	4151713	2711472	1790736	920736	247583
云南	4117320	2860025	1946317	913708	293514
西藏	1012161	465058	260303	204755	105956
陕西	5177262	2988841	2197078	791763	336747
甘肃	3381074	2314518	1615998	698520	211360
青海	1445947	631134	444302	186831	59764
宁夏	554128	409783	307777	102006	37683
新疆	3001205	1868713	1300944	567769	177497
大连	110118	86818	68669	18150	100
宁波	853739	555348	424333	131014	8336
厦门	70916	54703	40383	14320	747
青岛	325849	157558	125689	31870	1117
深圳					

（农村高中）

单位：千元

公用部分	商品和服务支出	其他资本性支出			基本建设支出
			专项公用支出	专项项目支出	
38126185	**11731503**	**26394682**	**4523973**	**21870709**	**3043655**
767620	203148	564471	122410	442062	
1214476	76974	1137502	86909	1050594	
1792844	457117	1335728	259158	1076570	67141
1244038	479121	764917	165029	599888	87307
1066308	513120	553188	119998	433189	80811
618240	233802	384438	43472	340966	4784
402236	99428	302808	51480	251328	12454
872496	378217	494278	124542	369736	16408
187643	126691	60953	24029	36924	
2203522	439179	1764343	184017	1580326	3820
1400678	444514	956164	146136	810028	36100
2261134	395737	1865397	300650	1564747	206596
705071	217450	487622	85892	401730	42452
2172260	552514	1619746	231952	1387794	90426
2422787	268095	2154693	142714	2011978	
3006184	1147174	1859011	384067	1474943	150616
827886	309295	518591	73134	445457	97390
1050455	337195	713261	185785	527476	84265
2079160	899282	1179879	331998	847881	691
840317	279644	560674	167609	393065	96720
452850	229442	223408	57000	166408	58241
1326080	436703	889377	154923	734454	333068
2033667	716921	1316745	295130	1021615	161331
1319791	381756	938035	142834	795201	120450
1028973	465087	563885	96563	467322	228322
260403	82578	177825	48482	129344	286700
2090592	860549	1230043	175155	1054888	97829
953647	252397	701250	97381	603869	112909
572364	97852	474512	19933	454579	242449
123945	51104	72842	42807	30035	20400
828517	299420	529097	162784	366313	303975
23300	14598	8702	4514	4188	
298391	71256	227136	30912	196223	
16213	5012	11201	1274	9927	
168291	26890	141401	13374	128027	

5-32 财政补助支出明细

地区	合计	个人部分	工资福利支出	对个人和家庭的补助支出	#助学金
合计	**109653458**	**68536086**	**50763959**	**17772128**	**4924671**
北京	1311735	544116	395943	148173	1988
天津	1884923	670446	469550	200896	9506
河北	5050030	3190044	2475262	714782	221494
山西	3538740	2207395	1730354	477041	167060
内蒙古	3030490	1883372	1401205	482167	180715
辽宁	1660636	1037613	794784	242829	37635
吉林	1134997	720307	522239	198068	36920
黑龙江	2177698	1293850	954458	339392	49199
上海	660174	472531	407490	65040	13722
江苏	6318499	4111156	3131652	979504	100706
浙江	4990737	3553959	2819675	734284	103106
安徽	5773716	3305986	2368249	937736	209577
福建	3358706	2611183	2013637	597545	53856
江西	4583484	2320799	1681633	639166	195013
山东	6570318	4147530	3566189	581341	134173
河南	6913135	3756334	2867096	889238	385541
湖北	2997146	2071870	1554335	517535	143515
湖南	3979278	2844558	2115047	729510	192392
广东	6268712	4189023	3253781	935242	125444
广西	3158018	2220980	1456437	764544	235267
海南	1073985	563470	439505	123965	66208
重庆	3623867	1964719	1333756	630963	227342
四川	7038798	4843801	3311538	1532263	580397
贵州	4151713	2711472	1790736	920736	247583
云南	4117320	2860025	1946317	913708	293514
西藏	1012161	465058	260303	204755	105956
陕西	5177262	2988841	2197078	791763	336747
甘肃	3378826	2312735	1614269	698466	211319
青海	1445947	631134	444302	186831	59764
宁夏	554128	409783	307777	102006	37683
新疆	2718280	1631998	1139362	492636	161331
大连	110118	86818	68669	18150	100
宁波	853739	555348	424333	131014	8336
厦门	70916	54703	40383	14320	747
青岛	325849	157558	125689	31870	1117
深圳					

(地方农村高中)

单位：千元

公用部分	商品和服务支出	其他资本性支出			基本建设支出
			专项公用支出	专项项目支出	
38081780	**11708898**	**26372882**	**4520481**	**21852401**	**3035591**
767620	203148	564471	122410	442062	
1214476	76974	1137502	86909	1050594	
1792844	457117	1335728	259158	1076570	67141
1244038	479121	764917	165029	599888	87307
1066308	513120	553188	119998	433189	80811
618240	233802	384438	43472	340966	4784
402236	99428	302808	51480	251328	12454
867440	374841	492599	124093	368506	16408
187643	126691	60953	24029	36924	
2203522	439179	1764343	184017	1580326	3820
1400678	444514	956164	146136	810028	36100
2261134	395737	1865397	300650	1564747	206596
705071	217450	487622	85892	401730	42452
2172260	552514	1619746	231952	1387794	90426
2422787	268095	2154693	142714	2011978	
3006184	1147174	1859011	384067	1474943	150616
827886	309295	518591	73134	445457	97390
1050455	337195	713261	185785	527476	84265
2078998	899124	1179874	331992	847881	691
840317	279644	560674	167609	393065	96720
452274	228867	223408	57000	166408	58241
1326080	436703	889377	154923	734454	333068
2033667	716921	1316745	295130	1021615	161331
1319791	381756	938035	142834	795201	120450
1028973	465087	563885	96563	467322	228322
260403	82578	177825	48482	129344	286700
2090592	860549	1230043	175155	1054888	97829
953181	252316	700865	97238	603628	112909
572364	97852	474512	19933	454579	242449
123945	51104	72842	42807	30035	20400
790371	281005	509366	159889	349477	295912
23300	14598	8702	4514	4188	
298391	71256	227136	30912	196223	
16213	5012	11201	1274	9927	
168291	26890	141401	13374	128027	

5-33 财政补助支出明细

地 区	合 计	个人部分	工资福利支出	对个人和家庭的补助支出	#助学金
合 计	**499787761**	**318619482**	**218338541**	**100280941**	**23492440**
北 京	15378708	8348941	4991244	3357697	99985
天 津	7632174	5082054	2788186	2293868	29773
河 北	17834429	11555384	8749256	2806127	738254
山 西	10902791	7174831	5669958	1504873	405491
内蒙古	10667569	7097919	5273313	1824606	401722
辽 宁	14392254	9240355	6163643	3076712	203849
吉 林	8607596	5678879	3776693	1902186	159116
黑龙江	12282676	8227991	5466672	2761318	114357
上 海	12136002	6971343	5462919	1508424	312848
江 苏	33106953	21348513	14781369	6567144	512848
浙 江	23484017	16092567	12091779	4000789	712452
安 徽	18162420	10919360	7306529	3612832	663179
福 建	13462908	9083542	6905782	2177760	270326
江 西	16299023	8629717	5993298	2636419	821915
山 东	38329873	23092233	18333654	4758579	804630
河 南	31408321	17966253	11656889	6309364	1870140
湖 北	17804146	12732014	8261113	4470901	573657
湖 南	21741012	13509876	8491197	5018678	1166868
广 东	37438108	25717058	18625872	7091186	926001
广 西	15288054	9586478	5781924	3804554	1532385
海 南	4298277	2497738	2059470	438268	189167
重 庆	11589953	7850233	5169446	2680787	828185
四 川	26293863	18149035	11644540	6504495	2236149
贵 州	14913293	10589270	6092492	4496778	1874436
云 南	16966927	11613123	6958703	4654420	2606512
西 藏	2520695	1555166	837402	717764	423080
陕 西	15034258	8828261	5957652	2870609	1092955
甘 肃	10049958	6431654	4238853	2192802	775317
青 海	3658233	1943109	1237468	705640	281534
宁 夏	3516610	1887419	1328090	559329	213826
新 疆	14586660	9219164	6243134	2976031	651481
大 连	2442222	1586800	1289566	297235	10351
宁 波	3915331	2486982	1913507	573475	102484
厦 门	1656460	1111397	764834	346562	12261
青 岛	5111398	2879722	2072061	807662	50904
深 圳	4963998	2969446	2040982	928464	38468

（普通初中）

单位：千元

公用部分	商品和服务支出	其他资本性支出		基本建设支出
		专项公用支出	专项项目支出	

公用部分	商品和服务支出	其他资本性支出	专项公用支出	专项项目支出	基本建设支出
171310100	**66693865**	**104616236**	**22665935**	**81950301**	**9858178**
6534042	3116090	3417952	1645829	1772123	495725
2511270	748979	1762291	328092	1434199	38850
5971324	2545914	3425410	893522	2531888	307722
3679146	1852527	1826619	491993	1334626	48814
3238341	1418553	1819788	446283	1373506	331309
5121157	2619923	2501234	618753	1882481	30742
2832567	1270547	1562020	408367	1153653	96149
3663119	1812852	1850267	282738	1567529	391566
5026776	2980226	2046550	1313833	732717	137884
11756095	2715322	9040773	1185120	7855652	2346
7248095	2423091	4825003	805418	4019585	143355
6844560	2147813	4696747	1099480	3597268	398499
4177180	1419455	2757725	653806	2103919	202186
7344315	1853505	5490811	589922	4900888	324990
15217639	3649787	11567852	1625517	9942334	20000
12942736	5425024	7517711	1407352	6110359	499332
4608417	1977886	2630530	583904	2046626	463716
7911136	2553884	5357252	909858	4447394	320000
10640861	6323898	4316963	1704005	2612958	1080189
5235094	1819524	3415571	600477	2815094	466481
1694543	551073	1143470	264239	879231	105996
3444703	1686424	1758279	429642	1328637	295017
7528373	3475967	4052406	900625	3151781	616456
4068931	2017026	2051905	590474	1461431	255093
4838061	2179164	2658897	607776	2051122	515743
771008	263079	507930	194479	313450	194520
5883640	2050823	3832816	558881	3273935	322357
3319543	1118912	2200630	401256	1799375	298760
1147220	322664	824556	131249	693307	567904
1464081	443291	1020790	281195	739595	165110
4646127	1910642	2735485	711850	2023635	721369
855422	475307	380115	188678	191436	
1350549	371644	978905	117316	861589	77800
468363	195186	273176	142769	130407	76701
2231675	548587	1683089	442319	1240770	
1133469	937538	195931	183800	12131	861083

5-34 财政补助支出明细

地区	合计	个人部分	工资福利支出	对个人和家庭的补助支出	#助学金
合计	**498062490**	**317418510**	**217499950**	**99918559**	**23442255**
北京	15206474	8250768	4932787	3317981	99958
天津	7632174	5082054	2788186	2293868	29773
河北	17834429	11555384	8749256	2806127	738254
山西	10902791	7174831	5669958	1504873	405491
内蒙古	10667569	7097919	5273313	1824606	401722
辽宁	14392254	9240355	6163643	3076712	203849
吉林	8555996	5647756	3751916	1895840	159116
黑龙江	12176024	8152715	5401886	2750830	113817
上海	12109742	6953108	5449717	1503391	312848
江苏	33106953	21348513	14781369	6567144	512848
浙江	23484017	16092567	12091779	4000789	712452
安徽	18162420	10919360	7306529	3612832	663179
福建	13462908	9083542	6905782	2177760	270326
江西	16299023	8629717	5993298	2636419	821915
山东	38329873	23092233	18333654	4758579	804630
河南	31404475	17964139	11654774	6309364	1870140
湖北	17780430	12716609	8250205	4466405	573632
湖南	21738764	13507669	8488991	5018678	1166868
广东	37410457	25698885	18609562	7089323	925732
广西	15288054	9586478	5781924	3804554	1532385
海南	4297781	2497738	2059470	438268	189167
重庆	11560822	7831025	5153049	2677976	827683
四川	26293863	18149035	11644540	6504495	2236149
贵州	14913293	10589270	6092492	4496778	1874436
云南	16966927	11613123	6958703	4654420	2606512
西藏	2520695	1555166	837402	717764	423080
陕西	14983166	8795613	5930792	2864821	1092861
甘肃	10047161	6429411	4236693	2192718	775258
青海	3658233	1943109	1237468	705640	281534
宁夏	3516610	1887419	1328090	559329	213826
新疆	13359113	8332996	5642721	2690275	602813
大连	2442222	1586800	1289566	297235	10351
宁波	3915331	2486982	1913507	573475	102484
厦门	1656460	1111397	764834	346562	12261
青岛	5111398	2879722	2072061	807662	50904
深圳	4963998	2969446	2040982	928464	38468

(地方普通初中)

单位：千元

公用部分	商品和服务支出	其他资本性支出			基本建设支出
			专项公用支出	专项项目支出	
170872228	**66425988**	**104446239**	**22616587**	**81829653**	**9771753**
6459980	3054746	3405234	1637209	1768025	495725
2511270	748979	1762291	328092	1434199	38850
5971324	2545914	3425410	893522	2531888	307722
3679146	1852527	1826619	491993	1334626	48814
3238341	1418553	1819788	446283	1373506	331309
5121157	2619923	2501234	618753	1882481	30742
2812090	1251277	1560814	407161	1153653	96149
3631742	1793709	1838033	275428	1562605	391566
5018750	2975318	2043432	1313638	729794	137884
11756095	2715322	9040773	1185120	7855652	2346
7248095	2423091	4825003	805418	4019585	143355
6844560	2147813	4696747	1099480	3597268	398499
4177180	1419455	2757725	653806	2103919	202186
7344315	1853505	5490811	589922	4900888	324990
15217639	3649787	11567852	1625517	9942334	20000
12941005	5423838	7517166	1406807	6110359	499332
4600105	1969630	2630475	583849	2046626	463716
7911095	2553843	5357252	909858	4447394	320000
10631383	6319033	4312350	1703246	2609103	1080189
5235094	1819524	3415571	600477	2815094	466481
1694047	550577	1143470	264239	879231	105996
3434781	1680007	1754774	428439	1326335	295017
7528373	3475967	4052406	900625	3151781	616456
4068931	2017026	2051905	590474	1461431	255093
4838061	2179164	2658897	607776	2051122	515743
771008	263079	507930	194479	313450	194520
5865196	2033950	3831246	557311	3273935	322357
3318989	1118778	2200211	401080	1799131	298760
1147220	322664	824556	131249	693307	567904
1464081	443291	1020790	281195	739595	165110
4391174	1785699	2605475	684142	1921333	634943
855422	475307	380115	188678	191436	
1350549	371644	978905	117316	861589	77800
468363	195186	273176	142769	130407	76701
2231675	548587	1683089	442319	1240770	
1133469	937538	195931	183800	12131	861083

5-35 财政补助支出明细

地区	合计	个人部分	工资福利支出	对个人和家庭的补助支出	#助学金
合计	**312603192**	**204493388**	**140075936**	**64417453**	**19712959**
北京	3083928	1626973	1117459	509514	33612
天津	2472512	1667096	1117341	549755	7894
河北	12752483	8031100	6040783	1990317	708622
山西	7428574	4882417	3835913	1046503	362054
内蒙古	6515913	4565527	3368640	1196887	297471
辽宁	6340636	4086809	2775779	1311030	126082
吉林	5016973	3315106	2314080	1001026	117665
黑龙江	6343580	4238502	2950002	1288500	105281
上海	1909977	1393353	1146254	247098	61996
江苏	16573589	10887024	7534976	3352048	281309
浙江	12981495	9156008	6879893	2276116	446525
安徽	14164366	8625352	5696583	2928769	580581
福建	8585569	5994037	4615777	1378261	243182
江西	12625845	6920950	4847338	2073612	738597
山东	23205513	14084548	11428648	2655900	549533
河南	22549180	13261569	8329552	4932018	1628898
湖北	11644848	8536913	5558737	2978177	515079
湖南	16230359	11042056	6711405	4330651	1125446
广东	17010535	11637101	9069801	2567300	218970
广西	11773086	7824895	4608045	3216850	1451923
海南	2693398	1735552	1441601	293951	128976
重庆	7851792	5390872	3608822	1782050	666342
四川	20273041	14148401	9009887	5138514	2012931
贵州	12316988	8976959	5191951	3785008	1812097
云南	14318423	10017568	5945476	4072091	2430157
西藏	1880499	1281141	700322	580819	383428
陕西	10992091	6697231	4486821	2210410	975495
甘肃	7935958	5207899	3473451	1734448	735246
青海	2731481	1452755	909659	543096	263491
宁夏	2198626	1194698	835358	359340	156736
新疆	10201933	6612976	4525581	2087395	547341
大连	540839	388077	308955	79122	3585
宁波	1919026	1182669	913352	269318	48497
厦门	238219	178963	123435	55529	2456
青岛	1855829	1004093	759160	244933	9922
深圳					

（农村初中）

单位：千元

公用部分	商品和服务支出	其他资本性支出			基本建设支出
			专项公用支出	专项项目支出	
101978509	**39931355**	**62047154**	**11814847**	**50232307**	**6131295**
1456955	617017	839938	339870	500067	
805415	226841	578575	118601	459974	
4463010	1871573	2591437	706821	1884616	258373
2504425	1370367	1134059	315350	818709	41732
1756546	838662	917884	199439	718446	193839
2228182	885931	1342251	266122	1076130	25645
1624774	743274	881500	208245	673256	77093
1995801	1152242	843559	186764	656795	109277
516625	354788	161837	69665	92172	
5684219	1245710	4438509	523562	3914947	2346
3794072	1285824	2508247	373631	2134616	31415
5163112	1760224	3402889	791006	2611883	375902
2442199	862668	1579531	357502	1222029	149333
5496173	1439960	4056212	437730	3618483	208722
9100966	2019122	7081844	802318	6279526	20000
8948968	4099321	4849647	916873	3932774	338643
2772359	1085370	1686989	283236	1403753	335576
4972271	1904151	3068119	607534	2460585	216032
5350884	2973638	2377246	714004	1663241	22550
3561748	1392359	2169389	424896	1744493	386443
886164	325138	561026	139468	421557	71682
2195580	1110287	1085293	265671	819622	265340
5567355	2564536	3002819	528632	2474187	557285
3139264	1637221	1502043	424512	1077531	200766
3952531	1847022	2105510	479791	1625719	348324
496010	219799	276211	64780	211432	103348
3989597	1463027	2526569	289891	2236678	305264
2438299	832037	1606262	302667	1303595	289760
732812	235701	497111	91559	405552	545914
889878	275733	614144	140970	473175	114050
3052315	1291812	1760503	443739	1316764	536642
152763	112927	39835	16592	23243	
736356	171202	565154	51018	514137	
24756	12775	11980	7657	4323	34500
851736	97165	754572	177133	577439	

5-36 财政补助支出明细

地区	合计	个人部分	工资福利支出	对个人和家庭的补助支出	#助学金
合计	**311465987**	**203693621**	**139510839**	**64182782**	**19666985**
北京	3083928	1626973	1117459	509514	33612
天津	2472512	1667096	1117341	549755	7894
河北	12752483	8031100	6040783	1990317	708622
山西	7428574	4882417	3835913	1046503	362054
内蒙古	6515913	4565527	3368640	1196887	297471
辽宁	6340636	4086809	2775779	1311030	126082
吉林	5016973	3315106	2314080	1001026	117665
黑龙江	6278512	4187505	2905095	1282410	105094
上海	1909977	1393353	1146254	247098	61996
江苏	16573589	10887024	7534976	3352048	281309
浙江	12981495	9156008	6879893	2276116	446525
安徽	14164366	8625352	5696583	2928769	580581
福建	8585569	5994037	4615777	1378261	243182
江西	12625845	6920950	4847338	2073612	738597
山东	23205513	14084548	11428648	2655900	549533
河南	22549180	13261569	8329552	4932018	1628898
湖北	11644848	8536913	5558737	2978177	515079
湖南	16230359	11042056	6711405	4330651	1125446
广东	16982883	11618928	9053491	2565437	218701
广西	11773086	7824895	4608045	3216850	1451923
海南	2692902	1735552	1441601	293951	128976
重庆	7851792	5390872	3608822	1782050	666342
四川	20273041	14148401	9009887	5138514	2012931
贵州	12316988	8976959	5191951	3785008	1812097
云南	14318423	10017568	5945476	4072091	2430157
西藏	1880499	1281141	700322	580819	383428
陕西	10992091	6697231	4486821	2210410	975495
甘肃	7933162	5205656	3471291	1734365	735187
青海	2731481	1452755	909659	543096	263491
宁夏	2198626	1194698	835358	359340	156736
新疆	9160740	5884621	4023860	1860760	501884
大连	540839	388077	308955	79122	3585
宁波	1919026	1182669	913352	269318	48497
厦门	238219	178963	123435	55529	2456
青岛	1855829	1004093	759160	244933	9922
深圳					

(地方农村初中)

单位：千元

公用部分	商品和服务支出	其他资本性支出	专项公用支出	专项项目支出	基本建设支出
101726350	**39808720**	**61917630**	**11788978**	**50128652**	**6046017**
1456955	617017	839938	339870	500067	
805415	226841	578575	118601	459974	
4463010	1871573	2591437	706821	1884616	258373
2504425	1370367	1134059	315350	818709	41732
1756546	838662	917884	199439	718446	193839
2228182	885931	1342251	266122	1076130	25645
1624774	743274	881500	208245	673256	77093
1981731	1142971	838759	185409	653350	109277
516625	354788	161837	69665	92172	
5684219	1245710	4438509	523562	3914947	2346
3794072	1285824	2508247	373631	2134616	31415
5163112	1760224	3402889	791006	2611883	375902
2442199	862668	1579531	357502	1222029	149333
5496173	1439960	4056212	437730	3618483	208722
9100966	2019122	7081844	802318	6279526	20000
8948968	4099321	4849647	916873	3932774	338643
2772359	1085370	1686989	283236	1403753	335576
4972271	1904151	3068119	607534	2460585	216032
5341405	2968773	2372632	713245	1659387	22550
3561748	1392359	2169389	424896	1744493	386443
885668	324643	561025	139468	421557	71682
2195580	1110287	1085293	265671	819622	265340
5567355	2564536	3002819	528632	2474187	557285
3139264	1637221	1502043	424512	1077531	200766
3952531	1847022	2105510	479791	1625719	348324
496010	219799	276211	64780	211432	103348
3989597	1463027	2526569	289891	2236678	305264
2437746	831903	1605842	302492	1303351	289760
732812	235701	497111	91559	405552	545914
889878	275733	614144	140970	473175	114050
2824755	1183942	1640812	420161	1220652	451364
152763	112927	39835	16592	23243	
736356	171202	565154	51018	514137	
24756	12775	11980	7657	4323	34500
851736	97165	754572	177133	577439	

5-37 财政补助支出明细

地区	合计	个人部分	工资福利支出	对个人和家庭的补助支出	#助学金
合计	**511166**	**260389**	**187352**	**73037**	**399**
北京	7875	1	1		
天津	23628	23552	16252	7300	
河北					
山西					
内蒙古					
辽宁					
吉林	3472	2997	992	2005	
黑龙江					
上海	27438	22352	17066	5287	383
江苏	210582	77661	44970	32691	
浙江	144672	86301	70764	15538	17
安徽					
福建	241	141	141		
江西	29500				
山东	21713	20547	19573	974	
河南	3180				
湖北	8276	3630	3289	341	
湖南	884	763	724	38	
广东	28831	21884	13110	8774	
广西	303				
海南					
重庆					
四川	570	561	472	89	
贵州					
云南					
西藏					
陕西					
甘肃					
青海					
宁夏					
新疆					
大连					
宁波	1512	1042	891	151	
厦门					
青岛					
深圳					

(成人中学)

单位：千元

公用部分	商品和服务支出	其他资本性支出	专项公用支出	专项项目支出	基本建设支出
250777	**86800**	**163977**	**17923**	**146054**	
7874	6451	1423	1423		
76	76				
475	401	74	74		
5086	4977	109	109		
132921	23301	109620	2016	107604	
58371	40955	17416	8583	8832	
100	100				
29500	1500	28000		28000	
1167	973	194	194		
3180		3180	3180		
4646	3306	1340	400	940	
121	21	100	100		
6947	4728	2219	1844	375	
303		303		303	
9	9				
470	170	300	300		

5-38 财政补助支出明细

地 区	合 计	个人部分	工资福利支出	对个人和家庭的补助支出	#助学金
合 计	**812057641**	**536237148**	**343437974**	**192799174**	**30056702**
北 京	24390064	12865147	7747340	5117807	132167
天 津	11345667	7345761	3909408	3436353	31730
河 北	33065045	21935854	15227765	6708090	785666
山 西	18286254	12897422	9437830	3459592	333866
内蒙古	18744476	13846844	9131058	4715786	438121
辽 宁	20275354	13873073	8682629	5190444	309974
吉 林	14696452	10077278	6359047	3718231	220337
黑龙江	17739476	13279939	7763860	5516079	305206
上 海	15779067	9238345	7158348	2079997	460071
江 苏	57869921	35809107	21506423	14302685	1189647
浙 江	38540156	26883107	18406468	8476639	1062303
安 徽	31466201	19915751	11959993	7955759	782873
福 建	24575486	16637698	11298642	5339056	306656
江 西	30070340	17173249	11008702	6164548	1023242
山 东	50496378	31466578	24474904	6991674	844739
河 南	47267592	27417135	18565996	8851139	2480740
湖 北	25997582	17864600	11392864	6471736	733645
湖 南	31485673	19584958	12983554	6601404	1346537
广 东	62111980	44445600	29517853	14927747	1369550
广 西	27649710	18714838	10682119	8032718	1473932
海 南	7473730	4614136	3968313	645822	199022
重 庆	20854117	14215759	8282932	5932827	1016577
四 川	43692583	31104387	17517097	13587289	2975517
贵 州	24750822	19060888	10402205	8658682	1816298
云 南	30975321	22687427	12876970	9810457	3585430
西 藏	6786252	3558921	1676204	1882717	1036309
陕 西	24181366	14741675	9139542	5602133	1480514
甘 肃	16238995	11586796	7081796	4504999	891513
青 海	6913978	3630455	2326556	1303899	488066
宁 夏	5331177	3420715	2259512	1161204	233817
新 疆	23006425	16343705	10692043	5651661	702636
大 连	3102543	2002565	1621026	381538	7570
宁 波	6088353	4099699	2993499	1106200	174585
厦 门	2844256	2031967	1424730	607237	16333
青 岛	7551312	4289036	2891414	1397622	62654
深 圳	8507884	5236478	3563614	1672864	110861

(小学)

单位：千元

公用部分	商品和服务支出	其他资本性支出	专项公用支出	专项项目支出	基本建设支出
265248350	**110455723**	**154792627**	**35334634**	**119457993**	**10572143**
11396266	6008923	5387343	2960828	2426515	128651
3999906	1211202	2788704	447105	2341600	
11030443	5062167	5968276	1542351	4425925	98747
5352602	2967455	2385147	763424	1621723	36230
4710623	1974198	2736425	592900	2143525	187009
6373653	3554613	2819040	683626	2135414	28627
4510297	2138241	2372056	652089	1719967	108877
4399816	2517729	1882086	349141	1532945	59721
6434600	4096446	2338153	1626213	711940	106122
22028689	4528564	17500126	2220294	15279831	32124
11561799	4030705	7531094	1346304	6184790	95250
11219823	3662090	7557733	1761927	5795807	330626
7811164	2721604	5089560	1144070	3945490	126624
12624775	3786086	8838690	1313251	7525438	272315
19017100	5609821	13407279	2158295	11248984	12700
19449493	10217767	9231727	2209349	7022378	400963
7666049	3351658	4314392	957646	3356746	466934
11712155	4147077	7565078	1271112	6293966	188560
16596800	10032354	6564446	2881257	3683189	1069580
8384546	3433288	4951257	1050020	3901237	550327
2684215	869028	1815188	292645	1522543	175379
6038685	2782690	3255995	839083	2416912	599674
11869793	5572487	6297306	1527605	4769701	718404
5326563	2918347	2408216	672070	1736146	363372
7942293	3224118	4718175	919022	3799152	345601
2175057	543948	1631109	244714	1386395	1052275
9041376	3562330	5479046	1003389	4475657	398314
4335734	1837903	2497831	411441	2086391	316465
1780801	657806	1122995	288573	834422	1502722
1821818	744954	1076865	353409	723455	88643
5951414	2690125	3261289	851479	2409810	711306
1099978	635997	463981	182844	281137	
1988654	638838	1349816	221446	1128370	
763902	317940	445962	252348	193614	48387
3262275	992373	2269903	463271	1806632	
2375586	1918722	456864	415461	41403	895820

5-39 财政补助支出明细

地区	合计	个人部分	工资福利支出	对个人和家庭的补助支出	#助学金
合计	**809660510**	**534527367**	**342217824**	**192309543**	**29973515**
北京	24214289	12752368	7663080	5089288	132167
天津	11317667	7325135	3897873	3427262	31730
河北	33065045	21935854	15227765	6708090	785666
山西	18286254	12897422	9437830	3459592	333866
内蒙古	18744476	13846844	9131058	4715786	438121
辽宁	20275354	13873073	8682629	5190444	309974
吉林	14635741	10034087	6322363	3711724	220337
黑龙江	17593896	13171156	7675561	5495595	304936
上海	15773352	9232656	7154946	2077709	460071
江苏	57869921	35809107	21506423	14302685	1189647
浙江	38540156	26883107	18406468	8476639	1062303
安徽	31466201	19915751	11959993	7955759	782873
福建	24575486	16637698	11298642	5339056	306656
江西	30070310	17173243	11008702	6164541	1023235
山东	50496378	31466578	24474904	6991674	844739
河南	47263466	27414867	18563728	8851139	2480740
湖北	25968695	17847152	11379679	6467473	733383
湖南	31483261	19582618	12981213	6601404	1346537
广东	62073739	44418705	29493545	14925160	1369434
广西	27649710	18714838	10682119	8032718	1473932
海南	7472136	4614136	3968313	645822	199022
重庆	20833087	14201107	8270678	5930429	1016577
四川	43692302	31104273	17517097	13587176	2975404
贵州	24750822	19060888	10402205	8658682	1816298
云南	30975321	22687427	12876970	9810457	3585430
西藏	6786252	3558921	1676204	1882717	1036309
陕西	24097012	14682400	9084882	5597518	1480514
甘肃	16231638	11580505	7076164	4504341	890952
青海	6913978	3630455	2326556	1303899	488066
宁夏	5331177	3420715	2259512	1161204	233817
新疆	21213388	15054281	9810722	5243559	620779
大连	3102543	2002565	1621026	381538	7570
宁波	6088353	4099699	2993499	1106200	174585
厦门	2844256	2031967	1424730	607237	16333
青岛	7551312	4289036	2891414	1397622	62654
深圳	8507884	5236478	3563614	1672864	110861

(地方小学)

单位：千元

公用部分	商品和服务支出	其他资本性支出			基本建设支出
			专项公用支出	专项项目支出	
264694765	**110123073**	**154571692**	**35261198**	**119310495**	**10438377**
11333270	5958610	5374660	2948145	2426515	128651
3992532	1209069	2783463	444280	2339183	
11030443	5062167	5968276	1542351	4425925	98747
5352602	2967455	2385147	763424	1621723	36230
4710623	1974198	2736425	592900	2143525	187009
6373653	3554613	2819040	683626	2135414	28627
4492776	2121238	2371538	651571	1719967	108877
4363018	2493451	1869567	344822	1524745	59721
6434574	4096421	2338153	1626213	711940	106122
22028689	4528564	17500126	2220294	15279831	32124
11561799	4030705	7531094	1346304	6184790	95250
11219823	3662090	7557733	1761927	5795807	330626
7811164	2721604	5089560	1144070	3945490	126624
12624752	3786062	8838690	1313251	7525438	272315
19017100	5609821	13407279	2158295	11248984	12700
19447636	10216494	9231142	2208764	7022378	400963
7654609	3344218	4310392	956646	3353746	466934
11712083	4147005	7565078	1271112	6293966	188560
16585454	10025964	6559490	2880039	3679451	1069580
8384546	3433288	4951257	1050020	3901237	550327
2682621	867435	1815187	292644	1522543	175379
6032306	2778636	3253670	836759	2416912	599674
11869625	5572319	6297306	1527605	4769701	718404
5326563	2918347	2408216	672070	1736146	363372
7942293	3224118	4718175	919022	3799152	345601
2175057	543948	1631109	244714	1386395	1052275
9016299	3542790	5473509	998399	4475110	398314
4334668	1837441	2497227	411113	2086114	316465
1780801	657806	1122995	288573	834422	1502722
1821818	744954	1076865	353409	723455	88643
5581567	2492245	3089322	808833	2280489	577540
1099978	635997	463981	182844	281137	
1988654	638838	1349816	221446	1128370	
763902	317940	445962	252348	193614	48387
3262275	992373	2269903	463271	1806632	
2375586	1918722	456864	415461	41403	895820

5-40 财政补助支出明细

地区	合计	个人部分	工资福利支出	对个人和家庭的补助支出	#助学金
合计	**811939198**	**536224829**	**343426401**	**192798427**	**30056697**
北京	24390064	12865147	7747340	5117807	132167
天津	11345667	7345761	3909408	3436353	31730
河北	33064815	21935854	15227765	6708090	785666
山西	18286254	12897422	9437830	3459592	333866
内蒙古	18744476	13846844	9131058	4715786	438121
辽宁	20275354	13873073	8682629	5190444	309974
吉林	14696452	10077278	6359047	3718231	220337
黑龙江	17739476	13279939	7763860	5516079	305206
上海	15779067	9238345	7158348	2079997	460071
江苏	57869921	35809107	21506423	14302685	1189647
浙江	38540156	26883107	18406468	8476639	1062303
安徽	31466201	19915751	11959993	7955759	782873
福建	24563879	16627850	11289262	5338588	306656
江西	29989240	17173249	11008702	6164548	1023242
山东	50496378	31466578	24474904	6991674	844739
河南	47267592	27417135	18565996	8851139	2480740
湖北	25997582	17864600	11392864	6471736	733645
湖南	31463585	19584958	12983554	6601404	1346537
广东	62111980	44445600	29517853	14927747	1369550
广西	27649660	18714838	10682119	8032718	1473932
海南	7473730	4614136	3968313	645822	199022
重庆	20852316	14214184	8281435	5932750	1016572
四川	43691773	31103599	17516402	13587197	2975517
贵州	24750822	19060888	10402205	8658682	1816298
云南	30974828	22687317	12876970	9810347	3585430
西藏	6786252	3558921	1676204	1882717	1036309
陕西	24181366	14741675	9139542	5602133	1480514
甘肃	16238995	11586796	7081796	4504999	891513
青海	6913978	3630455	2326556	1303899	488066
宁夏	5331177	3420715	2259512	1161204	233817
新疆	23006162	16343705	10692043	5651661	702636
大连	3102543	2002565	1621026	381538	7570
宁波	6088353	4099699	2993499	1106200	174585
厦门	2844256	2031967	1424730	607237	16333
青岛	7551312	4289036	2891414	1397622	62654
深圳	8507884	5236478	3563614	1672864	110861

(普通小学)

单位：千元

公用部分	商品和服务支出	其他资本性支出	专项公用支出	专项项目支出	基本建设支出
265154365	**110416578**	**154737787**	**35326550**	**119411237**	**10560005**
11396266	6008923	5387343	2960828	2426515	128651
3999906	1211202	2788704	447105	2341600	
11030213	5062167	5968046	1542121	4425925	98747
5352602	2967455	2385147	763424	1621723	36230
4710623	1974198	2736425	592900	2143525	187009
6373653	3554613	2819040	683626	2135414	28627
4510297	2138241	2372056	652089	1719967	108877
4399816	2517729	1882086	349141	1532945	59721
6434600	4096446	2338153	1626213	711940	106122
22028689	4528564	17500126	2220294	15279831	32124
11561799	4030705	7531094	1346304	6184790	95250
11219823	3662090	7557733	1761927	5795807	330626
7809405	2719845	5089560	1144070	3945490	126624
12543675	3749586	8794090	1313251	7480838	272315
19017100	5609821	13407279	2158295	11248984	12700
19449493	10217767	9231727	2209349	7022378	400963
7666049	3351658	4314392	957646	3356746	466934
11702205	4147077	7555128	1263318	6291810	176422
16596800	10032354	6564446	2881257	3683189	1069580
8384496	3433238	4951257	1050020	3901237	550327
2684215	869028	1815188	292645	1522543	175379
6038458	2782463	3255995	839083	2416912	599674
11869770	5572464	6297306	1527605	4769701	718404
5326563	2918347	2408216	672070	1736146	363372
7941910	3223795	4718115	918962	3799152	345601
2175057	543948	1631109	244714	1386395	1052275
9041376	3562330	5179016	1003389	4475657	398314
4335734	1837903	2497831	411441	2086391	316465
1780801	657806	1122995	288573	834422	1502722
1821818	744954	1076865	353409	723455	88643
5951151	2689862	3261289	851479	2409810	711306
1099978	635997	463981	182844	281137	
1988654	638838	1349816	221446	1128370	
763902	317940	445962	252348	193614	48387
3262275	992373	2269903	463271	1806632	
2375586	1918722	456864	415461	41403	895820

5-41 财政补助支出明细

地区	合计	个人部分	工资福利支出	对个人和家庭的补助支出	#助学金
合计	**809542068**	**534515048**	**342206252**	**192308796**	**29973510**
北京	24214289	12752368	7663080	5089288	132167
天津	11317667	7325135	3897873	3427262	31730
河北	33064815	21935854	15227765	6708090	785666
山西	18286254	12897422	9437830	3459592	333866
内蒙古	18744476	13846844	9131058	4715786	438121
辽宁	20275354	13873073	8682629	5190444	309974
吉林	14635741	10034087	6322363	3711724	220337
黑龙江	17593896	13171156	7675561	5495595	304936
上海	15773352	9232656	7154946	2077709	460071
江苏	57869921	35809107	21506423	14302685	1189647
浙江	38540156	26883107	18406468	8476639	1062303
安徽	31466201	19915751	11959993	7955759	782873
福建	24563879	16627850	11289262	5338588	306656
江西	29989210	17173243	11008702	6164541	1023235
山东	50496378	31466578	24474904	6991674	844739
河南	47263466	27414867	18563728	8851139	2480740
湖北	25968695	17847152	11379679	6467473	733383
湖南	31461173	19582618	12981213	6601404	1346537
广东	62073739	44418705	29493545	14925160	1369434
广西	27649660	18714838	10682119	8032718	1473932
海南	7472136	4614136	3968313	645822	199022
重庆	20831286	14199533	8269180	5930352	1016572
四川	43691491	31103486	17516402	13587084	2975404
贵州	24750822	19060888	10402205	8658682	1816298
云南	30974828	22687317	12876970	9810347	3585430
西藏	6786252	3558921	1676204	1882717	1036309
陕西	24097012	14682400	9084882	5597518	1480514
甘肃	16231638	11580505	7076164	4504341	890952
青海	6913978	3630455	2326556	1303899	488066
宁夏	5331177	3420715	2259512	1161204	233817
新疆	21213125	15054281	9810722	5243559	620779
大连	3102543	2002565	1621026	381538	7570
宁波	6088353	4099699	2993499	1106200	174585
厦门	2844256	2031967	1424730	607237	16333
青岛	7551312	4289036	2891414	1397622	62654
深圳	8507884	5236478	3563614	1672864	110861

（地方普通小学）

单位：千元

公用部分	商品和服务支出	其他资本性支出	专项公用支出	专项项目支出	基本建设支出
264600780	**110083928**	**154516852**	**35253114**	**119263738**	**10426239**
11333270	5958610	5374660	2948145	2426515	128651
3992532	1209069	2783463	444280	2339183	
11030213	5062167	5968046	1542121	4425925	98747
5352602	2967455	2385147	763424	1621723	36230
4710623	1974198	2736425	592900	2143525	187009
6373653	3554613	2819040	683626	2135414	28627
4492776	2121238	2371538	651571	1719967	108877
4363018	2493451	1869567	344822	1524745	59721
6434574	4096421	2338153	1626213	711940	106122
22028689	4528564	17500126	2220294	15279831	32124
11561799	4030705	7531094	1346304	6184790	95250
11219823	3662090	7557733	1761927	5795807	330626
7809405	2719845	5089560	1144070	3945490	126624
12543652	3749562	8794090	1313251	7480838	272315
19017100	5609821	13407279	2158295	11248984	12700
19447636	10216494	9231142	2208764	7022378	400963
7654609	3344218	4310392	956646	3353746	466934
11702133	4147005	7555128	1263318	6291810	176422
16585454	10025964	6559490	2880039	3679451	1069580
8384496	3433238	4951257	1050020	3901237	550327
2682621	867435	1815187	292644	1522543	175379
6032079	2778409	3253670	836759	2416912	599674
11869602	5572296	6297306	1527605	4769701	718404
5326563	2918347	2408216	672070	1736146	363372
7941910	3223795	4718115	918962	3799152	345601
2175057	543948	1631109	244714	1386395	1052275
9016299	3542790	5473509	998399	4475110	398314
4334668	1837441	2497227	411113	2086114	316465
1780801	657806	1122995	288573	834422	1502722
1821818	744954	1076865	353409	723455	88643
5581304	2491982	3089322	808833	2280489	577540
1099978	635997	463981	182844	281137	
1988654	638838	1349816	221446	1128370	
763902	317940	445962	252348	193614	48387
3262275	992373	2269903	463271	1806632	
2375586	1918722	456864	415461	41403	895820

5-42 财政补助支出明细

地区	合计	个人部分	工资福利支出	对个人和家庭的补助支出	#助学金
合计	**541609387**	**370059142**	**234622828**	**135436313**	**25719491**
北京	4882086	2718326	1730861	987464	51927
天津	3603158	2348928	1399520	949407	7923
河北	26238097	17215701	11812837	5402864	779795
山西	13360238	9644850	6959293	2685557	303525
内蒙古	13932744	10571080	6766606	3804474	337643
辽宁	10275758	7320669	4440443	2880226	188171
吉林	9582857	6729305	4333419	2395886	209207
黑龙江	11516475	8556891	5040340	3516551	301924
上海	2656857	1919997	1521699	398298	91664
江苏	30947149	19642653	11181823	8460830	729176
浙江	22316300	15970174	10695607	5274567	658716
安徽	24797180	16116668	9450339	6666329	719441
福建	15689529	11201110	7505325	3695786	278955
江西	24272043	14390735	9262727	5128008	931654
山东	31392484	20782898	16485429	4297469	569199
河南	36513647	21426110	14315815	7110295	2237268
湖北	17164860	12165139	7856423	4308716	665552
湖南	23263461	15383732	10157211	5226521	1323114
广东	29075513	21166406	14482766	6683640	417835
广西	22694838	15909837	8922735	6987102	1428629
海南	5427763	3673576	3175527	498050	144019
重庆	14189298	10169626	5975166	4194459	837878
四川	34780743	25385518	14087507	11298011	2812831
贵州	21240128	16672334	9209752	7462582	1779542
云南	27240521	20128535	11327111	8801425	3387558
西藏	6090321	3086496	1510946	1575550	983741
陕西	18323432	11530550	7038650	4491900	1361933
甘肃	13396414	9801073	6045747	3755326	853586
青海	5608166	2973697	1894223	1079475	469575
宁夏	3531231	2421125	1580656	840468	203445
新疆	17606094	13035403	8456324	4579079	654065
大连	748783	500059	402936	97124	1133
宁波	3188891	2041703	1482681	559022	89107
厦门	512878	414849	261587	153262	642
青岛	2482033	1575472	1082576	492896	24035
深圳					

(农村小学)

单位：千元

公用部分	商品和服务支出	其他资本性支出	专项公用支出	专项项目支出	基本建设支出
164296806	**69035714**	**95261092**	**19351360**	**75909732**	**7253440**
2163760	1055896	1107864	565575	542290	
1254230	505306	748924	116800	632124	
8929046	4021661	4907384	1243519	3663866	93350
3693726	2138343	1555383	483325	1072058	21662
3226310	1349074	1877236	390694	1486542	135353
2930290	1494754	1435536	241696	1193840	24800
2768939	1295751	1473189	394204	1078985	84613
2902363	1671868	1230495	251115	979380	57221
736860	481555	255305	124284	131021	
11272372	2364181	8908191	1104002	7804189	32124
6325676	2213507	4112169	679056	3433113	20450
8410896	3022092	5388804	1372415	4016389	269616
4414182	1565069	2849114	586210	2262904	74236
9702123	3124046	6578076	1039883	5538194	179185
10606887	3212178	7394708	1109287	6285421	2700
14906169	8279607	6626562	1536284	5090278	181369
4663477	1901905	2761572	473925	2287647	336244
7743284	3088463	4654821	795313	3859509	136445
7859115	4270572	3588543	1206854	2381689	49992
6272240	2838232	3434008	792659	2641350	512761
1630727	582947	1047781	204629	843152	123459
3649270	1839374	1809896	434803	1375093	370402
8889723	4202160	4687564	983556	3704008	505502
4260637	2369002	1891635	468304	1423330	307157
6879546	2832524	4047022	765217	3281806	232439
2017830	501259	1516571	183067	1333504	985995
6444107	2602076	3842031	576026	3266005	348776
3295936	1393172	1902764	290697	1612067	299405
1350748	516884	833864	189368	644496	1283721
1048197	462246	585951	198813	387138	61910
4048140	1840012	2208129	549782	1658347	522551
248724	174524	74200	41004	33196	
1147188	318888	828299	109617	718682	
98029	40178	57850	34202	23648	
906561	191062	715499	167799	547700	

5-43 财政补助支出明细

地 区	合 计	个人部分	工资福利支出	对个人和家庭的补助支出	#助学金
合 计	**539865593**	**368825060**	**233749676**	**135075384**	**25640344**
北 京	4882086	2718326	1730861	987464	51927
天 津	3603158	2348928	1399520	949407	7923
河 北	26238097	17215701	11812837	5402864	779795
山 西	13360238	9644850	6959293	2685557	303525
内蒙古	13932744	10571080	6766606	3804474	337643
辽 宁	10275758	7320669	4440443	2880226	188171
吉 林	9582857	6729305	4333419	2395886	209207
黑龙江	11411103	8476496	4971076	3505420	301723
上 海	2656857	1919997	1521699	398298	91664
江 苏	30947149	19642653	11181823	8460830	729176
浙 江	22316300	15970174	10695607	5274567	658716
安 徽	24797180	16116668	9450339	6666329	719441
福 建	15689529	11201110	7505325	3695786	278955
江 西	24272013	14390728	9262727	5128001	931648
山 东	31392484	20782898	16485429	4297469	569199
河 南	36513647	21426110	14315815	7110295	2237268
湖 北	17164860	12165139	7856423	4308716	665552
湖 南	23263461	15383732	10157211	5226521	1323114
广 东	29043343	21143966	14462023	6681944	417719
广 西	22694838	15909837	8922735	6987102	1428629
海 南	5426168	3673576	3175527	498050	144019
重 庆	14189298	10169626	5975166	4194459	837878
四 川	34780681	25385456	14087507	11297948	2812769
贵 州	21240128	16672334	9209752	7462582	1779542
云 南	27240521	20128535	11327111	8801425	3387558
西 藏	6090321	3086496	1510946	1575550	983741
陕 西	18323432	11530550	7038650	4491900	1361933
甘 肃	13389056	9794783	6040115	3754667	853024
青 海	5608166	2973697	1894223	1079475	469575
宁 夏	3531231	2421125	1580656	840468	203445
新 疆	16008886	11910515	7678811	4231704	575867
大 连	748783	500059	402936	97124	1133
宁 波	3188891	2041703	1482681	559022	89107
厦 门	512878	414849	261587	153262	642
青 岛	2482033	1575472	1082576	492896	24035
深 圳					

(地方农村小学)

单位：千元

公用部分	商品和服务支出	其他资本性支出			基本建设支出
			专项公用支出	专项项目支出	
163919392	**68832321**	**95087071**	**19309449**	**75777621**	**7121141**
2163760	1055896	1107864	565575	542290	
1254230	505306	748924	116800	632124	
8929046	4021661	4907384	1243519	3663866	93350
3693726	2138343	1555383	483325	1072058	21662
3226310	1349074	1877236	390694	1486542	135353
2930290	1494754	1435536	241696	1193840	24800
2768939	1295751	1473189	394204	1078985	84613
2877385	1654653	1222733	248700	974033	57221
736860	481555	255305	124284	131021	
11272372	2364181	8908191	1104002	7804189	32124
6325676	2213507	4112169	679056	3433113	20450
8410896	3022092	5388804	1372415	4016389	269616
4414182	1565069	2849114	586210	2262904	74236
9702099	3124023	6578076	1039883	5538194	179185
10606887	3212178	7394708	1109287	6285421	2700
14906169	8279607	6626562	1536284	5090278	181369
4663477	1901905	2761572	473925	2287647	336244
7743284	3088463	4654821	795313	3859509	136445
7849384	4265514	3583870	1205919	2377952	49992
6272240	2838232	3434008	792659	2641350	512761
1629133	581353	1047779	204627	843152	123459
3649270	1839374	1809896	434803	1375093	370402
8889723	4202160	4687564	983556	3704008	505502
4260637	2369002	1891635	468304	1423330	307157
6879546	2832524	4047022	765217	3281806	232439
2017830	501259	1516571	183067	1333504	985995
6444107	2602076	3842031	576026	3266005	348776
3294869	1392709	1902160	290369	1611790	299405
1350748	516884	833864	189368	644496	1283721
1048197	462246	585951	198813	387138	61910
3708119	1660972	2047147	511550	1535596	390253
248724	174524	74200	41004	33196	
1147188	318888	828299	109617	718682	
98029	40178	57850	34202	23648	
906561	191062	715499	167799	547700	

5-44 财政补助支出明细

地区	合计	个人部分	工资福利支出	对个人和家庭的补助支出	#助学金
合计	**118442**	**12319**	**11572**	**747**	**5**
北京					
天津					
河北	230				
山西					
内蒙古					
辽宁					
吉林					
黑龙江					
上海					
江苏					
浙江					
安徽					
福建	11607	9848	9380	469	
江西	81100				
山东					
河南					
湖北					
湖南	22088				
广东					
广西	50				
海南					
重庆	1801	1574	1497	77	5
四川	811	788	696	92	
贵州					
云南	492	109		109	
西藏					
陕西					
甘肃					
青海					
宁夏					
新疆	263				
大连					
宁波					
厦门					
青岛					
深圳					

(成人小学)

单位：千元

公用部分	商品和服务支出	其他资本性支出	专项公用支出	专项项目支出	基本建设支出
93985	**39145**	**54840**	**8084**	**46756**	**12138**
230		230	230		
1759	1759				
81100	36500	44600		44600	
9950		9950	7794	2156	12138
50	50				
227	227				
23	23				
383	323	60	60		
263	263				

5-45 财政补助支出明细

地区	合计	个人部分	工资福利支出	对个人和家庭的补助支出	#助学金
合计	**9601044**	**5555373**	**3906553**	**1648820**	**201881**
北京	454087	299349	185695	113654	2668
天津	220309	146064	75183	70881	25
河北	385060	218103	178449	39654	6020
山西	184136	121410	97462	23948	2168
内蒙古	192696	132505	100517	31987	3388
辽宁	515403	269400	176235	93165	4821
吉林	235346	160227	97209	63018	3197
黑龙江	298089	215354	122676	92679	7590
上海	620941	377323	301572	75751	10265
江苏	700072	488101	317723	170378	12069
浙江	624238	326383	247987	78396	10201
安徽	316672	130934	89891	41044	6808
福建	377353	197713	143300	54413	12940
江西	183391	89364	64817	24547	4347
山东	859892	445667	337382	108285	20382
河南	375212	242568	175303	67265	8525
湖北	276819	176030	115572	60458	9029
湖南	295733	147784	108822	38962	7302
广东	861735	409637	299138	110499	3600
广西	155745	95029	64922	30107	7650
海南	42140	23143	19788	3355	1345
重庆	151896	101033	68171	32862	9406
四川	390157	215265	150154	65110	15666
贵州	175536	122456	78585	43870	3758
云南	196607	111836	80311	31525	11400
西藏	28000	20248	14518	5730	3291
陕西	157145	90463	68518	21945	5373
甘肃	93868	61968	41041	20926	2376
青海	55631	23492	15988	7505	1502
宁夏	47569	27107	20615	6492	878
新疆	129567	69415	49006	20409	3892
大连	70592	51301	40674	10627	1046
宁波	130323	49650	38082	11569	1859
厦门	84092	24533	16956	7576	338
青岛	144514	85505	53339	32167	4859
深圳	136422	55974	42460	13513	45

(特殊教育)

单位：千元

公用部分	商品和服务支出	其他资本性支出	专项公用支出	专项项目支出	基本建设支出
3877529	**1623134**	**2254395**	**686095**	**1568300**	**168142**
154514	86305	68210	50468	17742	224
74244	30496	43748	5428	38320	
136957	60649	76309	23858	52450	30000
61906	36965	24941	6985	17956	820
55191	29672	25519	18303	7216	5000
246004	149433	96570	32053	64518	
62419	36119	26300	18002	8298	12700
80165	50164	30001	19251	10750	2569
243617	139468	104149	75920	28229	
211971	80753	131218	39363	91855	
297855	98884	198971	52295	146676	
185738	33030	152708	15327	137381	
177640	45556	132084	42770	89314	2000
86738	29992	56746	10688	46058	7290
381224	98689	282535	44355	238180	33000
130779	59788	70991	19240	51751	1865
100139	42495	57643	9754	47890	650
147949	54186	93763	15318	78445	
399875	151319	248556	60374	188182	52222
60716	29605	31111	12264	18847	
17593	15232	2361	2101	260	1404
50435	29674	20761	8910	11851	428
166958	78298	88660	37634	51026	7934
48507	28551	19956	5348	14608	4573
84148	36455	47693	18436	29257	622
7752	5993	1759	1759		
65205	29845	35360	11791	23569	1477
31901	17476	14425	4940	9486	
32139	4156	27983	586	27397	
20461	4249	16212	8473	7739	
56789	29637	27152	14103	13049	3363
19291	17516	1775	1775		
80672	13516	67156	16533	50623	
59559	8102	51457	5089	46369	
59009	14862	44147	11879	32268	
30448	26493	3955	3955		50000

5-46 财政补助支出明细

地区	合计	个人部分	工资福利支出	对个人和家庭的补助支出	#助学金
合计	**9012334**	**5215427**	**3683681**	**1531746**	**197415**
北京	343281	224163	142949	81214	1914
天津	167928	123850	66855	56995	25
河北	385060	218103	178449	39654	6020
山西	170805	113407	89978	23429	2121
内蒙古	192696	132505	100517	31987	3388
辽宁	470620	235123	156286	78837	4821
吉林	220894	149600	90711	58889	3175
黑龙江	293557	212339	120869	91471	7590
上海	491518	288886	234088	54799	9048
江苏	700072	488101	317723	170378	12069
浙江	575537	318346	242127	76219	9917
安徽	304353	121637	83436	38200	6808
福建	377353	197713	143300	54413	12940
江西	181992	88830	64364	24465	4303
山东	859892	445667	337382	108285	20382
河南	363675	234957	170529	64428	8525
湖北	264069	169693	112507	57185	8454
湖南	283249	141447	104505	36942	7302
广东	828971	398024	290643	107381	3555
广西	150586	91251	62211	29041	7649
海南	42140	23143	19788	3355	1345
重庆	144301	97265	65655	31610	9369
四川	353142	197859	136816	61044	15399
贵州	157597	110009	70547	39462	3758
云南	191557	108024	76858	31166	11394
西藏	28000	20248	14518	5730	3291
陕西	153667	87552	65968	21584	5373
甘肃	93868	61968	41041	20926	2376
青海	55631	23492	15988	7505	1502
宁夏	47569	27107	20615	6492	878
新疆	118754	65117	46456	18661	2725
大连	65150	46939	37098	9842	1046
宁波	130323	49650	38082	11569	1859
厦门	84092	24533	16956	7576	338
青岛	144514	85505	53339	32167	4859
深圳	126666	52092	39400	12692	

（特殊教育学校）

单位：千元

公用部分	商品和服务支出	其他资本性支出			基本建设支出
			专项公用支出	专项项目支出	
3628765	**1506010**	**2122755**	**660021**	**1462734**	**168142**
118894	57500	61394	43723	17671	224
44077	26919	17158	4188	12970	
136957	60649	76309	23858	52450	30000
56578	32564	24013	6057	17956	820
55191	29672	25519	18303	7216	5000
235497	140057	95440	31531	63908	
58594	33526	25068	17210	7859	12700
78648	48894	29754	19004	10750	2569
202632	111814	90817	69485	21333	
211971	80753	131218	39363	91855	
257191	95639	161552	51350	110202	
182716	30569	152147	15095	137052	
177640	45556	132084	42770	89314	2000
85873	29800	56073	10015	46058	7290
381224	98689	282535	44355	238180	33000
126854	56154	70699	19116	51583	1865
93727	38947	54780	8490	46290	650
141802	52487	89314	15170	74145	
378724	143894	234830	59686	175144	52222
59335	28861	30474	11694	18780	
17593	15232	2361	2101	260	1404
46607	29268	17339	8639	8700	428
147349	70742	76607	35463	41144	7934
43015	23237	19778	5170	14608	4573
82911	35379	47532	18275	29257	622
7752	5993	1759	1759		
64638	29372	35266	11697	23569	1477
31901	17476	14425	4940	9486	
32139	4156	27983	586	27397	
20461	4249	16212	8473	7739	
50275	27960	22314	12457	9857	3363
18211	16463	1748	1748		
80672	13516	67156	16533	50623	
59559	8102	51457	5089	46369	
59009	14862	44147	11879	32268	
24574	21118	3456	3456		50000

5-47 财政补助支出明细

地区	合计	个人部分	工资福利支出	对个人和家庭的补助支出	#助学金
合计	**588710**	**339946**	**222872**	**117074**	**4466**
北京	110807	75186	42746	32440	754
天津	52381	22214	8328	13886	
河北					
山西	13332	8003	7484	519	48
内蒙古					
辽宁	44784	34277	19949	14327	
吉林	14452	10627	6498	4129	22
黑龙江	4532	3015	1807	1208	
上海	129423	88437	67484	20953	1218
江苏					
浙江	48701	8037	5860	2177	284
安徽	12319	9298	6454	2844	
福建					
江西	1399	534	453	81	44
山东					
河南	11536	7611	4774	2837	
湖北	12750	6338	3065	3273	574
湖南	12484	6337	4317	2020	
广东	32764	11613	8495	3118	45
广西	5159	3778	2711	1067	1
海南					
重庆	7595	3768	2516	1252	37
四川	37014	17405	13338	4067	267
贵州	17939	12447	8038	4408	
云南	5049	3812	3453	359	6
西藏					
陕西	3478	2910	2550	361	
甘肃					
青海					
宁夏					
新疆	10813	4298	2550	1748	1168
大连	5442	4361	3577	785	
宁波					
厦门					
青岛					
深圳	9755	3881	3060	821	45

(工读学校)

单位：千元

公用部分	商品和服务支出	其他资本性支出			基本建设支出
			专项公用支出	专项项目支出	
248764	**117124**	**131639**	**26074**	**105566**	
35620	28805	6816	6745	71	
30167	3577	26590	1240	25350	
5328	4401	928	928		
10507	9376	1130	521	609	
3825	2593	1232	792	440	
1517	1269	247	247		
40986	27654	13332	6435	6896	
40664	3245	37419	945	36474	
3022	2461	561	232	329	
865	192	674	674		
3925	3634	291	123	168	
6412	3549	2863	1264	1599	
6147	1699	4448	148	4300	
21151	7425	13726	688	13038	
1381	744	637	570	67	
3827	406	3422	270	3151	
19609	7556	12053	2171	9882	
5492	5314	178	178		
1237	1076	161	161		
567	473	95	95		
6514	1677	4838	1646	3192	
1081	1053	27	27		
5874	5374	500	500		

5-48 财政补助支出明细

地区	合计	个人部分	工资福利支出	对个人和家庭的补助支出	#助学金
合计	**90032130**	**46304011**	**35098016**	**11205995**	**2307883**
北京	4894561	2409102	1837909	571193	608
天津	2276330	1151526	667853	483673	7858
河北	4123711	2862275	2462934	399341	42078
山西	1663127	988626	780909	207716	81432
内蒙古	3184773	1815411	1385061	430350	103514
辽宁	1464925	592632	471278	121353	5611
吉林	1194010	630694	465490	165204	8268
黑龙江	1159101	725180	558021	167159	5684
上海	7195435	4383207	3916844	466363	48265
江苏	8424309	3585412	2900179	685234	151764
浙江	6536637	3209657	2664681	544976	14942
安徽	2395652	916874	692343	224531	33926
福建	3383897	1926313	1593388	332925	22703
江西	1628821	552245	408144	144101	22367
山东	5151870	2129395	1620590	508805	275430
河南	3287795	1345007	1025314	319693	127851
湖北	2128475	1117038	852271	264767	21872
湖南	1665687	792847	569239	223607	111547
广东	4775811	2860664	1806645	1054019	106044
广西	1821650	825016	488185	336831	96556
海南	532545	249865	200266	49599	24371
重庆	1189709	524952	336221	188730	69655
四川	3812966	2128866	1416169	712697	224213
贵州	1860329	1213734	885714	328021	12747
云南	2102882	1143835	832004	311831	38540
西藏	1412790	551139	201379	349760	220240
陕西	4683163	2022339	1554921	467418	171163
甘肃	1656633	944877	719072	225805	20989
青海	648753	295946	171011	124935	77777
宁夏	436602	223629	161313	62317	4837
新疆	3339179	2185709	1452669	733041	155032
大连	464321	223296	194858	28438	1281
宁波	1489906	843158	741819	101339	7879
厦门	542755	390734	317876	72858	909
青岛	1188271	404281	324459	79822	14428
深圳	968777	681109	240903	440206	

(幼儿园)

单位：千元

公用部分	商品和服务支出	其他资本性支出	专项公用支出	专项项目支出	基本建设支出
41650106	**14308453**	**27341653**	**5164239**	**22177414**	**2078012**
2480106	1444582	1035523	457178	578345	5354
1124804	196749	928055	189196	738859	
1173175	288475	884700	131475	753226	88260
613581	231661	381920	57792	324128	60921
1305730	446408	859322	166241	693081	63632
865872	548436	317436	42764	274672	6422
551456	209425	342031	79153	262878	11860
429292	204279	225013	48800	176213	4630
2804637	1956166	848471	525632	322839	7591
4822587	999860	3822727	454318	3368409	16310
3299260	1064185	2235075	377343	1857732	27719
1326809	159918	1166891	150028	1016863	151969
1388830	329632	1059198	195361	863837	68754
1031965	120897	911068	122230	788838	44611
2996975	502764	2494211	300944	2193267	25500
1845016	657068	1187948	181285	1006664	97773
962524	312883	649641	106827	542814	48913
814187	186022	628165	100076	528089	58654
1840125	846862	993264	429464	563799	75022
958788	151608	807180	180041	627139	37847
270600	56733	213866	61691	152175	12080
614949	321904	293045	62827	230218	49808
1549808	551346	998462	137503	860959	134292
579192	318281	260911	53801	207110	67403
883736	248944	634792	72717	562076	75311
447362	102797	344564	54461	290103	414290
2567528	993762	1573766	204778	1368988	93296
612631	118778	493853	71837	422016	99125
208637	80572	128066	28745	99321	144170
193883	32324	161559	23672	137887	19090
1086062	625134	460928	96057	364871	67408
241026	227291	13735	7636	6099	
629128	218353	410775	47453	363322	17620
152021	88513	63508	34777	28731	
783990	192088	591902	86232	505671	
247430	216512	30918	18834	12083	40238

5-49 财政补助支出明细

地 区	合 计	个人部分	工资福利支出	对个人和家庭的补助支出	#助学金
合 计	**89697706**	**46106673**	**34947206**	**11159467**	**2294608**
北 京	4885852	2401872	1831005	570867	608
天 津	2276310	1151526	667853	483673	7858
河 北	4110403	2849696	2450355	399341	42078
山 西	1663097	988595	780909	207686	81402
内蒙古	3184773	1815411	1385061	430350	103514
辽 宁	1458549	587775	466492	121283	5611
吉 林	1191920	629407	464203	165204	8268
黑龙江	1117993	696576	534239	162337	5654
上 海	7169116	4363503	3899814	463689	48265
江 苏	8415244	3580951	2895749	685202	151738
浙 江	6536637	3209657	2664681	544976	14942
安 徽	2394103	916578	692047	224531	33926
福 建	3383897	1926313	1593388	332925	22703
江 西	1628821	552245	408144	144101	22367
山 东	5151870	2129395	1620590	508805	275430
河 南	3286833	1344777	1025144	319633	127790
湖 北	2127866	1117038	852271	264767	21872
湖 南	1664631	792063	568734	223329	111546
广 东	4775794	2860647	1806645	1054002	106027
广 西	1821650	825016	488185	336831	96556
海 南	531751	249224	199946	49277	24251
重 庆	1189709	524952	336221	188730	69655
四 川	3811855	2127886	1415189	712697	224213
贵 州	1860329	1213734	885714	328021	12747
云 南	2102137	1143186	831363	311824	38539
西 藏	1412790	551139	201379	349760	220240
陕 西	4680953	2021766	1554913	466853	170600
甘 肃	1651902	940366	714580	225785	20989
青 海	647954	295347	171011	124336	77178
宁 夏	436602	223629	161313	62317	4837
新 疆	3126366	2076405	1380069	696336	143205
大 连	463612	222657	194219	28438	1281
宁 波	1489906	843158	741819	101339	7879
厦 门	542755	390734	317876	72858	909
青 岛	1188271	404281	324459	79822	14428
深 圳	968777	681109	240903	440206	

(地方幼儿园)

单位：千元

公用部分	商品和服务支出	其他资本性支出			基本建设支出
			专项公用支出	专项项目支出	
41548530	**14269008**	**27279522**	**5156584**	**22122938**	**2042502**
2478627	1443284	1035342	456997	578345	5354
1124784	196729	928055	189196	738859	
1172447	288211	884236	131441	752796	88260
613581	231661	381920	57792	324128	60921
1305730	446408	859322	166241	693081	63632
864352	548295	316057	42528	273529	6422
550653	209425	341228	78351	262878	11860
416788	198708	218080	48609	169470	4630
2798022	1950399	847623	524785	322839	7591
4817984	996323	3821661	453485	3368175	16310
3299260	1064185	2235075	377343	1857732	27719
1325556	159802	1165754	149726	1016028	151969
1388830	329632	1059198	195361	863837	68754
1031965	120897	911068	122230	788838	44611
2996975	502764	2494211	300944	2193267	25500
1844284	656718	1187566	180903	1006664	97773
961915	312281	649633	106819	542814	48913
813914	185755	628159	100070	528089	58654
1840125	846862	993264	429464	563799	75022
958788	151608	807180	180041	627139	37847
270447	56581	213866	61691	152175	12080
614949	321904	293045	62827	230218	49808
1549677	551215	998462	137503	860959	134292
579192	318281	260911	53801	207110	67403
883639	248868	634771	72696	562076	75311
447362	102797	344564	54461	290103	414290
2565891	992327	1573564	204644	1368920	93296
612412	118694	493717	71768	421950	99125
208437	80372	128066	28745	99321	144170
193883	32324	161559	23672	137887	19090
1018063	605700	412363	92451	319912	31898
240955	227276	13679	7580	6099	
629128	218353	410775	47453	363322	17620
152021	88513	63508	34777	28731	
783990	192088	591902	86232	505671	
247430	216512	30918	18834	12083	40238

5-50 财政补助支出明细

地区	合计	个人部分	工资福利支出	对个人和家庭的补助支出	#助学金
合 计	**45480797**	**23186381**	**18045603**	**5140779**	**1671902**
北 京	982962	576623	483906	92717	125
天 津	474792	180301	128579	51722	1007
河 北	3003630	2100168	1854791	245377	36464
山 西	1119199	631732	498189	133543	65984
内蒙古	1954004	1165385	920412	244974	50060
辽 宁	452065	157045	126414	30631	1481
吉 林	594917	304350	249440	54910	3664
黑龙江	613118	366510	307849	58661	2553
上 海	1190061	817036	751080	65956	6902
江 苏	3414684	1291077	1044053	247023	104302
浙 江	2821436	1291776	1092191	199585	11184
安 徽	1599784	595841	459541	136300	19969
福 建	1814560	983473	842221	141252	15497
江 西	1076087	331912	260624	71288	12791
山 东	2824565	1234362	950211	284152	175499
河 南	1826820	752303	585657	166646	95233
湖 北	957192	530925	435409	95516	15739
湖 南	1155075	565515	413426	152089	93102
广 东	1372957	789689	631362	158327	51330
广 西	1036729	492012	298752	193260	68635
海 南	351912	152554	128070	24484	10677
重 庆	730561	287136	175888	111247	60606
四 川	2606535	1453618	993154	460464	188167
贵 州	1386272	906731	698543	208188	12194
云 南	1303795	719243	532485	186759	33562
西 藏	1173349	405330	170953	234377	179475
陕 西	3407566	1514561	1210324	304237	121355
甘 肃	1145189	666547	536044	130503	17047
青 海	487496	213655	124399	89256	63723
宁 夏	258494	101388	77523	23865	2548
新 疆	2344992	1607583	1064114	543469	151028
大 连	121077	28543	26046	2497	361
宁 波	653930	332633	297732	34901	6757
厦 门	36003	29656	26157	3498	292
青 岛	381810	104117	94304	9813	5075
深 圳					

（农村幼儿园）

单位：千元

公用部分	商品和服务支出	其他资本性支出			基本建设支出
			专项公用支出	专项项目支出	
20629180	**5882955**	**14746225**	**2176030**	**12570195**	**1665235**
406339	238114	168225	71475	96750	
294491	43831	250660	38489	212171	
819203	168211	650992	85556	565436	84260
448352	168198	280154	32019	248135	39115
744453	233999	510454	90627	419827	44165
290598	153068	137530	10783	126747	4422
279467	86095	193372	30507	162864	11100
244183	89594	154589	11588	143001	2425
373024	280041	92983	57226	35757	
2107297	381587	1725711	170379	1555332	16310
1525530	415818	1109712	168292	941420	4130
851975	107735	744240	96376	647864	151969
794743	140466	654278	103490	550787	36344
699850	87270	612580	76481	536099	44325
1566953	169480	1397473	173038	1224435	23250
1011974	407862	604112	82118	521995	62543
383684	72244	311440	36116	275324	42583
530906	109691	421215	59342	361873	58654
578309	139956	438353	133728	304625	4959
519563	74472	445092	94777	350315	25153
187560	25843	161717	46568	115149	11798
393617	185146	208471	35334	173137	49808
1033742	348823	684919	72045	612873	119175
430438	235028	195410	35166	160243	49103
523884	138978	384906	34867	350039	60667
397730	86193	311537	51782	259755	370290
1823030	729483	1093547	127871	965677	69975
394518	81690	312827	50864	261963	84125
158351	63625	94726	15731	78996	115490
138017	11766	126251	16092	110159	19090
677401	408649	268752	67302	201449	60009
92534	88140	4394	2556	1839	
321297	100158	221139	23864	197275	
6347	5987	361	352	8	
277694	44622	233072	28300	204772	

5-51 财政补助支出明细

地区	合计	个人部分	工资福利支出	对个人和家庭的补助支出	#助学金
合计	**45272555**	**23085523**	**17969564**	**5115959**	**1660043**
北京	982962	576623	483906	92717	125
天津	474792	180301	128579	51722	1007
河北	3003630	2100168	1854791	245377	36464
山西	1119199	631732	498189	133543	65984
内蒙古	1954004	1165385	920412	244974	50060
辽宁	452065	157045	126414	30631	1481
吉林	593629	303063	248153	54910	3664
黑龙江	587948	347806	289793	58013	2547
上海	1190061	817036	751080	65956	6902
江苏	3414684	1291077	1044053	247023	104302
浙江	2821436	1291776	1092191	199585	11184
安徽	1599784	595841	459541	136300	19969
福建	1814560	983473	842221	141252	15497
江西	1076087	331912	260624	71288	12791
山东	2824565	1234362	950211	284152	175499
河南	1826820	752303	585657	166646	95233
湖北	957192	530925	435409	95516	15739
湖南	1155075	565515	413426	152089	93102
广东	1372940	789671	631362	158310	51313
广西	1036729	492012	298752	193260	68635
海南	351508	152234	127750	24484	10677
重庆	730561	287136	175888	111247	60606
四川	2606535	1453618	993154	460464	188167
贵州	1386272	906731	698543	208188	12194
云南	1303795	719243	532485	186759	33562
西藏	1173349	405330	170953	234377	179475
陕西	3407494	1514541	1210316	304226	121346
甘肃	1140459	662035	531552	130483	17047
青海	487496	213655	124399	89256	63723
宁夏	258494	101388	77523	23865	2548
新疆	2168432	1531583	1012238	519345	139202
大连	121077	28543	26046	2497	361
宁波	653930	332633	297732	34901	6757
厦门	36003	29656	26157	3498	292
青岛	381810	104117	94304	9813	5075
深圳					

(地方农村幼儿园)

单位：千元

公用部分					基本建设支出
	商品和服务支出	其他资本性支出			
			专项公用支出	专项项目支出	
20557307	**5861791**	**14695517**	**2173189**	**12522328**	**1629725**
406339	238114	168225	71475	96750	
294491	43831	250660	38489	212171	
819203	168211	650992	85556	565436	84260
448352	168198	280154	32019	248135	39115
744453	233999	510454	90627	419827	44165
290598	153068	137530	10783	126747	4422
279467	86095	193372	30507	162864	11100
237716	86478	151239	11448	139791	2425
373024	280041	92983	57226	35757	
2107297	381587	1725711	170379	1555332	16310
1525530	415818	1109712	168292	941420	4130
851975	107735	744240	96376	647864	151969
794743	140466	654278	103490	550787	36344
699850	87270	612580	76481	536099	44325
1566953	169480	1397473	173038	1224435	23250
1011974	407862	604112	82118	521995	62543
383684	72244	311440	36116	275324	42583
530906	109691	421215	59342	361873	58654
578309	139956	438353	133728	304625	4959
519563	74472	445092	94777	350315	25153
187476	25759	161717	46568	115149	11798
393617	185146	208471	35334	173137	49808
1033742	348823	684919	72045	612873	119175
430438	235028	195410	35166	160243	49103
523884	138978	384906	34867	350039	60667
397730	86193	311537	51782	259755	370290
1822977	729430	1093547	127871	965677	69975
394298	81606	312692	50795	261897	84125
158351	63625	94726	15731	78996	115490
138017	11766	126251	16092	110159	19090
612350	390821	221529	64671	156857	24499
92534	88140	4394	2556	1839	
321297	100158	221139	23864	197275	
6347	5987	361	352	8	
277694	44622	233072	28300	204772	

5-52 财政补助支出明细

地区	合计	个人部分	工资福利支出	对个人和家庭的补助支出	#助学金
合计	**35268785**	**14818665**	**8513634**	**6305031**	
北京	4201911	593284	321241	272043	
天津	260891	230201	116737	113464	
河北	569551	384264	239781	144482	
山西	1145182	625235	425430	199805	
内蒙古	925465	463353	264275	199078	
辽宁	644350	383855	181674	202181	
吉林	386251	183245	113048	70197	
黑龙江	1282814	487968	268983	218985	
上海	282594	219481	137621	81859	
江苏	1274620	698497	413410	285088	
浙江	1045350	619536	393609	225928	
安徽	704813	394396	218243	176152	
福建	542801	328363	195671	132692	
江西	757973	401093	238204	162889	
山东	1553779	977029	738232	238797	
河南	1263701	465372	286360	179012	
湖北	1180486	686183	404107	282076	
湖南	1727401	848465	511689	336775	
广东	4031707	1328215	606109	722106	
广西	795946	219664	125333	94331	
海南	309561	170314	108268	62046	
重庆	710101	306489	152463	154026	
四川	2040784	826875	408782	418093	
贵州	1702263	744333	411635	332699	
云南	1945359	556799	265503	291297	
西藏	217513	129096	86084	43012	
陕西	985393	272043	175711	96333	
甘肃	767086	444291	250613	193678	
青海	391184	148285	59253	89031	
宁夏	176906	125118	85624	39495	
新疆	1445046	557324	309943	247381	
大连	121769	59669	32888	26780	
宁波	112825	91942	61309	30633	
厦门	86412	42939	22063	20876	
青岛	230466	118904	83824	35081	
深圳	769049	156893	81121	75772	

（教育行政单位）

单位：千元

公用部分	商品和服务支出	其他资本性支出			基本建设支出
			专项公用支出	专项项目支出	
19394819	**12535253**	**6859565**	**2730988**	**4128577**	**1055301**
3608627	3285913	322714	120580	202135	
30691	29699	992	992		
185288	161467	23820	10594	13226	
519947	378802	141146	45804	95342	
458605	225208	233396	58542	174855	3507
260494	232302	28192	25142	3050	
203006	154471	48535	34639	13896	
788655	397325	391330	213730	177600	6191
63113	60410	2704	2704		
576123	410821	165302	59383	105919	
425814	385174	40639	35857	4783	
310418	242944	67474	32526	34948	
204602	138093	66509	23552	42957	9836
355061	201534	153526	48667	104859	1819
572751	402477	170274	123942	46331	4000
663598	518125	145473	99782	45690	134731
493082	284631	208451	88032	120420	1220
878936	575631	303306	242781	60525	
2269364	1429275	840090	368791	471299	434127
576282	231532	344750	105686	239064	
139177	122955	16222	10178	6044	71
373632	289772	83860	47090	36770	29980
1170400	591890	578510	246753	331757	43510
934412	478873	455539	170883	284657	23517
1293514	424330	869184	156220	712964	95046
88418	53571	34847	8072	26775	
696890	239225	457665	73844	383821	16460
296020	171784	124236	62152	62084	26775
205748	86270	119478	38986	80492	37151
46788	39936	6852	3748	3104	5000
705362	290814	414548	171338	243211	182360
62100	51223	10877	10877		
20883	18740	2143	2143		
43473	30069	13404	5604	7800	
111562	74565	36997	30744	6253	
242986	222230	20756	10418	10338	369170

5-53 财政补助支出明细

地区	合计	个人部分	工资福利支出	对个人和家庭的补助支出	#助学金
合计	**31879350**	**14606275**	**8389544**	**6216731**	
北京	852909	400308	210041	190267	
天津	260891	230201	116737	113464	
河北	569551	384264	239781	144482	
山西	1145182	625235	425430	199805	
内蒙古	925465	463353	264275	199078	
辽宁	644350	383855	181674	202181	
吉林	386251	183245	113048	70197	
黑龙江	1276364	485129	266772	218356	
上海	282594	219481	137621	81859	
江苏	1274620	698497	413410	285088	
浙江	1045350	619536	393609	225928	
安徽	704813	394396	218243	176152	
福建	542801	328363	195671	132692	
江西	757973	401093	238204	162889	
山东	1553779	977029	738232	238797	
河南	1263701	465372	286360	179012	
湖北	1180486	686183	404107	282076	
湖南	1727401	848465	511689	336775	
广东	4031707	1328215	606109	722106	
广西	795946	219664	125333	94331	
海南	309561	170314	108268	62046	
重庆	710101	306489	152463	154026	
四川	2040784	826875	408782	418093	
贵州	1702263	744333	411635	332699	
云南	1945359	556799	265503	291297	
西藏	217513	129096	86084	43012	
陕西	985393	272043	175711	96333	
甘肃	767086	444291	250613	193678	
青海	391184	148285	59253	89031	
宁夏	176906	125118	85624	39495	
新疆	1411063	540749	299263	241486	
大连	121769	59669	32888	26780	
宁波	112825	91942	61309	30633	
厦门	86412	42939	22063	20876	
青岛	230466	118904	83824	35081	
深圳	769049	156893	81121	75772	

（地方教育行政单位）

单位：千元

公用部分	商品和服务支出	其他资本性支出			基本建设支出
			专项公用支出	专项项目支出	
16217774	**9376395**	**6841379**	**2712803**	**4128577**	**1055301**
452601	147601	305001	102866	202135	
30691	29699	992	992		
185288	161467	23820	10594	13226	
519947	378802	141146	45804	95342	
458605	225208	233396	58542	174855	3507
260494	232302	28192	25142	3050	
203006	154471	48535	34639	13896	
785045	393715	391330	213730	177600	6191
63113	60410	2704	2704		
576123	410821	165302	59383	105919	
425814	385174	40639	35857	4783	
310418	242944	67474	32526	34948	
204602	138093	66509	23552	42957	9836
355061	201534	153526	48667	104859	1819
572751	402477	170274	123942	46331	4000
663598	518125	145473	99782	45690	134731
493082	284631	208451	88032	120420	1220
878936	575631	303306	242781	60525	
2269364	1429275	840090	368791	471299	434127
576282	231532	344750	105686	239064	
139177	122955	16222	10178	6044	71
373632	289772	83860	47090	36770	29980
1170400	591890	578510	246753	331757	43510
934412	478873	455539	170883	284657	23517
1293514	424330	869184	156220	712964	95046
88418	53571	34847	8072	26775	
696890	239225	457665	73844	383821	16460
296020	171784	124236	62152	62084	26775
205748	86270	119478	38986	80492	37151
46788	39936	6852	3748	3104	5000
687955	273878	414077	170866	243211	182360
62100	51223	10877	10877		
20883	18740	2143	2143		
43473	30069	13404	5604	7800	
111562	74565	36997	30744	6253	
242986	222230	20756	10418	10338	369170

5-54 财政补助支出明细

地区	合计	个人部分			
			工资福利支出	对个人和家庭的补助支出	
					#助学金
合计	**65558813**	**25335021**	**15294482**	**10040540**	**200894**
北京	9198486	2290781	1309348	981433	
天津	3222279	914409	390805	523605	
河北	1996161	1116184	718445	397739	
山西	1728788	809143	437827	371316	1531
内蒙古	1440081	829572	523892	305680	
辽宁	2155626	1322655	841188	481467	
吉林	1704019	652651	368826	283826	
黑龙江	1000100	500848	292262	208585	
上海	4011776	1572073	1267160	304913	
江苏	2709272	1301124	771157	529967	
浙江	3713540	1666942	1135434	531508	56
安徽	755087	340428	199895	140533	
福建	2446128	777348	500303	277046	946
江西	1275833	403066	268517	134549	
山东	3883793	1386662	956333	430329	
河南	2100604	1159889	657835	502054	
湖北	2168719	827140	525048	302092	
湖南	1048371	454592	281044	173548	
广东	4207003	1229059	758729	470330	
广西	1544254	689877	375825	314052	
海南	123285	54593	43799	10794	
重庆	1147367	262713	153044	109669	
四川	2888346	1415592	810771	604820	13867
贵州	889001	284563	88491	196072	102034
云南	2541165	522545	212187	310359	
西藏	500995	214402	120308	94094	
陕西	1424235	930460	597224	333236	
甘肃	437837	183903	122768	61136	
青海	767208	345985	132766	213219	
宁夏	297407	218569	101197	117371	
新疆	2232049	657253	332054	325199	82460
大连	285316	169393	138213	31180	
宁波	594939	242798	176059	66739	
厦门	839858	142216	86405	55810	
青岛	438517	278761	184296	94465	
深圳	536491	187263	129292	57971	

(教育事业单位)

单位：千元

公用部分	商品和服务支出	其他资本性支出			基本建设支出
			专项公用支出	专项项目支出	
38981510	**18871402**	**20110108**	**5774745**	**14335363**	**1242282**
6899500	5852377	1047123	675829	371294	8204
2300204	223296	2076909	107829	1969079	7665
879977	248062	631915	95735	536180	
916145	363781	552364	90050	462314	3500
602113	247436	354677	203245	151432	8396
807991	556333	251658	91940	159718	24980
1050868	363944	686924	144176	542748	500
494081	355840	138241	61428	76814	5172
2404506	1608073	796434	622974	173460	35197
1406981	585302	821679	163179	658500	1168
2046599	1018962	1027636	318859	708777	
414659	242397	172262	87214	85048	
1667695	360998	1306697	219388	1087310	1084
860207	250046	610160	79351	530810	12560
2487131	404376	2082755	137289	1945467	10000
940715	541141	399574	163308	236266	
1249790	395350	854440	692987	161454	91788
558707	299074	259634	88333	171300	35072
2382566	1070442	1312124	614312	697812	595378
817214	321747	495467	159630	335837	37163
68693	59374	9318	8128	1191	
786384	333599	452785	94697	358088	98270
1468081	683335	784746	259106	525640	4674
591660	177513	414146	24820	389326	12778
1968718	643439	1325279	55017	1270262	49901
286092	209753	76340	43705	32635	500
493087	246207	246880	76013	170868	688
253848	201082	52767	40187	12580	86
271265	100926	170338	105734	64605	149958
78838	37291	41547	30814	10733	
1527195	869908	657287	219470	437816	47601
115923	64192	51732	39688	12044	
352141	190423	161718	59464	102255	
697642	123098	574544	163588	410956	
159756	102586	57170	40650	16520	
346714	295848	50866	45299	5567	2514

5-55 财政补助支出明细

地区	合计	个人部分	工资福利支出	对个人和家庭的补助支出	#助学金
合计	**61022661**	**25118568**	**15163590**	**9954978**	**200894**
北京	4696898	2100551	1195504	905047	
天津	3222279	914409	390805	523605	
河北	1996161	1116184	718445	397739	
山西	1728788	809143	437827	371316	1531
内蒙古	1440081	829572	523892	305680	
辽宁	2155626	1322655	841188	481467	
吉林	1704019	652651	368826	283826	
黑龙江	993177	495292	288640	206651	
上海	4011776	1572073	1267160	304913	
江苏	2709272	1301124	771157	529967	
浙江	3713540	1666942	1135434	531508	56
安徽	755087	340428	199895	140533	
福建	2446128	777348	500303	277046	946
江西	1275833	403066	268517	134549	
山东	3883793	1386662	956333	430329	
河南	2100604	1159889	657835	502054	
湖北	2168719	827140	525048	302092	
湖南	1048371	454592	281044	173548	
广东	4207003	1229059	758729	470330	
广西	1544254	689877	375825	314052	
海南	123285	54593	43799	10794	
重庆	1147367	262713	153044	109669	
四川	2888346	1415592	810771	604820	13867
贵州	889001	284563	88491	196072	102034
云南	2541165	522545	212187	310359	
西藏	500995	214402	120308	94094	
陕西	1424235	930460	597224	333236	
甘肃	437837	183903	122768	61136	
青海	767208	345985	132766	213219	
宁夏	297407	218569	101197	117371	
新疆	2204407	636586	318628	317958	82460
大连	285316	169393	138213	31180	
宁波	594939	242798	176059	66739	
厦门	839858	142216	86405	55810	
青岛	438517	278761	184296	94465	
深圳	536491	187263	129292	57971	

（地方教育事业单位）

单位：千元

公用部分	商品和服务支出	其他资本性支出	专项公用支出	专项项目支出	基本建设支出
34663691	**14642240**	**20021452**	**5691927**	**14329524**	**1240402**
2590024	1628638	961386	595930	365456	6324
2300204	223296	2076909	107829	1969079	7665
879977	248062	631915	95735	536180	
916145	363781	552364	90050	462314	3500
602113	247436	354677	203245	151432	8396
807991	556333	251658	91940	159718	24980
1050868	363944	686924	144176	542748	500
492713	354472	138241	61428	76814	5172
2404506	1608073	796434	622974	173460	35197
1406981	585302	821679	163179	658500	1168
2046599	1018962	1027636	318859	708777	
414659	242397	172262	87214	85048	
1667695	360998	1306697	219388	1087310	1084
860207	250046	610160	79351	530810	12560
2487131	404376	2082755	137289	1945467	10000
940715	541141	399574	163308	236266	
1249790	395350	854440	692987	161454	91788
558707	299074	259634	88333	171300	35072
2382566	1070442	1312124	614312	697812	595378
817214	321747	495467	159630	335837	37163
68693	59374	9318	8128	1191	
786384	333599	452785	94697	358088	98270
1468081	683335	784746	259106	525640	4674
591660	177513	414146	24820	389326	12778
1968718	643439	1325279	55017	1270262	49901
286092	209753	76340	43705	32635	500
493087	246207	246880	76013	170868	688
253848	201082	52767	40187	12580	86
271265	100926	170338	105734	64605	149958
78838	37291	41547	30814	10733	
1520221	865853	654368	216551	437816	47601
115923	64192	51732	39688	12044	
352141	190423	161718	59464	102255	
697642	123098	574544	163588	410956	
159756	102586	57170	40650	16520	
346714	295848	50866	45299	5567	2514

5-56 财政补助支出明细

地 区	合 计	个人部分	工资福利支出	对个人和家庭的补助支出	#助学金
合 计	**64487117**	**11995814**	**6994769**	**5001045**	**63498**
北 京	7328074	736209	379500	356710	12627
天 津	11170690	322155	78277	243878	
河 北	784122	460779	296999	163780	101
山 西	915576	301951	212208	89743	
内蒙古	1003242	331704	218530	113174	
辽 宁	3359042	442512	233321	209191	
吉 林	1377150	304531	180401	124130	
黑龙江	496225	273645	151715	121930	692
上 海	772089	281601	214279	67323	1441
江 苏	2435612	621892	347495	274397	640
浙 江	3096502	672589	421388	251201	600
安 徽	2685227	292766	168550	124216	
福 建	589791	304906	197151	107755	5201
江 西	692926	264025	156237	107788	108
山 东	3299518	819686	520893	298793	
河 南	2995750	469903	275080	194823	
湖 北	1599097	556116	316877	239238	21200
湖 南	2515420	480930	366045	114886	8755
广 东	4840933	781087	445538	335549	817
广 西	1369298	276368	158286	118083	
海 南	125322	58436	41273	17163	
重 庆	516510	193708	107380	86328	
四 川	2084845	658893	323132	335761	11229
贵 州	589172	287489	156707	130782	
云 南	2001988	402457	222170	180287	
西 藏	124729	70771	43970	26801	
陕 西	2545392	299662	155639	144023	88
甘 肃	694079	315618	181786	133833	
青 海	441473	142017	80802	61215	
宁 夏	186984	94692	60988	33704	
新 疆	1850337	476717	282152	194565	
大 连	881754	46255	29555	16700	
宁 波	406324	67683	45090	22593	
厦 门	95433	44370	21968	22402	
青 岛	311106	131476	62918	68559	
深 圳	158967	88607	58152	30454	

(其他教育机构)

单位：千元

公用部分	商品和服务支出	其他资本性支出			基本建设支出
			专项公用支出	专项项目支出	
50724562	**15099202**	**35625360**	**11909635**	**23715725**	**1766742**
6400719	4659234	1741485	728163	1013322	191146
10848535	584462	10264073	5560235	4703838	
320480	170846	149633	17488	132146	2864
535931	345014	190917	42119	148799	77694
193782	93762	100020	50952	49068	477756
2892524	787251	2105272	362238	1743034	24006
1072619	347888	724731	285453	439278	
215252	182387	32865	7446	25419	7328
467837	430453	37385	32163	5222	22651
1811745	337947	1473798	27598	1446200	1976
2396708	636254	1760454	64052	1696402	27204
2343964	1509589	834375	36570	797805	48498
267730	181576	86154	15840	70314	17156
331295	127850	203445	11705	191740	97605
2479204	380086	2099119	80043	2019075	628
2460687	334679	2126008	1735119	390889	65160
1028442	258365	770077	211467	558610	14540
2018205	294294	1723911	841836	882075	16284
4002664	564868	3437797	708892	2728904	57182
1048453	122552	925900	52461	873440	44477
55587	43595	11992	7988	4004	11299
306380	137105	169275	23100	146175	16422
1215255	534504	680751	473071	207680	210697
207264	96374	110889	26503	84387	94419
1513561	395702	1117859	90935	1026924	85969
51843	23235	28608	20649	7960	2115
2223279	400865	1822414	285439	1536974	22452
373485	234526	138960	61830	77130	4975
286330	56385	229945	13813	216132	13126
92293	45960	46333	4146	42187	
1262508	781594	480913	30321	450592	111113
835499	275218	560281	23367	536914	
338641	35977	302664	4703	297960	
37008	33836	3171	2880	292	14056
179630	58981	120649	6027	114622	
67111	62828	4283	3903	380	3250

5-57 财政补助支出明细

地区	合计	个人部分	工资福利支出	对个人和家庭的补助支出	#助学金
合计	**61818092**	**11642936**	**6830175**	**4812761**	**49802**
北京	5237452	512222	283059	229162	
天津	11170690	322155	78277	243878	
河北	780635	460779	296999	163780	101
山西	915264	301951	212208	89743	
内蒙古	1003242	331704	218530	113174	
辽宁	3356246	442512	233321	209191	
吉林	1376250	304531	180401	124130	
黑龙江	469242	271980	150287	121692	692
上海	564698	254358	194996	59362	371
江苏	2407943	621892	347495	274397	640
浙江	3092890	672589	421388	251201	600
安徽	2684723	292766	168550	124216	
福建	551078	299321	192817	106505	5201
江西	692926	264025	156237	107788	108
山东	3293434	819686	520893	298793	
河南	2990745	469903	275080	194823	
湖北	1582273	556116	316877	239238	21200
湖南	2512470	480930	366045	114886	8755
广东	4840933	781087	445538	335549	817
广西	1369298	276368	158286	118083	
海南	125322	58436	41273	17163	
重庆	516510	193708	107380	86328	
四川	2064493	658893	323132	335761	11229
贵州	589172	287489	156707	130782	
云南	2000956	402457	222170	180287	
西藏	124729	70771	43970	26801	
陕西	2529048	299662	155639	144023	88
甘肃	688186	315618	181786	133833	
青海	441473	142017	80802	61215	
宁夏	186984	94692	60988	33704	
新疆	1658788	382319	239043	143276	
大连	881754	46255	29555	16700	
宁波	406324	67683	45090	22593	
厦门	95433	44370	21968	22402	
青岛	311106	131476	62918	68559	
深圳	158967	88607	58152	30454	

(地方其他教育机构)

单位：千元

公用部分					基本建设支出
	商品和服务支出	其他资本性支出			
			专项公用支出	专项项目支出	
48482946	**13034558**	**35448388**	**11871593**	**23576796**	**1692210**
4534085	2953795	1580290	703083	877207	191146
10848535	584462	10264073	5560235	4703838	
316993	167359	149633	17488	132146	2864
535619	344702	190917	42119	148799	77694
193782	93762	100020	50952	49068	477756
2889728	784455	2105272	362238	1743034	24006
1071719	346988	724731	285453	439278	
189934	157069	32865	7446	25419	7328
287689	261822	25867	20644	5222	22651
1784076	310278	1473798	27598	1446200	1976
2393096	632642	1760454	64052	1696402	27204
2343460	1509085	834375	36570	797805	48498
234601	148622	85979	15840	70139	17156
331295	127850	203445	11705	191740	97605
2473120	374001	2099119	80043	2019075	628
2455682	329674	2126008	1735119	390889	65160
1011618	241541	770077	211467	558610	14540
2015255	291344	1723911	841836	882075	16284
4002664	564868	3437797	708892	2728904	57182
1048453	122552	925900	52461	873440	44477
55587	43595	11992	7988	4004	11299
306380	137105	169275	23100	146175	16422
1194902	514151	680751	473071	207680	210697
207264	96374	110889	26503	84387	94419
1512529	394670	1117859	90935	1026924	85969
51843	23235	28608	20649	7960	2115
2206935	384521	1822414	285439	1536971	22152
367593	228633	138960	61830	77130	4975
286330	56385	229945	13813	216132	13126
92293	45960	46333	4146	42187	
1239888	763057	476831	28877	447953	36582
835499	275218	560281	23367	536914	
338641	35977	302664	4703	297960	
37008	33836	3171	2880	292	14056
179630	58981	120649	6027	114622	
67111	62828	4283	3903	380	3250

第六部分

各地区各级各类教育机构公共财政预算教育事业费支出明细

6-1 公共财政预算教育事业费

地区	合计	个人部分	工资福利支出	对个人和家庭的补助支出	#助学金
合 计	**2016813234**	**1278954221**	**895813461**	**383140760**	**113552218**
北 京	101405275	52535796	32435294	20100502	8690644
天 津	50788169	25055022	12943887	12111135	1134708
河 北	74125445	50600345	37900623	12699722	3356001
山 西	45723749	31272762	24334102	6938660	2249461
内蒙古	40816746	27738484	23379261	4359223	3014060
辽 宁	57430569	34367557	25165044	9202513	1757088
吉 林	40591414	26777518	17433684	9343834	1426409
黑龙江	51043754	35121496	21676505	13444991	1848142
上 海	61820821	33990349	28630549	5359801	2568971
江 苏	139909962	95028376	62813816	32214560	4795923
浙 江	89754782	66065642	49132983	16932659	2943121
安 徽	69098011	39625296	28257331	11367965	3557382
福 建	56861243	38361286	27907029	10454258	1678683
江 西	65396573	36212339	24345835	11866504	3581783
山 东	138158562	88127143	66946688	21180455	4249097
河 南	104358256	53175544	45210385	7965159	7192063
湖 北	71996465	50708722	33580840	17127882	3760665
湖 南	79720374	48965715	32455447	16510268	4772479
广 东	149308303	101351302	74896870	26454432	4857204
广 西	59684851	38459083	22537774	15921309	5257664
海 南	14881839	8690563	7477668	1212895	810943
重 庆	42729876	24752594	18882575	5870020	3875692
四 川	101916148	71018150	44604850	26413301	8764038
贵 州	55008728	39215911	22554859	16661052	4963853
云 南	58475273	37977587	26919816	11057771	7935675
西 藏	11472662	7131512	3598459	3533053	1983305
陕 西	71035528	40982302	26875674	14106629	5334944
甘 肃	37190695	24830479	17493986	7336493	2815769
青 海	11140828	6877307	5212841	1664466	1057265
宁 夏	11051530	6416143	5489109	927034	790003
新 疆	53916802	37521894	24719679	12802215	2529186
大 连	8910376	4829523	4234107	595416	92954
宁 波	13347079	10017732	8087891	1929841	302355
厦 门	6291204	4270588	3263411	1007177	86346
青 岛	16471634	10817852	7531681	3286171	232703
深 圳	15632671	11295876	8999641	2296236	169549

支出明细(各级各类教育机构)

单位：千元

公用部分	商品和服务支出	其他资本性支出		
			专项公用支出	专项项目支出
737859013	**353234725**	**384624288**	**123480330**	**261143958**
48869479	31295149	17574330	10916800	6657530
25733147	6134758	19598390	8636110	10962280
23525100	11276893	12248207	4619322	7628885
14450988	8648578	5802410	2328522	3473888
13078262	6634431	6443831	2638831	3805000
23063011	12981765	10081246	2831313	7249934
13813897	7204666	6609231	2768273	3840958
15922258	9013647	6908611	2403797	4504815
27830472	21162482	6667990	5030828	1637162
44881587	17825704	27055883	5934564	21121318
23689140	11533059	12156081	3445675	8710406
29472715	10800512	18672203	5180339	13491863
18499957	7765043	10734914	3082046	7652869
29184234	9635976	19548258	3707649	15840609
50031419	16596168	33435250	5905848	27529402
51182712	25545745	25636967	8970673	16666295
21287742	12608560	8679183	3622431	5056751
30754659	12522198	18232461	5148812	13083648
47957001	27221364	20735637	8670983	12064654
21225768	8369474	12856294	3642868	9213425
6191276	2692243	3499032	1023948	2475084
17977281	9379327	8597955	2907106	5690849
30897998	16866108	14031890	4634686	9397203
15792817	7646479	8146338	2194911	5951427
20497686	9186407	11311279	2558425	8752855
4341150	1535023	2806126	579419	2226707
30053226	13640456	16412770	3990077	12422693
12360216	5722404	6637812	1908319	4729493
4263521	1617611	2645910	820325	1825585
4635387	1994717	2640669	1027583	1613086
16394908	8177778	8217130	2349847	5867283
4080853	2003094	2077759	370243	1707515
3329347	1518531	1810815	386634	1424181
2020617	1083906	936711	439879	496832
5653782	1864738	3789045	681534	3107511
4336795	3879663	457132	441209	15922

6-2 公共财政预算教育事业费

地区	合计	个人部分	工资福利支出	对个人和家庭的补助支出	#助学金
合计	**1895533364**	**1211708326**	**858737524**	**352970802**	**98163616**
北京	65291656	33346267	24511635	8834633	951260
天津	47433771	23242412	11999868	11242544	811684
河北	73235705	50122251	37570881	12551370	3283356
山西	45723719	31272731	24334102	6938630	2249430
内蒙古	40816746	27738484	23379261	4359223	3014060
辽宁	53692963	32397411	23909868	8487543	1482064
吉林	36915080	24694170	16197054	8497117	1093661
黑龙江	47401166	32846410	20284192	12562219	1522491
上海	51187163	28549218	24831102	3718116	1559212
江苏	130480529	90064463	60068086	29996376	3991154
浙江	88511660	65087580	48644276	16443304	2871902
安徽	67048044	38417109	27584456	10832654	3330649
福建	54465023	37018112	27067203	9950909	1438580
江西	65396515	36212304	24345835	11866469	3581749
山东	134478754	86101161	65685323	20415838	3933891
河南	104208036	53109432	45157292	7952140	7187193
湖北	62357300	45507228	30688384	14818844	2838935
湖南	76645512	47348581	31595102	15753479	4505337
广东	144258132	98570355	73210166	25360189	4537549
广西	59684851	38459083	22537774	15921309	5257664
海南	14878379	8689922	7477348	1212574	810822
重庆	40005560	23098844	17970990	5127854	3568261
四川	95732866	67236847	42212086	25024761	8127085
贵州	55008728	39215911	22554859	16661052	4963853
云南	58474528	37976938	26919175	11057763	7935674
西藏	11472662	7131512	3598459	3533053	1983305
陕西	64118658	37170236	24590045	12580192	4628155
甘肃	35491703	23854805	16903760	6951045	2638208
青海	11140029	6876708	5212841	1663868	1056667
宁夏	10541355	6217851	5336505	881345	757209
新疆	49436570	34133989	22359598	11774391	2252559
大连	8909666	4828884	4233469	595416	92954
宁波	13347079	10017732	8087891	1929841	302355
厦门	6291204	4270588	3263411	1007177	86346
青岛	16468634	10817852	7531681	3286171	232703
深圳	15632671	11295876	8999641	2296236	169549

支出明细(地方各级各类教育机构)

单位：千元

公用部分	商品和服务支出	其他资本性支出		
			专项公用支出	专项项目支出
683825038	**315384772**	**368440266**	**111403083**	**257037183**
31945389	18959597	12985792	7770466	5215325
24191359	5001337	19190022	8354125	10835897
23113454	11042383	12071071	4477033	7594038
14450988	8648578	5802410	2328522	3473888
13078262	6634431	6443831	2638831	3805000
21295552	11846990	9448562	2284290	7164272
12220910	5966091	6254819	2413861	3840958
14554755	8187231	6367524	2152911	4214613
22637945	17386666	5251279	3821733	1429546
40416067	14896187	25519880	4856937	20662943
23424080	11446611	11977469	3268063	8709406
28630935	10228652	18402283	4911219	13491065
17446911	7163021	10283891	2792239	7491652
29184211	9635953	19548258	3707649	15840609
48377593	15414764	32962829	5569315	27393514
51098604	25501252	25597352	8931057	16666295
16850072	9173572	7676500	2766576	4909924
29296931	11527732	17769199	4718796	13050403
45687777	25799438	19888338	7977376	11910962
21225768	8369474	12856294	3642868	9213425
6188457	2689426	3499031	1023947	2475084
16906716	8525314	8381402	2696553	5684849
28496019	15283715	13212305	4020066	9192238
15792817	7646479	8146338	2194911	5951427
20497590	9186332	11311258	2558404	8752855
4341150	1535023	2806126	579419	2226707
26948422	11402076	15546346	3284664	12261682
11636898	5188377	6448521	1776196	4672325
4263321	1617411	2645910	820325	1825585
4323504	1825977	2497527	916033	1581494
15302581	7654681	7647900	2148697	5499202
4080782	2003079	2077703	370187	1707515
3329347	1518531	1810815	386634	1424181
2020617	1083906	936711	439879	496832
5650782	1861738	3789045	681534	3107511
4336795	3879663	457132	441209	15922

6-3 公共财政预算教育事业费

地 区	合 计				
		个人部分			
			工资福利支 出	对个人和家庭的补助支出	
					#助学金
合 计	**402572734**	**212259006**	**125376662**	**86882345**	**44310928**
北 京	48701711	25728873	11864131	13864742	8436049
天 津	12119175	5464202	2712181	2752022	888110
河 北	12175740	5991851	3336233	2655618	1273422
山 西	7764946	4314402	2662789	1651613	1052584
内蒙古	7816501	4662474	2948292	1714182	1441185
辽 宁	15014627	6949668	4825506	2124163	1041181
吉 林	10249843	5923764	3583721	2340043	878852
黑龙江	11874514	7194170	3979334	3214835	1069326
上 海	22189747	9366632	6857900	2508733	1657806
江 苏	29443377	16096048	9767891	6328158	2580417
浙 江	13103695	7623647	5061506	2562141	1101493
安 徽	12423312	5532339	3294669	2237669	1494131
福 建	9857106	5036773	2823968	2212805	955859
江 西	10310787	5398761	2998697	2400064	1166739
山 东	22440312	13073447	8157816	4915631	1834729
河 南	18540553	8802248	6584612	2217637	1881317
湖 北	19564254	11755857	7122788	4633068	2007767
湖 南	15163154	7660345	4475434	3184910	1504378
广 东	23663204	14161536	8855813	5305722	1777855
广 西	7991687	3815736	1357659	2458077	1514273
海 南	1775621	823143	542380	280763	250481
重 庆	9423836	4145890	2207905	1937985	1203099
四 川	17190421	9721802	5720244	4001558	2126305
贵 州	5679721	3072579	1425661	1646919	589601
云 南	6059581	3456938	2210850	1246089	1060588
西 藏	833586	586309	320907	265403	105466
陕 西	17349466	8631725	4911923	3719802	2003339
甘 肃	6340904	2716022	1765809	950213	649584
青 海	789849	528117	406317	121799	77933
宁 夏	1783865	860427	669316	191112	162849
新 疆	4937637	3163280	1924410	1238870	524210
大 连	1394129	271363	217908	53455	13643
宁 波	1385517	671974	543742	128232	69220
厦 门	579088	265140	217062	48078	31390
青 岛	483298	260990	160500	100490	42824
深 圳	2426147	1557540	1333394	224146	97860

支出明细(高等学校)

单位：千元

公用部分	商品和服务支出	其他资本性支出		
			专项公用支出	专项项目支出
190313728	**102910202**	**87403526**	**47952967**	**39450559**
22972838	13379872	9592967	6276297	3316669
6654972	2904276	3750696	2007132	1743564
6183889	2874954	3308935	2252340	1056595
3450544	1643116	1807427	926345	881082
3154027	1325038	1828989	1317906	511083
8064959	4658312	3406647	1470268	1936379
4326079	2592604	1733475	1294319	439156
4680345	2886093	1794252	1175205	619046
12823115	10024037	2799078	2115636	683442
13347328	7609457	5737871	2997512	2740359
5480049	2422304	3057744	1350138	1707606
6890974	2195546	4695428	2319172	2376256
4820333	2275139	2545193	1171280	1373913
4912025	2438675	2473350	1339284	1134066
9366865	4244138	5122727	1993880	3128847
9738305	5496541	4241764	2761675	1480089
7808398	5776873	2031525	1483171	548354
7502809	3605136	3897673	1688796	2208877
9501668	4924176	4577492	2464765	2112727
4175951	1485472	2690480	1216051	1474428
952478	560326	392152	288615	103537
5277946	2575946	2702000	1208213	1493788
7468619	4557858	2910761	2004181	906579
2607142	938114	1669027	583265	1085763
2602643	1325578	1277065	559951	717114
247277	152894	94383	55293	39091
8717741	4963064	3754677	1875885	1878792
3624882	1737818	1887064	837473	1049591
261732	112450	149282	141273	8008
923437	449069	474368	354835	119533
1774356	775324	999032	422809	576223
1122766	117062	1005704	69455	936249
713543	213268	500274	122770	377504
313948	188951	124996	123896	1100
222309	30755	191554	39172	152382
868607	651118	217489	212925	4564

6-4 公共财政预算教育事业费

地区	合计	个人部分	工资福利支出	对个人和家庭的补助支出	#助学金
合计	**291493400**	**149420059**	**91480650**	**57939409**	**29149460**
北京	17826547	7360876	4476228	2884648	712395
天津	8796136	3674208	1781244	1892964	565529
河北	11307219	5531671	3023455	2508216	1201004
山西	7764946	4314402	2662789	1651613	1052584
内蒙古	7816501	4662474	2948292	1714182	1441185
辽宁	11277731	4980160	3570968	1409192	766157
吉林	6729497	3936276	2428639	1507636	546105
黑龙江	8587257	5177185	2786879	2390306	750759
上海	11720445	4010053	3129429	880625	649117
江苏	20026806	11138461	7025989	4112471	1775872
浙江	11860574	6645584	4572798	2072786	1030273
安徽	10376338	4326096	2622090	1704006	1269046
福建	7498312	3699183	1988476	1710706	715755
江西	10310787	5398761	2998697	2400064	1166739
山东	18760504	11047464	6896451	4151014	1519523
河南	18407754	8745605	6539288	2206317	1878148
湖北	9999780	6601468	4264382	2337086	1086350
湖南	12100548	6055030	3626583	2428447	1237237
广东	18678847	11427294	7211108	4216185	1458736
广西	7991687	3815736	1357659	2458077	1514273
海南	1775621	823143	542380	280763	250481
重庆	6801561	2561111	1355398	1205713	897145
四川	11018394	5951402	3337097	2614305	1490327
贵州	5679721	3072579	1425661	1646919	589601
云南	6059581	3456938	2210850	1246089	1060588
西藏	833586	586309	320907	265403	105466
陕西	10629460	4941792	2733607	2208186	1297341
甘肃	4658476	1754785	1189595	565189	472333
青海	789849	528117	406317	121799	77933
宁夏	1273689	662135	516712	145423	130055
新疆	4135246	2533761	1530682	1003079	441403
大连	1394129	271363	217908	53455	13643
宁波	1385517	671974	543742	128232	69220
厦门	579088	265140	217062	48078	31390
青岛	480298	260990	160500	100490	42824
深圳	2426147	1557540	1333394	224146	97860

支出明细(地方高等学校)

单位：千元

公用部分	商品和服务支出	其他资本性支出	专项公用支出	专项项目支出
142073341	**70039934**	**72033407**	**36156011**	**35877396**
10465671	5188650	5277022	3248740	2028282
5121928	1774358	3347570	1727972	1619597
5775548	2643749	3131799	2110050	1021749
3450544	1643116	1807427	926345	881082
3154027	1325038	1828989	1317906	511083
6297571	3523552	2774019	923301	1850718
2793221	1408237	1384985	945829	439156
3410072	2140413	1269658	932492	337166
7710392	6312092	1398300	908974	489326
8888346	4685411	4202935	1920718	2282217
5214989	2335857	2879133	1172527	1706606
6050241	1623801	4426440	2050184	2376256
3799129	1704784	2094345	881473	1212872
4912025	2438675	2473350	1339284	1134066
7713040	3062734	4650306	1657347	2992959
9662149	5458479	4203670	2723581	1480089
3398312	2365354	1032958	628431	404527
6045519	2611101	3434417	1258785	2175632
7251554	3513611	3737943	1772980	1964962
4175951	1485472	2690480	1216051	1474428
952478	560326	392152	288615	103537
4240449	1743539	2496910	1003122	1493788
5066992	2975817	2091176	1389561	701614
2607142	938114	1669027	583265	1085763
2602643	1325578	1277065	559951	717114
247277	152894	94383	55293	39091
5687668	2790849	2896819	1178424	1718395
2903691	1204485	1699207	706036	993171
261732	112450	149282	141273	8008
611554	280329	331225	243284	87941
1601485	711068	890417	344215	546202
1122766	117062	1005704	69455	936249
713543	213268	500274	122770	377504
313948	188951	124996	123896	1100
219309	27755	191554	39172	152382
868607	651118	217489	212925	4564

6-5 公共财政预算教育事业费

地区	合计	个人部分	工资福利支出	对个人和家庭的补助支出	#助学金
合计	**396593851**	**208613941**	**122894847**	**85719094**	**44106036**
北京	48130131	25348448	11623337	13725111	8436049
天津	11473167	5273818	2623223	2650595	886693
河北	11896114	5793037	3183660	2609377	1257955
山西	7612227	4200473	2569849	1630625	1044605
内蒙古	7764836	4624486	2924595	1699892	1436541
辽宁	14832432	6814929	4710439	2104490	1040909
吉林	9984853	5757906	3470418	2287488	868814
黑龙江	11425120	6882139	3803838	3078301	1044033
上海	21711397	9090116	6623043	2467073	1655714
江苏	29380647	16055264	9740386	6314878	2578512
浙江	12819541	7427920	4915799	2512121	1098131
安徽	12270515	5427785	3226891	2200895	1485644
福建	9727796	4941229	2763961	2177268	955577
江西	10183902	5320985	2951579	2369406	1155273
山东	22314117	12995500	8111254	4884247	1834707
河南	18342118	8698474	6493558	2204916	1871728
湖北	19452303	11662048	7057557	4604491	1994689
湖南	14996015	7553092	4411827	3141264	1496369
广东	23257397	13891776	8649913	5241864	1774016
广西	7757513	3684487	1297411	2387075	1498383
海南	1744548	809979	532609	277370	247653
重庆	9296818	4118986	2191565	1927421	1192754
四川	17001141	9601968	5645491	3956477	2110608
贵州	5614198	3019894	1395161	1624733	584603
云南	5920639	3373759	2142565	1231194	1046567
西藏	833586	586309	320907	265403	105466
陕西	17231226	8563013	4867994	3695020	1994877
甘肃	6279008	2681001	1742219	938782	645542
青海	778610	520410	400752	119657	77933
宁夏	1783865	860427	669316	191112	162849
新疆	4778068	3034280	1833730	1200550	522840
大连	1319532	222241	173258	48983	13470
宁波	1317533	610997	490481	120516	67289
厦门	578361	264512	216564	47949	31390
青岛	431746	244538	150013	94526	42824
深圳	2399999	1541817	1318951	222866	97019

支出明细(普通高等学校)

单位：千元

公用部分	商品和服务支出	其他资本性支出		
			专项公用支出	专项项目支出
187979910	**101533859**	**86446051**	**47660701**	**38785350**
22781683	13213182	9568501	6252776	3315726
6199349	2859641	3339708	2004670	1335038
6103077	2825585	3277492	2227297	1050195
3411754	1610273	1801481	920398	881082
3140350	1312560	1827789	1317726	510063
8017503	4622451	3395052	1461461	1933592
4226947	2509114	1717834	1280710	437124
4542981	2781638	1761343	1156285	605058
12621281	9868331	2752950	2092039	660911
13325383	7600241	5725142	2994961	2730181
5391621	2372228	3019393	1342359	1677034
6842730	2165020	4677710	2301854	2375856
4786567	2244538	2542029	1168916	1373113
4862918	2414799	2448118	1318206	1129912
9318617	4233034	5085584	1989737	3095847
9643644	5412054	4231589	2753097	1478492
7790255	5762701	2027554	1479875	547678
7442924	3561117	3881807	1686588	2195219
9365621	4835209	4530412	2449608	2080804
4073026	1429692	2643334	1192733	1450601
934569	557080	377489	284551	92938
5177832	2495364	2682468	1188680	1493788
7399173	4501828	2897345	1994188	903157
2594304	929750	1664554	578930	1085624
2546880	1304059	1242820	546729	696091
247277	152894	94383	55293	39091
8668213	4935669	3732544	1870532	1862012
3598007	1716240	1881767	835688	1046079
258200	111890	146311	138722	7588
923437	449069	474368	354835	119533
1743788	746609	997180	421257	575923
1097290	98132	999159	65698	933461
706536	206385	500151	122647	377504
313849	188852	124996	123896	1100
187208	27062	160146	37764	122382
858182	641059	217123	212559	4564

6-6 公共财政预算教育事业费

地区	合计	个人部分	工资福利支出	对个人和家庭的补助支出	#助学金
合计	**285627184**	**145845798**	**89034845**	**56810953**	**28945015**
北京	17340026	7029095	4250288	2778807	712395
天津	8150128	3483824	1692286	1791538	564112
河北	11027592	5332857	2870882	2461975	1185537
山西	7612227	4200473	2569849	1630625	1044605
内蒙古	7764836	4624486	2924595	1699892	1436541
辽宁	11095535	4845421	3455902	1389519	765885
吉林	6464506	3770417	2315336	1455081	536067
黑龙江	8137862	4865154	2611382	2253772	725466
上海	11242095	3733537	2894572	838965	647025
江苏	19964077	11097676	6998485	4099191	1773967
浙江	11576419	6449857	4427092	2022766	1026912
安徽	10223540	4221543	2554312	1667232	1260560
福建	7369003	3603639	1928470	1675169	715474
江西	10183902	5320985	2951579	2369406	1155273
山东	18634309	10969518	6849888	4119630	1519501
河南	18209319	8641831	6448234	2193597	1868559
湖北	9887829	6507660	4199151	2308509	1073272
湖南	11933410	5947777	3562976	2384801	1229228
广东	18273041	11157534	7005208	4152326	1454896
广西	7757513	3684487	1297411	2387075	1498383
海南	1744548	809979	532609	277370	247653
重庆	6674543	2534208	1339058	1195150	886800
四川	10829113	5831567	3262344	2569223	1474630
贵州	5614198	3019894	1395161	1624733	584603
云南	5920639	3373759	2142565	1231194	1046567
西藏	833586	586309	320907	265403	105466
陕西	10511220	4873080	2689677	2183403	1288880
甘肃	4596580	1719764	1166006	553758	468291
青海	778610	520410	400752	119657	77933
宁夏	1273689	662135	516712	145423	130055
新疆	4003286	2426922	1461159	965763	440480
大连	1319532	222241	173258	48983	13470
宁波	1317533	610997	490481	120516	67289
厦门	578361	264512	216564	47949	31390
青岛	428746	244538	150013	94526	42824
深圳	2399999	1541817	1318951	222866	97019

支出明细(地方普通高等学校)

单位：千元

公用部分	商品和服务支出	其他资本性支出		
			专项公用支出	专项项目支出
139781386	**68702460**	**71078926**	**35866072**	**35212853**
10310931	5055406	5255525	3227520	2028004
4666304	1729722	2936582	1725510	1211072
5694735	2594380	3100356	2085007	1015349
3411754	1610273	1801481	920398	881082
3140350	1312560	1827789	1317726	510063
6250114	3487691	2762424	914494	1847930
2694090	1324746	1369343	932220	437124
3272708	2035958	1236750	913572	323178
7508558	6156386	1352172	885377	466794
8866400	4676194	4190206	1918167	2272038
5126561	2285780	2840782	1164748	1676034
6001997	1593275	4408722	2032866	2375856
3765364	1674182	2091181	879109	1212072
4862918	2414799	2448118	1318206	1129912
7664792	3051629	4613162	1653204	2959959
9567488	5373993	4193496	2715003	1478492
3380169	2351182	1028987	625135	403852
5985633	2567082	3418551	1256577	2161974
7115507	3424645	3690862	1757823	1933039
4073026	1429692	2643334	1192733	1450601
934569	557080	377489	284551	92938
4140335	1662958	2477377	983590	1493788
4997546	2919786	2077760	1379568	698192
2594304	929750	1664554	578930	1085624
2546880	1304059	1242820	546729	696091
247277	152894	94383	55293	39091
5638140	2763454	2874686	1173071	1701615
2876816	1182906	1693910	704251	989659
258200	111890	146311	138722	7588
611554	280329	331225	243284	87941
1576365	687776	888589	342687	545902
1097290	98132	999159	65698	933461
706536	206385	500151	122647	377504
313849	188852	124996	123896	1100
184208	24062	160146	37764	122382
858182	641059	217123	212559	4564

6-7 公共财政预算教育事业费

地区	合计	个人部分	工资福利支出	对个人和家庭的补助支出	#助学金
合计	**326715565**	**170005512**	**98622773**	**71382739**	**36462864**
北京	44811916	23939276	10648759	13290517	8345199
天津	8831402	4275042	2162945	2112097	707169
河北	9553081	4262554	2284047	1978506	872784
山西	5882400	3138740	1898829	1239911	791143
内蒙古	5432284	3146376	1946646	1199730	1014546
辽宁	12910208	5756683	3935017	1821665	929043
吉林	9149852	5200423	3146401	2054022	784309
黑龙江	9567842	5694124	3126105	2568018	885313
上海	20577392	8689183	6288141	2401042	1612075
江苏	22484820	12216683	7203951	5012732	1964831
浙江	9307494	5477028	3517748	1959280	792741
安徽	10066688	4141045	2424930	1716114	1133130
福建	8250259	4018992	2257547	1761444	762454
江西	7690282	3921161	2158256	1762906	793309
山东	17466038	10255108	6308908	3946200	1465225
河南	14966675	6737870	5056505	1681365	1440952
湖北	16648544	9966931	6078879	3888052	1620302
湖南	11291671	5571727	3168614	2403113	1111429
广东	18244908	10733225	6444018	4289207	1339716
广西	5698535	2686203	837409	1848794	1216339
海南	1324869	600334	401348	198986	175530
重庆	8001025	3627715	1939609	1688106	1008296
四川	13873020	8059975	4794752	3265222	1673980
贵州	3957767	2124775	983293	1141482	391463
云南	4736528	2681756	1724649	957107	811117
西藏	469244	361361	185838	175523	69516
陕西	14722413	7296317	4097947	3198370	1668790
甘肃	5290141	2160467	1407558	752909	518688
青海	579071	381417	315937	65481	56891
宁夏	1457278	655261	499046	156215	130443
新疆	3471918	2227761	1379138	848623	376139
大连	1196953	158333	121153	37180	6703
宁波	872561	347135	269497	77638	39646
厦门	391659	155117	145137	9979	9979
青岛	274818	138818	86719	52099	32113
深圳	1681810	995749	852585	143164	51913

支出明细(普通高等本科学校)

单位：千元

公用部分	商品和服务支出	其他资本性支出		
			专项公用支出	专项项目支出
156710053	**87327031**	**69383022**	**39205204**	**30177818**
20872640	12335300	8537340	5431370	3105970
4556360	2445238	2111122	826168	1284954
5290527	2534039	2756489	2039485	717003
2743660	1298360	1445300	741492	703808
2285908	864142	1421766	1056292	365474
7153525	4065818	3087708	1300631	1787077
3949429	2357614	1591815	1200246	391569
3873718	2382116	1491602	908253	583349
11888209	9322164	2566046	1918532	647513
10268137	6023501	4244636	2383455	1861181
3830466	1609512	2220954	988401	1232553
5925644	1885919	4039724	2041539	1998185
4231268	1949739	2281529	1024860	1256669
3769121	2006794	1762327	1085041	677286
7210930	3653881	3557049	1668642	1888407
8228805	4570123	3658683	2380971	1277711
6681613	5037759	1643854	1370399	273455
5719944	2827611	2892333	1313679	1578654
7511683	3989559	3522123	2011229	1510895
3012331	1168783	1843549	704324	1139224
724536	445851	278685	245246	33439
4373310	2129314	2243996	948659	1295338
5813046	3759391	2053655	1613440	440215
1832992	716006	1116985	445438	671548
2054772	1032539	1022233	453602	568630
107882	83960	23922	20122	3800
7426095	4427272	2998823	1665757	1333067
3129674	1457465	1672209	700297	971913
197654	89397	108257	102737	5520
802017	401406	400611	303189	97422
1244157	456459	787698	311709	475989
1038621	62967	975653	49642	926012
525426	141320	384106	50413	333693
236543	130294	106248	106248	
136000	8651	127349	27349	100000
686061	526900	159161	155793	3368

6-8 公共财政预算教育事业费

地区	合计	个人部分	工资福利支出	对个人和家庭的补助支出	#助学金
合计	**216153590**	**107505361**	**64953709**	**42551652**	**21356019**
北京	14101456	5650665	3299574	2351091	623141
天津	5508363	2485048	1232008	1253040	384587
河北	8684559	3802373	1971269	1831104	800366
山西	5882400	3138740	1898829	1239911	791143
内蒙古	5432284	3146376	1946646	1199730	1014546
辽宁	9173312	3787175	2680480	1106695	654019
吉林	5629505	3212934	1991319	1221615	451562
黑龙江	6338399	3719684	1969620	1750064	570258
上海	10129569	3351145	2572642	778503	603785
江苏	13068249	7259095	4462050	2797045	1160286
浙江	8064373	4498966	3029041	1469925	721521
安徽	8019713	2934802	1752351	1182451	908046
福建	5891466	2681402	1422056	1259346	522351
江西	7690282	3921161	2158256	1762906	793309
山东	13786230	8229125	5047542	3181583	1150020
河南	14833876	6681226	5011181	1670045	1437783
湖北	7107868	4834296	3220473	1613824	720342
湖南	8261796	3990642	2341440	1649202	845840
广东	13336418	8041015	4835593	3205423	1026350
广西	5698535	2686203	837409	1848794	1216339
海南	1324869	600334	401348	198986	175530
重庆	5378750	2042937	1087102	955834	702342
四川	7757155	4335936	2444255	1891681	1051296
贵州	3957767	2124775	983293	1141482	391463
云南	4736528	2681756	1724649	957107	811117
西藏	469244	361361	185838	175523	69516
陕西	8033439	3635353	1940842	1694511	962990
甘肃	3607713	1199230	831345	367885	341437
青海	579071	381417	315937	65481	56891
宁夏	947103	456968	346443	110526	97649
新疆	2723296	1633219	1012880	620339	300194
大连	1196953	158333	121153	37180	6703
宁波	872561	347135	269497	77638	39646
厦门	391659	155117	145137	9979	9979
青岛	271818	138818	86719	52099	32113
深圳	1681810	995749	852585	143164	51913

支出明细(地方普通高等本科学校)

单位：千元

公用部分	商品和服务支出	其他资本性支出		
			专项公用支出	专项项目支出
108648229	**54583855**	**54064374**	**27454840**	**26609534**
8450792	4204182	4246610	2427148	1819461
3023315	1315320	1707995	547007	1160988
4882186	2302834	2579352	1897195	682157
2743660	1298360	1445300	741492	703808
2285908	864142	1421766	1056292	365474
5386137	2931058	2455079	753664	1701416
2416571	1173247	1243324	851755	391569
2618714	1647005	971709	667240	304468
6778424	5613116	1165308	711911	453397
5809154	3099455	2709699	1306661	1403039
3565407	1523064	2042343	810789	1231553
5084911	1314175	3770736	1772551	1998185
3210064	1379383	1830681	735053	1095628
3769121	2006794	1762327	1085041	677286
5557105	2472477	3084628	1332109	1752519
8152650	4532061	3620589	2342878	1277711
2273572	1628285	645287	515659	129628
4271155	1840077	2431077	885669	1545408
5295403	2607618	2687784	1324655	1363130
3012331	1168783	1843549	704324	1139224
724536	445851	278685	245246	33439
3335814	1296908	2038906	743568	1295338
3421219	2185931	1235288	1000038	235250
1832992	716006	1116985	445438	671548
2054772	1032539	1022233	453602	568630
107882	83960	23922	20122	3800
4398086	2257121	2140965	968295	1172670
2408483	924131	1484352	568860	915492
197654	89397	108257	102737	5520
490135	232666	257468	191638	65830
1090077	397908	692169	246201	445968
1038621	62967	975653	49642	926012
525426	141320	384106	50413	333693
236543	130294	106248	106248	
133000	5651	127349	27349	100000
686061	526900	159161	155793	3368

6-9 公共财政预算教育事业费

地区	合计	个人部分	工资福利支出	对个人和家庭的补助支出	#助学金
合计	**69878285**	**38608429**	**24272074**	**14336355**	**7643173**
北京	3318215	1409172	974578	434594	90850
天津	2641765	998776	460278	538498	179525
河北	2343033	1530484	899613	630871	385171
山西	1729827	1061733	671019	390714	253462
内蒙古	2332552	1478111	977949	500162	421995
辽宁	1922224	1058246	775422	282824	111865
吉林	835001	557483	324017	233466	84505
黑龙江	1857278	1188015	677732	510283	158720
上海	1134006	400933	334902	66031	43639
江苏	6895827	3838581	2536435	1302146	613681
浙江	3512046	1950892	1398051	552841	305391
安徽	2203827	1286741	801960	484780	352514
福建	1477537	922237	506414	415824	193123
江西	2493620	1399823	793323	606501	361964
山东	4848079	2740392	1802346	938046	369481
河南	3375443	1960604	1437053	523552	430776
湖北	2803759	1695117	978678	716438	374387
湖南	3704344	1981364	1243213	738151	384940
广东	5012489	3158551	2205894	952657	434300
广西	2058978	998284	460003	538281	282044
海南	419679	209646	131261	78384	72124
重庆	1295793	491271	251956	239315	184458
四川	3128121	1541994	850739	691254	436628
贵州	1656431	895119	411868	483251	193140
云南	1184111	692003	417916	274087	235450
西藏	364343	224948	135068	89880	35950
陕西	2508814	1266696	770047	496650	326087
甘肃	988867	520534	334661	185873	126854
青海	199539	138992	84816	54177	21043
宁夏	326586	205166	170270	34897	32406
新疆	1306151	806519	454592	351927	146701
大连	122578	63908	52105	11803	6768
宁波	444972	263862	220984	42879	27643
厦门	186702	109396	71426	37969	21411
青岛	156928	105720	63293	42427	10711
深圳	718188	546068	466366	79702	45106

支出明细(普通高职高专学校)

单位：千元

公用部分	商品和服务支出	其他资本性支出		
			专项公用支出	专项项目支出
31269856	**14206828**	**17063029**	**8455497**	**8607532**
1909043	877882	1031161	821406	209756
1642989	414402	1228587	1178503	50084
812549	291546	521003	187812	333192
668094	311913	356181	178906	177275
854442	448419	406023	261435	144589
863977	556633	307344	160830	146514
277518	151499	126019	80464	45554
669263	399522	269741	248032	21709
733072	546168	186905	173507	13398
3057246	1576740	1480506	611507	869000
1561154	762716	798439	353959	444480
917086	279101	637985	260315	377671
555299	294799	260500	144056	116444
1093797	408005	685792	233166	452626
2107687	579152	1528535	321095	1207440
1414838	841932	572907	372126	200781
1108643	724943	383700	109476	274224
1722980	733506	989474	372908	616565
1853938	845650	1008288	438379	569909
1060694	260909	799785	488408	311377
210033	111229	98804	39305	59499
804522	366050	438471	240021	198450
1586127	742437	843690	380748	462942
761312	213744	547568	133492	414076
492108	271520	220588	93126	127461
139395	68934	70461	35170	35291
1242117	508397	733720	204775	528945
468333	258775	209558	135391	74167
60546	22493	38053	35985	2068
121420	47663	73757	51646	22111
499631	290149	209482	109548	99935
58670	35165	23505	16056	7449
181110	65065	116045	72234	43811
77306	58558	18748	17648	1100
51208	18412	32797	10414	22382
172121	114159	57961	56766	1195

6-10 公共财政预算教育事业费

地区	合计	个人部分	工资福利支出	对个人和家庭的补助支出	#助学金
合 计	**69473595**	**38340438**	**24081136**	**14259301**	**7588996**
北 京	3238569	1378430	950714	427716	89254
天 津	2641765	998776	460278	538498	179525
河 北	2343033	1530484	899613	630871	385171
山 西	1729827	1061733	671019	390714	253462
内蒙古	2332552	1478111	977949	500162	421995
辽 宁	1922224	1058246	775422	282824	111865
吉 林	835001	557483	324017	233466	84505
黑龙江	1799464	1145470	641762	503708	155207
上 海	1112526	382392	321930	60462	43240
江 苏	6895827	3838581	2536435	1302146	613681
浙 江	3512046	1950892	1398051	552841	305391
安 徽	2203827	1286741	801960	484780	352514
福 建	1477537	922237	506414	415824	193123
江 西	2493620	1399823	793323	606501	361964
山 东	4848079	2740392	1802346	938046	369481
河 南	3375443	1960604	1437053	523552	430776
湖 北	2779961	1673363	978678	694685	352930
湖 南	3671614	1957135	1221536	735599	383388
广 东	4936622	3116519	2169615	946903	428546
广 西	2058978	998284	460003	538281	282044
海 南	419679	209646	131261	78384	72124
重 庆	1295793	491271	251956	239315	184458
四 川	3071959	1495632	818089	677542	423334
贵 州	1656431	895119	411868	483251	193140
云 南	1184111	692003	417916	274087	235450
西 藏	364343	224948	135068	89880	35950
陕 西	2477781	1237728	748835	488892	325890
甘 肃	988867	520534	334661	185873	126854
青 海	199539	138992	84816	54177	21043
宁 夏	326586	205166	170270	34897	32406
新 疆	1279990	793703	448278	345424	140285
大 连	122578	63908	52105	11803	6768
宁 波	444972	263862	220984	42879	27643
厦 门	186702	109396	71426	37969	21411
青 岛	156928	105720	63293	42427	10711
深 圳	718188	546068	466366	79702	45106

支出明细(地方普通高职高专学校)

单位：千元

公用部分	商品和服务支出	其他资本性支出	专项公用支出	专项项目支出
31133157	**14118606**	**17014551**	**8411232**	**8603319**
1860140	851225	1008915	800372	208543
1642989	414402	1228587	1178503	50084
812549	291546	521003	187812	333192
668094	311913	356181	178906	177275
854442	448419	406023	261435	144589
863977	556633	307344	160830	146514
277518	151499	126019	80464	45554
653994	388953	265041	246332	18709
730134	543270	186864	173466	13398
3057246	1576740	1480506	611507	869000
1561154	762716	798439	353959	444480
917086	279101	637985	260315	377671
555299	294799	260500	144056	116444
1093797	408005	685792	233166	452626
2107687	579152	1528535	321095	1207440
1414838	841932	572907	372126	200781
1106597	722897	383700	109476	274224
1714479	727005	987474	370908	616565
1820104	817026	1003077	433169	569909
1060694	260909	799785	488408	311377
210033	111229	98804	39305	59499
804522	366050	438471	240021	198450
1576327	733855	842472	379530	462942
761312	213744	547568	133492	414076
492108	271520	220588	93126	127461
139395	68934	70461	35170	35291
1240054	506333	733720	204775	528945
468333	258775	209558	135391	74167
60546	22493	38053	35985	2068
121420	47663	73757	51646	22111
486287	289867	196420	96486	99935
58670	35165	23505	16056	7449
181110	65065	116045	72234	43811
77306	58558	18748	17648	1100
51208	18412	32797	10414	22382
172121	114159	57961	56766	1195

6-11 公共财政预算教育事业费

地区	合计	个人部分	工资福利支出	对个人和家庭的补助支出	#助学金
合计	**5978884**	**3645066**	**2481815**	**1163251**	**204891**
北京	571580	380425	240794	139631	
天津	646008	190384	88958	101426	1417
河北	279626	198814	152573	46241	15467
山西	152718	113929	92941	20988	7979
内蒙古	51665	37987	23698	14290	4644
辽宁	182196	134739	115066	19673	273
吉林	264990	165859	113304	52555	10038
黑龙江	449394	312031	175496	136535	25293
上海	478350	276516	234856	41660	2092
江苏	62730	40784	27504	13280	1905
浙江	284155	195727	145706	50021	3362
安徽	152797	104553	67779	36775	8486
福建	129310	95544	60007	35537	281
江西	126884	77776	47118	30658	11466
山东	126195	77947	46562	31384	22
河南	198435	103774	91054	12720	9589
湖北	111951	93809	65231	28578	13078
湖南	167139	107253	63607	43646	8009
广东	405807	269760	205901	63859	3839
广西	234174	131249	60248	71001	15890
海南	31072	13164	9771	3393	2827
重庆	127018	26904	16340	10564	10346
四川	189281	119834	74753	45082	15697
贵州	65523	52685	30500	22185	4999
云南	138942	83179	68284	14895	14021
西藏					
陕西	118240	68712	43930	24782	8461
甘肃	61896	35021	23590	11431	4042
青海	11239	7707	5565	2142	
宁夏					
新疆	159568	129001	90680	38321	1370
大连	74598	49122	44650	4472	173
宁波	67983	60977	53261	7716	1931
厦门	727	628	498	130	
青岛	51552	16452	10487	5965	
深圳	26149	15723	14443	1280	842

支出明细(成人高等学校)

单位：千元

公用部分	商品和服务支出	其他资本性支出	专项公用支出	专项项目支出
2333818	**1376343**	**957475**	**292266**	**665209**
191155	166690	24465	23522	944
455623	44636	410988	2462	408526
80812	49369	31443	25043	6400
38790	32843	5947	5947	
13678	12478	1200	180	1020
47456	35861	11595	8808	2788
99132	83490	15641	13609	2032
137364	104455	32908	18920	13988
201834	155706	46128	23597	22531
21946	9216	12729	2551	10178
88428	50077	38351	7779	30572
48244	30526	17718	17318	400
33766	30602	3164	2364	800
49108	23876	25232	21078	4154
48248	11105	37143	4143	33000
94661	84486	10175	8578	1597
18143	14172	3971	3296	675
59886	44019	15867	2208	13659
136047	88966	47081	15157	31924
102925	55780	47146	23319	23827
17909	3246	14663	4064	10598
100114	80582	19533	19533	
69446	56031	13416	9993	3422
12838	8364	4474	4335	139
55763	21519	34245	13222	21022
49528	27395	22133	5353	16780
26875	21578	5297	1785	3512
3532	561	2971	2551	420
30568	28716	1852	1552	300
25475	18930	6545	3758	2788
7006	6883	123	123	
99	99			
35100	3692	31408	1408	30000
10426	10059	366	366	

6-12 公共财政预算教育事业费

地区	合计	个人部分	工资福利支出	对个人和家庭的补助支出	#助学金
合计	**5866216**	**3574261**	**2445805**	**1128456**	**204445**
北京	486521	331781	225940	105841	
天津	646008	190384	88958	101426	1417
河北	279626	198814	152573	46241	15467
山西	152718	113929	92941	20988	7979
内蒙古	51665	37987	23698	14290	4644
辽宁	182196	134739	115066	19673	273
吉林	264990	165859	113304	52555	10038
黑龙江	449394	312031	175496	136535	25293
上海	478350	276516	234856	41660	2092
江苏	62730	40784	27504	13280	1905
浙江	284155	195727	145706	50021	3362
安徽	152797	104553	67779	36775	8486
福建	129310	95544	60007	35537	281
江西	126884	77776	47118	30658	11466
山东	126195	77947	46562	31384	22
河南	198435	103774	91054	12720	9589
湖北	111951	93809	65231	28578	13078
湖南	167139	107253	63607	43646	8009
广东	405807	269760	205901	63859	3839
广西	234174	131249	60248	71001	15890
海南	31072	13164	9771	3393	2827
重庆	127018	26904	16340	10564	10346
四川	189281	119834	74753	45082	15697
贵州	65523	52685	30500	22185	4999
云南	138942	83179	68284	14895	14021
西藏					
陕西	118240	68712	43930	24782	8461
甘肃	61896	35021	23590	11431	4042
青海	11239	7707	5565	2142	
宁夏					
新疆	131960	106839	69524	37316	923
大连	74598	49122	44650	4472	173
宁波	67983	60977	53261	7716	1931
厦门	727	628	498	130	
青岛	51552	16452	10487	5965	
深圳	26149	15723	14443	1280	842

支出明细(地方成人高等学校)

单位：千元

公用部分	商品和服务支出	其他资本性支出		
			专项公用支出	专项项目支出
2291956	**1337474**	**954482**	**289939**	**664543**
154740	133244	21497	21219	277
455623	44636	410988	2462	408526
80812	49369	31443	25043	6400
38790	32843	5947	5947	
13678	12478	1200	180	1020
47456	35861	11595	8808	2788
99132	83490	15641	13609	2032
137364	104455	32908	18920	13988
201834	155706	46128	23597	22531
21946	9216	12729	2551	10178
88428	50077	38351	7779	30572
48244	30526	17718	17318	400
33766	30602	3164	2364	800
49108	23876	25232	21078	4154
48248	11105	37143	4143	33000
94661	84486	10175	8578	1597
18143	14172	3971	3296	675
59886	44019	15867	2208	13659
136047	88966	47081	15157	31924
102925	55780	47146	23319	23827
17909	3246	14663	4064	10598
100114	80582	19533	19533	
69446	56031	13416	9993	3422
12838	8364	4474	4335	139
55763	21519	34245	13222	21022
49528	27395	22133	5353	16780
26875	21578	5297	1785	3512
3532	561	2971	2551	420
25121	23293	1828	1528	300
25475	18930	6545	3758	2788
7006	6883	123	123	
99	99			
35100	3692	31408	1408	30000
10426	10059	366	366	

6-13 公共财政预算教育事业费

地区	合计	个人部分	工资福利支出	对个人和家庭的补助支出	#助学金
合计	**117999074**	**70186305**	**49104277**	**21082028**	**7531636**
北京	3671618	1935137	1437786	497351	38807
天津	2015157	1504247	662429	841819	148342
河北	4826802	3375678	2601693	773986	279772
山西	3446045	2138719	1727403	411316	161750
内蒙古	2668530	1595633	1280777	314856	262500
辽宁	3243299	1955678	1330747	624931	181959
吉林	2336387	1698323	1038011	660312	91977
黑龙江	2929155	2008816	1114680	894136	197640
上海	2758913	1636674	1397271	239404	60328
江苏	9592382	6261019	4532753	1728266	241793
浙江	7241866	4909560	3950077	959483	213713
安徽	3919104	1873971	1252714	621257	307378
福建	3162007	2109599	1567360	542239	96365
江西	2206643	1261562	721102	540460	293876
山东	10565703	5647479	4219004	1428475	317222
河南	5948199	2919448	2490864	428584	388187
湖北	3053681	2072094	1317617	754477	238416
湖南	3745527	2233073	1387350	845723	375882
广东	12013295	7228448	4990483	2237964	702433
广西	3354628	1964140	1178673	785467	289300
海南	1185681	555283	460652	94632	65045
重庆	2991435	1546887	956838	590049	436532
四川	5597415	3158412	1994526	1163886	519873
贵州	3238186	1294364	690784	603580	295302
云南	3526833	2150589	1514411	636178	503192
西藏	420461	156186	81005	75181	49346
陕西	2637935	1675300	1063171	612130	274786
甘肃	2091183	1287988	842897	445090	236952
青海	627998	338567	236050	102517	56685
宁夏	630152	272588	219448	53139	47117
新疆	2352856	1420842	845701	575141	159168
大连	707531	348410	265757	82653	59170
宁波	1533570	1080970	924371	156599	23904
厦门	534185	371332	279563	91768	19924
青岛	1545537	1025836	714466	311370	28104
深圳	1063623	636324	513468	122856	55444

支出明细(中等职业学校)

单位：千元

公用部分	商品和服务支出	其他资本性支出		
			专项公用支出	专项项目支出
47812769	**23368338**	**24444431**	**8808990**	**15635441**
1736481	825647	910835	728956	181879
510910	231087	279822	110737	169086
1451123	807340	643783	214758	429025
1307327	822796	484531	254855	229675
1072896	570214	502682	233658	269024
1287621	852808	434813	222750	212063
638063	343772	294291	153385	140906
920339	534547	385792	190100	195692
1122238	811572	310666	286062	24604
3331363	1362008	1969355	594118	1375237
2332306	1249258	1083048	392448	690600
2045133	603560	1441573	271024	1170549
1052407	515497	536910	218731	318179
945081	392259	552823	153608	399214
4918224	1957036	2961188	742512	2218677
3028751	1301849	1726902	484123	1242779
981587	488877	492710	179061	313649
1512454	817894	694560	219379	475181
4784848	2802386	1982462	834236	1148226
1390488	620754	769734	386016	383718
630397	307969	322429	142221	180208
1444548	839018	605529	216953	388577
2439003	1066246	1372757	457915	914842
1943822	681124	1262698	163500	1099198
1376245	776603	599642	235804	363838
264275	80269	184006	88097	95909
962635	556646	405989	113398	292592
803195	387523	415672	225910	189763
289431	120194	169237	104060	65177
357564	185127	172437	74755	97683
932014	456459	475556	115864	359691
359121	242234	116887	100750	16137
452600	308846	143754	83193	60561
162853	130841	32012	22691	9321
519701	238272	281429	92600	188829
427299	399426	27873	26724	1149

6-14 公共财政预算教育事业费

地区	合计	个人部分	工资福利支出	对个人和家庭的补助支出	#助学金
合 计	**117587358**	**69938774**	**48948426**	**20990349**	**7495413**
北 京	3574392	1885850	1401727	484124	35880
天 津	2011758	1502218	660842	841376	147900
河 北	4818427	3370343	2597308	773036	279546
山 西	3446045	2138719	1727403	411316	161750
内蒙古	2668530	1595633	1280777	314856	262500
辽 宁	3243299	1955678	1330747	624931	181959
吉 林	2336387	1698323	1038011	660312	91977
黑龙江	2868763	1963810	1085748	878062	192894
上 海	2758913	1636674	1397271	239404	60328
江 苏	9587884	6258555	4532753	1725802	241594
浙 江	7241866	4909560	3950077	959483	213713
安 徽	3917455	1872322	1252714	619609	305729
福 建	3162007	2109599	1567360	542239	96365
江 西	2206616	1261534	721102	540432	293849
山 东	10565703	5647479	4219004	1428475	317222
河 南	5939712	2914593	2487649	426944	386547
湖 北	3053681	2072094	1317617	754477	238416
湖 南	3740669	2228234	1382559	845675	375882
广 东	12011611	7226941	4989203	2237738	702296
广 西	3354628	1964140	1178673	785467	289300
海 南	1185681	555283	460652	94632	65045
重 庆	2986367	1542641	952761	589880	436363
四 川	5587553	3148603	1985890	1162713	519011
贵 州	3238186	1294364	690784	603580	295302
云 南	3526833	2150589	1514411	636178	503192
西 藏	420461	156186	81005	75181	49346
陕 西	2637935	1675300	1063171	612130	274786
甘 肃	2091183	1287988	842897	445090	236952
青 海	627998	338567	236050	102517	56685
宁 夏	630152	272588	219448	53139	47117
新 疆	2146667	1304364	782812	521552	135971
大 连	707531	348410	265757	82653	59170
宁 波	1533570	1080970	924371	156599	23904
厦 门	534185	371332	279563	91768	19924
青 岛	1545537	1025836	714466	311370	28104
深 圳	1063623	636324	513468	122856	55444

支出明细(地方中等职业学校)

单位：千元

公用部分	商品和服务支出	其他资本性支出		
			专项公用支出	专项项目支出
47648584	**23263053**	**24385531**	**8785890**	**15599641**
1688541	789744	898798	725295	173502
509540	229717	279822	110737	169086
1448083	804300	643783	214758	429025
1307327	822796	484531	254855	229675
1072896	570214	502682	233658	269024
1287621	852808	434813	222750	212063
638063	343772	294291	153385	140906
904953	521936	383017	187715	195302
1122238	811572	310666	286062	24604
3329329	1359974	1969355	594118	1375237
2332306	1249258	1083048	392448	690600
2045133	603560	1441573	271024	1170549
1052407	515497	536910	218731	318179
945081	392259	552823	153608	399214
4918224	1957036	2961188	742512	2218677
3025119	1298226	1726893	484113	1242779
981587	488877	492710	179061	313649
1512434	817874	694560	219379	475181
4784670	2802217	1982453	834227	1148226
1390488	620754	769734	386016	383718
630397	307969	322429	142221	180208
1443726	838197	605529	216953	388577
2438950	1066193	1372757	457915	914842
1943822	681124	1262698	163500	1099198
1376245	776603	599642	235804	363838
264275	80269	184006	88097	95909
962635	556646	405989	113398	292592
803195	387523	415672	225910	189763
289431	120194	169237	104060	65177
357564	185127	172437	74755	97683
842303	410817	431486	98828	332658
359121	242234	116887	100750	16137
452600	308846	143754	83193	60561
162853	130841	32012	22691	9321
519701	238272	281429	92600	188829
427299	399426	27873	26724	1149

6-15 公共财政预算教育事业费

地区	合计	个人部分	工资福利支出	对个人和家庭的补助支出	#助学金
合计	**54441231**	**31681773**	**21570612**	**10111161**	**3778876**
北京	1140732	580253	387835	192418	21166
天津	1068089	711569	348617	362952	99161
河北	1349329	970361	679674	290687	127810
山西	1570486	964781	756538	208243	87551
内蒙古	1065639	586497	415580	170917	157799
辽宁	1737539	1021966	673541	348425	72113
吉林	798476	578913	368135	210778	22414
黑龙江	666458	454062	234654	219408	72915
上海	1585394	847748	737730	110018	26555
江苏	6285959	4250104	3073538	1176566	145397
浙江	1247400	838662	689714	148948	35334
安徽	2053027	1009787	681777	328010	159843
福建	2499473	1618594	1190447	428148	90801
江西	954833	572265	271973	300292	166449
山东	5271949	2554049	1887715	666334	176809
河南	2253951	1178426	965395	213031	195078
湖北	1829450	1213883	782619	431264	162589
湖南	681607	418744	237489	181255	103130
广东	5839398	3448419	2374827	1073593	334848
广西	2762244	1626240	962157	664084	262406
海南	716308	316115	260117	55998	36331
重庆	593954	256531	131839	124692	73272
四川	1974487	1133424	656971	476453	230012
贵州	1719684	641021	323640	317381	159114
云南	1639634	995750	636459	359291	308264
西藏	420461	156186	81005	75181	49346
陕西	557121	367291	243518	123773	29343
甘肃	1598071	933862	599371	334490	178617
青海	553967	307272	212459	94813	54584
宁夏	367102	159403	124795	34608	31211
新疆	1639006	969595	580484	389111	108612
大连	249037	118796	110942	7854	141
宁波	399772	274341	236113	38228	3732
厦门	461426	330965	245626	85339	18461
青岛	157919	113027	74953	38074	1631
深圳	237988	141108	122988	18121	5554

支出明细(中等专业学校)

单位：千元

公用部分	商品和服务支出	其他资本性支出	专项公用支出	专项项目支出
22759457	**10634376**	**12125082**	**4421650**	**7703432**
560479	211496	348983	261041	87942
356520	148042	208478	46818	161660
378968	241689	137279	39131	98149
605705	414959	190746	122318	68428
479142	274843	204299	104328	99972
715574	471924	243650	112275	131375
219563	121956	97607	67098	30510
212396	118405	93991	71197	22794
737646	476876	260771	238586	22185
2035855	903377	1132478	354255	778223
408739	210789	197950	60502	137449
1043240	322621	720619	137962	582657
880878	414227	466652	183142	283509
382568	204648	177920	89703	88217
2717900	961316	1756585	329095	1427490
1075525	473742	601784	197736	404047
615567	345000	270566	109797	160769
262862	161478	101384	57008	44375
2390979	1204540	1186438	463276	723163
1136004	529030	606973	326074	280899
400193	189843	210350	90361	119989
337423	134153	203271	56163	147108
841063	392287	448777	217597	231180
1078662	318538	760124	74563	685561
643884	370732	273152	73211	199942
264275	80269	184006	88097	95909
189831	135795	54035	20841	33195
664209	304743	359466	196568	162898
246695	110239	136456	98779	37677
207699	108937	98762	47145	51617
669411	277882	391529	86985	304544
130242	93036	37205	35340	1866
125431	65664	59767	19066	40702
130460	111130	19330	18523	807
44892	31760	13131	11889	1242
96879	87127	9753	8604	1149

6-16 公共财政预算教育事业费

地 区	合 计				
		个人部分			
			工资福利支 出	对个人和家庭的补助支出	
					#助学金
合 计	**54118730**	**31504224**	**21462781**	**10041443**	**3751598**
北 京	1043506	530967	351776	179190	18239
天 津	1068089	711569	348617	362952	99161
河 北	1340954	965027	675289	289738	127583
山 西	1570486	964781	756538	208243	87551
内蒙古	1065639	586497	415580	170917	157799
辽 宁	1737539	1021966	673541	348425	72113
吉 林	798476	578913	368135	210778	22414
黑龙江	665791	453896	234654	219242	72749
上 海	1585394	847748	737730	110018	26555
江 苏	6281597	4247643	3073538	1174106	145202
浙 江	1247400	838662	689714	148948	35334
安 徽	2053027	1009787	681777	328010	159843
福 建	2499473	1618594	1190447	428148	90801
江 西	954805	572238	271973	300264	166421
山 东	5271949	2554049	1887715	666334	176809
河 南	2251051	1178026	965395	212631	194678
湖 北	1829450	1213883	782619	431264	162589
湖 南	676748	413906	232698	181208	103130
广 东	5837713	3446912	2373546	1073366	334710
广 西	2762244	1626240	962157	664084	262406
海 南	716308	316115	260117	55998	36331
重 庆	593954	256531	131839	124692	73272
四 川	1974487	1133424	656971	476453	230012
贵 州	1719684	641021	323640	317381	159114
云 南	1639634	995750	636459	359291	308264
西 藏	420461	156186	81005	75181	49346
陕 西	557121	367291	243518	123773	29343
甘 肃	1598071	933862	599371	334490	178617
青 海	553967	307272	212459	94813	54584
宁 夏	367102	159403	124795	34608	31211
新 疆	1436606	856067	519168	336898	85415
大 连	249037	118796	110942	7854	141
宁 波	399772	274341	236113	38228	3732
厦 门	461426	330965	245626	85339	18461
青 岛	157919	113027	74953	38074	1631
深 圳	237988	141108	122988	18121	5554

支出明细(地方中等专业学校)

单位：千元

公用部分	商品和服务支出	其他资本性支出		
			专项公用支出	专项项目支出
22614506	**10545504**	**12069002**	**4400979**	**7668022**
512539	175593	336946	257380	79565
356520	148042	208478	46818	161660
375928	238649	137279	39131	98149
605705	414959	190746	122318	68428
479142	274843	204299	104328	99972
715574	471924	243650	112275	131375
219563	121956	97607	67098	30510
211896	117905	93991	71197	22794
737646	476876	260771	238586	22185
2033954	901476	1132478	354255	778223
408739	210789	197950	60502	137449
1043240	322621	720619	137962	582657
880878	414227	466652	183142	283509
382568	204648	177920	89703	88217
2717900	961316	1756585	329095	1427490
1073025	471242	601784	197736	404047
615567	345000	270566	109797	160769
262842	161458	101384	57008	44375
2390801	1204371	1186429	463267	723163
1136004	529030	606973	326074	280899
400193	189843	210350	90361	119989
337423	134153	203271	56163	147108
841063	392287	448777	217597	231180
1078662	318538	760124	74563	685561
643884	370732	273152	73211	199942
264275	80269	184006	88097	95909
189831	135795	54035	20841	33195
664209	304743	359466	196568	162898
246695	110239	136456	98779	37677
207699	108937	98762	47145	51617
580539	233044	347495	69984	277511
130242	93036	37205	35340	1866
125431	65664	59767	19066	40702
130460	111130	19330	18523	807
44892	31760	13131	11889	1242
96879	87127	9753	8604	1149

6-17 公共财政预算教育事业费

地区	合计	个人部分	工资福利支出	对个人和家庭的补助支出	#助学金
合计	**44303081**	**26974665**	**19513697**	**7460968**	**2750013**
北京	1237462	898232	705778	192454	12957
天津	530029	482987	164112	318875	16624
河北	2568045	1700763	1368033	332730	131079
山西	1341568	800239	665857	134381	62142
内蒙古	1300377	779516	651275	128241	96189
辽宁	1163434	759234	555821	203413	57880
吉林	862759	599548	384862	214686	24714
黑龙江	1336653	847808	464122	383686	86182
上海	974394	689000	569492	119508	33702
江苏	1919489	1135828	857830	277998	37118
浙江	5109763	3479358	2785371	693987	159648
安徽	1682889	755447	513168	242279	125538
福建	331873	239053	186771	52282	2640
江西	969904	491541	307109	184432	122170
山东	3006324	1970529	1481561	488967	77478
河南	2589302	1172718	1009326	163392	162105
湖北	1031183	705873	429855	276018	68363
湖南	2551307	1454547	923915	530631	234143
广东	2702346	1875186	1410620	464566	109858
广西	58057	42628	27025	15604	616
海南	337518	152288	129470	22818	17824
重庆	1847036	1034588	643544	391044	335446
四川	3246197	1781458	1185107	596351	253765
贵州	1352151	602513	361315	241197	100933
云南	1347928	801197	598380	202817	144990
西藏					
陕西	1665579	983398	641173	342225	157200
甘肃	447303	319591	219571	100020	58326
青海	74032	31295	23591	7704	2100
宁夏	257815	109249	90724	18525	15906
新疆	460364	279054	158917	120137	42379
大连	280511	170396	140540	29856	14591
宁波	874984	616130	524134	91997	19515
厦门					
青岛	1243669	839122	584130	254993	21232
深圳	531093	353999	279268	74731	23360

支出明细(职业高中)

单位：千元

公用部分	商品和服务支出	其他资本性支出	专项公用支出	专项项目支出
17328416	**8082636**	**9245780**	**2852140**	**6393639**
339230	234274	104957	75626	29330
47042	29979	17063	12694	4369
867282	419161	448122	150426	297695
541329	306928	234401	91094	143307
520861	245112	275749	119366	156383
404201	253681	150520	86424	64096
263211	117233	145978	63633	82345
488845	265439	223406	68340	155065
285394	245179	40216	37796	2420
783660	194500	589161	163396	425764
1630405	817817	812588	292603	519985
927442	247580	679862	131140	548723
92819	52500	40319	21553	18766
478363	132741	345623	54719	290904
1035795	401171	634624	193860	440764
1416584	564958	851626	171301	680325
325310	109607	215703	63500	152203
1096761	555802	540958	145321	395638
827160	570377	256783	170203	86580
15429	10310	5119	3063	2056
185230	76276	108954	48734	60219
812448	485046	327401	115331	212070
1464739	583952	880787	212913	667873
749638	247145	502494	88858	413636
546731	297511	249220	100961	148259
682181	342971	339210	88409	250802
127712	75123	52589	29264	23325
42736	9955	32781	5281	27500
148566	75012	73554	27575	45978
181311	115298	66013	18755	47258
110115	58038	52077	44369	7709
258853	183958	74895	55036	19860
404546	157425	247121	74194	172927
177094	159655	17438	17438	

6-18 公共财政预算教育事业费

地区	合计	个人部分	工资福利支出	对个人和家庭的补助支出	#助学金
合计	44292174	26967303	19507783	7459520	2748693
北京	1237462	898232	705778	192454	12957
天津	530029	482987	164112	318875	16624
河北	2568045	1700763	1368033	332730	131079
山西	1341568	800239	665857	134381	62142
内蒙古	1300377	779516	651275	128241	96189
辽宁	1163434	759234	555821	203413	57880
吉林	862759	599548	384862	214686	24714
黑龙江	1331333	844900	461423	383478	86102
上海	974394	689000	569492	119508	33702
江苏	1919489	1135828	857830	277998	37118
浙江	5109763	3479358	2785371	693987	159648
安徽	1682889	755447	513168	242279	125538
福建	331873	239053	186771	52282	2640
江西	969904	491541	307109	184432	122170
山东	3006324	1970529	1481561	488967	77478
河南	2583715	1168263	1006111	162152	160865
湖北	1031183	705873	429855	276018	68363
湖南	2551307	1454547	923915	530631	234143
广东	2702346	1875186	1410620	464566	109858
广西	58057	42628	27025	15604	616
海南	337518	152288	129470	22818	17824
重庆	1847036	1034588	643544	391044	335446
四川	3246197	1781458	1185107	596351	253765
贵州	1352151	602513	361315	241197	100933
云南	1347928	801197	598380	202817	144990
西藏					
陕西	1665579	983398	641173	342225	157200
甘肃	447303	319591	219571	100020	58326
青海	74032	31295	23591	7704	2100
宁夏	257815	109249	90724	18525	15906
新疆	460364	279054	158917	120137	42379
大连	280511	170396	140540	29856	14591
宁波	874984	616130	524134	91997	19515
厦门					
青岛	1243669	839122	584130	254993	21232
深圳	531093	353999	279268	74731	23360

支出明细(地方职业高中)

单位：千元

公用部分	商品和服务支出	其他资本性支出		
			专项公用支出	专项项目支出
17324871	**8079127**	**9245744**	**2852104**	**6393639**
339230	234274	104957	75626	29330
47042	29979	17063	12694	4369
867282	419161	448122	150426	297695
541329	306928	234401	91094	143307
520861	245112	275749	119366	156383
404201	253681	150520	86424	64096
263211	117233	145978	63633	82345
486432	263053	223380	68314	155065
285394	245179	40216	37796	2420
783660	194500	589161	163396	425764
1630405	817817	812588	292603	519985
927442	247580	679862	131140	548723
92819	52500	40319	21553	18766
478363	132741	345623	54719	290904
1035795	401171	634624	193860	440764
1415452	563836	851616	171291	680325
325310	109607	215703	63500	152203
1096761	555802	540958	145321	395638
827160	570377	256783	170203	86580
15429	10310	5119	3063	2056
185230	76276	108954	48734	60219
812448	485046	327401	115331	212070
1464739	583952	880787	212913	667873
749638	247145	502494	88858	413636
546731	297511	249220	100961	148259
682181	342971	339210	88409	250802
127712	75123	52589	29264	23325
42736	9955	32781	5281	27500
148566	75012	73554	27575	45978
181311	115298	66013	18755	47258
110115	58038	52077	44369	7709
258853	183958	74895	55036	19860
404546	157425	247121	74194	172927
177094	159655	17438	17438	

6-19 公共财政预算教育事业费

地区	合计	个人部分	工资福利支出	对个人和家庭的补助支出	#助学金
合计	**21898697**	**12593690**	**9282881**	**3310809**	**1538899**
北京	179503	151302	116955	34347	1075
天津	8674	7747	4722	3025	
河北	1485949	989101	802068	187032	85458
山西	849714	501382	414766	86617	40992
内蒙古	867731	536242	441347	94895	67760
辽宁	296812	201764	161762	40002	9011
吉林	306953	206750	137635	69115	12412
黑龙江	461555	293919	178337	115581	14443
上海	71539	49555	46433	3122	2814
江苏	892543	508152	386530	121622	22897
浙江	2013083	1430786	1149429	281357	76599
安徽	1435279	608918	412468	196450	99660
福建	79986	59497	44444	15054	877
江西	737407	342648	219224	123424	77897
山东	1104937	694746	568697	126049	30431
河南	1558441	706520	603564	102956	102855
湖北	392107	240876	158490	82386	31726
湖南	1541805	885517	569444	316073	140500
广东	417823	260994	207970	53024	10587
广西	50914	37539	23440	14100	616
海南	151800	59092	47796	11296	8654
重庆	927634	511734	320908	190826	164729
四川	2072397	1087751	731470	356281	173257
贵州	1020236	453261	279850	173410	76217
云南	837522	540003	411625	128378	97689
西藏					
陕西	1202904	668738	470502	198236	93791
甘肃	380086	271721	186777	84944	51036
青海	55160	22153	14710	7443	2051
宁夏	183139	79456	63719	15738	13376
新疆	315066	185827	107800	78027	29487
大连	29674	21176	18929	2247	
宁波	311530	238017	208227	29790	6903
厦门					
青岛	121349	87628	71072	16556	1844
深圳					

支出明细(农村职业高中)

单位：千元

公用部分	商品和服务支出	其他资本性支出		
			专项公用支出	专项项目支出
9305007	**3860837**	**5444170**	**1411258**	**4032911**
28201	18377	9824	1824	8000
927	927			
496848	245698	251150	77598	173552
348332	190155	158177	60303	97874
331488	166701	164787	51405	113382
95048	65921	29127	19165	9962
100203	43396	56808	12751	44057
167636	89923	77713	26521	51192
21984	19453	2530	2298	232
384391	92976	291415	92915	198500
582296	277457	304839	106551	198288
826361	216553	609808	117046	492762
20489	13789	6700	1150	5550
394760	87982	306778	36264	270514
410191	148765	261426	104434	156993
851920	354916	497005	74702	422302
151231	32244	118987	44268	74719
656288	318359	337929	77185	260743
156829	91453	65376	33198	32178
13374	8415	4959	2903	2056
92708	21707	71001	29372	41628
415900	213543	202358	71280	131077
984646	362518	622128	106354	515774
566976	188954	378022	62093	315929
297518	131981	165537	73266	92271
534166	254505	279661	63608	216053
108365	62490	45875	23692	22182
33007	7676	25331	4831	20500
103683	58894	44789	22595	22194
129240	75109	54130	11684	42446
8498	7784	713	713	
73513	52217	21296	15675	5621
33721	10388	23333	23333	

6-20 公共财政预算教育事业费

地区	合计				
		个人部分			
			工资福利支出	对个人和家庭的补助支出	
					#助学金
合计	**21893377**	**12590782**	**9280182**	**3310600**	**1538819**
北京	179503	151302	116955	34347	1075
天津	8674	7747	4722	3025	
河北	1485949	989101	802068	187032	85458
山西	849714	501382	414766	86617	40992
内蒙古	867731	536242	441347	94895	67760
辽宁	296812	201764	161762	40002	9011
吉林	306953	206750	137635	69115	12412
黑龙江	456235	291011	175638	115373	14363
上海	71539	49555	46433	3122	2814
江苏	892543	508152	386530	121622	22897
浙江	2013083	1430786	1149429	281357	76599
安徽	1435279	608918	412468	196450	99660
福建	79986	59497	44444	15054	877
江西	737407	342648	219224	123424	77897
山东	1104937	694746	568697	126049	30431
河南	1558441	706520	603564	102956	102855
湖北	392107	240876	158490	82386	31726
湖南	1541805	885517	569444	316073	140500
广东	417823	260994	207970	53024	10587
广西	50914	37539	23440	14100	616
海南	151800	59092	47796	11296	8654
重庆	927634	511734	320908	190826	164729
四川	2072397	1087751	731470	356281	173257
贵州	1020236	453261	279850	173410	76217
云南	837522	540003	411625	128378	97689
西藏					
陕西	1202904	668738	470502	198236	93791
甘肃	380086	271721	186777	84944	51036
青海	55160	22153	14710	7443	2051
宁夏	183139	79456	63719	15738	13376
新疆	315066	185827	107800	78027	29487
大连	29674	21176	18929	2247	
宁波	311530	238017	208227	29790	6903
厦门					
青岛	121349	87628	71072	16556	1844
深圳					

支出明细(地方农村职业高中)

单位：千元

公用部分	商品和服务支出	其他资本性支出	专项公用支出	专项项目支出
9302594	3858451	5444144	1411232	4032911
28201	18377	9824	1824	8000
927	927			
496848	245698	251150	77598	173552
348332	190155	158177	60303	97874
331488	166701	164787	51405	113382
95048	65921	29127	19165	9962
100203	43396	56808	12751	44057
165224	87537	77687	26496	51192
21984	19453	2530	2298	232
384391	92976	291415	92915	198500
582296	277457	304839	106551	198288
826361	216553	609808	117046	492762
20489	13789	6700	1150	5550
394760	87982	306778	36264	270514
410191	148765	261426	104434	156993
851920	354916	497005	74702	422302
151231	32244	118987	44268	74719
656288	318359	337929	77185	260743
156829	91453	65376	33198	32178
13374	8415	4959	2903	2056
92708	21707	71001	29372	41628
415900	213543	202358	71280	131077
984646	362518	622128	106354	515774
566976	188954	378022	62093	315929
297518	131981	165537	73266	92271
534166	254505	279661	63608	216053
108365	62490	45875	23692	22182
33007	7676	25331	4831	20500
103683	58894	44789	22595	22194
129240	75109	54130	11684	42446
8498	7784	713	713	
73513	52217	21296	15675	5621
33721	10388	23333	23333	

6-21 公共财政预算教育事业费

地区	合计	个人部分	工资福利支出	对个人和家庭的补助支出	#助学金
合计	**13561176**	**7340759**	**5028299**	**2312460**	**868420**
北京	1257798	431577	326988	104589	4684
天津	368667	265088	130036	135053	32457
河北	391464	255956	196070	59886	18271
山西	286776	157285	136077	21208	11890
内蒙古	101252	55857	45510	10347	8512
辽宁	324013	164247	95137	69110	50778
吉林	119271	84661	32930	51731	44754
黑龙江	373526	236271	143574	92696	34697
上海	101447	62242	56313	5928	71
江苏	980342	569414	411581	157834	55347
浙江	509942	312248	252587	59661	16395
安徽	40506	31275	13597	17677	15215
福建	318194	241143	181461	59682	2887
江西	40999	29594	18884	10710	2227
山东	1914592	851400	640444	210956	57183
河南	630340	316870	278905	37965	21453
湖北	156438	125241	88828	36413	6415
湖南	172151	117064	76694	40370	12147
广东	3270312	1752436	1121062	631374	215808
广西	519062	285534	184715	100820	26278
海南	114208	72875	57718	15157	10890
重庆	270180	135304	71290	64014	27387
四川	292801	181633	124698	56935	15276
贵州	148162	34708		34708	34708
云南	369041	207812	148089	59724	48574
西藏					
陕西	318150	253352	129043	124309	86835
甘肃	1001	928	539	389	
青海					
宁夏					
新疆	170542	108745	65531	43214	7281
大连	169820	57476	12688	44788	44437
宁波	49095	22555	21612	943	625
厦门	72759	40367	33938	6429	1463
青岛	133674	65474	48184	17290	5180
深圳	268344	129818	101468	28351	25969

支出明细(技工学校)

单位：千元

公用部分	商品和服务支出	其他资本性支出		
			专项公用支出	专项项目支出
6220417	**3612579**	**2607838**	**1383020**	**1224818**
826221	371125	455096	391659	63437
103578	49748	53831	50774	3056
135509	88930	46579	19537	27041
129491	73208	56283	38401	17882
45395	26906	18489	7434	11055
159766	119314	40452	23980	16472
34609	18679	15930	5630	10300
137255	79145	58111	45975	12135
39205	29755	9450	9450	
410928	204418	206509	59411	147098
197694	139427	58268	31970	26297
9231	7441	1791	451	1340
77051	48125	28926	13023	15904
11405	10504	901	901	
1063192	569319	493873	203476	290397
313470	145194	168276	91442	76834
31197	26568	4628	4628	
55087	33950	21137	6911	14226
1517876	985886	531991	195861	336129
233528	76916	156612	55849	100763
41333	38441	2892	2892	
134876	89389	45487	24499	20988
111169	75000	36169	26624	9545
113454	113454			
161229	86798	74432	59408	15023
64798	58863	5935	3522	2414
73	73			
61797	46005	15792	9310	6482
112344	84809	27534	20972	6562
26540	20408	6133	6133	
32393	19711	12682	4169	8513
68201	48429	19772	6157	13615
138526	138209	316	316	

6-22 公共财政预算教育事业费

地 区	合 计				
		个人部分			
			工资福利支出	对个人和家庭的补助支出	
					#助学金
合 计	**13506060**	**7297088**	**5000442**	**2296646**	**860894**
北 京	1257798	431577	326988	104589	4684
天 津	365368	263159	128449	134710	32114
河 北	391464	255956	196070	59886	18271
山 西	286776	157285	136077	21208	11890
内蒙古	101252	55857	45510	10347	8512
辽 宁	324013	164247	95137	69110	50778
吉 林	119271	84661	32930	51731	44754
黑龙江	338425	210237	130017	80220	30197
上 海	101447	62242	56313	5928	71
江 苏	980205	569410	411581	157829	55343
浙 江	509942	312248	252587	59661	16395
安 徽	38857	29626	13597	16029	13566
福 建	318194	241143	181461	59682	2887
江 西	40999	29594	18884	10710	2227
山 东	1914592	851400	640444	210956	57183
河 南	630340	316870	278905	37965	21453
湖 北	156438	125241	88828	36413	6415
湖 南	172151	117064	76694	40370	12147
广 东	3270312	1752436	1121062	631374	215808
广 西	519062	285534	184715	100820	26278
海 南	114208	72875	57718	15157	10890
重 庆	265112	131058	67212	63845	27218
四 川	282939	171823	116062	55761	14414
贵 州	148162	34708		34708	34708
云 南	369041	207812	148089	59724	48574
西 藏					
陕 西	318150	253352	129043	124309	86835
甘 肃	1001	928	539	389	
青 海					
宁 夏					
新 疆	170542	108745	65531	43214	7281
大 连	169820	57476	12688	44788	44437
宁 波	49095	22555	21612	943	625
厦 门	72759	40367	33938	6429	1463
青 岛	133674	65474	48184	17290	5180
深 圳	268344	129818	101468	28351	25969

支出明细(地方技工学校)

单位：千元

公用部分	商品和服务支出	其他资本性支出		
			专项公用支出	专项项目支出
6208972	**3603747**	**2605225**	**1380798**	**1224428**
826221	371125	455096	391659	63437
102208	48378	53831	50774	3056
135509	88930	46579	19537	27041
129491	73208	56283	38401	17882
45395	26906	18489	7434	11055
159766	119314	40452	23980	16472
34609	18679	15930	5630	10300
128187	72690	55497	43753	11745
39205	29755	9450	9450	
410795	204286	206509	59411	147098
197694	139427	58268	31970	26297
9231	7441	1791	451	1340
77051	48125	28926	13023	15904
11405	10504	901	901	
1063192	569319	493873	203476	290397
313470	145194	168276	91442	76834
31197	26568	4628	4628	
55087	33950	21137	6911	14226
1517876	985886	531991	195861	336129
233528	76916	156612	55849	100763
41333	38441	2892	2892	
134054	88568	45487	24499	20988
111116	74948	36169	26624	9545
113454	113454			
161229	86798	74432	59408	15023
64798	58863	5935	3522	2414
73	73			
61797	46005	15792	9310	6482
112344	84809	27534	20972	6562
26540	20408	6133	6133	
32393	19711	12682	4169	8513
68201	48429	19772	6157	13615
138526	138209	316	316	

6-23　公共财政预算教育事业费

地　区	合　计				
		个人部分			
			工资福利支　出	对个人和家庭的补助支出	
					#助学金
合　计	**5693586**	**4189107**	**2991668**	**1197439**	**134328**
北　京	35626	25074	17184	7890	
天　津	48372	44603	19664	24939	100
河　北	517963	448598	357916	90682	2613
山　西	247216	216414	168930	47484	167
内蒙古	201261	173763	168411	5352	
辽　宁	18312	10232	6248	3983	1187
吉　林	555881	435201	252085	183117	95
黑龙江	552518	470675	272330	198345	3847
上　海	97677	37685	33735	3950	
江　苏	406593	305673	189804	115869	3931
浙　江	374760	279293	222405	56887	2336
安　徽	142681	77462	44171	33291	6782
福　建	12467	10808	8681	2127	36
江　西	240907	168162	123136	45026	3031
山　东	372838	271501	209283	62218	5751
河　南	474606	251434	237238	14196	9551
湖　北	36611	27097	16315	10781	1048
湖　南	340462	242718	149252	93466	26462
广　东	201239	152406	83975	68432	41920
广　西	15264	9737	4778	4959	
海　南	17647	14005	13346	659	
重　庆	280265	120465	110166	10298	427
四　川	83929	61898	27750	34148	20820
贵　州	18189	16122	5829	10293	547
云　南	170230	145830	131483	14346	1364
西　藏					
陕　西	97085	71260	49437	21823	1407
甘　肃	44808	33607	23416	10191	9
青　海					
宁　夏	5235	3936	3929	7	
新　疆	82944	63448	40770	22679	897
大　连	8163	1743	1587	156	
宁　波	209719	167943	142512	25431	32
厦　门					
青　岛	10275	8213	7199	1013	61
深　圳	26198	11398	9745	1653	561

支出明细(成人中等专业学校)

单位：千元

公用部分	商品和服务支出	其他资本性支出		
			专项公用支出	专项项目支出
1504479	**1038747**	**465732**	**152180**	**313551**
10551	8752	1799	629	1170
3769	3318	451	451	
69365	57561	11803	5664	6140
30802	27702	3100	3042	58
27498	23353	4145	2531	1614
8080	7889	191	71	120
120680	85904	34776	17024	17752
81842	71558	10285	4587	5698
59992	59763	230	230	
100920	59713	41207	17055	24152
95468	81225	14242	7373	6870
65219	25918	39300	1472	37829
1659	646	1013	1013	
72745	44366	28379	8286	20093
101337	25230	76107	16080	60027
223172	117955	105217	23644	81573
9514	7702	1812	1135	677
97744	66663	31081	10139	20942
48833	41582	7250	4896	2355
5527	4498	1029	1029	
3642	3409	233	233	
159801	130430	29370	20960	8410
22031	15006	7025	782	6243
2067	1988	80	80	
24400	21563	2838	2224	614
25825	19017	6808	627	6182
11201	7583	3618	78	3540
1300	1178	121	34	88
19496	17274	2222	815	1406
6420	6350	70	70	
41776	38817	2959	2959	
2063	658	1404	359	1045
14800	14435	365	365	

6-24 公共财政预算教育事业费

地区	合计	个人部分	工资福利支出	对个人和家庭的补助支出	#助学金
合计	**5670394**	**4170159**	**2977419**	**1192741**	**134228**
北京	35626	25074	17184	7890	
天津	48273	44503	19664	24840	
河北	517963	448598	357916	90682	2613
山西	247216	216414	168930	47484	167
内蒙古	201261	173763	168411	5352	
辽宁	18312	10232	6248	3983	1187
吉林	555881	435201	252085	183117	95
黑龙江	533215	454777	259654	195123	3847
上海	97677	37685	33735	3950	
江苏	406593	305673	189804	115869	3931
浙江	374760	279293	222405	56887	2336
安徽	142681	77462	44171	33291	6782
福建	12467	10808	8681	2127	36
江西	240907	168162	123136	45026	3031
山东	372838	271501	209283	62218	5751
河南	474606	251434	237238	14196	9551
湖北	36611	27097	16315	10781	1048
湖南	340462	242718	149252	93466	26462
广东	201239	152406	83975	68432	41920
广西	15264	9737	4778	4959	
海南	17647	14005	13346	659	
重庆	280265	120465	110166	10298	427
四川	83929	61898	27750	34148	20820
贵州	18189	16122	5829	10293	547
云南	170230	145830	131483	14346	1364
西藏					
陕西	97085	71260	49437	21823	1407
甘肃	44808	33607	23416	10191	9
青海					
宁夏	5235	3936	3929	7	
新疆	79155	60499	39196	21303	897
大连	8163	1743	1587	156	
宁波	209719	167943	142512	25431	32
厦门					
青岛	10275	8213	7199	1013	61
深圳	26198	11398	9745	1653	561

支出明细(地方成人中等专业学校)

单位：千元

公用部分	商品和服务支出	其他资本性支出		
			专项公用支出	专项项目支出
1500235	**1034675**	**465560**	**152009**	**313551**
10551	8752	1799	629	1170
3769	3318	451	451	
69365	57561	11803	5664	6140
30802	27702	3100	3042	58
27498	23353	4145	2531	1614
8080	7889	191	71	120
120680	85904	34776	17024	17752
78438	68289	10149	4450	5698
59992	59763	230	230	
100920	59713	41207	17055	24152
95468	81225	14242	7373	6870
65219	25918	39300	1472	37829
1659	646	1013	1013	
72745	44366	28379	8286	20093
101337	25230	76107	16080	60027
223172	117955	105217	23644	81573
9514	7702	1812	1135	677
97744	66663	31081	10139	20942
48833	41582	7250	4896	2355
5527	4498	1029	1029	
3642	3409	233	233	
159801	130430	29370	20960	8410
22031	15006	7025	782	6243
2067	1988	80	80	
24400	21563	2838	2224	614
25825	19017	6808	627	6182
11201	7583	3618	78	3540
1300	1178	121	34	88
18656	16470	2187	780	1406
6420	6350	70	70	
41776	38817	2959	2959	
2063	658	1404	359	1045
14800	14435	365	365	

6-25 公共财政预算教育事业费

地区	合计	个人部分	工资福利支出	对个人和家庭的补助支出	#助学金
合计	**614137413**	**428387781**	**320162270**	**108225510**	**30297853**
北京	16935670	10213977	7898684	2315293	94871
天津	11302792	8169050	4463865	3705185	60643
河北	22703147	16418455	13120851	3297604	1010158
山西	14561340	10551389	8823741	1727648	630946
内蒙古	12927108	9047585	7926333	1121252	786503
辽宁	16313336	11369276	8779258	2590018	281903
吉林	10677704	7770948	5369471	2401477	242242
黑龙江	15926950	11288572	7741464	3547108	265499
上海	14121228	9205791	8128374	1077416	353119
江苏	40947500	31317206	22618895	8698311	658960
浙江	28102734	22489456	17704269	4785187	764395
安徽	21630253	14043963	10758512	3285451	955708
福建	16830823	12899513	10116390	2783123	310980
江西	21769342	11815423	8586294	3229129	1076675
山东	47751070	32907582	26417673	6489909	1033935
河南	34360185	18579395	16053515	2525880	2393203
湖北	21679257	17065998	11859578	5206420	783386
湖南	26060229	17706743	11996302	5710441	1423671
广东	49553526	36600203	28953220	7646983	1089684
广西	18684338	12916597	8226825	4689772	1882620
海南	5190131	3081258	2671637	409621	272508
重庆	13646255	8869416	7336909	1532507	1162524
四川	32552955	24484390	16755329	7729061	2995408
贵州	19186952	14232722	8611520	5621202	2177839
云南	18758264	13328398	9414737	3913660	2885303
西藏	3158746	2128975	1151625	977350	568658
陕西	20639749	13026732	9305026	3721705	1480876
甘肃	12513180	9088034	6551329	2536705	1041964
青海	3756360	2413251	1879463	533788	360228
宁夏	4007691	2452960	2059677	393283	341180
新疆	17888596	12904521	8881502	4023019	912267
大连	2866540	2022340	1810345	211995	17832
宁波	4389229	3474369	2830524	643845	96789
厦门	1758617	1439390	1056910	382480	17567
青岛	6196686	4229262	3058833	1170429	80367
深圳	5230884	4055579	3255240	800339	13466

支出明细(中学)

单位：千元

公用部分	商品和服务支出	其他资本性支出	专项公用支出	专项项目支出
185749632	**82791977**	**102957656**	**22162052**	**80795604**
6721692	4094891	2626801	1525729	1101072
3133742	957740	2176002	367775	1808227
6284692	2765262	3519429	879779	2639650
4009951	2439495	1570455	435106	1135349
3879523	2179986	1699537	428138	1271399
4944060	2763204	2180857	460258	1720599
2906757	1449708	1457049	430708	1026341
4638377	2293356	2345021	429754	1915267
4915437	3578527	1336910	894908	442002
9630294	3216064	6414230	783021	5631210
5613279	2677901	2935377	591813	2343564
7586290	2531113	5055177	1025835	4029342
3931310	1713779	2217530	557241	1660289
9953920	2512926	7440993	850993	6590001
14843488	3910401	10933088	1259791	9673297
15780790	7045426	8735365	1733930	7001435
4613258	2461485	2151773	482855	1668918
8353486	2915506	5437980	1095421	4342559
12953323	8204526	4748797	1841513	2907284
5767742	2193712	3574030	732661	2841369
2108873	865281	1243592	302613	940979
4776839	2469431	2307408	580023	1727385
8068565	4202809	3865756	800294	3065462
4954230	2442127	2512103	646931	1865172
5429866	2733270	2696596	648083	2048513
1029771	384399	645372	143106	502265
7613018	3049064	4563954	701858	3862096
3425146	1428501	1996645	354026	1642619
1343109	451516	891593	166556	725037
1554731	526524	1028208	278070	750138
4984075	2334047	2650028	733264	1916764
844199	555818	288382	76649	211733
914860	326526	588335	64387	523947
319226	267758	51468	32821	18647
1967423	547338	1420085	264699	1155386
1175304	1097804	77501	77025	476

6-26 公共财政预算教育事业费

地区	合计	个人部分	工资福利支出	对个人和家庭的补助支出	#助学金
合计	**611429481**	**426481778**	**318776137**	**107705641**	**30215865**
北京	16422957	9914302	7712144	2202158	94694
天津	11302792	8169050	4463865	3705185	60643
河北	22703147	16418455	13120851	3297604	1010158
山西	14561340	10551389	8823741	1727648	630946
内蒙古	12927108	9047585	7926333	1121252	786503
辽宁	16313336	11369276	8779258	2590018	281903
吉林	10579454	7714703	5324694	2390009	242242
黑龙江	15787016	11189361	7662509	3526852	263462
上海	14030351	9151959	8083656	1068303	353119
江苏	40947500	31317206	22618895	8698311	658960
浙江	28102734	22489456	17704269	4785187	764395
安徽	21630253	14043963	10758512	3285451	955708
福建	16830823	12899513	10116390	2783123	310980
江西	21769342	11815423	8586294	3229129	1076675
山东	47751070	32907582	26417673	6489909	1033935
河南	34356340	18577280	16051401	2525880	2393203
湖北	21634062	17036339	11838713	5197627	783335
湖南	26056300	17702886	11992445	5710441	1423671
广东	49527263	36581884	28936809	7645075	1089386
广西	18684338	12916597	8226825	4689772	1882620
海南	5189059	3081258	2671637	409621	272508
重庆	13570312	8819342	7294162	1525180	1161216
四川	32552955	24484390	16755329	7729061	2995408
贵州	19186952	14232722	8611520	5621202	2177839
云南	18758264	13328398	9414737	3913660	2885303
西藏	3158746	2128975	1151625	977350	568658
陕西	20529177	12964447	9252382	3712065	1480647
甘肃	12508232	9084035	6547441	2536595	1041878
青海	3756360	2413251	1879463	533788	360228
宁夏	4007691	2452960	2059677	393283	341180
新疆	16294205	11677788	7992886	3684902	834464
大连	2866540	2022340	1810345	211995	17832
宁波	4389229	3474369	2830524	643845	96789
厦门	1758617	1439390	1056910	382480	17567
青岛	6196686	4229262	3058833	1170429	80367
深圳	5230884	4055579	3255240	800339	13466

支出明细(地方中学)

单位：千元

公用部分	商品和服务支出	其他资本性支出		
			专项公用支出	专项项目支出
184947703	**82284240**	**102663463**	**22054473**	**80608990**
6508655	3925347	2583308	1491701	1091607
3133742	957740	2176002	367775	1808227
6284692	2765262	3519429	879779	2639650
4009951	2439495	1570455	435106	1135349
3879523	2179986	1699537	428138	1271399
4944060	2763204	2180857	460258	1720599
2864751	1412303	1452448	426107	1026341
4597655	2258925	2338730	426410	1912320
4878392	3555482	1322910	894408	428502
9630294	3216064	6414230	783021	5631210
5613279	2677901	2935377	591813	2343564
7586290	2531113	5055177	1025835	4029342
3931310	1713779	2217530	557241	1660289
9953920	2512926	7440993	850993	6590001
14843488	3910401	10933088	1259791	9673297
15779059	7044239	8734820	1733385	7001435
4597723	2446058	2151665	482747	1668918
8353414	2915434	5437980	1095421	4342559
12945379	8199724	4745655	1840918	2904737
5767742	2193712	3574030	732661	2841369
2107801	864210	1243591	302612	940979
4750970	2452700	2298270	576885	1721385
8068565	4202809	3865756	800294	3065462
4954230	2442127	2512103	646931	1865172
5429866	2733270	2696596	648083	2048513
1029771	384399	645372	143106	502265
7564729	3003601	4561128	699032	3862096
3424197	1428286	1995911	353727	1642184
1343109	451516	891593	166556	725037
1554731	526524	1028208	278070	750138
4616417	2175703	2440714	675670	1765044
844199	555818	288382	76649	211733
914860	326526	588335	64387	523947
319226	267758	51468	32821	18647
1967423	547338	1420085	264699	1155386
1175304	1097804	77501	77025	476

6-27 公共财政预算教育事业费

地 区	合 计	个人部分	工资福利支出	对个人和家庭的补助支出	#助学金
合 计	**613804878**	**428144901**	**319979783**	**108165118**	**30297454**
北 京	16929127	10213977	7898684	2315293	94871
天 津	11279303	8145637	4447723	3697914	60643
河 北	22703147	16418455	13120851	3297604	1010158
山 西	14561340	10551389	8823741	1727648	630946
内蒙古	12927108	9047585	7926333	1121252	786503
辽 宁	16313336	11369276	8779258	2590018	281903
吉 林	10674282	7767951	5368479	2399472	242242
黑龙江	15926950	11288572	7741464	3547108	265499
上 海	14099989	9189190	8112324	1076866	352736
江 苏	40849988	31241759	22575405	8666354	658960
浙 江	27974751	22405761	17635412	4770350	764378
安 徽	21630253	14043963	10758512	3285451	955708
福 建	16830581	12899372	10116249	2783123	310980
江 西	21769342	11815423	8586294	3229129	1076675
山 东	47729357	32887036	26398101	6488935	1033935
河 南	34357005	18579395	16053515	2525880	2393203
湖 北	21672298	17062760	11856339	5206420	783386
湖 南	26059345	17705980	11995577	5710403	1423671
广 东	49534985	36584682	28940413	7644269	1089684
广 西	18684035	12916597	8226825	4689772	1882620
海 南	5190131	3081258	2671637	409621	272508
重 庆	13646255	8869416	7336909	1532507	1162524
四 川	32552429	24483873	16754857	7729016	2995408
贵 州	19186952	14232722	8611520	5621202	2177839
云 南	18758264	13328398	9414737	3913660	2885303
西 藏	3158746	2128975	1151625	977350	568658
陕 西	20639749	13026732	9305026	3721705	1480876
甘 肃	12513180	9088034	6551329	2536705	1041964
青 海	3756360	2413251	1879463	533788	360228
宁 夏	4007691	2452960	2059677	393283	341180
新 疆	17888596	12904521	8881502	4023019	912267
大 连	2866540	2022340	1810345	211995	17832
宁 波	4387771	3473327	2829633	643694	96789
厦 门	1758617	1439390	1056910	382480	17567
青 岛	6196686	4229262	3058833	1170429	80367
深 圳	5230884	4055579	3255240	800339	13466

支出明细(普通中学)

单位：千元

公用部分	商品和服务支出	其他资本性支出		
			专项公用支出	专项项目支出
185659977	**82722675**	**102937302**	**22149281**	**80788021**
6715151	4088510	2626640	1525568	1101072
3133666	957664	2176002	367775	1808227
6284692	2765262	3519429	879779	2639650
4009951	2439495	1570455	435106	1135349
3879523	2179986	1699537	428138	1271399
4944060	2763204	2180857	460258	1720599
2906332	1449357	1456975	430634	1026341
4638377	2293356	2345021	429754	1915267
4910799	3573998	1336801	894800	442002
9608229	3196824	6411405	781721	5629684
5568989	2645693	2923296	584545	2338751
7586290	2531113	5055177	1025835	4029342
3931209	1713679	2217530	557241	1660289
9953920	2512926	7440993	850993	6590001
14842321	3909427	10932894	1259597	9673297
15777610	7045426	8732185	1730750	7001435
4609538	2458705	2150833	482855	1667978
8353365	2915485	5437880	1095321	4342559
12950303	8201893	4748410	1841126	2907284
5767439	2193712	3573727	732661	2841066
2108873	865281	1243592	302613	940979
4776839	2469431	2307408	580023	1727385
8068556	4202800	3865756	800294	3065462
4954230	2442127	2512103	646931	1865172
5429866	2733270	2696596	648083	2048513
1029771	384399	645372	143106	502265
7613018	3049064	4563954	701858	3862096
3425146	1428501	1996645	354026	1642619
1343109	451516	891593	166556	725037
1554731	526524	1028208	278070	750138
4984075	2334047	2650028	733264	1916764
844199	555818	288382	76649	211733
914444	326409	588035	64087	523947
319226	267758	51468	32821	18647
1967423	547338	1420085	264699	1155386
1175304	1097804	77501	77025	476

6-28 公共财政预算教育事业费

地区	合计	个人部分	工资福利支出	对个人和家庭的补助支出	#助学金
合计	**611096946**	**426238898**	**318593650**	**107645249**	**30215466**
北京	16416414	9914301	7712143	2202158	94694
天津	11279303	8145637	4447723	3697914	60643
河北	22703147	16418455	13120851	3297604	1010158
山西	14561340	10551389	8823741	1727648	630946
内蒙古	12927108	9047585	7926333	1121252	786503
辽宁	16313336	11369276	8779258	2590018	281903
吉林	10576032	7711706	5323702	2388004	242242
黑龙江	15787016	11189361	7662509	3526852	263462
上海	14009112	9135358	8067606	1067753	352736
江苏	40849988	31241759	22575405	8666354	658960
浙江	27974751	22405761	17635412	4770350	764378
安徽	21630253	14043963	10758512	3285451	955708
福建	16830581	12899372	10116249	2783123	310980
江西	21769342	11815423	8586294	3229129	1076675
山东	47729357	32887036	26398101	6488935	1033935
河南	34353160	18577280	16051401	2525880	2393203
湖北	21627104	17033101	11835474	5197627	783335
湖南	26055417	17702124	11991721	5710403	1423671
广东	49508722	36566363	28924002	7642361	1089386
广西	18684035	12916597	8226825	4689772	1882620
海南	5189059	3081258	2671637	409621	272508
重庆	13570312	8819342	7294162	1525180	1161216
四川	32552429	24483873	16754857	7729016	2995408
贵州	19186952	14232722	8611520	5621202	2177839
云南	18758264	13328398	9414737	3913660	2885303
西藏	3158746	2128975	1151625	977350	568658
陕西	20529177	12964447	9252382	3712065	1480647
甘肃	12508232	9084035	6547441	2536595	1041878
青海	3756360	2413251	1879463	533788	360228
宁夏	4007691	2452960	2059677	393283	341180
新疆	16294205	11677788	7992886	3684902	834464
大连	2866540	2022340	1810345	211995	17832
宁波	4387771	3473327	2829633	643694	96789
厦门	1758617	1439390	1056910	382480	17567
青岛	6196686	4229262	3058833	1170429	80367
深圳	5230884	4055579	3255240	800339	13466

支出明细(地方普通中学)

单位：千元

公用部分	商品和服务支出	其他资本性支出		
			专项公用支出	专项项目支出
184858048	**82214938**	**102643109**	**22041702**	**80601408**
6502113	3918966	2583148	1491540	1091607
3133666	957664	2176002	367775	1808227
6284692	2765262	3519429	879779	2639650
4009951	2439495	1570455	435106	1135349
3879523	2179986	1699537	428138	1271399
4944060	2763204	2180857	460258	1720599
2864326	1411952	1452374	426033	1026341
4597655	2258925	2338730	426410	1912320
4873754	3550953	1322801	894300	428502
9608229	3196824	6411405	781721	5629684
5568989	2645693	2923296	584545	2338751
7586290	2531113	5055177	1025835	4029342
3931209	1713679	2217530	557241	1660289
9953920	2512926	7440993	850993	6590001
14842321	3909427	10932894	1259597	9673297
15775879	7044239	8731640	1730205	7001435
4594003	2443278	2150725	482747	1667978
8353293	2915413	5437880	1095321	4342559
12942359	8197091	4745268	1840532	2904737
5767439	2193712	3573727	732661	2841066
2107801	864210	1243591	302612	940979
4750970	2452700	2298270	576885	1721385
8068556	4202800	3865756	800294	3065462
4954230	2442127	2512103	646931	1865172
5429866	2733270	2696596	648083	2048513
1029771	384399	645372	143106	502265
7564729	3003601	4561128	699032	3862096
3424197	1428286	1995911	353727	1642184
1343109	451516	891593	166556	725037
1554731	526524	1028208	278070	750138
4616417	2175703	2440714	675670	1765044
844199	555818	288382	76649	211733
914444	326409	588035	64087	523947
319226	267758	51468	32821	18647
1967423	547338	1420085	264699	1155386
1175304	1097804	77501	77025	476

6-29 公共财政预算教育事业费

地区	合计	个人部分	工资福利支出	对个人和家庭的补助支出	#助学金
合计	**200113896**	**140042503**	**107734033**	**32308470**	**7750468**
北京	6662771	3928361	3112547	815813	13040
天津	4785984	3129977	1708416	1421562	32520
河北	7834849	5611159	4510638	1100522	339770
山西	5231378	3863304	3268230	595074	245757
内蒙古	5088586	3367088	2865097	501991	394440
辽宁	5139590	3601880	2852240	749640	121897
吉林	3300809	2377235	1661957	715278	116307
黑龙江	5048914	3553272	2492819	1060453	154646
上海	4625140	3202557	2903293	299264	56578
江苏	14023617	10545280	7953418	2591863	164770
浙江	9216194	7373255	5945940	1427315	169590
安徽	7066924	4760219	3654505	1105714	311329
福建	5591415	4514309	3502215	1012094	73427
江西	7188224	3636417	2641755	994662	261644
山东	14524797	10345312	8466840	1878472	275215
河南	10132921	5520343	4896623	623720	564618
湖北	6739878	5176205	3792452	1383753	238324
湖南	6578648	4911942	3639288	1272654	263946
广东	18406279	13758840	10923672	2835168	252639
广西	5163590	3728325	2512274	1216051	356745
海南	1909006	1021185	876377	144807	86911
重庆	4957114	3060187	2562645	497542	344442
四川	9876115	7616613	5405636	2210977	854657
贵州	5634795	4075910	2614405	1461504	324494
云南	4863701	3404386	2758102	646284	381652
西藏	1070933	662221	355140	307081	145578
陕西	7444371	4538437	3384583	1153854	424798
甘肃	4245606	3175800	2354953	820846	297055
青海	1251263	802803	671333	131470	82027
宁夏	1375717	954581	796151	158430	132909
新疆	5134766	3825100	2650487	1174613	268743
大连	1020190	649913	571632	78281	15007
宁波	1586560	1237935	1011125	226810	31905
厦门	637084	509988	376415	133573	6317
青岛	2014835	1363302	995524	367778	29462
深圳	2018215	1546488	1256116	290372	10134

支出明细(普通高中)

单位：千元

公用部分	商品和服务支出	其他资本性支出		
			专项公用支出	专项项目支出
60071393	**24421705**	**35649688**	**7258614**	**28391075**
2734410	1661206	1073204	666365	406839
1656007	364471	1291536	173134	1118402
2223689	747469	1476220	260568	1215652
1368074	726510	641565	121962	519603
1721498	1023972	697527	210127	487400
1537710	842606	695104	137317	557787
923574	357091	566483	137725	428758
1495642	708810	786832	188165	598667
1422583	1016313	406270	257505	148765
3478337	1002545	2475792	278968	2196824
1842939	935796	907143	179050	728093
2306706	551394	1755311	283352	1471959
1077106	473263	603844	172933	430910
3551807	731139	2820668	332484	2488184
4179485	688418	3491067	208807	3282260
4612577	1880314	2732263	551783	2180480
1563673	793848	769825	182080	587745
1666706	532330	1134377	374501	759875
4647439	2660248	1987191	649064	1338127
1435264	477773	957492	246651	710841
887821	458908	428914	100255	328658
1896927	879164	1017763	198848	818915
2259503	1073934	1185569	273131	912438
1558885	571487	987398	160460	826937
1459316	729513	729803	148580	581223
408712	126771	281941	46551	235390
2905934	1157889	1748045	246048	1501997
1069806	408937	660869	100213	560655
448460	143931	304528	49456	255073
421135	128200	292935	76869	216066
1309666	567454	742211	245660	496551
370277	163966	206311	52165	154146
348625	120960	227665	28264	199401
127096	113665	13430	7141	6289
651532	139918	511614	37227	474387
471727	438954	32774	32643	131

6-30 公共财政预算教育事业费

地区	合计	个人部分	工资福利支出	对个人和家庭的补助支出	#助学金
合计	**198924071**	**139240542**	**107163824**	**32076718**	**7717838**
北京	6320983	3725549	2984463	741086	12890
天津	4785984	3129977	1708416	1421562	32520
河北	7834849	5611159	4510638	1100522	339770
山西	5231378	3863304	3268230	595074	245757
内蒙古	5088586	3367088	2865097	501991	394440
辽宁	5139590	3601880	2852240	749640	121897
吉林	3254159	2352114	1641958	710156	116307
黑龙江	4981638	3504267	2457766	1046501	152926
上海	4560524	3166961	2871777	295184	56578
江苏	14023617	10545280	7953418	2591863	164770
浙江	9216194	7373255	5945940	1427315	169590
安徽	7066924	4760219	3654505	1105714	311329
福建	5591415	4514309	3502215	1012094	73427
江西	7188224	3636417	2641755	994662	261644
山东	14524797	10345312	8466840	1878472	275215
河南	10132921	5520343	4896623	623720	564618
湖北	6718159	5161709	3782255	1379455	238300
湖南	6576967	4910292	3637638	1272654	263946
广东	18405838	13758561	10923439	2835123	252610
广西	5163590	3728325	2512274	1216051	356745
海南	1908431	1021185	876377	144807	86911
重庆	4910302	3029321	2536295	493025	343635
四川	9876115	7616613	5405636	2210977	854657
贵州	5634795	4075910	2614405	1461504	324494
云南	4863701	3404386	2758102	646284	381652
西藏	1070933	662221	355140	307081	145578
陕西	7384685	4508793	3358799	1149994	424654
甘肃	4243396	3174020	2353225	820795	297017
青海	1251263	802803	671333	131470	82027
宁夏	1375717	954581	796151	158430	132909
新疆	4598396	3414388	2360876	1053512	239024
大连	1020190	649913	571632	78281	15007
宁波	1586560	1237935	1011125	226810	31905
厦门	637084	509988	376415	133573	6317
青岛	2014835	1363302	995524	367778	29462
深圳	2018215	1546488	1256116	290372	10134

支出明细(地方普通高中)

单位：千元

公用部分	商品和服务支出	其他资本性支出	专项公用支出	专项项目支出
59683530	**24177536**	**35505994**	**7195260**	**28310734**
2595434	1553006	1042429	640957	401471
1656007	364471	1291536	173134	1118402
2223689	747469	1476220	260568	1215652
1368074	726510	641565	121962	519603
1721498	1023972	697527	210127	487400
1537710	842606	695104	137317	557787
902046	338957	563089	134331	428758
1477371	691079	786292	187625	598667
1393564	998175	395389	257200	138189
3478337	1002545	2475792	278968	2196824
1842939	935796	907143	179050	728093
2306706	551394	1755311	283352	1471959
1077106	473263	603844	172933	430910
3551807	731139	2820668	332484	2488184
4179485	688418	3491067	208807	3282260
4612577	1880314	2732263	551783	2180480
1556449	786677	769773	182028	587745
1666675	532299	1134377	374501	759875
4647276	2660090	1987186	649059	1338127
1435264	477773	957492	246651	710841
887246	458332	428914	100255	328658
1880981	868851	1012131	196914	815216
2259503	1073934	1185569	273131	912438
1558885	571487	987398	160460	826937
1459316	729513	729803	148580	581223
408712	126771	281941	46551	235390
2875892	1129102	1746790	244793	1501997
1069376	408856	660520	100080	560440
448460	143931	304528	49456	255073
421135	128200	292935	76869	216066
1184009	532605	651403	215335	436068
370277	163966	206311	52165	154146
348625	120960	227665	28264	199401
127096	113665	13430	7141	6289
651532	139918	511614	37227	474387
471727	438954	32774	32643	131

6-31 公共财政预算教育事业费

地区	合计	个人部分	工资福利支出	对个人和家庭的补助支出	#助学金
合计	**91232598**	**63568285**	**49621079**	**13947206**	**4712003**
北京	693117	458286	374840	83446	1845
天津	1607197	667060	467126	199934	9506
河北	4316425	3013428	2448672	564756	211647
山西	2809450	2076495	1704950	371545	146364
内蒙古	2360205	1598321	1370548	227773	174200
辽宁	1326232	947837	786197	161640	37628
吉林	913053	699879	516884	182995	35661
黑龙江	1998390	1265889	945268	320621	46305
上海	530189	413139	391533	21605	8073
江苏	5292667	3918560	3063109	855451	93401
浙江	4079891	3345764	2690703	655061	81799
安徽	4652573	3025378	2302437	722941	204650
福建	2962858	2465406	1952148	513258	46141
江西	3957042	2207086	1657984	549102	190853
山东	5649119	4067545	3503037	564508	129788
河南	5740924	3164664	2754206	410458	371941
湖北	2500900	1901008	1451327	449681	132643
湖南	3481484	2733928	2078647	655281	185631
广东	5476738	3848667	3210310	638357	112109
广西	2894676	2129618	1436893	692725	230015
海南	855678	469085	379256	89829	65846
重庆	2658861	1513453	1212704	300748	212324
四川	5854713	4538324	3238331	1299993	556620
贵州	3650889	2599335	1760925	838410	241225
云南	3063954	2308257	1860175	448082	282364
西藏	671178	440531	249277	191253	105956
陕西	4689914	2906188	2189241	716947	322445
甘肃	2768996	2127965	1596337	531628	204867
青海	800001	527825	438469	89356	56993
宁夏	431517	341446	292941	48505	37333
新疆	2543767	1847921	1296606	551314	175832
大连	95417	76472	68669	7804	100
宁波	682383	505286	404605	100681	6813
厦门	57603	52316	38490	13826	747
青岛	258531	157558	125689	31870	1117
深圳					

支出明细(农村高中)

单位：千元

公用部分	商品和服务支出	其他资本性支出		
			专项公用支出	专项项目支出
27664312	**9964260**	**17700052**	**3107191**	**14592861**
234831	135356	99475	24001	75474
940138	76374	863764	56581	807183
1302997	363273	939724	162627	777097
732955	364953	368002	63906	304096
761884	470769	291115	79584	211531
378395	185274	193121	20346	172775
213174	77586	135588	22371	113217
732501	328369	404132	103458	300674
117051	91011	26040	14116	11923
1374107	367779	1006328	112367	893961
734127	334120	400007	73558	326449
1627195	336981	1290214	215410	1074804
497452	191745	305707	65753	239954
1749956	480968	1268988	192459	1076530
1581574	221079	1360495	79174	1281321
2576260	1021790	1554469	313756	1240714
599893	266998	332895	58001	274894
747556	274569	472987	145484	327503
1628071	774432	853639	274176	579463
765058	261645	503412	151817	351595
386594	207236	179357	49684	129673
1145409	404162	741246	103281	637966
1316388	576601	739787	109054	630733
1051554	336814	714740	110430	604311
755697	367521	388176	86300	301877
230647	82578	148069	22049	126020
1783726	759728	1023998	149867	874130
641031	214416	426615	68351	358263
272176	88457	183719	13234	170485
90072	44584	45488	26583	18905
695846	257092	438754	139415	299340
18945	14528	4417	2929	1488
177097	61510	115587	15060	100527
5286	5012	274	274	
100973	25462	75511	3565	71946

6-32 公共财政预算教育事业费

地区	合计	个人部分	工资福利支出	对个人和家庭的补助支出	#助学金
合计	**90959437**	**63336726**	**49452350**	**13884376**	**4695769**
北京	693117	458286	374840	83446	1845
天津	1607197	667060	467126	199934	9506
河北	4316425	3013428	2448672	564756	211647
山西	2809450	2076495	1704950	371545	146364
内蒙古	2360205	1598321	1370548	227773	174200
辽宁	1326232	947837	786197	161640	37628
吉林	913053	699879	516884	182995	35661
黑龙江	1990278	1260428	940083	320344	46305
上海	530189	413139	391533	21605	8073
江苏	5292667	3918560	3063109	855451	93401
浙江	4079891	3345764	2690703	655061	81799
安徽	4652573	3025378	2302437	722941	204650
福建	2962858	2465406	1952148	513258	46141
江西	3957042	2207086	1657984	549102	190853
山东	5649119	4067545	3503037	564508	129788
河南	5740924	3164664	2754206	410458	371941
湖北	2500900	1901008	1451327	449681	132643
湖南	3481484	2733928	2078647	655281	185631
广东	5476296	3848388	3210076	638311	112080
广西	2894676	2129618	1436893	692725	230015
海南	855103	469085	379256	89829	65846
重庆	2658861	1513453	1212704	300748	212324
四川	5854713	4538324	3238331	1299993	556620
贵州	3650889	2599335	1760925	838410	241225
云南	3063954	2308257	1860175	448082	282364
西藏	671178	440531	249277	191253	105956
陕西	4689914	2906188	2189241	716947	322445
甘肃	2766786	2126185	1594609	531576	204829
青海	800001	527825	438469	89356	56993
宁夏	431517	341446	292941	48505	37333
新疆	2281945	1623881	1135024	488858	159665
大连	95417	76472	68669	7804	100
宁波	682383	505286	404605	100681	6813
厦门	57603	52316	38490	13826	747
青岛	258531	157558	125689	31870	1117
深圳					

支出明细(地方农村高中)

单位：千元

公用部分	商品和服务支出	其他资本性支出	专项公用支出	专项项目支出
27622711	**9942655**	**17680057**	**3104248**	**14575809**
234831	135356	99475	24001	75474
940138	76374	863764	56581	807183
1302997	363273	939724	162627	777097
732955	364953	368002	63906	304096
761884	470769	291115	79584	211531
378395	185274	193121	20346	172775
213174	77586	135588	22371	113217
729851	325776	404074	103400	300674
117051	91011	26040	14116	11923
1374107	367779	1006328	112367	893961
734127	334120	400007	73558	326449
1627195	336981	1290214	215410	1074804
497452	191745	305707	65753	239954
1749956	480968	1268988	192459	1076530
1581574	221079	1360495	79174	1281321
2576260	1021790	1554469	313756	1240714
599893	266998	332895	58001	274894
747556	274569	472987	145484	327503
1627909	774275	853634	274171	579463
765058	261645	503412	151817	351595
386018	206661	179357	49684	129673
1145409	404162	741246	103281	637966
1316388	576601	739787	109054	630733
1051554	336814	714740	110430	604311
755697	367521	388176	86300	301877
230647	82578	148069	22049	126020
1783726	759728	1023998	149867	874130
640601	214335	426266	68218	358048
272176	88457	183719	13234	170485
90072	44584	45488	26583	18905
658064	238893	419170	136667	282503
18945	14528	4417	2929	1488
177097	61510	115587	15060	100527
5286	5012	274	274	
100973	25462	75511	3565	71946

6-33 公共财政预算教育事业费

地区	合计	个人部分	工资福利支出	对个人和家庭的补助支出	#助学金
合计	**413690982**	**288102398**	**212245750**	**75856648**	**22546986**
北京	10266357	6285616	4786136	1499480	81831
天津	6493318	5015660	2739307	2276353	28123
河北	14868298	10807296	8610213	2197082	670388
山西	9329962	6688085	5555511	1132575	385189
内蒙古	7838522	5680497	5061236	619261	392063
辽宁	11173746	7767396	5927018	1840377	160006
吉林	7373473	5390715	3706522	1684193	125934
黑龙江	10878035	7735300	5248645	2486656	110854
上海	9474849	5986633	5209031	777602	296158
江苏	26826371	20696479	14621987	6074492	494191
浙江	18758556	15032506	11689472	3343034	594788
安徽	14563329	9283745	7104008	2179737	644379
福建	11239166	8385063	6614034	1771029	237553
江西	14581119	8179006	5944540	2234466	815032
山东	33204560	22541724	17931261	4610462	758720
河南	24224085	13059052	11156892	1902159	1828584
湖北	14932420	11886555	8063887	3822668	545061
湖南	19480697	12794038	8356289	4437749	1159724
广东	31128706	22825841	18016741	4809101	837045
广西	13520446	9188271	5714551	3473721	1525874
海南	3281125	2060074	1795260	264814	185596
重庆	8689141	5809229	4774264	1034965	818082
四川	22676314	16867261	11349222	5518039	2140751
贵州	13552158	10156812	5997114	4159698	1853345
云南	13894562	9924012	6656636	3267376	2503651
西藏	2087814	1466755	796485	670270	423080
陕西	13195379	8488295	5920443	2567852	1056079
甘肃	8267575	5912235	4196376	1715859	744909
青海	2505097	1610448	1208130	402318	278201
宁夏	2631975	1498379	1263525	234853	208271
新疆	12753831	9079421	6231015	2848407	643525
大连	1846349	1372427	1238713	133714	2826
宁波	2801211	2235392	1818508	416884	64883
厦门	1121533	929402	680495	248908	11250
青岛	4181851	2865960	2063309	802651	50904
深圳	3212668	2509091	1999125	509967	3332

支出明细(普通初中)

单位：千元

公用部分	商品和服务支出	其他资本性支出		
			专项公用支出	专项项目支出
125588584	**58300970**	**67287614**	**14890667**	**52396947**
3980740	2427304	1553437	859203	694233
1477658	593193	884466	194641	689824
4061002	2017793	2043209	619211	1423998
2641876	1712986	928891	313144	615746
2158025	1156014	1002010	218010	784000
3406350	1920597	1485753	322941	1162812
1982757	1092266	890492	292909	597583
3142735	1584546	1558189	241590	1316600
3488216	2557685	930531	637295	293236
6129893	2194279	3935613	502753	3432860
3726050	1709897	2016153	405496	1610657
5279584	1979719	3299866	742482	2557383
2854103	1240416	1613687	384308	1229379
6402113	1781787	4620326	518508	4101817
10662836	3221009	7441827	1050791	6391036
11165033	5165111	5999922	1178967	4820955
3045865	1664858	1381008	300775	1080233
6686659	2383155	4303503	720820	3582683
8302864	5541645	2761219	1192062	1569157
4332174	1715939	2616235	486010	2130225
1221051	406373	814678	202357	612321
2879912	1590267	1289645	381175	908470
5809053	3128866	2680187	527163	2153024
3395345	1870640	1524706	486471	1038235
3970550	2003757	1966793	499503	1467291
621059	257628	363431	96555	266876
4707084	1891175	2815909	455810	2360099
2355340	1019563	1335776	253813	1081964
894649	307584	587065	117100	469965
1133596	398324	735272	201200	534072
3674410	1766593	1907817	487604	1420213
473922	391852	82070	24484	57587
565819	205449	360370	35823	324547
192131	154093	38038	25680	12358
1315891	407420	908471	227472	680999
703577	658850	44727	44382	345

6-34 公共财政预算教育事业费

地区	合计	个人部分	工资福利支出	对个人和家庭的补助支出	#助学金
合计	412172875	286998357	211429826	75568531	22497628
北京	10095431	6188752	4727680	1461072	81804
天津	6493318	5015660	2739307	2276353	28123
河北	14868298	10807296	8610213	2197082	670388
山西	9329962	6688085	5555511	1132575	385189
内蒙古	7838522	5680497	5061236	619261	392063
辽宁	11173746	7767396	5927018	1840377	160006
吉林	7321873	5359593	3681745	1677848	125934
黑龙江	10805378	7685094	5204743	2480351	110536
上海	9448588	5968397	5195829	772569	296158
江苏	26826371	20696479	14621987	6074492	494191
浙江	18758556	15032506	11689472	3343034	594788
安徽	14563329	9283745	7104008	2179737	644379
福建	11239166	8385063	6614034	1771029	237553
江西	14581119	8179006	5944540	2234466	815032
山东	33204560	22541724	17931261	4610462	758720
河南	24220239	13056937	11154778	1902159	1828584
湖北	14908945	11871391	8053220	3818172	545036
湖南	19478449	12791832	8354083	4437749	1159724
广东	31102885	22807801	18000563	4807238	836776
广西	13520446	9188271	5714551	3473721	1525874
海南	3280629	2060074	1795260	264814	185596
重庆	8660010	5790021	4757867	1032154	817580
四川	22676314	16867261	11349222	5518039	2140751
贵州	13552158	10156812	5997114	4159698	1853345
云南	13894562	9924012	6656636	3267376	2503651
西藏	2087814	1466755	796485	670270	423080
陕西	13144492	8455654	5893583	2562071	1055993
甘肃	8264836	5910015	4194215	1715800	744861
青海	2505097	1610448	1208130	402318	278201
宁夏	2631975	1498379	1263525	234853	208271
新疆	11695808	8263400	5632010	2631390	595440
大连	1846349	1372427	1238713	133714	2826
宁波	2801211	2235392	1818508	416884	64883
厦门	1121533	929402	680495	248908	11250
青岛	4181851	2865960	2063309	802651	50904
深圳	3212668	2509091	1999125	509967	3332

支出明细(地方普通初中)

单位：千元

公用部分	商品和服务支出	其他资本性支出		
			专项公用支出	专项项目支出
125174518	**58037402**	**67137115**	**14846442**	**52290674**
3906679	2365960	1540719	850583	690136
1477658	593193	884466	194641	689824
4061002	2017793	2043209	619211	1423998
2641876	1712986	928891	313144	615746
2158025	1156014	1002010	218010	784000
3406350	1920597	1485753	322941	1162812
1962280	1072995	889285	291702	597583
3120284	1567845	1552438	238785	1313653
3480190	2552778	927413	637100	290313
6129893	2194279	3935613	502753	3432860
3726050	1709897	2016153	405496	1610657
5279584	1979719	3299866	742482	2557383
2854103	1240416	1613687	384308	1229379
6402113	1781787	4620326	518508	4101817
10662836	3221009	7441827	1050791	6391036
11163302	5163925	5999377	1178422	4820955
3037554	1656601	1380953	300719	1080233
6686617	2383114	4303503	720820	3582683
8295083	5537001	2758082	1191473	1566609
4332174	1715939	2616235	486010	2130225
1220555	405878	814678	202357	612321
2869989	1583849	1286139	379971	906168
5809053	3128866	2680187	527163	2153024
3395345	1870640	1524706	486471	1038235
3970550	2003757	1966793	499503	1467291
621059	257628	363431	96555	266876
4688837	1874499	2814338	454240	2360099
2354821	1019430	1335391	253647	1081744
894649	307584	587065	117100	469965
1133596	398324	735272	201200	534072
3432408	1643098	1789310	460335	1328976
473922	391852	82070	24484	57587
565819	205449	360370	35823	324547
192131	154093	38038	25680	12358
1315891	407420	908471	227472	680999
703577	658850	44727	44382	345

6-35 公共财政预算教育事业费

地区	合计	个人部分	工资福利支出	对个人和家庭的补助支出	#助学金
合计	**268267208**	**187129695**	**136827680**	**50302016**	**19113815**
北京	2181028	1410800	1076567	334233	23021
天津	2294989	1655191	1108600	546591	7894
河北	10669144	7531945	5966296	1565650	645107
山西	6562846	4664052	3795165	868886	344794
内蒙古	5086794	3746757	3281363	465393	291778
辽宁	5332655	3481695	2677843	803852	100754
吉林	4419706	3161971	2269260	892710	112012
黑龙江	5900626	4085416	2871272	1214144	102301
上海	1563103	1198318	1096294	102024	59343
江苏	13876758	10598232	7445768	3152464	271290
浙江	10733180	8656254	6648845	2007409	380567
安徽	11536699	7435578	5567047	1868531	571745
福建	7576054	5684554	4485302	1199252	216258
江西	11474144	6585157	4812370	1772787	734978
山东	20626014	13776570	11197483	2579087	529927
河南	17738152	9675662	8042941	1632722	1593787
湖北	10039930	7932373	5428812	2503561	492421
湖南	14836515	10448244	6599590	3848654	1120921
广东	15036432	10479835	8867487	1612348	194399
广西	10737420	7536656	4564806	2971849	1445918
海南	2069791	1439685	1259937	179748	126632
重庆	6043722	4147887	3342607	805279	659409
四川	17641734	13203320	8807661	4395659	1954713
贵州	11384735	8647659	5124432	3523227	1798044
云南	12003149	8652404	5695589	2956815	2337838
西藏	1630574	1203480	664761	538719	383428
陕西	9788329	6496685	4478739	2017945	948120
甘肃	6769410	4863782	3448355	1415427	706525
青海	1878808	1246246	889080	357166	260556
宁夏	1696772	973330	797468	175862	156354
新疆	9137993	6509960	4515937	1994022	542983
大连	442585	320748	300034	20714	561
宁波	1339957	1044901	852498	192403	32437
厦门	177042	164609	115191	49418	2355
青岛	1511309	1003007	759160	243847	9922
深圳					

支出明细(农村初中)

单位：千元

公用部分	商品和服务支出	其他资本性支出		
			专项公用支出	专项项目支出
81137513	**36435875**	**44701638**	**8942616**	**35759021**
770228	415249	354979	166288	188690
639797	198520	441277	100436	340841
3137199	1470917	1666282	509319	1156963
1898795	1275957	622838	215669	407169
1340038	728572	611466	114565	496901
1850961	749050	1101910	209394	892516
1257735	658421	599315	156917	442398
1815210	1064546	750664	177317	573346
364785	311713	53072	40452	12620
3278527	1030769	2247758	268483	1979274
2076926	940435	1136491	200982	935509
4101122	1637854	2463268	578104	1885163
1891500	774724	1116777	252645	864131
4888986	1402462	3486524	386380	3100144
6849444	1873563	4975881	563753	4412128
8062490	3977722	4084768	809665	3275103
2107557	1022440	1085117	190723	894394
4388272	1807482	2580790	524945	2055845
4556596	2795036	1761561	578461	1183100
3200764	1340130	1860633	392435	1468198
630106	251743	378363	114748	263615
1895835	1056527	839308	239084	600225
4438414	2336987	2101427	314089	1787338
2737076	1553388	1183688	385127	798561
3350745	1711056	1639689	425871	1213818
427094	214830	212264	39969	172295
3291645	1365876	1925769	233937	1691831
1905628	784156	1121473	201264	920209
632562	223279	409283	81583	327700
723442	255746	467696	125708	341989
2628034	1206726	1421308	344303	1077005
121837	97108	24730	3790	20940
295056	93239	201817	17375	184442
12433	12167	266	266	
508302	78086	430217	74782	355435

6-36 公共财政预算教育事业费

地区	合计	个人部分	工资福利支出	对个人和家庭的补助支出	#助学金
合计	**267314912**	**186414496**	**136285008**	**50129487**	**19068438**
北京	2181028	1410800	1076567	334233	23021
天津	2294989	1655191	1108600	546591	7894
河北	10669144	7531945	5966296	1565650	645107
山西	6562846	4664052	3795165	868886	344794
内蒙古	5086794	3746757	3281363	465393	291778
辽宁	5332655	3481695	2677843	803852	100754
吉林	4419706	3161971	2269260	892710	112012
黑龙江	5863539	4059265	2847250	1212015	102114
上海	1563103	1198318	1096294	102024	59343
江苏	13876758	10598232	7445768	3152464	271290
浙江	10733180	8656254	6648845	2007409	380567
安徽	11536699	7435578	5567047	1868531	571745
福建	7576054	5684554	4485302	1199252	216258
江西	11474144	6585157	4812370	1772787	734978
山东	20626014	13776570	11197483	2579087	529927
河南	17738152	9675662	8042941	1632722	1593787
湖北	10039930	7932373	5428812	2503561	492421
湖南	14836515	10448244	6599590	3848654	1120921
广东	15010611	10461795	8851310	1610485	194130
广西	10737420	7536656	4564806	2971849	1445918
海南	2069295	1439685	1259937	179748	126632
重庆	6043722	4147887	3342607	805279	659409
四川	17641734	13203320	8807661	4395659	1954713
贵州	11384735	8647659	5124432	3523227	1798044
云南	12003149	8652404	5695589	2956815	2337838
西藏	1630574	1203480	664761	538719	383428
陕西	9788329	6496685	4478739	2017945	948120
甘肃	6766672	4861563	3446195	1415368	706478
青海	1878808	1246246	889080	357166	260556
宁夏	1696772	973330	797468	175862	156354
新疆	8251840	5841170	4015626	1825544	498109
大连	442585	320748	300034	20714	561
宁波	1339957	1044901	852498	192403	32437
厦门	177042	164609	115191	49418	2355
青岛	1511309	1003007	759160	243847	9922
深圳					

支出明细(地方农村初中)

单位：千元

公用部分	商品和服务支出	其他资本性支出	专项公用支出	专项项目支出
80900417	**36315293**	**44585124**	**8917914**	**35667210**
770228	415249	354979	166288	188690
639797	198520	441277	100436	340841
3137199	1470917	1666282	509319	1156963
1898795	1275957	622838	215669	407169
1340038	728572	611466	114565	496901
1850961	749050	1101910	209394	892516
1257735	658421	599315	156917	442398
1804274	1055716	748558	176678	571880
364785	311713	53072	40452	12620
3278527	1030769	2247758	268483	1979274
2076926	940435	1136491	200982	935509
4101122	1637854	2463268	578104	1885163
1891500	774724	1116777	252645	864131
4888986	1402462	3486524	386380	3100144
6849444	1873563	4975881	563753	4412128
8062490	3977722	4084768	809665	3275103
2107557	1022440	1085117	190723	894394
4388272	1807482	2580790	524945	2055845
4548815	2790391	1758424	577872	1180552
3200764	1340130	1860633	392435	1468198
629610	251247	378362	114747	263615
1895835	1056527	839308	239084	600225
4438414	2336987	2101427	314089	1787338
2737076	1553388	1183688	385127	798561
3350745	1711056	1639689	425871	1213818
427094	214830	212264	39969	172295
3291645	1365876	1925769	233937	1691831
1905109	784022	1121087	201098	919989
632562	223279	409283	81583	327700
723442	255746	467696	125708	341989
2410671	1100248	1310423	320996	989427
121837	97108	24730	3790	20940
295056	93239	201817	17375	184442
12433	12167	266	266	
508302	78086	430217	74782	355435

6-37 公共财政预算教育事业费

地区	合计	个人部分	工资福利支出	对个人和家庭的补助支出	#助学金
合计	**332535**	**242880**	**182487**	**60393**	**399**
北京	6542	1	1		
天津	23489	23413	16141	7271	
河北					
山西					
内蒙古					
辽宁					
吉林	3422	2997	992	2005	
黑龙江					
上海	21239	16601	16050	551	383
江苏	97512	75447	43490	31956	
浙江	127984	83694	68857	14837	17
安徽					
福建	241	141	141		
江西					
山东	21713	20547	19573	974	
河南	3180				
湖北	6958	3239	3239		
湖南	884	763	724	38	
广东	18541	15522	12807	2714	
广西	303				
海南					
重庆					
四川	526	517	472	45	
贵州					
云南					
西藏					
陕西					
甘肃					
青海					
宁夏					
新疆					
大连					
宁波	1459	1042	891	151	
厦门					
青岛					
深圳					

支出明细(成人中学)

单位：千元

公用部分	商品和服务支出	其他资本性支出	专项公用支出	专项项目支出
89655	**69302**	**20353**	**12771**	**7582**
6542	6381	161	161	
76	76			
425	351	74	74	
4638	4529	109	109	
22065	19240	2825	1300	1526
44289	32208	12081	7268	4814
100	100			
1167	973	194	194	
3180		3180	3180	
3720	2780	940		940
121	21	100	100	
3019	2633	386	386	
303		303		303
9	9			
417	117	300	300	

6-38 公共财政预算教育事业费

地区	合计	个人部分	工资福利支出	对个人和家庭的补助支出	#助学金
合 计	**675271638**	**477027550**	**334209433**	**142818117**	**28773639**
北 京	16876848	9704098	7459188	2244910	105983
天 津	9411518	7243158	3832074	3411084	29730
河 北	27499060	20102633	15007254	5095379	751383
山 西	15569545	11654088	9208662	2445426	320130
内蒙古	13008541	9770405	8832923	937482	427691
辽 宁	16487247	11662056	8432128	3229928	241840
吉 林	13036370	9605964	6247488	3358477	206246
黑龙江	16571592	12610496	7509575	5100921	302839
上 海	12452479	7752902	6678030	1074871	439177
江 苏	47703684	35013907	21303662	13710245	1169322
浙 江	30691291	25228788	17870788	7358001	840436
安 徽	25551763	16458919	11638956	4819963	761513
福 建	20775065	15177971	10878900	4299072	293173
江 西	27252338	16162420	10930993	5231427	1017685
山 东	44323287	30828505	24031639	6796866	774874
河 南	37626072	20309595	17811069	2498526	2401218
湖 北	21917260	16781547	11151658	5629888	684841
湖 南	28635794	18756308	12798627	5957681	1342573
广 东	50821763	38179190	28481073	9698117	1187999
广 西	24544056	17766223	10588786	7177437	1468719
海 南	5854897	3799322	3460501	338821	197875
重 庆	14193940	9272903	7640212	1632691	996374
四 川	38244141	28932906	17125385	11807521	2870626
贵 州	22839641	18137753	10247447	7890306	1782656
云 南	23678672	17131583	12268269	4863313	3438213
西 藏	5277018	3321528	1594168	1727359	1036309
陕 西	21831421	14143701	9098435	5045266	1409530
甘 肃	13347893	10021995	7033721	2988274	864278
青 海	4434405	2929502	2245981	683520	483694
宁 夏	3850730	2407026	2133936	273090	233143
新 疆	20963307	16160159	10667903	5492256	693570
大 连	2551532	1732424	1548318	184107	182
宁 波	4395999	3694995	2868865	826130	103729
厦 门	2014261	1666977	1276298	390680	16218
青 岛	6109900	4286360	2891025	1395335	62122
深 圳	5686480	4340882	3458829	882053	2735

支出明细(小学)

单位：千元

公用部分	商品和服务支出	其他资本性支出		
			专项公用支出	专项项目支出
198244088	**97156307**	**101087781**	**24129171**	**76958610**
7172750	4734921	2437829	1480977	956852
2168359	1051961	1116398	302629	813769
7396427	4035702	3360726	1088030	2272695
3915456	2640452	1275004	542213	732791
3238136	1704381	1533754	332791	1200963
4825192	2882104	1943088	443943	1499145
3430406	1845480	1584925	446785	1138141
3961096	2259857	1701239	317004	1384235
4699577	3407134	1292443	998040	294403
12689778	3824762	8865016	1103363	7761653
5462503	2900688	2561815	626529	1935286
9092844	3416284	5676560	1335152	4341408
5597093	2360119	3236974	759469	2477505
11089918	3619367	7470551	1122600	6347952
13494782	4898986	8595796	1404785	7191011
17316477	9876426	7440051	1893293	5546758
5135713	2844123	2291590	527753	1763838
9879486	3966443	5913043	1100722	4812322
12642573	8466554	4176020	1866475	2309545
6777832	3263490	3514342	920592	2593750
2055575	711909	1343666	212566	1131099
4921037	2533696	2387341	724467	1662873
9311235	5080903	4230332	873297	3357035
4701888	2713843	1988045	575687	1412358
6547089	2987756	3559333	782594	2776739
1955491	529605	1425886	172119	1253766
7687720	3332234	4355486	780568	3574919
3325898	1613034	1712864	281212	1431652
1504903	621273	883630	228152	655478
1443704	688853	754851	262459	492392
4803148	2343966	2459182	622904	1836278
819108	555990	263117	65423	197694
701004	363736	337268	66385	270883
347284	239262	108021	67012	41010
1823540	640567	1182973	159914	1023059
1345598	1260485	85113	81906	3207

6-39 公共财政预算教育事业费

地区	合计				
		个人部分			
			工资福利支出	对个人和家庭的补助支出	
					#助学金
合　计	**673171245**	**475452315**	**333017963**	**142434352**	**28691686**
北　京	16703840	9593136	7374928	2218208	105983
天　津	9383558	7222572	3820579	3401993	29730
河　北	27499060	20102633	15007254	5095379	751383
山　西	15569545	11654088	9208662	2445426	320130
内蒙古	13008541	9770405	8832923	937482	427691
辽　宁	16487247	11662056	8432128	3229928	241840
吉　林	12980723	9567637	6212004	3355634	206246
黑龙江	16464510	12533207	7447025	5086182	302569
上　海	12446763	7747212	6674629	1072583	439177
江　苏	47703684	35013907	21303662	13710245	1169322
浙　江	30691291	25228788	17870788	7358001	840436
安　徽	25551763	16458919	11638956	4819963	761513
福　建	20775065	15177971	10878900	4299072	293173
江　西	27252308	16162413	10930993	5231420	1017679
山　东	44323287	30828505	24031639	6796866	774874
河　南	37621946	20307326	17808801	2498526	2401218
湖　北	21888373	16764099	11138473	5625626	684578
湖　南	28633382	18753968	12796287	5957681	1342573
广　东	50783913	38152328	28456764	9695564	1187916
广　西	24544056	17766223	10588786	7177437	1468719
海　南	5853303	3799322	3460501	338821	197875
重　庆	14172910	9258251	7627958	1630294	996374
四　川	38243860	28932792	17125385	11807408	2870513
贵　州	22839641	18137753	10247447	7890306	1782656
云　南	23678672	17131583	12268269	4863313	3438213
西　藏	5277018	3321528	1594168	1727359	1036309
陕　西	21747068	14084425	9043775	5040650	1409530
甘　肃	13340968	10016054	7028089	2987966	864053
青　海	4434405	2929502	2245981	683520	483694
宁　夏	3850730	2407026	2133936	273090	233143
新　疆	19419816	14966683	9788273	5178410	612576
大　连	2551532	1732424	1548318	184107	182
宁　波	4395999	3694995	2868865	826130	103729
厦　门	2014261	1666977	1276298	390680	16218
青　岛	6109900	4286360	2891025	1395335	62122
深　圳	5686480	4340882	3458829	882053	2735

支出明细(地方小学)

单位：千元

公用部分	商品和服务支出	其他资本性支出		
			专项公用支出	专项项目支出
197718930	**96827607**	**100891322**	**24058605**	**76832717**
7110704	4685045	2425658	1468807	956852
2160986	1049829	1111157	299805	811353
7396427	4035702	3360726	1088030	2272695
3915456	2640452	1275004	542213	732791
3238136	1704381	1533754	332791	1200963
4825192	2882104	1943088	443943	1499145
3413085	1828677	1584408	446267	1138141
3931303	2237017	1694286	314644	1379642
4699551	3407108	1292443	998040	294403
12689778	3824762	8865016	1103363	7761653
5462503	2900688	2561815	626529	1935286
9092844	3416284	5676560	1335152	4341408
5597093	2360119	3236974	759469	2477505
11089895	3619344	7470551	1122600	6347952
13494782	4898986	8595796	1404785	7191011
17314620	9875153	7439467	1892709	5546758
5124273	2836683	2287590	526753	1760838
9879414	3966371	5913043	1100722	4812322
12631585	8460163	4171421	1865257	2306165
6777832	3263490	3514342	920592	2593750
2053980	710316	1343664	212565	1131099
4914659	2529642	2385016	722143	1662873
9311068	5080736	4230332	873297	3357035
4701888	2713843	1988045	575687	1412358
6547089	2987756	3559333	782594	2776739
1955491	529605	1425886	172119	1253766
7662643	3312693	4349949	775577	3574372
3324914	1612624	1712290	280885	1431405
1504903	621273	883630	228152	655478
1443704	688853	754851	262459	492392
4453133	2147907	2305226	580657	1724568
819108	555990	263117	65423	197694
701004	363736	337268	66385	270883
347284	239262	108021	67012	41010
1823540	640567	1182973	159914	1023059
1345598	1260485	85113	81906	3207

6-40 公共财政预算教育事业费

地区	合计	个人部分	工资福利支出	对个人和家庭的补助支出	#助学金
合计	**675248753**	**477015381**	**334197914**	**142817467**	**28773634**
北京	16876848	9704098	7459188	2244910	105983
天津	9411518	7243158	3832074	3411084	29730
河北	27498830	20102633	15007254	5095379	751383
山西	15569545	11654088	9208662	2445426	320130
内蒙古	13008541	9770405	8832923	937482	427691
辽宁	16487247	11662056	8432128	3229928	241840
吉林	13036370	9605964	6247488	3358477	206246
黑龙江	16571592	12610496	7509575	5100921	302839
上海	12452479	7752902	6678030	1074871	439177
江苏	47703684	35013907	21303662	13710245	1169322
浙江	30691291	25228788	17870788	7358001	840436
安徽	25551763	16458919	11638956	4819963	761513
福建	20763457	15168123	10869520	4298603	293173
江西	27252338	16162420	10930993	5231427	1017685
山东	44323287	30828505	24031639	6796866	774874
河南	37626072	20309595	17811069	2498526	2401218
湖北	21917260	16781547	11151658	5629888	684841
湖南	28628001	18756308	12798627	5957681	1342573
广东	50821763	38179190	28481073	9698117	1187999
广西	24544006	17766223	10588786	7177437	1468719
海南	5854897	3799322	3460501	338821	197875
重庆	14192177	9271367	7638738	1632629	996369
四川	38243442	28932230	17124719	11807510	2870626
贵州	22839641	18137753	10247447	7890306	1782656
云南	23678192	17131473	12268269	4863204	3438213
西藏	5277018	3321528	1594168	1727359	1036309
陕西	21831421	14143701	9098435	5045266	1409530
甘肃	13347893	10021995	7033721	2988274	864278
青海	4434405	2929502	2245981	683520	483694
宁夏	3850730	2407026	2133936	273090	233143
新疆	20963044	16160159	10667903	5492256	693570
大连	2551532	1732424	1548318	184107	182
宁波	4395999	3694995	2868865	826130	103729
厦门	2014261	1666977	1276298	390680	16218
青岛	6109900	4286360	2891025	1395335	62122
深圳	5686480	4340882	3458829	882053	2735

支出明细(普通小学)

单位：千元

公用部分	商品和服务支出	其他资本性支出		
			专项公用支出	专项项目支出
198233372	**97153675**	**101079697**	**24121087**	**76958610**
7172750	4734921	2437829	1480977	956852
2168359	1051961	1116398	302629	813769
7396197	4035702	3360496	1087800	2272695
3915456	2640452	1275004	542213	732791
3238136	1704381	1533754	332791	1200963
4825192	2882104	1943088	443943	1499145
3430406	1845480	1584925	446785	1138141
3961096	2259857	1701239	317004	1384235
4699577	3407134	1292443	998040	294403
12689778	3824762	8865016	1103363	7761653
5462503	2900688	2561815	626529	1935286
9092844	3416284	5676560	1335152	4341408
5595334	2358360	3236974	759469	2477505
11089918	3619367	7470551	1122600	6347952
13494782	4898986	8595796	1404785	7191011
17316477	9876426	7440051	1893293	5546758
5135713	2844123	2291590	527753	1763838
9871693	3966443	5905250	1092928	4812322
12642573	8466554	4176020	1866475	2309545
6777782	3263440	3514342	920592	2593750
2055575	711909	1343666	212566	1131099
4920810	2533469	2387341	724467	1662873
9311212	5080880	4230332	873297	3357035
4701888	2713843	1988045	575687	1412358
6546719	2987446	3559273	782534	2776739
1955491	529605	1425886	172119	1253766
7687720	3332234	4355486	780568	3574919
3325898	1613034	1712864	281212	1431652
1504903	621273	883630	228152	655478
1443704	688853	754851	262459	492392
4802885	2343703	2459182	622904	1836278
819108	555990	263117	65423	197694
701004	363736	337268	66385	270883
347284	239262	108021	67012	41010
1823540	640567	1182973	159914	1023059
1345598	1260485	85113	81906	3207

6-41　公共财政预算教育事业费

地　区	合　计	个人部分	工资福利支　出	对个人和家庭的补助支出	#助学金
合　计	**673148359**	**475440146**	**333006445**	**142433701**	**28691681**
北　京	16703840	9593136	7374928	2218208	105983
天　津	9383558	7222572	3820579	3401993	29730
河　北	27498830	20102633	15007254	5095379	751383
山　西	15569545	11654088	9208662	2445426	320130
内蒙古	13008541	9770405	8832923	937482	427691
辽　宁	16487247	11662056	8432128	3229928	241840
吉　林	12980723	9567637	6212004	3355634	206246
黑龙江	16464510	12533207	7447025	5086182	302569
上　海	12446763	7747212	6674629	1072583	439177
江　苏	47703684	35013907	21303662	13710245	1169322
浙　江	30691291	25228788	17870788	7358001	840436
安　徽	25551763	16458919	11638956	4819963	761513
福　建	20763457	15168123	10869520	4298603	293173
江　西	27252308	16162413	10930993	5231420	1017679
山　东	44323287	30828505	24031639	6796866	774874
河　南	37621946	20307326	17808801	2498526	2401218
湖　北	21888373	16764099	11138473	5625626	684578
湖　南	28625589	18753968	12796287	5957681	1342573
广　东	50783913	38152328	28456764	9695564	1187916
广　西	24544006	17766223	10588786	7177437	1468719
海　南	5853303	3799322	3460501	338821	197875
重　庆	14171147	9256716	7626484	1630231	996369
四　川	38243161	28932116	17124719	11807397	2870513
贵　州	22839641	18137753	10247447	7890306	1782656
云　南	23678192	17131473	12268269	4863204	3438213
西　藏	5277018	3321528	1594168	1727359	1036309
陕　西	21747068	14084425	9043775	5040650	1409530
甘　肃	13340968	10016054	7028089	2987966	864053
青　海	4434405	2929502	2245981	683520	483694
宁　夏	3850730	2407026	2133936	273090	233143
新　疆	19419553	14966683	9788273	5178410	612576
大　连	2551532	1732424	1548318	184107	182
宁　波	4395999	3694995	2868865	826130	103729
厦　门	2014261	1666977	1276298	390680	16218
青　岛	6109900	4286360	2891025	1395335	62122
深　圳	5686480	4340882	3458829	882053	2735

支出明细(地方普通小学)

单位：千元

公用部分	商品和服务支出	其他资本性支出	专项公用支出	专项项目支出
197708213	**96824975**	**100883239**	**24050522**	**76832717**
7110704	4685045	2425658	1468807	956852
2160986	1049829	1111157	299805	811353
7396197	4035702	3360496	1087800	2272695
3915456	2640452	1275004	542213	732791
3238136	1704381	1533754	332791	1200963
4825192	2882104	1943088	443943	1499145
3413085	1828677	1584408	446267	1138141
3931303	2237017	1694286	314644	1379642
4699551	3407108	1292443	998040	294403
12689778	3824762	8865016	1103363	7761653
5462503	2900688	2561815	626529	1935286
9092844	3416284	5676560	1335152	4341408
5595334	2358360	3236974	759469	2477505
11089895	3619344	7470551	1122600	6347952
13494782	4898986	8595796	1404785	7191011
17314620	9875153	7439467	1892709	5546758
5124273	2836683	2287590	526753	1760838
9871621	3966371	5905250	1092928	4812322
12631585	8460163	4171421	1865257	2306165
6777782	3263440	3514342	920592	2593750
2053980	710316	1343664	212565	1131099
4914432	2529415	2385016	722143	1662873
9311044	5080712	4230332	873297	3357035
4701888	2713843	1988045	575687	1412358
6546719	2987446	3559273	782534	2776739
1955491	529605	1425886	172119	1253766
7662643	3312693	4349949	775577	3574372
3324914	1612624	1712290	280885	1431405
1504903	621273	883630	228152	655478
1443704	688853	754851	262459	492392
4452870	2147644	2305226	580657	1724568
819108	555990	263117	65423	197694
701004	363736	337268	66385	270883
347284	239262	108021	67012	41010
1823540	640567	1182973	159914	1023059
1345598	1260485	85113	81906	3207

6-42 公共财政预算教育事业费

地区	合计	个人部分	工资福利支出	对个人和家庭的补助支出	#助学金
合计	**462731859**	**330607659**	**229339860**	**101267799**	**24895286**
北京	3556772	2239400	1673883	565517	37485
天津	3389651	2334462	1389016	945446	7923
河北	21726407	15732530	11665927	4066602	746764
山西	11557945	8800840	6882628	1918212	293363
内蒙古	9666175	7386566	6610130	776436	333789
辽宁	8566928	6157255	4341973	1815282	149205
吉林	8647138	6408973	4257486	2151487	199149
黑龙江	11050514	8296167	4929046	3367121	299573
上海	2155847	1585711	1428072	157639	87199
江苏	26431445	19149041	11054954	8094087	714613
浙江	18430820	15196417	10404768	4791649	532009
安徽	20411812	13460000	9215305	4244695	709276
福建	13816769	10458088	7344973	3113115	267454
江西	22225103	13476446	9195480	4280966	927783
山东	28587852	20316534	16147885	4168648	526123
河南	29776670	16025464	13853330	2172134	2165016
湖北	14963683	11441906	7720360	3721546	625167
湖南	21487703	14736729	10035712	4701016	1319463
广东	24765661	18179201	14136723	4042477	385466
广西	20595671	15113256	8847211	6266045	1423856
海南	4273217	3029843	2776920	252923	142893
重庆	9971370	6751543	5522524	1229019	821097
四川	30879373	23614130	13765267	9848863	2734668
贵州	19727302	15867385	9079564	6787821	1750370
云南	20925649	15223332	10813801	4409531	3258795
西藏	4702532	2866942	1436724	1430218	983741
陕西	16635742	11127319	7023607	4103712	1309516
甘肃	11251223	8546704	6003322	2543382	827587
青海	3627433	2457341	1843276	614065	466038
宁夏	2549935	1729394	1501093	228301	203165
新疆	16377518	12898739	8438897	4459841	646741
大连	632483	419579	389877	29702	64
宁波	2175085	1809349	1397657	411692	58852
厦门	416480	377774	254368	123406	642
青岛	2076190	1575318	1082576	492742	23968
深圳					

支出明细(农村小学)

单位：千元

公用部分	商品和服务支出	其他资本性支出	其他资本性支出：专项公用支出	其他资本性支出：专项项目支出
132124200	**63372583**	**68751617**	**14712163**	**54039454**
1317371	782581	534790	270507	264283
1055190	470802	584387	93627	490761
5993878	3192538	2801339	918256	1883084
2757104	1934156	822949	338594	484355
2279608	1210596	1069012	215600	853412
2409673	1311219	1098454	173330	925124
2238165	1143743	1094422	294304	800118
2754347	1600999	1153349	240205	913144
570136	422195	147941	87358	60583
7282404	2004132	5278271	660063	4618208
3234403	1667138	1567266	357080	1210185
6951812	2828312	4123500	1079294	3044207
3358681	1405352	1953329	432771	1520559
8748657	3038920	5709737	900175	4809561
8271318	3023011	5248307	812420	4435887
13751205	8065970	5685235	1374548	4310688
3521776	1790093	1731684	336732	1394952
6750974	2975880	3775094	702198	3072896
6586460	3943006	2643454	919204	1724250
5482414	2745212	2737203	738997	1998206
1243374	511499	731875	146915	584960
3219827	1699280	1520547	404260	1116287
7265243	3873808	3391435	592474	2798961
3859917	2242210	1617707	417630	1200077
5702317	2638907	3063410	661640	2401771
1835589	487131	1348459	144716	1203743
5508423	2463033	3045390	466506	2578884
2704518	1268824	1435694	216276	1219419
1170092	487588	682504	151421	531082
820541	431714	388827	145733	243095
3478779	1712733	1766047	419333	1346714
212904	165554	47350	14154	33196
365736	175451	190285	35859	154425
38705	33891	4815	2316	2499
500872	151445	349427	58215	291211

6-43 公共财政预算教育事业费

地区	合计	个人部分	工资福利支出	对个人和家庭的补助支出	#助学金
合计	**461257091**	**329488996**	**228494148**	**100994849**	**24817372**
北京	3556772	2239400	1673883	565517	37485
天津	3389651	2334462	1389016	945446	7923
河北	21726407	15732530	11665927	4066602	746764
山西	11557945	8800840	6882628	1918212	293363
内蒙古	9666175	7386566	6610130	776436	333789
辽宁	8566928	6157255	4341973	1815282	149205
吉林	8647138	6408973	4257486	2151487	199149
黑龙江	10981458	8247266	4885531	3361735	299371
上海	2155847	1585711	1428072	157639	87199
江苏	26431445	19149041	11054954	8094087	714613
浙江	18430820	15196417	10404768	4791649	532009
安徽	20411812	13460000	9215305	4244695	709276
福建	13816769	10458088	7344973	3113115	267454
江西	22225073	13476439	9195480	4280960	927776
山东	28587852	20316534	16147885	4168648	526123
河南	29776670	16025464	13853330	2172134	2165016
湖北	14963683	11441906	7720360	3721546	625167
湖南	21487703	14736729	10035712	4701016	1319463
广东	24733881	18156795	14115980	4040814	385384
广西	20595671	15113256	8847211	6266045	1423856
海南	4271623	3029843	2776920	252923	142893
重庆	9971370	6751543	5522524	1229019	821097
四川	30879311	23614067	13765267	9848800	2734606
贵州	19727302	15867385	9079564	6787821	1750370
云南	20925649	15223332	10813801	4409531	3258795
西藏	4702532	2866942	1436724	1430218	983741
陕西	16635742	11127319	7023607	4103712	1309516
甘肃	11244298	8540764	5997690	2543074	827363
青海	3627433	2457341	1843276	614065	466038
宁夏	2549935	1729394	1501093	228301	203165
新疆	15012199	11857393	7663075	4194318	569406
大连	632483	419579	389877	29702	64
宁波	2175085	1809349	1397657	411692	58852
厦门	416480	377774	254368	123406	642
青岛	2076190	1575318	1082576	492742	23968
深圳					

支出明细(地方农村小学)

单位：千元

公用部分	商品和服务支出	其他资本性支出	专项公用支出	专项项目支出
131768095	**63171416**	**68596678**	**14671844**	**53924834**
1317371	782581	534790	270507	264283
1055190	470802	584387	93627	490761
5993878	3192538	2801339	918256	1883084
2757104	1934156	822949	338594	484355
2279608	1210596	1069012	215600	853412
2409673	1311219	1098454	173330	925124
2238165	1143743	1094422	294304	800118
2734192	1584211	1149981	239150	910831
570136	422195	147941	87358	60583
7282404	2004132	5278271	660063	4618208
3234403	1667138	1567266	357080	1210185
6951812	2828312	4123500	1079294	3044207
3358681	1405352	1953329	432771	1520559
8748634	3038897	5709737	900175	4809561
8271318	3023011	5248307	812420	4435887
13751205	8065970	5685235	1374548	4310688
3521776	1790093	1731684	336732	1394952
6750974	2975880	3775094	702198	3072896
6577087	3937948	2639139	918268	1720871
5482414	2745212	2737203	738997	1998206
1241780	509906	731874	146914	584960
3219827	1699280	1520547	404260	1116287
7265243	3873808	3391435	592474	2798961
3859917	2242210	1617707	417630	1200077
5702317	2638907	3063410	661640	2401771
1835589	487131	1348459	144716	1203743
5508423	2463033	3045390	466506	2578884
2703534	1268414	1435120	215948	1219172
1170092	487588	682504	151421	531082
820541	431714	388827	145733	243095
3154806	1535440	1619366	381333	1238034
212904	165554	47350	14154	33196
365736	175451	190285	35859	154425
38705	33891	4815	2316	2499
500872	151445	349427	58215	291211

6-44 公共财政预算教育事业费

地区	合计	个人部分	工资福利支出	对个人和家庭的补助支出	#助学金
合计	**22885**	**12169**	**11519**	**651**	**5**
北京					
天津					
河北	230				
山西					
内蒙古					
辽宁					
吉林					
黑龙江					
上海					
江苏					
浙江					
安徽					
福建	11607	9848	9380	469	
江西					
山东					
河南					
湖北					
湖南	7794				
广东					
广西	50				
海南					
重庆	1763	1536	1473	62	5
四川	699	676	665	11	
贵州					
云南	480	109		109	
西藏					
陕西					
甘肃					
青海					
宁夏					
新疆	263				
大连					
宁波					
厦门					
青岛					
深圳					

支出明细(成人小学)

单位：千元

公用部分	商品和服务支出	其他资本性支出	专项公用支出	专项项目支出
10716	**2633**	**8084**	**8084**	
230		230	230	
1759	1759			
7794		7794	7794	
50	50			
227	227			
23	23			
371	311	60	60	
263	263			

6-45 公共财政预算教育事业费

地 区	合 计	个人部分	工资福利支出	对个人和家庭的补助支出	#助学金
合 计	**7595005**	**4956244**	**3765104**	**1191139**	**178814**
北 京	310817	229718	179747	49972	2098
天 津	209907	141578	72389	69189	25
河 北	289299	206737	176986	29751	4920
山 西	158965	109559	95519	14040	2119
内蒙古	141320	102884	95886	6999	3340
辽 宁	374270	221408	156932	64476	4796
吉 林	195648	147545	94597	52948	1732
黑龙江	274109	203055	117155	85901	7057
上 海	492566	324659	288591	36068	10205
江 苏	614899	468562	312014	156548	10143
浙 江	423519	297479	242790	54689	8807
安 徽	261371	109689	85999	23689	6718
福 建	252373	171661	136917	34745	5358
江 西	145134	86015	63770	22245	4346
山 东	691985	435896	330189	105707	20176
河 南	282124	173190	164884	8306	7963
湖 北	210464	156104	107455	48649	7196
湖 南	239244	142124	106764	35361	6795
广 东	631933	361170	283889	77282	2511
广 西	137279	92412	63888	28524	7192
海 南	36175	19291	18229	1062	723
重 庆	112287	73950	62229	11721	9349
四 川	320656	200169	147090	53079	14277
贵 州	154503	115220	77006	38214	3758
云 南	175481	94702	77224	17478	11028
西 藏	26969	19421	14330	5091	3291
陕 西	138642	88583	68312	20271	4769
甘 肃	80884	54879	40608	14271	2376
青 海	50477	19668	15821	3847	1502
宁 夏	39436	20834	19363	1471	878
新 疆	122266	68080	48531	19549	3362
大 连	47934	35162	29317	5845	1045
宁 波	69374	44685	37651	7034	1373
厦 门	27668	19404	15765	3640	338
青 岛	98910	85505	53339	32167	4859
深 圳	72257	46441	39601	6840	45

支出明细(特殊教育)

单位：千元

公用部分	商品和服务支出	其他资本性支出	专项公用支出	专项项目支出
2638761	**1345220**	**1293541**	**389982**	**903560**
81098	63076	18023	16695	1328
68329	26372	41957	5426	36531
82562	49542	33021	18652	14369
49406	32999	16407	4887	11520
38436	24967	13469	6844	6626
152863	65691	87172	27020	60152
48103	28794	19309	12090	7219
71053	44992	26061	17647	8414
167908	134405	33502	25837	7665
146337	67298	79039	28944	50095
126040	80797	45242	15833	29410
151683	29375	122308	8171	114137
80712	31693	49019	14410	34609
59119	27848	31271	7885	23385
256090	89048	167042	19156	147886
108934	56372	52562	13921	38641
54361	31305	23056	5764	17292
97119	43898	53221	11439	41782
270763	132834	137929	28652	109277
44867	28359	16508	9656	6851
16885	14836	2049	1789	260
38337	26806	11531	7049	4482
120487	70830	49657	25545	24112
39283	23370	15913	3909	12004
80778	34245	46533	17813	28720
7548	5788	1759	1759	
50059	26583	23476	7073	16403
26005	16253	9753	4560	5192
30809	4156	26653	586	26067
18602	3980	14623	7707	6915
54185	28709	25477	13262	12215
12771	11701	1070	1070	
24689	10342	14346	4056	10290
8264	6970	1294	1294	
13405	12179	1226	669	557
25817	22167	3650	3650	

6-46 公共财政预算教育事业费

地区	合计	个人部分	工资福利支出	对个人和家庭的补助支出	#助学金
合计	**7167451**	**4675496**	**3550936**	**1124559**	**174444**
北京	237554	178296	138317	39978	1435
天津	158396	120233	64447	55787	25
河北	289299	206737	176986	29751	4920
山西	146665	101556	88035	13521	2072
内蒙古	141320	102884	95886	6999	3340
辽宁	337601	192107	137552	54554	4796
吉林	183278	137975	88523	49451	1716
黑龙江	270118	200581	115494	85087	7057
上海	386221	251150	223909	27241	8987
江苏	614899	468562	312014	156548	10143
浙江	412961	290691	237078	53613	8523
安徽	253487	103562	80287	23275	6718
福建	252373	171661	136917	34745	5358
江西	143789	85536	63336	22200	4303
山东	691985	435896	330189	105707	20176
河南	274117	168960	160654	8306	7963
湖北	203067	151191	104809	46382	6622
湖南	229702	135787	102447	33340	6795
广东	613159	349814	275426	74388	2466
广西	132490	88800	61295	27506	7191
海南	36175	19291	18229	1062	723
重庆	109470	71538	59898	11641	9312
四川	294308	183369	134005	49364	14010
贵州	139308	103826	69566	34259	3758
云南	170876	91237	73772	17465	11022
西藏	26969	19421	14330	5091	3291
陕西	135363	85673	65763	19910	4769
甘肃	80884	54879	40608	14271	2376
青海	50477	19668	15821	3847	1502
宁夏	39436	20834	19363	1471	878
新疆	111703	63782	45981	17801	2195
大连	43333	31643	26129	5514	1045
宁波	69374	44685	37651	7034	1373
厦门	27668	19404	15765	3640	338
青岛	98910	85505	53339	32167	4859
深圳	63780	42816	36573	6243	

支出明细(特殊教育学校)

单位：千元

公用部分	商品和服务支出	其他资本性支出		
			专项公用支出	专项项目支出
2491955	**1248058**	**1243897**	**373198**	**870699**
59258	43411	15847	14590	1257
38162	22795	15367	4186	11181
82562	49542	33021	18652	14369
45109	29079	16030	4510	11520
38436	24967	13469	6844	6626
145494	58626	86869	26717	60152
45303	26699	18604	11494	7109
69536	43722	25814	17400	8414
135070	108140	26930	20619	6312
146337	67298	79039	28944	50095
122270	77553	44717	15307	29410
149925	27672	122253	8116	114137
80712	31693	49019	14410	34609
58254	27656	30597	7212	23385
256090	89048	167042	19156	147886
105158	52887	52271	13798	38473
51876	29081	22795	5503	17292
93915	42203	51712	11291	40420
263345	126124	137221	28270	108951
43689	27742	15948	9096	6851
16885	14836	2049	1789	260
37932	26401	11531	7049	4482
110940	64335	46604	23422	23182
35483	19630	15852	3848	12004
79640	33268	46372	17651	28720
7548	5788	1759	1759	
49690	26214	23476	7073	16403
26005	16253	9753	4560	5192
30809	4156	26653	586	26067
18602	3980	14623	7707	6915
47920	27259	20662	11639	9023
11691	10648	1043	1043	
24689	10342	14346	4056	10290
8264	6970	1294	1294	
13405	12179	1226	669	557
20964	17508	3456	3456	

6-47 公共财政预算教育事业费

地区	合计	个人部分	工资福利支出	对个人和家庭的补助支出	#助学金
合计	**427554**	**280748**	**214168**	**66580**	**4370**
北京	73263	51423	41430	9993	663
天津	51511	21344	7942	13402	
河北					
山西	12300	8003	7484	519	48
内蒙古					
辽宁	36670	29301	19380	9922	
吉林	12371	9570	6074	3497	17
黑龙江	3991	2474	1660	814	
上海	106346	73508	64682	8826	1218
江苏					
浙江	10558	6789	5712	1076	284
安徽	7884	6127	5713	414	
福建					
江西	1345	479	434	45	44
山东					
河南	8007	4231	4231		
湖北	7398	4913	2646	2267	574
湖南	9542	6337	4317	2020	
广东	18774	11356	8463	2894	45
广西	4789	3612	2593	1018	1
海南					
重庆	2817	2411	2331	80	37
四川	26348	16801	13085	3716	267
贵州	15195	11394	7439	3955	
云南	4604	3466	3453	13	6
西藏					
陕西	3279	2910	2550	361	
甘肃					
青海					
宁夏					
新疆	10563	4298	2550	1748	1168
大连	4600	3520	3188	331	
宁波					
厦门					
青岛					
深圳	8478	3624	3028	597	45

支出明细(工读学校)

单位：千元

公用部分	商品和服务支出	其他资本性支出		
			专项公用支出	专项项目支出
146806	**97161**	**49645**	**16784**	**32861**
21840	19665	2175	2105	71
30167	3577	26590	1240	25350
4297	3921	377	377	
7369	7066	303	303	
2800	2094	706	596	110
1517	1269	247	247	
32837	26265	6572	5219	1353
3770	3244	526	526	
1758	1702	55	55	
865	192	674	674	
3776	3485	291	123	168
2485	2223	261	261	
3205	1695	1510	148	1362
7418	6710	708	383	326
1177	617	560	560	
406	406			
9547	6495	3053	2123	930
3800	3739	61	61	
1138	977	161	161	
369	369			
6265	1450	4815	1623	3192
1081	1053	27	27	
4853	4659	194	194	

6-48 公共财政预算教育事业费

地区	合计	个人部分	工资福利支出	对个人和家庭的补助支出	#助学金
合计	**71127479**	**41969890**	**33533724**	**8436166**	**2201432**
北京	2997882	2061959	1756005	305954	208
天津	1788504	1094983	631024	463959	7858
河北	3635730	2705170	2422522	282649	36245
山西	1400977	931672	762820	168852	80401
内蒙古	2273133	1499002	1328348	170653	92840
辽宁	1178571	514657	432256	82401	5409
吉林	989472	604066	458215	145851	5358
黑龙江	1025249	666002	538034	127968	5088
上海	5932022	3966526	3738992	227534	46895
江苏	6151001	3386564	2774596	611968	135288
浙江	4386131	2845423	2409546	435877	13938
安徽	1954903	810402	670947	139455	31934
福建	2842688	1794409	1529340	265069	16201
江西	1384423	528980	401883	127096	22352
山东	4540541	2104929	1606192	498737	268162
河南	2585468	1070938	949206	121732	120174
湖北	1555726	1047062	824061	223001	17860
湖南	1471903	775134	562184	212950	110425
广东	3295639	2248050	1600712	647338	95904
广西	1636292	785376	473744	311632	95561
海南	424383	207847	169286	38560	24311
重庆	914565	391785	303282	88503	67814
四川	3289251	1981090	1380822	600268	212552
贵州	1647250	1147608	859419	288188	12682
云南	1665025	882067	780654	101412	37351
西藏	954228	528928	192756	336172	220235
陕西	4035459	1947837	1504572	443265	161557
甘肃	1325561	863004	711416	151589	20615
青海	411943	254507	166571	87936	77224
宁夏	306632	159351	152330	7021	4837
新疆	3126929	2164562	1441987	722575	154149
大连	417060	194826	171648	23178	1082
宁波	922934	690307	612642	77665	7341
厦门	448792	351240	298620	52620	909
青岛	1099688	402115	322609	79506	14428
深圳	355332	314011	132420	181591	

支出明细(幼儿园)

单位：千元

公用部分	商品和服务支出	其他资本性支出		
			专项公用支出	专项项目支出
29157589	**11117057**	**18040532**	**3436127**	**14604405**
935923	741327	194596	137371	57226
693521	178876	514646	181690	332955
930560	235264	695296	101702	593594
469304	213207	256097	46983	209114
774132	357952	416179	131808	284371
663914	422656	241259	31470	209789
385407	161324	224083	46669	177414
359246	182657	176589	37185	139405
1965496	1647317	318179	224523	93656
2764437	692963	2071474	263450	1808024
1540708	698176	842532	240560	601972
1144500	136121	1008380	131574	876806
1048279	270161	778118	126215	651903
855443	107678	747765	116284	631482
2435612	450658	1984954	222108	1762846
1514530	526262	988269	143651	844617
508663	216436	292228	49307	242920
696770	166161	530608	81127	449482
1047589	410685	636905	227498	409407
850916	143032	707884	154061	553823
216536	49418	167118	58544	108574
522779	281914	240866	54669	186197
1308161	500231	807930	96927	711003
499642	290596	209046	39514	169532
782958	203358	579601	67876	511725
425300	101342	323958	49690	274268
2087623	923942	1163681	188714	974967
462556	101584	360973	56074	304899
157436	76569	80867	26707	54160
147281	27530	119751	15773	103977
962367	601664	360703	86405	274298
222234	212989	9244	6042	3202
232627	132388	100239	22509	77730
97552	69625	27926	20220	7707
697573	181666	515907	57813	458094
41321	31741	9579	5163	4416

6-49 公共财政预算教育事业费

地区	合计	个人部分	工资福利支出	对个人和家庭的补助支出	#助学金
合计	**70871391**	**41802530**	**33403315**	**8399215**	**2188158**
北京	2994628	2058836	1752971	305866	208
天津	1788504	1094983	631024	463959	7858
河北	3622887	2692591	2409943	282649	36245
山西	1400946	931642	762820	168822	80371
内蒙古	2273133	1499002	1328348	170653	92840
辽宁	1177862	514019	431618	82401	5409
吉林	987382	602778	456928	145851	5358
黑龙江	992776	639467	515873	123594	5058
上海	5915492	3954215	3727723	226492	46895
江苏	6142637	3382704	2770767	611936	135262
浙江	4386131	2845423	2409546	435877	13938
安徽	1953560	810107	670651	139455	31934
福建	2842688	1794409	1529340	265069	16201
江西	1384423	528980	401883	127096	22352
山东	4540541	2104929	1606192	498737	268162
河南	2584506	1070708	949036	121672	120114
湖北	1555116	1047062	824061	223001	17860
湖南	1470846	774350	561679	212671	110424
广东	3295622	2248033	1600712	647321	95887
广西	1636292	785376	473744	311632	95561
海南	423588	207205	168966	38239	24191
重庆	914565	391785	303282	88503	67814
四川	3288139	1980110	1379842	600268	212552
贵州	1647250	1147608	859419	288188	12682
云南	1664280	881418	780013	101405	37350
西藏	954228	528928	192756	336172	220235
陕西	4033522	1947263	1504564	442700	160994
甘肃	1320870	858507	706924	151583	20615
青海	411145	253908	166571	87337	76625
宁夏	306632	159351	152330	7021	4837
新疆	2961201	2066833	1373788	693045	142323
大连	416350	194187	171009	23178	1082
宁波	922934	690307	612642	77665	7341
厦门	448792	351240	298620	52620	909
青岛	1099688	402115	322609	79506	14428
深圳	355332	314011	132420	181591	

支出明细(地方幼儿园)

单位：千元

公用部分	商品和服务支出	其他资本性支出	专项公用支出	专项项目支出
29068860	**11081821**	**17987040**	**3429149**	**14557890**
935792	741200	194592	137366	57226
693521	178876	514646	181690	332955
930295	235000	695296	101702	593594
469304	213207	256097	46983	209114
774132	357952	416179	131808	284371
663843	422641	241202	31414	209789
384604	161324	223280	45866	177414
353308	177194	176115	37102	139013
1961277	1643946	317331	223675	93656
2759934	689526	2070408	262617	1807790
1540708	698176	842532	240560	601972
1143453	136005	1007448	131441	876007
1048279	270161	778118	126215	651903
855443	107678	747765	116284	631482
2435612	450658	1984954	222108	1762846
1513798	525912	987887	143269	844617
508054	215834	292220	49299	242920
696496	165894	530602	81121	449482
1047589	410685	636905	227498	409407
850916	143032	707884	154061	553823
216383	49265	167118	58544	108574
522779	281914	240866	54669	186197
1308030	500100	807930	96927	711003
499642	290596	209046	39514	169532
782862	203282	579580	67855	511725
425300	101342	323958	49690	274268
2086258	922779	1163479	188579	974900
462363	101515	360848	56015	304833
157236	76369	80867	26707	54160
147281	27530	119751	15773	103977
894368	582230	312138	82798	229340
222163	212974	9188	5986	3202
232627	132388	100239	22509	77730
97552	69625	27926	20220	7707
697573	181666	515907	57813	458094
41321	31741	9579	5163	4416

6-50 公共财政预算教育事业费

地区	合计	个人部分	工资福利支出	对个人和家庭的补助支出	#助学金
合计	**37805689**	**21655505**	**17499940**	**4155564**	**1601153**
北京	681382	529752	462904	66848	31
天津	396612	179937	128269	51668	1007
河北	2662207	2002029	1832891	169138	31028
山西	969325	608382	489257	119125	65048
内蒙古	1447826	996964	900922	96042	39456
辽宁	415678	148035	122273	25763	1380
吉林	509890	295206	245485	49721	2877
黑龙江	562292	354491	303593	50898	2540
上海	1058410	746552	720714	25838	6577
江苏	2647153	1237650	1021595	216055	97528
浙江	1921299	1161720	986364	175356	10396
安徽	1273475	542431	446024	96407	18674
福建	1544981	935661	810705	124957	12531
江西	940563	318074	255650	62424	12780
山东	2534493	1217873	940475	277398	170121
河南	1493947	646620	557803	88816	88816
湖北	752015	495783	419923	75860	14579
湖南	1028433	559318	411365	147954	92017
广东	1198876	729086	608400	120685	46213
广西	959637	473595	289161	184434	67731
海南	288927	126243	110227	16016	10666
重庆	568784	227390	157116	70274	59381
四川	2251246	1351615	969895	381720	177718
贵州	1268022	866991	683964	183027	12130
云南	1042293	570267	505416	64852	32711
西藏	762873	386302	163614	222689	179471
陕西	2976891	1456728	1170129	286599	114686
甘肃	938939	624589	530897	93692	16698
青海	306709	192567	122212	70355	63170
宁夏	175643	76852	73684	3167	2548
新疆	2226868	1596799	1059012	537787	150646
大连	115171	25429	23136	2293	261
宁波	405862	270367	244424	25944	6231
厦门	33627	28320	24821	3498	292
青岛	340666	104117	94304	9813	5075
深圳					

支出明细(农村幼儿园)

单位：千元

公用部分	商品和服务支出	其他资本性支出	专项公用支出	专项项目支出
16150184	**5090935**	**11059249**	**1702083**	**9357165**
151630	126397	25233	21430	3803
216675	40725	175949	35983	139967
660178	141484	518694	70598	448096
360943	155125	205818	23003	182815
450863	206630	244233	71895	172338
267642	142735	124907	9142	115765
214684	73117	141568	19981	121587
207801	79016	128785	10291	118494
311858	256638	55220	40646	14574
1409503	309279	1100224	103193	997031
759578	301033	458545	119651	338895
731044	91759	639285	86597	552688
609319	117588	491731	63088	428643
622489	82404	540086	73709	466377
1316620	151198	1165423	129958	1035465
847327	333725	513602	67034	446568
256231	63189	193043	26034	167008
469115	102724	366391	48743	317647
469791	109836	359954	106449	253505
486042	70018	416023	93328	322695
162684	23072	139611	44323	95288
341394	163058	178336	30080	148257
899631	313265	586366	55325	531042
401031	224653	176377	28432	147945
472026	119554	352472	31967	320505
376571	85255	291316	47396	243920
1520162	673990	846172	115457	730715
314350	70150	244200	41102	203098
114142	61280	52862	14192	38670
98792	8346	90446	8958	81487
630068	393692	236377	64099	172278
89742	87111	2631	2427	204
135495	64022	71473	13377	58097
5307	4947	361	352	8
236550	41448	195101	19832	175270

6-51 公共财政预算教育事业费

地区	合计	个人部分	工资福利支出	对个人和家庭的补助支出	#助学金
合计	**37641815**	**21560397**	**17425523**	**4134874**	**1589295**
北京	681382	529752	462904	66848	31
天津	396612	179937	128269	51668	1007
河北	2662207	2002029	1832891	169138	31028
山西	969325	608382	489257	119125	65048
内蒙古	1447826	996964	900922	96042	39456
辽宁	415678	148035	122273	25763	1380
吉林	508603	293918	244198	49721	2877
黑龙江	542272	337856	287159	50698	2534
上海	1058410	746552	720714	25838	6577
江苏	2647153	1237650	1021595	216055	97528
浙江	1921299	1161720	986364	175356	10396
安徽	1273475	542431	446024	96407	18674
福建	1544981	935661	810705	124957	12531
江西	940563	318074	255650	62424	12780
山东	2534493	1217873	940475	277398	170121
河南	1493947	646620	557803	88816	88816
湖北	752015	495783	419923	75860	14579
湖南	1028433	559318	411365	147954	92017
广东	1198859	729068	608400	120668	46196
广西	959637	473595	289161	184434	67731
海南	288523	125923	109907	16016	10666
重庆	568784	227390	157116	70274	59381
四川	2251246	1351615	969895	381720	177718
贵州	1268022	866991	683964	183027	12130
云南	1042293	570267	505416	64852	32711
西藏	762873	386302	163614	222689	179471
陕西	2976819	1456709	1170121	286588	114677
甘肃	934249	620092	526406	93686	16698
青海	306709	192567	122212	70355	63170
宁夏	175643	76852	73684	3167	2548
新疆	2089485	1524468	1007136	517331	138819
大连	115171	25429	23136	2293	261
宁波	405862	270367	244424	25944	6231
厦门	33627	28320	24821	3498	292
青岛	340666	104117	94304	9813	5075
深圳					

支出明细(地方农村幼儿园)

单位：千元

公用部分	商品和服务支出	其他资本性支出	专项公用支出	专项项目支出
16081418	5069797	11011620	1699360	9312260
151630	126397	25233	21430	3803
216675	40725	175949	35983	139967
660178	141484	518694	70598	448096
360943	155125	205818	23003	182815
450863	206630	244233	71895	172338
267642	142735	124907	9142	115765
214684	73117	141568	19981	121587
204415	75910	128505	10259	118246
311858	256638	55220	40646	14574
1409503	309279	1100224	103193	997031
759578	301033	458545	119651	338895
731044	91759	639285	86597	552688
609319	117588	491731	63088	428643
622489	82404	540086	73709	466377
1316620	151198	1165423	129958	1035465
847327	333725	513602	67034	446568
256231	63189	193043	26034	167008
469115	102724	366391	48743	317647
469791	109836	359954	106449	253505
486042	70018	416023	93328	322695
162600	22989	139611	44323	95288
341394	163058	178336	30080	148257
899631	313265	586366	55325	531042
401031	224653	176377	28432	147945
472026	119554	352472	31967	320505
376571	85255	291316	47396	243920
1520110	673937	846172	115457	730715
314157	70081	244075	41043	203032
114142	61280	52862	14192	38670
98792	8346	90446	8958	81487
565018	375864	189154	61468	127686
89742	87111	2631	2427	204
135495	64022	71473	13377	58097
5307	4947	361	352	8
236550	41448	195101	19832	175270

6-52 公共财政预算教育事业费

地区	合计	个人部分	工资福利支出	对个人和家庭的补助支出	#助学金
合计	**27784854**	**12242164**	**8193749**	**4048415**	
北京	3553001	319300	258546	60754	
天津	253848	224158	113555	110603	
河北	505672	340918	235713	105204	
山西	938054	578933	416834	162099	
内蒙古	621810	291564	251569	39994	
辽宁	529481	274520	175154	99366	
吉林	359276	166608	110076	56532	
黑龙江	1178174	439847	247736	192111	
上海	216443	158417	130167	28249	
江苏	1149322	657034	407901	249133	
浙江	864708	540259	385316	154943	
安徽	555082	313409	212368	101041	
福建	449225	270746	190445	80301	
江西	684858	361733	234280	127452	
山东	1425788	962350	729539	232812	
河南	843081	267196	264996	2199	
湖北	1017513	584517	390224	194293	
湖南	1485621	797069	498338	298731	
广东	2518033	926613	591339	335274	
广西	730825	200728	123396	77332	
海南	272309	135602	98347	37254	
重庆	496789	175140	135494	39647	
四川	1399861	701999	394776	307223	
贵州	1322194	678227	403098	275129	
云南	1239334	365413	241189	124224	
西藏	211428	124236	85100	39136	
陕西	843384	261533	173410	88124	
甘肃	624215	375047	248326	126721	
青海	278479	123685	58083	65602	
宁夏	128135	88565	82551	6014	
新疆	1088910	536800	305883	230917	
大连	100920	38946	31290	7656	
宁波	95959	81577	60469	21108	
厦门	68949	25477	19986	5491	
青岛	213681	118900	83820	35081	
深圳	275272	114105	80541	33563	

支出明细(教育行政单位)

单位：千元

公用部分				
	商品和服务支出	其他资本性支出		
			专项公用支出	专项项目支出
15542690	**10717896**	**4824794**	**2052391**	**2772403**
3233701	3126618	107083	91032	16052
29691	28699	992	992	
164754	147299	17456	8572	8883
359121	268935	90187	32310	57877
330246	191933	138313	37303	101010
254961	227378	27583	24712	2872
192668	146052	46616	33891	12725
738327	371357	366970	206839	160132
58026	55584	2442	2442	
492288	364545	127743	40584	87159
324449	293916	30533	27664	2869
241673	200685	40988	16359	24630
178479	122735	55745	20161	35583
323125	188644	134481	36052	98429
463438	349910	113528	95825	17703
575885	455542	120342	77967	42376
432996	259929	173067	73422	99645
688552	487599	200953	152326	48627
1591420	990057	601363	312434	288929
530098	216683	313415	79429	233986
136707	120505	16203	10159	6044
321649	269411	52238	29449	22789
697862	440520	257342	80464	176878
643967	334774	309193	142995	166198
873921	325678	548243	129459	418784
87192	52575	34618	7842	26775
581851	207229	374621	42631	331990
249168	154911	94258	53322	40936
154794	83254	71540	35245	36295
39570	36713	2857	2152	705
552110	198229	353882	148359	205523
61974	51114	10860	10860	
14382	13125	1257	1257	
43473	30069	13404	5604	7800
94780	65368	29412	26474	2938
161168	157169	3999	3999	

6-53 公共财政预算教育事业费

地区	合计	个人部分	工资福利支出	对个人和家庭的补助支出	#助学金
合计	**24669436**	**12159521**	**8118537**	**4040984**	
北京	476669	254743	196224	58518	
天津	253848	224158	113555	110603	
河北	505672	340918	235713	105204	
山西	938054	578933	416834	162099	
内蒙古	621810	291564	251569	39994	
辽宁	529481	274520	175154	99366	
吉林	359276	166608	110076	56532	
黑龙江	1171725	437008	245526	191482	
上海	216443	158417	130167	28249	
江苏	1149322	657034	407901	249133	
浙江	864708	540259	385316	154943	
安徽	555082	313409	212368	101041	
福建	449225	270746	190445	80301	
江西	684858	361733	234280	127452	
山东	1425788	962350	729539	232812	
河南	843081	267196	264996	2199	
湖北	1017513	584517	390224	194293	
湖南	1485621	797069	498338	298731	
广东	2518033	926613	591339	335274	
广西	730825	200728	123396	77332	
海南	272309	135602	98347	37254	
重庆	496789	175140	135494	39647	
四川	1399861	701999	394776	307223	
贵州	1322194	678227	403098	275129	
云南	1239334	365413	241189	124224	
西藏	211428	124236	85100	39136	
陕西	843384	261533	173410	88124	
甘肃	624215	375047	248326	126721	
青海	278479	123685	58083	65602	
宁夏	128135	88565	82551	6014	
新疆	1056275	521554	295203	226350	
大连	100920	38946	31290	7656	
宁波	95959	81577	60469	21108	
厦门	68949	25477	19986	5491	
青岛	213681	118900	83820	35081	
深圳	275272	114105	80541	33563	

支出明细(地方教育行政单位)

单位：千元

公用部分	商品和服务支出	其他资本性支出	专项公用支出	专项项目支出
12509915	**7687200**	**4822715**	**2050311**	**2772403**
221926	116455	105471	89419	16052
29691	28699	992	992	
164754	147299	17456	8572	8883
359121	268935	90187	32310	57877
330246	191933	138313	37303	101010
254961	227378	27583	24712	2872
192668	146052	46616	33891	12725
734717	367747	366970	206839	160132
58026	55584	2442	2442	
492288	364545	127743	40584	87159
324449	293916	30533	27664	2869
241673	200685	40988	16359	24630
178479	122735	55745	20161	35583
323125	188644	134481	36052	98429
463438	349910	113528	95825	17703
575885	455542	120342	77967	42376
432996	259929	173067	73422	99645
688552	487599	200953	152326	48627
1591420	990057	601363	312434	288929
530098	216683	313415	79429	233986
136707	120505	16203	10159	6044
321649	269411	52238	29449	22789
697862	440520	257342	80464	176878
643967	334774	309193	142995	166198
873921	325678	548243	129459	418784
87192	52575	34618	7842	26775
581851	207229	374621	42631	331990
249168	154911	94258	53322	40936
154794	83254	71540	35245	36295
39570	36713	2857	2152	705
534721	181306	353415	147892	205523
61974	51114	10860	10860	
14382	13125	1257	1257	
43473	30069	13404	5604	7800
94780	65368	29412	26474	2938
161168	157169	3999	3999	

6-54 公共财政预算教育事业费

地区	合计	个人部分	工资福利支出	对个人和家庭的补助支出	#助学金
合计	**48219751**	**21746307**	**14771017**	**6975290**	**200473**
北京	4106847	1685997	1222402	463594	
天津	2863070	899957	380819	519139	
河北	1792640	1039012	707583	331429	
山西	1248212	752790	431854	320936	1531
内蒙古	990088	550867	504564	46303	
辽宁	1739924	1103467	809264	294203	
吉林	1443345	588356	360847	227509	
黑龙江	863359	469308	282244	187064	
上海	3153959	1338154	1206712	131443	
江苏	2295659	1256595	760761	495834	
浙江	2699576	1535076	1100950	434126	56
安徽	524641	255521	189479	66042	
福建	2211775	657132	478879	178253	546
江西	1165689	377706	264916	112790	
山东	3365093	1361086	941461	419625	
河南	1514521	789376	628115	161260	
湖北	1785948	767391	509686	257705	
湖南	838067	422958	267880	155078	
广东	2631380	1041597	731852	309745	
广西	1353355	652741	368393	284348	
海南	100467	44593	38509	6084	
重庆	552369	171211	139678	31533	
四川	2066605	1245866	778308	467558	13867
贵州	484529	266950	85786	181164	102013
云南	1788912	284745	201484	83261	
西藏	473531	199699	114637	85062	
陕西	1309605	914181	595981	318200	
甘肃	258740	157722	121804	35919	
青海	437143	176257	125671	50587	
宁夏	158826	96998	95603	1395	
新疆	2001876	642996	324896	318100	82460
大连	249558	151683	131692	19992	
宁波	391872	213954	164538	49416	
厦门	796679	103540	80140	23400	
青岛	412828	277407	184173	93234	
深圳	394923	160711	128669	32042	

支出明细(教育事业单位)

单位：千元

公用部分	商品和服务支出	其他资本性支出		
			专项公用支出	专项项目支出
26473444	**12284395**	**14189050**	**4059081**	**10129969**
2420850	1887095	533755	331737	202019
1963112	217200	1745912	99693	1646219
753628	202478	551150	40962	510188
495422	288673	206750	57471	149279
439221	197474	241747	112834	128913
636457	441159	195298	66509	128789
854988	310063	544926	76068	468858
394051	303093	90958	23885	67073
1815805	1267987	547818	461650	86168
1039064	449102	589962	100588	489374
1164500	648710	515790	171913	343878
269120	199183	69938	50302	19636
1554643	320774	1233869	200712	1033157
787983	231517	556466	73778	482687
2004007	336161	1667846	93434	1574412
725145	481369	243776	142156	101620
1018557	344710	673847	628943	44904
415109	257127	157982	35184	122798
1589782	809429	780353	439881	340472
700614	299752	400862	96729	304134
55874	50363	5512	4321	1191
381158	250336	130822	63184	67638
820739	514655	306084	204645	101439
217579	134582	82997	15459	67538
1504166	435010	1069156	32632	1036524
273832	206296	67536	40864	26672
395424	212278	183146	42538	140608
101017	62024	38994	34590	4403
260886	93662	167224	103934	63291
61828	34085	27742	27686	56
1358880	798049	560831	184798	376033
97875	56223	41652	32607	9045
177918	114906	63011	17484	45527
693140	118722	574417	163461	410956
135421	89612	45808	34165	11643
234212	206011	28201	26091	2110

6-55 公共财政预算教育事业费

地区	合计	个人部分	工资福利支出	对个人和家庭的补助支出	#助学金
合计	**47492143**	**21622552**	**14686871**	**6935681**	**200473**
北京	3410849	1588268	1155303	432965	
天津	2863070	899957	380819	519139	
河北	1792640	1039012	707583	331429	
山西	1248212	752790	431854	320936	1531
内蒙古	990088	550867	504564	46303	
辽宁	1739924	1103467	809264	294203	
吉林	1443345	588356	360847	227509	
黑龙江	856435	463752	278622	185130	
上海	3153959	1338154	1206712	131443	
江苏	2295659	1256595	760761	495834	
浙江	2699576	1535076	1100950	434126	56
安徽	524641	255521	189479	66042	
福建	2211775	657132	478879	178253	546
江西	1165689	377706	264916	112790	
山东	3365093	1361086	941461	419625	
河南	1514521	789376	628115	161260	
湖北	1785948	767391	509686	257705	
湖南	838067	422958	267880	155078	
广东	2631380	1041597	731852	309745	
广西	1353355	652741	368393	284348	
海南	100467	44593	38509	6084	
重庆	552369	171211	139678	31533	
四川	2066605	1245866	778308	467558	13867
贵州	484529	266950	85786	181164	102013
云南	1788912	284745	201484	83261	
西藏	473531	199699	114637	85062	
陕西	1309605	914181	595981	318200	
甘肃	258740	157722	121804	35919	
青海	437143	176257	125671	50587	
宁夏	158826	96998	95603	1395	
新疆	1977189	622525	311470	311054	82460
大连	249558	151683	131692	19992	
宁波	391872	213954	164538	49416	
厦门	796679	103540	80140	23400	
青岛	412828	277407	184173	93234	
深圳	394923	160711	128669	32042	

支出明细(地方教育事业单位)

单位：千元

公用部分	商品和服务支出	其他资本性支出		
			专项公用支出	专项项目支出
25869591	**11724224**	**14145367**	**4016658**	**10128709**
1822580	1332347	490234	289475	200759
1963112	217200	1745912	99693	1646219
753628	202478	551150	40962	510188
495422	288673	206750	57471	149279
439221	197474	241747	112834	128913
636457	441159	195298	66509	128789
854988	310063	544926	76068	468858
392683	301725	90958	23885	67073
1815805	1267987	547818	461650	86168
1039064	449102	589962	100588	489374
1164500	648710	515790	171913	343878
269120	199183	69938	50302	19636
1554643	320774	1233869	200712	1033157
787983	231517	556466	73778	482687
2004007	336161	1667846	93434	1574412
725145	481369	243776	142156	101620
1018557	344710	673847	628943	44904
415109	257127	157982	35184	122798
1589782	809429	780353	439881	340472
700614	299752	400862	96729	304134
55874	50363	5512	4321	1191
381158	250336	130822	63184	67638
820739	514655	306084	204645	101439
217579	134582	82997	15459	67538
1504166	435010	1069156	32632	1036524
273832	206296	67536	40864	26672
395424	212278	183146	42538	140608
101017	62024	38994	34590	4403
260886	93662	167224	103934	63291
61828	34085	27742	27686	56
1354665	793994	560670	184638	376033
97875	56223	41652	32607	9045
177918	114906	63011	17484	45527
693140	118722	574417	163461	410956
135421	89612	45808	34165	11643
234212	206011	28201	26091	2110

6-56 公共财政预算教育事业费

地区	合计	个人部分	工资福利支出	对个人和家庭的补助支出	#助学金
合　计	**52105286**	**10178974**	**6697225**	**3481749**	**57443**
北　京	4250881	656736	358804	297932	12627
天　津	10824200	313689	75553	238136	
河　北	697355	419891	291788	128103	101
山　西	635666	241209	204479	36730	
内蒙古	369715	218069	210569	7501	
辽　宁	2549812	316828	223799	93028	
吉　林	1303369	271943	171257	100686	
黑龙江	400652	241229	146283	94946	692
上　海	503464	240594	204511	36083	1441
江　苏	2012138	571441	335344	236096	
浙　江	2241261	595954	407742	188212	285
安　徽	2277582	227083	153686	73397	
福　建	480182	243481	184830	58650	201
江　西	477359	219739	143898	75841	108
山　东	3054782	805869	513175	292694	
河　南	2658053	264157	263122	1035	
湖　北	1212363	478154	297773	180381	21200
湖　南	2080834	471961	362567	109394	8755
广　东	4179530	604495	408488	196006	817
广　西	1252391	265130	156410	108720	
海　南	42175	24225	18127	6098	
重　庆	398401	105412	100028	5384	
四　川	1254842	591515	308370	283145	11129
贵　州	455753	270488	154138	116350	
云　南	1583172	283152	210996	72156	
西　藏	116694	66231	43931	22299	
陕　西	2249866	292710	154844	137867	88
甘　肃	608136	265788	178077	87711	
青　海	354173	93752	78883	14869	
宁　夏	146063	57393	56885	509	
新　疆	1434426	460654	278867	181788	
大　连	575173	34367	27832	6535	
宁　波	162625	64901	45090	19811	
厦　门	62965	28087	19069	9019	
青　岛	311106	131476	62918	68559	
深　圳	127753	70284	57477	12807	

支出明细(其他教育机构)

单位：千元

公用部分	商品和服务支出	其他资本性支出		
			专项公用支出	专项项目支出
41926311	**11543334**	**30382977**	**10489570**	**19893407**
3594145	2441703	1152442	328008	824434
10510511	538546	9971965	5560035	4411930
277464	159052	118412	14527	103885
394456	298904	95552	28353	67200
151645	82485	69160	37549	31611
2232984	668454	1564531	84384	1480146
1031426	326870	704556	274357	430199
159423	137695	21728	6178	15551
262870	235919	26952	21730	5222
1440697	239505	1201193	22984	1178208
1645307	561308	1083999	28778	1055221
2050498	1488647	561851	22752	539099
236701	155145	81556	13826	67730
257619	117062	140557	7164	133393
2248913	359831	1889081	74357	1814724
2393896	305960	2087936	1719956	367979
734209	184822	549387	192155	357232
1608873	262434	1346439	764419	582020
3575035	480719	3094316	655530	2438787
987261	118222	869039	47674	821365
17950	11637	6313	3121	3192
292988	132769	160220	23098	137121
663327	432055	231271	91418	139853
185265	87949	97316	23652	73664
1300019	364909	935110	84213	850897
50463	21855	28608	20649	7960
1957156	369418	1587738	237411	1350327
342348	220757	121590	61152	60438
260421	54536	205885	13813	192072
88669	42837	45833	4146	41687
973772	641332	332440	22181	310258
540806	199963	340842	7386	333456
97724	35394	62331	4592	57739
34878	31706	3171	2880	292
179630	58981	120649	6027	114622
57469	53742	3727	3727	

6-57 公共财政预算教育事业费

地区	合计				
		个人部分			
			工资福利支出	对个人和家庭的补助支出	
					#助学金
合计	**51223906**	**9874554**	**6540522**	**3334032**	**43747**
北京	3570959	460538	262364	198174	
天津	10824200	313689	75553	238136	
河北	697355	419891	291788	128103	101
山西	635666	241209	204479	36730	
内蒙古	369715	218069	210569	7501	
辽宁	2549812	316828	223799	93028	
吉林	1303369	271943	171257	100686	
黑龙江	398576	239564	144855	94709	692
上海	452230	227873	192924	34950	371
江苏	2012138	571441	335344	236096	
浙江	2241261	595954	407742	188212	285
安徽	2277582	227083	153686	73397	
福建	442755	237896	180496	57400	201
江西	477359	219739	143898	75841	108
山东	3054782	805869	513175	292694	
河南	2658053	264157	263122	1035	
湖北	1212363	478154	297773	180381	21200
湖南	2080834	471961	362567	109394	8755
广东	4179530	604495	408488	196006	817
广西	1252391	265130	156410	108720	
海南	42175	24225	18127	6098	
重庆	398401	105412	100028	5384	
四川	1254842	591515	308370	283145	11129
贵州	455753	270488	154138	116350	
云南	1583172	283152	210996	72156	
西藏	116694	66231	43931	22299	
陕西	2249866	292710	154844	137867	88
甘肃	608136	265788	178077	87711	
青海	354173	93752	78883	14869	
宁夏	146063	57393	56885	509	
新疆	1323706	372402	235953	136449	
大连	575173	34367	27832	6535	
宁波	162625	64901	45090	19811	
厦门	62965	28087	19069	9019	
青岛	311106	131476	62918	68559	
深圳	127753	70284	57477	12807	

支出明细(地方其他教育机构)

单位：千元

公用部分	商品和服务支出	其他资本性支出		
			专项公用支出	专项项目支出
41349352	**11131473**	**30217879**	**10462003**	**19755877**
3110421	2117733	992688	302969	689718
10510511	538546	9971965	5560035	4411930
277464	159052	118412	14527	103885
394456	298904	95552	28353	67200
151645	82485	69160	37549	31611
2232984	668454	1564531	84384	1480146
1031426	326870	704556	274357	430199
159011	137283	21728	6178	15551
224357	198490	25867	20644	5222
1440697	239505	1201193	22984	1178208
1645307	561308	1083999	28778	1055221
2050498	1488647	561851	22752	539099
204859	123479	81380	13826	67555
257619	117062	140557	7164	133393
2248913	359831	1889081	74357	1814724
2393896	305960	2087936	1719956	367979
734209	184822	549387	192155	357232
1608873	262434	1346439	764419	582020
3575035	480719	3094316	655530	2438787
987261	118222	869039	47674	821365
17950	11637	6313	3121	3192
292988	132769	160220	23098	137121
663327	432055	231271	91418	139853
185265	87949	97316	23652	73664
1300019	364909	935110	84213	850897
50463	21855	28608	20649	7960
1957156	369418	1587738	237411	1350327
342348	220757	121590	61152	60438
260421	54536	205885	13813	192072
88669	42837	45833	4146	41687
951304	622948	328357	20738	307619
540806	199963	340842	7386	333456
97724	35394	62331	4592	57739
34878	31706	3171	2880	292
179630	58981	120649	6027	114622
57469	53742	3727	3727	

第七部分

各地区教育和其他部门各级各类学校生均教育经费支出

7-1 生均教育经费支出(高等学校)

单位：元

地区	教育经费支出	个人和公用部分支出	个人部分	公用部分	基本建设支出
合计	**26230.01**	**25680.70**	**12004.02**	**13676.68**	**549.30**
北京	60396.71	59290.60	25363.63	33926.97	1106.11
天津	33548.41	32730.74	14916.63	17814.11	817.67
河北	18951.97	18664.42	9497.37	9167.05	287.56
山西	19193.22	18942.14	9612.56	9329.57	251.08
内蒙古	25286.50	24831.75	13027.29	11804.46	454.75
辽宁	25583.47	25011.83	11478.49	13533.35	571.63
吉林	21455.39	21155.83	10851.54	10304.29	299.57
黑龙江	23485.68	23290.13	10280.18	13009.96	195.55
上海	57341.12	53939.53	20433.51	33506.02	3401.59
江苏	30388.34	30087.19	14692.08	15395.12	301.15
浙江	36799.75	36620.95	15381.10	21239.85	178.80
安徽	19710.72	19373.87	8528.44	10845.43	336.86
福建	25251.84	24975.13	12166.93	12808.20	276.71
江西	18022.34	17910.08	9508.43	8401.65	112.27
山东	19164.63	18918.42	9202.89	9715.52	246.22
河南	18226.62	18072.08	8421.50	9650.59	154.54
湖北	23474.04	23066.37	12144.79	10921.58	407.68
湖南	19419.65	19205.72	8872.52	10333.20	213.93
广东	24974.40	24163.19	12189.03	11974.16	811.22
广西	19624.27	19222.93	9170.77	10052.16	401.34
海南	23207.79	22434.06	11251.58	11182.47	773.73
重庆	24832.03	24680.64	10987.40	13693.24	151.39
四川	22834.62	22428.72	11277.89	11150.83	405.90
贵州	18165.29	17219.02	9181.53	8037.49	946.27
云南	19647.74	19243.14	9845.61	9397.53	404.61
西藏	28871.37	23583.82	15314.04	8269.78	5287.55
陕西	26053.62	25517.81	10483.87	15033.94	535.81
甘肃	21162.65	20166.30	9870.42	10295.88	996.35
青海	30794.38	22529.38	13849.98	8679.40	8265.00
宁夏	27431.74	26111.58	13034.08	13077.50	1320.15
新疆	21110.01	20400.02	10833.90	9566.12	709.99
大连	50097.90	48036.73	11232.62	36804.11	2061.17
宁波	35139.13	35126.80	14126.35	21000.45	12.33
厦门	27479.47	25433.69	12422.70	13011.00	2045.77
青岛	34877.47	34877.47	15831.12	19046.35	
深圳	49578.27	41038.13	17979.03	23059.10	8540.14

7-2 生均公共财政预算教育经费支出(高等学校)

单位：元

地区	公共财政预算教育经费支出	事业费支出	个人部分	公用部分	基本建设支出
合计	**16797.66**	**16179.22**	**8525.13**	**7654.09**	**618.44**
北京	40401.25	39097.94	20699.14	18398.81	1303.31
天津	23010.57	22145.00	10362.56	11782.45	865.57
河北	12954.53	12628.46	6057.28	6571.18	326.07
山西	11944.54	11670.77	6509.27	5161.50	273.77
内蒙古	18301.61	17800.44	10615.98	7184.46	501.16
辽宁	15442.94	14833.40	6826.35	8007.05	609.54
吉林	16373.53	16030.48	9215.73	6814.74	343.05
黑龙江	15310.58	15091.35	9116.20	5975.15	219.23
上海	32957.78	29079.10	12491.77	16587.33	3878.68
江苏	18298.75	17972.32	9856.71	8115.61	326.43
浙江	15172.57	14966.48	8723.75	6242.73	206.09
安徽	12652.62	12285.73	5383.40	6902.33	366.88
福建	15743.87	15438.33	7843.83	7594.50	305.53
江西	12809.77	12684.69	6530.12	6154.57	125.08
山东	13476.03	13196.91	8007.10	5189.81	279.12
河南	12429.95	12263.52	5738.71	6524.82	166.42
湖北	14721.13	14265.12	8508.27	5756.85	456.01
湖南	13396.19	13149.76	6569.48	6580.28	246.43
广东	16915.37	15927.25	9566.71	6360.54	988.12
广西	13373.43	12896.84	6176.46	6720.39	476.58
海南	14910.95	14067.52	6359.50	7708.02	843.43
重庆	14440.22	14272.13	6284.98	7987.15	168.09
四川	14485.44	14020.36	7834.93	6185.43	465.08
贵州	14346.55	13240.39	7126.91	6113.48	1106.16
云南	12111.34	11628.72	6532.91	5095.81	482.62
西藏	28960.44	22714.97	15976.75	6738.22	6245.46
陕西	16309.93	15723.48	7798.28	7925.20	586.45
甘肃	15036.75	13952.47	5913.72	8038.75	1084.29
青海	22687.75	13590.75	9087.18	4503.56	9097.00
宁夏	21257.69	19784.24	9738.19	10046.05	1473.45
新疆	15300.51	14502.09	8858.41	5643.68	798.42
大连	49478.98	47068.21	9161.70	37906.52	2410.77
宁波	17095.16	17079.69	8388.84	8690.85	15.47
厦门	19791.04	17585.80	7979.09	9606.71	2205.25
青岛	33665.89	33665.89	17880.34	15785.55	
深圳	35474.14	24903.11	16019.90	8883.21	10571.03

7-3 生均教育经费支出(中央属高等学校)

单位：元

地区	教育经费支出	个人和公用部分支出			基本建设支出
			个人部分	公用部分	
合 计	**46001.22**	**44975.42**	**20053.63**	**24921.79**	**1025.80**
北 京	60349.11	58915.80	25797.45	33118.35	1433.31
天 津	55236.27	51576.58	22734.97	28841.60	3659.70
河 北	25652.56	25069.24	13720.54	11348.70	583.32
山 西					
内蒙古					
辽 宁	46209.97	44812.75	18761.56	26051.19	1397.22
吉 林	30421.35	29904.24	15169.40	14734.84	517.11
黑龙江	47297.12	46739.95	17988.39	28751.56	557.17
上 海	57805.89	56622.21	23215.56	33406.64	1183.68
江 苏	42404.15	41685.68	20282.40	21403.28	718.47
浙 江	105968.39	105968.39	28029.92	77938.47	
安 徽	42684.34	42272.92	16323.45	25949.47	411.42
福 建	47138.70	46339.99	22180.88	24159.11	798.71
江 西					
山 东	37934.69	36623.52	16146.98	20476.54	1311.17
河 南	36317.47	36317.47	18852.17	17465.30	
湖 北	32417.52	31580.64	16268.09	15312.55	836.89
湖 南	26411.23	25946.80	13151.09	12795.72	464.43
广 东	42487.31	40841.40	19693.36	21148.04	1645.92
广 西					
海 南					
重 庆	30211.43	29898.46	14971.09	14927.37	312.97
四 川	38283.89	37614.98	19211.85	18403.13	668.92
贵 州					
云 南					
西 藏					
陕 西	41257.12	40775.40	16902.54	23872.86	481.72
甘 肃	35529.46	34228.48	18694.79	15533.69	1300.98
青 海					
宁 夏	32421.04	29814.22	11003.93	18810.29	2606.82
新 疆					
大 连					
宁 波					
厦 门					
青 岛					
深 圳					

7-4 生均公共财政预算教育经费支出(中央属高等学校)

单位：元

地 区	公共财政预算教育经费支出	事业费支出			基本建设支出
			个人部分	公用部分	
合 计	**26600.34**	**25437.06**	**14341.95**	**11095.11**	**1163.28**
北 京	34299.74	32639.97	19417.90	13222.07	1659.77
天 津	32815.40	29046.70	15646.35	13400.35	3768.71
河 北	17125.38	16506.90	8746.07	7760.83	618.48
山 西					
内蒙古					
辽 宁	25972.40	24525.79	12926.16	11599.63	1446.61
吉 林	23380.34	22778.58	12860.15	9918.43	601.76
黑龙江	24515.71	23901.09	14612.81	9288.28	614.62
上 海	31235.88	29944.63	15321.06	14623.57	1291.25
江 苏	26446.02	25652.45	13505.37	12147.08	793.57
浙 江	14129.76	14129.76	11117.00	3012.76	
安 徽	22260.71	21825.55	12861.37	8964.18	435.16
福 建	27174.29	26351.70	14943.14	11408.57	822.58
江 西					
山 东	25984.44	24348.73	13405.62	10943.11	1635.71
河 南	31516.29	31516.29	13442.83	18073.46	
湖 北	21120.34	20149.96	10840.15	9309.81	970.39
湖 南	18435.18	17874.68	9369.31	8505.37	560.50
广 东	27015.06	25104.67	13771.54	11333.13	1910.39
广 西					
海 南					
重 庆	18714.31	18329.85	11077.69	7252.16	384.45
四 川	22571.27	21807.17	13278.70	8528.47	764.10
贵 州					
云 南					
西 藏					
陕 西	25076.44	24529.72	13469.19	11060.53	546.72
甘 肃	25038.60	23671.39	13524.39	10147.00	1367.22
青 海					
宁 夏	28556.73	25949.91	10086.10	15863.82	2606.82
新 疆					
大 连					
宁 波					
厦 门					
青 岛					
深 圳					

7-5 生均教育经费支出(地方高等学校)

单位：元

地区	教育经费支出	个人和公用部分支出			基本建设支出
			个人部分	公用部分	
合计	**21903.35**	**21458.32**	**10242.48**	**11215.85**	**445.03**
北京	60539.00	60411.02	24066.77	36344.26	127.97
天津	27676.92	27628.67	12800.00	14828.67	48.26
河北	18581.55	18310.35	9263.90	9046.45	271.21
山西	19193.22	18942.14	9612.56	9329.57	251.08
内蒙古	25286.50	24831.75	13027.29	11804.46	454.75
辽宁	22024.75	21595.56	10221.93	11373.63	429.19
吉林	18481.05	18253.65	9419.15	8834.50	227.40
黑龙江	18586.67	18465.53	8694.28	9771.25	121.15
上海	56960.60	51743.15	18155.77	33587.38	5217.46
江苏	26761.33	26586.14	13004.61	13581.53	175.18
浙江	29296.46	29098.27	14008.97	15089.29	198.19
安徽	17396.42	17067.07	7743.19	9323.89	329.35
福建	21914.80	21717.67	10640.12	11077.55	197.12
江西	18022.34	17910.08	9508.43	8401.65	112.27
山东	16938.27	16818.37	8379.24	8439.13	119.90
河南	18176.21	18021.25	8392.43	9628.82	154.97
湖北	18385.96	18222.47	9798.99	8423.48	163.50
湖南	18107.10	17940.19	8069.29	9870.91	166.90
广东	22348.75	21662.68	11063.93	10598.75	686.07
广西	19624.27	19222.93	9170.77	10052.16	401.34
海南	23207.79	22434.06	11251.58	11182.47	773.73
重庆	23033.98	22936.60	9655.87	13280.73	97.38
四川	18113.29	17787.77	8853.25	8934.52	325.52
贵州	18165.29	17219.02	9181.53	8037.49	946.27
云南	19647.74	19243.14	9845.61	9397.53	404.61
西藏	28871.37	23583.82	15314.04	8269.78	5287.55
陕西	20546.10	19990.69	8158.68	11832.01	555.41
甘肃	18578.23	17636.68	8283.02	9353.67	941.55
青海	30794.38	22529.38	13849.98	8679.40	8265.00
宁夏	26140.62	25153.43	13559.43	11594.00	987.19
新疆	21110.01	20400.02	10833.90	9566.12	709.99
大连	50097.90	48036.73	11232.62	36804.11	2061.17
宁波	35139.13	35126.80	14126.35	21000.45	12.33
厦门	27479.47	25433.69	12422.70	13011.00	2045.77
青岛	33995.42	33995.42	15831.12	18164.30	
深圳	49578.27	41038.13	17979.03	23059.10	8540.14

7-6 生均公共财政预算教育经费支出(地方高等学校)

单位：元

地 区	公共财政预算教育经费支出	事业费支出			基本建设支出
			个人部分	公用部分	
合 计	**14671.26**	**14171.00**	**7263.34**	**6907.66**	**500.26**
北 京	59986.07	59826.95	24811.68	35015.27	159.12
天 津	20261.12	20209.65	8880.89	11328.76	51.47
河 北	12706.99	12398.28	5897.70	6500.57	308.72
山 西	11944.54	11670.77	6509.27	5161.50	273.77
内蒙古	18301.61	17800.44	10615.98	7184.46	501.16
辽 宁	13562.23	13102.20	5736.84	7365.36	460.03
吉 林	14098.21	13839.18	8032.29	5806.89	259.04
黑龙江	13379.35	13243.08	7963.02	5280.06	136.27
上 海	34488.06	28309.88	9977.33	18332.56	6178.17
江 苏	15898.78	15709.96	8781.91	6928.05	188.82
浙 江	15293.19	15063.26	8446.95	6616.31	229.93
安 徽	11652.98	11293.20	4605.39	6687.81	359.78
福 建	13854.65	13634.57	6670.46	6964.11	220.08
江 西	12809.77	12684.69	6530.12	6154.57	125.08
山 东	12142.25	12007.79	7431.45	4576.33	134.46
河 南	12375.70	12208.81	5716.81	6492.00	166.90
湖 北	11278.39	11099.12	7253.74	3845.38	179.27
湖 南	12500.93	12310.30	6072.04	6238.25	190.63
广 东	15314.42	14472.50	8900.18	5572.32	841.93
广 西	13373.43	12896.84	6176.46	6720.39	476.58
海 南	14910.95	14067.52	6359.50	7708.02	843.43
重 庆	13189.14	13084.38	4882.09	8202.29	104.76
四 川	12004.51	11631.18	6164.65	5466.53	373.33
贵 州	14346.55	13240.39	7126.91	6113.48	1106.16
云 南	12111.34	11628.72	6532.91	5095.81	482.62
西 藏	28960.44	22714.97	15976.75	6738.22	6245.46
陕 西	13286.41	12686.26	5842.42	6843.84	600.15
甘 肃	13161.61	12130.37	4486.88	7643.49	1031.24
青 海	22687.75	13590.75	9087.18	4503.56	9097.00
宁 夏	19084.23	17948.27	9634.59	8313.68	1135.96
新 疆	15300.51	14502.09	8858.41	5643.68	798.42
大 连	49478.98	47068.21	9161.70	37906.52	2410.77
宁 波	17095.16	17079.69	8388.84	8690.85	15.47
厦 门	19791.04	17585.80	7979.09	9606.71	2205.25
青 岛	33426.36	33426.36	17880.34	15546.03	
深 圳	35474.14	24903.11	16019.90	8883.21	10571.03

7-7 生均教育经费支出(普通高等学校)

单位：元

地区	教育经费支出	个人和公用部分支出	个人部分	公用部分	基本建设支出
合计	**26790.62**	**26226.85**	**12248.21**	**13978.64**	**563.77**
北京	61556.51	60412.62	25784.52	34628.11	1143.88
天津	32954.16	32154.03	14836.49	17317.53	800.14
河北	19187.91	18887.50	9616.38	9271.12	300.41
山西	19318.18	19057.98	9628.55	9429.43	260.20
内蒙古	25318.17	24857.55	13067.11	11790.45	460.62
辽宁	25393.28	24817.20	11385.32	13431.88	576.08
吉林	21867.42	21553.05	10978.16	10574.89	314.37
黑龙江	24183.53	23976.15	10434.06	13542.09	207.38
上海	58715.61	55160.44	20754.07	34406.37	3555.17
江苏	30493.31	30190.46	14744.77	15445.69	302.85
浙江	37770.58	37735.66	15791.60	21944.06	34.92
安徽	19927.42	19586.36	8599.81	10986.55	341.06
福建	26053.72	25763.83	12544.85	13218.99	289.89
江西	18363.06	18246.06	9679.79	8566.27	117.00
山东	19542.86	19290.94	9385.46	9905.48	251.92
河南	18346.58	18189.04	8457.48	9731.56	157.55
湖北	23676.83	23263.17	12217.76	11045.41	413.66
湖南	20273.24	20048.20	9334.54	10713.66	225.04
广东	26642.27	25757.59	12966.93	12790.67	884.68
广西	20190.08	19784.26	9381.56	10402.70	405.82
海南	23698.85	22983.91	11565.24	11418.67	714.94
重庆	25122.27	24965.46	11202.86	13762.59	156.82
四川	23256.15	22834.33	11478.78	11355.54	421.82
贵州	19853.27	18797.30	10026.01	8771.28	1055.98
云南	20652.02	20213.65	10412.78	9800.88	438.36
西藏	28871.37	23583.82	15314.04	8269.78	5287.55
陕西	26607.75	26052.27	10744.12	15308.15	555.48
甘肃	21625.39	20591.46	10077.44	10514.02	1033.93
青海	31167.55	22676.90	14000.04	8676.86	8490.65
宁夏	27431.74	26111.58	13034.08	13077.50	1320.15
新疆	21894.31	21132.78	11154.73	9978.04	761.54
大连	50647.28	48375.69	10333.06	38042.62	2271.59
宁波	39024.15	39009.38	15457.95	23551.43	14.77
厦门	27452.63	25406.86	12398.78	13008.08	2045.77
青岛	37635.86	37635.86	17639.67	19996.19	
深圳	56977.15	47071.07	20549.06	26522.00	9906.08

7-8 生均公共财政预算教育经费支出(普通高等学校)

单位：元

地区	公共财政预算教育经费支出	事业费支出			基本建设支出
			个人部分	公用部分	
合计	**16719.34**	**16102.72**	**8464.75**	**7637.97**	**616.62**
北京	40024.88	38718.82	20435.57	18283.26	1306.06
天津	21771.26	20943.18	10022.33	10920.84	828.08
河北	12863.99	12532.58	5941.28	6591.30	331.41
山西	11995.83	11715.30	6488.24	5227.05	280.53
内蒙古	18183.34	17682.18	10529.04	7153.14	501.16
辽宁	15261.66	14652.12	6692.31	7959.81	609.54
吉林	16404.02	16051.28	9205.64	6845.64	352.74
黑龙江	15210.23	14983.92	8997.55	5986.36	226.32
上海	32325.20	28445.17	12123.82	16321.35	3880.02
江苏	18321.74	17994.20	9864.74	8129.46	327.54
浙江	14829.97	14791.38	8585.84	6205.55	38.58
安徽	12607.76	12242.61	5326.38	6916.22	365.15
福建	15570.80	15264.64	7708.19	7556.44	306.16
江西	12827.92	12701.09	6522.70	6178.38	126.84
山东	13439.16	13160.07	7983.87	5176.20	279.09
河南	12455.78	12287.30	5743.45	6543.85	168.47
湖北	14737.63	14278.54	8496.18	5782.36	459.10
湖南	13430.94	13184.63	6565.69	6618.94	246.31
广东	16851.21	15850.67	9502.55	6348.12	1000.54
广西	13261.27	12794.96	6095.34	6699.62	466.31
海南	14705.61	13951.93	6314.46	7637.47	753.67
重庆	14490.89	14319.82	6352.74	7967.08	171.07
四川	14515.32	14046.03	7837.35	6208.68	469.29
贵州	14200.32	13093.56	7006.91	6086.65	1106.77
云南	12061.99	11570.24	6489.80	5080.44	491.75
西藏	28960.44	22714.97	15976.75	6738.22	6245.46
陕西	16384.99	15791.82	7822.64	7969.18	593.17
甘肃	15121.20	14020.76	5922.86	8097.90	1100.44
青海	22494.10	13397.21	8954.47	4442.74	9096.89
宁夏	21257.69	19784.24	9738.19	10046.05	1473.45
新疆	15102.08	14289.26	8634.11	5655.15	812.82
大连	46959.38	44548.67	7503.08	37045.59	2410.71
宁波	17218.83	17202.41	8073.67	9128.74	16.42
厦门	19767.97	17562.73	7959.16	9603.57	2205.25
青岛	29549.06	29549.06	16566.36	12982.70	
深圳	35199.21	24634.15	15858.17	8775.98	10565.07

7-9 生均教育经费支出(中央属普通高等学校)

单位：元

地区	教育经费支出	个人和公用部分支出			基本建设支出
			个人部分	公用部分	
合计	**45926.54**	**44900.14**	**20031.02**	**24869.11**	**1026.41**
北京	59996.77	58562.22	25684.68	32877.54	1434.55
天津	55236.27	51576.58	22734.97	28841.60	3659.70
河北	24802.71	24219.39	13428.95	10790.44	583.32
山西					
内蒙古					
辽宁	46727.47	45312.61	18964.86	26347.75	1414.85
吉林	30421.35	29904.24	15169.40	14734.84	517.11
黑龙江	47297.12	46739.95	17988.39	28751.56	557.17
上海	57805.89	56622.21	23215.56	33406.64	1183.68
江苏	42404.15	41685.68	20282.40	21403.28	718.47
浙江	105968.39	105968.39	28029.92	77938.47	
安徽	42684.34	42272.92	16323.45	25949.47	411.42
福建	47138.70	46339.99	22180.88	24159.11	798.71
江西					
山东	37934.69	36623.52	16146.98	20476.54	1311.17
河南	36317.47	36317.47	18852.17	17465.30	
湖北	32417.52	31580.64	16268.09	15312.55	836.89
湖南	26411.23	25946.80	13151.09	12795.72	464.43
广东	42487.31	40841.40	19693.36	21148.04	1645.92
广西					
海南					
重庆	30211.43	29898.46	14971.09	14927.37	312.97
四川	38283.89	37614.98	19211.85	18403.13	668.92
贵州					
云南					
西藏					
陕西	41257.12	40775.40	16902.54	23872.86	481.72
甘肃	35529.46	34228.48	18694.79	15533.69	1300.98
青海					
宁夏	32421.04	29814.22	11003.93	18810.29	2606.82
新疆					
大连					
宁波					
厦门					
青岛					
深圳					

7-10 生均公共财政预算教育经费支出(中央属普通高等学校)

单位：元

地区	公共财政预算教育经费支出	事业费支出			基本建设支出
			个人部分	公用部分	
合计	**26585.24**	**25421.76**	**14333.16**	**11088.60**	**1163.48**
北京	34236.62	32575.55	19381.65	13193.90	1661.07
天津	32815.40	29046.70	15646.35	13400.35	3768.71
河北	17125.38	16506.90	8746.07	7760.83	618.48
山西					
内蒙古					
辽宁	25972.34	24525.74	12926.14	11599.60	1446.61
吉林	23380.34	22778.58	12860.15	9918.43	601.76
黑龙江	24515.71	23901.09	14612.81	9288.28	614.62
上海	31235.88	29944.63	15321.06	14623.57	1291.25
江苏	26446.02	25652.45	13505.37	12147.08	793.57
浙江	14129.76	14129.76	11117.00	3012.76	
安徽	22260.71	21825.55	12861.37	8964.18	435.16
福建	27174.29	26351.70	14943.14	11408.57	822.58
江西					
山东	25984.44	24348.73	13405.62	10943.11	1635.71
河南	31516.29	31516.29	13442.83	18073.46	
湖北	21120.34	20149.96	10840.15	9309.81	970.39
湖南	18435.18	17874.68	9369.31	8505.37	560.50
广东	27015.06	25104.67	13771.54	11333.13	1910.39
广西					
海南					
重庆	18714.31	18329.85	11077.69	7252.16	384.45
四川	22571.27	21807.17	13278.70	8528.47	764.10
贵州					
云南					
西藏					
陕西	25076.44	24529.72	13469.19	11060.53	546.72
甘肃	25038.60	23671.39	13524.39	10147.00	1367.22
青海					
宁夏	28556.73	25949.91	10086.10	15863.82	2606.82
新疆					
大连					
宁波					
厦门					
青岛					
深圳					

7-11 生均教育经费支出(地方普通高等学校)

单位：元

地区	教育经费支出	个人和公用部分支出			基本建设支出
			个人部分	公用部分	
合计	**22399.13**	**21941.53**	**10462.14**	**11479.39**	**457.60**
北京	66906.07	66759.11	26126.96	40632.15	146.95
天津	26737.84	26735.47	12632.96	14102.52	2.37
河北	18862.84	18578.81	9395.65	9183.16	284.03
山西	19318.18	19057.98	9628.55	9429.43	260.20
内蒙古	25318.17	24857.55	13067.11	11790.45	460.62
辽宁	21733.09	21300.91	10084.94	11215.98	432.17
吉林	18839.85	18597.23	9494.71	9102.52	242.62
黑龙江	19076.77	18946.68	8764.99	10181.68	130.10
上海	59523.94	53861.60	18566.93	35294.67	5662.34
江苏	26871.54	26695.07	13060.92	13634.15	176.47
浙江	29923.57	29884.64	14383.43	15501.21	38.93
安徽	17567.85	17234.09	7798.98	9435.11	333.76
福建	22661.20	22453.17	10994.43	11458.74	208.02
江西	18363.06	18246.06	9679.79	8566.27	117.00
山东	17295.99	17173.48	8559.43	8614.05	122.52
河南	18295.53	18137.54	8427.95	9709.59	157.99
湖北	18588.71	18421.42	9859.98	8561.43	167.29
湖南	19027.84	18851.38	8560.17	10291.21	176.46
广东	24014.65	23256.20	11851.46	11404.74	758.44
广西	20190.08	19784.26	9381.56	10402.70	405.82
海南	23698.85	22983.91	11565.24	11418.67	714.94
重庆	23338.91	23236.81	9882.39	13354.43	102.10
四川	18398.81	18056.86	8979.27	9077.59	341.95
贵州	19853.27	18797.30	10026.01	8771.28	1055.98
云南	20652.02	20213.65	10412.78	9800.88	438.36
西藏	28871.37	23583.82	15314.04	8269.78	5287.55
陕西	21032.02	20448.46	8400.15	12048.31	583.56
甘肃	19012.14	18028.41	8457.83	9570.58	983.74
青海	31167.55	22676.90	14000.04	8676.86	8490.65
宁夏	26140.62	25153.43	13559.43	11594.00	987.19
新疆	21894.31	21132.78	11154.73	9978.04	761.54
大连	50647.28	48375.69	10333.06	38042.62	2271.59
宁波	39024.15	39009.38	15457.95	23551.43	14.77
厦门	27452.63	25406.86	12398.78	13008.08	2045.77
青岛	36580.45	36580.45	17639.67	18940.78	
深圳	56977.15	47071.07	20549.06	26522.00	9906.08

7-12 生均公共财政预算教育经费支出(地方普通高等学校)

单位：元

地区	公共财政预算教育经费支出	事业费支出			基本建设支出
			个人部分	公用部分	
合 计	**14552.20**	**14055.71**	**7175.70**	**6880.01**	**496.49**
北 京	58708.55	58548.41	23837.45	34710.96	160.14
天 津	18670.43	18667.98	8443.30	10224.68	2.45
河 北	12606.68	12292.61	5771.93	6520.68	314.07
山 西	11995.83	11715.30	6488.24	5227.05	280.53
内蒙古	18183.34	17682.18	10529.04	7153.14	501.16
辽 宁	13348.59	12888.56	5578.86	7309.70	460.03
吉 林	14053.02	13784.20	7974.09	5810.11	268.82
黑龙江	13181.06	13039.42	7773.08	5266.34	141.64
上 海	33293.93	27111.70	9280.52	17831.19	6182.22
江 苏	15918.03	15728.38	8787.60	6940.78	189.65
浙 江	14911.94	14868.84	8289.51	6579.33	43.10
安 徽	11593.36	11235.56	4534.55	6701.01	357.80
福 建	13648.39	13427.79	6509.55	6918.24	220.60
江 西	12827.92	12701.09	6522.70	6178.38	126.84
山 东	12096.53	11962.63	7403.62	4559.01	133.90
河 南	12400.94	12231.98	5721.30	6510.68	168.96
湖 北	11267.86	11086.72	7221.95	3864.77	181.15
湖 南	12527.15	12337.59	6059.35	6278.24	189.57
广 东	15215.82	14361.68	8815.66	5546.02	854.14
广 西	13261.27	12794.96	6095.34	6699.62	466.31
海 南	14705.61	13951.93	6314.46	7637.47	753.67
重 庆	13226.24	13119.07	4937.92	8181.15	107.17
四 川	12000.47	11623.22	6138.71	5484.51	377.26
贵 州	14200.32	13093.56	7006.91	6086.65	1106.77
云 南	12061.99	11570.24	6489.80	5080.44	491.75
西 藏	28960.44	22714.97	15976.75	6738.22	6245.46
陕 西	13340.95	12731.51	5845.03	6886.48	609.44
甘 肃	13228.91	12179.37	4472.45	7706.92	1049.54
青 海	22494.10	13397.21	8954.47	4442.74	9096.89
宁 夏	19084.23	17948.27	9634.59	8313.68	1135.96
新 疆	15102.08	14289.26	8634.11	5655.15	812.82
大 连	46959.38	44548.67	7503.08	37045.59	2410.71
宁 波	17218.83	17202.41	8073.67	9128.74	16.42
厦 门	19767.97	17562.73	7959.16	9603.57	2205.25
青 岛	29309.54	29309.54	16566.36	12743.18	
深 圳	35199.21	24634.15	15858.17	8775.98	10565.07

7-13　生均教育经费支出(普通高等本科学校)

单位：元

地区	教育经费支出	个人和公用部分支出	个人部分	公用部分	基本建设支出
合　计	**30161.89**	**29507.85**	**13679.81**	**15828.04**	**654.03**
北　京	61986.23	60799.18	26042.51	34756.67	1187.05
天　津	35885.28	34818.97	16008.58	18810.39	1066.31
河　北	21678.58	21250.98	10582.95	10668.03	427.60
山　西	22178.05	21985.51	10808.48	11177.02	192.54
内蒙古	25575.26	25147.72	12946.69	12201.03	427.54
辽　宁	27225.80	26760.34	12122.10	14638.24	465.46
吉　林	22817.91	22452.03	11379.56	11072.47	365.88
黑龙江	25920.04	25666.37	11021.04	14645.33	253.68
上　海	59339.41	55847.04	21038.61	34808.43	3492.37
江　苏	34635.10	34200.02	17003.70	17196.32	435.08
浙　江	44373.38	44371.14	17886.46	26484.68	2.24
安　徽	24342.95	23852.37	10012.07	13840.30	490.58
福　建	29799.86	29401.07	14295.30	15105.78	398.79
江　西	20362.49	20227.29	10937.08	9290.21	135.20
山　东	20872.18	20555.39	10338.35	10217.05	316.78
河　南	21154.78	21125.36	9713.83	11411.54	29.42
湖　北	27253.10	26709.29	14029.11	12680.18	543.81
湖　南	22274.95	21984.91	10401.81	11583.11	290.04
广　东	30479.85	29383.69	14531.05	14852.64	1096.16
广　西	21476.07	20874.56	10157.19	10717.37	601.51
海　南	24222.88	23346.88	11862.79	11484.09	875.99
重　庆	27511.49	27328.55	12152.90	15175.65	182.94
四　川	25792.17	25422.92	12802.53	12620.38	369.25
贵　州	24006.81	22495.39	12060.28	10435.12	1511.42
云　南	21793.89	21569.92	11085.20	10484.72	223.97
西　藏	26617.33	22589.76	15794.56	6795.20	4027.57
陕　西	29072.84	28558.17	11631.84	16926.33	514.68
甘　肃	24628.53	23239.51	11429.45	11810.06	1389.02
青　海	33953.80	24117.79	15203.34	8914.44	9836.01
宁　夏	31391.80	29540.23	14117.75	15422.48	1851.57
新　疆	23311.54	22583.32	12344.30	10239.02	728.22
大　连	68084.96	64568.67	11755.55	52813.12	3516.29
宁　波	44360.02	44360.02	18112.36	26247.66	
厦　门	27989.61	25039.69	11786.95	13252.74	2949.91
青　岛	91189.65	91189.65	35833.46	55356.19	
深　圳	69415.67	56440.54	21441.86	34998.68	12975.14

7-14 生均公共财政预算教育经费支出(普通高等本科学校)

单位：元

地 区	公共财政预算教育经费支出	事业费支出			基本建设支出
			个人部分	公用部分	
合 计	**19308.19**	**18575.99**	**9643.40**	**8932.59**	**732.20**
北 京	39688.02	38329.23	20529.27	17799.96	1358.79
天 津	23727.40	22617.12	10910.89	11706.23	1110.29
河 北	15401.53	14913.47	6481.51	8431.96	488.06
山 西	14441.08	14225.83	7510.83	6715.00	215.25
内蒙古	19060.27	18582.37	10748.72	7833.65	477.91
辽 宁	16475.21	15977.13	7075.69	8901.43	498.08
吉 林	17809.71	17392.34	9827.67	7564.66	417.37
黑龙江	16513.74	16232.50	9638.20	6594.30	281.24
上 海	32932.44	29117.70	12493.24	16624.46	3814.74
江 苏	20972.95	20495.81	11194.06	9301.75	477.13
浙 江	16287.70	16285.19	9610.88	6674.30	2.51
安 徽	16521.54	15978.87	6479.61	9499.27	542.67
福 建	18818.61	18395.92	8911.94	9483.98	422.69
江 西	14903.53	14751.31	7361.66	7389.65	152.22
山 东	14959.13	14595.47	8911.49	5683.98	363.66
河 南	15729.86	15697.56	6952.07	8745.49	32.29
湖 北	17548.87	16930.30	10065.29	6865.01	618.56
湖 南	15617.16	15287.18	7442.18	7845.00	329.98
广 东	20387.87	19100.44	11310.40	7790.04	1287.43
广 西	15431.71	14711.01	6858.22	7852.79	720.70
海 南	15912.19	14973.02	6631.63	8341.39	939.17
重 庆	16603.73	16400.75	7412.39	8988.35	202.98
四 川	16121.39	15699.39	9019.91	6679.48	422.00
贵 州	17226.59	15601.24	8320.04	7281.19	1625.35
云 南	12704.65	12445.40	6932.38	5513.02	259.25
西 藏	27280.43	22262.61	17144.28	5118.33	5017.82
陕 西	17921.27	17361.81	8580.28	8781.53	559.46
甘 肃	18083.40	16574.04	6694.13	9879.91	1509.36
青 海	24761.61	14025.39	9238.12	4787.27	10736.21
宁 夏	25993.32	23882.74	10977.66	12905.08	2110.58
新 疆	17013.81	16219.79	9726.82	6492.97	794.02
大 连	68420.62	64568.71	8541.14	56027.58	3851.90
宁 波	20181.89	20181.89	8116.22	12065.67	
厦 门	21204.00	18010.37	7133.01	10877.36	3193.63
青 岛	81438.25	81438.25	38392.28	43045.96	
深 圳	42724.52	28715.80	17051.66	11664.14	14008.72

7-15 生均教育经费支出(中央属普通高等本科学校)

单位：元

地 区	教育经费支出	个人和公用部分支出	个人部分	公用部分	基本建设支出
合 计	**46040.72**	**45008.19**	**20077.40**	**24930.79**	**1032.52**
北 京	59987.68	58549.16	25714.06	32835.10	1438.52
天 津	55236.27	51576.58	22734.97	28841.60	3659.70
河 北	24802.71	24219.39	13428.95	10790.44	583.32
山 西					
内蒙古					
辽 宁	46727.47	45312.61	18964.86	26347.75	1414.85
吉 林	30421.35	29904.24	15169.40	14734.84	517.11
黑龙江	47297.12	46739.95	17988.39	28751.56	557.17
上 海	58121.78	56928.53	23298.00	33630.53	1193.25
江 苏	42404.15	41685.68	20282.40	21403.28	718.47
浙 江	105968.39	105968.39	28029.92	77938.47	
安 徽	42684.34	42272.92	16323.45	25949.47	411.42
福 建	47138.70	46339.99	22180.88	24159.11	798.71
江 西					
山 东	37934.69	36623.52	16146.98	20476.54	1311.17
河 南	36317.47	36317.47	18852.17	17465.30	
湖 北	32417.52	31580.64	16268.09	15312.55	836.89
湖 南	27023.48	26537.59	13334.84	13202.74	485.89
广 东	43151.55	41422.85	20047.61	21375.25	1728.70
广 西					
海 南					
重 庆	30211.43	29898.46	14971.09	14927.37	312.97
四 川	38283.89	37614.98	19211.85	18403.13	668.92
贵 州					
云 南					
西 藏					
陕 西	41354.79	40868.67	16903.81	23964.87	486.11
甘 肃	35529.46	34228.48	18694.79	15533.69	1300.98
青 海					
宁 夏	32421.04	29814.22	11003.93	18810.29	2606.82
新 疆					
大 连					
宁 波					
厦 门					
青 岛					
深 圳					

7-16 生均公共财政预算教育经费支出(中央属普通高等本科学校)

单位：元

地区	公共财政预算教育经费支出	事业费支出			基本建设支出
			个人部分	公用部分	
合计	**26708.93**	**25537.59**	**14396.43**	**11141.16**	**1171.35**
北京	34261.86	32595.47	19411.17	13184.30	1666.39
天津	32815.40	29046.70	15646.35	13400.35	3768.71
河北	17125.38	16506.90	8746.07	7760.83	618.48
山西					
内蒙古					
辽宁	25972.34	24525.74	12926.14	11599.60	1446.61
吉林	23380.34	22778.58	12860.15	9918.43	601.76
黑龙江	24515.71	23901.09	14612.81	9288.28	614.62
上海	31449.70	30147.05	15402.84	14744.22	1302.65
江苏	26446.02	25652.45	13505.37	12147.08	793.57
浙江	14129.76	14129.76	11117.00	3012.76	
安徽	22260.71	21825.55	12861.37	8964.18	435.16
福建	27174.29	26351.70	14943.14	11408.57	822.58
江西					
山东	25984.44	24348.73	13405.62	10943.11	1635.71
河南	31516.29	31516.29	13442.83	18073.46	
湖北	21120.34	20149.96	10840.15	9309.81	970.39
湖南	19271.75	18679.68	9747.65	8932.03	592.07
广东	28200.31	26177.49	14357.84	11819.65	2022.82
广西					
海南					
重庆	18714.31	18329.85	11077.69	7252.16	384.45
四川	22571.27	21807.17	13278.70	8528.47	764.10
贵州					
云南					
西藏					
陕西	25221.96	24669.57	13501.99	11167.59	552.39
甘肃	25038.60	23671.39	13524.39	10147.00	1367.22
青海					
宁夏	28556.73	25949.91	10086.10	15863.82	2606.82
新疆					
大连					
宁波					
厦门					
青岛					
深圳					

7-17 生均教育经费支出(地方普通高等本科学校)

单位：元

地区	教育经费支出	个人和公用部分支出	个人部分	公用部分	基本建设支出
合计	**24792.76**	**24266.71**	**11516.59**	**12750.12**	**526.05**
北京	71021.31	70971.10	27527.36	43443.74	50.21
天津	27954.82	27951.34	13251.96	14699.38	3.48
河北	21414.66	21000.21	10342.52	10657.69	414.44
山西	22178.05	21985.51	10808.48	11177.02	192.54
内蒙古	25575.26	25147.72	12946.69	12201.03	427.54
辽宁	22903.90	22648.84	10605.63	12043.22	255.06
吉林	19493.02	19193.26	9722.31	9470.95	299.75
黑龙江	19575.74	19412.13	8953.26	10458.87	163.60
上海	60567.85	54755.94	18759.16	35996.78	5811.91
江苏	30595.41	30307.68	15298.87	15008.81	287.72
浙江	33087.55	33084.90	16027.91	17056.99	2.65
安徽	21256.57	20752.67	8950.03	11802.63	503.90
福建	25594.21	25292.43	12382.59	12909.83	301.78
江西	20362.49	20227.29	10937.08	9290.21	135.20
山东	17946.37	17800.10	9342.31	8457.79	146.27
河南	21089.18	21059.64	9674.29	11385.35	29.54
湖北	22172.37	21916.89	11826.42	10090.47	255.48
湖南	20787.90	20559.19	9483.29	11075.90	228.71
广东	27296.29	26359.04	13145.10	13213.94	937.25
广西	21476.07	20874.56	10157.19	10717.37	601.51
海南	24222.88	23346.88	11862.79	11484.09	875.99
重庆	26156.34	26038.67	10738.40	15300.27	117.68
四川	19856.41	19629.56	9756.99	9872.57	226.85
贵州	24006.81	22495.39	12060.28	10435.12	1511.42
云南	21793.89	21569.92	11085.20	10484.72	223.97
西藏	26617.33	22589.76	15794.56	6795.20	4027.57
陕西	22603.81	22074.09	8855.04	13219.05	529.72
甘肃	21607.55	20194.13	9416.00	10778.13	1413.42
青海	33953.80	24117.79	15203.34	8914.44	9836.01
宁夏	30950.23	29422.68	15453.66	13969.03	1527.55
新疆	23311.54	22583.32	12344.30	10239.02	728.22
大连	68084.96	64568.67	11755.55	52813.12	3516.29
宁波	44360.02	44360.02	18112.36	26247.66	
厦门	27989.61	25039.69	11786.95	13252.74	2949.91
青岛	86736.96	86736.96	35833.46	50903.50	
深圳	69415.67	56440.54	21441.86	34998.68	12975.14

7-18 生均公共财政预算教育经费支出(地方普通高等本科学校)

单位：元

地 区	公共财政预算教育经费支出	事业费支出			基本建设支出
			个人部分	公用部分	
合 计	**16849.67**	**16263.36**	**8064.45**	**8198.91**	**586.31**
北 京	62695.06	62640.50	25270.05	37370.45	54.55
天 津	19944.24	19940.60	8939.60	11000.99	3.64
河 北	15243.74	14767.61	6274.22	8493.39	476.12
山 西	14441.08	14225.83	7510.83	6715.00	215.25
内蒙古	19060.27	18582.37	10748.72	7833.65	477.91
辽 宁	14249.40	13973.62	5704.55	8269.08	275.78
吉 林	15442.30	15103.30	8538.94	6564.36	339.01
黑龙江	14123.37	13941.72	8152.17	5789.55	181.65
上 海	34430.07	28078.02	9554.43	18523.59	6352.05
江 苏	18157.78	17843.41	10005.19	7838.21	314.37
浙 江	16696.59	16693.61	9325.50	7368.11	2.98
安 徽	15503.69	14941.96	5347.79	9594.17	561.73
福 建	16717.92	16395.78	7395.66	9000.12	322.15
江 西	14903.53	14751.31	7361.66	7389.65	152.22
山 东	13242.88	13077.24	8211.92	4865.32	165.65
河 南	15658.83	15626.39	6922.87	8703.53	32.44
湖 北	14165.41	13880.15	9331.22	4548.93	285.26
湖 南	14570.32	14315.41	6781.78	7533.63	254.91
广 东	18416.00	17314.19	10541.23	6772.96	1101.81
广 西	15431.71	14711.01	6858.22	7852.79	720.70
海 南	15912.19	14973.02	6631.63	8341.39	939.17
重 庆	15691.19	15566.67	5827.65	9739.02	124.52
四 川	13054.34	12795.02	6994.77	5800.25	259.32
贵 州	17226.59	15601.24	8320.04	7281.19	1625.35
云 南	12704.65	12445.40	6932.38	5513.02	259.25
西 藏	27280.43	22262.61	17144.28	5118.33	5017.82
陕 西	14325.04	13762.10	6155.91	7606.19	562.94
甘 肃	16071.43	14520.94	4718.30	9802.64	1550.48
青 海	24761.61	14025.39	9238.12	4787.27	10736.21
宁 夏	24659.68	22807.27	11441.51	11365.77	1852.41
新 疆	17013.81	16219.79	9726.82	6492.97	794.02
大 连	68420.62	64568.71	8541.14	56027.58	3851.90
宁 波	20181.89	20181.89	8116.22	12065.67	
厦 门	21204.00	18010.37	7133.01	10877.36	3193.63
青 岛	80366.56	80366.56	38392.28	41974.28	
深 圳	42724.52	28715.80	17051.66	11664.14	14008.72

7-19 生均教育经费支出(地方普通高职高专学校)

单位：元

地区	教育经费支出	个人和公用部分支出	个人部分	公用部分	基本建设支出
合计	**17435.00**	**17119.36**	**8275.32**	**8844.04**	**315.63**
北京	54116.06	53668.44	21774.56	31893.88	447.62
天津	24142.92	24142.92	11313.08	12829.84	
河北	13305.20	13305.20	7333.45	5971.75	
山西	13503.50	13105.73	7229.50	5876.22	397.78
内蒙古	24759.91	24227.47	13328.59	10898.88	532.44
辽宁	17719.90	16680.62	8300.16	8380.46	1039.29
吉林	16066.18	16066.18	8528.23	7537.95	
黑龙江	17623.14	17590.66	8216.51	9374.14	32.48
上海	52305.72	47677.63	17237.79	30439.84	4628.09
江苏	21626.84	21607.07	9908.99	11698.07	19.78
浙江	24582.70	24482.53	11607.51	12875.02	100.18
安徽	11646.27	11585.64	5951.16	5634.48	60.63
福建	16882.08	16858.80	8259.23	8599.57	23.28
江西	14247.49	14167.95	7091.82	7076.13	79.54
山东	15684.64	15620.95	6619.77	9001.18	63.68
河南	12953.55	12549.94	6044.71	6505.23	403.62
湖北	13395.16	13355.68	7010.17	6345.51	39.48
湖南	16164.91	16073.43	7058.60	9014.82	91.48
广东	18463.65	18007.67	9663.24	8344.42	455.98
广西	17523.17	17523.17	7773.04	9750.13	
海南	22338.42	22041.59	10792.76	11248.83	296.83
重庆	16821.89	16755.83	7902.33	8853.49	66.06
四川	15298.23	14711.44	7324.91	7386.52	586.80
贵州	13425.30	13074.16	6877.81	6196.35	351.14
云南	16822.86	15665.55	8157.88	7507.67	1157.31
西藏	32335.68	25111.63	14575.52	10536.11	7224.04
陕西	17067.62	16348.28	7252.82	9095.46	719.34
甘肃	13542.42	13464.23	6438.51	7025.72	78.19
青海	23867.68	18901.83	10847.43	8054.40	4965.86
宁夏	18830.01	18664.16	10680.21	7983.94	165.85
新疆	19616.16	18801.07	9242.54	9558.52	815.10
大连	18823.15	18823.15	7736.98	11086.17	
宁波	32002.79	31968.58	11965.06	20003.52	34.21
厦门	26237.65	26237.65	13783.15	12454.50	
青岛	20998.68	20998.68	11987.53	9011.15	
深圳	37684.51	32538.65	19164.30	13374.35	5145.87

7-20 生均公共财政预算教育经费支出(地方普通高职高专学校)

单位：元

地区	公共财政预算教育经费支出	事业费支出			基本建设支出
			个人部分	公用部分	
合计	**10155.61**	**9831.01**	**5474.92**	**4356.09**	**324.61**
北京	46163.89	45671.50	19329.39	26342.11	492.39
天津	16031.32	16031.32	7415.04	8616.28	
河北	7495.71	7495.71	4798.42	2697.29	
山西	7525.17	7125.28	4618.65	2506.63	399.88
内蒙古	16431.24	15883.61	10090.12	5793.49	547.63
辽宁	10462.64	9412.34	5176.20	4236.13	1050.31
吉林	8731.67	8731.67	5810.55	2921.12	
黑龙江	10633.52	10600.05	6748.19	3851.86	33.47
上海	25501.34	20483.92	7401.79	13082.12	5017.42
江苏	12885.24	12864.47	7138.88	5725.59	20.77
浙江	12026.61	11918.65	6614.57	5304.08	107.96
安徽	5906.88	5845.65	3351.92	2493.73	61.23
福建	7716.66	7692.29	4797.17	2895.11	24.37
江西	9006.32	8926.22	4978.02	3948.20	80.10
山东	9574.27	9510.22	5625.15	3885.07	64.04
河南	6622.12	6211.01	3589.98	2621.03	411.12
湖北	7366.36	7325.40	4381.84	2943.56	40.96
湖南	9501.92	9409.10	4989.67	4419.43	92.81
广东	10374.25	9894.81	6205.05	3689.77	479.44
广西	9282.78	9282.78	4696.97	4585.81	
海南	11753.88	11454.00	5538.57	5915.43	299.88
重庆	7673.59	7605.51	2933.69	4671.83	68.08
四川	9986.45	9383.81	4502.71	4881.10	602.64
贵州	9808.16	9454.04	5101.09	4352.94	354.13
云南	10169.42	8992.97	5186.42	3806.55	1176.45
西藏	31227.45	23325.40	14401.28	8924.12	7902.05
陕西	11003.61	10283.75	5106.67	5177.08	719.86
甘肃	7721.04	7642.18	3996.06	3646.11	78.86
青海	16931.46	11856.14	8258.61	3597.53	5075.32
宁夏	11622.16	11445.08	7216.25	4228.83	177.09
新疆	12192.62	11351.18	6971.12	4380.06	841.44
大连	11060.68	11060.68	5766.69	5293.99	
宁波	13563.47	13526.78	8021.19	5505.59	36.69
厦门	16563.97	16563.97	9802.43	6761.53	
青岛	14613.82	14613.82	10284.21	4329.61	
深圳	23882.72	18496.19	14063.41	4432.78	5386.53

7-21 生均教育经费支出(地方中等职业学校)

单位：元

地区	教育经费支出	个人和公用部分支出	个人部分	公用部分	基本建设支出
合计	**13983.07**	**13683.41**	**6791.65**	**6891.76**	**299.66**
北京	48701.22	48427.25	22885.23	25542.02	273.98
天津	30256.26	30256.26	18566.78	11689.48	
河北	10704.00	10583.14	6377.22	4205.92	120.86
山西	11975.83	11816.37	6330.85	5485.53	159.45
内蒙古	19075.65	18766.97	10855.25	7911.72	308.68
辽宁	15576.87	15309.79	8077.46	7232.33	267.08
吉林	22049.52	21625.81	12601.72	9024.10	423.71
黑龙江	15302.70	15086.27	9470.98	5615.28	216.43
上海	49282.58	49218.16	20496.85	28721.31	64.42
江苏	16556.50	16451.15	7743.41	8707.73	105.36
浙江	20916.40	20793.92	10880.89	9913.03	122.48
安徽	12723.93	12407.14	4804.02	7603.12	316.79
福建	14473.43	14172.14	7570.78	6601.35	301.30
江西	11132.36	10608.92	5005.01	5603.92	523.44
山东	15241.62	15155.12	6152.39	9002.73	86.51
河南	9407.46	9179.17	4168.62	5010.55	228.29
湖北	13613.52	13184.69	7311.05	5873.64	428.83
湖南	10845.01	10669.10	5356.76	5312.34	175.90
广东	12085.40	11887.70	6347.70	5539.99	197.71
广西	10132.72	9785.38	5007.80	4777.59	347.34
海南	14714.95	13270.68	5948.53	7322.15	1444.27
重庆	12129.97	11635.80	5924.63	5711.17	494.17
四川	11011.42	10758.34	5047.10	5711.24	253.08
贵州	9361.93	9050.65	3677.24	5373.40	311.28
云南	11690.33	10910.65	6019.71	4890.95	779.68
西藏	33900.99	29211.97	9880.23	19331.74	4689.02
陕西	10325.32	10126.88	5745.29	4381.59	198.44
甘肃	13773.01	13320.01	6814.66	6505.35	453.00
青海	14388.11	13456.35	6379.07	7077.29	931.75
宁夏	12513.78	11940.90	5381.70	6559.20	572.88
新疆	20696.04	18767.77	8235.87	10531.90	1928.28
大连	21505.55	21375.30	9562.89	11812.41	130.24
宁波	29717.24	29717.24	16922.27	12794.97	
厦门	26362.74	24457.77	12999.85	11457.92	1904.97
青岛	27196.86	27196.86	11634.63	15562.23	
深圳	35503.35	32923.32	16647.86	16275.46	2580.03

7-22 生均公共财政预算教育经费支出(地方中等职业学校)

单位：元

地 区	公共财政预算教育经费支出	事业费支出			基本建设支出
			个人部分	公用部分	
合 计	**9425.66**	**9126.00**	**5447.00**	**3679.00**	**299.66**
北 京	29039.49	28765.51	15292.44	13473.07	273.98
天 津	22753.14	22753.14	16835.11	5918.03	
河 北	8152.45	8031.58	5596.47	2435.11	120.86
山 西	9135.39	8975.94	5557.54	3418.40	159.45
内蒙古	13702.08	13393.40	7961.24	5432.16	308.68
辽 宁	10350.11	10083.03	6077.89	4005.14	267.08
吉 林	15863.58	15439.87	11212.47	4227.39	423.71
黑龙江	12265.60	12049.17	8242.32	3806.85	216.43
上 海	20774.64	20710.22	12599.98	8110.24	64.42
江 苏	9990.76	9885.40	6468.92	3416.48	105.36
浙 江	13578.62	13456.14	9174.53	4281.60	122.48
安 徽	7833.70	7516.91	3567.83	3949.08	316.79
福 建	9603.58	9302.28	6207.94	3094.33	301.30
江 西	7755.04	7231.60	4087.58	3144.02	523.44
山 东	10498.89	10412.39	5768.23	4644.16	86.51
河 南	6169.91	5941.62	2925.17	3016.45	228.29
湖 北	9015.77	8586.94	5827.76	2759.18	428.83
湖 南	7642.54	7466.64	4509.65	2956.99	175.90
广 东	8194.32	7996.61	4821.60	3175.01	197.71
广 西	7326.13	6978.79	4077.59	2901.20	347.34
海 南	10721.28	9277.02	4322.21	4954.81	1444.27
重 庆	7882.13	7387.96	3748.14	3639.83	494.17
四 川	8163.89	7910.81	4421.42	3489.39	253.08
贵 州	7447.20	7135.92	2851.32	4284.59	311.28
云 南	8066.43	7286.75	4391.05	2895.70	779.68
西 藏	30227.21	25538.19	9486.51	16051.68	4689.02
陕 西	7345.91	7147.47	4579.83	2567.64	198.44
甘 肃	9407.15	8954.15	5520.34	3433.81	453.00
青 海	9585.68	8653.92	4585.04	4068.88	931.75
宁 夏	9181.61	8608.73	3686.59	4922.14	572.88
新 疆	14137.46	12209.18	7416.93	4792.26	1928.28
大 连	16394.20	16263.96	8008.88	8255.08	130.24
宁 波	19897.23	19897.23	14065.85	5831.37	
厦 门	17507.38	15602.41	10845.70	4756.71	1904.97
青 岛	16852.26	16852.26	11172.98	5679.28	
深 圳	24102.59	21522.56	13231.41	8291.15	2580.03

7-23 生均教育经费支出(地方中等专业学校)

单位：元

地区	教育经费支出	个人和公用部分支出			基本建设支出
			个人部分	公用部分	
合计	**14019.11**	**13683.11**	**6736.55**	**6946.56**	**336.00**
北京	40631.83	40548.88	22441.03	18107.85	82.95
天津	23123.85	23123.85	13983.03	9140.82	
河北	11393.01	11318.04	6976.85	4341.19	74.97
山西	11359.72	11358.01	6459.06	4898.96	1.70
内蒙古	16107.94	15823.81	8790.61	7033.20	284.12
辽宁	19536.61	19076.04	9931.44	9144.60	460.57
吉林	19650.42	19522.13	10152.83	9369.30	128.29
黑龙江	12003.44	11883.32	6800.72	5082.59	120.13
上海	30500.08	30462.72	16796.53	13666.19	37.37
江苏	17202.97	17188.49	8336.43	8852.06	14.48
浙江	21495.70	21051.19	10794.40	10256.79	444.51
安徽	14369.59	14127.43	5437.24	8690.19	242.16
福建	14125.88	13786.02	7237.27	6548.75	339.86
江西	9752.29	9072.19	4938.14	4134.05	680.10
山东	13648.03	13508.78	5281.53	8227.26	139.25
河南	9468.05	9195.46	4507.06	4688.40	272.59
湖北	13665.39	13220.63	7007.63	6213.00	444.76
湖南	8307.42	8155.27	4043.32	4111.96	152.14
广东	12972.41	12815.59	6559.74	6255.85	156.82
广西	9965.83	9799.30	5134.97	4664.32	166.53
海南	14077.64	12636.61	5420.21	7216.40	1441.02
重庆	12796.06	12349.45	5200.30	7149.14	446.62
四川	12243.85	11970.21	5342.67	6627.53	273.64
贵州	10531.33	10321.83	3983.21	6338.61	209.50
云南	12390.77	11180.00	5958.00	5222.01	1210.77
西藏	33900.99	29211.97	9880.23	19331.74	4689.02
陕西	19702.73	19621.31	11309.01	8312.30	81.42
甘肃	13978.33	13698.65	6682.68	7015.97	279.68
青海	15271.86	14348.52	6991.49	7357.02	923.34
宁夏	12894.68	12197.77	5299.55	6898.21	696.91
新疆	22072.52	19187.26	8850.79	10336.47	2885.27
大连	30150.26	29614.22	14725.54	14888.69	536.03
宁波	31649.57	31649.57	15746.41	15903.17	
厦门	26471.80	24318.73	13157.50	11161.23	2153.07
青岛	25058.23	25058.23	13368.54	11689.68	
深圳	40550.41	39347.74	20906.57	18441.18	1202.67

7-24 生均公共财政预算教育经费支出(地方中等专业学校)

单位：元

地 区	公共财政预算教育经费支出	事业费支出			基本建设支出
			个人部分	公用部分	
合 计	**9373.05**	**9037.05**	**5285.97**	**3751.09**	**336.00**
北 京	26597.95	26515.00	13825.49	12689.52	82.95
天 津	18963.87	18963.87	12537.74	6426.13	
河 北	7981.93	7906.96	5637.35	2269.61	74.97
山 西	8804.52	8802.82	5410.82	3392.00	1.70
内蒙古	11698.41	11414.28	6185.61	5228.68	284.12
辽 宁	12008.39	11547.82	6792.08	4755.74	460.57
吉 林	12179.45	12051.15	8737.24	3313.91	128.29
黑龙江	8062.29	7942.16	5414.52	2527.64	120.13
上 海	18334.36	18297.00	10144.28	8152.72	37.37
江 苏	10403.75	10389.26	7021.78	3367.48	14.48
浙 江	13562.90	13118.39	8723.04	4395.35	444.51
安 徽	8345.81	8103.64	3984.99	4118.65	242.16
福 建	9512.57	9172.71	5943.95	3228.76	339.86
江 西	7123.69	6443.59	3861.22	2582.37	680.10
山 东	9603.04	9463.79	4856.13	4607.66	139.25
河 南	5939.04	5666.45	2943.42	2723.02	272.59
湖 北	8465.86	8021.11	5321.90	2699.21	444.76
湖 南	5208.88	5056.73	3057.25	1999.49	152.14
广 东	8523.33	8366.50	4944.61	3421.90	156.82
广 西	7350.65	7184.12	4223.03	2961.09	166.53
海 南	9594.52	8153.50	3591.93	4561.57	1441.02
重 庆	7771.68	7325.06	3091.01	4234.06	446.62
四 川	8184.25	7910.61	4551.33	3359.28	273.64
贵 州	9212.71	9003.21	3345.70	5657.52	209.50
云 南	8614.94	7404.17	4420.73	2983.44	1210.77
西 藏	30227.21	25538.19	9486.51	16051.68	4689.02
陕 西	13988.13	13906.72	9186.82	4719.90	81.42
甘 肃	9288.52	9008.84	5263.94	3744.89	279.68
青 海	10129.90	9206.56	5041.56	4164.99	923.34
宁 夏	8898.63	8201.72	3499.83	4701.89	696.91
新 疆	16061.83	13176.56	7849.03	5327.53	2885.27
大 连	24096.81	23560.78	11238.95	12321.83	536.03
宁 波	19280.06	19280.06	13230.82	6049.23	
厦 门	17556.15	15403.09	11054.67	4348.42	2153.07
青 岛	15269.67	15269.67	10928.95	4340.73	
深 圳	27704.65	26501.98	15713.62	10788.36	1202.67

7-25 生均教育经费支出(地方职业高中)

单位：元

地区	教育经费支出	个人和公用部分支出	个人部分	公用部分	基本建设支出
合计	**14084.42**	**13765.17**	**6719.00**	**7046.17**	**319.25**
北京	64466.01	63828.61	31243.23	32585.38	637.40
天津	46565.20	46565.20	30834.85	15730.35	
河北	9156.11	8996.02	5047.53	3948.49	160.09
山西	10478.30	10150.17	5089.60	5060.57	328.13
内蒙古	19061.70	18696.75	10309.04	8387.72	364.95
辽宁	13065.35	13065.35	7278.09	5787.26	
吉林	19229.41	18344.05	10265.09	8078.95	885.36
黑龙江	17598.28	17274.51	10397.61	6876.90	323.77
上海	80742.23	80622.70	25415.80	55206.90	119.53
江苏	17038.53	16545.74	6727.88	9817.86	492.79
浙江	19950.51	19901.52	10525.80	9375.72	48.99
安徽	11089.04	10649.55	4025.00	6624.54	439.49
福建	16641.70	16386.96	8988.97	7397.99	254.74
江西	11033.30	10626.64	3915.78	6710.86	406.67
山东	19182.89	19163.07	7936.12	11226.94	19.82
河南	9129.00	8885.46	3608.08	5277.38	243.54
湖北	14368.88	13911.86	8099.53	5812.33	457.02
湖南	11468.75	11254.53	5448.12	5806.41	214.22
广东	14236.32	13681.34	8452.96	5228.38	554.98
广西	6331.37	6331.37	4025.20	2306.17	
海南	16895.09	15636.69	7047.18	8589.51	1258.40
重庆	11414.21	10801.60	5947.28	4854.32	612.61
四川	10297.41	10028.45	4914.51	5113.93	268.96
贵州	9511.53	8997.38	3425.22	5572.16	514.15
云南	10729.85	10416.19	5725.27	4690.92	313.66
西藏					
陕西	9154.17	8838.42	4739.49	4098.93	315.75
甘肃	12305.48	11251.55	6687.10	4564.45	1053.93
青海	9700.56	8726.98	3102.88	5624.10	973.58
宁夏	11479.35	11090.20	5170.17	5920.04	389.15
新疆	15341.03	15028.59	6336.67	8691.91	312.44
大连	15117.88	15117.88	7467.74	7650.14	
宁波	24042.91	24042.91	14374.52	9668.39	
厦门					
青岛	30019.22	30019.22	12309.29	17709.93	
深圳	40765.26	35206.67	21846.62	13360.04	5558.60

7-26 生均公共财政预算教育经费支出(地方职业高中)

单位：元

地区	公共财政预算教育经费支出	事业费支出			基本建设支出
			个人部分	公用部分	
合计	**9664.93**	**9345.69**	**5707.76**	**3637.92**	**319.25**
北京	26929.47	26292.06	19084.52	7207.54	637.40
天津	31055.64	31055.64	28295.50	2760.14	
河北	7165.37	7005.28	4643.16	2362.13	160.09
山西	8294.54	7966.42	4711.40	3255.02	328.13
内蒙古	13876.02	13511.07	8069.49	5441.58	364.95
辽宁	9653.70	9653.70	6299.81	3353.89	
吉林	14544.25	13658.89	9457.59	4201.30	885.36
黑龙江	15551.55	15227.78	9664.89	5562.89	323.77
上海	22810.63	22691.09	16043.49	6647.61	119.53
江苏	10793.08	10300.28	6095.53	4204.75	492.79
浙江	13374.55	13325.56	9171.05	4154.52	48.99
安徽	7568.54	7129.04	3152.13	3976.91	439.49
福建	10945.39	10690.65	7702.16	2988.49	254.74
江西	7220.68	6814.02	3330.35	3483.67	406.67
山东	11650.13	11630.31	7731.53	3898.78	19.82
河南	6381.67	6138.13	2796.84	3341.29	243.54
湖北	10648.09	10191.07	6984.99	3206.07	457.02
湖南	8307.09	8092.87	4715.89	3376.98	214.22
广东	10721.38	10166.40	7079.32	3087.08	554.98
广西	5351.41	5351.41	3929.25	1422.16	
海南	14496.28	13237.88	5835.23	7402.65	1258.40
重庆	8574.64	7962.03	4390.23	3571.80	612.61
四川	8520.01	8251.05	4453.53	3797.52	268.96
贵州	7304.52	6790.37	3041.96	3748.41	514.15
云南	7896.06	7582.39	4465.16	3117.23	313.66
西藏					
陕西	7835.27	7519.52	4509.82	3009.70	315.75
甘肃	9283.62	8229.70	5932.05	2297.65	1053.93
青海	6878.79	5905.21	2314.39	3590.82	973.58
宁夏	9509.83	9120.69	3864.89	5255.79	389.15
新疆	10197.44	9885.00	5991.88	3893.13	312.44
大连	10813.84	10813.84	6568.83	4245.01	
宁波	17066.71	17066.71	12056.22	5010.49	
厦门					
青岛	17981.48	17981.48	12125.31	5856.17	
深圳	32249.09	26690.49	17933.00	8757.49	5558.60

7-27 生均教育经费支出(地方农村职业高中)

单位：元

地区	教育经费支出	个人和公用部分支出			基本建设支出
			个人部分	公用部分	
合计	**11260.04**	**10895.21**	**5265.80**	**5629.41**	**364.83**
北京	68109.39	68109.39	29426.45	38682.94	
天津					
河北	7755.23	7510.95	4457.28	3053.68	244.28
山西	11195.07	10807.35	5274.72	5532.63	387.72
内蒙古	20945.06	20386.82	11225.70	9161.12	558.25
辽宁	11111.32	11111.32	5927.32	5184.00	
吉林	15569.02	14787.40	8331.84	6455.56	781.62
黑龙江	15821.67	15177.54	8999.74	6177.80	644.13
上海	31168.22	31168.22	15611.87	15556.35	
江苏	14228.96	13320.50	5436.11	7884.39	908.47
浙江	16894.00	16894.00	9490.76	7403.24	
安徽	11100.02	10627.96	3793.95	6834.02	472.06
福建	21170.92	20797.08	8722.91	12074.17	373.83
江西	11898.71	11419.37	3937.83	7481.54	479.34
山东	12830.30	12788.68	5921.52	6867.16	41.63
河南	8718.41	8344.41	3283.29	5061.12	374.00
湖北	12450.38	11978.69	6367.50	5611.18	471.70
湖南	11488.96	11270.95	5440.30	5830.66	218.01
广东	7752.01	7666.73	4098.48	3568.25	85.28
广西	6015.04	6015.04	3848.39	2166.65	
海南	20005.10	19984.53	8458.03	11526.50	20.57
重庆	11031.68	10418.49	5511.74	4906.75	613.19
四川	10284.28	9983.21	4657.58	5325.63	301.08
贵州	8793.71	8127.83	3245.52	4882.31	665.88
云南	10151.10	9863.75	5928.62	3935.13	287.35
西藏					
陕西	8446.69	8105.24	4224.82	3880.42	341.46
甘肃	11871.49	11112.78	6437.49	4675.30	758.70
青海	10564.31	8910.51	3308.40	5602.11	1653.80
宁夏	11896.57	11326.23	5234.62	6091.62	570.33
新疆	12394.55	12189.79	5323.40	6866.39	204.77
大连	11158.63	11158.63	7155.42	4003.20	
宁波	21619.13	21619.13	13853.51	7765.62	
厦门					
青岛	20514.02	20514.02	9507.45	11006.57	
深圳					

7-28 生均公共财政预算教育经费支出(地方农村职业高中)

单位：元

地 区	公共财政预算教育经费支出	事业费支出			基本建设支出
			个人部分	公用部分	
合 计	**8463.89**	**8099.06**	**4660.61**	**3438.45**	**364.83**
北 京	29373.70	29373.70	24758.88	4614.82	
天 津					
河 北	6433.45	6189.17	4119.70	2069.47	244.28
山 西	8980.51	8592.78	5015.51	3577.27	387.72
内蒙古	15797.80	15239.55	9376.38	5863.17	558.25
辽 宁	7771.37	7771.37	5282.74	2488.62	
吉 林	12702.63	11921.01	8004.99	3916.02	781.62
黑龙江	14203.58	13559.45	8648.94	4910.51	644.13
上 海	18930.59	18930.59	13113.26	5817.34	
江 苏	9750.11	8841.64	5033.96	3807.68	908.47
浙 江	11606.82	11606.82	8257.89	3348.93	
安 徽	7733.16	7261.11	3033.69	4227.42	472.06
福 建	11052.91	10679.08	7943.56	2735.52	373.83
江 西	8108.06	7628.72	3455.83	4172.89	479.34
山 东	8938.06	8896.43	5755.95	3140.48	41.63
河 南	6180.11	5806.11	2656.90	3149.21	374.00
湖 北	9562.32	9090.62	5588.55	3502.07	471.70
湖 南	8524.12	8306.11	4857.09	3449.03	218.01
广 东	5961.00	5875.72	3654.66	2221.06	85.28
广 西	5078.67	5078.67	3744.58	1334.09	
海 南	18317.15	18296.58	6968.40	11328.18	20.57
重 庆	8479.97	7866.78	4335.60	3531.18	613.19
四 川	8582.55	8281.47	4285.25	3996.23	301.08
贵 州	7429.81	6763.93	3007.66	3756.27	665.88
云 南	7557.24	7269.89	4659.50	2610.39	287.35
西 藏					
陕 西	7538.06	7196.60	4037.05	3159.55	341.46
甘 肃	8772.79	8014.09	5745.84	2268.25	758.70
青 海	8987.45	7333.65	2624.64	4709.01	1653.80
宁 夏	10065.78	9495.45	4119.68	5375.78	570.33
新 疆	8981.97	8777.20	5176.81	3600.39	204.77
大 连	9665.80	9665.80	6897.77	2768.03	
宁 波	13767.79	13767.79	10650.43	3117.37	
厦 门					
青 岛	13018.46	13018.46	9390.57	3627.89	
深 圳					

7-29 生均教育经费支出(地方技工学校)

单位：元

地区	教育经费支出	个人和公用部分支出			基本建设支出
			个人部分	公用部分	
合计	**11918.96**	**11750.67**	**5640.64**	**6110.02**	**168.30**
北京	36534.77	36534.77	12585.66	23949.12	
天津	41975.91	41975.91	22149.64	19826.28	
河北	9993.80	9993.80	6057.58	3936.22	
山西	14289.44	14084.03	4939.58	9144.45	205.41
内蒙古	16257.07	16257.07	9117.07	7140.00	
辽宁	21202.65	20513.73	9524.86	10988.86	688.93
吉林	12462.91	12462.91	7357.10	5105.82	
黑龙江	8971.53	8691.85	4786.22	3905.63	279.68
上海	58794.95	58794.95	38517.67	20277.28	
江苏	13756.58	13756.58	6207.40	7549.17	
浙江	19376.91	19376.91	9116.01	10260.91	
安徽	10313.68	10313.68	4169.75	6143.94	
福建	15113.42	15061.91	9081.78	5980.12	51.52
江西	7829.71	7829.71	5343.20	2486.51	
山东	12774.34	12739.65	5023.00	7716.64	34.70
河南	7715.58	7651.71	3363.51	4288.20	63.87
湖北	10035.28	10035.28	7088.74	2946.54	
湖南	10620.62	10620.62	5996.61	4624.01	
广东	10104.73	10030.88	5049.93	4980.95	73.85
广西	13884.01	12378.59	5544.77	6833.82	1505.42
海南	12989.92	11209.41	6282.86	4926.55	1780.51
重庆	10430.71	10323.94	5074.90	5249.04	106.77
四川	10666.39	10582.06	4952.01	5630.05	84.33
贵州	5087.02	5087.02	3237.22	1849.80	
云南	8919.95	8270.08	4292.44	3977.63	649.87
西藏					
陕西	8227.37	8217.41	5114.03	3103.39	9.95
甘肃					
青海					
宁夏					
新疆	26351.33	25476.75	10448.42	15028.32	874.58
大连	63351.58	63351.58	18961.28	44390.31	
宁波	18831.78	18831.78	9666.73	9165.05	
厦门	25615.45	25410.42	11919.62	13490.80	205.02
青岛	12154.88	12154.88	5765.27	6389.61	
深圳	37306.93	37221.19	11736.70	25484.48	85.74

7-30 生均公共财政预算教育经费支出(地方技工学校)

单位：元

地区	公共财政预算教育经费支出	事业费支出			基本建设支出
			个人部分	公用部分	
合计	**7765.16**	**7596.87**	**4086.36**	**3510.51**	**168.30**
北京	34041.46	34041.46	11680.34	22361.12	
天津	29326.57	29326.57	20228.55	9098.03	
河北	7995.01	7995.01	5098.51	2896.50	
山西	8129.37	7923.96	4298.83	3625.13	205.41
内蒙古	10949.04	10949.04	6114.94	4834.10	
辽宁	15492.10	14803.17	7465.35	7337.82	688.93
吉林	8166.32	8166.32	5813.50	2352.82	
黑龙江	6550.26	6270.58	3755.24	2515.34	279.68
上海	33658.60	33658.60	20650.92	13007.69	
江苏	7449.57	7449.57	4438.84	3010.73	
浙江	10550.60	10550.60	6459.29	4091.31	
安徽	3166.51	3166.51	2407.98	758.53	
福建	9442.14	9390.63	7115.28	2275.35	51.52
江西	6140.07	6140.07	4429.90	1710.17	
山东	10204.69	10170.00	4552.94	5617.05	34.70
河南	4541.35	4477.48	2260.66	2216.82	63.87
湖北	7550.65	7550.65	6101.58	1449.07	
湖南	7152.96	7152.96	4890.03	2262.94	
广东	6740.94	6667.09	3544.82	3122.27	73.85
广西	9123.60	7618.18	4167.47	3450.71	1505.42
海南	10473.42	8692.91	5546.86	3146.05	1780.51
重庆	3971.84	3865.07	1880.45	1984.62	106.77
四川	6044.93	5960.60	3866.06	2094.54	84.33
贵州	2415.70	2415.70	565.90	1849.80	
云南	5198.24	4548.37	2532.31	2016.06	649.87
西藏					
陕西	3210.95	3201.00	2520.85	680.15	9.95
甘肃					
青海					
宁夏					
新疆	15789.89	14915.31	9510.65	5404.66	874.58
大连	49771.38	49771.38	16845.38	32926.00	
宁波	12215.95	12215.95	5536.50	6679.45	
厦门	17173.19	16968.16	9413.86	7554.30	205.02
青岛	11108.03	11108.03	5440.71	5667.32	
深圳	18836.88	18751.14	9828.96	8922.18	85.74

7-31 生均教育经费支出(地方普通中学)

单位：元

地区	教育经费支出	个人和公用部分支出	个人部分	公用部分	基本建设支出
合计	**13049.93**	**12793.14**	**7946.48**	**4846.66**	**256.79**
北京	60406.68	58220.74	31306.32	26914.43	2185.94
天津	34631.34	34443.99	21139.22	13304.76	187.35
河北	9910.35	9781.22	6135.74	3645.48	129.13
山西	11108.27	11012.73	6794.42	4218.31	95.55
内蒙古	15780.66	15343.06	10042.76	5300.30	437.61
辽宁	13986.19	13954.09	8565.58	5388.51	32.10
吉林	13316.95	13204.09	8414.03	4790.06	112.87
黑龙江	13106.69	12776.15	8490.13	4286.01	330.55
上海	38028.78	37186.22	21165.52	16020.70	842.55
江苏	21466.60	21464.01	13237.79	8226.22	2.60
浙江	19933.40	19780.88	13204.05	6576.83	152.52
安徽	11696.61	11454.49	6688.13	4766.36	242.12
福建	14543.97	14379.47	9449.02	4930.45	164.50
江西	10966.64	10753.38	5406.41	5346.98	213.25
山东	13134.46	13129.97	7616.01	5513.97	4.48
河南	9249.88	9096.26	4996.05	4100.21	153.61
湖北	13378.29	13109.66	9029.25	4080.41	268.63
湖南	11420.46	11277.26	6902.61	4374.65	143.20
广东	12446.86	12160.26	8161.24	3999.02	286.60
广西	9167.23	8806.06	5426.02	3380.05	361.17
海南	14992.54	14594.00	8140.74	6453.26	398.54
重庆	13004.79	12395.96	8195.29	4200.67	608.83
四川	10546.14	10329.27	7023.26	3306.01	216.87
贵州	8363.16	8195.24	5548.17	2647.07	167.92
云南	9711.25	9398.74	6372.86	3025.88	312.51
西藏	22461.07	19650.58	12646.34	7004.24	2810.49
陕西	13178.96	12945.52	7361.81	5583.72	233.44
甘肃	10119.95	9824.21	6271.84	3552.37	295.74
青海	19474.83	16730.15	9599.24	7130.91	2744.68
宁夏	12749.18	12293.47	7275.04	5018.42	455.71
新疆	16391.49	15576.16	10019.29	5556.87	815.33
大连	17456.02	17456.02	10903.29	6552.73	
宁波	27585.24	27251.08	17214.72	10036.36	334.16
厦门	22122.81	21444.75	14465.59	6979.16	678.06
青岛	23307.36	23307.36	12661.65	10645.70	
深圳	34594.29	29989.59	21052.00	8937.60	4604.69

7-32 生均公共财政预算教育经费支出(地方普通中学)

单位：元

地 区	公共财政预算教育经费支出	事业费支出	个人部分	公用部分	基本建设支出
合 计	**10133.60**	**9876.80**	**6909.87**	**2966.93**	**256.79**
北 京	40216.71	38030.77	22973.26	15057.51	2185.94
天 津	28390.05	28202.70	20367.30	7835.40	187.35
河 北	7878.08	7748.96	5597.91	2151.05	129.13
山 西	8465.43	8369.88	6072.95	2296.93	95.55
内蒙古	11826.14	11388.53	7977.38	3411.15	437.61
辽 宁	10292.75	10260.65	7150.38	3110.27	32.10
吉 林	10838.76	10725.89	7820.54	2905.35	112.87
黑龙江	11322.22	10991.68	7791.34	3200.34	330.55
上 海	27833.29	26990.74	17682.94	9307.79	842.55
江 苏	15935.47	15932.88	12308.69	3624.19	2.60
浙 江	14212.19	14059.67	11426.53	2633.14	152.52
安 徽	8428.16	8186.04	5321.93	2864.11	242.12
福 建	10981.90	10817.40	8326.71	2490.68	164.50
江 西	9292.99	9079.73	4917.20	4162.53	213.25
山 东	10528.93	10524.44	7280.82	3243.63	4.48
河 南	6908.47	6754.86	3641.43	3113.43	153.61
湖 北	10230.99	9962.36	7847.30	2115.05	268.63
湖 南	9120.34	8977.15	6118.08	2859.07	143.20
广 东	9441.32	9154.72	6822.37	2332.35	286.60
广 西	7568.84	7207.67	4985.98	2221.69	361.17
海 南	11515.74	11117.20	6599.41	4517.79	398.54
重 庆	9255.77	8646.94	5622.24	3024.70	608.83
四 川	8542.24	8325.38	6268.78	2056.60	216.87
贵 州	7061.64	6893.72	5121.07	1772.65	167.92
云 南	7678.80	7366.30	5237.59	2128.71	312.51
西 藏	20497.08	17686.59	11915.70	5770.89	2810.49
陕 西	11180.69	10947.26	6921.10	4026.16	233.44
甘 肃	8009.20	7713.46	5603.53	2109.93	295.74
青 海	14619.19	11874.51	7627.51	4247.01	2744.68
宁 夏	9750.34	9294.63	5692.42	3602.21	455.71
新 疆	14476.56	13661.23	9793.13	3868.10	815.33
大 连	12998.25	12998.25	9170.32	3827.93	
宁 波	18229.04	17894.88	14698.74	3196.14	334.16
厦 门	14582.08	13904.02	11413.91	2490.11	678.06
青 岛	18302.15	18302.15	12499.51	5802.64	
深 圳	24246.40	19641.70	15273.28	4368.43	4604.69

7-33 生均教育经费支出(地方普通高中)

单位：元

地区	教育经费支出	个人和公用部分支出			基本建设支出
			个人部分	公用部分	
合计	**13481.50**	**13209.08**	**7671.40**	**5537.68**	**272.43**
北京	67179.55	64292.50	33409.19	30883.31	2887.05
天津	38352.45	38125.61	21012.00	17113.61	226.84
河北	10801.09	10732.11	6283.55	4448.56	68.98
山西	11662.21	11492.95	6471.42	5021.53	169.26
内蒙古	14859.12	14516.18	8893.70	5622.47	342.94
辽宁	13020.01	12985.57	7320.89	5664.68	34.44
吉林	10953.61	10888.31	6366.71	4521.60	65.30
黑龙江	11820.78	11669.64	7241.55	4428.10	151.14
上海	49597.28	47585.65	26603.35	20982.29	2011.64
江苏	22169.72	22165.20	12879.84	9285.36	4.51
浙江	22469.67	22236.47	14421.52	7814.96	233.20
安徽	11645.17	11424.95	6186.35	5238.60	220.22
福建	14604.12	14513.85	9319.25	5194.61	90.27
江西	12499.01	12261.75	5433.27	6828.48	237.26
山东	12939.01	12939.01	6988.15	5950.85	
河南	9026.73	8869.31	4299.60	4569.71	157.42
湖北	12729.49	12591.67	7831.94	4759.73	137.82
湖南	11239.83	11143.90	6530.57	4613.32	95.94
广东	13612.13	13399.56	8365.57	5033.99	212.57
广西	10451.05	9830.57	5659.34	4171.23	620.49
海南	16216.47	15707.68	7919.80	7787.88	508.79
重庆	13383.31	12343.81	7642.57	4701.25	1039.50
四川	10334.46	10175.87	6516.16	3659.72	158.59
贵州	9617.99	9362.72	5678.85	3683.87	255.27
云南	10305.88	9917.11	6356.07	3561.04	388.77
西藏	27965.22	22168.80	13265.17	8903.63	5796.42
陕西	11683.01	11546.02	6051.46	5494.56	136.99
甘肃	9728.47	9444.43	5785.16	3659.26	284.05
青海	22466.02	19657.51	9726.51	9931.01	2808.51
宁夏	12102.91	11911.18	7777.36	4133.82	191.73
新疆	15591.67	14712.07	9344.77	5367.30	879.60
大连	18320.22	18320.22	10762.66	7557.56	
宁波	34156.22	34156.22	20303.33	13852.89	
厦门	23817.35	23613.38	15493.42	8119.96	203.97
青岛	24415.11	24415.11	12540.78	11874.33	
深圳	40078.03	36176.43	24148.13	12028.30	3901.59

7-34 生均公共财政预算教育经费支出(地方普通高中)

单位：元

地区	公共财政预算教育经费支出	事业费支出			基本建设支出
			个人部分	公用部分	
合计	**9283.81**	**9011.38**	**6318.99**	**2692.39**	**272.43**
北京	43635.30	40748.25	24032.17	16716.08	2887.05
天津	30316.96	30090.12	19678.59	10411.54	226.84
河北	7817.13	7748.15	5540.24	2207.91	68.98
山西	7574.70	7405.44	5480.01	1925.44	169.26
内蒙古	10956.56	10613.62	7028.45	3585.17	342.94
辽宁	8761.86	8727.42	6116.34	2611.08	34.44
吉林	8005.18	7939.88	5738.25	2201.63	65.30
黑龙江	9213.42	9062.28	6375.78	2686.51	151.14
上海	32830.78	30819.14	21438.96	9380.18	2011.64
江苏	14646.63	14642.12	11200.15	3441.98	4.51
浙江	14005.31	13772.12	11151.05	2621.07	233.20
安徽	6889.33	6669.11	4492.54	2176.56	220.22
福建	9685.38	9595.11	7819.63	1775.48	90.27
江西	9478.60	9241.34	4642.50	4598.84	237.26
山东	9060.24	9060.24	6437.29	2622.95	
河南	6147.06	5989.64	3238.71	2750.93	157.42
湖北	7973.24	7835.42	6017.51	1817.91	137.82
湖南	6895.92	6799.98	5085.86	1714.12	95.94
广东	9192.56	8979.99	6727.31	2252.67	212.57
广西	7455.71	6835.22	4933.80	1901.42	620.49
海南	12655.81	12147.02	6496.46	5650.56	508.79
重庆	8832.14	7792.64	4806.00	2986.64	1039.50
四川	7114.58	6955.99	5362.81	1593.19	158.59
贵州	7075.67	6820.40	4934.91	1885.49	255.27
云南	7184.78	6796.01	4762.82	2033.19	388.77
西藏	25983.64	20187.23	12473.96	7713.26	5796.42
陕西	9256.50	9119.50	5572.61	3546.90	136.99
甘肃	6961.67	6677.62	4991.31	1686.31	284.05
青海	14535.49	11726.99	7518.69	4208.30	2808.51
宁夏	8814.52	8622.80	5983.92	2638.88	191.73
新疆	12871.38	11991.78	8905.80	3085.98	879.60
大连	13631.25	13631.25	8683.80	4947.45	
宁波	20157.17	20157.17	16431.43	3725.74	
厦门	15084.41	14880.44	11911.88	2968.56	203.97
青岛	17970.20	17970.20	12169.47	5800.73	
深圳	26144.35	22242.75	17089.90	5152.85	3901.59

7-35 生均教育经费支出(地方农村高中)

单位：元

地区	教育经费支出	个人和公用部分支出			基本建设支出
			个人部分	公用部分	
合计	**10907.14**	**10650.44**	**6247.04**	**4403.41**	**256.69**
北京	68545.41	68545.41	28239.38	40306.03	
天津	35445.98	35445.98	12698.65	22747.33	
河北	9994.20	9880.82	5625.45	4255.37	113.38
山西	10339.63	10115.54	5919.43	4196.11	224.09
内蒙古	14279.38	13915.63	8582.34	5333.30	363.75
辽宁	9906.47	9882.66	5345.55	4537.11	23.81
吉林	10705.81	10597.60	6424.59	4173.02	108.21
黑龙江	10529.92	10461.20	5807.26	4653.94	68.72
上海	35331.38	35331.38	22542.92	12788.46	
江苏	16788.12	16779.33	10393.76	6385.57	8.79
浙江	19006.48	18894.50	12961.89	5932.61	111.98
安徽	10660.81	10364.94	5570.38	4794.56	295.87
福建	12365.06	12236.28	8535.47	3700.80	128.79
江西	11018.33	10829.94	5136.09	5693.85	188.38
山东	10603.79	10603.79	5820.82	4782.97	
河南	7911.32	7765.29	3741.09	4024.20	146.04
湖北	10416.81	10149.83	6498.70	3651.13	266.98
湖南	9385.32	9248.23	5836.20	3412.03	137.09
广东	9949.81	9948.91	5879.47	4069.44	0.90
广西	8030.92	7827.40	4927.91	2899.49	203.53
海南	15702.96	14876.38	8208.50	6667.88	826.58
重庆	12228.20	11281.29	6612.10	4669.20	946.91
四川	9457.94	9275.70	6023.10	3252.60	182.23
贵州	8694.17	8480.73	5067.33	3413.40	213.45
云南	9176.67	8709.87	5953.93	2755.94	466.80
西藏	26107.75	18721.43	12008.22	6713.21	7386.32
陕西	10805.04	10622.13	5617.94	5004.20	182.91
甘肃	8309.43	8061.28	5175.27	2886.00	248.16
青海	21700.40	18228.76	9388.16	8840.61	3471.64
宁夏	9684.23	9371.44	6443.85	2927.59	312.79
新疆	15324.86	13792.52	8622.09	5170.43	1532.34
大连	12699.31	12699.31	9551.64	3147.66	
宁波	27183.43	27183.43	18619.11	8564.32	
厦门	18710.68	18710.68	13103.73	5606.96	
青岛	25831.74	25831.74	12235.75	13595.99	
深圳					

7-36 生均公共财政预算教育经费支出(地方农村高中)

单位：元

地区	公共财政预算教育经费支出	事业费支出			基本建设支出
			个人部分	公用部分	
合计	**7858.41**	**7601.72**	**5295.67**	**2306.06**	**256.69**
北京	35873.17	35873.17	23719.42	12153.76	
天津	28852.46	28852.46	11975.08	16877.38	
河北	7357.64	7244.26	5044.49	2199.77	113.38
山西	7287.36	7063.27	5218.41	1844.85	224.09
内蒙古	10969.14	10605.39	7179.39	3425.99	363.75
辽宁	6625.10	6601.29	4717.84	1883.45	23.81
吉林	8041.74	7933.52	6081.19	1852.33	108.21
黑龙江	8403.52	8334.81	5278.19	3056.62	68.72
上海	23993.89	23993.89	18737.88	5256.01	
江苏	11947.13	11938.35	8952.75	2985.60	8.79
浙江	12275.02	12163.04	10133.97	2029.07	111.98
安徽	6870.59	6574.72	4274.98	2299.73	295.87
福建	9083.02	8954.23	7463.13	1491.10	128.79
江西	8269.25	8080.87	4463.23	3617.64	188.38
山东	7552.20	7552.20	5407.16	2145.04	
河南	5536.82	5390.79	2938.91	2451.88	146.04
湖北	7053.65	6786.67	5152.58	1634.10	266.98
湖南	5756.79	5619.70	4420.06	1199.64	137.09
广东	7098.29	7097.39	4994.14	2103.25	0.90
广西	6278.47	6074.95	4471.43	1603.51	203.53
海南	12960.79	12134.21	6655.85	5478.36	826.58
重庆	8476.84	7529.93	4280.07	3249.86	946.91
四川	6772.63	6590.39	5110.59	1479.80	182.23
贵州	6638.30	6424.85	4572.65	1852.20	213.45
云南	6607.87	6141.08	4639.87	1501.21	466.80
西藏	24649.39	17263.07	11321.37	5941.71	7386.32
陕西	8840.16	8657.25	5345.94	3311.31	182.91
甘肃	6316.76	6068.60	4666.42	1402.18	248.16
青海	14926.60	11454.96	7557.95	3897.00	3471.64
宁夏	6913.44	6600.65	5232.85	1367.79	312.79
新疆	13349.09	11816.75	8409.06	3407.70	1532.34
大连	9891.88	9891.88	7927.87	1964.01	
宁波	17577.62	17577.62	14443.33	3134.28	
厦门	13293.94	13293.94	12073.95	1219.99	
青岛	19618.40	19618.40	11956.17	7662.23	
深圳					

7-37 生均教育经费支出(地方普通初中)

单位：元

地区	教育经费支出	个人和公用部分支出			基本建设支出
			个人部分	公用部分	
合计	**12810.17**	**12562.06**	**8099.30**	**4462.76**	**248.11**
北京	56609.48	54816.62	30127.34	24689.27	1792.86
天津	32174.28	32013.00	21223.23	10789.77	161.28
河北	9441.77	9281.01	6057.98	3223.02	160.77
山西	10736.65	10690.56	7011.11	3679.45	46.09
内蒙古	16454.09	15947.30	10882.43	5064.87	506.78
辽宁	14554.92	14524.19	9298.24	5225.96	30.73
吉林	14998.09	14851.39	9870.36	4981.03	146.70
黑龙江	13903.79	13462.03	9264.09	4197.94	441.75
上海	33392.93	33018.86	18986.42	14032.44	374.07
江苏	21053.95	21052.47	13447.86	7604.61	1.47
浙江	18652.15	18540.39	12589.02	5951.36	111.77
安徽	11731.37	11474.45	7027.10	4447.35	256.92
福建	14508.19	14299.53	9526.21	4773.32	208.66
江西	10234.97	10033.18	5393.58	4639.60	201.79
山东	13242.51	13235.54	7963.09	5272.45	6.96
河南	9362.14	9210.44	5346.43	3864.01	151.70
湖北	13800.89	13447.05	9809.12	3637.93	353.83
湖南	11510.98	11344.09	7089.05	4255.05	166.88
广东	11717.78	11384.86	8033.40	3351.46	332.92
广西	8640.01	8385.34	5330.20	3055.13	254.67
海南	14371.39	14028.80	8252.86	5775.94	342.59
重庆	12748.76	12431.23	8569.14	3862.09	317.53
四川	10667.60	10417.29	7314.22	3103.07	250.31
贵州	7833.03	7702.02	5492.97	2209.05	131.02
云南	9481.20	9198.20	6379.36	2818.84	283.00
西藏	20139.12	18588.26	12385.28	6202.97	1550.87
陕西	14311.10	14004.67	8353.48	5651.19	306.43
甘肃	10370.99	10067.76	6583.93	3483.83	303.23
青海	17953.06	15240.85	9534.49	5706.36	2712.21
宁夏	13129.06	12518.17	6979.78	5538.39	610.88
新疆	16770.43	15985.54	10338.86	5646.68	784.89
大连	17012.07	17012.07	10975.53	6036.54	
宁波	24489.82	23998.25	15759.76	8238.49	491.57
厦门	21250.85	20328.84	13936.70	6392.14	922.01
青岛	22759.45	22759.45	12721.44	10038.01	
深圳	31765.88	26798.54	19455.07	7343.47	4967.34

7-38 生均公共财政预算教育经费支出(地方普通初中)

单位：元

地区	公共财政预算教育经费支出	事业费支出			基本建设支出
			个人部分	公用部分	
合计	**10605.69**	**10357.58**	**7238.13**	**3119.45**	**248.11**
北京	38300.08	36507.21	22379.58	14127.64	1792.86
天津	27117.71	26956.43	20822.06	6134.37	161.28
河北	7910.15	7749.39	5628.24	2121.14	160.77
山西	9062.99	9016.90	6470.74	2546.16	46.09
内蒙古	12461.59	11954.80	8670.82	3283.98	506.78
辽宁	11193.88	11163.16	7759.05	3404.10	30.73
吉林	12854.39	12707.69	9301.76	3405.93	146.70
黑龙江	12629.40	12187.65	8668.81	3518.84	441.75
上海	25830.64	25456.58	16177.79	9278.78	374.07
江苏	16691.89	16690.42	12959.29	3731.13	1.47
浙江	14316.70	14204.93	11565.70	2639.24	111.77
安徽	9467.72	9210.80	5882.23	3328.57	256.92
福建	11753.11	11544.45	8628.34	2916.11	208.66
江西	9204.36	9002.57	5048.36	3954.21	201.79
山东	11340.83	11333.87	7747.13	3586.74	6.96
河南	7291.54	7139.84	3844.04	3295.80	151.70
湖北	11701.57	11347.73	9039.13	2308.60	353.83
湖南	10235.09	10068.21	6635.36	3432.85	166.88
广东	9596.97	9264.05	6881.85	2382.21	332.92
广西	7615.29	7360.62	5007.41	2353.21	254.67
海南	10937.15	10594.56	6651.65	3942.91	342.59
重庆	9542.30	9224.77	6174.33	3050.43	317.53
四川	9361.37	9111.07	6788.59	2322.48	250.31
贵州	7055.71	6924.70	5199.71	1724.98	131.02
云南	7869.93	7586.92	5421.26	2165.66	283.00
西藏	18182.55	16631.68	11680.19	4951.50	1550.87
陕西	12636.93	12330.50	7941.64	4388.87	306.43
甘肃	8680.94	8377.71	5996.13	2381.58	303.23
青海	14661.78	11949.57	7682.87	4266.70	2712.21
宁夏	10300.41	9689.53	5521.07	4168.46	610.88
新疆	15237.07	14452.18	10213.53	4238.65	784.89
大连	12673.07	12673.07	9420.25	3252.82	
宁波	17320.75	16829.17	13882.51	2946.66	491.57
厦门	14323.60	13401.58	11157.67	2243.91	922.01
青岛	18466.33	18466.33	12662.75	5803.58	
深圳	23267.47	18300.13	14336.30	3963.84	4967.34

7-39 生均教育经费支出(地方农村初中)

单位：元

地区	教育经费支出	个人和公用部分支出	个人部分	公用部分	基本建设支出
合计	**11499.04**	**11277.09**	**7480.84**	**3796.25**	**221.95**
北京	63770.80	63770.80	33532.78	30238.02	
天津	23865.35	23865.35	16080.69	7784.66	
河北	9258.64	9071.66	5797.30	3274.36	186.98
山西	10916.36	10857.19	7147.85	3709.33	59.18
内蒙古	17453.80	16937.29	12180.22	4757.07	516.51
辽宁	13111.42	13058.67	8426.76	4631.91	52.75
吉林	15872.23	15629.56	10451.62	5177.94	242.67
黑龙江	13030.46	12806.84	8660.80	4146.05	223.61
上海	26047.53	26047.53	18555.52	7492.01	
江苏	20578.09	20575.17	13550.58	7024.59	2.92
浙江	17640.69	17598.49	12353.56	5244.94	42.20
安徽	11679.08	11368.26	7094.68	4273.58	310.82
福建	14119.87	13884.43	9580.72	4303.71	235.44
江西	10015.22	9850.46	5456.98	4393.48	164.76
山东	12572.67	12561.69	7670.71	4890.98	10.98
河南	8907.06	8769.62	5237.77	3531.85	137.45
湖北	13723.91	13332.04	10033.80	3298.24	391.87
湖南	10885.32	10742.09	7344.36	3397.73	143.23
广东	9224.01	9211.91	6244.47	2967.45	12.09
广西	7936.90	7682.13	5235.78	2446.35	254.77
海南	13829.57	13469.37	8848.16	4621.21	360.20
重庆	12034.00	11634.54	8171.13	3463.40	399.46
四川	10530.39	10240.80	7330.58	2910.21	289.59
贵州	7555.99	7436.12	5428.58	2007.54	119.87
云南	9155.98	8935.74	6338.80	2596.94	220.24
西藏	17328.86	16378.65	11763.29	4615.36	950.21
陕西	14533.94	14130.86	8789.71	5341.15	403.07
甘肃	10200.79	9835.26	6612.72	3222.54	365.52
青海	18306.87	14726.42	9770.53	4955.90	3580.45
宁夏	13237.53	12556.39	7146.76	5409.62	681.14
新疆	16307.59	15514.60	10368.24	5146.36	792.99
大连	18139.76	18139.76	12971.65	5168.11	
宁波	24249.46	24249.46	15504.31	8745.15	
厦门	28068.82	24426.89	19973.24	4453.64	3641.93
青岛	25812.38	25812.38	13919.23	11893.15	
深圳					

7-40 生均公共财政预算教育经费支出(地方农村初中)

单位：元

地区	公共财政预算教育经费支出	事业费支出			基本建设支出
			个人部分	公用部分	
合计	**9934.05**	**9712.10**	**6796.70**	**2915.40**	**221.95**
北京	44906.01	44906.01	29047.19	15858.81	
天津	22137.01	22137.01	15965.66	6171.36	
河北	7883.60	7696.61	5426.72	2269.90	186.98
山西	9637.67	9578.50	6819.97	2758.53	59.18
内蒙古	14042.86	13526.35	9963.30	3563.05	516.51
辽宁	11011.42	10958.67	7152.54	3806.13	52.75
吉林	14154.33	13911.66	9952.92	3958.74	242.67
黑龙江	12221.22	11997.61	8305.68	3691.93	223.61
上海	20568.63	20568.63	15794.02	4774.61	
江苏	17060.61	17057.69	13147.07	3910.62	2.92
浙江	13950.64	13908.44	11509.91	2398.53	42.20
安徽	9676.90	9366.08	6056.31	3309.77	310.82
福建	12152.91	11917.47	8951.57	2965.90	235.44
江西	9165.86	9001.11	5164.90	3836.21	164.76
山东	11093.06	11082.08	7486.54	3595.54	10.98
河南	7078.93	6941.48	3778.76	3162.72	137.45
湖北	12081.36	11689.48	9238.15	2451.33	391.87
湖南	9910.23	9767.00	6897.97	2869.02	143.23
广东	7931.91	7919.81	5541.99	2377.82	12.09
广西	7313.89	7059.11	4959.62	2099.49	254.77
海南	10755.73	10395.53	7232.26	3163.26	360.20
重庆	9401.55	9002.09	6182.00	2820.09	399.46
四川	9399.26	9109.66	6825.94	2283.73	289.59
贵州	6892.63	6772.77	5149.14	1623.63	119.87
云南	7784.79	7564.55	5454.39	2110.16	220.24
西藏	15925.96	14975.75	11049.03	3926.73	950.21
陕西	13219.12	12816.05	8504.05	4312.00	403.07
甘肃	8898.61	8533.09	6132.44	2400.64	365.52
青海	15885.00	12304.55	8163.50	4141.05	3580.45
宁夏	10814.82	10133.67	5813.04	4320.63	681.14
新疆	15289.40	14496.42	10261.91	4234.51	792.99
大连	14780.93	14780.93	10711.96	4068.97	
宁波	15781.75	15781.75	13186.59	2595.16	
厦门	22331.03	18689.10	17376.63	1312.46	3641.93
青岛	20942.99	20942.99	13899.18	7043.81	
深圳					

7-41 生均教育经费支出(地方普通小学)

单位：元

地区	教育经费支出	个人和公用部分支出			基本建设支出
			个人部分	公用部分	
合计	**9431.65**	**9312.07**	**6212.26**	**3099.81**	**119.58**
北京	34876.71	34695.34	18044.41	16650.92	181.37
天津	20880.98	20880.98	13479.50	7401.48	
河北	6463.25	6444.03	4277.66	2166.37	19.22
山西	8690.11	8673.45	6120.29	2553.16	16.66
内蒙古	14857.40	14710.73	10913.49	3797.24	146.67
辽宁	10380.00	10365.49	7070.58	3294.91	14.51
吉林	11583.36	11502.80	7894.69	3608.11	80.55
黑龙江	11934.32	11894.18	8898.84	2995.34	40.14
上海	24821.76	24653.73	14355.98	10297.75	168.03
江苏	13803.34	13795.80	8440.72	5355.08	7.55
浙江	12825.26	12794.31	8778.19	4016.12	30.95
安徽	8315.24	8228.62	5232.64	2995.98	86.62
福建	10009.27	9959.20	6683.52	3275.68	50.07
江西	7593.98	7525.39	4326.28	3199.11	68.59
山东	8334.48	8332.38	5193.31	3139.08	2.10
河南	5641.37	5592.66	3290.65	2302.02	48.70
湖北	8441.42	8291.54	5766.80	2524.74	149.88
湖南	7099.37	7059.97	4392.76	2667.21	39.40
广东	9745.33	9577.11	7000.12	2576.99	168.22
广西	6821.80	6688.34	4599.91	2088.43	133.46
海南	11500.53	11257.32	7062.88	4194.44	243.21
重庆	10790.92	10482.79	7327.56	3155.24	308.12
四川	9540.80	9398.68	7033.12	2365.55	142.12
贵州	7478.86	7370.86	5730.56	1640.30	108.00
云南	8251.70	8161.04	5967.08	2193.97	90.65
西藏	23041.04	19467.26	12071.02	7396.24	3573.78
陕西	11384.35	11196.30	6903.90	4292.40	188.05
甘肃	9021.56	8848.60	6404.31	2444.29	172.95
青海	15075.85	11859.31	7996.70	3862.61	3216.54
宁夏	9066.07	8917.13	5761.84	3155.29	148.94
新疆	12573.48	12237.51	8781.72	3455.79	335.96
大连	11283.41	11283.41	7227.27	4056.14	
宁波	15079.51	15079.51	10166.92	4912.59	
厦门	14076.28	13838.80	9996.97	3841.82	237.48
青岛	15477.58	15477.58	8740.60	6736.98	
深圳	21209.66	19108.07	13201.48	5906.59	2101.59

7-42 生均公共财政预算教育经费支出(地方普通小学)

单位：元

地区	公共财政预算教育经费支出	事业费支出			基本建设支出
			个人部分	公用部分	
合计	**7800.12**	**7680.54**	**5439.02**	**2241.52**	**119.58**
北京	23623.16	23441.78	13490.83	9950.95	181.37
天津	17233.85	17233.85	13264.98	3968.87	
河北	5368.27	5349.05	3909.75	1439.30	19.22
山西	7375.86	7359.19	5516.74	1842.46	16.66
内蒙古	10328.07	10181.40	7653.97	2527.43	146.67
辽宁	8368.78	8354.27	5909.25	2445.02	14.51
吉林	10273.18	10192.63	7512.63	2680.00	80.55
黑龙江	11103.12	11062.98	8422.08	2640.90	40.14
上海	19687.92	19519.88	12136.28	7383.61	168.03
江苏	11182.60	11175.06	8216.89	2958.16	7.55
浙江	9842.83	9811.88	8118.83	1693.05	30.95
安徽	6744.76	6658.15	4293.71	2364.44	86.62
福建	8225.70	8175.63	5975.02	2200.61	50.07
江西	6920.41	6851.82	4062.58	2789.24	68.59
山东	7255.63	7253.54	5074.07	2179.46	2.10
河南	4496.34	4447.63	2410.80	2036.84	48.70
湖北	7170.56	7020.68	5377.84	1642.83	149.88
湖南	6402.81	6363.41	4176.01	2187.39	39.40
广东	7906.77	7738.55	5887.16	1851.39	168.22
广西	6079.42	5945.96	4305.97	1639.99	133.46
海南	9068.86	8825.64	5733.87	3091.77	243.21
重庆	7568.04	7259.92	4746.74	2513.19	308.12
四川	7672.54	7530.41	5706.38	1824.03	142.12
贵州	6897.79	6789.79	5403.75	1386.05	108.00
云南	6291.33	6200.67	4487.73	1712.94	90.65
西藏	21479.72	17905.94	11264.69	6641.25	3573.78
陕西	10385.02	10196.97	6607.00	3589.97	188.05
甘肃	7462.13	7289.18	5473.56	1815.62	172.95
青海	12655.03	9438.49	6262.43	3176.07	3216.54
宁夏	6619.05	6470.11	4044.35	2425.75	148.94
新疆	11628.15	11292.19	8704.76	2587.43	335.96
大连	9150.56	9150.56	6213.04	2937.52	
宁波	10499.22	10499.22	9066.50	1432.72	
厦门	9904.77	9667.29	8029.93	1637.36	237.48
青岛	12401.27	12401.27	8703.47	3697.80	
深圳	15228.94	13127.36	10061.31	3066.05	2101.59

7-43　生均教育经费支出(地方农村小学)

单位：元

地　区	教育经费支　出	个人和公用部分支　出	个人部分	公用部分	基本建设支　出
合　计	**8845.37**	**8730.44**	**6043.54**	**2686.90**	**114.93**
北　京	37314.46	37314.46	20840.45	16474.01	
天　津	16050.62	16050.62	10453.21	5597.41	
河　北	6487.96	6464.95	4245.63	2219.32	23.01
山　西	9562.77	9548.07	6898.28	2649.80	14.70
内蒙古	18113.33	17938.89	13704.20	4234.69	174.45
辽　宁	10725.53	10699.76	7627.02	3072.73	25.77
吉　林	12367.99	12259.20	8665.98	3593.23	108.79
黑龙江	12892.50	12828.50	9545.76	3282.74	64.00
上　海	19748.05	19748.05	14052.99	5695.06	
江　苏	13050.51	13037.11	8205.84	4831.27	13.40
浙　江	12526.21	12515.01	8833.41	3681.60	11.20
安　徽	8224.67	8135.55	5334.57	2800.97	89.12
福　建	10167.43	10121.02	7122.27	2998.75	46.41
江　西	7461.80	7407.02	4399.97	3007.05	54.78
山　东	7595.82	7595.16	5053.57	2541.59	0.66
河　南	5472.90	5445.10	3233.22	2211.88	27.81
湖　北	8248.77	8088.19	5827.57	2260.62	160.58
湖　南	6666.65	6627.91	4382.18	2245.72	38.75
广　东	8643.87	8629.14	6283.61	2345.52	14.73
广　西	6669.79	6521.47	4656.84	1864.63	148.32
海　南	11974.73	11707.53	8065.67	3641.86	267.19
重　庆	10092.64	9831.41	7199.19	2632.21	261.23
四　川	9738.70	9613.54	7393.47	2220.07	125.16
贵　州	7470.53	7364.74	5820.36	1544.38	105.79
云　南	8358.28	8287.87	6115.44	2172.43	70.42
西　藏	23117.95	19372.89	11706.58	7666.31	3745.06
陕　西	12239.82	12006.72	7680.49	4326.23	233.10
甘　肃	9285.82	9081.90	6750.61	2331.29	203.92
青　海	15705.96	12154.00	8402.09	3751.91	3551.96
宁　夏	8975.57	8819.87	6097.68	2722.18	155.70
新　疆	12661.48	12357.12	9313.69	3043.43	304.35
大　连	14767.20	14767.20	9857.23	4909.97	
宁　波	14987.12	14987.12	9763.87	5223.25	
厦　门	16975.28	16975.28	13320.69	3654.58	
青　岛	15470.89	15470.89	9784.21	5686.69	
深　圳					

7-44 生均公共财政预算教育经费支出(地方农村小学)

单位：元

地区	公共财政预算教育经费支出	事业费支出			基本建设支出
			个人部分	公用部分	
合计	**7519.26**	**7404.33**	**5302.12**	**2102.20**	**114.93**
北京	27040.97	27040.97	17179.21	9861.76	
天津	15070.54	15070.54	10379.12	4691.42	
河北	5374.67	5351.66	3874.46	1477.20	23.01
山西	8256.62	8241.92	6286.47	1955.46	14.70
内蒙古	12617.53	12443.09	9512.84	2930.25	174.45
辽宁	8922.49	8896.72	6394.25	2502.47	25.77
吉林	11226.61	11117.82	8240.21	2877.61	108.79
黑龙江	12345.65	12281.65	9223.87	3057.78	64.00
上海	15950.04	15950.04	11728.85	4221.19	
江苏	11002.98	10989.58	7979.18	3010.40	13.40
浙江	9960.73	9949.53	8277.72	1671.81	11.20
安徽	6799.27	6710.15	4430.64	2279.51	89.12
福建	8678.68	8632.28	6536.50	2095.77	46.41
江西	6839.26	6784.48	4112.69	2671.79	54.78
山东	6886.82	6886.16	4936.02	1950.14	0.66
河南	4452.63	4424.82	2391.86	2032.96	27.81
湖北	7301.76	7141.18	5461.17	1680.01	160.58
湖南	6123.50	6084.75	4176.02	1908.73	38.75
广东	7211.38	7196.65	5318.58	1878.07	14.73
广西	6100.68	5952.36	4369.52	1582.85	148.32
海南	9521.21	9254.02	6565.32	2688.70	267.19
重庆	7272.97	7011.74	4751.33	2260.40	261.23
四川	7735.52	7610.37	5829.43	1780.94	125.16
贵州	6919.00	6813.21	5482.85	1330.36	105.79
云南	6405.63	6335.21	4608.79	1726.42	70.42
西藏	21589.64	17844.58	10872.64	6971.95	3745.06
陕西	11295.76	11062.65	7399.71	3662.95	233.10
甘肃	7861.30	7657.38	5816.69	1840.68	203.92
青海	13521.69	9969.73	6789.82	3179.91	3551.96
宁夏	6568.71	6413.01	4349.38	2063.64	155.70
新疆	12010.67	11706.32	9246.83	2459.49	304.35
大连	12365.26	12365.26	8202.91	4162.35	
宁波	9690.15	9690.15	8462.55	1227.60	
厦门	13201.47	13201.47	11974.59	1226.87	
青岛	12890.31	12890.31	9780.57	3109.73	
深圳					

7-45 生均教育经费支出(地方特殊教育学校)

单位：元

地区	教育经费支出	个人和公用部分支出	个人部分	公用部分	基本建设支出
合计	**51015.66**	**50090.51**	**29003.80**	**21086.72**	**925.14**
北京	123303.36	123230.29	78196.94	45033.36	73.07
天津	82909.85	82909.85	60937.76	21972.09	
河北	43929.11	40526.59	24919.88	15606.71	3402.52
山西	35236.43	35064.06	23273.75	11790.31	172.38
内蒙古	64444.20	62812.88	43299.80	19513.08	1631.32
辽宁	64658.60	64658.60	31958.08	32700.52	
吉林	49760.87	46993.98	33146.40	13847.58	2766.88
黑龙江	43652.03	43273.49	31496.69	11776.79	378.55
上海	100934.56	100934.56	57780.74	43153.82	
江苏	56988.33	56988.33	39090.94	17897.38	
浙江	66178.71	66178.71	35798.11	30380.59	
安徽	46762.30	46762.30	18616.31	28145.99	
福建	52753.49	52492.56	26162.83	26329.74	260.93
江西	30804.21	29581.54	14836.84	14744.70	1222.68
山东	60177.53	57883.15	31018.31	26864.84	2294.38
河南	32115.40	31959.61	19703.18	12256.43	155.79
湖北	35258.37	35173.07	22525.68	12647.39	85.30
湖南	43859.30	43859.30	21416.76	22442.54	
广东	77145.76	72370.92	36717.88	35653.04	4774.84
广西	25923.18	25923.18	15723.55	10199.63	
海南	50578.93	48961.18	28275.57	20685.60	1617.75
重庆	36784.64	36678.95	24250.76	12428.19	105.69
四川	35592.90	34805.08	19705.04	15100.04	787.82
贵州	31961.41	31075.51	21744.74	9330.78	885.90
云南	33443.22	33339.89	18027.91	15311.98	103.33
西藏	49572.56	49572.56	35836.78	13735.78	
陕西	54360.70	53864.40	28934.92	24929.48	496.30
甘肃	33373.15	33373.15	21814.39	11558.75	
青海	63563.24	63563.24	26891.14	36672.10	
宁夏	53173.86	53173.86	30048.89	23124.97	
新疆	56349.91	54856.69	30097.21	24759.48	1493.22
大连	47828.18	47828.18	34352.68	13475.50	
宁波	137472.20	137472.20	52001.02	85471.17	
厦门	171538.31	171538.31	49383.60	122154.71	
青岛	94384.50	94384.50	55461.04	38923.45	
深圳	157782.67	96130.39	64503.70	31626.69	61652.28

7-46 生均公共财政预算教育经费支出(地方特殊教育学校)

单位：元

地　区	公共财政预算教育经费支出	事业费支出	个人部分	公用部分	基本建设支出
合　计	**40214.13**	**39288.99**	**25649.06**	**13639.93**	**925.14**
北　京	77603.70	77530.63	58190.44	19340.19	73.07
天　津	77835.68	77835.68	59082.76	18752.92	
河　北	36150.61	32748.09	23424.12	9323.97	3402.52
山　西	30175.67	30003.29	20571.94	9431.35	172.38
内蒙古	47671.00	46039.68	33526.19	12513.49	1631.32
辽　宁	45857.22	45857.22	26094.35	19762.87	
吉　林	42696.68	39929.80	30059.84	9869.96	2766.88
黑龙江	40177.84	39799.29	29553.75	10245.54	378.55
上　海	76905.77	76905.77	50010.02	26895.75	
江　苏	48795.32	48795.32	37169.28	11626.04	
浙　江	45172.34	45172.34	31789.22	13383.12	
安　徽	37791.27	37791.27	15438.56	22352.71	
福　建	33186.34	32925.41	22395.48	10529.93	260.93
江　西	25186.15	23963.47	14252.93	9710.55	1222.68
山　东	50102.52	47808.14	30228.85	17579.30	2294.38
河　南	23025.43	22869.64	14106.16	8763.47	155.79
湖　北	26725.28	26639.98	19832.11	6807.87	85.30
湖　南	34043.24	34043.24	20128.55	13914.69	
广　东	60385.10	55610.26	31882.43	23727.83	4774.84
广　西	21941.38	21941.38	14700.27	7241.12	
海　南	43294.56	41676.81	22224.48	19452.33	1617.75
重　庆	27115.37	27009.68	17650.72	9358.96	105.69
四　川	30011.16	29223.34	18207.60	11015.74	787.82
贵　州	27873.18	26987.29	20113.46	6873.83	885.90
云　南	28419.95	28316.62	15123.81	13192.81	103.33
西　藏	47732.37	47732.37	34373.61	13358.76	
陕　西	44647.70	44151.40	28174.82	15976.59	496.30
甘　肃	28400.32	28400.32	19269.27	9131.05	
青　海	57425.47	57425.47	22375.50	35049.96	
宁　夏	43624.06	43624.06	23046.28	20577.77	
新　疆	50388.63	48895.41	27995.71	20899.70	1493.22
大　连	31630.22	31630.22	23096.73	8533.49	
宁　波	71666.94	71666.94	46162.13	25504.81	
厦　门	55670.67	55670.67	39043.24	16627.43	
青　岛	63978.15	63978.15	55307.39	8670.76	
深　圳	140295.52	78643.24	52794.17	25849.07	61652.28

7-47 生均教育经费支出(地方幼儿园)

单位：元

地区	教育经费支出	个人和公用部分支出			基本建设支出
			个人部分	公用部分	
合计	**6565.13**	**6447.75**	**3383.79**	**3063.97**	**117.37**
北京	31565.85	31533.84	16548.25	14985.59	32.01
天津	18757.79	18757.79	9581.00	9176.79	
河北	3768.75	3704.92	2265.06	1439.86	63.83
山西	4314.74	4204.76	2346.10	1858.66	109.97
内蒙古	12895.44	12655.57	6865.29	5790.29	239.87
辽宁	7158.66	7136.80	3018.88	4117.92	21.87
吉林	8515.63	8449.90	4176.52	4273.38	65.73
黑龙江	7683.03	7659.60	4516.64	3142.96	23.42
上海	23295.42	23273.24	13601.53	9671.71	22.18
江苏	7565.71	7555.72	3988.54	3567.19	9.99
浙江	12986.90	12944.71	6706.33	6238.38	42.19
安徽	5052.93	4799.36	1995.30	2804.06	253.57
福建	7061.35	6950.74	3765.06	3185.68	110.61
江西	5531.65	5415.14	2093.27	3321.88	116.51
山东	5347.23	5330.83	2464.05	2866.79	16.39
河南	3563.98	3486.54	1400.77	2085.76	77.44
湖北	5463.12	5376.07	2862.23	2513.84	87.05
湖南	4621.33	4510.14	2139.82	2370.31	111.19
广东	5751.86	5691.88	3680.50	2011.38	59.97
广西	3250.55	3201.76	1542.03	1659.74	48.79
海南	8494.73	8318.62	3755.23	4563.39	176.11
重庆	4464.83	4325.66	1950.20	2375.46	139.17
四川	4718.98	4584.86	2451.93	2132.93	134.12
贵州	4125.45	4000.54	2445.75	1554.79	124.91
云南	4363.58	4232.34	2147.97	2084.37	131.24
西藏	22588.03	15808.73	8769.33	7039.41	6779.30
陕西	9386.38	9172.44	3830.24	5342.20	213.95
甘肃	6012.28	5701.01	3063.44	2637.57	311.27
青海	8484.22	6715.24	3870.08	2845.16	1768.98
宁夏	6184.46	5947.56	2911.66	3035.89	236.90
新疆	6315.97	6256.98	4107.39	2149.58	59.00
大连	10106.01	10106.01	4788.53	5317.48	
宁波	18243.50	18047.79	10361.65	7686.14	195.71
厦门	12597.67	12597.67	8583.43	4014.24	
青岛	11689.29	11689.29	4787.08	6902.21	
深圳	29192.55	27632.38	22030.61	5601.77	1560.16

7-48 生均公共财政预算教育经费支出(地方幼儿园)

单位: 元

地 区	公共财政预算教育经费支出	事业费支出			基本建设支出
			个人部分	公用部分	
合 计	**3941.04**	**3823.66**	**2306.47**	**1517.20**	**117.37**
北 京	17745.47	17713.46	12306.16	5407.30	32.01
天 津	12285.01	12285.01	7528.36	4756.65	
河 北	2667.47	2603.64	1941.51	662.14	63.83
山 西	2680.34	2570.37	1682.56	887.81	109.97
内蒙古	8463.57	8223.70	5453.71	2770.00	239.87
辽 宁	3976.63	3954.76	1712.60	2242.16	21.87
吉 林	5461.06	5395.33	3331.67	2063.66	65.73
黑龙江	5011.13	4987.71	3232.26	1755.45	23.42
上 海	17142.18	17120.00	11543.97	5576.03	22.18
江 苏	3515.37	3505.38	2034.79	1470.59	9.99
浙 江	5949.65	5907.46	3972.14	1935.32	42.19
安 徽	3305.99	3052.42	1318.44	1733.98	253.57
福 建	4518.49	4407.88	2807.54	1600.34	110.61
江 西	3516.59	3400.08	1331.71	2068.37	116.51
山 东	2818.65	2802.25	1297.97	1504.28	16.39
河 南	1921.01	1843.57	788.23	1055.34	77.44
湖 北	2686.99	2599.95	1839.04	760.90	87.05
湖 南	2466.74	2355.55	1314.74	1040.82	111.19
广 东	2336.63	2276.66	1668.38	608.28	59.97
广 西	1993.53	1944.74	947.13	997.62	48.79
海 南	5663.45	5487.34	2543.27	2944.07	176.11
重 庆	2186.30	2047.13	953.89	1093.24	139.17
四 川	3130.36	2996.24	1841.88	1154.36	134.12
贵 州	3133.17	3008.26	2103.70	904.56	124.91
云 南	2883.32	2752.08	1476.67	1275.41	131.24
西 藏	21838.25	15058.95	8399.48	6659.47	6779.30
陕 西	7541.83	7327.88	3483.98	3843.90	213.95
甘 肃	4339.02	4027.75	2637.05	1390.70	311.27
青 海	6232.06	4463.08	2758.01	1705.07	1768.98
宁 夏	3970.79	3733.88	1936.44	1797.44	236.90
新 疆	5692.56	5633.57	3941.27	1692.30	59.00
大 连	6961.10	6961.10	3176.46	3784.64	
宁 波	8600.85	8405.14	6257.70	2147.45	195.71
厦 门	8743.32	8743.32	6806.50	1936.82	
青 岛	7914.41	7914.41	2930.73	4983.67	
深 圳	14287.86	12727.69	11223.59	1504.10	1560.16

7-49 生均教育经费支出(地方农村幼儿园)

单位：元

地区	教育经费支出	个人和公用部分支出	个人部分	公用部分	基本建设支出
合计	**4500.41**	**4373.79**	**2218.19**	**2155.60**	**126.61**
北京	24936.49	24936.49	14621.62	10314.86	
天津	8656.46	8656.46	3466.76	5189.70	
河北	3187.57	3117.38	1901.42	1215.95	70.19
山西	3572.39	3477.02	1841.66	1635.37	95.36
内蒙古	10872.87	10641.76	6027.11	4614.65	231.11
辽宁	3732.22	3707.58	1446.54	2261.04	24.64
吉林	6322.25	6221.64	2925.45	3296.20	100.60
黑龙江	6196.26	6177.88	3397.36	2780.53	18.38
上海	20317.87	20317.87	13499.59	6818.28	
江苏	5263.54	5247.42	2590.71	2656.71	16.12
浙江	10927.53	10915.07	5236.35	5678.72	12.46
安徽	3955.66	3655.03	1481.83	2173.21	300.62
福建	5486.01	5403.28	2761.55	2641.73	82.73
江西	4424.42	4287.78	1573.40	2714.38	136.64
山东	4113.21	4091.59	1834.21	2257.38	21.62
河南	2449.46	2390.61	900.33	1490.28	58.85
湖北	3557.67	3451.00	1909.66	1541.35	106.67
湖南	3782.81	3654.08	1726.38	1927.69	128.74
广东	3145.88	3139.65	1802.42	1337.23	6.23
广西	2287.18	2250.32	1098.88	1151.44	36.86
海南	7171.15	6955.46	2903.81	4051.65	215.70
重庆	3445.49	3270.36	1349.15	1921.21	175.13
四川	3946.76	3803.46	1974.73	1828.73	143.30
贵州	3439.83	3338.74	2008.18	1330.56	101.09
云南	3095.59	2971.33	1555.64	1415.69	124.26
西藏	20840.07	14175.38	7041.56	7133.82	6664.68
陕西	8369.82	8174.28	3458.72	4715.56	195.54
甘肃	5095.88	4771.88	2595.97	2175.90	324.00
青海	7607.47	5955.12	3307.18	2647.94	1652.36
宁夏	4759.30	4452.63	1671.33	2781.30	306.67
新疆	5053.42	5000.87	3491.75	1509.11	52.55
大连	8161.13	8161.13	2161.44	5999.68	
宁波	17308.09	17308.09	8546.40	8761.70	
厦门	4165.02	4165.02	3001.93	1163.09	
青岛	8591.94	8591.94	2607.58	5984.36	

7-50 生均公共财政预算教育经费支出(地方农村幼儿园)

单位：元

地区	公共财政预算教育经费支出	事业费支出			基本建设支出
			个人部分	公用部分	
合计	**2856.86**	**2730.24**	**1593.29**	**1136.95**	**126.61**
北京	16007.66	16007.66	12445.44	3562.23	
天津	6024.71	6024.71	2742.87	3281.84	
河北	2273.55	2203.36	1662.66	540.69	70.19
山西	2328.86	2233.49	1372.86	860.63	95.36
内蒙古	7517.78	7286.66	5037.02	2249.65	231.11
辽宁	2337.42	2312.78	821.31	1491.47	24.64
吉林	4643.37	4542.77	2655.45	1887.31	100.60
黑龙江	4118.91	4100.53	2559.12	1541.41	18.38
上海	16169.23	16169.23	11416.57	4752.66	
江苏	2442.97	2426.85	1201.42	1225.43	16.12
浙江	4999.31	4986.85	3144.62	1842.24	12.46
安徽	2707.78	2407.16	1053.15	1354.01	300.62
福建	3480.85	3398.12	2084.81	1313.31	82.73
江西	2859.70	2723.06	944.50	1778.56	136.64
山东	2310.04	2288.42	1087.80	1200.61	21.62
河南	1300.08	1241.23	554.33	686.90	58.85
湖北	1854.06	1747.39	1217.66	529.72	106.67
湖南	2013.96	1885.23	1088.17	797.06	128.74
广东	1305.28	1299.06	869.72	429.34	6.23
广西	1312.68	1275.83	632.60	643.23	36.86
海南	5178.45	4962.76	2107.61	2855.14	215.70
重庆	1740.38	1565.25	676.11	889.14	175.13
四川	2611.61	2468.32	1489.58	978.73	143.30
贵州	2673.39	2572.30	1763.53	808.77	101.09
云南	2139.00	2014.74	1125.45	889.29	124.26
西藏	20105.95	13441.26	6699.10	6742.16	6664.68
陕西	7096.54	6901.01	3303.53	3597.48	195.54
甘肃	3827.15	3503.15	2335.68	1167.46	324.00
青海	5693.09	4040.73	2480.66	1560.07	1652.36
宁夏	3067.88	2761.21	1183.32	1577.88	306.67
新疆	4700.22	4647.67	3403.19	1244.48	52.55
大连	6950.35	6950.35	1532.47	5417.88	
宁波	7901.23	7901.23	5000.91	2900.32	
厦门	2901.96	2901.96	2350.21	551.75	
青岛	6369.80	6369.80	1950.35	4419.45	

附 录

简要说明

简要说明

为了便于参考和使用教育经费统计年鉴，现就教育经费统计指标、统计范围、统计时间等作简要说明。

一、教育经费来源主要指标

教育经费来源包括国家财政性教育经费，民办学校中举办者投入，捐赠收入，事业收入及其他教育经费。

1．国家财政性教育经费：指学校（单位）取得的所有属于财政性质的经费。包括公共财政预算安排的教育经费，政府性基金预算安排的教育经费，企业办学中的企业拨款，校办产业和社会服务收入用于教育的经费，其他属于国家财政性教育经费。

（1）公共财政预算安排的教育经费：指学校（单位）从同级财政部门取得的公共财政预算财政拨款。包括教育事业费、基本建设经费、教育费附加、科研经费和其他经费。

① **教育事业费**：指学校（单位）从同级财政部门取得的、列《政府收支分类科目》公共财政预算205类“教育支出”的拨款，不含基本建设经费和教育费附加。

② **基本建设经费**：指学校（单位）从同级发展与改革部门取得的、列《政府收支分类科目》309类“基本建设支出”的拨款。

③ **教育费附加**：指学校（单位）从同级财政部门取得的、列《政府收支分类科目》205类09款 “教育费附加安排的支出”的拨款。

④ **科研经费**:指学校（单位）从同级财政部门取得的、列《政府收支分类科目》206类“科学技术支出”的拨款。

⑤ **其他**：指学校（单位）从同级财政部门取得的、列《政府收支分类科目》205类“教育支出”、206 类“科学技术支出”以外（如208 类“社会保障和就业”、210 类“医疗卫生”、219 类“援助其他地区支出”、221 类“住房保障支出”等）的其他公共财政预算财政拨款。

（2）政府性基金预算安排的教育经费：指学校（单位）从同级财政部门取得的政府性基金预算财政拨款。包括地方教育附加、国有土地使用权出让收入、城市基础设施配套费收入、彩票公益金收入、等安排用于学校（单位）的经费。

① **地方教育附加**：指学校（单位）从同级财政部门取得的、列《政府收支分类科目》205类10款“地方教育附加安排的支出”的拨款。

② **从土地出让收益中计提的教育资金**：指学校（单位）从同级财政部门取得的、列

《政府收支分类科目》212 类 08 款 08 项“教育资金安排的支出”的拨款。

（3）**企业办学中的企业拨款**：指中央和地方所属企业在企业营业外资金列支或企业自有资金列支，并实际拨付所属学校的办学经费。

（4）**校办产业和社会服务收入用于教育的经费**：指学校举办的校办产业和各种经营取得的收益及投资收益中用于补充教育的经费。

（5）**其他属于国家财政性教育经费**：指学校（单位）取得的除上述财政性收入以外的其他属于财政性质的经费。

2. **民办学校中举办者投人**：指民办学校举办者投入给民办学校的办学经费。

3. **捐赠收入**：指境内外社会各界及个人对教育的资助和捐赠资金。

4. **事业收入**：指学校（单位）开展教学、科研及其辅助活动依法取得的、经财政部门核准留用的资金和从财政专户核拨回的资金。

其中，学费：指学校取得的经财政部门核准留用和从财政专户核拨回的学费金额。

5. **其他教育经费**：指学校（单位）取得的除上述各项收入以外的其他收入。

二、教育经费支出主要指标

教育经费支出包括个人部分支出、公用部分支出和基本建设支出三部分。

1. **个人部分支出**：包括工资福利支出、对个人和家庭的补助支出。

（1）**工资福利支出**：指学校（单位）开支的在职教职工和编制外长期聘用人员的各类劳动报酬，以及为上述人员缴纳的各项社会保险费等。

（2）**对个人和家庭的补助支出**：指学校（单位）用于对个人和家庭的补助支出。

2. **公用部分支出**：包括商品和服务支出、其他资本性支出。

（1）**商品和服务支出**：指学校（单位）购买商品和服务的支出（不包括用于购置固定资产的支出）。

（2）**其他资本性支出**：指非发展与改革部门集中安排用于学校（单位）购置固定资产、土地、无形资产和大型修缮等所发生的支出。包括专项公用支出和专项项目支出。

① **专项公用支出**：指非发展与改革部门集中安排用于学校（单位）购置办公设备、专用设备、交通工具和无形资产等所发生的支出。

② **专项项目支出**：指非发展与改革部门集中安排用于学校（单位）房屋建筑物构建、大型修缮等所发生的支出。

3. **基本建设支出**：指各级发展与改革部门集中安排的公共财政预算（不包括政府性基金以及各类拼盘自筹资金等）用于学校（单位）购置固定资产、土地、无形资产和大型修缮等所发生的支出。

财政补助支出：指学校（单位）取得的公共财政预算安排的教育经费和政府性基金预算安排的教育经费列支的支出。

公共财政预算教育事业费支出：指学校（单位）取得的公共财政预算教育事业费列支的支出。

三、统计范围

1．教育部门办各级各类学校、幼儿园、教育事业单位；其他部门办各级各类学校、幼儿园；县级及以上人民政府教育行政单位（部门）；独立师资并按学校体制管理的中央、省（自治区、直辖市）、地（市）、县各级党委举办的党校，各级政府举办的社会主义学院、行政学院（不含行业、部门办的党校和行政学院）；财政部举办的国家会计学院。

2．国有及国有控股企业举办的各级各类学校、幼儿园和经过教育主管部门批准承认学历的成人高校、成人中等专业学校、成人中学、成人小学等。

3．由国家机构以外的社会组织或者个人，利用非国家财政性经费，面向社会举办的，经政府部门按照国家规定的权限审批的各级各类学校、幼儿园等。

香港、澳门和台湾省的教育经费统计资料暂缺。

四、统计时间

2014 年 1 月 1 日至 2014 年 12 月 31 日。

五、其他

1．本年鉴 1-1（续）表和第二部分所有表中央和地方教育经费按经费来源划分。其余表中央和地方教育经费按学校与其他教育机构隶属关系划分，即中央教育经费指中央属学校及其他教育机构的经费，地方教育经费指地方属学校及其他教育机构的经费。

2．本年鉴中部分数据合计数或相对数由于单位取舍不同而产生的误差，均未做机械调整。